중세의 가을

Herfsttij der Middeleeuwen

1919

Herfsttij der Middeleeuwen

중세의 가을

요한 하위징아 지음 | 이종인 옮김

연암서가

옮긴이 **이종인**

고려대학교 영어영문학과를 졸업하고 한국 브리태니커 편집국장, 성균관대학교 전문번역가 양성과정 겸임교수를 역임했다. 현재 인문사회과학 분야의 전문번역가로 활동 중이다. 옮긴 책으로『호모 루덴스: 놀이하는 인간』,『평생독서계획』,『루스 베네딕트』,『문화의 패턴』,『폴 존슨의 예수 평전』,『신의 용광로』,『게리』,『정상회담』, 『촘스키, 사상의 향연』,『폴 오스터의 뉴욕 통신』,『고전 읽기의 즐거움』,『폰더 씨의 위대한 하루』,『성서의 역사』,『축복받은 집』, 『만약에』,『영어의 탄생』등이 있고, 편역서로『로마제국 쇠망사』가 있으며, 지은 책으로는『번역은 글쓰기다』,『전문번역가로 가는 길』, 『번역은 내 운명』(공저),『지하철 헌화가』등이 있다.

중세의 가을

2012년 8월 15일 초판 1쇄 발행
2021년 7월 25일 초판 9쇄 발행

지은이 | 요한 하위징아
옮긴이 | 이종인
펴낸이 | 권오상
펴낸곳 | 연암서가

등록 | 2007년 10월 8일(제396-2007-00107호)
주소 | 경기도 고양시 일산서구 호수로 896, 402-1101
전화 | 031- 907-3010
팩스 | 031- 912-3012
이메일 | yeonamseoga@naver.com

ISBN 978-89-94054-26-1 03920
값 30,000원

Piae Uxoris Animae M. V. S.
경건한 영혼의 소유자인 나의 아내 마리아 핀센티아 스호렐에게

옮긴이의 말

오늘날 네덜란드 문화는 세계적으로 알려진 고전 작가들이나 문인들을 별로 배출하지 못하고 있는데, 유독 요한 하위징아의 저서들은 전 세계에서 지속적으로 애독되고 있다. 일찍이 하위징아 자신이 "고전이라는 것은 아직도 읽히고 있는 책"이라고 정의한 바 있는데, 이런 의미에서 하위징아는 몇 안 되는 네덜란드의 고전 작가들 중 한 사람이다.

요한 하위징아의 『중세의 가을』은 중세 후기(14세기와 15세기)의 프랑스와 부르고뉴 역사를 다루고 있다. 중세라고 하면 아직도 암흑시대라고 생각하는 사람들이 많은데, 중세를 이렇게 정의한 사람은 이탈리아 르네상스의 대표적 문인인 페트라르카였다. 근대 초기의 개신교 저술가들도 중세를 로마 가톨릭 교회가 지배해 온 시대라고 보았기 때문에 이런 과소평가에 동참했다. 그러다가 19세기 말에 들어와 다른 견해가 나오기 시작했다. 우선 낭만주의자들이 강하게 이의를 제기하면서 중세가 실은 영광스러운 시대였으며 그 시대의 기사도 정신과 신비주의가 자신들에게 커다란 영향을 미쳤다고 주장했다.

19세기 초의 예술사가들, 가령 하인리히 뵐플린과 빌헬름 보링거는 중세 미술 양식(특히 고딕 양식)도 르네상스 미술에 비해 전혀 손색이 없다고 주장하면서 중세의 예술적 성취를 칭찬했다. 이어 역사가들도 중세의 복권을 외쳤다. 중세는 유럽 문화의 여러 제도들이 형성된 시대였고, 대학이 설립되고 도시와 근대의 의회 정부가 탄생했으며, 근대의 예술적 형식이 확립되었고, 상업·공업·농업이 현재의 틀을 잡은 시대라는 것이다. 또한 근대 자본주의의 기원이며 근대의 강대국들이 형성된 시대이고, 근대 문명의 도덕적·윤리적 틀이 잡힌 것도 이 시대라고 강조한다.

『중세의 가을』의 저자인 하위징아도 이런 역사관을 갖고 있다. 하위징아는 부르크하르트와 람프레히트의 역사 정신을 이어받아, 랑케가 정립한 국가와 정치 위주의 역사에서 벗어나 중세의 문화사 탐구에 집중했다. 저자는 흐로닝언 교외를 산책하던 중 저녁 하늘을 쳐다보면서 저물어가는 중세가 나름대로 석양 같은 아름다움을 지닌 시대가 아니었을까 하는 아이디어를 얻었다고 한다. 하위징아는 이 책에서 중세의 모습을 다양하게 제시하고 있다. 그것은 석양이 아름답지만 황혼이 가까워 어두워지려 하는 시대, 상징의 꽃이 너무 활짝 피어 이제 막 떨어지려 하는 시대, 놀이 정신에 입각한 삶이 신비의 차원으로 도약하기보다는 이야기의 수준에서 맴도는 시대, 아름다움에 대한 갈망이 구원으로 상승하기보다는 감각으로 추락하는 시대, 모든 사상이 어둠과 투명 사이에서 균형을 잡으며 달빛 속의 대성당에 깃든 시대였다.

저자의 생애

요한 하위징아는 1872년 12월 7일 네덜란드 북부 지방 도시인 흐로닝언에서 태어났다. 위로 두 살 터울의 형 야콥(1870-1948)이 있었다. 그 당시 흐로닝언은 인구 4만 2천의 소읍으로서 막 근대화가 진행되는 중이었다. 하위징아의 어린 시절에 커다란 영향을 주었던 사람은 아버지 디르크 하위징아(1840-1903)와 메노파 목사였던 할아버지 야콥 하위징아(1809-1894)였다. 이 할아버지는 치열한 자기반성과 엄격한 성경적 삶으로 평생을 일관했고 두 손자에게도 그것을 강요했다. 그러나 그의 아들들은 그런 아버지에게 반발했다.

특히 맏아들이며 요한 하위징아의 아버지인 디르크는 집안의 가장 큰 말썽꾼이었다. 그는 암스테르담의 메노파 신학교로 유학을 갔으나, 한 학년도 채우지 못하고 독일로 도망쳐서 외인부대에 들어가거나 아니면 자살하겠다고 아버지를 위협했다. 아버지는 말썽꾼 아들을 쫓아가 스트라스부르그에서 잡아왔고, 그때 디르크에게 남아 있는 것은 엄청난 노름빚과 몸 안에 남아 있는 매독이었다. 디르크는 그 후 부채는 갚았으나, 온갖 치료에도 불구하고 매독은 떨쳐내지 못했다. 이것 때문에 신앙에 대해서 회의감을 느끼게 된 디르크는 학문 연구로 방향 전환하여 흐로닝언 대학의 생리학 교수가 되었다. 부친 디르크를 가끔씩 엄습해 오는 고통과 편두통으로 고생하는 모습을 보며 성장한 하위징아는 평생 자신에게 매독이 유전되지 않았을까 하는 두려움과 싸워야 했다. 하위징아는 원래 조울증 기질이 있었다. 지속적으로 흥분되는 조증의 시기가 몇 주 동안 지속되다가 이어 울증의 시기가 찾아오면 몇 주 동안 말을 하지 않고 지냈다. 울증의 시기는 좀 힘이 들기는 했지만 일상생활을 영위하지 못할 정도는 아니었다.

할아버지는 두 형제에게 성실하게 노력하는 삶의 모범을 보여 주었고 아버지는 과학을 사랑하는 마음을 심어 주었다. 그러나 아버지의 매독은 요한 하위징아를 괴롭히는 정신적 그림자였고, 이것이 그의 조울증을 형성한 큰 원인이었다. 형 야콥과 동생 요한은 둘 다 한쪽 귀가 먹었는데 매독의 후유증으로 의심되었다. 특히 부친이 재혼하여 낳은 이복동생 헤르만(1885-1903)은 이런 유산의 고통을 이기지 못하고 독약을 마셔 자살했다. 이것은 하위징아로 하여금 여자(구체적으로 성욕)에 대하여 양극단의 느낌을 갖게 했다. 그는 1897년 니체의 『도덕의 계보학』에서 "욕정과 순결은 반드시 배치되는 것은 아니다"라는 문장을 노트에다 옮겨 적었다. 니체는 자신의 매독이 천재성과 관련되고 그 천재성 또한 매독과 더불어 발전했다고 믿은 사람이었다. 그 당시의 매독은 요즘으로 치자면 에이즈에 해당하는 질병으로서, 이 나쁜 유산이 하위징아의 성격과 천재에 어떤 영향을 미쳤을 것인지는 쉽게 상상할 수 있다.

흐로닝언 대학을 졸업한 후 하위징아는 하를렘 고등학교에 역사학 교사로 들어가 1897년에서 1905년까지 근무했다. 그는 이 시절에 학문 연구에 정진했고 후일 이때를 가리켜 '저 투명한 세월'이라고 말하기도 했다. 이 무렵 하위징아는 당대의 가장 뛰어난 초상화 화가 얀 베트(1864-1925)를 만나서 그의 지도를 받았다. 그가 그림에 대해서 깊은 조예를 갖게 된 것은 주로 이 베트 덕분이었다. 하위징아는 1892년 새어머니의 소개로 새어머니 친구 딸인 5세 연하의 마리아를 소개받았다. 마리아는 미델뷔르흐 시장 딸이었고 음악과 미술에 조예가 깊었다. 두 사람은 1902년에 결혼했고 슬하에 다섯 자녀를 두었다.

1900년 무렵부터 하위징아는 기독교의 특정 종파에 가입하지는 않았으나 기독교의 도덕성을 인생의 주된 원칙으로 삼게 되었다. 그 전에는 인도 종교에 심취하여 그 아름다움과 전례 의식을 즐겨 탐구했다. 그러나 인도 종교는 너무 사변적이고 초월적이어서 현실과 유리되어 있다는 느낌을 갖게 되면서 더 이상 인도 철학에 연연하지 않았다.

다섯째 아이를 낳고 얼마 되지 않던 1913년 4월 아내 마리아가 암 진단을 받았고 희망과 절망이 교차하는 시기를 보낸 후 아내는 1914년 7월 21일, 38세의 젊은 나이로 사망했다. 그는 친구에게 보낸 편지에서 그날의 소회를 이렇게 적었다. "오늘 저녁 종말이 닥쳐왔다네, 아무런 의식도 고통도 없이." 그리고 이 해에 제1차 세계대전이 터졌다. 이런 주변적 상황 때문에 그는 『중세의 가을』의 초판(1919) 서문에서 "당초 내가 이 책을 집필하면서 구상했던 것보다 더 음울하고, 덜 평온한 이미지를 그 저녁 하늘에 입힌 것이 아닌가 하는 느낌도 든다"라고 적었고, 또 "죽음의 그림자가 그의 작업에는 늘 깊은 그림자를 던진다"라고 말했다.

아내가 죽은 후에도 그의 생활에는 별 변화가 없었다. 학문 연구에 열중하고 아이들을 자상하게 돌보는 아버지였다. 하위징아 친구의 딸인 비네 데 시터가 마리아 사후에 그의 집안을 대신 돌봐주겠다고 찾아왔을 때, 하위징아는 비네를 돌려보냈다. 그런 가정 관리자가 있으면 돌아간 어머니에 대한 아이들의 추억이 희미해질까 봐 두려워했던 것이다. 1920년에는 그의 맏아들 디르크가 갑자기 사망하여 두 번째 충격을 받았다.

하위징아의 친구들 중에는 안드레 졸레스라는 뛰어난 학자가 있었다. 졸레스는 네덜란드에서 교수 자리를 잡으려 했으나 실패하여 독일로 흘러갔고 거기서 여러 번 인생의 전변을 겪다가 나치의 적극 지지자가 된 인물이었다. 40년에 걸친 두 친구의 우정은 1933년에 레이던 대학의 학내에서 벌어진 사건 때문에 종말을 고하게 되었다. 하위징아는 당시 레이던 대학의 학장 자격으로 '국제 학생 서비스'의 회의 장소로 레이던 대학 강당을 내주었는데, 이 학생들을 이끌고 온 독일측 단장이 유대인 박해 지지자였다. 이런 사실을 본인에게서 확인한 하위징아는 그 단장에게 당장 대학 구내에서 철수하라고 요구하여 관철시켰다. 이 때문에 당시 히틀러 눈치를 보던 독일 역사학계와 사이가 나빠졌고, 오랜 친구 졸레스와의 우정도 졸레스가 먼저 등을 돌리는 바람에 끝나고 말았다.

　그 동안 하위징아는 중세 후기에서 12세기로 그리고 르네상스로 연구 분야를 계속 넓혀 나가 네덜란드 내에서는 물론이고 해외에서도 저명한 학자의 명성을 얻게 되었다. 그는 옥스퍼드 대학의 명예 박사학위를 받았고, 국제지적협력위원회의 위원으로 위촉되었으며, 노벨 문학상 후보에 지명되기도 했다. 하위징아는 한 평생 시계처럼 정확한 삶을 살았다. 오전에는 글을 쓰고 오후에는 강의나 강연에 나가고, 저녁에는 각종 언어의 문법책을 읽었다. 이런 식으로 공부하여 그는 십 수 개의 언어를 터득했다. 영어, 독일어, 프랑스어는 아주 잘했고, 약간의 정도 차이가 있지만 이탈리아어, 스페인어, 포르투갈어, 러시아어를 말할 수 있었으며, 라틴어, 그리스어, 히브리어, 올드 노스어, 산스크리트어, 아랍어는 읽을 수 있었다.

　하위징아가 아내를 사별하고 혼자 산 지 20년이 된 1937년, 그의 나이 65세 때에 마치 마법처럼 그에게 사랑이 다시 찾아왔다. 암스테르담 상인의 딸이고 가톨릭 신자인 아우구스테 쉘빙크가 바로 그 여자였다. 당시 구스테(아우구스테의 애칭)는 젊고 상냥한 28세의 처녀였다. 가정 관리자 겸 비서로 하위징아의 집에 와서 산다는 조건이었다. 그녀가 집에 온 지 2주가 지나자 하위징아는 그녀에게 운전사 겸 다른 일도 관리해 줄 수 있겠느냐고 요청했고 그녀는 흔쾌히 수락했다. 하지만 노교수는 둘 사이에 내밀한 관계가 있어서는 안 된다고 선을 그었다. 우리는 여기에서도 욕정과 순결, 에로티시즘과 자기절제의 양극단이 아슬아슬한 균형을 이루고 있음을 발견한다.

　그러나 하위징아가 파리에 학술 출장을 떠났을 때 구스테는 "나의 온 생애와 모든 것을 교수님에게 바쳐서 아무 구분이 없는 관계가 되고 싶다"는 간곡한 내용의 편지를 보냈다. 그는 파리의 호텔 방에서 이 편지를 받았는데 그 후 목욕을 마치고 나면 몸에 파우더를 바르고 향수를 뿌리는 것을 잊지 않았다고 한다. 동시에 그녀의 요청을 수락하는 이런 편지를 보냈다. "나의 사랑하는 여인, 나는 당신을 내 품안에 안고서, 아주 순수하고 성스러운 마음으로, 당신에게 친밀한 키스를 보냅니다. 이런 내 심정을 적절히 표현할 말을 알지 못합니다." 하위징아의 친구들은 이 만년의 사랑이 『중세의 가을』에 언급된 60대의 시인 마쇼와 18세의 처녀 페로넬의 꿈같은 사랑을 현실화한 것이라면서 진심으로 축하해 주었다.

그 후 제2차 세계대전이 터졌고 구스테와의 사이에서 딸 라우라가 태어났다. 하위징아 부부는 나치에 의해 데스테흐로 격리 조치되었고 그는 그곳에서 남은 생애 18개월을 보냈다. 그는 그곳에서도 연구의 일손을 놓지 않고 부지런히 『부서진 세계』의 원고를 손보았는데 그 책을 아내 구스테에게 헌정하면서 이렇게 썼다. "내 생애의 마지막 7년을 행복의 빛으로 가득 채워 주었고, 조국의 적들이 내게 강제 부과한 유배 생활을 견디게 해준 여인에게 이 책을 바친다." 그는 1945년 2월 1일, 자신이 평소 써놓은 간단한 기도문 열한 개의 윤리적 믿음을 그대로 간직한 채 사망했다. (하위징아의 연도별 사항은 책 뒤의 연보 참조)

작품의 배경

『중세의 가을』이 다루고 있는 시대적 배경은 14세기와 15세기이고, 지역은 프랑스와 부르고뉴, 잉글랜드, 독일, 이탈리아 등이다. 14세기와 15세기는 중세의 말기이지만, 이탈리아에서는 15세기에 르네상스가 이미 시작되었기 때문에 넓게 보면 르네상스의 시기로 포함시킬 수도 있다. 그런 만큼 『중세의 가을』에서는 이 시기를 르네상스와 대비하는 내용이 많이 나온다.

다 알다시피 중세의 가장 큰 특징은 봉건제였다. 9세기경에 정립된 이 정치적 제도는 토지를 소유한 자율적인 귀족들이 국왕에게 일정한 군사적 서비스(주로 기사들)를 제공하고, 그 대신 봉토의 사용을 허가받아 예속된 농민들에게서 그 토지의 생산물을 착취하는 제도였다. 이 제도가 생겨난 것은 국왕이 재정적으로 가난했기 때문이었다. 재정이 부족한데다 보병의 무력화로, 왕은 공무원과 군인의 조달을 주로 토지 소유 계급인 귀족들에게 의존했다. 9세기와 10세기에 바이킹족, 사라센족, 마자르족 등이 유럽을 침범하면서 그렇지 않아도 허약한 군주제는 크게 붕괴되었다. 따라서 서유럽의 왕들은 군림하지만 통치하지는 못하는 허약한 왕이었고, 9세기에서 12세기까지는 주로 귀족들이 서유럽 사회를 지배했다.

그러나 중세 후기에 들어와 장창, 장궁, 석궁 등 새로운 무기의 도입으로 기병이 아닌 보병이 다시 힘을 얻게 되고 또 신흥 상인 계급들(부르주아)이 국왕에게 재정 지원을 하면서 국왕의 힘이 다시 강력해지기 시작했다. 이렇게 하여 중세가 끝나갈 무렵에는 서유럽 사회에 강력한 절대왕정 국가가 수립되었다. 『중세의 가을』의 무대가 되는 14, 15세기에 프랑스 왕과 부르고뉴 대공의 갈등은 이런 역사적 전환기의 특징을 보여 준다. 즉 당시의 샤를 5세, 6세, 7세 등 프랑스 국왕은 왕권이 아직 허약하여, 국토 내에 부르고뉴라는 독립된 공국을 인정했고, 또 잉글랜드의 왕 에드워드 3세가 프랑스 왕권을 자기 것이라고 주장하는 바람에 백년전쟁을 치르게 되었다. 프랑스가 잉글랜드와 싸움을 벌이게 되자, 부르고뉴는 자신의 이익에 도움이 될 것으로 판단되는 잉글랜드 편에 붙어서 프랑스와 싸웠다. 이 시대에 잔 나르크가 혜성처럼 등장하여 오를레앙 성을 포위하던 잉글랜드 군대를 격퇴시켰고, 프랑스 황태자는 그 덕분에 오를레앙에서 샤를 7세로 즉위하게 되었다. 하지만 그녀는 잉글랜드와 동맹 관계이던 부르고뉴 병사들에게 사로잡혀 잉글랜드 측에 넘겨져 화형에 처해졌다. 이렇게 볼 때 『중세의 가을』의 무대는 프랑스, 부르고뉴, 잉글랜드의 삼국지라고 생각하면 간단할 듯하다.

독자들에게 다소 생소하게 느껴질 부르고뉴의 역사를 간단히 설명하면 이러하다. 부르고뉴 공국은 936년에 루아르 강 상류 지역과 센 강 사이의 지역에 설정된 공국으로 오툉, 트루아, 랑그르 등의 도시들을 포함했다. 카페 왕조의 공작들이 1361년까지 이 지역을 다스렸으나, 일시 프랑스 왕에게 귀속되었다가, 2년 후인 1363년에 프랑스 왕 장 2세가 그의 네 번째 아들 필립(부르고뉴 공국의 초대 공작인 대담공 필립)에게 이 지역을 하사했다. 그 후 필립의 형인 샤를 5세가 필립을 플랑드르의 마르그리트와 결혼시키면서 플랑드르 지역이 부르고뉴 공국에 합병되었다. 1419년 대담공 필립의 아들인 무외공無畏公 장이 암살되자, 무외공의 아들 선량공 필립은 잉글랜드와 트루아 조약을 맺었고, 이 동맹 조약으로 인해 잉글랜드는 백년전쟁에서 프랑스보다 유리한 입장에 서게 되었다. 이 조약은 1435년까지 지속되었으나, 샤를 7세가 부르고뉴 공국에 자율적 지위를 부여하는 아라스 조약을 맺으면서 잉글랜드와 부르고뉴의 동맹은 깨어졌다.

선량공의 아들 대담공 샤를은 남북(북쪽은 플랑드르, 남쪽은 부르고뉴)으로 나뉘어져 있는 부르고뉴 공국의 중간 지역인 로렌을 강제 합병하여 공국의 지위를 더욱 공고히 하려는 야심을 품고 있었다. 대담공 샤를의 궁극적 목표는 부르고뉴를 독립 왕국으로 정립하는 것이었다. 하지만 샤를의 계획은 프랑스 왕 루이 11세의 노련한 정치 술수에 말려들어 물거품으로 돌아갔다. 대담공 샤를은 1477년 낭시에서 전투를 벌이다가 스위스 군대에 의해 살해되었다. 1482년 루이 11세는 부르고뉴 공국을 프랑스 영토로 합병했다. 이로써 1361년에서 1482년까지 120년간 대담공 필립-무외공 장-선량공 필립-대담공 샤를의 4대에 걸쳐 존속했던 부르고뉴 왕국은 막을 내렸다.

다음은 하위징아의 역사 철학을 잠깐 알아보자.

하위징아가 흐로닝언 대학에 입학했을 때 독일 역사학자 카를 람프레히트(1856-1915)의 『독일사』 제1권이 출간되어 역사학계에 큰 화제가 되었는데, 당연히 하위징아는 이 책을 읽었고 크게 감명을 받았다. 이 람프레히트는 실증주의의 관점에 입각하여 종합적인 문화사적 연구 방향을 세움으로써 19세기의 마지막 10년대에 독일 역사학계를 격렬한 이념주의 대 실증주의의 논쟁을 몰고 간 역사학자였다. 루터파 목사의 아들로 태어나 라이프치히 대학에서 역사를 공부했고 1891년부터 이 대학의 역사학 교수로 있다가 총장에까지 올랐다. 람프레히트는 부르크하르트의 『이탈리아의 르네상스 문화』에 큰 감명을 받았다. 그는 랑케의 역사학이 이념사, 정치사, 개인사(왕과 정치가들의 역사)에 집중된 구식 역사학이라고 반발하면서, 새로운 역사학은 일반적인 것, 발생적인 것, 유형적인 것이 되어야 한다고 주장했다. 그는 기존의 역사가 '그것은 어떻게 벌어졌나(how it happened)'에 집중했다면, 새로운 역사는 '그것은 어떻게 그리 되었나(how it became)'를 조명해야 한다고 강조했다. 그는 개인의 역사보다는 집단의 역사를 정치, 법률, 경제, 사회, 종교, 학문, 예술 등 모든 분야에서 파악하는 문화사를 더 중시했다. 그는 이 문화사가 역사학의 최고 형태이자 과제라고 보았다.

하위징아는 이 람프레히트로부터도 영향을 받았으나 그보다는 야콥 부르크하르트(1818-1897)에게서 더 큰 영향을 받았다. 이 때문에 『중세의 가을』에서는 부르크하르트가 여러 번 언급 혹은 인용되어 있다. 부르크하르트는 스위스의 바젤에서 목사의 아들로 태어나, 처음에는 아버지의 권유로 신학을 공부했으나 곧 역사 연구로 전향하여 1839년부터는 베를린 대학에서 랑케 등으로부터 역사의 이론과 방법을 배웠다. 1858년부터 바젤 대학의 역사 및 예술사 교수가 되었고 그 이후 죽 바젤에서 살았다.

1850년대의 유럽은 민족주의적·국가주의적 경향이 대세였으며 역사 연구에서는 정치와 이념의 연구가 주종을 이루었고, 역사 서술은 민족 국가의 발전에 기여해야 한다는 최우선 과제가 수립되어 있었다. 부르크하르트는 이런 경향에 흥미를 느끼지 못하고 과거의 정신생활과 예술에 주로 관심을 쏟았다. 『이탈리아의 르네상스 문화』는 르네상스를 중세 시대로부터 엄격하게 분리하면서 이 시기의 정신적 변화 덕분에 사람들의 개성이 과거의 전승으로부터 해방되었다는 주장을 폈다. 다시 말해 개인의 자주성과 주체성이 이 시기에 확립되었다는 얘기였다.

그러나 후대의 역사학자들은 이런 엄격한 시대 구분에 반대한다. 중세에도 인간화와 세속화의 과정은 이미 전개되었고, 중세의 문화적 특성은 다음 시대에도 작용했으며, 이것이 16세기에 활짝 꽃피었다가 종교개혁의 물결 속에 뒤로 물러났다는 것이다. 이렇게 볼 때 중세와 르네상스 사이를, 또 르네상스와 근대 사이를 엄격히 구분하는 것은 어려운 일이며 르네상스가 중세로부터의 완전 결별이라는 부르크하르트의 주장은 부분적으로만 맞는 얘기라는 것이다. 하위징아도 『중세의 가을』에서 두 시대의 엄격한 구분은 어렵다는 얘기를 자주 하고 있다. "나는 부르크하르트가 중세와 르네상스 시대 사이의 거리, 서유럽과 이탈리아 사이의 거리를 너무 크게 잡은 것이 아닌가 생각한다. 르네상스인이 명성을 사랑하고 영예에 몰두하는 정신은 기사도 이상의 핵심이며 또 프랑스에서 생겨난 것이다."(제3장) "중세에서 르네상스적인 것을 찾을 수 있듯이, 그 반대 그러니까 르네상스에서도 중세를 찾아볼 수 있다. 아무 선입견 없이 르네상스의 정신에 동참하는 사람들은 거기서 르네상스 관련 이론의 주장보다 더 많은 '중세적인' 요소를 발견한다."(제12장)

마지막으로 『중세의 가을』에 반영된 하위징아의 개인적 면모를 살펴보자.

이 책을 최근에 영어로 번역한 시카고 대학의 로드니 페이턴Rodney Payton은 그 번역서의 해설에서 이런 논평을 하고 있다. "이 책을 읽는 독자들은 하위징아 자신의 개인적 측면을 많이 발견하게 될 것이다. 이 책에서 독자들은 하위징아의 의견이나 확신을 엿볼 수 있을 뿐만 아니라 그의 개인적 열정과 정신적 측면도 통찰할 수 있을 것이다."

하위징아의 이런 개인적 측면이 가장 잘 드러나는 곳은 제1장 "중세인의 열정적이고 치열한 삶"과 제3장 "사랑의 형식"이다. 하위징아는 제1장에서 먼저 이렇게 말한다. "중세의 생활이 얼마나 다채롭고 또 치열했는지를 판단하기 전에, 우리는 먼저 이런 잘 감동받는 마음, 눈물과 참회에의 민감성, 예민한 감수성 등에 우리 자신을 대입해 보아야 한다." 그런데 그 우리 자신이 실은 작가 자신인 것이다.

하위징아는 열정과 냉정이라는 양극단의 심리를 아버지와 할아버지로부터 물려받았고, 또 아버지의 매독이라는 원초적 재앙 때문에 극심한 우울증을 겪은 사람이었다. 그런 그가 자신과 비슷한 중세인들의 치열하고 극단적인 삶에 매혹을 느낀 것은 그리 놀라운 일이 아니다. 『중세의 가을』 전편을 통하여 양극단의 사례가 많이 등장하는데, 그때마다 하위징아는 어느 한 편을 들면서 반대편을 판단하거나 비난하려 드는 것이 아니라, 인간이 원래 동물과 천사의 결합체라는 인식 아래, 동정이 가득한 따뜻한 시선으로 사람이라는 괴물, 인간이라는 천사를 관찰하고 명상한다.

하위징아는 양극단의 심리를 극복하는 방법, 가령 상징, 상상력, 종교적 명상, 메멘토 모리 등을 흥미롭게 제시한다. 그 자신이 그런 심리를 체험했기 때문에 더욱 생생하게 말할 수 있었을 것이다. 하위징아는 아내 마리아를 만나 여성적 사랑의 힘으로 조울증을 극복했고 종교적 명상으로부터 깊은 위안을 얻었다. 이런 배경 덕분에 하위징아는 성욕으로 변질될 수 있는 사랑에서부터 초월로 승화되는 사랑에 이르기까지 폭넓은 사랑의 스펙트럼을 제시한다.

일찍이 괴테는 『파우스트』에서 이런 말을 했다. "나의 친구, 모든 이론은 회색이야. 하지만 생명의 황금 나무는 녹색이지."(파우스트 제1부, 제2장) 아내 마리아의 사망 이후에 회색 같았던 하위징아의 삶은 다시금 여성적 사랑의 힘으로 원기를 회복했다. 그는 『중세의 가을』 서문에서 "만약 나의 시선이 그 저녁 하늘에 좀 더 오래 머물렀더라면, 그 침침한 색깔들이 완전한 투명 속으로 용해되지 않았을까?"라고 말했는데, 이것은 후일 아름다운 처녀 구스테를 만나게 되는 자기성취의 예언이 되었다. "우리를 영원히 높은 곳으로 들어 올리는"(파우스트 제2부 맨 마지막) 여성적 사랑은 하위징아의 만년을 완전한 투명으로 바꾸어 놓았다. 구스테는 마리아의 또 다른 버전이었고, 하위징아는 이런 여성적 사랑 덕분에 한평생 따뜻하면서도 인간적인 눈길을 간직할 수 있었다.

이 번역본에 대하여

시중에는 『중세의 가을』의 번역본이 이미 두 종이 나와 있다. 한 판본 (문학과지성사)은 1988년에 나왔고, 다른 판본(동서문화사)은 2010년에 나왔다. 이런 상황인데 같은 책의 또 다른 번역본이 필요할까 의아해하는 독자들이 있을 것 같아서 여기에 한 마디 덧붙이고자 한다.

판본 갑은 프랑스어 판과 영역판을 사용하여 번역했다고 하는데, 주로 프랑스어 판으로 번역한 것으로 보인다. 연암서가 번역판이 대본으로 삼은 영역판(수정 제2판)과는 내용이 사뭇 다르기 때문이다. 그리고 연암서가 번역본과 비교해 보면 알겠지만 프랑스어 판에서는 내용이 더러 빠진 부분이 발견된다. 가령 제2장 아름다운 삶에 이르는 길의 부분, 제6장의 부르크하르트 인용문, 제8장의 중세인의 육체 경멸 부분, 제10장의 우파니샤드 인용문, 기타 소소한 문단이 누락된 것이 여러 군데에서 발견된다. 게다가 지난 20여 년 동안 판본 갑을 읽어 온 독자들은 너무 직역 위주라 잘 안 읽힌다, 난해한 부분에 주석이 있었으면 좋겠다, 저자와 저작에 대한 배경 설명이 부족하다 등의 애로 사항을 호소해 왔다.

판본 을은 번역 대본에 대한 언급이 전혀 없는데, 그 편제나 앞뒤 내용으로 보아 일본 주오코론샤[中央公論社]의 '세계의 명저(世界の名著)'에 들어 있는 『중세의 가을(中世の秋)』을 많이 참조한 것으로 보인다. 호리고에 고이치[堀越孝一]가 번역한 일역본은 1967년에 나온 것으로, 너무 오래 전에 나와서 일본 내에서도 새로운 번역이 필요하다는 얘기가 나올 정도이다. 이 일역본은 『중세의 가을』 네덜란드어 판 개정 제5판(1941)을 대본으로 사용했다고 밝히고 있다. 하위징아는 1921년 수정 제2판을 내고 그 후에 세계적 학자로 올라선 자신의 위상을 의식하여 기존의

내용 중 부르크하르트나 우파니샤드 등의 인용문을 빼버리는 방식으로 수정을 했다. 따라서 제5판이 마지막 수정판이기는 하나 내용이 추가된 것은 없고, 오히려 수정 제2판보다 줄어들었다. 이 때문에 역사학계에서는 내용이 가장 풍부하고, 또 1924년 독일어 번역판의 대본이 되었던 1921년 수정 제2판을 사실상의 정본으로 여기고 있다. 따라서 이 수정 제2판을 대본으로 하는 완역본이 절실히 필요한데, 연암서가 번역본은 비록 영역본을 우리말로 옮긴 것이기는 하지만, 이 수정 제2판을 서문에서 주석에 이르기까지 단 한 줄도 빠트리지 않고 그대로 번역한 것이다.

연암서가는 2010년 하위징아의 『호모 루덴스』를 펴낸 바 있는데, 이 책과 『중세의 가을』은 놀이의 정신, 문화 속의 놀이, 놀이의 형식으로서의 이야기 등 핵심적 주제를 공유하는 자매편이라고 할 수 있다. 다행히 연암서가의 『호모 루덴스』가 독자들의 사랑을 받으면서 이 자매편을 같은 출판사, 같은 번역자의 손으로 내보는 것이 어떻겠느냐는 독자들의 요청이 있었다. 따라서 연암서가 판 『중세의 가을』은 기존 판본들의 한계를 최대한 극복하면서 잘 읽히고, 배경 설명이 풍부하며, 난해한 부분에 주석이 있는 새로운 번역을 시향하게 되었다. 아울러 책 뒤에 작품 해설을 실어서 독자들이 이 책을 읽기 전에 미리 전반적 윤곽을 파악할 수 있도록 했다.

이 번역본은 F. 호프만이 하위징아의 지도와 감독 아래 펴낸 영역본(*The Waning of Middle Ages*, St. Martin's Press, 1924, 재출간 1949)을 대본으로 삼았다. 그러나 영역본 서문에서도 밝혀져 있듯이, 이 영역본은 내용이 다소 축약되었기 때문에, 우리는 다시 1996년 미국에서 나온 로드니 페이턴의 영역본(*The Autumn of the Middle Ages*, University Of Chicago Press, 1996. 네덜란드어 판 수정 제2판을 완역한 것)을 참고하여 빠진 부분을 모두 보충하고,

수정 제2판과 똑같은 내용과 편제를 가진 책을 펴내게 되었다. 당초 수정 제2판은 14장으로 구성되었는데, 독일어 번역본에서 이것을 22장으로 나눔으로써, 그 후에 모든 번역본이 이 편제를 따랐으나, 이 번역본은 수정 제2판 그대로 14장의 편제를 유지했다. 그리하여 각 장마다 길이에 차이가 나서 읽기 어려운 난점을 극복하기 위해, 원서에는 없는 소제목을 집어넣어 독자들이 내용을 쉽게 파악하도록 했다. 또한 원서에는 없는 것으로서, 『중세의 가을』을 이해하는 데 필수적인 용어들을 선정하여 책 뒤에 풀이를 넣어 참고하도록 했다. 옮긴이의 말 중 하위징아의 생애 부분은 2010년 암스테르담 대학에서 나온 빌렘 오터스페어 교수의 『요한 하위징아*Reading Huizinga*』를 많이 참고했음을 밝힌다.

레이던 대학의 빌렘 오터스페어 교수는 하위징아가 역사가라기보다 작가에 더 가깝다는 평가를 내렸다. 이것은 하위징아가 비유와 상징을 구사하는 문학적 글쓰기를 하는 역사가라는 뜻이다. 일본어 번역판은 이런 상징과 비유를 그대로 직역했기 때문에 애매모호한 문장이 많다. 이 번역본에서는 가능한 한 명료하고도 쉬운 번역문을 구사하려고 애썼다. 원문의 뜻을 잘 전달하기 위해 필요한 곳에서는 과감하게 의역을 시도했고, 아주 긴 문장은 두세 문장으로 끊었으며, 우회적인 완곡어법의 문장은 직설법 문장으로 바꾸었다. 옮긴이는 중세의 역사에 대한 지식이 별로 없는 대학교 1, 2학년 학생들이 이 책을 읽어도 쉽게 이해할 수 있도록 번역에 많은 노력을 기울였다. 읽기 쉬운 번역서를 만들겠다는 의도가 독자들에게 널리 인정받는다면 옮긴이로서는 그 이상의 보람이 없을 것이다.

2012년 6월
이종인

네덜란드어 판 서문

우리가 과거에 대해서 눈길을 돌리는 것은 주로 새로운 것의 근원을 찾기 위해서이다. 우리는 후대에 와서 찬란하게 빛나는 새로운 아이디어와 생활 형식이 어떤 경로로 생겨나게 되었는지 그 근원을 알고 싶은 것이다. 우리는 대체로 보아 후대의 시대를 밝혀 주는 데 도움이 되는 관점에서만 과거를 살펴본다. 그리하여 근대 문화의 새싹들에 대한 근원을 찾아내려는 목적 아래 중세 시대가 철저하게 연구되었다. 얼마나 철저하게 연구되었는지 "중세의 지성사는 곧 르네상스의 이정표이며 그것말고는 설명되지 않는다"라는 견해까지 나오게 되었다. 그러나 한때 경직되고 죽어 버린 시대로 여겨졌던 중세의 도처에서, 우리는 미래의 완성품들을 가리키는 새싹들을 보고 있지 않은가? 새롭게 발전하는 생활양식을 탐구하다 보면, 역사나 자연이나 죽음과 탄생의 영원한 순환 과정이라는 사실을 손쉽게 잊어버린다. 낡은 사상의 형식들은 죽어 버리지만, 그와 동시에 같은 토양 위에서 새로운 싹이 움터 나와 꽃피기 시작하는 것이다.

　이 책은 14세기와 15세기라는 중세 후기를 조망하고 있지만, 그 시대를 르네상스의 안내자로 바라보는 것이 아니라, 중세의 마지막 시기, 중세 사상의 마지막 단계라는 관점에서 살펴보고 있다. 나무로 친다면 이 시대는 열매가 농익어서 완전히 만개하고, 또 땅에 막 떨어지려는 그런 시대이다. 과거의 주도적 형식들이 화려하게 개발되어 사상의 핵심을 제압하고, 또 예전의 타당했던 사상들을 경직시켜 고사시키던 그런 시대이다. 중세 후기를 하나의 독립된 시대로 파악하는 것, 그것이 이 책의 주된 내용이다.

이 책을 쓰면서 저자의 시선은 깊어가는 저녁 하늘을 자주 응시하였다. 그 하늘은 진홍색으로 침윤되었고, 납빛의 구름들 때문에 위협하는 듯이 보였으며, 구리 같은 가짜 광채가 가득하였다. 이렇게 이 책을 모두 집필하고 나서 되돌아보니, 이런 질문이 저자에게 떠오른다. 만약 나의 시선이 그 저녁 하늘에 좀 더 오래 머물렀더라면, 그 침침한 색깔들이 완전한 투명 속으로 용해되지 않았을까? 내가 이제 중세 후기라는 시대에 구체적 윤곽과 색깔을 부여하고 보니, 당초 내가 이 책을 집필하면서 구상했던 것보다 더 음울하고, 덜 평온한 이미지를 그 저녁 하늘에 입힌 것이 아닌가 하는 느낌도 든다. 늘 이 지상의 것들에 시선을 두고 있는 사람에게는 이런 일들이 쉽게 벌어진다. 가령 그가 인식한 것이 금방 무기력해지거나 조락해 버리고, 또 죽음의 그림자가 그의 작업에는 늘 깊은 그림자를 던지는 것이다. (이 책의 p.11 옮긴이의 말 참조)

이 책의 출발점은 반에이크 형제와 그 후계자들의 그림들을 더 잘 이해하고 또 그들이 활동했던 시대의 맥락을 더 잘 파악하자는 것이었다. 나는 당초 탐구의 울타리가 14세기와 15세기의 부르고뉴 공국이 되어야 한다고 생각했다. 14세기의 이탈리아 공국들을 바라보는 것처럼, 그 공국을 하나의 독립된 문명권으로 보는 것이 가능하다고 생각했다. 그래서 이 저서의 당초 제목은 "부르고뉴의 세기"였다. 하지만 이 문명을 좀 더 넓은 조망권에서 관찰하기 시작하면서 그런 울타리는 철거해야 되었다. 부르고뉴 문화의 통일성을 확보하기 위해서는 비非 부르고뉴인 프랑스 문화에 대해서도 그에 못지않은 지면을 배분해야 되었다. 그리하여 부르고뉴의 지명에 프랑스와 네덜란드라는 두 개의 실체가 들어섰고, 그 두 실체를 상당히 다른 방식으로 서술해야 되었다. 죽어가는 중세 문화를 조망해 보면, 네덜란드 문화는 프랑스 문화에 뒤지는 경향을 보인다. 그러나 네덜란드 문화는 신앙과 예술의 분야에서는 나름대로 강점을 갖고 있었다. 그래서 네덜란드 문화를 말할 때에는 이 두 분야를 좀 더 자세히 서술했다.

이 책의 제10장에서는 부르고뉴와 프랑스의 지리적 경계를 뛰어넘어 독일의 문화도 언급하고 있다. 그래서 루이스브뢰크와 드니 카르투지오 수도사 옆에 에크하르트, 조이제, 타울러 등이 증인으로 소환되었다. 나는 가능하면 많은 자료들을 읽기를 원했으나, 주로 14세기와 15세기의 저작들을 집중적으로 연구했고, 이런 탓에 나의 자료들이 내 이야기를 미흡하게 뒷받침하는 경우도 있다.

나는 14세기와 15세기 사상가들이 신봉했던 서로 다른 지적 전통의 주된 유형들을 제시하는 것 이외에도, 색다른 지적 전통들을 제시하려고 애썼으나 흡족하게 제시하지는 못했다. 나는 역사가의 경우에는 프루아사르와 샤틀랭, 시인의 경우에는 외스타슈 데샹, 신학자의 경우에는 장 제르송과 드니 카르투지오 수도사, 화가의 경우에는 반에이크에 크게 의존했다. 이것은 내 자료의 한계를 보여 주는 것이지만, 동시에 이런 사람들의 작품이 아주 풍성한 내용을 담고 있다는 반증이기도 하다. 그들의 독특하면서도 예리한 표현 방식은 중세 후기의 시대정신을 가장 잘 비추어 주는 거울인 것이다.

이 책에서는 생활과 사상의 형식들이 시대의 증거물로 제시되었다. 형식 안에 들어 있는 본질적 내용을 탐구하는 것, 이것이야말로 역사 연구의 타당한 과제가 아니겠는가?

독일어 번역본 서문

반에이크 형제와 그 후계자들의 그림들을 더 잘 이해하고 또 그들이 활동했던 시대의 맥락을 더 잘 파악하자는 것이 이 책을 쓰게 된 첫 번째 동기였다. 그러나 연구를 해나감에 따라 서로 다르고 또 여러 면에서 포괄적인 이미지가 생겨났다. 르네상스의 도래를 알려주는 안내자라기보다, 중세의 종말 혹은 중세 문화의 마지막 발현을 보여 준다는 측면에서 14세기와 15세기의 프랑스와 네덜란드는 아주 적절한 연구 주제이다.

우리는 '근원'이나 '시작'에 대해서 더 많은 관심의 눈길을 보낸다. 대부분의 경우, 한 시대를 다음 시대에 연결시켜 준다는 약속이, 그보다 앞선 시대를 연결시켜 주는 추억들보다 더 중요한 것처럼 보인다. 그 결과 근대 문화의 새싹들에 대한 근원을 찾아내기 위해 중세 시대가 철저히 연구되었고 '중세'라는 용어 자체가 의문시되었으며, "중세라는 시대는 곧 르네상스의 안내자 이외에는 별 의미가 없다"라는 견해까지 나오게 되었다. 하지만 자연에서도 그렇고 역사에서도 그렇듯, 소멸과 생성은 서로 보조를 맞추며 앞으로 나아가는 것이다. 농익은 문화적 형식들의 소멸을 추적하는 것은, 새로운 형식의 근원을 추적하는 것 못지않게 의미가 있으며 또 그에 못지않게 흥미로운 것이다. 우리는 반에이크 형

제 같은 화가들뿐만 아니라, 프루아사르나 샤틀랭 같은 역사가, 장 제르
송이나 드니 카르투지오 수도사 같은 신학자, 기타 이 시대의 정신을 대
표하는 사람들을 제대로 평가해 주어야 한다. 그들은 앞으로 생겨날 것
의 예고자로서 존재하는 게 아니라, 마지막 단계에 이른 중세 형식들의
완성자로 존재하는 것이다.

저자는 이 책을 쓸 당시에 역사적 시대를 한 해의 계절에 비유하는 것
이 위험스러운 일임을 지금처럼 분명하게 의식하지는 못했다. 따라서 저
자는『중세의 가을』이라는 책 제목은 전반적인 분위기를 전하려는 비유
로 사용했을 뿐, 그 이상의 의미를 부여하지 말아달라고 부탁하고 싶다.

이 번역본은 1921년에 나온 네덜란드어 수정 제2판을 온전하게 번역
한 것이다. (초판은 1919년에 출간) 만약 독일어 번역 문장이 군데군데 네덜
란드어의 어투를 그대로 갖고 있다고 하더라도, 우리는 일대일 번역이
엄밀한 의미에서 불가능한 일이라는 것을 상기해야 한다. 그것은 심지
어 독일어와 네덜란드어 같은 상호 밀접한 언어들의 번역에서도 여전
히 진실이다. 원래 외국에서 온 것은 외국 티가 나게 마련인데, 왜 우리
는 그런 것이 나올까봐 공포에 떨며 그 번역투의 흔적을 지우려고 그토
록 애를 써야 하는가? 이 번역본의 작업에는 많은 분들이 귀중한 도움
을 주셨다. 번역자 다음으로 깊은 감사를 표시해야 할 사람은 안드레 졸
레스 교수(라이프치히 대학), W. 포겔상 교수(위트레흐트 대학), 폴 레만 교수
(뮌헨 대학) 등이다. 아울러 이 번역본에 귀중한 조력을 아끼지 않은 유진
레르히 교수에게 심심한 사의를 표한다. 그분은 번역본 뒤에 덧붙인 추
가 자료에 나오는 프랑스어 인용문들을 모두 독일어로 번역해 주셨다.

1923년 11월
레이던

28

영역본 서문

역사는 언제나 쇠망의 문제보다는 근원의 문제에 더 몰두해 왔다. 어떤 특정한 시대를 연구할 때 우리는 그 다음 시대에는 어떤 것이 나올까 하는 약속을 찾기에 바쁘다. 헤로도토스 이래, 아니 그 이전 시대에도 사람들이 즐겨 질문한 것은 가족, 민족, 왕국, 사회적 형식, 혹은 아이디어의 근원에 관한 것이었다. 그래서 우리는 근대 문화의 근원을 찾아내는 데 몰두했고 그리하여 중세라는 시대가 르네상스의 서곡 정도밖에 안 되는 것처럼 생각하게 되었다.

하지만 자연에서나 역사에서나 탄생과 죽음은 똑같이 균형을 이룬다. 농익은 문명 형식들의 쇠퇴는 새로운 문명 형식의 등장만큼이나 의미심장한 광경이다. 그리하여 우리가 새로운 것의 탄생을 안내하는 시대 정도로 여겼던 시대가 갑자기 소멸과 쇠퇴의 시대로 그 본래의 모습을 화려하게 드러내는 것이다.

이 책은 14세기와 15세기의 역사를 다루되 그 시대를 중세를 마무리 짓는 시대, 혹은 종결의 시대로 파악하고 있다. 이러한 역사관은 저자가 반에이크 형제와 그 후계자들의 그림들을 더 잘 이해하고, 또 그 그림들의 의미를 그들이 살았던 시대의 맥락에서 파악하려고 애쓰던 시점에서 생겨났다. 이제 그 시대의 문명에 나타난 다양한 발현물들의 공통된 특징을 이렇게 말해 볼 수 있겠다. 그런 특징들은 그것들(특징들)을 과거와 연결시켜 주는 것들에 내재되어 있는 것이지, 그 특징들이 품고 있는 미래의 배아胚芽에 들어 있는 것이 아니다. 화가뿐만 아니라 신학자, 시인, 연대기 작가, 군주와 정치가들의 중요성은, 그들을 다가오는 문화의 예언자가 아니라 오래된 문화를 완성하고 결론짓는 자로 이해할 때, 더욱 잘 파악될 것이다.

이 영역본은 네덜란드어 판(초판 1919, 제2판 1921)을 그대로 번역한 것이 아니고, 저자의 감독 아래 축약, 발췌, 통합한 것이다. 이 영역본에서 삭제된 노트들은 네덜란드어 원본에서 찾아볼 수 있다.

영역본 전편을 통하여 프랑스어 시들은 원시를 그대로 인용했다. 하지만 부피가 늘어나는 것을 막기 위해 프랑스어 산문들은 대체로 번역문만 실었다. 그러나 문학적 표현들이 문제되어 원문이 꼭 들어가야 하는 뒷부분의 여러 장들에서는 산문일지라도 중세 프랑스어 원문을 그대로 실었다.

저자는 J. 레넬 로드 경에게 심심한 감사를 드리고 싶다. 그분의 호의 덕분에 이 영역본이 나올 수 있었다. 또 번역자이며 레이던 대학 소속인 F. 호프만 씨에게도 깊은 감사를 표시한다. 호프만 씨는 영역본의 필요성을 깊이 인식하고 이런 축약 영역본의 출간을 가능하게 해주었다. 요구가 까다로운 저자의 희망 사항을 끝까지 다 들어준 번역자에게 다시 한 번 감사하며 호프만 씨 덕분에 이 우의적인 협력 작업이 끝을 보게 되었다.

1924년 4월
레이던

차례

제1장

중세인의 열정적이고 치열한 삶[1]

세상이 지금보다 5백 년 더 젊었을 때, 모든 사건들은 지금보다 훨씬 더 선명한 윤곽을 갖고 있었다. 즐거움과 슬픔, 행운과 불행, 이런 것들의 상호간 거리는 우리 현대인들과 비교해 볼 때 훨씬 더 먼 것처럼 보였다. 모든 경험은 어린아이의 마음에 새겨지는 슬픔과 즐거움처럼 직접적이면서도 절대적인 성격을 띠었다. 모든 사건과 모든 행위는 특정한 표현을 가진 형식으로 정의되었고 엄격하고 변함없는 생활양식을 엄숙하게 준수했다. 인간 생활의 큰 사건들인 탄생, 결혼, 죽음은 교회의 성사 더분에 신성한 신비의 광휘를 그 주위에 두르고 있었다. 이보다 중요도가 떨어지는 사건들, 가령 여행, 노동, 순례 등도 다수의 축복, 의식, 격언, 규약 등을 동반했다.

양극단의 선명한 대비

하지만 불행이나 질병 같은 사건들에는 이런 구원의 손길이 별로 없었다. 불행과 질병은 보다 무섭고 보다 고통스러운 방식으로 찾아들었다. 질병은 건강과 아주 강력한 대비를 이루었다. 겨울의 얼얼한 추위와 을 씨년스러운 어둠은 악이 보다 구체적인 형태로 드러난 것으로 여겨졌다. 명예와 부유함은 보다 적극적으로 보다 탐욕스럽게 향유되었는데, 중세인들은 현대인에 비해 그런 것들을 한심스러운 이름 없음과 개탄스러운 가난에 더욱 강력하게 대비시켰다. 모피로 안감을 댄 관복, 아궁이 속의 환한 장작불, 음주와 농담, 부드러운 침대 등은 인생의 향락이라는 측면에서 높은 가치를 지녔다. 사실 영국의 장편소설들은 아주 오랜 세월 동안 인생의 즐거움을 자세히 묘사하면서 이런 것들의 가치를 확인해 준 바 있었다.

간단히 말해서, 중세의 모든 사건들은 그 주위에 잔인하다고 할 정도로 번쩍거리는 공공성을 띠고 있었다. 심지어 문둥이들도 그들의 딸랑이를 딸랑딸랑 흔들어대고 행렬을 이루어 지나감으로써 그들의 질병을 공개적으로 전시했다. 모든 신분, 지위, 조합은 그 의복으로 알아볼 수 있었다. 과시용 무기를 들고 제복을 입은 종복들을 앞세우지 않으면 대중 앞에 나타나지 않는 귀족들은 경외와 선망을 불러일으켰다. 법정의 선고, 물품의 판매, 결혼식과 장례식 등은 행렬, 고함소리, 탄식 소리, 음악 속에서 이루어졌다. 남자 애인은 여자 애인의 기장記章을, 조합원은 형제조합의 휘장徽章을, 당파는 영주의 깃발과 문장紋章을 높이 쳐들었다.

외부적 양태에 있어도 도시와 농촌은 위와 동일한 대비와 색깔을 드러냈다. 중세의 도시는 제멋대로인 보기 흉한 공장들과 단조로운 근교의 주택들로 형성된 현대의 도시와는 다르게 형성되어 있었다. 성벽으로 둘러싸인 중세의 도시는 무수한 성탑들을 자랑하는 아주 원만한 외양을 내보였다. 귀족이나 상인의 석조 가옥이 아무리 크고 웅장하다고 하더라도 교회 건물에는 미치지 못하였다. 교회는 그 자랑스러운 석조 대성당 덕분에 도시의 풍경을 압도했다.

중세에는 여름과 겨울의 대비가 지금보다 훨씬 더 선명했던 것처럼, 빛과 어둠, 정적과 소음의 차이도 아주 확연했다. 현대의 도시는 그와 같은 순수한 어둠과 진정한 정적을 더 이상 알지 못하며, 단 하나의 자그마한 불빛이나 먼 곳에서 들려오는 외로운 고함소리의 위력을 알지 못한다.

이런 지속적인 대비로부터, 그리고 모든 현상이 중세인의 마음에 새겨놓는 다채로운 형식들로부터, 중세인들의 일상생활은 치열한 충동과 열정적인 암시를 받았다. 그런 치열함과 열정은 거친 광란, 갑작스러운 잔인함, 부드러운 정서 등의 동요하는 분위기 속에서 드러나는데, 중세 도시의 생활도 그런 격렬한 분위기에 사로잡혀 있었다.

하지만 어떤 한 소리는 언제나 바쁜 도시 생활의 시끄러운 소음을 제압했다. 방울들의 딸랑거리는 소리가 아무리 요란해도 그 소리는 다른 소리들과 결코 혼동되지 않았다. 그것은 잠시 동안 모든 것을 질서정연한 세계로 들어 올렸는데, 바로 교회의 종소리였다. 종소리는 일상생활 속에서 자상하면서 선량한 정령精靈의 역할을 했고, 그 친숙한 목소리로 슬픔 혹은 즐거움, 평온 혹은 불안, 집회 혹은 격려 따위를 선언했다. 중세의 사람들은 그 종을 '뚱뚱한 자클린(la grosse Jacqueline)' 혹은 '롤랑의 종(la cloche Rolland)' 등의 친숙한 이름으로 부르면서 그 종소리를 마치 이웃사람처럼 인식했다. 모든 사람이 그 종의 어조를 알아차렸고 그 소리를 듣는 순간 곧 바로 그 의미를 이해했다. 종소리가 아무리 남용되어도 사람들은 그 소리에 무심해지는 법이 없었다.

가령 1455년에 발랑시엔Valenciennes이라는 도시의 두 시민 사이에 악명 높은 사법적 결투가 벌어졌다. 이 사건으로 그 도시뿐만 아니라 **부르고뉴**Bourgogne 궁정 전체가 크게 긴장했는데, 종소리는 그 결투가 진행되는 동안 계속 울렸다. **샤틀랭**[2]은 그 종소리가 "듣기에 끔찍했다"라고 적었다.[3] 그러니 파리의 모든 교회와 수도원의 종소리가 하루 종일 혹은 밤중 내내 울린다면 그 소리는 얼마나 굉장했을 것인가! 실제로 대분열을 끝내는 교황이 선출되었을 때, 혹은 부르고뉴와 아르마냐크Armagnac[4] 사이에 평화가 회복되었을 때 그런 굉장한 타종이 있었던 것이다.

처형의 행렬

행렬 또한 아주 감동적인 것이었다. 슬픈 일이 벌어지는 시기에—그런 일은 자주 벌어졌다—행렬 행사는 며칠 동안 계속하여 심지어 몇 주 동안 계속 벌어졌다. 가령 오를레앙Orléans 가문과 부르고뉴 가문의 숙명적 갈등이 내전으로 비화한 1412년, 프랑스 왕 샤를 6세는 붉은 왕기王旗를 잡았고 그리하여 샤를 6세와 무외공 장은 아르마냐크 인들에 맞서 싸우게 되었다. 그들은 잉글랜드와 동맹을 맺었기 때문에 그들의 국가에 배신자가 된 자들이었다. 국왕이 외국 땅에 나가 있는 동안 파리에서는 매일 행렬 행사를 벌이라는 지시가 떨어졌다. 그 행사는 5월 말에 시작하여 7월까지 계속되었고 날마다 다른 집단, 종단, 길드의 사람들이 행렬을 구성했고, 다른 성체를 모시고 나와 행진 노선을 걸어갔다. "그것은 인간의 기억 속에 남아 있는 행렬들 중에서 가장 감동적인 것이었다." 의회의 의원이든 가난한 시민이든 행렬에 참여한 사람들은 모두 단식을 했고 맨발이었다. 사지를 온전하게 움직일 수 있는 사람들은 모두 촛불이나 횃불을 들었다. 행렬에는 언제나 어린아이들이 많았다. 파리 교외의 마을들에서 온 가난한 사람들 역시 맨발로 달려서 왔다. 사람들은 행렬에 참여하거나 구경할 때 "언제나 울면서 눈물을 흘렸고 엄청난 신심信心을 발휘했다." 그 두 달 기간 내내 장대비가 거의 매일 쏟아졌는

데도 아랑곳하지 않았다.[5]

그 다음에는 왕자들의 입장 행렬(입장식)이 있었다. 그것은 주요 출연자들이 다양한 형태적 기술을 발휘하여 사전에 준비한 행렬이었다. 그리고 아주 빈번하게 처형의 행렬이 있었다. 처형장에서 사람들이 느끼는 기괴한 매혹과 조야한 동정은 중세인들의 정신적 함양에서 중요한 요소였다. 사악한 도둑과 살인자들을 다스리는 데 있어서 법원은 끔찍한 형벌을 부과했다. 브뤼셀에서 젊은 방화범 겸 살인범은 쇠사슬로 묶여 있었다. 그는 그 사슬 때문에 불타는 장작으로 둘러싸인 화형대 말뚝 근처를 동그랗게 돌 수 있을 뿐이었다. 그는 구경꾼들에게 자신이 일벌백계의 본보기라는 감동적인 언어로 자기소개를 했다. 그는 구경꾼들의 마음을 움직였고 그래서 모든 사람이 눈물을 흘렸다. "그의 죽음은 사람들이 지금껏 본 것 중에서 가장 교훈적인 것으로 칭송되었다."[6] 부르고뉴 사람들이 파리에서 공포 정치를 펴던 시절, 아르마냐크 사람인 망사르 뒤부아Mansart du Bois는 참수형을 당했다. 그의 목을 치는 망나니는 관례대로 망사르에게 용서를 구했다. 그는 용서해 주었을 뿐만 아니라 심지어 망나니의 키스를 요청하기까지 했다. "형장에 나온 많은 구경꾼들은 대부분 뜨거운 눈물을 흘렸다."[7]

때때로 처형의 희생자는 지체 높은 영주들이었다. 이런 처형의 경우에 구경꾼들은 정의의 엄격한 집행에 더 큰 만족을 느꼈다. 뿐만 아니라 높은 지위가 얼마나 불안정한 것인지에 대하여 강력한 경고를 받게 되었다. 처형장이 주는 경고의 힘은 죽음을 그린 그림이나 **당스 마카브르**danses macabres[8]의 힘보다 훨씬 강력했다. 사법 당국은 처형의 광경이 사람들에게 강력한 경고가 될 수 있도록 세심한 준비를 했다. 귀족들은 그들의 높은 신분을 드러내는 휘장으로 온몸을 장식한 채 처형장으로 가는 마지막 길을 걸어갔다. 왕의 시종장이었던 장 드 몽테귀Jean de Montaigu는 무외공 장의 미움을 산 나머지 수레의 꼭대기 부분에 앉아서 교수형장으로 갔다. 그는 시종장 관복, 모자, 조끼, 바지—절반은 하얀색, 나머지 절반은 붉은색—를 입었고 발에는 황금 박차가 달려 있었다.

부유한 수사 신부인 니콜라스 도르주몽Nicolas d'orgemont은 1416년에 아르마냐크 사람들의 복수극에 제물이 되었다. 그는 넓은 보라색 외투에 보라색 모자를 쓰고서 쓰레기 수레에 앉은 채로 파리 시내를 통하여 조리돌림을 당했다. 그는 동료 신부 두 명의 처형을 강제로 목격한 후에 먼 곳으로 평생 유배의 길을 떠났다. "그것은 환난의 떡이요, 고생의 물이었다."(이사야서 30장 20절) 우다르 드 뷔시Oudart de Bussy는 일찍이 의회의 임명직을 거부한 바 있었다. 그에 분개한 루이 11세는 우다르가 죽자 그의 무덤에서 머리만을 파내라는 특별 명령을 내렸다. 그런 다음 그 머리에 '의회 의원의 복장에 따라' 모피 안감이 달린 진홍색 두건을 씌워서 에댕Hesdin 성의 광장에 효수하게 했다. 그 머리에는 효수의 사유를 밝히는 시가 붙어 있었다. 루이 11세 자신은 아주 음산한 유머를 발휘하면서 그 설명의 시를 직접 썼다.[9]

순회 설교자들의 위력

행렬이나 처형보다도 가끔씩 찾아오는 순회 설교자들(→탁발 수도회)의 설교는 더욱 강력하게 중세인들의 정신을 뒤흔들어 놓았다. 매일 신문을 읽고서 정보를 획득하는 현대인들은 연설이 순진하고 무식한 사람들에게 미치는 엄청난 영향력을 상상하지 못할 것이다. 인기 높은 설교자인 리샤르Richard 수사는 잔 다르크의 고해 신부로도 활약한 바 있는

데, 1429년의 어느 때 열흘간 계속하여 야외 설교를 했다. 그는 아침 5시부터 10시 혹은 11시까지 저 유명한 당스 마카브르가 그려진 이노상 Innocent 공동묘지에서 설교했다. 그는 아치형 통로 위에 해골들이 가득 쌓인 납골당 앞에 서서 설교했는데 청중들의 눈에는 그 해골들이 환히 보였다. 그가 열 번째 설교를 마치고 당국의 허가를 얻지 못해 설교는 이것이 마지막이라고 말하자, "청중들은 아이 어른 할 것 없이 진심에서 우러난 눈물을 흘렸고, 마치 그들의 가장 친한 친구를 땅에 묻는 것처럼 울었다. 그리고 리샤르 자신도 울었다." 그가 마침내 파리를 떠나자, 사람들은 그가 다음 주 일요일 생드니Saint-Denis에서 설교한다는 것을 알았다. 그리하여 『파리 시민의 일기』에 의하면, 약 6천 명의 파리 사람들이 토요일 저녁에 그 도시를 떠나 생드니의 들판에서 날밤을 새웠다. 다음 날 있을 설교의 장소에서 좋은 자리를 잡기 위해서였다.[10]

프란체스코 수도회의 앙투안 프랑댕Antoine Frandin 또한 파리에서 설교하는 것을 금지당했다. 그가 사악한 정부를 상대로 비난을 퍼부었기 때문이다. 하지만 바로 그런 태도 때문에 그는 민중의 사랑을 받았다. 그들은 코르델리에 수도원에서 밤낮없이 그를 호위했다. 여자들은 무기로 사용할 돌과 재를 옆에다 준비해 놓고 보초를 섰다. 사람들은 그런 보초 행위를 금지하는 선언문을 비웃었다. 왕은 그것에 대해서 아무것도 모른다! 프랑댕이 마침내 설교금지 처분을 받고 도시를 떠나야 했을 때, 사람들은 그를 둘러싸고 호위하면서 "그의 출발을 슬퍼하여 목 놓아 울었다."[11]

성자의 모습을 갖춘, 도미니크 수도회의 **뱅상 페리에**Vincent Ferrier가 설교하러 찾아간 모든 도시들에서, 민중, 행정관, 성직자—주교와 고위직 성직자를 포함하여—들은 그를 찬송하는 노래를 부르며 그를 맞으러 나갔다. 그는 다수의 지지자들을 대동하고 여행을 했는데, 지지자들은 일몰 후 저녁마다 채찍질과 노래 속에서 행렬을 이루어 걸어갔다. 그가 가는 곳마다 새로운 지지자들이 합류했다. 페리에는 오점 없는 명성을 가진 사람들을 보급 책임자로 고용함으로써 지지자들의 숙식 문제를 해결했다. 서로 다른 종단의 많은 신부들이 그와 함께 여행을 하면서 고해성사와 미사 집전을 도와주었다. 이 성스러운 설교자는 가는 곳마다 법적인 분쟁을 해결했고 그것을 기록하기 위하여 공증인이 함께 따라갔다. 그가 설교할 때면 그와 그의 측근 주위에 나무 울타리를 둘러서 그의 손이나 옷에 키스하려는 사람들을 물리쳐야 했다. 그가 설교할 때면 모든 일이 중단되었다. 거의 모든 청중들이 감동하여 눈물을 흘리지 않는 이가 없었다. 그가 최후의 심판, 지옥불의 고통, 주님의 수난을 얘기할 때면, 청중들과 마찬가지로 그 자신도 엄청 울었고, 그 울음이 잦아들 때까지 잠시 설교를 중단해야 되었다. 참회하는 자들은 구경꾼들을 아랑곳하지 않고 그의 앞에 무릎을 꿇고서 그들의 죄악을 고백했다.[12] 유명한 올리비에 마이야르Olivier Maillard가 1485년의 사순절에 오를레앙에서 설교를 했을 때, 너무나 많은 사람들이 가옥의 지붕 위로 올라갔기 때문에, 지붕 수리업자는 훼손된 지붕을 모두 수리하는 데 64일이 걸린다는 견적서를 내놓았다.[13]

이런 모든 일들은 영미권에서 볼 수 있는 그리스도교 부흥회 혹은 구세군의 분위기를 풍긴다. 하지만 중세의 이런 행사는 훨씬 광범위했고 공개적으로 노출되어 있었다. 페리에의 이런 영향력이 경건한 전기 작가들에 의해서 과장되었으리라고 의심할 근거는 없다. 진지하고 간결한 연대기 작가 몽스트렐레Monstreler는 역시 진지하고 간결한 문체로 1498년에 북부 프랑스와 플랑드르 지방에서 설교를 하고 돌아다닌 토마스

Thomas 수사라는 사의 설교가 엄청난 영향력이 있었다고 기록했다. 이 토마스는 자신이 가르멜 수도회 소속이라고 주장했으나 나중에 사기꾼인 것으로 판명되었다. 토마스 또한 행정관의 안내를 받으며 도시로 들어갔고 귀족들은 그가 타고 온 노새의 고삐를 잡았다. 그를 돕기 위해 많은 사람들(그 중에는 귀족들도 있었는데 몽스트렐레는 그들의 이름을 거명했다) 이 집과 하인들을 뒤로 하고 토마스가 가는 곳을 따라다녔다. 저명한 시민들은 그를 위해 높다란 설교단을 세웠고 그 위에 그들이 가져온 가장 값비싼 장식포를 둘렀다.

인기 높은 설교자들이 즐겨 연설한 그리스도의 수난과 최후의 심판 이외에, 사치와 허영에 대한 공격도 청중들을 감동시켰다. 몽스트렐레에 의하면, 사람들이 토마스 수사에게 감사하고 애정을 느낀 이유는, 그가 허세와 허영의 과시를 공격하고 또 귀족과 성직자들에게 비난을 퍼부었기 때문이다. 그는 어린 소년들을 시켜 귀족 부인들을 공격하는 것을 좋아했다. (몽스트렐레에 의하면, 면죄부를 주겠다는 약속을 하고서 그런 일을 시켰다 한다.) 높은 머리 장식을 자랑하는 귀족부인들이 청중들 사이에 감히 나오면 그들에게 "원뿔꼴 모자, 원뿔꼴 모자!"라고 소리치면서 비난하게 했다.[14] 그러면 여자들은 설교가 있는 기간 내내 원뿔꼴 모자는 쓰지 못하고 베긴회 수녀처럼 두건을 썼다.[15] 충실한 연대기 작가는 이렇게 적었다. "그러나 귀족 부인들은 달팽이처럼 행동했다. 달팽이는 사람들이 다가오면 뿔을 쏙 들이지만 사람이 사라지면 다시 그 뿔을 내놓는다. 설교자가 그 도시를 떠나가자 그들은 아주 빠른 시일 내에 전과 같이 행동했고 전처럼 화려한 혹은 전보다 더 화려한 장식을 뽐내고 다녔다."[16]

토마스 수사와 마찬가지로 리샤르 수사도 사치품들을 장례식 장작더미에 올려놓고 불태워 버렸다. 그건 1497년에 피렌체 사람들이 **사보나롤**

라Savonarola의 뜻에 따라 전대미문의 파괴 행위를 자행하여 예술에 돌이킬 수 없는 손실을 입힌 것과 비슷했다. 1428년과 1429년에 파리와 아르투아에서 장작더미 위에 올려진 물건들은 놀이카드, 놀이판, 주사위, 머리 장식품, 다양한 장신구 등이었고 당시의 선남선녀들은 그런 물건들을 선뜻 내놓았다. 15세기 프랑스와 이탈리아에서 이런 장례식 장작더미는 설교자들이 민중의 가슴에 불러일으킨 경건한 신앙심의 반복적인 표현이었다.[17] 참회하는 사람들이 허영과 탐욕으로부터 외면하는 행위는 의식적儀式的인 양태로 구체화되었다. 중세가 거의 모든 것을 양식적인 형식으로 정립하려는 경향이 있었던 것처럼, 열정적인 경건성은 엄숙한 공동체적 행위로 양식화되었다.

눈물과 분노의 의식儀式

중세의 생활이 얼마나 다채롭고 또 치열했는지를 판단하기 전에, 우리는 먼저 이런 잘 감동받는 마음, 눈물과 참회에의 민감성, 예민한 감수성 등에 우리 자신을 대입해 보아야 한다.

대중의 애도 장면들은 끔찍한 참사에 대한 진정한 반응이었다. 샤를 7세의 장례식 동안, 사람들은 장례 행렬이 시야에 들어오면 이성을 잃을 정도로 슬퍼했다. 궁중의 모든 관리들은 "상복을 입고 괴로워했으며 그 광경은 차마 눈으로 보기 어려울 정도로 가련한 것이었다. 그들은 군주의 죽음에 엄청난 슬픔과 비탄을 느꼈고, 온 도시에 많은 사람들이 눈물을 흘리며 탄식하는 소리가 울려 퍼졌다." 평소 왕을 시중들었던 여섯 명의 시위들이 온몸에 검은 벨벳을 두른 여섯 필의 말을 타고 갔다. "그들이 사망한 군주를 위해 아주 슬프고 엄숙한 장례를 치렀다는 것을 하

느님은 잘 알고 계신다." [18]

그러나 폭포수 같은 눈물은 고관대작의 장례, 힘찬 설교, 신앙의 신비로운 성사들에서만 터져 나오는 것은 아니었다. 세속적인 축제들도 저마다 눈물의 홍수를 쏟아냈다. 프랑스 왕이 **선량공 필립**에게 보낸 사절은 연설을 하는 동안 거듭하여 눈물을 터뜨렸다. 젊은 장 드 코임브라Jean de Coimbra가 부르고뉴 궁정에서 송별연을 받을 때, 프랑스 황태자의 귀국을 환영할 때, 잉글랜드 왕과 프랑스 왕이 아르드르에서 만날 때, 사람들은 모두 큰 소리를 내어 울었다. 루이 11세는 아라스Arras에 입성할 때 여러 번 눈물을 흘리는 것이 관측되었다. 그는 황태자 시절 부르고뉴 궁정에서 지낼 때 흐느끼거나 소리 내어 우는 것이 자주 관찰되었다고 샤틀랭은 적었다. [19] 이런 기록들이 다소 과장되어 있는 것은 이해할 만한 일이다. 이런 기록을 "집안에는 메마른 눈이 없었다"라고 표현하는 현대의 신문과 비교해 보라. 장 제르맹Jean Germain은 1435년의 아라스 평화회의를 이렇게 묘사했다. 회의의 청중들은 사절들의 감동적인 연설이 계속 되는 동안 감정이 북받쳐서 아무 말도 하지 못한 채 흐느끼고 소리 내어 울면서 땅바닥에 쓰러졌다. [20] 아마도 실제 상황은 이렇지 않았을 것이다. 하지만 샬롱Châlons의 주교(장 제르맹)는 상황이 그러했다고 기록했다. 그러나 우리는 과장 밑에 도사린 진실을 발견할 수 있다. 18세기의 민감한 사람들이 많은 눈물을 흘린 현상에 대해서도 같은 얘기를 해볼 수 있다. 눈물은 감동적이면서 동시에 아름다운 것이다. 심지어 오늘날에도 그런 현상을 볼 수 있다. 장엄한 군주의 입장 행렬은 관중들에게 강력한 정서, 황홀한 전율, 뜨거운 눈물을 불러일으키는 것이다. 설사 이 화려한 행사의 중심에 있는 군주에 대해서 우리가 무관심하다고 하더라도 그 장엄한 위력은 여전하다. 중세에는, 이런 중간 매개

없는 정서적 상태가 화려함과 장엄함에 대한 거의 종교적인 경외심으로 채워졌고, 그런 정서가 진정한 눈물로 폭발되었다.

15세기 사람과 현대인 사이에 존재하는 감수성의 차이를 잘 모르는 사람들은 눈물과는 좀 동떨어진 분야, 즉 갑작스러운 분노로부터 그것을 이해할 수 있을 것이다. 우리가 볼 때 체스처럼 조용하고 평화로운 게임도 없다. 그런데 라 마르슈La Marche에 의하면, 체스 게임 동안에 싸움이 잘 벌어지고 "심지어 가장 현명한 사람도 참을성을 잃어버린다"는 것이다.[21] 두 군주가 체스를 두다가 갈등 관계에 돌입했다는 얘기는 카롤링거 왕조 시대의 로맨스에서만 나오는 것이 아니라, 15세기에도 얼마든지 가능한 모티프이다.

중세의 일상생활은 불타오르는 열정과 어린애 같은 상상력에 거의 무한정한 계기를 제공했다. 우리의 중세 전공 역사가들은 연대기들이 믿을 수 없다고 하면서 오로지 공식 문서에만 의존하려는 경향이 있다. 이런 역사가들은 바로 그런 태도 때문에 가끔 위험한 오류에 빠진다. 공식 문서는 중세와 근대를 구분해 주는 저 미묘한 분위기의 차이에 대해서 아무것도 말해주지 않는다. 공식 문서는 중세의 저 열정적인 애수를 망각하게 만든다. 다양한 색깔로 중세의 생활에 스며들어간 여러 가지 열정들 중에서, 공식 문서는 대체로 보아 탐욕과 호전성이라는 두 가지 열정만 기록했다. 중세의 법정 문서에 나오는 저 믿을 수 없는 폭력과 완고함(탐욕과 호전성의 뿌리)을 의아하지 않게 여기는 사람이 어디 있으랴! 일상생활의 모든 영역에는 많은 열정들이 고루 침투해 있었다. 이런 열정의 전반적인 맥락을 파악해야만 우리는 비로소 이런 갈등들을 용납하고 이해할 수 있다. 바로 이런 이유 때문에, 우리가 중세라는 시대를 정확하게 이해하고자 한다면, 연대기 작가들의 기록이 아주 소중한 자료가 되는 것이다. 실제 사건들에 대한 기록이 아무리 피상적이고 또 사건들에 대한 보고에 오류가 많다고 할지라도, 우리는 연대기들을 소중하게 여겨야 한다.

중세 생활의 동화적 요소

여러 측면에서 중세의 생활은 아직도 동화의 색깔을 갖고 있었다. 궁정의 연대기 작가들은 그들의 군주를 아주 가까이 모신 박식하고 존경할 만한 사람들이었다. 이런 작가들이 그들의 군주를 태고 시대의 성인 같은 사람으로 이해하고 또 묘사했다면, 일반 민중의 순진한 상상 속에서 왕의 마법적인 장엄함이 얼마나 대단했을까는 따져볼 필요가 없을 것이다. 다음은 **샤틀랭**의 역사적 기록 속에 들어 있는 동화적 요소의 한 사례이다. 아직 샤롤레 백작이었던 젊은 **대담공 샤를**은 호르컴Gorkum의 슬뤼이스Sluys로부터 도착했을 때, 아버지 선량공 필립이 그의 연금과 모든 특권을 취소해 버린 사실을 발견한다. 샤틀랭은 그 순간을 다음과 같이 기록했다.

샤를은 주방 심부름꾼 소년에 이르기까지 수행원들을 모두 집합시켰다. 그런 다음 그는 감동적인 연설을 하면서 그 자신의 불운을 그들에게 알린다. 연설하면서 샤를은 아버지 필립에 대한 존경심, 백성들의 안녕에 대한 관심, 수행원 전원에 대한 사랑을 표시한다. 이어 샤를은 별도 재산이 있는 수행원들은 자신과 함께 자신의 운명을 기다려 달라고 요청한다. 재산이 없는 수행원들은 그들 마음대로 어디로든 가도 좋다고 말한다. 이렇게 떠나간 수행원들도 나중에 그의 행운이 좋은 쪽으로 돌아섰다는 소식을 듣게 되면, "재빨리 돌아와 주기 바란다. 그러면 예전의 자리가 당신들을 기다리고 있을 것이다. 나는 당신들을 환영할 것이고, 당신들이 보여 준 인내심을 보상할 것이다." "그러자 목소리와 신음소리와 외침소리가 들렸고 눈물이 강물처럼 흘렀다. 그들은 한 목소리로 소리쳤다. '백작님, 우리는 전원이 당신과 함께 살고 당신과 함께 죽겠습니다.'" 샤를은 깊은 감동을 받았고 그들의 충성 맹세를 받아들였다. "그렇다면 나와 함께 머무르면서 고생을 함께 하자. 나는 너희들이 궁핍을 겪는 것을 보는 것보다는 너희와 함께 고생하는 것이 더 마음 편하다." 그러자 부하 귀족들이 그에게 다가와 그들의 전 재산을 샤를에게 내놓았다. "한 귀족은 말했다. '내게 1천이 있습니다.' 두 번째 귀족이 말했다. '내게 1만이 있습니다.' 세 번째 귀족이 말했다. '나는 이런 저런 것들을 당신의 목적에 내놓을 수 있습니다. 그리고 당신에게 벌어지는 모든 일을 함께 겪을 각오가 되어 있습니다.'" 그리하여 모든 것이 평소와 다를 바 없이 진행되었고, 샤를의 갑작스러운 불행(아버지 선량공과 싸운 사건. 본문 제13장 소제목 "선량공과 대담공의 부자 갈등" 참조)으로 인해 주방의 닭한 마리조차도 사라지지 않았다.[22]

물론 이런 아름다운 그림은 샤틀렝이 보기 좋게 채색한 것이다. 우리는 이 보고가 실제로 벌어진 일을 얼마나 양식화했는지 알지 못한다. 하지만 정말로 중요한 사실은 샤틀렝이 군주를 민속 담시譚詩의 주인공이라는 단순한 형식으로 바라보고 있다는 것이다. 그는 이 상황이 상호간의 충성심이라는 가장 원시적인 정서로 충만해 있다고 파악했다. 그런 정서가 서사시적 간결함으로 표현된 것이다.

국가의 행정 기구나 국가 예산 등은 실제에 있어서 아주 복잡한 형식들을 취하지만, 정치는 아주 간단한 형식을 취한다. 특히 일반 민중의 마음속에서 정치는 불변하는 간결한 몇 개의 인물 유형으로 구체화된다. 일반 민중이 마음속에 갖고 있는 정치적 틀은 민요나 기사도 로망스에 나오는 그런 틀이다. 따라서 어떤 시대의 왕들은 몇 개의 유형으로 압축되고, 그 유형은 대체로 보아 민요나 모험 이야기의 모티프와 일치한다. 가령 고상하고 정의로운 왕, 간신에 의해 배신당한 왕, 가족의 명예를 위해 복수하는 왕, 역경 속에서도 지지자들의 지원을 받는 왕 등으로 압축되는 것이다. 중세 후기 국가들의 백성들은 엄청난 부담을 담당했으나 조세 행정에는 아무런 발언권이 없었다. 그들은 자신들의 얼마 안 되는 돈이 낭비되고 있다는 의구심을 품었고, 그 돈이 국가의 복지나 이익을 위해서 사용되지 않는다고 생각했다. 국가 행정에 대한 이런 의심은 다시 이런 간단한 인식으로 굳어졌다. 왕은 탐욕스럽고 간교한 신하들에게 둘러싸여 있고 또 왕국의 과시적 낭비로 국가 재정이 허약해졌다. 이러한 정치적 문제는 일반 대중의 눈으로 볼 때 동화 속의 전형적인 사건들과 비슷한 것이었다.

선량공 필립은 어떤 언어가 일반 대중에게 잘 이해되는지 알고 있었다. 1456년 헤이그의 축제 행사 때, 필립은 기사의 전당 옆에 있는 방에다 3만 마르크의 값어치가 있는 고급 집기들을 전시했다. 필립이 위트레흐트 주교령을 접수할 자금이 부족하다고 생각하는 네덜란드와 프리지아 사람들에게 그런 생각을 불식시키기 위해서였다. 모두들 그 전시물을 보러 왔다. 또 릴로부터 각각 10만 개의 라이온 금화(표면에 사자 상이 새겨져 있는 금화-옮긴이)가 들어 있는 궤짝 두 개를 가져오게 했다. 그것을 구경하러 나온 사람들에게 궤짝을 한번 들어 보라고 했으나 다들 시도만 했을 뿐 성공하지는 못했다.[23] 국가의 재정적 신용과 시골장터의 여흥을 이보다 더 잘 뒤섞어 놓은 교훈적 사례가 있을까?

군주들의 생애와 행위는 『천일야화』의 칼리프를 연상시키는 환상적 요소가 있었다. 냉정하게 계산된 정치적 모험의 일환으로, 영웅들은 때때로 무모한 허세를 부리기도 하고, 심지어 자신의 목숨과 개인적 성취를 변덕에 내맡기기도 한다. 에드워드 3세는 해적 행위에 대하여 엄중한 복수를 가하기 위하여, 자신의 목숨, 왕세자의 목숨, 조국의 운명 등을 걸고서 스페인 상인들의 선단을 해상 공격했다.[24] 선량공 필립은 자신의 근위 궁사 한 명을 릴의 부유한 술도가 딸과 결혼시킬 생각을 했다. 하지만 술도가 아버지가 그 일을 거부하면서 파리 의회를 개입시키자, 화가 치민 필립은 당시 바쁜 나랏일로 네덜란드에 나가 있었지만 그 일을 뒤로 미루고, 부활절 전의 성스러운 시절이었는데도 불구하고 로테르담에서 슬뤼이스까지 위험한 뱃길을 마다않고 돌아와 자신의 뜻대로 일을 처리했다.[25] 한번은 아들 대담공 샤를과 언쟁을 벌이다가 화가 머리끝까지 치민 선량공은 브뤼셀에서 달아나다가 도중의 숲속에서 학교를 빼먹은 학동처럼 길을 잃어버렸다. 그가 마침내 궁중으로 돌아오자, 그를 설득하여 정상으로 되돌려 놓는 일은 기사인 필립 포Philippe Pot에게 떨어졌다. 이 노련한 궁중 신하는 적절한 말로 응대했다. "폐하, 안녕하십니까? 이건 도대체 무엇입니까? 폐하는 아서Arthur 왕 역할을 하고 계시는 겁니까, 아니면 기사 랜슬롯Lancelot 역할을 하시는 겁니까?"[26]

선량공 필립의 행위는 확실히 칼리프를 닮은 데가 있었다. 선량공은 자신의 주치의로부터 머리를 면도하라는 얘기를 듣고서 모든 귀족들의 머리를 면도시키라는 명령을 내렸다. 그리고 피터 폰 하겐바흐Peter Von Hagenbach에게 명령에 불응하는 자들은 잡아들여서 강제 면도를 시키라고 지시했다.[27] 다른 왕들도 엉뚱하기는 마찬가지였다. 프랑스의 젊은 왕 샤를 6세는 말 하나에 친구와 함께 타고서 자신의 신부인 이사보 드 바비에르Isabeau de Bavière가 입성하는 행렬을 보러 갔다. 하지만 사람들이 하도 많아서 제대로 볼 수가 없자, 군중 안쪽으로 들어가려고 하다가 근위병들에게 채찍질을 당했다.[28] 어떤 음유시인은 군주들이 그들의 재담꾼이나 풍각쟁이를 고문관이나 장관으로 승진시켰다는 불평을 털어 놓기도 했다. 실제로 부르고뉴의 광대인 코퀴네Coquinet에게 그런 일이 벌어졌다.[29]

당시의 정치는 아직 관료제나 의전절차의 손아귀에 완전 장악되지 않았다. 군주는 언제라도 그런 것을 무시해 버리고 행정의 지침을 다른 곳에서 찾을 수 있었다. 15세기의 군주들은 국가 대사와 관련하여 환상幻想을 보는 금욕주의자나 인기 높은 설교자들과 지속적으로 상담했다. 카르투지오 수도회의 드니와 뱅상 페리에는 정치 고문관 역할을 수행했다. 수다스러운 설교자 올리비에 마이야르는 궁정들 간의 비밀 협상을 잘 알고 있었다.[30] 사정이 이렇기 때문에, 종교적 긴장의 요소[31]가 정치의 최고 영역에서 상존했다.

군주들의 드라마 같은 삶

14세기 말과 15세기 초에 군주들의 삶과 운명을 관찰한 민중은 군주들의 세계를 무자비하고 비극적인 드라마와, 장엄과 영광으로부터의 갑작스러운 추락이 교차하는 험난한 세계라고 생각했을 것이다. 1399년 9월, 웨스트민스터에 소집된 영국 의회는 리처드 2세가 사촌인 랭카스터에게 패배하여 투옥되었다는 사실을 알게 되었다. 같은 해 같은 달에 독일의 선제후들은 마인츠Mainz에 모여서 그들의 왕 룩셈부르크의 벤체슬라우스Wenceslaus를 폐위시켰다. 벤체슬라우스는 사촌인 잉글랜드의 리처드 2세 못지않게 감정적 동요가 심했고, 통치를 잘 하지 못했으며 머리가 혼란하여 정신이 불안정했다. 하지만 벤체슬라우스는 리처드 2세 같은 비극적 죽음을 맞지는 않았다. 벤체슬라우스는 그 후에도 여러 해 동안 보헤미아의 왕으로 남아 있었으나, 폐위되어 투옥된 리처드 2세는 옥중에서 의문의 죽음을 맞았다. 그 죽음은 70년 전 역시 옥중에서 살해된 그의 할아버지 에드워드 2세를 연상시켰다.

왕관은 위험이 가득한 비극적인 소유물이 아니던가? 기독교 세계에서 세 번째로 큰 나라(프랑스)에 광인인 샤를 6세가 왕위를 차지했다. 그 나라는 곧 걷잡을 수 없는 당파주의에 의해 망해 버리게 되어 있었다. 오를레앙 가문과 부르고뉴 가문 사이의 질투심은 1407년에 노골적인 교전 상태로 비화했다. 샤를 6세의 동생인 **오를레앙의 루이**는 사촌인 부르고뉴의 무외공無畏公 장이 고용한 사악한 암살자들의 손에 살해되었다. 12년 뒤에는 이에 대한 복수극이 벌어졌다. 무외공 장은 몽트로 Montereau 다리에서 거행된 엄숙한 회의 도중에 배반을 당해 살해되었다. 복수와 갈등의 기다란 꼬리를 남긴 이 두 번의 군주 살해는 근 1세기 동안 프랑스 역사에 어두운 증오의 배경 음악을 깔아 주었다. 일반 대중은 프랑스에 벌어진 이런 불행한 사건들을 장엄한 극적 모티프의 관점에서 바라보았다. 대중은 군주들의 성격과 열정이 그런 비극의 원인이라 보았고 그 밖의 다른 이유들은 잘 납득하지 못했다.

이런 와중에 투르크족이 등장하여 전보다 더 음울하게 유럽을 위협했다. 그보다 3년 전인 1396년, 투르크족은 프랑스의 화려한 기사 군단을 **니코폴리스**Nicopolis 근처에서 패배시켰다. 당시 아직도 느베르Nevers 백작이었던 무외공 장이 기사들의 군단을 이끌었으나 역부족이었다. 게다가 기독교권은 벌써 25년이나 지속되어 온 **대분열**에 시달리고 있었다. 두 명의 고위 성직자가 서로 자신을 교황이라고 주장했으나, 서유럽 국

도판 1 <운명의 수레바퀴>, 코덱스의 세밀화, 이탈리아 피렌체 국립도서관 소장.

가들은 마음속으로 그 누구도 교황으로 인정하지 않았다. 교회의 일치단결을 회복하기 위하여 1409년에 피사 종교회의가 소집되었으나 치욕스럽게도 실패로 돌아갔고, 이제 제3의 인물이 등장하여 교황직에 도전하겠다고 선언했다. 고집불통의 아라곤 사람인 피에르 드 루나Pierre de Luna는 아비뇽Avignon에서 계속 버티면서 베네딕투스 13세Benedictus XIII라는 교황 명칭에 매달렸으나, 일반 대중은 그를 '달나라의 교황'이라고 불렀다. 단순무식한 일반 대중이 볼 때 교황이라는 지위는 거의 정신이상의 분위기를 풍기는 자리일까?

14세기와 15세기에는 많은 폐위된 왕들이 군주의 궁정들을 순회했다. 그들은 돈은 없었지만 아이디어는 풍부했고 그들의 근거지인 신비한 동방 지역, 가령 아르메니아Arménie, 키프로스Chypre, 심지어 콘스탄티노플Constantinople 등의 광휘에 휩싸여 있었다. 폐위된 왕들은 하나 같이 운명의 수레바퀴(도판 1) 그림에 나오는 인물들이었다. 그 그림에서는 왕홀을 들고 왕관을 쓴 왕들이 밑으로 추락하고 있다. 르네 당주René d'Anjou는 이런 부류의 군주가 아니었다. 그는 왕관 없는 왕이었지만 프로방스에 있는 그의 부유한 영지인 앙주에서 노년을 편안하게 살았다. 그러나 프랑스 왕가 출신인 르네처럼 군주의 덧없는 삶을 여실하게 보여 주는 이도 없을 것이다. 그는 자신에게 주어진 최고의 기회들을 연속적으로 잃어버렸고 헝가리, 시칠리아, 예루살렘의 왕관을 향해 차례로 손을 내뻗었으나 거듭된 패배, 아슬아슬한 도주, 장기간의 투옥 이외에는 얻은 것이 없었다. 이 왕관 없는 시인-왕은 수렵시를 즐겨 지었고 세밀화를 자주 그렸다. 르네는 아주 경박한 심성의 소유자이거나 아니면 자신의 운명에 의해서 그런 심성을 치유한 자였을 것이다. 그는 자신의 자녀들이 거의 먼저 죽어 버리는 참척을 당했고 유일하게 남아 있던 딸은 어두운 슬픔이라는 측면에서 아버지보다 더 슬픈 운명을 겪었다.

그의 딸, 마르그리트 당주Marguerite d'Anjou는 지성, 명예, 열정을 갖춘 똑똑한 공주였다. 그녀는 열여섯에 정신이 좀 허약한 잉글랜드의 헨리 6세와 결혼했다. 그러나 잉글랜드 궁정은 증오의 지옥이었다. 왕가 친척들에 대한 의심, 왕실의 권세 있는 신하들에 대한 공격, 보안과 파당주의를 위한 은밀한 살인이나 사법적 살인, 이런 것들이 잉글랜드의 정계에서 난무했고 이 세상 어디에서도 그처럼 혼란스러운 나라는 없었다. 마르그리트는 이런 박해와 공포의 분위기에서 여러 해를 살았고, 그러다가 남편의 집안인 랭카스터Lancaster 가문과 무수한 그녀의 사촌들이 포진한 요크York 가문 사이의 불화가 노골적이면서도 유혈적인 전쟁으로 번졌다. 마르그리트는 그 와중에서 왕관과 소유물을 잃었다. 장미전쟁의 변덕스러운 행운은 그녀에게 끔찍한 위험과 씁쓸한 가난을 안겨주었다.

마침내 부르고뉴 궁정에서 안전한 피신처를 얻은 마르그리트는 궁정 연대기 작가인 샤틀랭에게 자신의 입으로 불운과 방랑으로 가득 찬 개인사를 털어놓았다. 그녀와 어린 아들이 노상에서 도둑들을 만나 죽을 뻔하다가 살아난 얘기, 미사 중에 스코틀랜드 궁수에게 헌금으로 낼 돈 1페니를 구걸한 얘기("궁사는 마지못해 한심하다는 듯이 지갑에서 1 스코틀랜드 그로트를 꺼내서 그녀에게 빌려 주었다") 등을 가감 없이 말했다. 마음씨 착한 연대기 작가인 샤틀랭은 그녀의 처참한 고통에 감동하여 그녀를 위로하려고 『보카치오의 사원Temple de Bocace』[32]이라는 논문을 집필하여 헌정했다. 샤틀랭은 그 논문에 이런 부제를 붙였다. "행운의 변덕과 기만적 성격에 바탕을 두고 집필된, 행운에 관한 작은 논문." 그 당시의 표준적인 처방에 따라, 샤틀랭은 비참한 공주를 위로해 주는 데 있어서 군주들의 불행을 모아 놓은 이런 우울한 논문만한 것이 없다고 생각했다. 하지만 공주나 연대기 작가나 그녀에게 최악의 불행이 아직 더 남아 있다는 것을 알지 못했다. 1471년 튜크스버리Tewskebury 근처에서 랭카스터 가문은 결정적으로 패배했고 마르그리트의 외아들은 그 전투 중에 전사했거나 전투 직후에 살해되었고, 그녀의 남편은 은밀하게 처형되었다. 마르그리트 자신은 런던탑에 5년간 투옥되어 있다가 에드워드 4세가 루이 11세에게 몸값을 받고 팔아먹었다. 마르그리트는 자신을 석방시켜 준 이 프랑스 왕에 대한 감사의 표시로 아버지 르네 왕의 유산을 루이 11세에게 양도해야 되었다.

왕자 자녀들이 이런 운명을 당하는 것을 직접 들었으니, 일기日記 작가 파리의 시민은 연민과 동정을 불러일으키는 방랑객들의 이야기, 이를테면 잃어버린 왕관과 추방 이야기들을 어떻게 믿지 않을 수 있었겠는가! 1427년 한 무리의 집시들이 파리에 나타나, 자신들을 '참회하는 자'라고 소개했다. 그러면서 자신들이 "한 명의 공작, 한 명의 백작, 그리고 수행원 열 명이라고 말했고 모두 말을 타고 있었다." 나머지 120명은 파리 교외에 머물고 있다는 말도 했다. 그들은 자신들이 이집트에서 왔다고 주장했고, 그리스도교 신앙을 버린 탓에 교황이 그들에게 참회를 하라고 지시했다는 것이었다. 그들의 징벌은 7년 동안 침대에서 자지 못하고 방랑하는 것이었다. 그들의 원래 인원은 1,200명이었으나 왕과 왕비와 기타 측근들이 모두 노상에서 죽었다. 그들은 또 이런 얘기도 했다. 그런 징벌의 완화책으로 교황은 각 지역의 주교와 수도원장이 각각 그들에게 10리브르 주화를 주라고 했다는 것이다. 파리 시민들은 이 기이한 작은 집단을 보기 위해 떼 지어 몰려왔고 손금을 보아 준다는 집시 여자들에게 손을 내밀었다. "이런 마술과 기타 수단을 통하여"[33] 파리 시민의 주머니에 들어 있던 돈이 그들의 주머니로 흘러들어갔다.

유혈 복수의 모티프

모험과 열정의 분위기가 군주들의 생활을 둘러쌌다. 그러나 오로지 일
반 대중의 상상력만이 사태를 그렇게 본 것은 아니었다. 대체로 보아 현
대인들은 중세인의 무절제한 열정과 변덕스러움을 제대로 이해하지 못
한다. 중세사에 대하여 가장 정확한 정보를 담고 있다고 여겨지는 공식
문서만 참고하는 이들은 18세기의 장관長官 정치나 대사 교환의 정치와
별반 다를 것이 없는 중세사의 그림을 그려낼 것이다. 하지만 이런 그림
은 한 가지 중요한 요소가 결여되어 있다. 즉 중세의 군주와 민중들에게
영감을 주었던 저 엄청난 열정의 투박한 색깔은 없는 것이다.

  물론 현대의 정치에도 열정적인 요소가 들어 있다. 하지만 폭동이나
내전이 벌어지지 않는 한, 그런 열정은 엄청난 견제와 장애를 만나서 유
야무야되어 버린다. 현대인의 열정은 공동체 생활의 복잡한 메커니즘에
의해 다양한 방식으로 고정된 채널 속으로 유도되어 사라져 버린다. 15
세기에는, 급격한 정서적 감정이 직접적으로 표출되었고, 그런 표출 방
식은 종종 실용과 타산의 얇은 외피를 박살내 버렸다. 만약 군주의 경우
처럼 감정과 권력이 서로 손잡고 상승작용을 일으킨다면, 그 효과는 두
배로 증폭된다. 연대기 작가 샤틀랭은 다소 과장된 방식으로 이런 점을
과감하게 노출시켰다. 그는 말한다. 군주들이 빈번히 서로 교전 상태에
빠지는 것은 놀라운 일이 아니다. "왜냐하면 군주들도 인간이기 때문이
다. 그들이 주관하는 일은 고상하면서도 위험한 것이다. 그들의 본성은
증오나 선망 같은 많은 열정에 의해 좌우된다. 그들은 통치 행위에 대하
여 더 없는 자부심을 갖고 있기 때문에 그들의 마음에 이런 열정들이 자
리 잡는 것이다."[34] 이것은 **부르크하르트**가 말한 '통치의 슬픔(das pathos

der Herrschaft)'과 아주 근접하는 말이 아닌가?

부르고뉴 가문의 역사를 집필하고자 하는 사람은 누구든지 복수의 모티프를 지속적인 배경 음악으로 깔아야 한다. 복수의 염원은 관대만큼이나 음울하다. 그것은 행동하는 주인공에게 고비마다 결정적인 조언을 하고, 전투에서는, 씁쓸한 갈증뿐만 아니라 손상당한 자부심의 개운치 못한 뒷맛을 안겨준다. 정치권력의 역사라는 별로 복잡하지 않은 관점에서 15세기의 역사를 파악하려는 것은 아주 순진한 작업이 될 것이다. 프랑스와 합스부르크의 수세기에 걸친 권력 갈등을, 발루아Valois 왕가의 두 지파인 오를레앙 가문과 부르고뉴 가문의 유혈 투쟁으로 축소시키려는 것은 물론 천부당만부당하다. 우리는 15세기의 전반적인 정치적, 경제적 원인들을 탐구하는 것으로 그쳐서는 안 된다. 엄청난 사법적 싸움들의 참여자든 혹은 방관자든, 15세기의 중세인들에게 유혈 복수는 아주 본질적인 요소였다. 다시 말해 당시의 군주들과 국가들의 행동과 운명을 좌지우지 했던 것은 복수의 모티프였다. 그들이 볼 때 선량공 필립은 무엇보다도 복수하는 사람이었다. "아버지 무외공 장에게 가해진 모욕을 복수하기 위해 16년 동안이나 전쟁을 계속했다."[35] 필립은 복수를 신성한 의무라고 생각했다. "엄청나게 살인적이고 폭력적인 분노를 터트리면서, 하느님이 허락하는 한, 그는 억울하게 죽은 아버지의 복수를 하겠다고 맹세했다. 그는 복수의 게임과 변덕스러운 행운에, 그의 신체와 영혼, 재산과 토지, 그 외의 모든 것을 걸었다. 선량공은 그 복수의 과업을 수행하는 것이 그 과업을 잊어버리는 것보다 더 유익하고 또 하느님의 뜻에도 맞는 것이라고 생각했다. 도미니크 수도회의 한 수사는 살해당한 무외공의 장례식에서 사람들의 엄청난 분노를 샀다. 그 수사는 복수하지 않는 것이 기독교인의 의무라고 지적했기 때문이다.[36] 라 마르슈는 명예와 복수가 선량공이 다스리는 땅의 두 가지 커다란 정치적 목표라고 말했다. 그는 선량공이 지배하는 모든 땅의 신하들은 복수의 함성에 합류했다고 말했다.[37]

프랑스와 부르고뉴 사이에 평화를 가져온 아라스 조약(1435)은 몽트로 다리에서 무외공을 살해한 것에 대한 참회로 시작되었다. 무외공이 처음 묻힌 노로 교회에 예배당을 세울 것, 그 예배당에서 앞으로 영원히 매일 진혼곡을 부를 것, 노로 지역에 카르투지오 수도원을 건립할 것, 무외공이 살해된 다리에는 십자가를 세울 것, 부르고뉴 공작들이 묻힌 디종의 카르투지오 교회에서는 미사를 집전할 것 등이 평화 조약의 사전 조건으로 요구되었다.[38] 하지만 이런 조건들은 부르고뉴 총리 롤랭이 선량공의 이름으로 요구한 공식적 참회와 근신의 일부분에 지나지 않았다. 몽트로뿐만 아니라 로마, 겐트, 파리, 생 자크 드 콩포스텔Saint-Jacques de Compostelle, 예루살렘 등지에 지부를 둔 교회들은 이 이야기를 돌에 새기도록 요구되었다.[39]

복수가 이처럼 정교한 형식을 갖춘 것을 보면 그런 염원이 당시 사람들의 정신을 크게 지배했음을 알 수 있다. 따라서 중세의 민중은 증오와 복수라는 간단하면서도 원시적인 모티프가 군주의 정치 철학이라고 생각했다. 중세인이 군주에게 느끼는 애착은 유치하면서도 충동적인 특성을 갖고 있었다. 그것은 충성심과 공동체 의식의 직접적인 느낌이었다. 그것은 법정에서 맹세한 자를 법원 재판관에게 혹은 봉신을 영주에게 묶어두는, 저 오래된 강력한 정서가 확대되어 표현된 것이었다. 바로 이런 정서가 불화와 갈등의 시기에는 무모한 열정으로 폭발했다. 그것은 철저한 국가관이 아니라 어떤 파당에 대한 소속감이었다. 중세 후기는 파당들 사이에 커다란 갈등이 벌어지던 시기였다. 이탈리아에서는 이런 파당들이 13세기에 이미 출현했고, 프랑스와 네덜란드에서는 14세기에 전국 각지에서 생겨났다.

이 시기의 역사를 연구하는 사람들은 현대의 역사가들이 정치, 경제적 관점에서 이런 파당들을 설명하는 것을 보고서, 그 부적절함에 충격을 받게 될 것이다. 역사 인식의 가장 기본으로 여겨지는 경제적 이해관계를 대립시키는 것은, 순전히 기계적인 역사 구성에 지나지 않는다. 아무리 선량한 의도로 임한다 해도 사료를 읽을 때 그런 구성의 근거를 발견할 수가 없다. 이렇게 말한다고 해서 이런 파당들의 형성에 경제적 원인들이 없었다고 말하려는 것은 아니다. 하지만 지금까지 나온 그 원인들에 대한 설명이 불만족스럽기 때문에, 중세 후기의 파당 발생에 대하여, 경제·정치적 설명을 내놓는 것보다는 정치·심리적 설명을 제시하는 게 더 바람직하지 않을까, 생각해 보는 것이다.

파당의 발생

사료에서 드러난 파당의 발생 원인은 대략 이런 것이다. **봉건제 전성기**에, 독립적이고 산발적인 불화가 어디에서나 발견되었다. 이런 불화의 원인은 갑이 을의 재산과 소유물을 질투한다는 것 이외에 다른 경제적 원인을 찾아보기 어렵다. 하지만 물질적 부의 문제 이외에도, 그에 못지 않게 중요한 명예의 문제가 있었다. 이 경우, 가족의 프라이드, 복수의 염원, 지지자들의 열정적인 충성심 등이 주된 동기였다. 국가 권력이 결속되고 확대되는 과정에서, 이런 가문 사이의 불화는 지방 권력의 문제로 국지화되어 파당 의식으로 응집되었다. 파당은 그들의 분열 원인을 유대 의식과 공유된 명예에서 찾을 뿐 다른 곳에는 그 원인이 없다고 생각했다. 만약 우리가 이런 불화를 경제적 갈등이라고 주장한다고 해서, 그것이 원인을 더 깊게 읽는 것이 될까? 중세 당시의 한 예리한 관찰자가 네덜란드의 회켄Häcken 가문과 카블야우엔 가문 사이의 불화에는 타당한 이유들을 발견할 수 없다고 말했다.[40] 이런 말에 대하여 경멸하듯이 어깨를 들썩하면서 우리가 그 관찰자보다 더 똑똑한 척하지는 말아야 한다. 왜 에흐몬트Egmont 가문이 카블야우엔을 지지하고 바세나르Wassenaar 가문이 회켄을 지지하는지 설명하는 단 하나의 만족스러운 답변은 없는 것이다. 이들 가문의 입장을 유형화하는 경제적 대비는, 그들 가문이 이런 저런 파당의 지지자 자격으로 군주를 대하는 입장의 결과물일 뿐이다.[41]

군주에 대한 애착심이 격렬한 감정 상태를 가져올 수 있다는 문제는 중세 역사의 그 어떤 페이지에서도 발견할 수 있다. 기적극 『네이메헌의 어린 마리아Little Mary of Nymwegen』의 내용은 이러하다. 어린 마리아의 사악한 숙모와 이웃 부인들은 아놀드Arnold와 아돌프 드 겔드르Adolphe de Gueldre 부자 사이의 갈등에서 아들 아돌프 편을 들어서 온몸이 가루가 되도록 돕는다.[42] 그런 노력에도 불구하고 아버지 아놀드가 포로 신세에서 해방되자 숙모는 분을 못 이겨 목매달아 자살한다. 이 기적극 저자의 의도는 파당주의의 위험을 경고하려는 것이다. 이런 이유로 저자는 극단적인 사례를 선택한다. 즉 파당주의가 자살을 몰고 온다는 얘기이다. 물론 이것은 다소 과장된 느낌이 들기는 하지만, 민감한 시인이기도 한 저자는 파당의 위험성을 보여 주기 위해 이런 사례를 제시했다.

하지만 이보다 더 위안을 주는 사례들도 있다. 아베빌Abbeville의 행정관들은 한밤중에 교회의 종을 울리라고 지시했다. 샤롤레의 샤를(후일의 샤를 대담공)에게서 전령이 왔는데 샤를 아버지의 조속한 쾌유를 위해 기도를 올려달라고 했다는 것이다. 놀란 주민들은 교회로 몰려들어 수백 개의 촛불을 켜고서 무릎을 꿇거나 눈물을 흘리면서 밤새 기도를 올렸고, 그 동안 종소리는 계속 울렸다.[43]

1429년, 파리의 시민들은 잉글랜드-부르고뉴 동맹을 선호하고 있었다.[44] 그들은 방금 전에 강렬한 설교로 그들을 감동시켰던 리샤르 수사가 아르마냐크 사람(루이 도를레앙Louis d'Orléans 지지자, 즉 잉글랜드-부르고뉴의 적인 프랑스 편)이라는 것을 알았고 또 리샤르가 자신이 방문한 여러 마을들을 은밀하게 자기 편으로 포섭했다는 사실을 발견했다. 파리 시민들은 리샤르를 하느님과 모든 성인의 이름으로 저주했다. 그들은 리샤르가 그들에게 주고 간, 예수 이름이 새겨진 1페니 주석 동전을 내버리고, 부르고뉴 파당의 표시인 성 안드레Saint André의 십자가를 들었다. 또한 파리 시민들은 '리샤르를 경멸하면서', 그가 통렬하게 비판했던 "주사위 놀이를 다시 시작했다"라고 '파리의 시민'은 적었다.[45]

아비뇽과 로마에 두 교황이 존재하는 기독교권의 대분열도 교리상의 차이에 기반을 둔 것이 아니기 때문에 신앙의 열정을 불러일으킬 수 없었다라고 보는 것이 자연스럽다. 대분열이 벌어진 중심 지역으로부터 멀리 떨어진 곳에서는 신앙의 열정이 표출되지 않았다. 그런 곳은 두 교황에 대해서는 이름 정도만 알았고 또 그런 사태로부터 직접적인 영향을 받지도 않았다. 브뤼헤Brugge가 로마 교황에서 아비뇽 교황으로 지지를 바꾸자 많은 사람들이 고향과 도시, 직업과 특권을 버리고 리에주Liege나 인근 도시로 살러 갔다. 그들이 이렇게 한 것은 로마 교황 우르바누스Urbanus에 대한 파당주의에 충성을 바치기 위해서였다.[46] 1382년의 루즈베크Roosebeke 전투가 벌어지기 전에 프랑스 군대의 지휘관들은 성스러운 전쟁에만 사용되어야 할 신성한 붉은 왕기(프랑스 왕의 깃발)를 플랑드르 반도들과의 전투에서 사용해도 되는가 하는 의문을 품었다. 하지만 플랑드르 사람들이 우르바누스 지지자여서 이교도이기 때문에 그들에게 왕기를 사용해도 된다는 결정을 보았다.[47] 프랑스 정계의 활동가이며 작가인 피에르 살몽Pierre Salmon은 위트레흐트Utrecht 시를 방문했을 때, 그에게 부활절 성사를 보아 줄 신부를 찾을 수가 없었다. "내가 분열주의자이고 반교황인 베네딕투스를 지지하기 때문에 그렇다"는 것이었다. 그래서 그는 예배당으로 가서 마치 신부 앞에 있는 것처럼 고해성사를 했고 카르투지오 수도원에서 미사를 보았다.[48]

파당주의와 군주에 대한 충성심은 아주 감정적인 특징을 갖고 있었다. 이러한 특징은 파당의 표시, 깃발, 상징, 로고, 좌우명 등의 암시적 효과로 더욱 강화되었다. 파당의 상징이나 로고는 여러 번 화려한 색상으로 바뀌었는데, 그때마다 그 배경에는 살인과 소동이 꿈틀거렸고, 때로는 유머가 깃들이기도 했다. 1380년, 2천 명의 파리 시민들이 거리로 나와 파리로 입성하는 젊은 샤를 6세를 맞이했는데, 그들은 똑같이 절반은 녹색, 절반은 백색인 옷을 입었다. 1411년에서 1413년에 이르기까지, 모든 파리 시민들은 세 번에 걸쳐 각각 다른 파당의 표시를 했는데, 첫 번째는 성 안드레 십자가가 그려진 보라색 모자를, 두 번째는 흰색 모자를, 세 번째는 다시 보라색 모자를 썼다. 심지어 성직자와 아녀자들도 그런 모자를 썼다. 1411년 부르고뉴 대공이 파리에서 공포 정치를 자행할 때, 아르마냑 사람들은 매주 일요일 교회 종소리에 맞추어 파문되었다. 성인들의 조각상은 성 안드레의 십자가로 장식되었다. 또한 몇몇 신부들은 주님이 처형당한 똑바르게 세워진 십자가의 성호가 아니라 약간 비스듬한 성호를 그었다고 한다.[49]

중세인의 잔인한 정의감

자신의 파당, 주군, 이해관계를 맹목적으로 지지하거나 추구하는 열정은 부분적으로 아주 냉정한 정의감의 표현이었다. 중세인들은 그런 정의감을 마땅하고 옳은 것으로 생각했다. 그것은 모든 행위가 궁극적 보복을 정당화한다는 군건한 믿음을 보여 준다. 그러나 그 정의감은 4분의 3 정도는 이교도적인 것이었고 복수의 모티프에 좌우되는 것이었다. 교회는 겸손, 평화, 화해를 강조함으로써 사법처리의 칼날을 부드럽게 하려 했지만, 현실에 만연한 정의감을 바꾸지 못했다. 오히려 복수의 모티프에 죄악의 증오가 추가되어, 그 정의감은 더욱 엄중한 것이 되었다. 잘 동요되는 마음을 가졌던 중세인들은 적들이 하는 짓은 모두 죄악이라고 생각하기도 했다. 정의감은 점점 강화되어 양극단의 사이에서 극단적 긴장을 조성했다. 한 극단은 '눈에는 눈, 이에는 이'라는 야만적 정의였고, 다른 한 극단은 죄악에 대한 종교적 혐오감이었다. 그리하여 가혹하게 처벌해야 하는 국가의 역할은 점점 더 긴급해졌고 중요해졌다.

위기 상황에서 사회 내에 불안감이 팽배하면, 국가 권력이 공포의 통치를 감행하기를 바라게 되는데, 그런 불안감이 중세 후기에 널리 퍼져 있었다. 범죄자의 속죄라는 개념은 고대적 순진함의 한가한 흔적으로 치부되었고, 범죄 행위는 공동체에 대한 위협일 뿐만 아니라 하느님의 장엄함에 대한 공격이라는 생각이 더욱 깊게 뿌리를 내렸다. 중세 말기는 고통을 가하는 정의와 사법적 잔인함이 만발한 도취의 시대였다. 사람들은 범죄자는 처벌을 받아야 한다는 사실을 단 한 순간도 의심하지 않았다. 군주들이 시행하는 일벌백계의 시범적 처벌은 사람들에게 짜릿한 만족감을 주었다. 때때로 사법 당국은 엄격한 법집행의 캠페인을 강조하면서 때로는 강도와 좀도둑, 때로는 마술사와 마법사, 때로는 남색 행위 등에 대하여 전쟁을 선포했다.

중세 후기의 잔인한 사법 처리가 우리의 관심을 끄는 부분은 그 변태적인 메스꺼움이 아니다. 오히려 그런 법 집행으로부터 중세인들이 느꼈던 둔감하면서도 동물 같은 만족감, 시골 장터 같은 떠들썩한 여흥이 우리에게 충격을 준다. 몽스Mons 시의 시민들은 도둑들의 우두머리를 거열하는(사지를 찢어 죽이는) 광경을 보기 위해 그 우두머리의 몸값으로 엄청난 비용을 기꺼이 지불했다. 그 광경을 구경한 "사람들은 새로운 성체의 부활을 보는 것보다 그 광경을 보는 것을 더 즐거워했다."[50] 1488년, 막시밀리안 왕이 브뤼헤에 투옥되어 있던 동안, 높은 대 위에 고문대를 설치하여 많은 사람들이 투옥된 왕의 모습을 볼 수 있게 했다. 사람들은 반역죄로 체포된 고위 행정관들의 고문 받는 광경을 구경하는 것을 그렇게 좋아할 수가 없었다. 희생자들은 어서 처형해달라고 간원했지만, 당국은 처형을 가능한 한 연기했다. 구경꾼들이 그 희생자가 추가 고문을 당하는 광경을 구경하는 걸 너무나 좋아했기 때문이다.[51]

신앙과 복수의 염원이 뒤범벅된 이 비기독교적인 양극단은 잉글랜드와 프랑스에서 또 다른 잔인한 관습을 낳았다. 두 나라는 사형 선고를 받은 죄수들에게 병자성사와 고백성사를 주지 말라고 했던 것이다. 길을 잃은 영혼을 구제하겠다는 의도는 아예 없었다. 지옥으로 떨어진 형벌을 확실하게 강조함으로써 죽음의 공포를 조장하자는 의도밖에 없었다. 교황 클레멘투스 5세Clementus V는 1311년에 사형수에게 적어도 참회 성사만은 주라고 지시했으나, 지켜지지 않았다. 정치적 이상가인 필립 드 메지에르Philippe de Mézières는 프랑스 왕 샤를 5세를 상대로, 이어 샤를 6세를 상대로 사형수에게 참회 성사만큼은 해주자고 호소했다. 하지만 메지에르는 '고집불통'인 피에르 도르주몽Pierre d'Orgemont 총리는 거대한 맷돌처럼 움직이기가 어렵다고 말했는데 과연 별명답게 그런 조치를 거부했다. 현명하고 평화를 사랑하는 샤를 5세는 자신의 생애 동안에는 현재의 관습을 바꾸지 않겠노라고 선언했다. 메지에르가 다섯 번 호소하고 그 다음에 장 제르송의 탄원이 덧붙여져, 마침내 1397년 2월 12일 사형수에게도 고해 성사를 주라는 왕령이 떨어졌다. 이 조치의 배후 공로자인 피에르 드 크라옹Pierre de Craon은 파리의 교수형장에 돌 십자가를 세웠고, 프란체스코 수도사들이 거기서 사형수들의 성사를 돕게 했다.[52]

하지만 그런 칙령에도 불구하고 오래된 관습은 여전히 존속했고 잘 사라지지 않았다. 1500년 직후에 파리의 주교인 에티엔 퐁시에Étienne Ponchier는 클레멘투스 5세의 회칙을 다시 반포해야 되었다. 1427년 도둑의 우두머리가 파리에서 교수형에 처해졌을 때, 섭정왕 정부(→ 백년전쟁)에서 고위 회계관이며 존경받던 어떤 고관은 도둑 우두머리가 요청한 고해성사를 거부함으로써 죄수에 대한 증오심을 표출했다. 그 고관은 욕설을 퍼부으면서 죄수를 따라 사다리 위로 올라가면서 막대기로 죄수를 때렸고, 죄수에게 영혼의 희열을 생각하라고 권고해 준 교수형 집행인을 비난했다. 고관의 비난에 겁을 먹은 집행인은 자신의 일처리를 소홀히 했다. 그 결과 밧줄이 끊어졌고, 불쌍한 죄수는 땅에 툭 떨어져서 다리뼈와 갈비뼈가 부러졌다. 죄수는 그런 부상을 당한 채로 교수형틀의 사다리를 다시 올라가야 했다.[53]

자비와 용서의 결핍

중세에는 현대인들이 정의의 문제를 다룰 때면 늘 발휘하는 조심스럽고 신중한 마음가짐이 결여되어 있었다. 가령 심신이 쇠약해진 상태에서 저지른 행위인지에 대한 통찰, 개인의 범죄에 대하여 사회도 일말의 책임이 있다는 의식, 죄수에게 처벌의 고통보다는 재활의 구원을 가르쳐야 한다는 생각 등은 아예 없었다. 아니면 좀 더 좋은 쪽으로 이렇게 말해볼 수 있으리라. 이런 것들에 대하여 막연한 인식이 결핍되어 있지는 않았다. 하지만 그런 인식은 말로 표현되지 않다가 자비와 용서의 순간적 충동(양심적 죄책감과는 무관한)으로 표출되었다. 그런 충동은 정의의 집행이라는 잔인한 만족감 앞에서는 별로 힘을 발휘하지 못했다. 우리 현대인은 양심의 가책을 다소 느끼면서 망설이는 자세로 경감된 정의를 집행하는 반면, 중세인들은 잔인한 형벌과 자비라는 양극단의 두 조치만 알고 있었다. 자비를 베푸는 데 있어서, 중세인들은 '죄수가 어떤 특정 사유로 자비를 받을 만한가'라는 정상 참작의 질문을 별로 묻지 않았다. 왜냐하면 이론적으로는 그 어떤 범죄, 심지어 중죄도 완전 사면을 받을 수가 있었기 때문이다. 그러나 실제에 있어서 사면 쪽으로 저울추를 기울게 하는 것은 순수한 자비심이 아니었다. 중세인들은 고관 친척들의 개입으로 죄수가 '특별 사면장'을 받았다는 얘기를 아주 태연스럽게 했고, 우리 현대인은 그런 태연함을 놀랍게 생각한다. 하지만 이런 사면장은 저명한 범법자에게는 거의 해당되지 않았고, 고위 변호인들을 동원하지 못하는 가난한 평민들에게 해당되었다.[54]

냉정함과 자비의 기이한 병치는 법 집행 이외의 관습에서도 중요한 특징이었다. 한편에는 비참한 자와 장애자에 대한 겁날 정도의 가혹함이 있고, 다른 한편에는 가난한 자, 병든 자, 정신허약자에 대한 동정이 있었는데, 이런 양극단은 오늘날에도 러시아 문학 속에서 발견되는 병치 현상이다. 처형에 대한 만족감은 어느 정도 강력한 정의감으로 정당화되었다. 그러나 믿기 어려울 정도의 가혹함, 부드러운 감정의 결핍, 잔인한 조롱, 남이 고통 받는 것을 구경하며 느끼는 은밀한 즐거움 등은 정의감의 만족이라는 요소마저도 없었다. 연대기 작가 피에르 드 페냉 Pierre de Fenin은 한 무리의 도둑들이 처형된 것에 대한 보고서를 이렇게 끝맺었다. "그리고 사람들은 모두 크게 웃었다. 왜냐하면 그들은 모두 가난한 사람들이었기 때문이다."[55]

1425년 파리에서 한 '오락 행사'가 벌어져 네 명의 무장한 맹인이 돼지 한 마리가 현상으로 걸린 싸움을 하게 되었다. 그 행사가 벌어지기 며칠 전부터 맹인들은 전투 복장을 하고서 파리 시내를 돌아다니며 홍보를 했다. 피리 부는 자와 현상 돼지가 그려진 커다란 깃발을 든 자가 네 명의 맹인들 앞에서 걸어가면서 구경꾼들을 모아들이는 호객 행위를 했다.[56]

벨라스케스Vélasquez는 여자 난쟁이의 감동적인 얼굴 표정을 우리에게 보여 준다. 그 난쟁이는 어릿광대로서 벨라스케스 시대의 스페인 궁정에서 명예로운 지위를 차지하고 있었다.(도판 2) 난쟁이들은 15세기 군주들의 궁정에서 높이 평가되는 오락물이었다. 대국의 궁정에서 흥미로운 막간극(여흥 행사)[57]이 벌어질 때면, 난쟁이들은 그들의 기예와 기형을 과시했다. 부르고뉴의 필립이 데리고 있던 금발 머리의 난쟁이 마담 도르는 잘 알려진 인물이었다. 그녀는 곡예사 한스와 씨름을 하기도 했다.[58] 대담공 샤를과 마거릿 오브 요크Margaret of York(잉글랜드 왕 에드워드 4세의 여동생)가 1468년에 결혼식을 올릴 때, '부르고뉴 공주의 난쟁이'인 마담 드 보그랑이 그 예식에 참석했다. 그녀는 여자 목동의 복장을 입고서 말보다 더 큰 황금사자를 타고 돌아다니면서 식장의 여흥을 돋우었다. 황금사자는 입을 벌리고 닫으면서 환영의 노래를 불렀다. 키 작은 여자 목동은 젊은 공작 부인에게 선물로 주어졌고 그들의 식탁 위에 앉았다.[59]

도판 2 디에고 로드리게스 데 실바 벨라스케스, <명예 시녀들>, 마드리드 프라도 박물관.

우리는 이런 난쟁이 여인의 운명을 탄식하는 소리는 알지 못한다. 그 대신 그들에 대해서 좀 더 많은 것을 말해 주는 비용 계정의 항목들은 알고 있다. 그것들은 이런 사실을 알려준다. 어떤 공작 부인은 친정집 으로부터 이런 난쟁이 여자를 한 명 데리고 왔다. 난쟁이 여인의 아버지 혹은 어머니가 그 딸을 공작의 궁중에 인도했다. 난쟁이의 부모는 가끔 딸을 보기 위해 궁중에 다니러 왔고 그럴 때면 "난쟁이 여자 블롱Belon의 아버지에게 팁을 주었다." 난쟁이 아버지는 딸의 그런 궁정 내 지위에 대하여 만족감을 느끼며 명예롭다고 생각했을까? 같은 해, 블루아의 자물쇠 장인이 두 개의 쇠목걸이를 납품했다. 하나는 "난쟁이 블롱을 묶어두기 위한 것이고, 다른 하나는 공작 부인의 원숭이 목을 묶어두기 위한 것이었다."[60]

정신병자가 어떤 대접을 받았는지 알려면 정신이 허약하여 정신이상의 징후를 보였던 샤를 6세에 대한 처우 규정을 살펴보면 된다. 그는 왕이었기 때문에 다른 정신병자들이 받은 것보다는 한결 부드러운 대접을 받았다. 불쌍한 정신병자 왕에게 제 정신을 차려 옷을 갈아입게 하려면, 검은 옷을 입고 검은 얼굴 색칠을 한 열두 명의 장정이 악마로 둔갑하여 그를 저승으로 데려갈 것처럼 가장하는 것이 가장 좋은 방법이었다고 한다.[61]

중세의 비정함에는 어느 정도 순진함도 곁들여 있어서 우리 현대인은 그것을 비난하려다가도 입을 다물게 된다. 파리에 흑사병이 창궐하여 맹위를 떨치던 와중에, 부르고뉴 공과 오를레앙 공은 사람들의 기분을 전환하기 위하여 '사랑의 궁정(cour d'amour)'을 설치하자고 제안했다.[62] 1418년 아르마냐크 사람들을 무자비하게 학살할 때, 파리 사람들은 생 외스타슈 교회에 성 안드레 형제회를 설립했다. 모든 신부와 신자들이 그 교회에 붉은 장미 화관을 쓰고 왔다. 그리하여 교회는 장미로 가득 찼고 '장미 꽃물로 목욕한 것처럼' 장미 향기를 풍겼다.[63] 1451년 지옥의 흑사병처럼 내려왔던 아라스의 마녀 심판이 마침내 취소되자, 아라스 시민들은 법의 승리를 축하하기 위해 '도덕적 우행'의 경연을 벌였다. 1등상은 은제 백합 한 송이였고 4등상은 식용 수탉 두 마리였다. 하지만 이 무렵, 마녀로 지목되어 순교한 사람들은 죽은 지가 이미 오래 되었다.[64]

죄악의 뿌리인 오만과 탐욕

중세의 생활은 너무나 강렬하고 다채로웠기 때문에 피 냄새와 장미 냄새의 뒤섞임을 견딜 수 있었다. 지옥 같은 공포와 어린애 같은 농담 사이에서, 잔인한 가혹함과 감상적인 동정 사이에서, 사람들은 여기저기로 비틀거리며 갔다. 그들은 어린애의 머리를 가진 거인 같았다. 모든 세속적 즐거움에 대한 절대적 부정과, 부유함과 즐거움에 대한 광적인 열망, 이런 두 양극단 사이에서 그들은 살았다.

중세인의 삶 중에서 다른 한 극단을 차지하는 밝은 반쪽은 우리에게 알려진 것이 별로 없다. 15세기의 즐거운 온유함과 영혼의 평온함은 회화 속에만 표현되고 또 고상한 음악의 투명함 속에서만 결정結晶된 듯하다. 그 세대의 웃음은 죽어 버렸고, 중세인의 걱정 없는 즐거움과 생에 대한 자연스러운 열망은 민요와 소극笑劇 속에서만 살아 있는 듯하다. 이것은 중세의 잃어버린 아름다움에 대한 우리의 동경을 불러일으키기에 충분하다. 가령 반에이크 형제가 활약했던 세기(15세기)의 밝은 햇빛에 대한 동경을 불러일으키는 것이다. 이 시대를 진지하게 연구하는 사람은 그 밝은 측면을 포착하기 위해서는 아주 열심히 노력해야 할 것이다. 왜냐하면 그 시대에는 어둠이 지배했기 때문이다. 설교자들의 음침한 경고, 위대한 문학의 피곤한 한숨, 연대기와 사료들의 단조로운 보고서 등에서 우리는 잡다한 죄악의 외침과 비참의 탄식 소리만 들을 뿐이다.

종교개혁 이후의 시대는 보라색의 열혈 정신과 후안무치한 외고집 등을 오만, 분노, 탐욕의 중대한 죄악이라고 보지 않았다. 하지만 15세기에는 그런 열혈 정신과 외고집이 사람들 사이에서 활개를 쳤다. 부르고뉴의 저 끝 간 데 없는 오만! 부르고뉴 공작 가문의 역사가 곧 오만의 역사였다. 창업자 필립 대담공은 급속하게 출세하여 기사도 정신의 허장성세가 이만저만이 아니었다. 그의 뒤를 이어받은 무외공 장은 아주 비통한 질투심의 소유자였다. 무외공이 불시에 피습당하여 죽자 그 아들 선량공 필립은 오랜 세월 동안 복수의 염원으로 칼을 갈았다. 이런 비정상적인 외고집은 그의 아들 대담공 샤를에게 이어져 대담공은 그 야심 때문에 파멸을 맞았고 그리하여 부르고뉴 공국은 사라져 버렸다. 이것이야말로 영웅적인 오만함의 대서사시가 아니고 무엇인가? 그들의 영지는 서유럽에서 가장 치열한 삶의 현장이었다. 그들이 다스린 땅 부르고뉴는 권력에 도취하여 와인처럼 검붉은 색깔이었고, 피카르디는 열정적이었으며, 플랑드르는 부유하면서도 탐욕스러웠다. 이 땅에서는 회화, 조각, 음악이 찬란하게 꽃피었는가 하면, 동시에 유혈 복수의 난폭한 규칙이 지배했고, 귀족과 시민들 사이에는 아주 잔인한 야만주의가 퍼져나갔다.[65]

이 시대는 그 어떤 죄악보다 탐욕을 더 의식했다. 오만과 탐욕은 구시대와 신시대를 대표하는 죄악으로 나란히 놓였다. 오만은 부와 물자가 별로 잘 유통되지 않던 봉건적이고 위계질서적인 시대의 죄악이었다. 부는 권력의 느낌이 별로 결부되어 있지 않았고 대체로 개인적인 것이었다. 권력은 그 자신을 널리 드러내려면 다수의 추종 수행원들, 값비싼 장식물들, 권세 있는 자들의 늠름한 등장 등 위풍당당한 전시물을 수반해야 되었다. 남들보다 신분이 월등한 존재라는 느낌을 널리 떨치려면 눈에 보이는 구체적 형식들을 동원할 필요가 있었다. 가령 충성과 동맹을 보여 주는 무릎 꿇기 의식, 근엄한 존경심의 표시와 장엄하고 화려한 각종 의식 등을 연출해야 되었고 이런 것들은 권력자의 우월한 신분을 가시적이면서도 신성한 것으로 만들어 주었다.

오만은 상징적이면서도 신학적인 죄악이다. 그것은 모든 인생관과 세계관이라는 토양에 깊이 뿌리를 내리고 있다. 오만(superbia)은 모든 죄악의 뿌리이다. 루시퍼(→ 단테)는 왜 천사에서 사탄이 되었는가? 그의 오만이 모든 멸망의 시작이요 원인이었다. 성 아우구스티누스는 그렇게 해석했고, 이런 해석은 그 후의 모든 사람들 마음속에서 자리 잡았다. 오만은 모든 죄악의 원천이고, 죄악은 오만의 뿌리와 기둥으로부터 나온다.[66]

성경으로부터 "교만(오만)은 모든 파멸과 큰 혼란을 가져온다(A superbia initium sumpsit omnis perdito)"라는 관념이 나왔다. (토빗기 4장 13절)[67] "돈을 사랑함이 일만 악의 뿌리(Radix omnium malorum est cupiditas)"라는 관념 또한 성경에서 나왔다. (신약성경 디모데전서 6장 10절)[68] 이에 따라 우리는 탐욕을 모든 죄악의 뿌리라고 볼 수 있다. 이 때문에 원래는 중죄의 리스트에 없었던 cupiditas(욕망)가 avarititia(탐욕)와 동의어로 취급되었고, 실제로 이 성경 구절의 다른 해석에서는 이렇게 되어 있다.[69] 대략 12세기 이후 다음과 같은 확신이 힘을 얻게 된 것으로 보인다. 이 세상을 파멸시키는 것은 무절제한 탐욕이다. 따라서 최고로 무거운 중죄를 따질 때에는 오만보다 탐욕을 위에 두어야 한다. 예전의 신학은 오만을 최고 죄악으로 보았으나, 시대의 참상을 탐욕 탓으로 돌리는 줄기찬 합창 때문에 드디어 오만이 옆으로 밀려난 것이다. 단테는 탐욕을 어떻게 비난했던가. la cieca cupidigia(눈먼 욕망)라고 하지 않았던가!

하지만 탐욕은 오만의 상징적이고 신학적인 특징이 결여되어 있었다. 그것은 자연스러우면서도 물질적인 죄악이었고 순전히 세속적인 열정이었다. 그것은 돈이 유통되면서 권력을 휘두르는 조건이 바뀐 시대에 나타난 최대의 죄악이다. 인간의 가치를 판단하는 것은 돈을 헤아리는 산술적 과정이 되었다. 이제 무제한의 욕망을 만족시키고 재산을 축적할 수 있는 상당한 여유 공간이 생겼다. 이러한 재산은 현대의 금융 절차가 자본에 부여한 저 괴물 같은 불가시성不可視性을 아직 획득하지 않았다. 아직도 환상의 맨 앞자리를 차지하는 것은 눈에 보이는 누런 황금이었다. 재산의 활용은 아직 화폐의 지속적 투자라는 자동적, 기계적 특성을 갖지 않았다. 사람들의 만족은 여전히 탐욕과 방탕이라는 양극단 사이 어딘가에 존재했다. 이런 풍성함 속에서, 탐욕은 더 오래된 죄악인 오만과 결혼을 했다. 위계적이고 봉건적인 사상은 아직 그 화려함의 빛깔, 장엄함과 찬란함에 대한 열망을 잃지 않았고, 최고급 사치품과 화려한 행렬은 여전히 진홍색으로 장식되었다.

이처럼 더 오래된 오만과 결합함으로써 중세 후기의 탐욕은 그 직접적이고, 열정적이며, 필사적인 특징을 획득하게 되었다. 하지만 중세 이후의 후대는 탐욕을 완전히 다르게 해석했다. 프로테스탄티즘과 르네상스는 탐욕에 윤리적 가치를 부여했다. 이 시대들은 그것이 복지를 촉진시키는 데 유익한 도구라고 생각하여 탐욕을 합법화했다. 탐욕에 대한 낙인은 껍질이 벗겨져 나갔고, 세속의 좋은 것들에 대한 부정은 그리 열렬하게 찬양되지 않았다. 이와는 대조적으로 중세 후기의 사람들은 죄스러운 탐욕을 나쁘게 보고 자비 혹은 자발적 가난을 좋게 보면서 그 두 가지를 적극적으로 구분했다.

이 시기의 문헌과 연대기들, 잠언과 경건한 소논문을 살펴보면, 부자들에 대한 격렬한 증오와 고관대작의 탐욕에 대한 엄청난 불만이 크게 메아리친다. 때때로 그것은 계급투쟁의 어두운 예고편 같이 들리며, 도덕적

76

분노라는 형태로 표출되었다. 이 분야와 관련하여, 우리는 이 시대의 생활 기조를 각종 문헌이나 이야기 사료들로부터 발견할 수 있지만, 그보다는 법률 문서들이 그들의 노골적인 탐욕을 아주 생생하게 보여 준다.

1436년, 사람들이 많이 다니는 파리의 한 교회에서 미사 집전이 22일 동안이나 중지된 일이 있었다. 그 이유는 주교가 그 교회를 다시 축성해 주지 않았기 때문이었다. 주교는 왜 그랬을까? 그가 두 명의 거지로부터 일정액의 동전을 받아야 하는데 납부되지 않았던 것이다. 두 명의 거지는 교회에서 싸움을 벌이다가 핏방울을 떨어뜨려 교회를 오염시켰고 그에 대한 참회로 일정액의 동전을 납부해야 되었으나 그들은 가난하여 돈을 내지 못했다. 그 파리 주교의 이름은 자크 뒤 샤틀리에Jaques du Châtelier였는데 "아주 허세가 심하고 탐욕스러운 인물로서, 주교직이 요구하는 것 이상으로 세속적인 인물이었다." 하지만 1441년에 들어와 그의 후계자인 드니 데 물랭Denys des Moulins 주교의 때에도 같은 일이 또다시 벌어졌다. 이때에는 넉 달 동안이나 파리에서 사람들이 가장 많이 이용하는 이노상 묘지에서 장례식이나 성체 행렬이 거행되지 못했다. 물랭 주교가 그런 행사와 관련하여 소정의 납부액보다 더 많은 돈을 요구했기 때문이다. 이 주교에 대해서는 이런 평가가 내려졌다. "그는 돈이나 가치 있는 선물을 받지 못하면 사람들에게 별로 연민을 보여 주지 않았다. 게다가 그는 50건 이상의 소송에 연루되어 있었다. 왜냐하면 법정에 호소하지 않는 한 그에게서 받아낼 돈을 받을 길이 없었기 때문이다."[70] 중세 후기의 사람들은 부자들에 대하여 엄청난 증오심을 갖고 있었고 설교자들과 시인들은 부자들에 대하여 지속적으로 경멸의 비난을 퍼부었다. 우리가 왜 그랬는지 그 이유를 알고자 한다면, 당시의 '신흥 부자'인 도르주몽 가문의 역사를 자세히 살펴보면 될 것이다. 이 가문은

그 지독한 인색함과 무수한 법정 싸움으로 악명 높은 가문이었다.[71]

중세인 마티외의 인생 전변

중세 사람들은 그들 시대의 운명과 사건들을 경제적 실수, 착취, 전쟁과 강도, 인플레이션, 결핍, 전염병이 연속되는 시대라고 인식할 수밖에 없었다. 질질 오래 끄는 전쟁, 온갖 종류의 하층민들이 도시와 시골에 미치는 위협, 가혹하고 불공평한 법 집행에 대한 상존하는 공포 등은 전반적인 불안감을 조성했고 삶의 배경을 검은 색깔로 채색하는 경향이 있었다. 가난하고 신분 낮은 사람들의 삶만 불안정한 것은 아니었다. 귀족과 고위 행정관들의 삶도 극적인 인생 전변과 끊임없는 위험의 측면에서 비천한 사람들과 별반 다를 것이 없었다. 피카르디 사람인 마티외 데쿠시Mathieu d'Escouchy는 많은 문헌이 전해져 오는 15세기 연대기 작가들 중 한 사람이었다. 그의 연대기는 간명하고, 정확하고, 불편부당하며, 기사도 정신에 대한 찬미가 많고 전통적인 도덕적 경향이 강하다. 이런 점 때문에 우리는 그가 자신의 재능을 정확한 역사기술에 바친 명예로운 저술가일 것이라고 생각하게 된다. 하지만 이런 역사적 저술의 저자가 영위한 삶은 그와는 정반대의 그림이었다. 그런 양극단의 삶을 오리지널 사료들의 편집자가 여실하게 보여 주고 있다.[72]

마티외 데쿠시는 1440년에서 1450년까지 페론Péronne 시의 시의원, 의장, 배심원, 재판관 등의 경력을 지냈다. 경력 초기부터 그는 페론 시의 검사인 장 프로망Jean Froment과 불화에 빠졌다. 그 불화는 마침내 법정 소송으로 옮겨가게 되었다. 곧 검사는 사기와 살인 혐의로, 이어서 '불법과 폭행 미수'로 마티외를 기소했다. 한편 마티외는 적수의 과부에게 그녀가 마녀의 술수를 부린 것이 의심된다면서 그 마녀 행각을 조사하겠다고 위협했다. 하지만 과부는 법원에 호소하여 그 조사를 법원의 손으로 넘기라는 강제 명령을 얻어냈다. 이 사건은 파리 고법으로 올라갔고 마티외는 처음으로 투옥되었다. 그 후 그는 여섯 번이나 고발을 당해서 체포되었고 한 번은 전쟁 포로로 잡혔다. 여섯 번 모두 심각한 형사 범죄였고 그때마다 그의 몸에는 쇠사슬이 친친 감겼다. 프로망 가문과 데쿠시 가문의 상호 고소전은 난폭한 충돌에 의해 잠시 중단되었는데, 이 충돌에서 프로망의 아들은 마티외에게 부상을 입혔다. 양 가문은 상대방의 목숨을 빼앗기 위해 암살자를 고용했다.

이 오래 끄는 양가의 불화가 역사의 무대에서 사라질 즈음, 다른 곳에서 마티외에 대한 공격이 터져 나왔다. 마티외는 이번엔 한 수도자의 공격을 받아 부상을 당했다. 1461년에는 마티외에 대한 새로운 고소가 접수되었다. 마티외가 넬Nesles 시로 이사한 것은 범죄를 저지르려는 의도에서였다는 것이었다. 하지만 이것은 그의 출세를 막지 못했다. 마티외는 리베르몽Ribermont 시의 재판관, 시의장을 거쳐서 생캉탱Saint-Quentin 시에서 국왕의 징세관을 역임했고 이어 귀족으로 승진했다. 새로운 공격, 투옥, 참회를 거쳐서 그는 다시 전쟁터에 나가서 복무했다. 1465년 그는 프랑스 왕 편에서 부르고뉴의 대담공 샤를에 맞서 싸운 몽트레리Montlhéry 전투에서 포로로 붙잡혔다. 그 뒤에 풀려나 또 다른 전투에 참전했다가 불구의 몸이 되어 고국으로 돌아왔다. 그는 결혼을 했지만 그것이 평온한 삶의 시작을 의미하는 게 아니었다. 그는 인장을 위조한 혐의를 받고서, '일반 강도범이나 살인범'과 마찬가지로 죄수 신분으로 파리에 이송되었다. 이번 사건은 콩피에뉴Compiègne의 행정관과 새롭게 불거진 불화 때문이었다. 그는 고문을 받고서 자신의 죄를 시인했고, 상고가 금지되었으며, 형을 선고 받았다가 복권되었고, 다시 형을 선고받았다. 이렇게 증오와 박해의 삶을 거듭 되풀이하다가 그의 생애는 마침내 법적 문서에서 사라졌다.

우리가 중세 후기의 사료들에 나오는 개인들의 삶을 연구해 보면 이러한 인생 유전이 많이 발견된다. 가령 **프랑수아 비용**이 그의 『유언집*Le Testament*』에서 언급한 사람들의 개인사를 피에르 샹피옹Pierre Champion이 수집해 놓은 사료,[73] 혹은 『파리 시민의 일기*Le Journal d'un bourgeois de Paris*』에 대한 튀테Tuetey 씨의 주석 등을 읽어보면 그런 사례가 많이 나온다. 거기에는 끝없는 소송, 범죄, 갈등, 박해가 단골 메뉴로 등장한다. 우리가 여기서 다루는 사람들은 법원, 교회, 기타 관청의 문서에서 무작위로 뽑은 사람들의 일생일 뿐이다. 그리고 자크 뒤 클레르크Jacques du Clercq가 저술한 연대기는 온갖 비행들만 집대성해 놓은 것이어서, 이 시대를 더욱 어둡게 채색한다. 중세의 일상생활을 좀 더 밝은 측면에서 보여 주는 '특별 사면장'조차도 삶의 어두운 측면을 가리킨다. 그 사면장의 내용이 곧 범죄 행위와 관련되기 때문이다. 아무튼 그 어떤 사료를 무작위로 살펴본다고 하더라도 중세 후기의 어두운 삶이 다시 한 번 확인되는 것이다.

그것은 사악한 세계였다. 증오와 폭력의 불길이 거세게 불타올랐다. 악은 강력하다. 악은 그 검은 날개로 이미 어두워진 대지를 덮는다. 곧 세상의 종말이 오리라고 기대되었다. 하지만 사람들은 회개하지 않았고, 교회는 계속 허덕거렸으며, 설교자들과 시인들은 말세를 경고하고 탄식했지만 아무도 들어주지 않았다.

제2장

더 아름다운 삶에 대한 갈망

모든 시대는 지금보다 더 아름다운 세상을 동경한다. 혼란스러운 현재
에 대한 절망과 우울함이 심각하면 할수록 그 동경은 더욱 더 강렬해진
다. 중세가 끝나갈 무렵 삶에 내재된 기본적인 가락은 씁쓸한 절망의 음
악이었다. 르네상스와 계몽시대를 수놓았던 적극적인 삶의 환희와 개인
의 능력에 대한 자신감은 15세기의 프랑스와 부르고뉴 세계에서는 찾
아보기 어렵다. 그렇다면 그때의 삶은 평균보다 훨씬 더 불행했던 것일
까? 실제로 사정이 그러했던 것처럼 보인다. 그 시대의 사료들, 가령 연
대기, 시가, 설교집, 종교적 소논문, 심지어 관용 문서 등 그 어디를 살펴
보아도, 몇몇 예외적인 경우를 제외하고는, 갈등, 증오, 원한, 탐욕, 가난
의 흔적만이 가득한 것이다.

　그래서 우리는 이렇게 묻고 싶어진다. 과연 이 시대는 잔인함, 뻔뻔스
러운 오만, 무절제 이외에는 그 어떤 것도 즐기지 못했단 말인가? 그렇
다. 확실히 이 시대는 기록상 행복보다는 고통의 흔적을 더 많이 남겨
놓았다. 이 시대의 불행이 곧 이 시대의 역사이다. 하지만 우리는 다음
과 같은 본능적인 확신을 떨쳐 버릴 수가 없다. 그 시대의 한 개인이 향
유했던 행복, 평온한 즐거움, 달콤한 휴식의 총합은 다른 시대에 비하여

별반 다르지 않았을 것이다. 중세 후기에 사람들이 누렸던 찬란한 행복은 아직 완전히 사라지지 않았다. 그것은 민요, 음악, 풍경화의 고요한 지평선, 초상화 속의 진지한 얼굴들 속에서 살아남았다.

하지만 우리는 다시 이렇게 말하고 싶어진다. 15세기에 인생과 세상을 큰 목소리로 찬양하는 것은 통상적인 일이 아니었고 좋은 취미와도 어울리지 않는 일이었다. 일상생활의 진행 과정을 깊이 성찰하여 인생에 대한 전반적인 판단을 내리는 사람들은 오로지 고통과 절망에만 경도되어 있었다. 그들은 시간의 종말이 곧 닥쳐올 것이고 모든 세속적인 것은 파멸할 것이라고 내다보았다. 르네상스와 함께 시작되어 18세기에 만발하게 되는 낙관주의는 15세기의 프랑스인 머릿속에서는 존재하지 않았다.

휴머니스트들: 자신의 시대를 칭송한 첫 번째 집단

희망과 만족감 속에서 자신의 시대를 칭송한 첫 번째 집단은 누구인가? 종교적 사상가들은 말할 것도 없고 시인들도 그런 집단이 아니었다. 정치인들도 아니었다. 그들은 학자, 보다 정확하게 휴머니스트(인문주의자)들이었다. 고대의 지혜를 재발견하면서 현재의 삶에 대한 환희가 최초로 터져 나왔다. 그것은 정신적 승리였다. 울리히 폰 후텐Ulrich von Hutten은 이런 격언을 남겼다. "오 시대여! 오 학문이여! 살아 있다는 것은 즐거움이니라!" 이 격언은 통상적으로 너무 넓은 의미로 해석되고 있다. 여기서 살아 있음을 즐기는 사람은 인류 전체가 아니라 열광적인 문인文人들이다. 16세기 초부터 시대의 찬란함에 대한 환희의 외침이 다수 목격되지만, 그런 외침은 다시 회복된 정신적 세계를 향한 것일 뿐, 삶의 환희 전반에 대한 찬양은 아닌 것이다. 심지어 휴머니스트들의 분위기도 때때로 세상을 등지려는 저 오래된 경건한 자세가 가미되어 있다. 그러니 후텐의 널리 인용되는 격언보다는 1517년에 에라스뮈스가 쓴 편지에서 이런 낙관론의 분위기를 파악해 보는 것이 좋으리라. 하지만 그보다 약간 뒤에 씌어진 그의 편지들에서는 이런 분위기를 찾아볼 수 없다. 그 무렵에는 이런 삶의 환희를 불러일으키던 낙관주의가 에라스뮈스에게서 사라졌기 때문이다.

에라스뮈스는 1517년 초에 볼프강 파브리치우스 카피토Wolfgang Fabricius Capito에게 이런 편지를 써 보냈다.[1] "나는 더 이상 인생에 대해서 열광하지 않습니다. 내가 보기에, 내가 너무 오래 살았기 때문이기도 하고—나는 이미 51세가 지났습니다—내가 이 세상에서 그리 영광스럽거나 즐거운 것은 발견하지 못하기 때문입니다. 그러니까 기독교 신앙을 진정으로 믿는 사람이 진정으로 추구할 만한 것, 경건한 마음으로 내세를 기다리는 사람이 혼신을 다하여 추구할 만한 것을 찾아보기 어렵습니다. 하지만 지금 나는 잠시만이라도 다시 젊어지는 기분입니다. 가까운 미래에 황금시대가 도래하리라는 것을 거의 감지할 수 있기 때문입니다." 그는 유럽의 모든 군주들이 합심하여 평화(그가 그토록 소중하게 여긴 것) 쪽으로 다가가고 있음을 지적하고서 이어 이렇게 썼다. "나는 새로운 부흥, 새로운 전개가 있을 것이라고 확신합니다. 법률을 준수하는 관습과 기독교적 경건함은 물론이고, 진정한[2] 문학과 아주 아름다운 학문의 부흥과 전개를 확신하며 기대하는 것입니다." 물론 이런 부흥과 전개가 벌어지려면 군주들의 보호가 있어야 한다는 것은 말할 필요도 없다. "우리는 군주들의 경건한 신앙심 덕분에 영광스러운 정신의 각성과 부흥을 보게 될 것입니다. 마치 어떤 주어진 신호에 따라서 반응하는 것처럼 말입니다. 그리하여 모든 사람이 훌륭한 학문의 부흥을 맹세할 겁니다."

여기서 우리는 16세기에 알고 있던 순수한 낙관주의의 표현을 본다. 르네상스와 휴머니즘의 기본적 정서는 삶에 대한 무절제한 욕망(통상적으로 이것이 기본 정서인 것처럼 알려져 있으나)과는 아주 다른 것이다. 에라스뮈스의 삶에 대한 긍정은 소극적이면서 다소 경직되어 있고 무엇보다도 정신적인 것이었다. 하지만 이것은 15세기에 이탈리아 바깥 지역에서는 들어볼 수 없었던 목소리다. 1400년경 프랑스와 부르고뉴 영지의 지식인들은 인생과 시대에 대하여 경멸을 퍼붓기를 더 좋아했다. 그들이 경멸을 퍼붓는 방식은 독특했는데(하지만 유사한 사례가 없는 것은 아닌데 바이런주의를 참조하라), 그들이 세속의 삶에 가까이 다가갈수록 그들의 분위기는 더욱 더 어두워졌다.

데샹과 메쉬노의 우울한 시들

그 시대에 대하여 깊은 우울을 표현한 사람들은 세상을 등지고 수도원으로 아예 은퇴하거나 학문 연구에 몰두한 사람들이 아니었다. 그들은 대부분 연대기 작가이거나 궁중의 시인들이었다. 그들은 높은 문화가 결핍되었고 그들이 목격하는 즐거움으로부터 인생의 향상을 엿볼 수 없었다. 이 때문에 그들은 노후한 시대의 쇠약을 줄기차게 한탄하면서 평화와 정의가 없는 세상을 절망했다. 모든 좋은 것은 이 세상에서 사라졌다고 줄기차게 개탄한 사람은 **외스타슈 데샹**Eustache Deschamps이었다.

애도와 유혹의 시대여,
눈물과 선망과 고문의 시대여,

무기력과 저주의 시대여,

우리를 종말로 데려다주는 시대여,

모든 것을 엉뚱하게 망쳐놓는 끔찍한 시대여,

오만과 질투로 가득한 거짓말하는 시대여,

영예도 없고 진정한 판단도 없는 시대여,

생명을 단축시키는 슬픔의 시대여.[3]

그의 발라드는 수십 편이 이런 정신을 노래한다. 동일하고 지루한 주제가 단조롭고 허약하게 변주되었다. 노골적인 멜랑콜리가 신분 높은 사람들을 사로잡았다. 그렇지 않다면 왜 귀족들이 그들이 총애하는 시인으로 하여금 이런 주제를 그토록 자주 노래하도록 놔두었을까?

모든 환희는 사라졌다.

모든 가슴은 폭풍우에 사로잡혔다.

슬픔과 멜랑콜리가 그 가슴에 가득하다.[4]

데샹보다 75년 뒤의 사람인 **장 메쉬노**Jean Meschinot는 여전히 동일한 곡조를 노래했다.

오 비참하고 슬픈 인생이여!

전쟁, 죽음, 기근이 끊이질 않는다.

추위, 더위, 낮, 밤이 우리를 허약하게 만든다.

벼룩, 옴, 다른 많은 벌레들이 우리와 싸운다.

주여, 우리의 이 비참한 몸,

곧 끝나버리고 말 삶에 자비를 베푸소서.

　그는 이 세상의 모든 것이 결국 잘못되고 말리라는 비통한 확신을 끝없이 반복한다. 정의는 실종되었고, 힘센 자는 약한 자를 약탈하고, 이어 약한 자들은 저희들끼리 서로 강탈한다. 메쉬노 자신의 고백에 의하면, 그의 건강염려증은 그를 자살의 벼랑까지 몰고 갔다. 그는 자신을 이렇게 묘사한다.

> 그리고 나는 불쌍한 작가.
> 허약하고 쓸모없는 슬픈 가슴뿐.
> 내가 죽은 사람을 볼 때마다
> 고통이 억센 손아귀로 나를 잡는다.
> 나는 늘 눈에서 눈물이 솟는다.
> 나는 어서 죽었으면 하는 생각뿐이다.[5]

　귀족들이 갖고 있는 인생의 무드는 영혼에 검은 옷을 입히고 싶어 하는 감상적인 태도를 뒷받침한다. 거의 모든 사람들이 입버릇처럼 말한다. 인생에는 비참함밖에 없고, 사람은 언제나 지금보다 더 나쁜 어떤 것을 대비해야 하며, 지금까지 살아온 인생을 다시 한 번 되풀이하고 싶은 생각은 조금도 없다. "나는 슬픔의 인간, 깊은 어둠과 탄식의 폭우 속에서 태어났노라"라고 샤틀랭은 자신을 묘사했다.[6] 대담공 샤를의 연대기 작가이자 궁정 시인인 라 마르슈는 자신을 이렇게 묘사했다. "많은 고통을 겪은 라 마르슈." 그에게 인생은 쓸쓸한 독약이었고 그의 초상화는 당대의 많은 그림들이 보여 주는 저 심술궂은 용모를 묘사했다.[7]

선량공 필립의 삶과 같은 생애가 또다시 있을 수 있을까? 뻔뻔스러운 오만함과 과장된 쾌락 추구의 인생이었지만 그토록 많은 성공을 거둔 그런 삶. 하지만 그런 선량공의 삶도 그 화려한 표면 밑에는 절망의 그림자가 어른거린다. 한 살짜리 어린 아들이 죽었다는 소식을 듣자 선량공은 말했다. "차라리 하느님이 나를 그 나이에 죽게 해주셨다면 나 자신을 행운아라고 생각했을 텐데."[8]

종교적 구원이 없는 멜랑콜리

이 시대에 '멜랑콜리'라는 단어에 우울함, 진지한 명상, 상상력 등의 의미가 모두 들어가 있었다. 이것은 좀 이상한 일이지만, 진지한 정신의 소유자가 어떤 음울한 분위기를 표현하기 위해 그 단어를 사용하는 것은 이해할 만한 일이다. 가령, 프루아사르는 **필립 반 아르테벨데**Philippe van Artevelde에 대하여 이런 얘기를 전한다. "필립은 방금 어떤 메시지를 받고서, 잠시 멜랑콜리(명상)에 빠졌다. 그러다가 프랑스 왕의 사절들에게 답변하기로 결심했다." 또한 데샹은 너무나 흉측하여 상상력의 범위를 벗어나는 어떤 것에 대하여 말한다. "그 어떤 화가도 그 정도로 멜랑콜리(상상력 풍부)하지는 못하며, 그래서 그것을 그려내지 못할 것이다."[9]

지나치게 부담을 느끼고, 실망을 하고, 피로를 느끼는 이런 개인들의 비관주의 속에도 종교적 요소가 있었지만 아주 희미한 것이었다. 이런 염세주의는 곧 닥쳐올 세상의 종말에 대한 기대감을 반영한다. 되살아난 탁발 수도회에 소속된 설교자들은 어디에서나 종말을 가르쳤다. 그들의 상상력을 더욱 강화하여 지옥의 형벌을 새롭게 위협했다. 어둡고 혼란스러운 시대상과 오래 끄는 전쟁의 참화는 이런 종말 사상을 강화하기에 딱 좋았다. 14세기의 마지막 말년 동안, 대분열이 시작되어 아무도 천국에 가지 못한다는 사상이 일반 대중들 사이에 널리 퍼진 듯하다.[10] 화려하고 헛된 궁정 생활을 하지 못하는 것만으로도 사람들은 세속에 작별을 고하는 것이나 마찬가지였다. 그럼에도 불구하고 군주의 충신이나 궁정 신하들이 입을 모아 표현한 우울의 분위기에는 종교적 실체가 배제되어 있었다. 종교적 개념은 기껏해야 전반적인 염세주의의 색깔을 약간 바꾸어 놓았을 뿐이다. 이처럼 삶과 세상을 경멸하는 경향은 종교적인 확신과는 거리가 먼 것이다. 데샹은 세상이 어린아이 같은 노인이라고 말한다. 그 노인은 처음에는 순진했고 이어 오랫동안 현명하고 공정하고 덕스럽고 용감했다.

> 그런데 그는 이제 한심할 정도로 허약해져 퇴락하고 있다.
> 늙고, 질투심 많고, 남을 헐뜯으려 한다. 나는
> 남자나 여자나 오로지 바보들만 볼 뿐이다.
> 종말은 이제 가까이 왔다. 모든 것이 잘못되어 가고 있다.[11]

이 시에는 세상에 대한 염증이 느껴질 뿐만 아니라, 인생에 대한 두려움 혹은 도피가 느껴진다. 모두가 인생의 불가피한 고통 때문이다. 이것은 불교에 내재된 정신적 태도이기도 하다. 일상생활의 노력을 회피하려는 우유부단한 태도, 질병과 노년에 대한 두려움과 혐오증. 인생에 염증 난 개인들은 이런 인생 공포증을 세상의 유혹에 굴복한 적이 없는 사람들과 공유한다. 은둔자들은 늘 인생으로부터 달아났기 때문에 굴복할 일이 없었다.

데샹의 시들은 인생에 대한 지독한 혐오감으로 가득하다. 자녀가 없는 사람은 행운이다. 왜냐하면 아이들은 울고 냄새를 풍기고 골칫거리이며 걱정만 안겨주는 존재이기 때문이다. 아이들은 옷을 입혀 주어야 하고, 신발을 사주어야 하고, 먹여 주어야 하고, 언제 어디서 넘어져서 다칠 줄 모르는 존재이다. 병들어서 죽기도 하고 아니면 다 커서 망나니가 되어 버린다. 타락의 정도가 심하면 감옥에도 간다. 골치와 실망뿐이고 온갖 근심, 정성, 학비 마련 등을 보상해 주는 행복 따위는 없다. 기형아를 낳는 것보다 더 큰 불행은 없다.

데샹은 기형아에 대하여 좋은 말을 해주지 않는다. 기형으로 태어난 사람은 검은 마음을 갖고 있다며, 시인은 성경을 인용한다. 결혼하지 않은 사람은 행복하다. 성격 고약한 여자와 함께 사는 것은 정말 끔찍한 일이기 때문이다. 설사 착한 여자를 얻었다 하더라도 언제 잃어버릴지 몰라 늘 근심이다. 불행으로부터 달아나는 것 못지않게 행운에 대해서도 그리 좋아할 게 없다. 시인은 인간의 노년에서 사악함과 혐오감만을 본다. 몸과 마음이 보기 흉할 정도로 쇠퇴하고, 남의 비웃음을 살 정도로 처량해진다. 노년은 빨리 와서 여자는 서른에 그것을 맞이하고 남자는 쉰에 맞이하는데, 예순은 통상적인 생명 주기이다.[12] 여기에는 노년의 순수한 이상 따위는 찾아볼 수가 없다. 단테가 『향연*Convivio*』에서 노래한 고상한 노년의 위엄은 데샹의 인생관과는 천지 차이이다.[13]

데샹에게서는 별로 발견되지 않는 경건함이 때때로 인생의 염증에 대한 명상을 고양시킬 수도 있으나, 무기력한 실패의 기본적 무드가 진정한 경건성보다 언제나 더 강하게 느껴진다. 성스러움에 대한 진지한 권유는 성화聖化의 진정한 의지를 반영하는 것이라기보다 이런 부정적 요소들의 메아리이다. 파리 대학의 학장을 지낸 고결한 성품의 장 제르송은 자신의 여동생을 위해 독신 생활의 우월함을 증명하는 논문을 썼는데, 결혼할 경우의 어려움과 고통에 대하여 기다란 목록을 작성했다. 남편은 주정뱅이이거나 방탕한 자이거나 아니면 인색한 자일 수도 있다. 설사 남편이 건실하고 착한 남자라고 할지라도, 흉년, 전염병, 선박의 난파 등으로 인해 그의 재산이 모두 사라질 수도 있다. 임신은 얼마나 비참한 상태인가! 얼마나 많은 여자들이 출산 중에 죽었는가! 아이를 돌봐야 하는 어머니가 방해받지 않는 달콤한 잠을 자본 적이 있는가? 그런 어머니에게 무슨 즐거움과 행복이 있겠는가? 그녀의 자녀들은 병신일 수도 있고 말을 잘 안 듣는 불효자일 수도 있다. 남편이 갑자기 죽어 버릴 수도 있고 과부가 된 어머니는 온갖 근심과 가난을 감당해야 한다.[14]

어린아이 같은 삶의 향락과 맹목적인 쾌락주의가 명상에 사로잡히게 되면 어김없이 일상의 현실은 가장 깊은 우울과 연결되어 버린다. 모든 시대가 반드시 동경하는 보다 아름다운 세상은 도대체 어디에 있는가?

더 나은 삶으로 가는 세 가지 길

더 나은 삶을 갈구하는 사람들은 그들 앞에 그 먼 목표에 이르는 세 가지 길을 보아 왔다. 그 첫 번째 길은 현재의 세상을 외면하는 부정의 길이다. 보다 더 아름다운 세상은 이승에 있지 않고 저승에 있다고 보는 것이다. 그것은 모든 세속의 관심사로부터 해방을 약속한다. 세상에 대하여 헛되이 주의를 기울이는 것은 약속된 복락을 연기하는 길일 뿐이다. 이 길은 모든 고급 문화가 추구해 온 길이다. 그리스도교는 이것을 사람들의 마음속에 강하게 각인시켰다. 그것(저승의 복락에 도달)이 개인적 삶의 목표일 뿐만 아니라 문화의 바탕이라고 강조했다. 얼마나 강조했던지 사람들은 더 나은 삶으로 가는 두 번째 길을 오랫동안 봉쇄당해 왔다.

두 번째 길은 이 세상을 개선하여 완전함으로 나아가는 길이다. 중세는 이 길을 거의 알지 못했다. 중세인들에게 이 세상은 좋기도 하고 나쁘기도 하였다. 다시 말해 이 세상의 모든 일은 하느님이 만든 것이기 때문에 원래 좋은 것이었다. 하지만 세상이 이처럼 비참하게(나쁘게) 된 것은 인간의 죄악 때문이다. 중세에, 사회적·정치적 제도를 개선하거나 개혁하려는 의식적 노력은 사상이나 행위의 주된 바탕이 아니었다. 자신의 직업에서 덕성을 발휘하는 것이 이 세상을 이롭게 하는 유일한 방법이었고, 설사 이것을 적극 실천한다고 하더라도, 여전히 인생의 진짜 목표는 저승의 복락이었다. 새로운 사회적 개혁이 실제로 성사될 때마다, 그것을 세상의 진보라고 보는 것이 아니라, 원칙적으로 오래된 좋은 전통의 회복이라고 여겼다. 또는 관계 당국의 적절한 권한 위임 덕분에 권력 남용을 극복한 경우라고 여겼다. 루이 경건왕 이래 프랑스 군주제가 수행한 다면적인 법률적 작업에는, 진정으로 새로운 어떤 구조를 만들어낸다는 의식이 거의 없었다. 이런 법률적 작업은 부르고뉴 공작들의 세습 영지에서 그대로 모방되었다. 이러한 법적 노력들은 분명 국가 조직을 좀 더 기능적으로 발전시키는 것이었다. 하지만 당시의 군주들은 이런 사실에 대한 인식이 거의 없거나 아예 없었다. 그들이 법령을 반포하고 관직을 제정한 것은, 전반적 복지를 추진하는 직접적인 필요에 발맞춘 것이었지, 정치적 미래에 대한 원대한 비전이 있어서 그렇게 한 것은 아니었다.

이 세상을 더 좋고 더 행복한 곳으로 만들겠다는 확고한 의지의 결핍, 이것처럼 미래에 대한 공포와 비관론의 전반적 분위기를 부추긴 것은 또다시 없다. 이 세상은 앞으로 올 좋은 것들의 약속 사항 안에 포함되지 않았다. 더 좋은 것을 갈망하지만 이 세상과 그 화려함에 매달리는 사람들에게, 남아 있는 것은 오로지 절망뿐이었다. 그들은 그 어디에서도 희망을 보지 못했고 즐거움은 찾아내지 못했다. 이 세상은 잠시 지속될 뿐이고 그 세상 속에 머무는 사람에게는 오로지 비참함만이 남아 있다.

그러나 일단 이 세상을 개선시켜야 한다는 적극적인 노선을 취하게 되면, 새로운 시대가 생겨나고 삶에 대한 염증은 용기와 희망에 의해 극복된다. 이런 적극적인 통찰은 18세기가 되어서야 나타났다. 르네상스도 삶에 대하여 정력적인 긍정을 표시하였지만 그것은 다른 종류의 만족감에 기인하는 것이다. 인간과 사회의 완벽 가능성을 주된 사상으로 삼은 세기는 18세기였고, 그 다음 세기(19세기)의 사회적 갈등은 그 앞 세기의 순진성은 잃어버렸지만 그래도 그 용기와 낙관론은 그대로 계승했다.

세 번째 길은 꿈의 땅을 통과하여 나아가는 것이다. 이것은 가장 편안한 길이지만, 목표는 여전히 저만치 멀리 떨어져 있는 길이다. 세상의 현실은 형편없을 정도로 비참하지만 그렇다고 해서 그걸 부정하기도 어렵다면 사람들은 어떻게 해야 할까? 제3의 방법은 삶을 화려한 색깔로 채색하고 빛나는 환상의 꿈나라에 살면서, 이데아(이상)의 황홀 속에서 현실의 가혹함을 망각하는 것이다. 가슴을 울리는 둔주곡을 시작하자면 단 하나의 주제, 단 하나의 코드[絃]를 짚는 것만으로도 충분하다. 보다 더 아름다웠던 과거의 꿈같은 열락을 흘깃 쳐다보기만 하면 된다. 그 시대의 영웅주의와 미덕, 자연 속에서 발견되는 삶의 따뜻한 햇빛 혹은 그 햇빛의 향유를 흠모하기만 하면 된다. 고대의 고전시대 이래 모든 문학적 주제는 영웅적인 것과 전원적인 것, 이 두 가지를 바탕으로 삼았다. 중세, 르네상스, 18세기와 19세기는 이 오래된 곡조를 새롭게 변주한 것에 지나지 않는다.

세 가지 길이 실제 생활에 미치는 영향

위에서 말한 세 가지 정신적 태도가 실제 생활에 미치는 영향은 상당히 다르다. 이 세상을 개선하여 완벽한 곳으로 만들어야겠다는 노선(두 번째 길)을 취할 때, 인생의 노동과 이상적 목표 사이에는 가장 만족스럽고 일관된 접촉점이 발견된다. 이 경우 인간의 영감과 자신감은 그가 하는 구체적인 일에 흘러들어가게 된다. 그를 둘러싼 직접적인 현실은 에너지가 충만해진다. 인간이 자신의 소명을 따르면서 더 좋은 세상을 만든다는 이상에 봉사한다. 여기에서도 황홀한 꿈이 인간에게 동기를 부여하는 요소이다. 어느 정도까지, 모든 문화는 사회적 형식의 변화를 통하여 현실 속에 꿈의 세계를 창조하고자 노력한다. 그러나 어떤 경우에, 우리는 객관적 변화가 아닌 심리적 변화만을 만난다. 말하자면 자신이 잊어버리고 싶은 가혹한 현실의 자리에 상상 속의 완성물을 설치하는 것이다. 하지만 이 경우(두 번째 길)는 꿈의 대상이 현실 그 자체이다. 아무튼 중심 아이디어는 세상을 바꾸고, 정화하고, 개선하자는 것이다. 사람들이 계속 이 목표를 위해 일해 나간다면 세상은 이 이상의 실현을 위하여 제대로 된 길을 가는 것이다. 그리하여 삶의 이상적 형태는 노동의 삶으로부터 약간 떨어져 있고, 현실과 꿈 사이에는 가벼운 긴장이 있을 뿐이다. 최고의 생산량과 값싼 물품의 분배를 위해서 노력하는 것만으로 충분하다면, 또 복지, 자유, 문화가 추구하는 이상이라면, 삶의 기술에 대해서 별로 요구 사항이 없게 된다. 이런 세상에서는 사람들이 귀족, 영웅, 현인, 세련된 궁정 신하의 역할을 연기해야 할 필요가 없다.

　세상을 부정하는 노선(첫 번째 길)은 실제 생활에 아주 다른 영향을 미친다. 저승의 영원한 복락에 대한 동경을 가진 사람은 이 세상의 형식과 제도에 대하여 무관심하게 된다. 그는 그런 사건과 제도에 미덕이 생겨나서 그대로 유지되기만을 바란다. 인생과 사회의 제도는 그대로 놔둔 채 그 제도에 초월적 도덕성을 부여하려고 노력한다. 바로 이런 노력 때문에, 첫 번째 길(세상의 부정)은 세속 공동체들에 대하여 전면적으로 부정적인 효과만 미치지는 않게 된다. 그런 초월적 도덕성은 세속의 사회를 향하여 하느님의 역사役事와 실용적 자비라는 형태로 후광을 뿌리는 것이다.

그렇다면 세 번째 길이 실제 생활에 미치는 영향은 무엇일까? 더 나은 삶에 대한 동경은 곧 꿈꾸어진 이상과 똑같은 것일까? 이 세 번째 길은 삶의 형식을 예술의 형식으로 바꾸어 놓는다. 하지만 이 길은 예술작품, 그것만 가지고 아름다움의 꿈을 표현하는 것은 아니다. 이 길은 아름다움으로 인생 자체를 고상하게 하고, 놀이와 형식으로써 공동체 생활을 채우려 한다. 이것은 개인적 삶의 기술에 높은 요구를 해온다. 그런 요구는 오로지 엘리트만이 인위적인 놀이의 생활로써 충족시킬 수 있는 것이다.[15] 영웅과 현자를 흉내 내는 것은 누구나 할 수 있는 일이 아니다. 삶에 영웅적인 혹은 전원적인 채색을 입히는 것은 비용이 많이 들어가는 오락이고, 대체로 보아, 부분적으로 성공을 거두었을 뿐이다. 사회의 여러 형식들(제도들) 내에서 아름다움의 꿈을 실현하려는 노력은 그 원천부터 귀족적 특징을 갖고 있다.

귀족의 생활과 이상의 형식

이제 우리는 중세 후기 문화를 바라보는 중요한 시점을 언급하고자 한다. 그것은 이상의 형식(the forms of the ideal)을 가지고 귀족 생활을 아름답게 꾸미려 한다는 시점이다. 기사도적 낭만주의의 예술적 빛이 그 생활에 널리 퍼져 있었고, 그 세상은 원탁의 테이블이라는 의상을 입고 있었다. 생활과 현실의 여러 형식들 사이의 갈등은 아주 심각했다. 그 예술적 빛은 엉뚱한 것(현실과 동떨어진 것)이었고 과장된 것이었다.

아름다운 삶에 대한 욕망은 르네상스의 대표적 특징이다. 르네상스 시대에 우리는 아름다움에 대한 갈망을 골고루 만족시키는 커다란 조화를 발견한다. 그런 조화는 예술 작품에서도 또 생활 그 자체에서도 골고루 목격된다. 그 이전의 어느 시대보다 르네상스 예술은 삶을, 삶은 예술에 봉사했다. 하지만 이렇게 말할 경우 중세와 르네상스의 경계를 너무 칼같이 구분하는 게 된다. 삶에 아름다움을 옷 입히려는 열정적 욕망, 삶의 기술의 세련화, 이상을 모방하는 삶의 다채로운 방식 등은 이탈리아의 15세기(르네상스)보다 훨씬 더 오래된 개념이다. 피렌체 사람들이 대폭 확대한 삶의 미화라는 모티프는 실은 오래된 중세의 형식이다. 샤를 대담공이 그렇게 했던 것처럼 로렌초 데 메디치(→ 메디치 가문)도 오래된 기사도의 이상을 고상한 삶의 형식으로 숭앙했다. 메디치는 그 야만적 화려함에도 불구하고 기사도 정신에서 일종의 역할 모델을 발견했다. 이탈리아는 삶의 아름다움이 갖고 있는 여러 가지 새로운 양상을 발견했고 또 삶에 새로운 분위기를 부여했다. 하지만 르네상스의 특징적 태도, 즉 인간의 삶을 보다 높은 예술적 형식의 수준으로 변화시키고 향상시키려는 태도는 결코 르네상스가 만들어낸 것이 아니었다.

삶의 아름다움을 인식하는 태도에서 커다란 분수령이 있다면, 중세와 르네상스의 간극보다는 르네상스와 근대의 간극이 더 깊고 크다고 보아야 한다. 대체로 보아 예술과 인생이 서로 갈라지는 지점에서 하나의 방향 전환이 발생한다. 그 지점에서, 예술은 더 이상 인생의 즐거움을 이루는 고상한 것으로서 인생의 한 가운데 있지 않고, 인생 바깥에 초연히 위치하여 멀리서 감상하는 어떤 것이 된다. 그리하여 사람들은 예술을 교육과 휴식의 순간에만 바라보며 높이 숭앙하는 어떤 것으로 취급한다. 이렇게 하여 하느님과 세상을 구분하는 저 오래된 2원론이, 예술과 인생의 구분이라는 또 다른 형식으로 등장했다. 이제 인생이 제공하는 즐거운 것들 사이에서도 뚜렷한 구분의 선이 그어졌다. 그것들(즐거운 것들)은 고상한 것과 저급한 것으로 양분되었다. 중세인들은 인생의 즐거운 것들을 예외 없이 죄악으로 여겼으나, 이제 그것들은 허용 가능한 것으로 인식되었다. 단지 그 즐거운 것들에 함유된 영성靈性의 많고 적음에 따라 윤리적 평가가 달라질 뿐이다.

인생을 즐겁게 만드는 것은 예전과 똑같다. 독서, 음악, 미술, 여행, 자연의 감상, 스포츠, 패션(의상), 사회적 허영(작위 훈장, 명예직, 모임), 감각의 충족 등이다. 대부분의 현대인들에게 있어서 고상한 것과 저급한 것의 경계선은 이제 자연 감상과 스포츠의 경계선 정도로 인식된다. 머지 않아 스포츠도 고상한 오락으로 치부될 것이다. 그것이 신체적 힘과 용기를 겨루는 경기로 남아 있다면 말이다. 중세인의 지성인들에게, 고상과 저급의 경계선은 독서와 그 이외의 것들 사이에 있었다. 독서라는 오락은 미덕 혹은 지혜의 함양이라는 목적 아래에서만 인정되었다. 음악과 미술의 경우, 신앙에 도움이 될 때에만 좋은 것으로 인식되었다. 향락 그 자체는 죄악이었다. 르네상스는 모든 인생의 즐거움을 죄악으로 배척하는 태도를 물리치기는 했으나, 고상한 향락과 저급한 향락을 구분하는 새로운 방식을 아직 발견하지 못했다. 르네상스는 인생의 모든 향락을 아무 제약 없이 누릴 수 있기를 원했다.

새로운 구분은 르네상스와 퓨리턴주의(근대의 정신적 태도의 기반) 사이에서 타협이 이루어진 결과물이다. 르네상스는 아름다움의 보존을 강조했다는 점에서, 퓨리턴주의는 죄악의 매도를 고집했다는 점에서, 그 타협은 일종의 상호적 굴복 같은 것이었다. 중세가 그렇게 했던 것처럼, 엄격한 퓨리턴주의는 인생을 미화美化하는 모든 영역을 근본적으로 죄악이요 세속적이라고 매도했다. 단 그런 미화가 종교적 형태를 취하고 또 신앙의 실천에 도움이 되는 경우에는 예외적으로 그 존재를 인정했다. 퓨리턴의 세계관이 세력을 잃은 뒤에야 비로소 인생의 모든 즐거움을 제약 없이 누리자는 르네상스 정신이 다시 힘을 얻었다. 아니, 전보다 더 큰 힘을 얻었다. 이렇게 된 것은 18세기 초에 자연적인 것 그 자체를 윤리적으로 선량한 것으로 보려는 경향이 싹 텄기 때문이다. 예전에 윤리적 기준에 따라 인생의 즐거움을 고상과 저급으로 구분하는 사람들도 이제는 더 이상 그렇게 하지 않았다. 또 예술과 감각적 향락, 자연 감상과 인체의 숭배, 숭고한 것과 자연적인 것, 따위를 서로 구분하지 않았으며, 단지 자기중심주의, 거짓말, 허영 등을 순수함으로부터 구분할 뿐이었다.

새로운 정신이 태동하던 중세 말기에 하느님과 세상을 구분하려는 저 오래된 선택이 아직도 남아 있었다. 세속적 삶의 화려함과 아름다움을 전면적으로 거부할 것이냐, 아니면 영혼에 상처를 입히는 모험을 감수하면서도 그런 화미華美함을 적극적으로 수용할 것이냐의 선택이었다. 세상의 아름다움은 그 죄악성이 인정되었기 때문에 두 배로 유혹적인 것이었다. 따라서 그 아름다움에 굴복한다는 것은 고삐 풀린 열정으로 그 아름다움을 향유한다는 뜻이었다. 그러나 아름다움도 취하고 싶고 세상에 굴복하기도 싫은 사람들은 아름다움을 고상하게 만드는 것 이외에 달리 선택이 없었다. 그들은 예술과 문학의 전 분야를 신앙에의 봉사에 복종시킴으로써 그것들을 성스럽게 만들 수 있었다. 여기서는 그런 예술과 문학을 찬양하는 것이 곧 향락이었다. 회화와 세밀화의 감식가들은 그 그림들의 색깔과 선들을 감상(향락)할 수 있었다. 그 그림들의 주제 때문에(그림들이 성화聖畵였기 때문에), 이러한 향락으로부터 죄악의 낙인이 제거되었다. 그러나 죄악의 정도가 아주 높은 아름다움은 어떻게 되는가? 기사도 스포츠의 신체 컬트[숭배], 궁정 생활, 관직과 명예에 대한 자부심과 탐욕, 사랑의 고혹적인 신비 등, 이런 것들은 신앙이 경멸하고 매도하는데 어떻게 고상하고 숭고한 것으로 만들 수 있는가? 바로 여기에서 꿈의 땅을 통과하는 중간 노선(세 번째 길)이 도움을 준다. 그 노선은 모든 것을 저 오래된 환상적 이상의 아름다운 빛으로 장식하는 것이다.

영웅적 이상의 형식으로 삶을 아름답게 꾸미는 것은 12세기에서 르네상스에 이르는 동안 프랑스의 기사도 문화를 지탱하는 특징이었다. 자연 숭배라는 미화의 힘은 이제 너무 허약해져서(과거 고대 그리스 사람들은 자연 숭배, 즉 알몸의 아름다움에 대한 숭배를 그 문화의 근간으로 삼는 데 성공했다), 세상의 노골적인 아름다움을 기사도 문화에 자신 있게 편입시키기에는 역부족이었다. 그렇게 하기에는 죄악을 매도하는 종교의 힘이 너무나 강력했다. 사람들이 그들 자신을 미덕의 의상으로 휘감을 때에만 아름다움은 비로소 문화에 편입될 수 있었다.

꿈을 연출하는 귀족 생활

프랑스든 부르고뉴든 피렌체든 중세 후기의 귀족 생활은 꿈을 연출하려는 시도였다. 그 꿈은 예전과 똑같은 꿈이었다. 오래 전의 영웅들과 현자들의 꿈, 기사와 시녀의 꿈, 심플하면서도 흥미로운 목동들의 꿈이었다. 프랑스와 부르고뉴는 오래된 스타일로 그 곡조를 연주했고 피렌체는 오래된 주제에 새롭고 좀 더 아름다운 변주를 가미했다는 것만이 다른 점이었다.

고상하고 왕자 같은 생활은 가장 높은 표현 형태에 도달했다. 생활의 모든 형태는 신비의 수준으로 높여졌고, 채색과 장식으로 미화되었으며, 미덕으로 위장되었다. 그런 형식들이 우리에게 촉발시킨 생활의 사건들과 정서의 변화는 아름답고 숭고한 형식 속에 포착되었다. 나는 이것이 유독 중세에만 해당하는 얘기가 아님을 알고 있다. 그것은 문화의 원시적 단계에서도 이미 발생했고, 우리는 그것을 중국 취미(17세기와 18세기에 유럽에서 유행한 복장, 가구, 건축 등에서의 중국 취향-옮긴이)나 비잔틴풍에서 발견할 수 있고, 또 프랑스의 루이 14세 태양왕이 증명하듯이 중세와 함께 죽은 것이 아니라 그 이후인 17세기에서도 발견할 수 있다.

장엄한 궁정은 삶의 형식이라는 미학이 본격적으로 전개되는 무대이다. 부르고뉴 공작들이 그들의 궁정의 화려함과 장엄함에 관련된 것이라면 뭐든지 중요하게 여겼다는 것은 잘 알려진 사실이다. 샤틀렝에 의하면 궁정의식은 군사적 승리 다음으로 중요한 관심 사항이었고 그 의식의 규제와 유지는 궁정의 최우선 과제였다.[16] 대담공 샤를의 의전 수석인 올리비에 드 라 마르슈Olivier de la Marche는 잉글랜드 왕 에드워드 4세의 요청에 의해 대담공 궁정의 의식에 관한 소논문을 집필하면서, 이 궁정의식이야말로 본받을 만한 의전과 예절의 모범이라고 말했다.[17] 합스부르크 왕가는 부르고뉴의 아름답고 정교한 궁정 생활을 물려받았고 그것을 다시 스페인과 오스트리아에 수출했는데, 이 두 나라의 궁정은 최근까지도 이런 정교한 인공성의 보루로 남았다. 부르고뉴 궁정은 모

든 사람으로부터 가장 부유하고 가장 질서정연한 궁정이라는 칭송을 받았다.[18]

대담공 샤를은 난폭한 성격의 소유자로 알려져 있으나 실은 기강과 질서를 숭상했다. 그는 결과적으로 그의 뒤에 대혼란만 남겨 놓았으나 아주 전형적인 삶의 형태에 대한 열망을 갖고 있었다. 대담공이 직접 가난하고 힘없는 사람들의 진정을 듣고서 즉석에서 재결해 주었다는 저 오래된 환상은 대담공에 의해 아름다운 형식이 설정된 것이었다. 일주일에 두세 번 공은 점심 후에 공식 알현을 허용했다. 이 시간이면 누구나 진정서를 가지고 공에게 접근할 수 있었다. 대담공 가문의 모든 귀족들이 그 알현에 참석했고 감히 빠진다는 것은 생각조차 하지 못했다. 귀족들은 공작의 보위에 이르는 통로 양옆에 마련된 좌석들에 계급에 따라 앉았다. 공의 발치에는 두 명의 진정인, 법정 관리, 서기가 꿇어앉아 있다. 그들은 진정서를 읽거나 공이 지시하는 대로 그 진정서를 처리했다. 홀 주위에 설치된 난간 뒤에는 궁정의 하급 관리들이 대기했다. 샤틀랭은 이렇게 말했다. 겉만 보면, "그것은 장엄하고 칭송받을 만한 것이었다." 그러나 마지못해 그 자리에 나온 구경꾼들은 따분함을 느꼈고, 샤틀랭도 이런 재판 방식이 과연 타당한 것인가 의문을 품었다. 하지만 그것은 이 연대기 작가가 다른 군주들에게서는 발견하지 못한 절차였다.[19]

대담공 궁정의 오락 행사 또한 아름다운 형식을 취해야 했다. "공은 하루의 일정 시간을 자신의 태도와 품행에 대하여 숙고했고 그 사이 사이에 게임과 웃음을 끼워 넣었다. 그럴 때면 웅변가처럼 연설을 하면서 즐겼고 귀족들에게 미덕을 실천하라고 권유했다. 이렇게 할 때마다 그는 여러 번 자신의 앞에 귀족들을 도열시킨 채 보좌에 앉았고 때와 상황에 맞게 훈시를 했다. 그는 군주 겸 통치자로서 늘 다른 사람들과는 비교가 되지 않는 화려하고 웅장한 옷을 입었다."[20] 이처럼 인생을 예술적 형태로 만들고자 하는 의식적 노력은, 그 경직되고 순진한 형태에도 불구하고, 르네상스 정신의 완벽한 실현인 것이다. 샤틀랭은 대담공을 가리켜 "독특하게 보이고 주목받으려 했기 때문에 아주 장엄한 정신의 소유자"라고 말했다. 이것이야말로 부르크하르트가 말한 르네상스적 인간의 특징적 요소인 것이다.

궁정의 위계적 배열은 식사와 주방과 관련해서는 **라블레적** 풍성함을 갖추었다. 대담공 샤를의 궁정 식탁은 빵 담당, 고기 담당, 와인 담당, 요리장이 늘 대기했고 그들의 서비스는 거의 의전 절차 비슷한 위엄으로 규제되었다. 식사 과정은 장엄하고 엄숙한 연극과 비슷했다. 같이 식사하는 궁정 사람들은 열 명씩 그룹을 이루어 별도의 방에서 계급과 지위에 따라 엄격한 격식에 맞추어 대담공과 비슷하게 시중을 받았다. 식사의 모든 과정이 철저하게 통제되었고 식사를 마치고 나서 각 그룹의 사람들은 여전히 식탁에 앉아 있는 공작에게 다가가 "그의 영광에 존경을 표시할" 시간이 있었다.[21]

궁정 주방은 일곱 개의 거대한 아궁이를 갖춘 엄청난 곳이었다(현재 디종Dijon에 남아 있는 공작궁의 폐허에 가면 이것을 볼 수 있다). 이 주방에는 당직 요리장이 아궁이와 조리대 중간에 놓인 안락의자에 앉아서 주방 안의 모든 활동을 감시한다. 그는 한 손에 커다란 나무 주걱을 들고 있는데, 두 가지 목적에 사용되었다. "하나는 조리대에서 만들어지는 수프와 소스를 맛보는 것이고, 다른 하나는 그걸 휘두르면서 주방의 일하는 소년들을 닦달하여 일을 제대로 하게 하는 것이고 또 필요시에는 그들의 엉덩이를 때리기도 하는 것이다." 가끔 드문 경우에, 가령 최초의 송로 요리나 청어 요리를 내놓을 때에는 이 요리장이 횃불을 들고서 직접 그 일을 담당하는 것이다.

이 모든 것을 묘사하는 과장하기 좋아하는 궁정 신하의 눈에는, 그런 절차가 신성한 신비였고 그것을 존경하는 어조로 말했을 뿐만 아니라 일종의 과학적, 학문적 방식으로 기술하고 있는 것이다. 라 마르슈는 이렇게 말한다. "내가 시동이었을 때, 나는 너무 어려서 우선순위(앉는 자리의 순서와 서비스를 먼저 받는 순서)와 의식의 중요성을 제대로 이해하지 못했다."[22] 그는 독자들에게 우선순위와 궁정 서비스라는 중요한 문제를 제기한 다음 만년의 원숙한 통찰에 입각하여 그것들에 대하여 대답한다. 왜 주군의 식사 때에는 주방 시종이 아니라 주방장이 시중을 들어야 하는가? 주방장은 어떤 경로를 거쳐서 궁정에 고용이 되는가? 그가 자리를 비울 때에는 누가 그를 대신해야 하는가? 고기 담당인가, 수프 담당인가? 현명한 라 마르슈는 말한다. 이 질문에 대하여 나는 이렇게 대답한다. 군주의 궁정에 주방장을 고용할 때, 집사장, 주방 시종, 주방에서 일하는 모든 사람이 각자 엄숙한 맹세 아래 자신의 의견을 말하고, 그런 의견을 종합하여 주방장을 고용한다. 두 번째 질문에 대한 답은 이러하다. 주방장이 자리를 비우면 고기 담당도 수프 담당도 그를 대신하지 못하고, 위와 비슷한 절차에 의해 뽑힌 임시 주방장이 그를 대신한다. 왜 빵 담당과 술잔 담당이 고기 담당이나 요리 담당보다 더 위인 1, 2번의 자리를 차지하는가? 그들의 담당이 빵과 와인이기 때문이다. 이 두 가지는 성체 성사에 의해 높이 현양되는 신성한 물건이다.[23]

우리는 이러한 사례에서 신앙과 궁중 예절 사이에 존재하는 실제적 관계를 목격한다. 따라서 다음과 같이 말하는 것은 결코 과장이 아니다. 생활의 형식을 아름답게 만들고 고상하게 만드는 모든 수단은 신앙의 전례적인 요소를 그 안에 갖고 있고, 그리하여 이런 형식을 거의 종교적 영역으로 들어 올린다. 이것은 왜 중세 후기의 사람들이 우선순위(의전 절차)와 예의범절을 그토록 중시했는지 설명해 준다. 이런 현상은 중세 후기에만 국한되는 것이 아니다.

인생의 형식과 고상한 게임

왕실의 우선순위에 대한 시비가 자주 발생하다 보니 러시아 제국에서는 로마노프 왕가가 들어서기 이전에는 국가의 의전 서비스를 다루는 정규 부서를 따로 두었다. 중세의 서유럽 국가들은 그런 부서를 설치하지는 않았지만, 우선순위에 대한 질투심은 중요한 역할을 했다. 이것을 예증하는 사례들을 제시하는 것은 쉬운 일이다. 하지만 우리는 여기서 인생의 형식이 어떻게 아름답고 고상한 게임(놀이)으로 정교하게 발전했는지, 또 그런 게임들의 남발이 어떻게 공허한 전시물이 되어 버렸는지 보여 주기만 하면 충분할 것이다. 여기서 우리는 이와 관련된 몇 가지 사례를 제시하고자 한다.

형식적 아름다움은 때때로 실용적 행위를 완전히 옆으로 제쳐 버린다. 크레시Crécy 전투 직전에 네 명의 프랑스 기사들은 잉글랜드의 전투 대형을 정찰했다. 정찰대의 귀환을 초조하게 기다리던 프랑스 왕은 말을 타고 천천히 들판을 가로질러 가다가 정찰대가 돌아오는 것을 보았다. 정찰대는 전사들의 무리를 뚫고서 왕의 바로 앞까지 나아갔다. "그래 무슨 뉴스를 갖고 왔나, 기사들이여?" 왕이 물었다. 그들은 서로 쳐다보기만 할 뿐 아무 말도 하지 않았다. 왜냐하면 그 누구도 동료들보다 먼저 말을 하려고 하지 않았기 때문이다. 마침내 한 기사가 다른 기사에게 말했다. "기사님, 당신이 먼저 폐하에게 말씀드리시지요. 나는 당신보다 먼저 말하지 않겠습니다." 그들은 '명예'를 존중했기 때문에 이런 식으로 먼저 말하는 것을 상대방에게 양보하려 했다. 마침내 왕이 그들 중 한 명을 지목하여 보고하게 했다.[24]

1418년 파리에서 경찰청장을 지낸 고티에 랄라르Gaultier Rallart의 경우는, 실용이 아름다운 형식에게 양보한 더 뚜렷한 사례이다. 이 경찰청장은 서너 명의 풍각쟁이를 앞세우지 않으면 파리 시내 순찰을 결코 나가지 않았다. 풍각쟁이들은 너무나 음란하게 연주를 했기 때문에 파리 시민들은 청장이 실제로는 "도망쳐라, 내가 지금 오고 있으니!"라고 말하는 것처럼 범죄자들을 쫓아버린다고 말했다.[25] 이것은 결코 단발의 사례가 아니다. 같은 사례가 1465년에도 발견된다. 에브뢰Évteux 주교 장 발뤼Jean Balue는 클라리넷, 트럼펫, 기타 악기 연주자들을 앞세우고 파리 시내를 야간에 순찰했다. "그렇게 풍각쟁이를 앞세우는 것은 일반 순라 꾼들이 습관적으로 취하는 행동은 아니었다."[26] 계급과 지위에 대한 명예는 심지어 교수형장에서도 철저하게 준수되었다. 고위급 장성 생폴 원수의 교수대는 백합 무늬로 장식된 천으로 둘러쳐지고, 기도하는 베개가 마련되어 있었다. 또 원수의 눈을 가리는 가리개는 진홍색 벨벳이었다. 교수형을 집행하는 자는 전에 한 번도 다른 범죄자를 목매달아 본 적이 없는 자였다. 이것은 교수형을 당하게 된 원수에게는 다소 의심스러운 혜택이었다.[27]

15세기 궁정 생활에서는 경쟁적인 정중함과 공손함—현재는 프티 부르주아의 특징으로 여겨지는 것—이 지나칠 정도로 개발되었다. 보다 높은 지위에 있는 사람들에게 그들의 적절한 자리를 내주지 않는 것은 참을 수 없는 개인적 수치로 여겨졌다. 부르고뉴의 공작들은 속으로는 껄끄럽게 여겼지만 프랑스의 왕실 친척들에게 우선순위를 양보했다. 무외공 장은 그의 어린 며느리 미셸 드 프랑스Michelle de France에게 언제나 과장된 존경심을 표시했다. 무외공은 언제나 그녀를 마담이라고 불렀고, 그녀 앞에서 무릎을 꿇었으며, 언제나 그녀의 시중을 들겠다고 말했다. 그러나 그녀는 그런 시중을 받아들일 마음의 준비가 되어 있지 않았다.[28] 선량공 필립은 사촌인 프랑스 황태자(후일의 루이 11세)가 부왕과 갈등을 일으켜 브라반트Brabant로 도망쳤다는 사실을 알았다. 이때 선량공은 프리지아를 복속시키기 위한 캠페인의 일환으로 데방테Déventer 공성전을 펼치고 있었으나, 이 고상한 손님을 영접하기 위해 황급히 브뤼셀로 돌아갔다. 두 사람이 만나는 시간이 가까워 올수록 둘은 서로 상대방에게 더 많은 존경심을 보이기 위한 경쟁을 펼쳤다.

선량공은 황태자가 자신을 맞으러 교외까지 나올까봐 엄청 떨고 있었다. 공은 황급히 여행길을 재촉하면서 계속하여 전령을 보내어 제발 황태자는 현 위치에서 기다려 달라고 간청했다. 만약 황태자가 친히 자신을 맞으러 나온다면 자신은 말을 돌려 아주 먼 곳으로 가버릴 것이고 황태자는 결코 그를 찾아내지 못할 것이라고 맹세했다. 그럴 경우 자신(선량공)은 너무 창피하고 또 세상의 조롱을 당하게 되어, 세상이 결코 그일을 잊지 못하게 될 것이라고도 말했다. 필립은 평소의 허장성세를 모두 걷어치우고 아주 수수하게 브뤼셀에 입성했다. 그는 궁중 앞에서 황급히 말을 내려 그 안으로 들어갔다. 공은 앞으로 달려 나가면서 황태자를 보았다. 그는 공작 부인과 함께 그의 방에서 나와 양팔을 벌리며 안뜰까지 달려온 필립에게 접근해 왔다. 곧바로 늙은 선량공은 모자를 벗고서 잠시 무릎을 꿇었고 다시 황급히 앞으로 달려갔다. 공작 부인은 황태자의 팔을 붙잡으며 태자가 더 이상 걸어가지 못하게 했고, 태자는 태자대로 선량공을 붙잡아 더 이상 무릎을 꿇지 못하게 하려 했으나 성공하지 못했다. 그것이 안 되자, 태자는 선량공을 얼른 일으켜 세우려고 애썼다. 샤틀랭은, 두 사람은 감정이 복받쳐서 눈물을 흘렸고 모든 수행원들은 그들과 함께 울었다고 적었다.

황태자(이 태자는 그 후 왕이 되어 선량공의 최대 적수가 되었다)가 머무는 동안 선량공은 자신을 크게 낮추면서 극진한 예를 다하여 태자를 접대했다. 선량공은 자신과 아들을 '비천한 사람들'이라고 호칭하기까지 했다. 예순 살의 선량공은 태자에게 경의를 표시하기 위해 비가 오는데도 자신의 모자를 벗었고 태자에게 자신의 모든 땅을 내놓겠다고 했다.[29] 샤롤레 백작(후일의 대담공 샤를)은 식사 전에 잉글랜드의 마거릿 왕비와 그녀의 어린 아들이 사용하는 세면 대야를 함께 쓰지 않겠다고 정중하게 사양했다. 이 에피소드를 보고하면서 샤틀랭은 이런 말로 끝을 맺었다. "자신보다 높은 사람 앞에서 자신을 낮추는 자는 그의 명예를 스스로 높이고 넓히는 것이다. 그의 얼굴에서는 선량함이 햇빛처럼 비치고 마침내 흘러넘친다." 귀족들은 그 에피소드를 하루 종일 말했다. 이 건은 선량공 필립에게 보고되었고 공은 두 명의 귀족에게 샤를의 행동에 대하여 찬반을 토론하게 했다. 이 시대에는 봉건적 명예 의식이 이처럼 생생하게 살아 있어서 이런 행동이 의미 있고, 아름답고, 교훈적인 것으로 여겨졌다. 의전 절차상의 양보가 15분씩이나 지속되는 현상은, 우리가 이런 중세의 명예 의식을 알지 못하면 제대로 이해하기 어렵다.[30] 이처럼 사양하는 시간이 길어질수록 그 옆에 서 있던 구경꾼들은 감동을 받게 된다. 하지만 남에게서 키스를 받을 자격이 있는 사람이 그 명예를 피하고 싶다면 그의 손을 감출 수도 있다. 스페인의 왕비는 젊은 미남공 필립의 키스를 피하기 위하여 이런 식으로 손을 감추었다. 하지만 미남공은 잠시 기다린 뒤에 덥석 왕비의 손을 잡고 키스해 버렸다. 온 스페인 궁정이 이것을 보고서 떠나갈 듯이 웃음을 터뜨렸다. 왕비는 그런 제스처를 기대하지 않았던 것이다.[31]

사회적 관계의 형식화

사회적 관계에서 부드러운 감정의 즉흥적 표현은 세심하게 형식화되었다. 가령 궁중의 어떤 시녀들이 함께 손잡고 걸어갈 수 있고, 또 그 경우 어떤 시녀가 다른 시녀의 손을 먼저 잡는지 따위도 세밀하게 규정되어 있었다. 부르고뉴 궁중 예절을 기록한 늙은 궁중 시녀의 어휘 속에서, 그런 초대, 손짓 혹은 부름은 전문적 용어로 표현되었다.[32] 떠나려는 손님을 떠나지 못하게 말리는 의례는 아주 짜증이 날 정도로 극단적으로 준수되었다. 루이 11세의 아내는 며칠 동안 부르고뉴 선량공 필립의 손님으로 보낸 적이 있었다. 루이 11세는 아내가 돌아올 날을 미리 정해 놓았다. 하지만 선량공은 그녀가 가지 못하게 말렸다. 그녀의 수행원들이 열렬하게 간원을 하고 또 왕비 자신도 남편의 분노를 우려할 정도가 되었는데도 출발을 고집스럽게 거부했다.[33] 괴테는 이렇게 말했다. "깊은 윤리적 대의가 없다면 정중함의 외부적 표시도 없다." 하지만 에머슨 Emerson은 정중함이 '시들어 버린 미덕'이라고 말했다. 윤리적 대의가 15세기 동안에 과연 남아 있었는지는 의문스럽다. 하지만 정중함의 미학적 가치는 애정의 정직한 표현과 시들어 버린 사회적 형식 사이의 중간쯤에 위치하는 것이다.

이런 과도하게 정교한 생활의 장식은 무엇보다도 군주의 궁정에서 발생했다. 그곳에는 시간과 공간의 여유가 충분히 있었기 때문이다. 하지만 그런 정교한 장식이 사회의 하부 계층까지 스며들어갔다. 이것은 이런 형식이 오늘날 프티 부르주아들 사이에 고스란히 보존되어 있다는 사실에 의해 증명된다(궁정에 대해서는 더 말해 볼 것도 없고). 손님에게 어떤 음식을 계속 들라고 권유하는 것, 좀 더 오래 머물다가 가라고 하는 것, 남들보다 앞서 가기를 거부하는 것, 이런 관습들은 지난 50년 동안 지체 높은 부르주아의 예의범절에서는 대부분 사라졌다. 하지만 15세기 동안 이런 형식은 만발했다. 이런 형식이 고통스러울 정도로 준수되었지만 동시에 통렬한 풍자의 대상이 되었다. 아름답고 장황한 공손함의 태도는 무엇보다도 교회에서 자주 발견된다. 특히 봉헌 때에 그 누구도 제일 먼저 헌금을 제단 위에 놓으려 하지 않는다.

—"먼저 하세요." —"난 먼저 하지 않겠어요." —"어서 하시라니까!"
"자매님, 당신이 먼저 하세요."
—"난 먼저 하지 않겠어요." —"그럼 우리의 이웃 자매를 부릅시다.
그녀더러 먼저 헌금을 하라고 하지요."
—"당신들 생각대로 되지 않을 거예요." 그 이웃 자매가 말했다.
"먼저 내는 건 내 일이 아니에요. 당신이 먼저 내세요.
계속 이러면 신부님이 미사 진행을 못하게 돼요."[34]

마침내 신자들 중에서 사회적 지위가 높은 사람이 맨 먼저 봉헌을 한다. 하지만 그는 미사 진행을 돕기 위해 그렇게 했을 뿐이라고 겸손하게 말한다. 그 다음에는 누가 평화의 막대기에 먼저 키스할 것인가 하는 문제로 언쟁이 벌어진다. 전에는 평화의 인사를 할 때에는 신자들끼리 서로 입을 맞추었으나, 중세 후기에 들어와서는 아그누스 데이Agnus Dei(하느님의 어린 양)라는 화답송을 부르고 난 후에 나무 막대기, 은제 막대기, 상아 판 등에 입 맞추는 것으로 평화의 인사가 바뀌게 되었다.[35] 평화의 막대기는 저명한 신자들 사이에서 손에 손으로 건네주는 것이었고, 신자들은 그 막대기에 제일 먼저 키스하는 것을 아주 정중하게 거부했다. 그것은 미사 진행을 가로막는 하나의 표준 절차가 되었다.

젊은 여자는 이렇게 대답해야 되었다.

―부인, 저걸 받으세요. 난 먼저 받지 않겠어요.

―아니, 사랑스러운 친구, 어서 받도록 해요.

―난 저걸 먼저 받지 않겠어요. 사람들은 나를

바보라고 생각할 거예요.

―어서 키스 하고 옆으로 돌려요. 미스 마르모트.

―난 그렇게 하지 않겠어요. 절대 안 돼요!

―그걸 에르망가르 부인에게 넘기도록 해요.

―부인 어서 받으세요.

―오, 안 돼요. 그걸 재판관의 아내에게 넘겨요.

―아니에요, 지사 부인에게 넘겨주세요.[36]

마침내 그녀는 그것을 받아든다. 프랑수아 드 폴François de Paule같이 세속을 버린 성자도 이런 공손한 사양에 참가하는 것을 자신의 의무라고 생각했다. 그를 따르는 신앙심 깊은 추종자들은 이것을 진정한 겸손의 표시라고 여겼고, 이런 형식적 절차에서 윤리적 내용이 전혀 배제된 것은 아님을 증명한다고 보았다.[37] 이런 형식의 중요성은 다음과 같은 사실에서 분명하게 드러난다. 사람들이 교회에서 우선순위를 남에게 서로 양보하다가 변덕스럽고 고집스러운 싸움이 벌어지기도 했다.[38] 아무튼 우선순위를 양보한다는 것은 귀족들의 오만함 혹은 부르주아지의 오만함을 스스로 부정하는 아름답고 덕성스러운 행위였다.

교회에 다녀온다는 행사가 전반적으로 일종의 미뉴에트menuet(3박자의 느리고 우아한 춤) 같은 것이었다. 교회를 나와서 집으로 돌아오는 순간에 다시 양보의 싸움이 벌어진다. 먼저 지위 높은 사람을 오른쪽에 걷게 하기 위한 경쟁이 불붙는 것이다. 혹은 누가 널빤지 다리를 먼저 건너가고 혹은 비좁은 골목길을 먼저 들어가느냐 하는 문제이다. 집 앞에 도착하면 신자들 전원에게 집안으로 들어가서 차나 한잔 하고 가라고 말하는 게 예의이다(이 관습은 스페인에서 오늘날까지도 지켜지고 있다). 그러나 초대를 받은 사람은 가장 정중한 매너로 거절해야 한다. 그러면 집안으로 들어가자고 했던 사람들은 그 신자들을 따라 길의 일부 구간을 같이 걸어가 주어야 한다. 물론 그 동안 사람들은 그에게 제발 따라오지 말고 어서 집으로 들어가라고 정중하게 여러 번 말한다.[39]

이런 아름다운 형식은 사람을 감동시키는 구석이 있다. 폭력과 열정으로 비화하기 쉬운 오만하고 난폭한 경쟁이 벌어지는 아주 심각한 투쟁의 과정에서 그런 멋진 꽃봉오리가 피어났다는 점을 생각하면 더욱 감동적인 것이다. 오만을 부정하는 형식적 태도는 종종 실패로 돌아갔고 노골적인 무례함이 그런 장식적 형태를 뚫고 밖으로 터져 나왔다. 리에주의 선제후, 장 드 바비에르Jean de Bavière는 파리를 손님 자격으로 방문했다. 파리의 저명인사들이 그를 극진히 대접했지만 리에주의 선제후는 사행성 게임을 통하여 그들의 돈을 모두 따버렸다. 한 군주는 더 이상 참지 못하고 소리쳤다. "이건 도대체 어떻게 된 악마 같은 성직자인가? 어떻게? 그는 어떻게 우리 돈을 모두 딸 수 있단 말인가?" 그러자 장 드 바비에르는 이렇게 말했다. "난 성직자가 아니고, 당신 돈은 필요 없소." 장은 그렇게 말하고서 그 돈을 움켜쥐어 방안에 뿌렸다. "그리고 많은 사람들이 그의 손 큰 행동에 감탄을 표시했다."[40] 위 드 라누아Hue de Lanoy는 어떤 사람이 고소를 당하여 공작 앞에 무릎을 꿇고 있는데 그 사람을 쇠장갑으로 때렸다. 드 바르de Bar 대주교는 왕이 듣는 데서 어떤 성직자를 거짓말쟁이요 비천한 개라고 비난했다.[41]

형식의 위반은 용납되지 않는다

명예를 지키는 형식적 절차는 너무나 강력하여 예절 위반은 치명적인 모욕처럼 상처를 입힌다(아직도 많은 동양인들은 예절을 안 지키는 것을 커다란 모욕으로 여긴다). 왜냐하면 그런 행위는 자신의 삶이 고상하고 순수하다는 아름다운 환상(노골적인 현실 앞에서는 결국 환상일 수밖에 없지만)을 깨트리기 때문이다. 무외공 장은 파리의 교수형 집행인 카플뤼슈Capeluche와 인사를 나누게 된 것을 씻을 수 없는 수치라고 생각했다. 교수형 집행인은 귀족처럼 정장을 입고서 무외공의 손을 잡았던 것이다. 오로지 그 집행인의 죽음만이 그런 모욕을 씻어낼 수 있었다.[42] 1380년 샤를 6세의 대관식이 벌어진 국가 연회에서 부르고뉴의 대담공 필립(Philippe le Hardi)은 샤를 6세와 앙주 공작의 사이에 있는 자리로 강제로 밀고 들어가려 했다. 그는 자신이 두 사람보다 선배이기 때문에 그 자리에 앉을 자격이 충분하다고 생각했다. 두 사람의 수행원들이 소리치며 앞으로 나와서 힘으로 대담공을 제압하려 했다. 하지만 샤를 6세가 대담공의 요구를 수용함으로써 문제는 일단락되었다.[43] 전투가 벌어지는 엄숙한 상황에서도 형식의 위반은 허용되지 않았다. 잉글랜드의 왕은 릴라당

L'Isle-Adam이 회백색 옷을 입고 나타나 자신의 얼굴을 빤히 쳐다보았다고 해서 분노를 터트렸다.[44] 어떤 잉글랜드의 야전 사령관은 포위된 도시 상스Sens에서 온 평화 사절을 만나기 전에, 그 사절을 이발사에게 보내어 먼저 면도를 하고 오라고 지시했다.[45]

당대의 사람들로부터 높은 칭송을 받았던 부르고뉴 궁정의 찬란한 질서도[46] 보다 오래된 프랑스 궁정의 혼란상과 나란히 놓고 봐야 그 진정한 의미를 파악할 수 있다. 데샹은 여러 편의 발라드를 써서 궁정 생활의 비참함을 탄식한다. 그의 탄식은 궁정 신하 생활을 못마땅하게 여기는 것 이상의 의미를 담고 있다. 우리는 이 주제를 뒤에서 다루게 될 것이다. 형편없는 음식과 형편없는 숙소, 끊임없는 소음과 혼란, 저주와 다툼, 질투와 조롱, 그곳은 죄악의 물웅덩이요 지옥으로 가는 입구이다.[47] 왕족들에 대한 경건한 숭배와 장엄한 의식이라는 오만한 표면에도 불구하고, 가장 의미 깊은 인생사에서 지켜져야 할 예의가 지켜지지 않은 것이 여러 번이었다. 1422년 생드니Saint-Denis에서 거행된 샤를 6세의 장례식 동안에, 수도원의 수도자들과 소금 계량인計量人 사이에 대대적인 다툼이 벌어졌다. 왕의 시체를 덮고 있는 국장 의복과 기타 관련 의상이 누구의 소유인가 하는 문제였다. 양쪽은 서로 소유권을 주장했고 밀고 당기는 승강이를 계속하다가 마침내 주먹다짐 직전까지 갔다. 하지만 베드포드Bedford 공작(→ 헨리 6세)은 그 문제를 법정으로 넘겼고, 그리하여 "시신은 매장될 수 있었다!"[48] 1461년의 샤를 7세 장례식에서도 똑같은 문제가 발생했다. 생드니로 가는 길에 라 크루아 오 피엥la Croix de Fiens까지 온 소금 계량인들은 수도원의 수도자들과 말을 주고받았고, 그들이 주장하는 10리브르를 지불받지 못하여 더 이상 왕의 시신을 운송할 수 없다고 버텼다. 그들은 관대를 길 위에 내려놓았고 장례

112

행렬은 상당 시간 지체되었다. 생드니 시민들이 운구를 직접 담당하려고 나서기 직전에, 왕궁의 마필 담당 수석이 자기 돈으로 소금 계량인에게 그 돈을 지불하겠다고 약속했다. 그러자 행렬은 움직이기 시작했고 저녁 8시가 다 되어서야 교회에 도착했다. 장례식이 끝난 직후 수도자들과 왕실 마필 담당 수석 사이에 국상 의복 소유권을 놓고서 또다시 싸움이 벌어졌다.[49] 축제 행사 때에는 그 행사에 사용된 집기의 소유권을 두고서 유사한 소란스러운 싸움이 벌어졌다. 그리하여 형식을 파괴하는 것 그 자체가 하나의 형식이 되었다.[50]

심지어 17세기 동안에도 왕실의 모든 중요 행사에 필수적 참여자인 일반 대중은, 대규모 축제 행사일수록, 빈번하게 질서 유지의 방해꾼 노릇을 했다. 1380년 샤를 6세의 대관식 축하 연회 때에는 너무나 많은 구경꾼, 참여자, 하인들이 몰려들어 그 행사에 동원된 왕의 수행자들 중 한 사람이었던 루이 드 상세르Louis de Sancerre 원수는 말 등에 음식을 실어와 나눠 줘야 했다.[51] 잉글랜드의 헨리 6세는 1431년 파리에서 왕으로 대관되었다. 이른 아침부터 사람들이 왕궁의 대연회장에 몰려들었다. 일부는 구경하려고, 일부는 뭔가를 훔치려고, 일부는 음식을 한두 점 얻어먹기 위해서였다. 의회 의원, 대학 학장, 경찰청장, 시의장 등은 간신히 연회장 안으로 뚫고 들어갈 수 있었다. 안으로 들어간 그들은 자신들에게 배정된 자리를 다수의 직인들이 차지하고 있는 것을 발견했다. 그들을 일어나게 하려고 시도했지만, "그들이 마침내 한두 명을 일어나게 했을 때, 일고여덟 명이 반대쪽 테이블에 앉았다."[52] 1461년 루이 11세의 대관식 때, 랭스Reims 대성당은 일찍 문을 닫아걸고 철저하게 경비를 세웠다. 대성당의 신자석이 수용할 수 있는 범위 내의 사람들만 받아들이기 위해서였다. 하지만 도유식이 거행되는 높은 제단 근처에는 사람들이 너무 몰려들어 대주교를 도와주는 고위 성직자들이 움직일 공간조차 없었고 상석에 앉아 있는 혈육 관계의 군주들은 신변 안전에 위협을 느낄 정도였다.[53]

　파리 교회는 1622년에 가서야 겨우 자신들이 상스 대주교구의 소속이라는 사실을 인정했다. 그 전에 대주교는 자신의 권위가 파리 교회에서는 확립되지 않는다는 것을 매번 느껴야 했고, 파리 교회는 교황에게 예외적 상황을 인정해달라고 번번이 요청했다. 1492년 2월 2일, 상스 대주교는 왕의 참석 하에 파리의 노트르담 교회에서 미사를 집전했다. 왕이 교회를 떠나기 전에, 대주교는 신자들에게 강복을 내리고서 자신의 앞에 주교 십자가를 앞세우고 교회에서 퇴장하려 했다. 두 명의 교회 참사회원이 다수의 신자들을 이끌고 앞으로 나와서 주교의 십자가를 낚아채더니 땅에 내팽개쳤고 그 십자가를 들고 가던 사람의 손을 비틀었다. 이런 소란스러운 광경이 벌어졌고, 대주교의 하인들은 머리카락이 잡혀 뽑혔다. 대주교가 그 소란을 가라앉히려 하자, "그들은 아무 말도 하지 않고 대주교에게 다가왔다. 노트르담 교회의 참사회장인 릴리에는 팔꿈치로 대주교의 배를 찔렀고, 다른 사람들은 그의 모자를 벗겨내고 리본을 찢어 버렸다. 다른 참사위원은 대주교를 쫓아가며 "욕설을 마구 퍼부었고, 대주교의 얼굴에 손가락질을 했으며, 그의 팔을 아주 거세게 붙잡아 사제복이 뜯겨져 나갔다. 만약 대주교가 손을 들어 얼굴을 가리지 않았더라면 그 참사위원은 대주교의 얼굴을 쳤을 것이다." 이 사태는 소송으로 이어졌고 그 소송은 무려 13년이나 끌었다.[54]

표준화된 형식의 필요성

중세의 열정적이고 난폭한 정신은 단단하게 굳어졌지만 동시에 눈물을 자주 흘리는 경향이 있었다. 한편으로는 이 세상에 대하여 절망하면서 다른 한편으로는 세상의 화려한 아름다움에 탐닉하는 정신은 엄격하게 형식화된 행동의 도움이 없으면 존재할 수가 없었다. 흥분은 표준화된 형식의 단단한 틀 속에 고정시켜야 할 필요가 있었다. 오로지 이 방법을 통해서만 삶은 규제 가능한 질서를 구축할 수 있었다. 이렇게 하여 나와 남들의 경험은 아름답고 지적이고 즐거운 재현물再現物로 변형되었다. 사람들은 무대의 불빛 아래서 고통과 즐거움의 과장된 광경을 즐겼다. 순전히 정신적인 표현의 수단은 아직 결핍된 상태였다. 오로지 정서를 미학적으로 형상화하는 것만이 그 시대가 요구하는 높은 수준의 표현을 충족시켰다.

물론 이렇게 말한다고 해서 인생의 주요 형식—특히 탄생, 결혼, 죽음 등 아주 성스러운 사건들과 관련된 형식들—이 이런 의미를 염두에 두고 실천되었다는 뜻은 아니다. 관습과 의식은 원초적 믿음과 컬트로부터 성장하는 것이다. 하지만 그런 관습과 의식의 본질적 의미는 오래 전에 사람들의 의식意識으로부터 사라졌다. 그 대신 생활의 형태에는 새로운 미적 가치가 들어섰다.

암시적 형태로 정서를 치장하는 작업은 장례식에서 최고의 발달을 이루었다. 슬픔을 찬란하게 과장하는 데에는 많은 가능성들이 있었다. 장례식은 궁중의 장대한 축제 때에 즐거움을 과장되게 표현하는 절차와 정반대의 짝을 이루는 행사였다. 우리는 여기서 군주의 사망에 따르는 사치스러운 장례 의식과 검은 상복들의 음울한 찬란함을 자세하게 기술할 생각은 없다. 장례식의 그런 측면은 반드시 중세 후기에만 해당하는 사항이 아니기 때문이다. 오늘날에도 군주제는 그런 의식을 보존하고 있고 부르주아 장의차는 그런 의식의 결과물이다. 군주가 사망했을 때 궁정뿐만 아니라 행정관, 길드 구성원, 일반 시민들도 모두 검은 옷을 입었는데 그 검은색의 상징성은 중세 도시 생활의 풍요롭고 다채로운 색상과는 강력한 대조를 이루었다. 암살된 무외공 장의 화려한 장례식은 최대한의(부분적으로는 정치적인) 효과를 내기 위해 아주 세심한 의도 아래 준비되었다. 잉글랜드 왕과 프랑스 왕을 영접하는 선량공 필립을 따라나선 전사 호위대는 길이가 7야드에 달하는 깃발과 기치가 달린 2천 개의 창기를 과시했다. 그 깃발의 가장자리는 검은 레이스였는데 모두 황금빛 문장으로 장식되거나 채색되었다. 선량공의 보좌와 국장 마차는 그 행사에 알맞게 검은색이 칠해져 있었다.[55] 트루아에서의 화려한 만남에서, 선량공 필립은 벨벳 장의복을 입고서 프랑스와 잉글랜드의 왕비들을 수행했다. 그의 장의복은 그가 탄 말의 뒤로 흘러내려 땅을 덮었다.[56] 그와 그의 수행원들은 장례식이 끝난 뒤에도 상당 기간 상복을 입었다.[57]

검은색 일색의 환경에서 예외의 색깔이 등장하는 특수한 경우에, 그 효과는 아주 높아졌다. 왕비를 포함하여 프랑스 궁정의 전원이 검은색 옷을 입었는데 왕은 붉은색 상복을 입었다.[58] 또한 1393년에 파리 시민들은 유배 중에 죽은 아르메니아의 왕, 레옹 드 뤼지냥Léon de Lusignan의 장례 행렬이 모두 하얀색인 것을 보고서 깜짝 놀랐다.[59]

검은색 상복이 종종 엄청난 규모의 열정적이고 진정한 슬픔을 포함한다는 것은 의심의 여지가 없다. 중세인들이 죽음을 두려워했고, 가족 간의 애착이 강했으며, 영주에 대하여 강렬한 충성심을 갖고 있었다는 점

116

을 생각할 때, 군주의 죽음은 진정으로 슬픔을 불러일으키는 사건이었다. 여기에 자존심 높은 가문의 명예가 훼손되기라도 한다면, 복수는 가문의 신성한 의무가 되어 버린다. 가령 1419년에 살해된 무외공 장의 죽음이 그러하다. 무외공의 장례식에서 고통과 장엄함이 과장되게 표현된 것은 그런 강렬한 분위기의 탓이었다. 샤틀랭은 무외공의 살해 소식이 전달되는 방식의 미학을 아주 자세히 다루고 있다. 그는 위엄 있는 수사를 구사하는 진중하고 머뭇거리는 장문의 연설을 만들어냈다. 투르네 Tournai 주교는 겐트에서 그런 장문의 연설을 하면서 젊은 선량공에게 그 끔찍한 소식을 천천히 전달하는 것이다. 샤틀랭은 또 선량공과 그의 아내 미셸 드 프랑스Michelle de France가 위엄 있게 슬픔을 표현하는 방식도 만들어냈다. 하지만 우리는 샤틀랭 보고서의 핵심을 의심할 이유는 없다. 그 소식을 접하는 순간 선량공은 신경쇠약의 기미를 보였고 그의 아내는 기절해 버렸다. 궁정의 끔찍한 혼란상, 도시의 소리 높은 호곡―간단히 말해서 그 소식을 듣고서 터져 나온 저 강렬하면서도 절제되지 않은 고통―은 의심의 여지가 없다.[60]

1467년 선량공이 사망했을 때 그 아들 샤를 대담공은 엄청난 고통을 호소했는데, 이에 대한 샤틀랭의 보고 또한 진실의 요소가 가득하다. 선량공의 죽음은 무외공에 비하여 그리 갑작스러운 것도 난폭한 것도 아니었다. 나이가 들어 거의 어린 아이같이 되어 버린 선량공은 오랫동안 건강이 악화되어 갔다. 선량공 말년에 아버지와 그 아들 대담공 사이의 관계도 그리 우호적인 것이 아니었다. 이 때문에 샤틀랭은 대담공이 눈물을 흘리고, 소리를 지르며, 양손을 비틀고, 임종의 자리에서 방바닥에 푹 쓰러지는 것을 보고서 깜짝 놀랐다고 적었다. "그의 슬픔에는 시작과 끝이 없었다. 그는 엄청난 깊이의 슬픔을 표시하여 주위의 모든 사람들

을 놀라게 했다." 선량공의 사망지인 브뤼헤 시에서도 "탄식 소리가 드
높았다. 온갖 종류의 사람들이 울고 소리치면서 다양하게 고통과 슬픔
을 표시했다. 그 탄식 소리는 너무나 요란하여 어디에서나 잘 들렸다."[61]

   이런 유사한 보고서들은 장례식의 슬픔을 전달하고 있지만, 궁중의
장례 스타일이 어느 정도까지 슬픔을 허용하고, 또 고통의 소란스러운
표현이 어느 정도까지 적절하며, 이 시대의 특징인 강렬한 정서가 어느
정도로 깊었는지, 정확하게 짚어내기는 어렵다. 그 의식에는 여전히 원
초적 요소가 남아 있었다. 죽은 사람을 슬퍼하는 소리 높은 호곡은, 그
일을 하도록 고용된 여자 호곡꾼(plourants)이 맡았고, 이 시대의 분묘 조
각들에 이 호곡꾼들이 새겨져 사람들을 감동시켰지만, 이런 호곡꾼의
고용은 아주 오래된 문화적 요소인 것이다.

사망 소식의 전달 방식

원시성, 높은 감수성, 아름다운 형식이 종합된 상태는 중세의 대군주
에게 사망 소식을 전달하는 것을 두려워하는 태도에서도 감지된다. 샤
롤레 공작 부인(후일의 부르고뉴 대담공 샤를의 부인)이 장래의 마리 드 부르
고뉴Marie de Bourgogne를 임신하고 있던 때에, 부인의 친정아버지 소식
은 그녀에게 전달되지 않았다. 아파서 병상에 누워 있던 선량공 필립에
게도 공과 조금이라도 관련 있는 사람의 죽음은 전달되지 않았다. 그리
하여 아돌프 드 클레브Adolphe de Cléves는 아내가 죽었는데도 상복을 입
는 것이 허용되지 않았다. 선량공은 이 소식을 "풍문에" 듣고서(샤틀랭은
"이 죽음의 소식이 약간의 바람에 노출되다"라는 표현을 썼다), 공을 문병 온 투르
네 주교에게 총리가 죽었다는데 사실이냐고 물었다. "폐하!" 주교가 말

했다. "실제로 그는 죽은 사람이나 다름없습니다. 늙은 데다 몸과 마음이 부서져서 오래 살기는 어렵기 때문입니다." "헛소리!" 공이 말했다. "난 그걸 물은 게 아니야. 그가 진짜 죽어서 무덤으로 갔느냐 이 말이야." "폐하," 주교가 대답했다. "그는 죽지 않았습니다. 하지만 몸 절반이 마비되어 죽은 것이나 마찬가지입니다." 공은 벌컥 화를 냈다. "이 무슨 헛소리야! 그가 죽었는지 여부를 내게 명확하게 말해." 그제서야 주교는 마지못해 시인했다. "그렇습니다, 폐하. 그는 정말로 죽었습니다."[62] 이런 기이한 사망 소식 전달 방식은 병상에 누워 있는 사람에 대한 배려 (오히려 그는 짜증을 냈을 뿐인데)보다는 저 오래된 미신적 형태를 드러내지 않는가? 바로 이런 사고방식 때문에 루이 11세는 불길한 소식을 들었을 때 그가 입고 있던 옷을 다시는 입지 않았다. 또 불길한 소식을 전달받았을 때 타고 있던 말도 다시는 타지 않았다. 그는 또한 새로 태어난 아들의 사망 소식을 로슈Roche 숲의 어떤 지역에서 들었는데, 그는 그 지역의 나무들을 남김없이 베어 없애라고 지시했다.[63] 그는 1483년 5월 25일에 이렇게 썼다. "총리대신, 당신이 보내 준 편지들을 고맙게 생각하오. 하지만 그 편지들을 보낸 전령을 다시는 보내지 마시오. 나는 지난번에 그를 마지막으로 보았을 때 그의 얼굴이 크게 바뀐 것을 발견했소. 내 명예를 걸고 당신에게 말하는데 그는 나를 아주 두렵게 했소. 이만 줄이오."[64]

예전의 타부 개념이 장례 관습에 상당히 남아 있다고 하더라도, 장례식의 문화적 가치는 슬픔에 어떤 형식을 부여하여 그것을 아름답고 고상한 것으로 만들어 준다는 점이다. 장례 관습은 고통에 일정한 리듬을 부여하고, 실제 생활을 드라마의 영역으로 전환시키며, 그 생활에 비극의 분위기를 입혀 준다.[65] 원시 문화에서—가령 아일랜드 원시 문화에서—장례 관습과 장례 시가는 서로 분리되지 않는 한 덩어리였다. 부르고뉴 시대의 궁정 장례는 비가悲歌와 연결시켜야 비로소 이해할 수 있다. 장례식의 전시물은 상을 당한 개인이 고통의 면전에서 얼마나 무기력한가를 아름다운 형식으로 보여 준다. 상당한 사람의 지위가 높을수록 고통의 전시는 더욱 영웅적이 된다. 프랑스의 왕비는 남편의 죽음 소식을 전해들은 방에서 1년 내내 머물러야 한다. 공주들의 경우에는 6주가 표준이었다. 샤롤레 부인, 이사벨 드 부르봉Isabelle de Bourbon은 친정아버지의 사망 소식을 듣고서 코벤베르그Couwenberg 성의 장례식에 참석했으나 그 후 6주 동안 자신의 방에서 두문불출했다. 그 동안 내내 베개를 베고서 침대에 누워 있었고 옷은 가슴수건, 모자, 외투만 입었다. 그 방은 완전 검은색으로 치장되었다. 방바닥에는 부드러운 카펫 대신에 커다란 검은 시트를 깔았고 전실前室도 똑같은 검은색으로 치장되었다. 귀족 부인들은 남편이 사망한 경우에 한하여 6주 동안 침대에 드러누워 있어야 했고, 아버지와 어머니가 돌아가셨을 때에는 침대에 열흘만 누워 있으면 되고, 그 후 6주의 나머지 기간은 커다란 검은 시트를 깐 방바닥에서, 침대 앞에 놓아둔 의자에 앉아 있을 수 있었다. 큰 오빠가 사망하면 귀족 부인은 자신의 방에 6주 동안 갇혀 있어야 하나 침대에 드러누워 있을 필요는 없었다.[66] 중세 후기에는 이처럼 의식을 준수하는 것을 영예라고 생각했다. 이 때문에 1419년에 무외공 장이 죽었을 때, 무외공이 조끼, 바지, 구두만 착용한 채로 매장되었다는 사실은 너무나 충격적인 것이었고, 그래서 자주 언급되었던 것이다.[67]

아름다운 형식을 갖춘 삶

아름다운 형식으로 단장되고 또 이런 방식으로 동화된 슬픔의 정서는
인생을 하나의 드라마로 만들려는 충동에 의해 손쉽게 다루어진다. 이
것은 말하자면 '현장의 뒤'에 충분한 공간을 남겨두어 그곳에서 고상하
게 장식된 비애를 부정하는 것이다. 이처럼 '의식'과 실제 생활을 순진하
게 구분하려는 태도가 늙은 궁정 시녀 알리에노르 드 푸아티에의 저작
에서 드러난다. 그녀는 이런 외부적인 과시를 마치 드높은 신비의 행사
인 양 숭배한다. 이사벨 드 부르봉의 장엄한 장례식을 묘사하고 나서 그
녀는 이렇게 말했다. "부인은 혼자 있을 때에는 늘 침대에 누워 있는 것
도 아니고 어떤 방에서 두문불출한 것도 아니었다. 이사벨 공주는 이러
한 의식 속에서 사람들은 맞이했으나, 그것은 단지 아름다운 형식 절차
에 지나지 않았던 것이다. 알리에노르는 유사한 맥락 속에서 이렇게 덧
붙인다. "재혼을 피할 수 없다면 죽은 남편을 추모하여 상복을 2년 동안
입는 것이 적절하다." 신분 높은 사람들, 특히 이름난 군주들일수록, 배
우자의 사망 후에 신속하게 재혼을 했다. 어린 헨리 6세를 위해 프랑스의
섭정왕을 지냈던 베드포드 공은 아내 사망 후 다섯 달 만에 재혼했다.

　장례식 다음으로, 출산을 위한 준비도 본격적인 화려함과 과시의 신
분적 특징을 드러낼 수 있는 좋은 기회였다. 여기에서는 색깔이 의미를
획득했다. 19세기 후반에 들어와 중산층의 유아 침대와 부르망드(유아용
옷장)[68]의 대표적인 색깔인 초록은, 15세기만 해도 왕비와 공주의 특권적
전유물이었다. 프랑스 왕비의 분만실은 초록색 실크로 꾸며졌다(그 전에
는 하얀색이었다). 심지어 백작 부인이라고 해도 '초록의 방'을 가질 수는
없었다. 옷, 모피, 담요, 이불의 색깔들도 모두 규정되어 있었다. 이사벨

드 부르봉의 방에 있는 화장대 위에는 두 개의 대형 은제 촛대가 계속 불을 밝히고 있었다. 분만실의 셔터를 열사흘 동안 닫아 놓았기 때문이다. 가장 주목할 만한 것은 으리으리한 침대들이었는데, 스페인 국왕의 장례식 때의 마차들처럼 비어 있었다. 젊은 어머니는 벽난로 앞의 소파에 누워 있고, 갓 태어난 아기 마리 드 부르고뉴는 유아실의 유아침대에 누워 있다. 게다가 분만실에는 초록색 휘장을 두른 예술적 앙상블을 이룬 두 개의 대형 침대가 있었다. 그 침대들은 침대 커버를 들추면 마치 누가 그 안에서 잤던 것처럼 꾸며졌다. 유아실에는 초록과 자색의 커다란 침대가 두 개 더 있었고 전실에도 진홍색 새틴을 두른 커다란 침대가 있었다. 그 새틴은 위트레흐트Utrecht 시가 무외공 장에게 기증한 것이었다. 그 때문에 그 방은 '위트레흐트의 방'이라고 불렸다. 세례 의식 때에 그 침대들은 의식의 기능을 담당했다.[69]

형식의 미학은 도시와 시골의 일상적 외관에도 그 모습을 드러냈다. 옷감, 색상, 모피의 엄격한 위계질서는 서로 다른 신분의 사람들에게 영원한 기준의 틀을 마련해 주었고, 그 틀은 신분 높은 사람들의 위엄을 고양시키고 보호해 주었다. 하지만 정서적 진동振動의 미학은 출생, 결혼, 죽음과 관련된 축제 때의 즐거움이나 장례식의 슬픔에만 국한되는 것은 아니었다. 이런 중요 행사 때에는 행렬 또한 필요한 의식의 기능을 담당했다.

미농주의

모든 윤리적 행동은 아름답게 장식된 형식의 관점에서 파악되었다. 성인들의 겸손과 자기 비하, 아그네스 소렐[70] 같은 죄인이 "자신의 죄에 대하여 아름답게 참회한 것" 등에는 이런 요소가 있었다. 생활의 모든 관계는 양식화되었다. 현대인들은 친근한 관계를 감추거나 가리려고 하지만, 중세인들은 그것을 하나의 형식으로 표현하여 남들에게 구경거리로 제공하려고 했다. 그리하여 우정은 15세기의 생활에서 정교한 형식을 갖추게 되었다. 평민과 귀족이 모두 소중하게 여긴 혈연의 형제회나 무기의 형제회와 비슷한, '미뇽mignon'이라고 하는 정서적 우정의 형식이 존재했다.[71] 군주의 '미뇽'이라는 형식적 제도는 16세기 내내 그리고 17세기 일부 기간 동안 존속했다. 이 용어는 잉글랜드의 제임스 1세James I 와 로버트 카Robert Carr와 조지 빌리어스George Villiers 사이에 우정에 적용된다. 또 평소 오란예 공작의 뒤를 봐주었던 카를 5세와 오란예 공작 빌렘(Willem van Orange)의 관계도 이런 관점에서 파악할 수 있다. 셰익스피어의 희곡 『12야』에서 공작이 세자리오를 대하는 태도도 미뇽이라는 정서적 우정을 염두에 두어야 비로소 이해할 수 있다. 미뇽이라는 우정의 관계는 궁정의 연애와 나란히 달리는 개념이다. 그래서 샤틀랭은 "당신은 여자도 미뇽도 없구려" 하고 말했던 것이다.[72] 하지만 이 우정은 그리스식 우정(남자간의 동성애)의 징조는 보이지 않는다. 동성애를 끔찍한 죄악(crimen nefandum)으로 여겼던 시대에 미뇽 제도를 아주 공개적으로 다루었다는 사실이 그런 동성애의 의심을 잠재우기에 충분하다. 베르나르디노 다 시에나Bernardino da Siena는 동성애가 널리 퍼진 자신의 이탈리아 동포들에게,[73] 그런 성 관습이 없는 프랑스와 독일을 모범으로 제시했다. 극도의 미움을 산 군주들만이 때때로 자신들의 미뇽과 관련하여 그런 불법적 동성애의 비난을 받았는데, 가령 잉글랜드의 리처드 2세와 로버트 드 비어Robert de Vere의 관계가 그러하다.[74] 중세는 미뇽을 공개적으로 다루었기 때문에, 이런 상황 아래서 미뇽주의는 무해한 관계였고,

그런 관계를 유지하는 사람들을 명예롭게 여겼으며, 또 그들 자신도 그것을 선선하게 시인했다. 코민은 루이 11세로부터 총애를 받는 명예를 자랑스럽게 여겼고, 또 드러내놓고 왕과 같은 복장을 하고 다녔다.[75] 그것은 우정의 분명한 표시였으므로, 왕은 언제나 측근에 자신과 똑같은 옷을 입은 미뇽을 대기시켰고, 사람을 맞이하는 리셉션 행사에는 미뇽의 도움을 받았다.[76] 같은 나이지만 계급은 다른 두 친구가 같은 방에서 자는 일도 빈번했고, 때때로 같은 침대에서 자기도 했다.[77] 이런 떼려야 뗄 수 없는 우정 관계가 젊은 가스통 드 푸아Gaston de Foix와 그의 이복형제 사이에 존재했으나, 그 우정은 비극적인 종말을 맞았다. 루이 도를레앙Louis d'Orléans(당시에는 투렌Touraine 백작)과 피에르 드 크라옹Pierre de Craon 사이,[78] 또 젊은 클레브 백작과 자크 드 랄랭도 미뇽 관계였다. 마찬가지로 제후의 부인들도 자신들과 똑같은 옷을 입고 다니는 신임하는 여자 친구가 있었는데 미뇬mignonne이라고 했다.[79]

이처럼 아름답게 양식화된 생활 형식은 가혹한 현실을 고상한 조화의 영역으로 들어 올리는 기능을 담당했고, 또 멋진 생활의 기술이었다. 하지만 이 형식은 좁은 의미에서의 예술 그 자체에 직접적인 영향을 미치지는 못했다. 이타주의와 온정주의의 다정한 외양을 가진 사회적 예절의 형식, 위계적 장엄함과 진지함을 갖춘 궁정의 화려함과 궁정 예절, 결혼과 분만의 즐거운 장식, 이런 것들은 예술과 문학에 아무런 흔적도 남기지 못하고 아름다움 속에서 지나갔다. 이런 것들을 서로 연결시키는 표현 수단은 예술이 아니라 패션(의상)이었다. 실제로 패션은 대학의 미학 교수들이 인정하는 것보다 훨씬 더 예술과 가깝다. 신체적 아름다움과 움직임을 강조하는 인공물인 패션은 예술의 하나인 춤과 밀접한 관계가 있다. 하지만 다른 의미에서, 패션의 영역 혹은 어떤 행사를 위한 앙상블의 영역은, 15세기에서는 우리가 생각하는 것보다 훨씬 더 직접적으로 예술에 영향을 미쳤다. 전사들의 복장에 보석과 금속을 빈번하게 사용함으로써 의상은 보다 직접적인 공예의 요소를 갖고 있었다. 뿐만 아니라 패션은 예술과 본질적인 특성을 공유했다. 즉 스타일과 리듬이 그것인데, 이런 것들은 예술에만 필수적인 것이 아니라 패션에도 필수적 요소였다. 중세 후기에 의상의 패션은 생활 스타일의 변화 폭을 반영했는데, 이것은 오늘날 대관식 행사에서 희미하게 그 흔적이 남아 있다. 중세의 일상생활에서 모피와 색상, 일반 모자와 테 없는 모자(보닛)의 차이는 신분의 엄격한 질서, 찬란한 위엄, 즐거움과 슬픔의 상태, 친구와 애인들 사이의 부드러운 관계 따위를 드러냈다.

이 시대에 인생의 여러 상황과 조건들을 아름답게 꾸미는 미학은 크게 강조되었다. 아름다움의 실체와 그런 관계들의 윤리성이 높으면 높을수록, 그런 것들은 진정한 예술로 더욱 멋지게 표현될 수 있었다. 정중함과 예의바름은 생활 그 자체에서, 의상에서, 보석 착용 등에서만 표현될 수 있었다. 반면에 장례식은 지속적이고 강력한 예술 형식—가령 무덤의 기념물—에서 좋은 표현 수단을 발견했다. 장례식의 문화적 가치는 교회의 전례典禮 절차와의 관계에서 더욱 높아졌다. 하지만 용기, 명예, 사랑이라는 인생의 세 가지 요소는 더욱 풍성하고 아름다운 형식의 꽃들로 피어났다.

제3장

영웅적인 꿈

중세의 문화적 형식들이 새로운 가치로 흡수되었던 18세기 말에, 그러니까 낭만주의 시대가 시작되던 무렵에, 중세는 무엇보다도 기사도의 세계로 인식되었다. 낭만주의자들은 '중세'라는 말을 '기사도가 만발했던 시대'로 생각하려 했다. 그들은 무엇보다도 중세에서 깃털달린 투구의 끄덕거림을 보았다. 오늘날 이러한 낭만주의자들의 태도는 역설적으로 보일 수도 있으나, 낭만주의자들은 여러 면에서 정확하게 사태를 파악했다. 그러나 20세기 현대에 이르러, 좀 더 정밀한 연구가 수행되면서, 기사도는 중세 문화의 일부분이었을 뿐, 당시의 정치적·사회적 발전은 기사도의 형식과는 무관하게 발생했다는 사실이 입증되었다.

기사 계급과 부르주아

진정한 봉건주의와 난만한 기사도의 시대는 13세기 중에 끝났다. 그 후에는 중세의 도시적·군주적 시대가 도래했고, 이 시대 동안 국가와 사회의 중요한 요소는 부르주아의 상업적 힘이었고, 그 힘을 바탕으로 한 군주들의 화폐 권력이었다. 수세기가 격리된 우리 현대인의 유리한 관점에서 볼 때, 우리는 겐트 시와 아우구스부르크 시, 새롭게 발흥하는 자본주의와 새로운 국가 제도에 더 눈을 돌리기가 쉽고, 그 당시 이미 어디에서나 권력이 '파괴되어 버린' 귀족들에게 시선을 주기가 어렵다. 낭만주의 시대 이래 역사적 연구 그 자체도 민주화되었다. 하지만 정치적·경제적 관점에서 중세 후기를 살펴보는 사람들은 다음과 같은 사실을 거듭하여 만나게 된다. 즉, 중세 후기의 여러 사료들 특히 이야기 사료들은 여전히 귀족들과 그들의 소란스러운 움직임(우리가 충분히 이해할 수 있는 움직임)에 주목하고 있다.

이에 대한 이유는 이러하다. 귀족들의 생활 형식은 그들이 사회 구조로서 지배적인 의미를 잃어버린 이후에도 오랫동안 사회에 대하여 상당한 영향력을 행사한 것이다. 귀족들은 15세기 사람들의 마음속에서 아직도 첫 자리를 차지했으며, 당시의 사람들은 귀족들의 중요성을 실제보다 더 높이 평가한 반면, 부르주아지는 훨씬 낮게 평가했다. 그들은 사회 발전의 원동력이 서로 전쟁하는 귀족들의 생활이나 행동이 아닌 다른 곳에 있다는 것을 깨닫지 못했다. 이러한 이론은 중세 사람들의 인식 오류를 비난하는 동시에 그 오류를 그대로 물려받은 낭만주의 시대를 질타하면서, 현대의 역사 연구가 중세 후기의 객관적 사실들을 발굴했다고 주장한다. 이러한 이론 구성은 정치·경제적 생활에 대해서만 진실이다. 우리가 중세 후기의 문화적 생활을 살펴본다면, 기사도 정신이라는 환상은 그것을 실천했던 사람들에게는 진실의 가치를 갖고 있었음을 알게 된다. 설사 고상한 생활 형식이 생활의 얄팍한 외피에 지나지 않는다고 하더라도, 역사가는 그 외피의 관점에서 그 생활을 이해해야 할 의무가 있다.

하지만 그것(생활의 형식)은 외피 이상의 의미를 갖고 있었다. 중세 시대에 신분에 따른 사회의 구분이라는 개념은 신학적-정치적 사상의 모든 측면에 스며들어가 있었다. 이 개념은 사제, 귀족, 제3계급으로 잘 알려진 3부의 계급에만 국한되는 것이 아니었다. 계급 혹은 신분(estat)이라는 용어는 더 큰 가치를 갖고 있었을 뿐만 아니라 더 넓은 의미도 함축했다. 일반적으로 말해서 그 어떤 집단, 그 어떤 모임, 그 어떤 직종도 계급(신분)으로 간주되었다. 따라서 기존의 3부 이외에 사회를 열두 개의 계급으로 나누는 것도 가능했다.[1] 계급은 '상태(state)' 혹은 '질서(ordo)'도 의미하는 것이기 때문에 하느님이 원하는 존재의 상태라는 개념도 갖고 있었다. 중세 시대에 계급 혹은 '질서'라는 단어는 우리 현대인이 보기에 서로 다른 다수의 인간 집단을 포함했다. 우리 현대인이 이해하는 신분(즉 전문 직종)이 결혼한 상태 혹은 숫처녀의 상태를 의미하기도 했다. 죄악의 상태, 궁정의 요리 관련 4대 질서(빵 담당, 와인 담당, 고기 담당, 주방장), 사제들의 질서(사제, 부주교, 주교), 수도자들의 모임(단), 기사들의 모임(단)도 모두 계급 혹은 신분이었다. 중세 사상에서 '계급' 혹은 '질서'라는 용어는 다음과 같은 인식에 의해 하나로 묶여 있었다. 즉, 이런 개개 집단들은 하느님이 의도한 신성한 제도를 나타내는 것이고, 천국의 보좌나 천사들의 권력과 마찬가지로 필수불가결하고 정당한 위계질서이며, 또 이 세상이라는 몸을 구축하는 개별적 기관器官이라는 것이다.

이런 국가와 사회의 아름다운 이미지 속에서, 모든 계급은 그에 상응하는 기능을 부여받는데, 부여 기준은 그 계급의 증명된 유용성이 아니라 그 계급이 갖고 있는 신성함과 찬란함의 강도이다. 따라서 정신성의 쇠퇴와 기사도 미덕의 부패가 개탄되었지만 그럼에도 그 이상적 이미지는 조금도 손상되지 않을 수 있었다. 인간들의 죄악은 기사도 이상의 실현을 방해하지만, 그 이상은 사회사상의 근본이요 길잡이로 남을 수 있었다. 이렇게 볼 때 중세의 사회관은 동적인 것이 아니라 정적인 것이다.

중세 사회와 제3계급

샤틀랭은 선량공 필립과 대담공 샤를의 궁정에서 연대기 작가로 활동한 사람이다. 그의 풍성한 저작은 당시의 사상을 비추는 가장 좋은 거울인데 당시의 사회를 놀라운 광휘 속에서 바라보고 있다. 플랑드르의 초원에서 태어난 그는 자신의 눈앞에서 네덜란드의 부르주아 권력이 화려하게 펼쳐지는 것을 직접 보았다. 하지만 그는 과시적인 부르고뉴 생활의 외적 찬란함을 사랑했고 그래서 기사도의 용기와 기사도의 미덕이 국가적 힘의 원천이라고 생각했다.

하느님은 평민을 창조하여 노동을 담당하게 하고, 땅을 갈게 하고, 상업으로 생계를 유지하도록 했다. 또한 사제를 창조하여 신앙의 문제를 처리하도록 했다. 하느님은 귀족을 창조하여 미덕을 칭송하고 정의를 실천하도록 했다. 그렇게 하여 귀족 계급의 아름다운 구성원들은 그들의 행위와 관습으로 다른 계급의 모범이 된다. 샤틀랭은 귀족에게 국가의 가장 높은 책무를 부여하여, 교회의 보호, 신앙의 보급, 평민들을 압박으로부터의 보호, 전반적 복지의 감독, 폭력과 횡포에 대한 저항, 평화의 정착 등을 수행한다고 보았다. 귀족의 특징은 진실, 용맹, 성실, 자상함 등이었다. 이 과장하기 좋아하는 귀족 찬양자는 프랑스의 귀족이 이런 이상적 기준을 충족시킨다고 말했다.[2] 우리는 샤틀랭의 모든 저작에서 그가 이런 장밋빛 안경으로 당시의 사건을 보았다는 것을 알 수 있다.

이처럼 부르주아지를 과소평가하는 현상은 어떻게 생겨났을까?

그것은 제3계급과 관련된 고정 관념이 현실의 변화에도 불구하고 고쳐지지 않았기 때문이다. 이런 고정관념은 달력을 대신하는 그림 혹은 계절의 노동을 묘사한 부조浮彫처럼 단순명료한 것이었다. 그러니까 농부는 들판에서 일하고, 장인은 공장에서 일하고, 상인은 상점에서 바쁘게 움직일 뿐 그 이상은 되지 못한다. 귀족을 그 자리에서 밀어내고 들어서는 힘센 부르주아, 귀족들에게 새로운 피와 힘을 수혈해 주는 차하위 계급인 부르주아는 이런 고정 관념에서는 아예 존재하지 않는다. 힘센 부르주아라는 얘기는 귀족들이 볼 때 엉뚱한 생각이다. 전투에 참가하지 않고 영주에 대한 복종심이 강한 길드 구성원들이 전투에 참여하고 자유를 소중한 이상으로 여긴다는 생각만큼이나 생소한 것이다.

제3계급(제1계급은 귀족, 제2계급은 성직자)이라는 관점에서 볼 때, 부르주아지와 노동자는 서로 같은 것으로서, 이런 인식은 프랑스 대혁명이 도래할 때까지 바뀌지 않았다. 제3계급 하면 가난한 농부와 게으르면서도 부유한 시민[3]이 번갈아 등장하는 대표적 이미지였고, 그들의 실제적인 경제적·정치적 기능에 걸맞은 이미지는 획득하지 못했다. 아우구스티누스 수도회의 이면 수도사가 1412년에 내놓은 개혁 프로그램은 이런 내용을 진지하게 주장했다. 귀족 계급이 아닌 사람들은 손으로 하는 노동이나 들판 노동을 해야 하고 이에 응하지 않으면 국가를 떠나야 한다.[4]

이런 이유 하나만으로도 샤틀랭이 귀족의 고귀한 특징 바로 옆에 제3계급의 저열하고 노예 같은 특징을 열거한 것은 놀라운 일이 아니다. 특히 샤틀랭은 윤리적 환상에 잘 넘어가고, 또 그런 환상 때문에 정치적 순진성에 빠진 사람이었던 것이다. 샤틀랭은 이렇게 말했다. "왕국을 완성하는 제3계급은, 도시에 사는 사람들의 집단과, 상인과 노동자들의 집단으로 구성된다. 이들에 대해서는 다른 계급과는 달리 길게 설명할 필요가 없다. 이들에게는 좋은 특징을 부여하기가 불가능하기 때문이다. 이들은 노예적 근성을 갖고 있기 때문이다[오 플랑드르의 평민들이어]." 제3계급의 미덕은 공손과 근면, 국왕에 대한 복종, 영주들의 비위를 맞추는 적극적 태도 등이다.[5]

샤틀랭은 심지어 부유한 시민들도 '평민'이라고 통칭했다.[6] 그는 부르주아지의 명예에 대해서는 조금도 알지 못했다. 선량공 필립은 낮은 귀족 가문 출신의 '궁수들' 혹은 궁정의 하인들을 부유한 부르주아 가문의 과부나 딸들에게 장가보내기 위해 자주 권력을 남용했다. 부르주아 부모들은 이런 일을 피하기 위해 가능한 한 빨리 딸들을 시집보냈다. 바로 이런 이유 때문에 어떤 과부는 남편의 장례식 이틀 후에 재혼한 것으로 알려졌다.[7] 선량공은 어느 때 릴 양조장 주인의 완강한 저항에 부딪쳤다. 그는 자신의 딸을 그런 결혼에 내줄 수 없다고 버텼다. 선량공은 그 딸을 안전한 장소에다 납치하라고 지시했고 그러자 화가 난 아버지는 전 재산을 가지고 선량공의 힘이 미치지 못하는 투르네Tournai로 이사를 갔다. 그리고 아무런 지장도 받지 않고서 파리 의회에 그 문제를 제소했다. 양조장 주인은 그런 노력에 대하여 고통과 슬픔의 대가를 받았을 뿐이고 그 결과 병에 걸렸다. 선량공의 충동적 기질을 잘 보여 주는 이 스토리의 결말은, 우리 현대인의 기준에 따르면, 공을 별로 선량한 사람으로 만들어 주지 않는다.[8] 그는 결국 그 처녀를 어머니에게 돌려주었다. 하지만 그 어머니가 공을 찾아와 간원을 한 후에야 비로소 그 요청을 들어주었고 그 과정에서 그 어머니를 조롱하고 모욕했다. 평소에는 선량공을 비판하는 걸 두려워하지 않는 샤틀랭도 이 경우에는 완전히 공작편을 들었다. 피해를 입은 아버지에 대하여 그는 이렇게 말했다. "이 반항적인 시골 양조장 주인 놈, 너야말로 고약한 평민 놈이로구나."[9]

샤틀랭은 그의 저서 『보카치오의 사원』에서 부르주아 출신의 위대한 금융가 자크 쾨르를 몇 마디 설명과 함께 소개했다. 이 책은 귀족들의 명성과 불운을 기록한 일종의 명예의 전당 같은 책이었다. 이와는 대조적으로, 질 드 레[10]는 끔찍한 범죄를 저질렀음에도 불구하고[11] 신분 높은 귀족으로 태어났다는 이유로 아무런 설명 없이 그 책에 소개되었다. 샤틀랭은 겐트 시 방어전에서 치열하게 싸우다가 목숨을 잃은 부르주아들의 이름을 거명하는 것은 쓸데없는 일이라고 생각했다.[12]

평민들의 고통

제3계급에 대한 이런 경멸에도 불구하고, 기사도 정신의 이상과, 귀족들에게 요구되는 미덕과 의무감에는, 평민들을 그리 무시하지 않는 어떤 요소가 발견된다. 농민들에 대한 증오와 경멸감 바로 옆에, 가난한 사람들과 그들의 불운에 대한 공감이 존재하는 것이다. 우리는 이것을 중세 플랑드르의 시집 『평민들의 노래Kerelslied』와 속담집 『평민들의 속담 Proverbes del vilain』에서 발견할 수 있다.

무고한 사람들은 굶어서 죽어가고 있다.
이런 식으로 커다란 늑대는 매일 자기 배를 불린다.
늑대는 수천, 수백 단위로 부정한 재물을 불린다.
그 재물이란 곡식 혹은 옥수수. 농부가 피땀 흘려
땅을 경작하여 얻은 것. 가난한 사람들은 소리친다.
하느님에게는 복수를, 영주들에게는 파멸을.[13]

어디에서나 이런 슬픈 곡조가 들려온다. 가난한 사람들은 전쟁으로 헐벗고 관리들에게 곡식을 빼앗긴다. 그들은 결핍 속에서 비참하게 살아간다. 농민들이 고통을 묵묵히 참는 동안 모두가 농민들을 등쳐먹는다. "하지만 군주는 그에 대해서 아무것도 알지 못한다." 만약 농민들이 고통을 참지 못해 가끔씩 불평을 말하고 당국을 비난하면, 영주는 '불쌍한 양떼, 불쌍하고 어리석은 사람들'이라는 말 한 마디로 그들을 평온과 인내의 상태로 돌려놓는다. 온 나라가 백년전쟁의 참담한 파괴와 불확실성으로 빠져 들어간 프랑스에서, 오로지 이런 탄식의 주제가 표면에 부상했다. 농민들은 약탈을 당하고, 그들의 집이 불타 쫓겨나고, 아군과 적군 모두에게 학대를 당한다. 농민들은 무거운 짐을 나르는 동물들을 강탈당하고, 그들의 집과 땅에서 쫓겨난다. 이런 식의 탄식은 결코 끊이질 않는다.

1400년경에, 이런 참상은 개혁을 주장하는 사제들에 의하여 거듭 고발되었다. 니콜라스 드 클레망주Nicolas de Clamanges는 『타락과 정의 회복의 책Liber de lapsu et reparatione justitiae』[14]에서 그런 주장을 폈고, 제르송은 1405년 11월 7일, 파리의 왕비 궁전에서 '국왕 폐하 만세(Vivat Rex)'라는 주제의 감동적이고 용감한 정치 연설에서 이런 주장을 폈다. "가난한 사람들은 한 줌의 호밀이나 보리 이외에는 먹을 빵을 갖고 있지 않다. 그의 가난한 아내는 아파서 누워 있고 네다섯이나 되는 아이들은 불도 안 지펴진 화로 혹은 아궁이 주위에 옹기종기 모여 있다. 아이들은 빵을 달라고 소리치고, 너무 배가 고파서 비명을 내지른다. 가난한 어머니는 아이들의 입 속에 넣어 줄 것이라고는 아주 소량의 소금 친 빵밖에 없다. 이런 비참한 상태도 이걸로 끝이라면 그런대로 참을 만하다. 하지만 끝이 아니다. 약탈자들이 들이닥쳐서 모든 것을 가져간다…… 모든 것을 멋대로 움켜쥐고 가져가는데도, 그들은 누가 대가를 지불할 것이냐고 물어보지도 못한다."[15]

보베Bauvais의 주교 장 주브넬Jean Jouvenel은 1433년 블루아Blois에서, 그리고 1439년 오를레앙에서 열린 삼부회에서 평민들의 참상을 비분 강개한 어조로 고발했다.[16] 토론의 형식으로 제시된 평민의 고통에 대한 다른 계급들의 고발과 함께, 농민의 비참함이라는 주제는 **알랭 샤르티에**Alain Chartier의 『네 사람의 독설*Quadriloge invectif*』[17]과 로베르 가갱 Robert Gaguin의 『농부와 사제와 경찰의 토론*Débat du laboureur, du prestre et du gendarme*』[18]에도 다루어지고 있다. 특히 후자는 전자의 영향을 받은 작품이다. 연대기 작가들은 이 주제를 거듭하여 다루었다.[19] 몰리네는 『가난한 사람들의 자원*Resource du petit peuple*』을 지었다.[20] 진지한 성격을 가진 메쉬노Meschinot는 거듭하여 평민들의 참상에 대하여 경고를 발동했다.

오 하느님, 평민들의 참상을 보십시오.

신속하게 그 결핍을 채워 주십시오.

아! 기아, 추위, 공포, 비참으로 그들은 떨고 있습니다.

만약 그들이 당신에게 죄를 지었거나 게을리 했다면

그들은 용서를 빕니다. 그들이 가진 것을

모두 잃어버리는 것은 불쌍하지 않습니까?

그들은 더 이상 방앗간에 가지고 갈 옥수수가 없습니다.

그들의 양털과 리넨도 모두 빼앗겼습니다.

그들에게는 마실 것이라고는 물밖에 없습니다.[21]

1484년 투르Tours에서 열린 삼부회에서 국왕에게 제출된 진정서들의 묶음 속에서, 탄원은 더욱 더 정치적 성격을 띠었다.[22] 그러나 그 모든 것이 진부하고 부정적인 연민에 그쳤고 정치적 개혁안으로 구체화되지는 않았다. 거기에는 잘 구상된 사회 개혁의 기미가 보이지 않았고 그리하여 18세기가 깊어 가도록 라 브뤼예르La Bruyère와 페늘롱Fénelon은 동일한 주제를 노래했을 뿐이다. 아무런 개혁 조치도 이루어지지 않았기 때문에 노老 미라보Mirabeau는 이렇게 탄식했다. "'인간들의 친구'는 조금도 달라지지 않았다. 그들이 미래의 저항을 여러 번 경고했음에도 말이다."

미덕과 평등의 두 사상

중세 후기의 기사도 이상을 찬양하는 사람들이 가난한 사람들에 대한 이런 연민을 자주 들먹거린 것은 이해할 만한 일이다. 약한 자를 보호하는 것은 기사의 의무였기 때문이다. 진정한 고상함은 오로지 미덕에 달려 있다는 사상, 모든 사람이 근본적으로 평등하다는 사상 등도 기사도 이상의 한 부분이었으나, 판에 박힌 이론적 사상에 지나지 않았다. 이러한 사상의 역사적-문화적 의미는 때때로 과대평가되었다. 마음의 고상함에 대한 인식은 르네상스의 승리로 칭송되었다. 포지오 브라치올리니Poggio Bracciolini가 이런 사상을 그의 저서 『고상함에 대하여De nobilitate』에서 적어 놓았다는 사실은 여러 번 언급되었다. 우리는 존 볼John Ball이 외친 혁명적 주장, "아담이 땅을 파헤치고 이브가 실을 자을 때, 귀족이 어디 있었나?"에서도 이런 평등사상의 메아리를 발견한다. 그리고 귀족들이 이런 얘기를 들으면 아마도 속으로 떨었을 것이라고 상상한다.

　이 두 사상(미덕과 평등)은 궁정 문학에서도 오랫동안 단골 주제였고 그 이후 앙시앵 레짐의 살롱에서도 그러했다. 마음의 진정한 고상함이라는 주제는, 음유시인들의 시가에서 궁정 연애를 칭송하면서 시작되었다. 그것은 윤리적 사상일 뿐 아무런 사회적 현실의 뒷받침이 없었다.

　지고한 고상함은 어디에서 오는가?
　고상한 도덕으로 치장된 고상한 마음에서 온다.
　…… 그것이 그의 마음으로부터 나오는 한
　그 누구도 평민이 아니다.[23]

　평등사상은 초기 교회의 교부들이 키케로와 세네카로부터 빌려온 것이다. 위대한 그레고리우스 1세Gregorius I 성인은 다가오는 중세를 위하여 다음과 같은 격언을 남겼다. "모든 인간은 그 본성상 평등하다(Omnes namque homines natura aequales sumus)." 이 격언은 아주 다양한 색조와 명암 속에서 자주 되풀이되었으나 당대의 불평등에는 조금도 영향을 미치지 못했다. 중세인들에게 이 격언의 핵심은 죽음의 평등을 의미하는 것일 뿐, 현실 생활 속의 평등과는 아주 거리가 먼 얘기였다. 외스타슈 데샹의 시들에서, 이 사상은 당스 마카브르(죽음의 춤)라는 개념과 밀접한 관계가 있다. 이런 해석은 중세 후기에 세상의 불공정을 바라보는 데 어느 정도 위안을 주었을 것이다. 아담은 그의 후예들에게 다음과 같이 말한다.

　애들아, 애들아, 나 아담으로부터 태어난 애들아.
　나는 하느님 다음으로 최초의 아버지란다.

그에 의해 창조된 너희는 나의 후예.

나의 갈비와 이브에게서 난 자들이지.

이브는 너희들의 어머니이지.

그런데 어떻게 한 쪽은 평민이 되고

다른 한 쪽은 귀족이 되었니? 너희의 형제들 중에서

이 귀족은 어디에서 오는 것이냐?

미덕에서 나오는 것이 아니라면 어디서 오는지 알 수 없어.

평민은 상처를 안기는 악덕으로부터 나오지.

너희는 모두 똑같은 피부를 가지고 있어.

하느님이 내가 지금 누워 있는 흙으로부터 나를

만드셨을 때, 나는 약하고, 무겁고, 허영 많은

죽을 운명의 인간이었더란다. 하느님은 나의 갈비로

이브를 만드셨고 우리는 둘 다 알몸이었지.

하지만 우리는 불멸의 정신을 갖고 있어 풍요를 누렸지.

우리는 그 후에 배가 고프고 목이 말랐지.

노동, 고통, 그리고 슬픔 속의 자녀들.

우리의 죄 때문에 아이들은 고통 속에서 여자들로부터

태어나지. 너희는 사악한 방식으로 수태되지. 너희들의

마음을 괴롭히는 이 평민이라는 말은 어디서 오는 건가?

너희들은 모두 같은 피부를 갖고 있지.

막강한 왕들, 백작들, 공작들이여.

평민들의 통치자이며 주군인 사람들이여.

저들이 태어날 때 저들은 어떤 옷을 입고 있었나?

지저분한 피부뿐이었노라.

…… 군주여, 평민들을 경멸하지 말고 그들을 생각하라.

죽음이 고삐를 쥐고 있다는 걸 기억하라. [24]

　평등사상에 부응하기 위하여 기사도 이상을 열렬하게 옹호하는 사람들은 때때로 농민 출신 영웅들의 업적을 의도적으로 열거하기도 한다. "귀족들이 농민이라고 여기는 사람들도 때때로 가장 위대한 용기를 가지고 있다는 것"[25]을 귀족들에게 보여 주기 위해서 말이다.

중세의 두 기둥: 기사와 학자

이 모든 사상의 기반은 다음과 같다. 즉, 귀족은 기사도의 이상을 실천함으로써 이 세상을 지탱하고 정화할 의무가 있다. 귀족의 진실한 생활과 귀족의 진실한 미덕은 사악한 시대에 대한 치유책이다. 교회와 왕국의 안녕과 평온, 정의의 힘은 귀족에게 달려 있다.[26] 카인과 아벨 때문에 이 세상에 전쟁이 생겨났고 그때 이후 선한 자와 악한 자 사이에서 싸움이 계속 확대되었다. 전쟁을 시작하는 것은 나쁜 일이다. 아주 고상하고 아주 훌륭한 기사단은 백성들의 평온을 보호, 방어, 유지하기 위해 설립되었다. 전쟁의 참상은 백성들을 아주 고통스럽게 하는 것이다.[27] 중세 기사도 이상의 표본적 인물로 칭송되는 **부시코**Boucicaut의 전기에서 우리는 이런 사실을 알게 된다. 하느님의 의지로 이 세상에는 두 가지 것이 주어졌다. 그것은 신성한 법과 인간의 법을 지탱하는 두 기둥이다. 그것이 없다면 이 세상은 일대 혼란으로 빠져들 것이다. 그 두 기둥은 기사단과 학자들이다. "기사와 학문은 서로 손잡고 나아간다."[28] 필립 드 비트리Philippe de Vitry의 『백합꽃의 제단Le Chapel des fleurs de lis』에서 학문, 신앙, 기사는 3대 백합으로 제시되어 있고 3대 계급을 상징한다. 기사는 다른 두 계급을 보호하고 방어할 의무가 있다.[29] 기사와 학자의 상관성은 박사학위에 기사의 작위와 같은 특혜를 부여한다는 데서 잘 드러나는데, 이것은 기사도 이상의 높은 윤리적 실체를 증명하는 것이다. 그것은 더 높은 열망과 용기를 더 높은 지식과 능력 바로 옆에 병치시킨다. 우리는 먼저 인간의 내부에 더 높은 잠재력을 보려는 욕구를 발견하고, 이어서 인생의 더 높은 책무에 바쳐진 이 두 고정된 형식(기사와 학자)에서 그것(더 높은 잠재력)을 표현하려는 욕구를 본다. 하지만 이 둘 중에서, 기사도의 이상이 훨씬 보편적이고 강력한 효력을 발휘했다. 기사도는 그 윤리적 요소에다 누구나 쉽게 알아볼 수 있는 많은 미학적 요소를 결합시켰기 때문이다.

중세 사상에는 전반적으로 신앙의 요소가 스며들어가 있었다. 마찬가지로 궁정과 귀족 세계에서만 작동하는 제한적인 집단의 사상에는 기사도 이상이 포화 상태에 이를 정도로 많이 침투했다. 심지어 신앙의 개념들도 기사도 이상의 매력에 흡수되거나 굴복했다. 대천사 미카엘의 무공은 '기사도와 기사도적 용기가 성취해낸 최초의 행위'였다. 미카엘 대천사는 기사단의 선조였다. '지상의 기사단과 인간 기사도'는 천상의 하느님 보좌를 둘러싼 천사들의 집단을 지상에 복제해 놓은 것이었다.[30]

귀족들이 의무를 성취하리라는 이런 높은 기대감은 귀족의 의무 사항에 대한 정치적 사상을 명확하게 정의하는 데 도움을 주었는가? 한 가지 사실은 확실하다. 보편적 평화를 위한 열망은 왕들 사이의 조화, 예루살렘의 정복, 투르크족의 축출 등에 바탕을 둔 것이었다. 새로운 계획을 줄기차게 만들어냈던 필립 드 메지에르Philippe de Mézières는 예전의 신전 기사단과 병원 기사단의 권력을 능가하는 기사단 설립을 꿈꾸었다. 그는 자신의 저서 『늙은 순례자의 꿈Songe du vieil pélerin』에서 가까운 장래에 온 세상의 축복을 보장하는 계획을 고안했다. 프랑스의 젊은 왕—메지에르의 소논문은 불운한 샤를 6세에 대하여 아직 높은 희망을 걸고 있던 1388년에 집필되었다—은 잉글랜드의 리처드와 즉각 평화 조약을 맺을 의사가 있다. 프랑스 왕은 젊은데다가 현재의 갈등 사항과는 무관하기 때문이다. 두 왕은 이 평화 조약에 대하여 개인적으로 협상할 것이고, 그들에게 평화를 미리 말해 주었던 놀라운 계시에 대하여 의견을 교환할 것이다. 두 왕은 협상을 성직자, 법률학자, 군사 지도자에게 맡길 경우 벌어지는 온갖 사소한 관심사들을 내팽개칠 것이다. 프랑스의 왕은 관대하게 변경의 도시와 성들을 몇 개 양보해 버릴 것이다.

이런 평화 조건이 체결되면 그 직후, 십자군 운동을 위한 준비 작업이 착수될 것이다. 모든 분쟁과 싸움은 전 지역에서 중지될 것이고 관할 영토에 대한 전제적인 행정은 개혁될 것이다. 설교만 가지고 타타르인, 투르크인, 유대인, 사라센인들을 개종시키지 못할 경우, 전체 협의회를 개최하여 기독교권의 모든 군주들이 십자군 전쟁에 나설 것이다.[31] 파리의 첼레스티누스 수도원에서 필립 드 메지에르가 젊은 **루이 도를레앙**을 만났을 때, 이런 원대한 계획이 화제에 올랐을 것으로 보인다. 루이 도를레앙도 평화와 십자군 운동에 대하여 이런 꿈을 품고 있었으나, 현실적이고 이기적인 정치 관심사에 가로막혀 진전을 보지 못했다.[32]

다양한 연대기 작가들

기사도 이상에 의해 지탱되는 사회의 이미지는 온 세상에 독특한 색칠을 입혔다. 하지만 이 색칠은 다소 쉽게 껍질이 벗겨졌다. 우리가 날카로운 프루아사르, 객관적인 몽스트렐레와 데쿠시d'Escouchy, 신중한 샤틀랭, 공손한 올리비에 라 마르슈, 허세가 심한 몰리네 등, 14세기와 15세기의 낯익은 연대기 작가들을 참고해 보면, 그들은 모두—코민과 토마스 바쟁Thomas Basin은 제외하고—기사도 미덕의 영예와 기사도 무공의 화려한 업적을 위해서 글을 쓴다고 첫 머리부터 선언한다.[33] 하지만 그 누구도 그런 목표를 끝까지 고수하지 않는다. 오로지 샤틀랭만이 그것을 아주 오랫동안 지켰을 뿐이다. 아주 낭만적인 기사도 서사시 『멜리아도르Méliador』의 저자인 프루아사르는 이상적 용기와 화려한 무공을 높이 칭송하고 있으나, 동시에 그의 저널리즘적인 펜은 반역과 잔인함, 교묘한 탐욕과 지배욕, 노골적으로 영리 추구에 몰두하는 무사 집단 등을 지속적으로 기록한다. 몰리네는 스타일과 수사를 잠시 무시하고 또 기사도의 주제도 잊어버리고, 사건들을 단순명료하게 기술한다. 그러다가 간간이 자신이 스스로 설정하고 고상하고 고귀한 책무를 기억해낼 뿐이다. 몽스트렐레의 저술에서는 기사도 이상이 더욱 피상적인 주제로 추락했다.

이들 연대기 작가들의 정신—물론 피상적인 정신이지만—은 그들 시대의 이해 불가능한 세태를 교정하기 위한 수단으로 기사도 정신을 채택한 듯하다. 그것은 당시의 사건들에 대하여 비록 불완전한 이해이기는 하지만, 이해가 가능하도록 도와주는 유일한 형식이었다. 그 당시 실제의 전쟁과 정치는 대부분의 경우 형식 따위는 없었고, 서로 연관된 것도 아니었다. 전쟁은 대부분의 경우 광범위한 지역에 산재하는 고립된 캠페인의 만성적 과정이었고, 외교는 말만 많고 효과는 별로 없는 수단으로, 어떤 면에서는 전통적인 일반 사상에 의해 지배되는가 하면, 어떤 면에서는 사소한 개인적, 법적 문제들이 부질서하게 뒤엉켜 있었다. 이 모든 것에서 실제적인 사회 발전을 발견하기가 불가능했기 때문에, 역사학은 기사도의 이상이라는 허구적 개념을 채택했고, 모든 것을 군주의 영예와 기사도의 미덕으로 소급시켰고, 또 질서의 환상을 가져다주는 고상한 규칙들의 사소한 게임으로 환원시킨 것이다.

만약 우리가 이런 역사적 기준을 투키디데스 같은 역사학자의 통찰력과 비교해 본다면, 우리는 그 기준이 다소 수준 미달임을 발견한다. 역사를 아름다운 혹은 아름답게 보이는 무공과 의례적 행사 정도로 격하시키기 때문이다. 아무튼 이런 기준을 놓고 볼 때, 누가 역사의 진정한 증언자인가? 프루아사르의 견해에 의하면 전령傳令과 문장관紋章官이 그들이다.[34] 이들은 고상한 사건들의 현장에 있었고 그 사건들을 판단하는 공식적 임무를 맡았다. 그들은 명성과 영예라는 문제의 전문가들이었고, 명성과 영예는 역사학의 모티프인 것이다.[35] '황금양털 기사단'의 규약집은 기사들의 무공을 기록하는 것을 의무로 규정하고 있다. 투아종 도르Toison d'or(황금양털)[36] 혹은 '전령 베리Berry'라고 불렸던 르페브르 드 생레미Lefèvre de Saint Rémy는 문장관 출신 역사가의 전형이었다.

르네상스인의 명예 의식

아름다운 삶을 지향하는 기사도의 이상은 독특한 형식을 갖고 있다. 그것은 본질적으로 미학적 이상이고 다채로운 환상과 고상한 정서들로 구축된 것이다. 동시에 윤리적 이상이 되기를 열망한다. 중세 사상은 그것을 경건과 미덕에 연결시킴으로써 생활의 이상으로 만들었다. 기사도는 이러한 윤리적 기능에서 언제나 실패했다. 그것은 늘 원죄에 발목이 붙잡혀 있었던 것이다. 무슨 말인가 하면, 기사도 이상의 핵심은 아름답게 장식된 오만함(pride)이라는 얘기이다. 샤틀랭은 이것을 잘 보여 주는 다음과 같은 말을 했다. "군주들의 영광은 오만함과 아주 위험한 일을 수행하는 것에 있다. 군주들이 자신의 권력을 표현하는 것은 단 하나의 점으로 결집되는데 우리는 그것을 오만함이라 부른다."[37]

이폴리트 텐Hippolyte Taine(1828-1893: 프랑스의 문학 비평가)은 명예가 양식화되고 현양된 오만함에서 나오고, 그것이 귀족 생활의 정점이라고 말했다. 중간이나 하부의 사회적 관계들은 그 본질적 추동력이 이점利點에서 나오지만, 오만함은 귀족들을 움직이는 추진력이다. "인간의 심오한 정서들 중에서 오만함처럼 성실성, 애국심, 양심 등으로 잘 발전되는 정서는 없을 것이다. 그 이유는 이러하다. 오만한 사람은 자부심이 강하고 그런 자부심을 얻기 위해 거기에 걸맞은 행동을 하는 것이다."[38] 텐은 의심할 나위 없이 귀족제도를 너무 좋게 보는 듯하다. 귀족제의 진정한 역사는 오만함과 뻔뻔스러운 과대망상이 서로 손잡고 가는 그림을 보여 준다. 아무튼 텐의 말은 귀족적 생활 이상을 아주 타당하게 정의한 것이다. 이 정의는 부르크하르트가 정의한 르네상스 명예 의식과 아주 비슷하다. "이것은 양심과 자기중심주의의 기묘한 혼합인데, 현대인에게 아직까지 남아 있다. 현대인이 그의 잘못이든 아니든, 그 이외의 것, 가령 믿음, 사랑, 희망을 다 잃어버린 후에도 이것은 남아 있다. 이 명예 의식은 엄청난 이기심과 대단한 악덕과 양립하며, 믿기 어려운 기만도 가끔 저지를 수 있다. 그렇지만 동시에, 인간의 퍼스낼리티personality 속에 남아 있는 모든 고상한 것은 이 명예 의식을 출발점으로 삼으며, 이 원천으로부터 새로운 힘을 얻는다."[39]

개인적 영예와 명성—한편으로는 높은 명예 의식에서 나오고 다른 한

편으로는 조야한 오만함으로부터 나오는—에 대한 몰두를 부르크하르트는 르네상스인의 특징으로 꼽았다.[40] 그러나 이탈리아 이외의 다른 중세 사회들에서는, 특정 계급에 걸맞은 영예와 명성이 아직도 그들 사회를 지배하고 있었다. 부르크하르트가 지적한 영예 의식은, 단테 이래 이탈리아 사람들이 고전적 고대로부터 강한 영향을 받으며 열망해 온 저 일반적인 영예와 명성을 말하는 것이다. 하지만 나는 부르크하르트가 중세와 르네상스 시대 사이의 거리, 서유럽과 이탈리아 사이의 거리를 너무 크게 잡은 것이 아닌가 생각한다. 명성을 사랑하고 영예에 몰두하는 르네상스의 정신은 기사도 이상의 핵심이며 또 프랑스에서 생겨난 것이다. 특정 계급의 명예 의식은 보다 넓은 계급으로 퍼져나갔고, 점점 더 봉건적 감수성으로부터 해방되었으며, 고전적 고대의 사상으로부터 영감을 얻었다. 후대 사람들로부터 칭송을 받고자 하는 열정적 욕망은 15세기 르네상스인의 아름다운 마음속에만 있었던 것이 아니라, 12세기 궁정 기사들에게도 있었고, 또 14세기의 조야한 프랑스와 독일의 용병들에게도 있었다. 로베르 드 보마누아르Robert de Beaumanoir와 잉글랜드 대장 로버트 뱀보러Robert Bamborough 사이에 체결된 '30인 전투'(1351년 3월 27일)의 협정서는 뱀보러의 다음과 같은 말로 끝을 맺는다. "우리가 명예롭게 행동합시다. 그리하여 후세의 사람들이 연회장과 왕궁에서, 시장과 그 밖의 장소에서, 그리고 전 세계 방방곡곡에서 이 전투를 칭송하게 합시다."[41] 중세적 기사도의 이상을 숭배했던 샤틀랭은 다음과 같이 말함으로써 르네상스 정신을 완벽하게 표현했다.

명예가 모든 고상한 성품을 재촉한다.
본질적으로 고상한 모든 것을 사랑하라고.

고상함은 거기에 강직함을 덧붙인다.[42]

다른 곳에서 샤틀랭은 이런 말도 했다. 유대인과 이교도들에게도 명예가 아주 소중하고 그들 사이에서 명예를 철저하게 지키는데 세속적 찬양에 대한 기대감 때문에 그렇게 하는 것이다. 반면에 기독교인들은 신앙과 은총의 빛을 통하여, 천상의 보답을 기대하며 명예를 지킨다.[43]

종교적, 혹은 윤리적 동기와 무관하게, 오로지 명성과 명예를 위해서 용기를 권유한 최초의 인물들 중 한 사람으로 프루아사르가 있다. 그 자신이 '무서운 아이(enfant terrible)'였기 때문에 그는 출세를 위해서 용감하게 행동할 것을 권했다.[44]

기사도와 명예 의식

중세의 요소와 르네상스의 요소가 뒤섞인 영웅 숭배에는 기사도와 명예 의식이 긴밀하게 연결되어 있다. 기사도 생활은 구체적 역사적 차원에 제한을 받는 생활이 아니다. 기사도의 영웅이 라운드 테이블의 사람이든 혹은 고전 고대의 사람이든 아무런 상관이 없다. 기사도의 로망스들이 활짝 피어났던 시대에 알렉산더 대왕은 기사도 이상 세계에 완벽하게 편입되어 있었다. 고전적 고대의 환상적 영역은 아직 라운드 테이블의 영역과 구분되지 않았다. 르네René 왕은 어떤 시에서 이 둘을 화려하게 종합했다. 그는 랜슬롯Lancelot, 카이사르, 다윗, 헤라클레스, 파리스Paris, 트로일로스Troïlus 등의 묘비에 그들의 독특한 문장紋章이 새겨져 있다고 노래했다.[45] 기사도 그 자체가 로마 시대의 것이라고 생각되었다. 잉글랜드의 헨리 4세에 대해서는 이런 말도 했다. "그는 예전에 로마인들이 그렇게 했던 것처럼 기사도의 원칙을 충실하게 지켰다."[46] 고전주의의 발흥은 고전적 고대의 역사적 그림에 빛을 던졌다. 포르투갈의 귀족 바스코 데 루세나Vasco de Lucena는 대담공 샤를을 위해 퀸투스 쿠르티우스Quintus Curtius의 알렉산더 전기를 번역하면서, 150년 전에 야콥 반 마를란트Jacob van Maerlant가 알렉산더 전기를 라틴어에서 번역했던 것처럼, 있는 그대로의 알렉산더에 대해서만 전하겠노라고 대담공에게 말했다. 그 동안 알렉산더에 관한 역사서들은 거짓말을 많이 보탰는데 자신은 그런 것들을 모두 제거하겠노라는 말도 했다.[47]

왕에게 경쟁 대상이 되는 인물에 대한 정보를 많이 제공하고자 하는 의도는 중세에 들어와 훨씬 더 강해졌고, 대담공 샤를처럼 위대하고 멋진 업적을 통해 고대인들과 겨루어 보려는 강한 자의식을 가진 군주도 없었다. 대담공은 어린 시절부터 가웨인Gawain과 랜슬롯의 영웅적 행위들을 자신에게 낭독해 주도록 주위 사람들에게 시켰다. 나중에 커서는 고전적 고대의 영웅들 이야기가 대담공의 관심을 사로잡았다. 잠들기 전 시간을 내어 '고대 로마의 고상한 이야기들'을 읽었다.[48] 그의 마음에 가장 든 영웅들은 카이사르, 한니발, 알렉산더 등의 고대 영웅들이었고, "그들을 따르고 흉내 내기를 원했다."[49] 대담공의 동시대 인물들은 공의 행동에 추진력을 준 것은 이런 경쟁의식이었다고 강조했다. 연대기 작가 코민은 이렇게 말했다. "그는 커다란 명예의 영광을 원했고 그것 때문에 전쟁을 벌이게 되었다. 그는 사후에 많은 칭송을 받는 고대의 군주들을 닮기를 소망했다."[50] 샤틀랭은 대담공이 고대 스타일의 영웅적 행위와 고상한 제스처를 사상 처음으로 실천하는 것을 보고서 기록했다.

그 일은 대담공이 1467년 공작 자격으로는 처음으로 플랑드르의 말린Malines에 입성할 때 벌어졌다. 공은 반란을 진압하기 위해 그 도시에 들어갔다. 반란 사건은 법정에 의해 공식적으로 조사되고 심판되었다. 반란자들 중 한 명은 사형에 처해지고 나머지는 도시에서 영구 추방되었다. 단두대는 도시 중심의 광장에 설치되었다. 대담공은 교수대의 맞은편에 보좌를 설치하고 앉았다. 사형수는 이미 무릎을 꿇었고 망나니는 칼을 빼들었다. 바로 그 순간, 자신의 의도를 그때까지 감추고 있던 샤를이 소리쳤다. "멈춰라! 저자의 용수를 벗기고 일어서게 하라."

이어 샤틀랭은 말한다. "그 순간 나는 공이 장래를 위한 고상하도 독특한 목적을 가슴에 품고 있다는 것을 알았다. 그는 비상한 행동을 통하여 영광과 명성을 얻고자 했던 것이다."[51]

대담공 샤를의 사례는, 아름다운 고대의 생활을 동경하는 르네상스 정신이 기사도 이상에 직접적인 뿌리를 내리고 있음을 보여 준다. 이탈리아의 거장들과 비교해 볼 때, 문자 해득 능력과 생활 스타일의 차이가 있을 뿐, 본질적 차이는 없는 것이다. 보다 구체적으로 말해서 대담공 샤를은 고전을 번역본으로 읽고, 생활 스타일이 여전히 노골적인 고딕풍을 벗어나지 못한 것뿐이다.

아홉 명의 남녀 영웅들

기사도와 르네상스의 불가분리성은 아홉 명의 영웅 숭배 의식에서도 찾아볼 수 있다. 세 명의 이교도, 세 명의 유대인, 세 명의 기독교인으로 구성된 이 아홉 명은 기사도 문헌에서 처음 나온다. 가장 최초의 이야기는 자크 드 롱기용Jacques de Longuyon의 『공작새의 맹세Voeux de paon』에서 발견된다.[52] 영웅의 선정 기준은 기사도적 낭만주의와 밀접한 관계가 있다. 이교도 세 명은 헥토르, 카이사르, 알렉산더이고, 유대인 세 명은 여호수아, 다윗, 유다 마카베오스이고, 기도교인 세 명은 아서, 샤를마뉴, 고드프루아 드 부용Godefroy de Bouillon이다. 외스타슈 데샹은 이 영웅의 기준을 스승인 기욤 드 마쇼Guillaume de Machaut로부터 배웠고 이것을 주제로 많은 시를 썼다.[53] 중세 후기에는 균형 의식을 중시했기 때문에 데샹이 아홉 명의 용감한 여자를 추가한 것은 그 시대의 취향을 따른 것이었다. 그리하여 그는 다수의 고대 여성들과 좀 기이한 여성들을 선택했는데, 주로 유스티누스Justinus와 기타 문헌들을 참고한 것이었다. 그는 펜테실레이아Penthesileia, 토미리스Tomyris, 세미라미스Semiramis 등의 고대 여성들을 아홉 명 리스트에 올렸고, 기타 여성들의 이름은 알아보기 어려울 정도로 왜곡시켰다. 그렇지만 이것이 아홉 명의 영웅과 아홉 명의 여자 영웅이라는 개념의 인기를 가로막지는 못했고, 그리하여 후대의 저서들, 가령 『르 주방셀Le Jouvencel』에도 이 얘기가 또 나온다. 그들은 양탄자를 수놓았고, 그들을 위한 문장이 고안되었으며, 잉글랜드의 헨리 6세가 1431년 파리에 입성할 때에는 남녀 열여덟 명이 행렬의 선도 역할을 담당했다.[54]

이 개념이 15세기와 그 후에도 아주 생생하게 살아 있었다는 사실은 그들이 패러디의 대상이 되었다는 사실에 의해 증명된다. 몰리네는 '아홉 명의 대식가 영웅(nine preux de gourmandise)'[55]이라는 패러디를 했고, 프란시스 1세는 아홉 명의 영웅 중 한 명으로 분장하기 위해 고대의 옷을 입었다.[56]

데샹은 아홉 명의 영웅에 맞서는 여자 영웅 아홉 명을 추가하는 데 만족하지 않고, 아홉 명의 영웅 리스트에 동시대의 프랑스인인 베르트랑 뒤 게스클랭Bertrand du Guesclin을 추가하여 열 번째 영웅으로 추대했다.

이것은 영웅 숭배를 지금 이곳에다 연결시키는 것이고, 또 그 당시 발흥하던 프랑스의 군국적 애국주의의 영역에 영웅 개념을 끌어들인 것이었다.[57] 열 번째 영웅을 추가한다는 아이디어는 성공을 거두었다. 루이 도를레앙은 용감한 원수(게스클랭)의 초상화가 쿠시Coucy에 있는 대연회장에서 열 번째 영웅으로 전시되도록 조치했다.[58] 루이가 게스클랭에게 이처럼 공을 들인 데에는 이유가 있었다. 원수는 어린 루이가 세례를 받을 때 루이를 세례반 앞에서 들고 있었고, 또 세례식이 끝난 다음에는 루이의 손에 칼을 쥐어주었던 것이다. 이렇게 하여 브르타뉴 출신의 이 용감하고 타산적인 전사는 국가적 군사 영웅으로 숭배되기에 이르렀다.

여기서, 15세기 동안에 잔 다르크가 첫 번째 숭배 대상이 아니었다는 점을 주목해야 한다. 그녀의 편에 서서 혹은 그녀의 적군 편에 서서 싸운, 많은 군사 지도자들이 동레미Domrémy 출신의 농민 소녀(잔 다르크)보다 동시대인들의 머릿속에서 더 높고 더 영예로운 자리를 차지했다. 사람들은 그녀에 대하여 어떤 감정이나 숭배심이 없었고 단지 기이한 인물 정도로 여겼다. 기회가 닿을 때마다 부르고뉴 지지자에서 한심한 프랑스 왕 지지자로 변신을 한 샤틀랭은 샤를 7세가 사망하자 신비한 시를 한 편 썼다. 그 시는 샤를 7세 편에서 잉글랜드에 대항하여 싸웠던 군사 지도자들—뒤누아Dunois, 장 뒤 뷔에이Jean du Bueil, 생트라유Xaintrailles, 라이르La Hire, 기타 덜 알려진 장군들—이 마치 명예의 전당에 들어간 것처럼, 그들의 업적을 칭송하는 시였다.[59] 그들은 잠시 나폴레옹 휘하의 장군들을 연상시킨다. 하지만 잔 다르크는 그 리스트에 없다.

부르고뉴 군주들은 그들의 보물 수장고에 영웅들과 관련된 낭만적 유물들을 다수 보관했다. 그의 문장이 새겨진 생 조르주Saint Georges의 칼, 베르트랑 뒤 게스클랭이 사용했던 칼, 가랭 드 로에랭Garin de Loherain이

150

잡은 수퇘지의 이빨, 성 루이가 어린 시절 공부했던 구약성경의 시편60 등이었다. 여기에는 기사도와 종교의 환상적 측면들이 잘 뒤섞이고 있다. 여기서 한 발자국만 더 나아가면 우리는 고대 로마 역사가 리비우스의 빗장뼈에 이르게 된다. 교황 레오 10세는 그 뼈가 무슨 성스러운 유물이나 되는 것처럼 아주 엄숙하게 접수했다고 한다.61

중세 후기 영웅 숭배가 문학적으로 표현된 형식은 완벽한 기사들의 전기물이다. 가령 질 드 트라즈니Gilles de Trazegnies 같은 일부 기사들은 이미 전설적인 인물이 되었다. 하지만 가장 중요한 전기물은 부시코, 장 뒤 뷔에이, 자크 드 랄랭같이 동시대의 인물을 다룬 것이었다.

기사들의 모범, 부시코 원수

통상적으로 부시코 원수라고 불리는 장 르 멩그르Jean le Meingre는 심각한 위기 동안에 국가를 위해 봉사했다. 그는 1396년 무외공 장과 함께 니코폴리스Nicopolis 전투에 참가했다. 그 당시 프랑스의 귀족들은 무모한 방식으로 투르크인들을 유럽에서 몰아내려고 하다가 바예지드Bayezid 술탄에게 궤멸당했다. 그는 1415년 **아쟁쿠르 전투**에 참전했다가 포로로 잡혔고 그 6년 뒤에 사망했다. 그의 숭배자 한 사람이 그가 아직 살아 있었던 1409년에 그의 행적을 기록했다. 『사실의 서Livre des faicts』라는 제목을 가진 그 기록은 아주 훌륭한 정보와 문서에 바탕을 둔 것이었다.62 하지만 당대의 역사를 충실하게 기록한 것이라기보다 한 이상적 기사의 초상을 묘사한 것이다. 이상적 기사의 이미지가 던지는 아름다운 광채 아래에서, 갑작스러운 변전들이 자주 찾아오는 실제의 현실은 가뭇없이 사라져 버린다. 이 책에서 니코폴리스 전투의 끔찍한 참사는 흐릿한 색깔로 묘사될 뿐이다. 부시코는 소탈하면서도 경건한 기사, 또 정중하면서도 아는 것이 많은 기사로 제시된다.

진정한 기사의 필수조건인 재물 경시輕視 사상은 부시코 아버지의 말속에서 드러난다. 집안의 상속 재산을 줄이거나 늘릴 의도가 없었던 그 아버지는 이렇게 말한다. "나의 아이들아, 정직하고 용감하게 살아라. 그렇게 하면 너희에게는 부족한 것이 없으리라. 만약 너희가 가치 없는 사람들이라면 너희에게 많은 재산을 남긴다는 것은 한심한 일이 될 것이다."[63] 부시코의 경건함은 철저하게 퓨리턴적 성격을 띤 것이었다. 그는 아침 일찍 일어나서 근 세 시간 동안 기도를 올렸다. 아무리 시간이 촉박하고 또 바쁘더라도 그는 하루에 두 번 무릎을 꿇고 미사를 보았다. 금요일이면 검은 옷을 입었고 일요일과 성스러운 날에는 걸어서 성지로 순례를 하거나, 사람을 시켜서 성인들의 전기나 '로마인 혹은 기타 과거 시대 위인들의 업적'을 읽어서 듣거나, 아니면 경건한 대화에 참여했다. 그는 근검절약했고 말수가 적었으며 말을 할 경우에는 주로 하느님, 성인들, 미덕, 기사도 등에 대해서 언급했다. 그는 하인들에게 독실한 마음을 가지기를 독려했고 남을 비난하지 말고 남에게 욕설을 하지 말라고 가르쳤다.[64] 그는 여자들에게 고상하고 정숙한 봉사를 해야 한다고 주장했다. 그는 여성이라는 이유로 모든 여성을 존중했고 '하얀 부인이 그려진 초록 방패(l'écu vert à la dame blanche)' 기사단을 창설하여 크리스틴 드 피장Christine de Pisan의 열렬한 찬사를 들었다.[65]

1401년 샤를 6세를 위해 제노바 정부를 다스리러 갔을 때, 부시코는 자신에게 인사하는 두 여자에게 정중히 고개를 숙인 적이 있었다. 그때 그의 시동이 말했다. "각하, 지금 그토록 공손히 경의를 표시한 여자가 뭐 하는 여자인지 아십니까?" "위그냉, 난 모르겠네." 부시코가 말했다.

"창녀들입니다." 시동이 대답했다. "위그냉, 난 정숙한 여자 한 명에게 실수로 인사를 빠트리기보다는 열 명의 창녀에게 인사하는 쪽을 택하겠네."[66] 그의 모토는 '당신이 원하는 것을(Ce que vous vouldrez)'이었다. 이것은 모토답게 그 다음에 오는 동사를 생략하여 신비스러운 분위기를 띠고 있다. 이 모토는 부시코가 진정으로 숭배하는 여성을 위해 자신의 의지를 포기하겠다는 뜻인가? 아니면 우리가 중세보다 훨씬 후대에서 발견하는, 인생에 대한 느긋한 태도를 의미하는 것인가?

이 이상적 기사의 아름다운 초상화는 이처럼 경건과 절제, 소탈함과 충성심의 색상으로 그려져 있다. 하지만 실물 부시코는 모든 면에서 이런 이미지에 부합하는 인물은 아니었다고 보아야 할 것이다. 그가 소속된 계급의 사람들은, 주된 관심사인 황금을 위해서 탐욕과 폭력을 마다하지 않았다. 이 고상한 인물에게도 탐욕이나 폭력이 영 생소한 정서는 아니었던 것이다.[67]

장 르 뷔에이와 『르 주방셀』

그 후 모범 기사는 완전히 다른 색깔로 인식되기에 이르렀다. 장 뒤 뷔에이를 다룬 전기적 소설은 『르 주방셀』이라고 불리는데 부시코의 전기보다 50년 뒤에 집필되었다. 이러한 연대는 부분적으로 인식의 차이를 설명해 준다. 장 드 뷔에이는 잔 다르크의 깃발 아래에서 싸운 지휘관이었고 나중에는 프라그리Praguerie 폭동(1440)에 참가했고, '공공의 복지를 위한' 전쟁에도 가담했으며 1477년에 죽었다. 1465년경에 왕의 총애를 잃어버리자, 그는 세 명의 하인에게 자신의 인생 이야기를 쓰게 하고 『르 주방셀』이라는 제목을 붙였다.[68] 역사적 형식이 낭만적 정신을 취하는 부시코의 전기와는 다르게, 『르 주방셀』은 자신만의 독창적인 형식을 만들어내어 적어도 책의 전반부에서는 실제 사건들을 다루고 있다. 이 책의 스토리가 후반부에 가서 설탕의 외피를 입힌 낭만주의로 끝나는 것은 여러 명의 저자가 집필했기 때문이다. 1444년 프랑스가 스위스 영토를 침범하는 끔찍한 전투와, 비르스Birse 강의 성 야곱 마을에서 벌어진 전투도 기술한다. 특히 후자의 전투에서는 바젤 지방의 농민들이 프랑스군과 맞붙었다가 마지막 한 명까지 산화했다. 이런 살벌한 전투 이야기들이 진부한 전원적 민네리더Minnelieder(궁정 연애시)의 가식적 장식으로 미화되어 있다.[69]

이와는 아주 대조적으로, 『르 주방셀』의 전반부는 어디에서나 발견될 수 있는 그 당시의 전쟁 현실을 간명하고 사실적으로 묘사한다. 우연의 일치인지 몰라도, 이 저자들도 그들 영주의 전쟁 동료였던 잔 다르크 얘기는 하지 않는다. 그들이 영광스럽게 칭송하는 것은 영주의 업적뿐이다. 뷔에이는 자신의 전쟁 경험담을 얼마나 진실되게 구술했을까? 여기서 우리는 초창기 프랑스 군국주의의 태동을 보게 된다. 그 정신은 나중에 부르봉 왕가의 기마병(musketeer), 나폴레옹 군대의 근위병(grognuard), 제1차 세계대전시의 프랑스 군인(poilu)을 탄생시켰다. 기사도에 영광을 돌리는 시도는 책의 맨 앞 몇 페이지에서만 발견된다. 여기서 저자들은 젊은 사람들에게 이 이야기를 통하여 군대 생활에 대해서 알게 되고 또 오만, 질투, 탐욕의 어리석음을 깨우치라고 권고한다. 부시코 전기에서 현저하게 드러나는 경건함과 민네Minne(궁정 연애) 요소는 『르 주방셀』의 전반부에서는 아예 발견되지 않는다. 여기서는 전쟁의 참상, 그 폐해와 단조로움, 그런 참상을 견디고 위험을 대면하는 데 필요한 무모한 용기 등만 언급된다. 어떤 성주가 자신의 수비대를 소환해 보니 열다섯 필의 말만 나타났고 그나마 모두 어원 말이었고 편자가 박혀 있지도 않았다. 이런 말에 성주는 두 명씩 수비대원을 태웠는데 대부분 애꾸이거나 발을 저는 자들이다. 수비대장의 의복을 수리하는 데 필요한 부품을 얻기 위해 적군의 세탁물을 훔쳐오기로 한다. 훔쳐온 암소는 적군의 대장이 항의하면 공손히 사죄하고 돌려준다. 들판을 한 번 도는 야간 순찰은 독자에게 청량한 밤공기와 밤중의 평온을 느끼게 해준다.[70]『르 주방셸』은 모범 기사의 유형에서 국민적 군인의 유형으로 넘어가는 전환기의 작품이다. 책의 주인공은 불운한 포로들이 훌륭한 프랑스인이 되겠다고 약속하는 조건 아래에서 그들을 풀어 준다. 높은 영예를 얻었으므로 주인공은 모험과 자유의 생활로 되돌아가기를 열망한다.

이런 현실적인 기사상(그러나 앞에서 말한 것처럼 이런 기사상이 책의 끝부분까지 일관되게 유지되는 않는다)은 아직 부르고뉴 문학 속에서는 실현되지 않았다. 그 문학은 너무나 구식이고 진지하고, 또 이런 일을 잘 감당하는 순수 프랑스 문학에 비해 훨씬 더 봉건적 사상에 사로잡혀 있기 때문이다. 『르 주방셸』에 비하여, 자크 드 랄랭의 전기는 질 드 트라즈니 같은 초창기 순회 기사의 진부한 관점에서 기술된 구식의 전기이다. 이 존경받은 부르고뉴 영웅의 업적을 다룬 전기는 실제 전쟁보다는 낭만적 토너먼트를 다루고 있다.[71]

전쟁 중의 용기라는 심리를 다룬 문장으로는 그 이전이든 그 이후이든 『르 주방셸』의 다음 문장만한 것이 없다.[72]

전쟁은 즐거운 것이다…… 전쟁에서는 당신의 동료를 사랑하게 된다. 당신의 싸움이 정당하고 당신의 피가 싸움을 위해 끓어오르면, 당신의 눈에는 눈물이 솟구친다. 당신의 친구가 우리 주님의 명령을 수행하기 위하여 자신의 몸을 위험 앞에 과감히 내맡기는 것을 보면, 충성심과 동정심이라는 아주 달콤한 감정이 당신의 가슴을 가득 채운다. 그러면 당신은 앞으로 나아갈 준비를 하고 그 친구와 함께 살거나 혹은 죽는다. 당신은 그 친구에 대한 사랑이 넘쳐서 그를 결코 내버리지 않는다. 그러한 태도로부터 엄청난 즐거움이 솟구쳐 나와서 그것을 맛보지 못한 사람은 즐거움이 무엇인지 말할 자격이 없다. 당신은 이렇게 하는 사람이 죽음을 두려워하리라고 생각하는가? 전혀 두려워하지 않는다. 그는 자신이 너무나 강력해졌다고 느끼고 또 자신이 높이 고양되어 있다고 생각하여 자신이 지금 어디에 있는지도 잘 모른다. 그는 진정으로 그 어떤 것도 두려워하지 않는다.

이런 심리 상태는 15세기의 기사뿐만 아니라 현대의 병사들에게서도 발견될 수 있다. 이것은 기사도 이상 그 자체와는 아무런 상관이 없지만, 전쟁 중의 순수한 용기를 만들어내는 정서가 어떤 것인지 보여 준다. 그 정서란 속 좁은 이기주의를 탈피하여 죽음의 위험을 무릅쓰는 용기, 동료 전우의 용기에 대한 감동적인 공감, 충성심과 자기희생의 자발적 발휘 등이다. 이런 원시적이고도 금욕적인 흥분은, 기사도의 이상을 남성적 완벽함의 고상한 환상으로 구축시키는 기반이다. 이것은 그리스의 칼로카가티아kalokagathia(아름다움을 의미하는 칼로스kalos와 선함을 의미하는 아가토스agathos를 합성시킨 단어)와 유사한 것으로서, 이 선미善美는 지난 여러 세기 동안 아름다운 삶을 얻기 위해 애쓰는 사람들을 추진시키는 힘이었다. 그러나 우리는 기사도 이상이 때때로 탐욕과 폭력의 세계를 감추어 주는 가면 노릇을 했다는 점을 잊어서는 안 된다.

기사도의 금욕 요소와 에로스

순수한 형태의 기사도 이상을 언급할 때에는 언제나 금욕적 요소가 강조된다. 기사단이 처음 꽃피어나던 **십자군 운동** 시절, 그것은 자연스럽게 아니 필연적으로 정신적인 측면에서 수도자의 이상과 짝을 이루었다. 하지만 현실은 거듭하여 그 이상이 거짓임을 폭로했다. 그리하여 기사도 이상은 점점 더 상상의 영역으로 추락하여 그 영역에서 간신히 고상한 금욕주의의 특징을 보존할 수 있었으나, 사회적 현실에서는 그런 이상을 찾아보기 어려웠다. 신전 기사단 소속의 기사들이나 순회 기사들은 가난했고 세속적 유대로부터 자유로웠다. 미국의 심리학자 **윌리엄 제임스**William James는 이렇게 말했다. "고상하고 재산 없는 전사의 이상은 아직도 군사적·귀족적 인생관을 지배하고 있다. 물론 현실적으로 지배한다는 얘기는 아니고 심정적으로 그렇다는 것이다. 우리는 군인을 아무런 장애도 없는 사람으로 칭송한다. 자신의 생명 이외에는 빚진 것이 없고 그나마 대의명분의 지시에 따라 하시라도 내놓을 각오가 되어 있기 때문에, 그는 이상적인 방향으로 장애 없는 자유를 실천하는 대표적 인물이다."[73]

따라서 기사도 이상을 종교적 심성, 동정심, 정의감, 의리 등의 더 높은 요소들과 연결시키는 것은 결코 인위적이거나 피상적인 것이 아니다. 하지만 이런 요소들은 기사도를 곧바로 아름다운 생활의 형식으로 만들어 주는 것은 아니다. 기사도라는 복잡한 정서와 사상의 덩어리에 여성에 대한 사랑이라는 불타는 정열이 보태어지지 않았더라면, 기사도의 용맹한 전투 정신도 그리 높이 들어 올려지지 않았을 것이다.

용감한 자기희생이라는 아주 금욕적인 요소도 위와 같은 인생관의 금욕적 기반과 밀접한 관계를 맺는다. 다시 말해 금욕적 요소는 어쩌면 충족되지 못한 욕망(여성에 대한 욕망)의 윤리적 변형인 것이다. 사랑에 대한 열망이 그 형식과 스타일을 얻게 되는 것은 오로지 문학이나 미술에서만 가능한 게 아니다. 남녀 간의 사랑에 고상한 스타일과 형식을 주려는 욕망은 생활의 형식들에서도 넓은 무대를 발견한다. 가령 궁정 연애, 사회적 게임, 농담, 스포츠 등이 그런 구체적 사례이다. 이런 분야에서도 사랑은 계속 승화되고 낭만적으로 변모된다. 이런 점에서 생활은 문학을 모방하지만, 전반적으로 볼 때, 생활로부터 모든 것을 배우는 건 문학이라고 할 수 있다. 기사도의 사랑관은 문학에 바탕을 두었다기보다 생활에 근거를 두며, 기사와 그의 애인이라는 모티프는 생활의 실제 조건에 뿌리내리고 있다.

기사와 그의 애인, 사랑을 위해 헌신하는 주인공 등은 전 세계 모든 곳에서 새롭게 생겨나는 가장 원초적이고 불변하는 낭만적 모티프이다. 그것은 감각적 열정(여자에 대한 육체적 욕망)을 윤리적 혹은 준準 윤리적 자기부정으로 변모시킨 것이다. 그것은 열여섯 살 소년도 잘 알고 있는 욕구에서 나온다. 위험 앞에 자신을 노출시켜 자신이 얼마든지 고통을 당하고 피를 흘릴 수 있는 강인한 남자임을 보여 주어 여자들에게 자신의 용기를 과시하기 위한 것이다. 이런 욕구의 표현과 실천이 획득 불가능한 것으로 보일 때, 그것은 사랑을 위한 영웅적 행위의 꿈으로 대체되거나 승화된다.[74] 이것은 즉각 죽음을 욕망 성취의 대안으로 제시하며, 남자의 만족은, 말하자면 그 어느 쪽이든(죽음이든 욕망 성취든) 보장되는 것이다.

하지만 사랑을 위한 영웅적 행위(남자의 온 마음을 채우고 매혹시키는 행위)의 꿈은 잎사귀 무성한 초목처럼 자꾸만 자라난다. 처음에는 단순했던 주제가 그 힘을 모두 소진해 버리고, 마음은 이제 동일한 주제를 위한 새로운 무대를 열망한다. 열정 그 자체가 고통과 체념의 꿈에 더욱 강력한 색깔을 입힌다. 영웅적 행위는 여자를 가장 심각한 위험으로부터 해방시키거나 구원하는 것으로 구성된다. 이렇게 하여 당초의 모티프에 보다 강력한 자극이 추가되었다. 처음에 여자를 위해 고통을 당하는 것은 남자라는 행동 주체였으나, 이 모티프에 남자의 욕망의 대상인 여자를 고통으로부터 해방시킨다는 모티프가 추가되었다. 나는 이러한 구원의 근원을 소급해 보면 거기에는 처녀성의 보존이 도사리고 있다고 생각한다. 다시 말해 다른 남자를 물리치고 구원자 자신을 위해 그 여자의 처녀성을 보존하겠다는(차지하겠다는) 의도인 것이다. 아무튼 이것은 가장 수준 높은 기사도·에로스 모티프이다. 설사 기사의 적이 아무것도 모르는 괴룡怪龍이라고 할지라도, 그 표면 밑에는 에로스(남녀 간의 사랑)의 요소가 어른거리는 것이다.

숫처녀를 해방시킨다(차지한다)는 아이디어는 아주 독창적인 낭만적 모티프이고 영원히 젊은 모티프이다. 오늘날 낡아 버린 신화 설명 이론은 여기에서 자연 현상의 이미지를 발견하는 반면, 이 아이디어가 일상 생활 속에서 모든 사람에 의해 직접 검증되는 것은 어떻게 된 일인가![75] 문학에서는 이 모티프(여성을 차지한다는 모티프)가 과도하게 반복되는 바람에 한동안 회피되었지만, 그것은 언제나 새로운 형태로 되돌아왔다. 가령 영화에서 카우보이의 로맨스가 그러하다. 문학 이외의 다른 곳에서 개인적 연애관은 언제나 강력한 힘으로 남아 있었다.

영웅·애인의 사상이 어느 정도까지 남성적 사랑관 혹은 여성적 사랑관인지 파악하는 것은 어려운 일이다. 남자는 이런 의도적인 고통 속에서 자기 자신을 보려고 하는 것일까, 아니면 남자가 이렇게 행동하는 것은 여자의 의지 때문일까? 전자일 가능성이 더 높다. 일반적으로 말해서, 사랑을 문화적 형식으로 묘사하는 것은 거의 전적으로 남성적 견해였다. 이것은 최근까지만 해도 그러했다. 여성적 사랑관은 언제나 베일에 감추어져 있었다. 그것은 부드러우면서도 깊은 신비였다. 그것은 낭만적인 것을 영웅적인 것으로 높이 들어 올릴 필요도 없다. 여성의 사랑관은 자기희생을 특징으로 하고 또 모성母性과 불가분의 관계를 맺고 있기 때문에, 그 사랑은 영웅적 환상으로 그 자신을 들어 올릴 필요도 없고 또 자기중심적 에로스에 굴복할 이유도 없다. 여성적 사랑관은 문학에서 잘 등장하지 않는다. 왜냐하면 문학은 주로 남자들 사이에서 생겨났고 또 여자들은 사랑에 관한 한 문학적 요소를 필수불가결하게 생각하지 않기 때문이다.

로맨스는 남성적 상상력의 결과물

사랑하는 여자를 위하여 기꺼이 희생을 감수하는 고상한 구원자의 모습은 원래 남성적 상상력의 결과물이었다. 그가 자신의 진정한 신분을 감추고 등장할 때마다 그의 구원자 꿈이 가져오는 긴장감은 높아진다. 그런 긴장감은 영웅적 행위가 완수된 이후에 비로소 드러난다. 영웅의 감추어진 신분이라는 낭만적 모티프는 대부분 여성적 사랑관에 뿌리를 내리고 있다. 말 탄 기사라는 형태로 남성적 힘과 용기가 구체화 되는 과정에서, 힘과 남성의 신체적 프라이드를 숭배하는 여성적 동경이 함께 작용하는 것이다.

중세 사회는 이런 원시적인 낭만적 모티프들을 거의 소년 같은 열광으로 개발했다. 수준 높은 문학적 형식들이 욕망을 보다 정신적이고 은

근하고 천상적天上的이고 애매모호하게 표현하는 것을 선호하는 한편, 기사도 소설들은 거듭하여 열정적 매혹의 사례들을 다루는데 그런 매혹은 우리 현대인이 늘 이해할 수 있는 것은 아니다. 우리는 종종 다음과 같은 견해를 갖기 쉽다. 즉, 중세는 이런 유치한 상상력을 오래 전에 탈피했으며, 프루아사르의 『멜리아도르Méliador』와 『페르스포레스트Perceforest』는 기사도 모험 스토리의 후발 주자로서 이미 당대에서도 시대착오적인 작품이었다. 그러나 실제로는 시대착오가 아니다. 심지어 오늘날에서도 유치한 상상력이 발휘된 소설들이 베스트셀러가 되고 있는 것이다. 그렇기는 하지만 그것은 순수문학은 아니고 말하자면 응용 예술이었다. 에로틱한 상상력을 발휘할 모델이 필요했기 때문에 이런 문학이 살아남았고 그 후에도 계속 면모를 일신했다. 르네상스의 와중에서도 스페인의 기사도 소설인 아마디스 소설들은 계속 살아남았다. 심지어 16세기 후반의 사람인 프랑수아 드 라누François de la Noue는 아마디스 소설들(Amadis Novels)이 르네상스와 휴머니즘의 훈련을 받은 동시대 사람들 사이에서 '현기증의 느낌'을 안겨주었다고 말했다. 그러니 1400년의 덜 세련된 세대들 사이에서 이런 소설들이 가져다주는 낭만적 감수성은 얼마나 막강했을 것인가!

사랑의 로망스라는 매혹은 독서뿐만 아니라 게임과 공연에서도 체험된다. 사랑의 게임이 발현되는 두 가지 형식이 있는데 하나는 연극적 재현이고 다른 하나는 스포츠(경기)이다. 후자의 형식은 중세 동안에 특히 중요했다. 드라마는 그래도 상당 부분 다른 경건한 주제들로 채워져서 낭만적 주제는 양념 정도에 지나지 않았다. 반면에 중세의 스포츠, 특히 토너먼트는 그 자체로 아주 드라마틱한 요소를 가지고 있었고, 또 아주 에로틱한 분위기를 풍겼다. 스포츠는 어느 시대나 이런 드라마와 에로스의 요소를 갖고 있다. 오늘날의 조정 경기와 축구 경기는 선수들이나 관중들이 의식하는 것보다 훨씬 더 많이 중세 토너먼트의 정서적 특질을 갖고 있다. 그러나 현대의 스포츠가 자연적인, 거의 그리스적인 단순성과 아름다움으로 되돌아간 반면, 중세, 특히 중세 후기의 토너먼트는 장식과 치장이 과도했던 스포츠였다. 토너먼트에는 드라마와 로맨스의 요소가 너무나 강하여 거의 드라마의 기능을 발휘할 정도였다.

중세 후기의 문화생활은 사회적 놀이

중세 후기는 고위 상류층의 문화생활이 거의 전적으로 사회적 놀이가 된 시대였다. 현실은 조야하고, 가혹하고, 잔인했다. 사람들은 기사도 이상의 아름다운 꿈 쪽으로 시선을 돌리면서 이를 바탕으로 하여 인생의 게임(놀이)을 구축했다. 사람들은 랜슬롯이라는 가면을 쓰고서 놀았다. 그것은 엄청난 기만이었다. 그 황당한 비현실성을 가벼운 조롱으로 부정하는 시늉을 했기 때문에 그것은 참을만한 것이 되었다. 15세기의 기사도 문화는 감상적 진지함과 가벼운 조롱 사이에서 아슬아슬한 균형을 유지함으로써 지탱되었다. 명예, 의리, 민네(궁정 연애)[76]의 기사도적 용어들은 아주 진지하게 다루어졌으나 그 경직된 얼굴은 가끔 풀어져서 미소로 바뀌기도 했다. 이러한 무드가 최초로 의도적인 패러디로 바뀐 곳은 이탈리아였고 대표적인 작품은 풀치Pulci의 『모르간테*Morgante*』와 보이아르도Boiardo의 『사랑에 빠진 오를란도*Orlando Innamorato*』였다. 하지만 그 당시 이탈리아에서 기사·로맨스의 감정은 또다시 승리하며 되살아났는데, 가령 아리오스토Ariosto의 작품에서는 기사도에 대한 노골적인 조롱이 고통과 진지함에 바탕을 둔 경이로운 초월로 바뀌어져 있다.

우리가 어떻게 1400년경의 프랑스 사회에 존재했던 기사도 이상의 진지함을 의문시할 수 있겠는가? 기사도의 문학적 모범인 고상한 부시코의 경우, 삶에서 작동하는 낭만적 기사도 이상이 여전히 강력하게 작동한다. "젊은이에게 고상한 기사도적 투쟁을 열망하도록 만드는 가장 강력한 힘은 사랑이다"라고 부시코는 말한다. 부시코 자신은 예전의 궁정 형식을 따라 그의 부인에게 봉사했다. "그는 그 부인의 사랑을 위해 모든 여성을 섬겼고 모든 여성을 명예롭게 여겼다. 그는 자신의 부인 앞에서 우아하게 말했고, 정중했으며, 수줍은 태도를 보였다."[77]

문학 속에 묘사된 부시코의 생활과 그의 실제 경력 속에 나타나는 가혹한 현실은 아주 극명한 대조를 이루는데, 우리 현대인은 그런 대조를 이해하기가 어렵다. 국정에 참여하는 지도자로서, 부시코는 당대의 거친 정치 현실에 휘말렸다. 1388년 그는 처음으로 동방으로 정치적 여행을 떠났다. 그는 두 명의 전쟁 동료와 대화를 나누면서 여행의 시간을 보냈다. 그 동료 중 하나는 그의 집사인 필립 다르투아Philippe d'Artois였고, 다른 하나는 크레스크Cresecque라는 사람이었다. 그는 이들과 진정하고 고상한 민네(궁정 연애)에 대하여 토론했는데 그런 연애야말로 완벽한 기사의 특징이라는 것이다. 이런 내용은 『백 편의 발라드의 책Le livre des cents ballades』에도 나온다.[78] 물론 그런 연애는 완벽한 기사의 특징이었다.

그러나 7년 뒤에는 사정이 달라졌다. 이때 부시코는 느베르Nevers 백작(후일의 무외공 장)의 스승 자격으로, 술탄 바예지드를 상대로 벌였던 엉뚱한 기사도적 모험(→ 니코폴리스 전투)에 참가했다. 여기서 부시코는 니코폴리스 전투의 참상을 눈으로 직접 목격했다. 그를 수행한 세 명의 시인들이 이 전투에서 목숨을 잃었고, 많은 프랑스 귀족 자제들이 포로로 사로잡혀 그의 목전에서 살해당했다. 이런 참상을 목격한 진지한 전사라면 그 후에 궁정의 게임이나 기사도적 환상에 차가운 시선을 던지게 되지 않았을까? 우리는 다음과 같이 믿고 싶은 심정이다. 그 체험은 부시코에게 환상의 색안경으로 세상을 바라보는 일을 그만두라고 가르쳤을 것이다. 하지만 변한 것은 없었고 그의 마음은 고대 기사도의 컬트에 예전처럼 헌신했다. 이것은 부시코가 억압받는 여성들을 보호하기 위해 '하얀 부인이 그려진 초록 방패 기사단'을 설립했다는 사실에 의해 뒷받침된다. 또한 이것으로 부시코가 저 인위적인 문학 논쟁에서 어떤 입장을 취했는지 알 수 있다. 1400년 당시, 프랑스 궁정에서는 사랑의 진지한 이상과 경박한 이상 사이에 문학적 논쟁이 불붙었던 것이다. 궁정에 출입하는 신하들은 그런 논쟁을 하면서 시간을 보내는 것을 아주 흥분되는 오락이라고 생각했다.

문학과 사교 생활에서 제시된 고상한 사랑은 우리가 보기에 아주 진부하고 우스꽝스럽다. 그것은 열정의 도구라는 위력을 잃어버린 낭만적 형식의 슬픈 운명이다. 교묘하게 꾸미는 많은 시인들의 저작에는, 값비싸게 치장된 토너먼트만 있을 뿐 치열한 열정은 사라졌다. 열정은 아주 진귀한 목소리들 속에서 아주 드물게 들릴 뿐이었다. 이런 것들(민네와 토너먼트)이 문학이나 예술로서 열등하다는 점을 인정한다고 하더라도, 우리가 문학 그 자체에 살아 있는 열정을 채워 넣을 때, 이런 것들이 인생의 미화 혹은 정서의 표현으로 아주 중요하게 된다. 갈매기같이 생긴 눈썹의 아치, 반짝이는 검은 눈, 섬세한 이마 등을 읽지 못하고, 민네 시편과 토너먼트의 묘사를 객관적 사실 혹은 역사적 세부 사항으로 읽는다는 것은 정말 무의미한 일이다. 그런 눈썹, 눈, 이마는 먼지가 되어 버린 지 수세기가 흘렀지만, 지금 쓰레기더미처럼 켜켜이 남아 있는 문헌들보다 훨씬 더 중요했던 때가 있었다.

　때때로 그 형식에서 산발적인 광휘가 빛나기 때문에 우리는 이 문화적 형식의 열정적 중요성을 분명하고 정확하게 파악할 수 있다. 『에롱(왜가리)의 맹세*Le Voeu du Héron*』라는 시에서 장 드 보몽Jean de Beaumont은 기사의 전투 맹세를 하라는 강요를 받고서 이렇게 말한다.

　우리가 술집에서 독한 술을 마실 때,
　하얀 목덜미에 탄탄한 몸매를 자랑하는
　여자들이 미소 짓는 아름다움으로 빛나는 눈으로
　우리 곁을 지나가며 쳐다볼 때,
　자연은 우리에게 욕망하는 마음을 가지라고 권한다.
　…… 그러면 우리는 요몽Yaumont과 아굴랑Agoulant을
　정복할 수 있을 것이다.[79]
　그리고 다른 사람들이 올리비에Olivier와 롤랑Rolland을 정복할 것이다.
　그러나 우리가 전선에서 달리는 말에 올라탔을 때,
　우리의 목에 걸린 둥근 방패는 무겁고 우리의 창은 축 처진다.
　엄청난 추위가 우리를 모두 얼어붙게 한다.
　우리의 사지는 앞뒤로 모두 얼어 터졌다. 그리고
　적들이 우리에게 다가온다. 그러면
　우리는 아주 커다란 지하실에 들어 있기를 바란다.
　그 어떤 수단을 동원해도 우리가 보이지 않게.[80]

　"슬프다," 필립 드 크루아Philippe de Croy는 노이스Neuss 근처의 대담공 샤를의 본영에서 이렇게 썼다. "우리에게 영감을 주고, 용기를 부추겨

주고, 또 온갖 표시, 휘장, 스카프, 베일로 우리를 격려해 줄 여자들은 어디에 있는가?"[81]

토너먼트의 에로틱한 요소

토너먼트의 에로틱한 요소는 애인의 베일이나 기타 그녀의 머리카락이나 몸의 향기를 간직한 옷가지를 걸치는 관습에 의해 가장 직접적으로 드러난다. 전투의 흥분에 사로잡힌 여성들은 보석류를 차례로 한 가지씩 내놓는다. 게임이 끝나면 여자들은 팔뚝에는 옷소매가 남아 있지 않고 머리카락은 보석이 모두 제거된 맨머리가 되어 버린다.[82] 이 관습은 세 명의 기사와 셔츠를 노래한 13세기 후반부터의 기사도 시들에서 아주 주목받는 상징이 되었다.[83] 한 귀부인이 있었는데 그녀의 남편은 싸움을 싫어한다는 점만 빼놓으면 아주 고상한 남자였다. 그 귀부인은 평소 그녀에게 민네를 보낸 세 명의 기사에게 자신의 셔츠를 보내면서, 이런 요구 조건을 내걸었다. 그녀의 남편이 개최하는 토너먼트에 그 셔츠를 전투복으로 입고 출전하되, 투구와 정강이받이 이외에는 다른 옷을 입어서는 안 된다. 첫 번째 기사와 두 번째 기사는 그 요구 조건을 거부했다.

그러나 가난한 세 번째 기사는 밤새 그 셔츠를 품에 안고 열렬히 키스를 퍼부었다. 그는 그 셔츠를 전투복으로 삼아 토너먼트에 출전했고 셔츠 아래에는 아무런 갑옷도 입지 않았다. 그는 심각한 부상을 당했고 그 셔츠는 찢어지고 그의 피가 묻었다. 그의 엄청난 용기는 사람들의 주목을 받았고 상은 그에게 돌아갔다. 귀부인은 그에게 그녀의 마음을 주었다. 이제 그녀의 남자 애인이 그 보답으로 요청을 하나 했다. 그는 피 묻은 셔츠를 그녀에게 주면서 토너먼트 마지막 행사인 축제 내내 야회복

위에다 그 셔츠를 입기를 요구했다. 그녀는 그 셔츠를 부드럽게 껴안으면서 그 피묻은 옷을 야회복 위에 걸치고 축제에 참석했다. 파티에 참석했던 대부분의 사람들은 그녀를 비난했고 그녀의 남편은 당황했다. 그리고 화자(narrator)는 묻는다. 애인들 중 어떤 사람이 다른 사람들보다 더 사랑을 표시했는가?

오로지 토너먼트에서만 발견되는 이런 열정은 교회의 반反 토너먼트 태도를 잘 설명해 준다. 교회는 아주 오랫동안 아주 단호하게 그 관습을 반대하며 싸워 왔던 것이다. 토너먼트가 선정적인 간통 사건들의 원인이 되었다는 사실은, 가령, 1389년 생드니의 수도자와 권위 있는 장 쥐베날 데쥐르생Jean Juvénal des Ursins에 의해 증언되었다.[84] 교회법은 오래전부터 토너먼트를 금지해 왔다. 원래는 전투 연습으로 유익했던 이 행사가 여러 가지 비리 때문에 이제는 더 이상 허용될 수 없다는 것이었다.[85] 토너먼트는 도덕주의자들의 비난도 받았다.[86] 페트라르카는 고대 로마의 저술가인 키케로와 스키피오의 저작들 중 어디에 토너먼트 얘기가 나오느냐고 현학적으로 물었다. '파리의 시민'이라는 일기작가는 어깨를 들썩이며 어떤 유명한 토너먼트에 대해서 이렇게 비아냥거렸다. "그리고 그들은 나로서는 이해가 안 되는 어리석은 목적 때문에 전장으로 갔다."[87]

반면에 귀족들은 토너먼트와 기사도 시합에 거의 모든 것을 걸었다. 그들이 여기에 부여한 중요성은 오늘날 현대인들이 스포츠를 중시하는 것보다 훨씬 더 강력한 것이었다. 가령 유명한 결투가 벌어졌던 장소에 기념비를 세우는 것은 아주 오래된 관습이었다. 아담 폰 브레멘Adam von Bremen은 홀슈타인과 바르기아 사이의 경계지에 세워진 이런 기념비를 알고 있었다. 그곳은 한 독일인 전사가 벤드족의 지도자를 살해한 곳이었다.[88] 15세기 동안에 이런 기념비들이 유명한 기사도 결투를 추모하면서 건립되었다. 생토메르Saint-Omer 근처에 세워진 라 크루아 펠레린 la croix Pélerine(펠레린의 십자가) 기념비는, 저 유명한 펠레린 토너먼트에서 생폴Saint Pol 원수의 사생아인 오부르댕과 어떤 스페인 기사 사이의 싸움을 기념한 것이다. 반세기 뒤, 바이야르Bayard는 토너먼트에 참가하기 전에 시간을 내어 그 펠레린 십자가에 순례를 다녀왔다.[89] '눈물의 샘 파 다르므Pas D'armes(토너먼트의 프랑스식 표기)'에 사용된 장식물과 의상들은 토너먼트가 끝난 후에 '볼로뉴의 사랑스러운 부인' 교회(즉, 노트르담 성당)에 헌정되어 그곳에 전시되었다.[90]

중세의 칼싸움은, 이미 위에서 언급한 것처럼, 자연스러움이 대폭 생략되었다는 점에서 그리스의 체육 운동이나 현대의 운동과도 다르다. 전쟁 같은 분위기를 증폭시키기 위하여, 그것은 귀족적 프라이드와 귀족적 명예의 흥분, 낭만·에로스적·예술적 찬란함 등에 의존한다. 그것은 화려함과 장식미가 넘치고, 다채로운 환상이 흘러넘친다. 그것은 놀이요 훈련인가 하면 동시에 응용 문학이다. 시적인 마음을 가진 사람의 욕망과 꿈은 드라마틱한 재현을 추구하고, 현실 속에서 구체적으로 연출되기를 바란다. 실제 생활은 충분히 아름답지 못하다. 그것은 가혹하고 냉정하고 배신적이다. 궁정 생활이나 군대 생활에서는 사랑에서 나오는 용기의 느낌을 수용할 공간이 별로 없다. 하지만 사람들의 영혼은 그런 느낌으로 가득 차 있고 그것을 표현하고 싶어 하며 귀중한 놀이 속에서 보다 아름다운 생활을 창조하고 싶어 한다. 진정한 용기의 요소는 5종 경기 시합 못지않게 기사도 토너먼트에서 소중한 가치로 숭상된다. 토너먼트의 노골적인 에로틱 요소가 그 유혈적 강렬함의 원인이다. 그 모티프에 있어서, 토너먼트는 인도 서사시에 등장하는 경쟁들과 아주

168

가깝다. 고대 인도의 서사시인 『마하바라타*Mahabharata*』도 한 여자를 두고서 두 남자가 싸운다는 것이 핵심 주제를 차지한다.

토너먼트의 외피를 담당하는 환상은 곧 아서 왕 소설의 환상이다. 다시 말해 동화적인 요소를 유치하게 각색한 것이다. 등장인물이 거인과 소인들로 변화무쌍하게 바뀌는 꿈의 모험에 궁정 요소의 감상성이 결합된 것, 바로 그것이 토너먼트이다.

15세기의 파 다르므Pas D'armes

15세기의 파 다르므(토너먼트)를 위하여 자유롭게 구상된 낭만적 환경은 인위적으로 구축된 것이었다. 그것은 '눈물의 샘', '샤를마뉴의 나무' 등 그럴 듯한 이름을 가진 소설적 무대를 갖고 있었다. 특히 샘을 주된 무대 장치로 내세웠다.[91] 한 해 내내, 미지의 기사가 매달 첫날에 그 샘 앞에 텐트를 쳤다. 그 텐트 안에는 한 귀부인(실물은 아니고 그림)이 앉아서 세 개의 방패를 가진 유니콘을 붙들고 있다. 자신이 직접 그 방패를 건드렸거나 혹은 부하 전령이 그 방패들 건드렸으면, 그 기사는 반드시 결투에 참가해야 한다. 이 결투의 조건들은 토너먼트의 초청이며 규칙인 자세한 '조항들(chapitres)'에 세밀하게 묘사되어 있다.[92] 방패들은 말을 탄 상태에서 건드려야 하며, 이 때문에 기사들을 위해 말이 늘 대기하고 있었다. 파 다르므의 또 다른 사례를 들어보면 이러하다. '용의 모험'에서, 네 명의 기사가 교차로에서 기다린다. 귀부인이 이 교차를 지나가면 그 기사들 중 한 명을 시켜 그녀를 위해 두 개의 창을 부러뜨리도록 해야 한다. 아니면 그녀는 기념물을 남겨야 한다.[93]

실제로 이런 유치한 벌금 게임은 아주 오래된 전사戰士 놀이 혹은 민네 놀이가 저급한 형식으로 남아 있는 것이다. 이런 상호 관계는 '눈물의 샘 조항들'에 들어 있는 다음 조항으로 설명된다. 전투 중에 땅에 쓰러진 사람은 일 년 내내 자물쇠가 달린 황금 팔찌를 차고 다녀야 한다. 그는 열쇠를 가진 귀부인을 찾아야 하는데, 그녀를 만나면 그의 서비스를 제공하는 조건으로 그녀는 그 자물쇠를 열어서 그를 해방시켜 준다. 또 다른 기발한 사례는, 어떤 거인을 주인공으로 내세우는데, 그 거인은 황금의 나무, '비밀 섬의 귀부인' 등을 갖춘 난쟁이에게 포로가 된다. 혹은 "아름다운 여자 거인에게 노예 겸 하인 노릇을 하는 고상한 귀족을 주인공으로 내세우는데 그 여자 거인의 금발 가발은 이 세상에서 제일 크다."[94] 기사는 본명을 내세우지 않는 것이 표준 절차이다. 그래서 그는 '하얀 기사', '미지의 기사', '망토를 두른 기사' 등으로 불린다. 또는 장편소설에서 나온 주인공으로 등장할 수도 있고 '백조의 기사'라고 불릴 수도 있다. 또는 랜슬롯, 트리스탄, 팔라메데스의 무기를 들고 있을 수도 있다.[95]

대부분의 경우에 우울한 분위기가 파 다르므의 무대 위에 퍼져 있다. 이것은 이미 '눈물의 샘'이라는 이름에서 엿볼 수 있다. 방패는 백색, 자색, 흑색이었고 모두 하얀 눈물이 점점이 그려져 있었다. '눈물의 귀부인'을 위한 동정심에서 그런 눈물이 그려진 것이다. 르네 왕은 '용의 모험'에서 상중喪中의 검은색을 입고 나오는데 그럴 만한 이유가 있었다. 그는 방금 잉글랜드의 왕비가 되기 위해 떠나간 자신의 딸 마르그리트(→ 헨리 6세)에게 작별 인사를 고했기 때문이다. 말 또한 검은 색깔이었고 상중의 안장포를 둘렀다. 창은 검은색이고 역시 검은색인 방패에는 은빛 눈물들이 점점이 박혀 있었다.[96] '샤를마뉴의 나무'에서 방패는 검은색과 보라색이었고 눈물은 황금색과 검은색이었다. 이런 우울한 분위기가 언제나 주도적인 것은 아니었다. 다른 경우, 엄청난 아름다움의 엄청난 애호가인 르네 왕은 소뮈르Saumur 근처에서 '즐거움의 수호자Joyeuse Garde' 토너먼트를 개최했다. 그는 아내와 딸, 그리고 잔 드 라발Jeanne de Laval(그의 두 번째 아내가 되는 여자)과 함께 '즐거움의 수호자'라는 나무 성채에서 마흔 날 동안 축제를 열었다. 이 축제는 잔 드 라발을 즐겁게 하려고 은밀히 준비된 것이었다. 나무 성채는 바로 그 목적에 맞추어 구축되고, 페인트칠해지고, 휘장이 드리워졌다. 모든 것이 붉은색과 하얀색이었다. 그가 주최한 '목동의 토너먼트(pas d'armes de la Bergère)'는 모든 것이 목동의 스타일로 준비되었다. 기사와 귀부인은 목동과 목녀로 등장했고 지팡이와 뿔나팔을 들었다. 방패든 말이든 모든 것이 황금색과 은색이 섞인 회색이었다.[97]

기사단의 발생과 기원

아름다운 삶을 멋지게 놀이하여 고상한 용기와 의리의 꿈을 표현하는 것은 토너먼트 말고 다른 형식으로도 구체화되었다. 이 두 번째 형식은 토너먼트에 못지않게 중요한데 바로 기사단의 결성이다. 직접적인 연결 관계를 증명하기는 쉽지 않겠지만, 원시부족의 관습을 조금이라도 아는 사람은 다음과 같은 사실을 의문시하지 않을 것이다. 즉, 기사단의 뿌리는, 토너먼트나 기사 서약의 뿌리와 마찬가지로, 먼 고대의 신성한 관습으로 소급된다는 것이다. 기사작위 수여식은 어린 전사에게 무기를 수여하는 일종의 성인식으로서, 윤리적으로나 사회적으로 아주 정교하게 고안된 것뿐이다. 연출된 싸움 그 자체는 원시에 기원을 둔 것으로, 한때에는 신성한 의미가 가득했다. 기사단은 원시부족의 의례 집단과 분리될 수 없는 조직이다.

하지만 이런 연결고리는 여기서 증명되지 않는 가설로 제시될 뿐이다. 우리는 지금 이런 민속학적 가설을 증명하려는 게 아니라, 완전하게 발달된 기사도의 이상과 가치를 다루려 하기 때문이다. 아무튼 이 제도에 원시부족의 흔적이 남아 있다는 사실을 부정할 사람은 없을 것이다.

물론 기사단이라는 아이디어에는 기독교적 요소가 너무나 강력하여 순전히 중세의 교회·정치의 관점에서 이 제도를 설명하는 것도 충분히 설득력이 있다. 하지만 원시 문화에서 보편적으로 발견되는 유사한 제도가 더욱 그럴 듯한 설명의 기반을 제시한다는 점은 잊어버려서는 안 된다.

최초의 기사단은 예루살렘 성지에 세워진 세 개의 대규모 기사단과 세 개의 스페인 기사단이다.[98] 이슬람에 대한 전쟁이 현실화하던 시기에, 수도원과 기사도의 이상이 적절히 결합된 중세의 정신으로부터 이 조직이 생겨났다. 이 기사단들은 대규모 정치적, 경제적 기관으로 성장했고 상당한 부와 재정적 권력을 축적했다. 기사단이 정치적으로 유용해지면서 정신적 특성과 기사도적 놀이 요소는 뒷전으로 밀려나게 되었고, 그 다음에는 기사단의 경제적 성공이 정치적 유용성을 잠식해 버렸다. 신전 기사단과 병원 기사단이 예루살렘 성지에서 번성하고 그들의 기사도적 생활 방식이 현실적 정치 기능에 봉사하는 한, 두 기사단은 아주 중요한 기능을 수행하는 실용적 조직이었다.

그러나 14세기와 15세기에, 기사단 제도는 생활의 고상한 형식으로만 기능을 발휘했고 그 결과 후대의 기사단에서는 그 제도의 핵심인 고상한 놀이의 요소가 전면에 부상했다. 물론 후대의 기사단이 순전히 놀이에만 치중했다는 뜻은 아니다. 하나의 이상적 아이디어로서, 기사단은 여전히 윤리적·정치적 열망으로 가득 차 있었다. 하지만 그 조직은 이제 환상이요 꿈이요 헛된 계획이었다. 독특한 이상주의자 필립 드 메지에르는 부패한 당대의 치유책으로서 '수난 기사단(Ordre de la Passion)'이라고 하는 새로운 기사단에 희망을 걸었다.[99] 그는 모든 계급이 이 기사단 속으로 편입되기를 바랐다. 우연찮게도, 십자군 운동의 대규모 기사단들은 비非 귀족 출신의 전사들을 활용했다. 기사단장과 기사들은 귀족 출신이 맡았고, 성직자 계급은 주교와 보좌를 맡았다. 하지만 버거(시민, 부르주아)들은 형제가 될 수 있었고, 농촌 사람과 장인은 하인이 될 수 있었다. 이렇게 하여 수난 기사단은 투르크족을 상대로 하는 대투쟁에서 계급들의 단단한 연합체가 될 수 있었다.

이 기사단의 맹세는 네 번에 걸쳐서 이루어졌다. 첫 번째, 두 번째 맹세는 전통적인 것으로서 수도자와 기사들이 공유했는데 곧 가난과 복종의 맹세였다. 하지만 세 번째 맹세인 독신과 관련하여, 필립 드 메지에르는 부부간의 정절로 대체했다. 그는 현실적인 이유 때문에 독신 대신에 결혼을 허용해야 한다고 보았다. 우선 동방의 기후가 그것을 요구했고, 그렇게 규칙을 바꾸면 기사단을 더욱 바람직한 조직으로 만들 수 있다고 생각했다. 네 번째 맹세는 예전의 기사단에서는 없던 것인데 최고의 완벽함(summa perfectio), 즉 개인의 윤리를 최고도로 완성시켜야 한다는 것이다. 이것은 기사단 제도의 다채로운 그림을 제시한 것이었다. 정치적 계획을 수립하는 것에서 시작하여 구원을 위해 투쟁하는 등 거의 모든 이상이 망라되어 있으니까 말이다.

단(ordre)이라는 단어는 서로 그 의미를 구분하지 않는 여러 가지 의미가 혼재되어 있다. 가장 높은 고상함을 의미하는가 하면 가장 실용적인 조합을 의미한다. 사회적 지위뿐만 아니라 성직자의 서품을 의미하고,

수도자들의 종단이나 기사단을 의미한다. 기사단에 들어 있는 단이라는 단어는 일부 종교적 의미도 포함한다. 가령 그 단어(ordre) 대신에 종교(religion)라는 단어로 대체할 수 있는데, 이런 용법은 물론 수도자들의 종단에만 국한되며, 신성한 신비를 언급할 때처럼 외경심과 함께 언급된다.[100] 올리비에 드 라 마르슈는 한 포르투갈 기사를 가리켜 '아비회의 기사(chevalier de la religion de Avys)'라고 불렀다.[101] 황금양털 기사단의 경건한 의미를 증언하는 데는 과장하기 좋아하는 폴로니어스 샤틀랭의 경외심만 작용한 것은 아니다. 교회 참석과 미사 의식은 기사단의 전체 예식 중 가장 중요한 부분이었다. 기사들은 대성당의 귀족 좌석에 앉았고, 사망한 기사들의 추모 예배도 엄격하게 교회 식으로 거행했다.

따라서 기사단의 구성원들 사이에 강력한 종교적 유대가 존재하는 것은 당연했다. 장 2세 프랑스 왕의 '별들의 기사단(Order de l'Étoile)' 소속의 기사들은, 가능하다면, 다른 모든 기사단의 회원 자격을 포기하는 것이 의무 사항이었다.[102] 베드포드 공(→ 헨리 6세)은 필립 드 부르고뉴를 잉글랜드 쪽에 더 유착시키기 위하여 필립에게 가터 훈장(Order of the Garter)을 수여하려 했으나, 부르고뉴 사람들은 그럴 경우 필립이 잉글랜드 왕에게 영원히 봉사해야 한다는 위험을 간파하고, 공손한 매너로 그 제안을 거절했다.[103] 대담공 샤를이 그 훈장을 받아서 심지어 옷에 달기까지 하자, 루이 11세는 그것을 페론 조약의 위반으로 간주했다. 그 조약에 의하면 부르고뉴 공작은 프랑스 왕의 허가 없이는 잉글랜드와 동맹을 맺지 못하게 되어 있었다.[104] 잉글랜드에는 외국의 훈장은 받지 못하게 하는 관습이 있는데, 이것은 전통적인 관념을 재확인해 준다. 즉 그런 훈장의 수령자는 그것을 수여한 군주에게 충성을 바쳐야 할 의무가 있는 것이다.

이런 신성함의 기미에도 불구하고, 14세기와 15세기의 군주들 중 상당수가 이런 인위적으로 고안된 새로운 기사단을 가벼운 오락 행위 정도로 여겼다. 만약 그렇지 않다면 왜 이런 제도가 더 고상하고 더 중요한 목적에 봉사한다고 되풀이하여 주장했겠는가? 고상한 군주인 부르고뉴의 필립 선량공은 '황금양털 기사단'을 창설했다. 이에 대하여 시인 미쇼 타이유방Michault Taillevent은 이렇게 말한다.

오락이나 여흥이 아니라
찬양하려는 목적을 위하여
무엇보다도 먼저 하느님에게 헌신하기 위해
선량한 자들에게 영광과 명예를.[105]

황금양털 기사단과 기타 기사단

기욤 필라스트르Guillaume Fillastre 또한 황금양털 기사단을 다룬 그의 저서 서문에서 이 기사단의 중요성을 설명하겠다고 약속한다. 그리하여 이 조직이 허영의 결과물이 아니고, 또 시시한 단체가 아님을 모든 사람이 알게 하겠다고 말한다. 그는 대담공 샤를에게 이렇게 말한다. "당신의 아버지는, 흔히 말하는 것처럼, 허황된 목적으로 이 기사단을 창설하지는 않았다."[106]

필립은 자신의 기사단이 최고의 기사단이 되기를 바랐고, 그러자면 황금양털 기사단의 고상한 목적을 강조할 필요가 있었다. 14세기 중반 이래, 기사단의 창설은 하나의 유행이었다. 모든 군주는 자신의 기사단을 가져야 했고 심지어 높은 지위의 귀족 가문들도 그들의 기사단을 창설했다. 그리하여 부시코는 궁정 연애와 억압받은 여인들을 보호하기 위하여 '하얀 부인이 그려진 초록 방패 기사단'을 창설했다. 프랑스 왕장 2세도 '성가정의 고상한 성모 기사단'(1351)을 창설했으나, 그 휘장이 별이었기 때문에 보통 '별들의 기사단'이라고 불렀다. 생드니 근처 생투앙Saint-Ouen의 고상한 저택에서는 '명예의 테이블(table d'oneur)'이 있었다. 축제 기간에 이 테이블에는 세 명의 가장 용감한 군주, 세 명의 가장 용감한 기사단장,[107] 그리고 세 명의 가장 용감한 기사가 앉았다. 또 피에르 드 뤼지냥Pierre de Lusignan이 창설한 '칼 기사단(Ordre de l'Épee)'이 있었다. 이 기사단은 회원들에게 순수한 생활의 영위를 요구했고 회원들의 목에 S자 모양의 황금 체인을 차고 다녔는데, S는 Silence(침묵)를 의미하는 것이었다. 아메데 드 사부아Amédée de Savoie는 '수태고지 기사단'을, 루이 드 부르봉은 '황금 방패와 엉겅퀴 기사단'을, 제국의 왕관을 희망했던 앙게랑 드 쿠시는 '되돌아온 왕관 기사단'을, 루이 도를레앙은 '고슴도치 기사단'을 창설했다. 홀란트-헤네호우워Hollande-Hainaut의 바바리아 공작들은 T자형 십자가와 작은 종을 문장으로 삼는 '성 앙투안 기사단'을 창설했는데, 그 십자가와 종은 여러 초상화에서 등장하여 우리의 관심을 끈다.[108]

이런 기사단은 보통 어떤 중요한 사건들을 기념하기 위해 창설되었다. 가령 루이 부르봉의 경우에는 잉글랜드에 오래 포로로 잡혀 있다가 귀국하면서 그것을 기념하기 위해서 기사단을 창설했다. 정치적 주장을 하기 위해 창설하는 경우도 있었는데, 가령 루이 도를레앙의 '고슴도치(Porc-Épic)' 가시는 부르고뉴를 향한 것이었다. 때때로 종교적 성격이 아주 두드러지게 나타나기도 했다. 가령 필리베르 드 미올랑Philibert de Miolans은 성聖 조르주의 유물을 가지고 동방에서 돌아오자 프랑슈-콩테

Franche-Comté에서 '성 조르주 기사단'을 창설했다. 어떤 때 기사단은 상부상조의 형제회 노릇도 했다. 가령 1416년에 뒤셰 드 바르Duché de Bar의 귀족들이 창설한 '사냥개(Hazewind) 기사단'이 그런 경우이다.

황금양털 기사단이 다른 신생 기사단들을 모두 제압하고 성공을 거둘 수 있었던 이유는 부르고뉴 사람들의 부 때문이었다. 기사단의 장식적 화려함은 우연하게 선택된 기사단의 상징 못지않게 성공에 기여했다. 처음에 황금양털이라는 이름은 고대 그리스 신화에 나오는 콜키스Colchis의 전설만 연상시켰다. 황금양털을 구하러 콜키스로 떠났던 원정대의 대장 이아손Iason의 이름은 널리 알려져 있었다. 프루아사르는 어떤 전원시에서 목동을 등장시켜 이아손의 전설을 말하게 했다.[109] 하지만 전설 속에서 영웅으로 등장하는 이아손은 그 영웅성이 의심스러운 인물이었다. 그는 자신을 구해 준 메데아(그리스 신화의 인물. 콜키스 왕의 딸로서 이아손이 황금양털을 얻는 데 결정적인 도움을 주었으나 나중에 이아손이 다른 공주를 사랑하면서 버림을 받았다. 그러자 메데아는 이아손과 자신의 사이에서 난 두 아이를 죽여서 복수했다. 그리스 신화의 대표적인 마녀이며 또 악녀이다.-옮긴이)에 대하여 의리와 정절의 맹세를 위반했고 그래서 이 주제는 별로 달갑지 않은 암시를 불러일으켰다. 즉 부르고뉴의 대對 프랑스 정책이 그처럼 배신적이라는 뉘앙스를 주었다. 알랭 샤르티에Alain Chartier는 그것을 어떤 시에서 이렇게 노래했다.

거짓말과 반역은
하느님과 사람들에게 혐오스러운 것.
이런 이유로 인해 이아손의 초상화는
존경받는 인물들의 갤러리에 놓일 수 없네.

그는 콜키스의 황금양털을 가져오기 위해

기꺼이 거짓말을 했네. 이런 중죄는

감추어질 수가 없네.[110]

샬롱의 박식한 주교이면서 기사단의 단장인 장 제르맹Jean Germain은 기드온이 땅에 펼쳐놓아 그 위에 천상의 이슬이 내린 양털을 필립에게 알려주었다. (구약성경 사사기 6장 36절에 나오는 말. 기드온이 하느님께 아뢰었다. "주께서 이미 말씀하심 같이 내 손으로 이스라엘을 구원하시려거든 보소서. 내가 양털 한 뭉치를 타작마당에 두리니 만일 이슬이 양털에만 있고 주변 땅은 마르면 이미 말씀하심 같이 내 손으로 이스라엘을 구원하실 줄을 알겠나이다."-옮긴이) 이것은 특별하게 좋은 아이디어였다. 왜냐하면 기드온의 양털은 마리아의 수태 능력을 보여 주는 아주 적절한 상징이기 때문이다. 이렇게 하여 성경 속의 영웅(기드온)이 황금양털의 수호자로서 이교도(이아손)를 대체하게 되었다. 이것 덕분에 자크 뒤 클레르크Jacques du Clercq는 필립은 의리를 저버린 이아손을 아예 배제했다고 주장할 수 있었다.[111] 대담공 샤를 휘하의 한 궁정시인은 그 기사단을 '기드온의 표징'이라고 불렀다.[112]

그러나 다른 사람들, 가령 테오도리쿠스 파울리Théodoricus Pauli 같은 사람들은 계속하여 '이아손의 황금양털'이라고 불렀다. 장 제르맹의 후임 기사단장인 기욤 필라스트르 주교는 선임자 제르맹보다 한 발 더 나아가 성경에서 야곱, 모압 왕 메사, 욥, 다윗 등 네 인물로부터 추가 양털 네 개를 발견했다.[113] 그런 이런 양털들이 각각 어떤 특정한 미덕을 상징한다고 말했고, 그 여섯 개의 양털을 모두 다룬 책을 쓰겠다고 말했다. 이것은 좋은 것을 너무 이용한 경우이다. 필라스트르는 야곱이 키운 점박이 양을 정의(justitia)의 상징이라고 말했다.[114] 그는 라틴어 역 성경에서 Vellus(양털)라는 단어만 사용되었으면 모두 끄집어냈다. 이것은 알레고리를 너무 광범위하게 적용한 사례라 할 것이다. 필라스트르의 아이디어가 지속적인 찬양을 받았다는 증거는 없다.

이제 황금양털의 화려함과 축제에 대해서는 충분히 묘사가 되었다. 그것들을 여기서 더 다룬다는 것은 궁정 생활의 화려함을 다룬 이 책의 제2장 내용을 반복하는 게 된다. 그러나 이 기사단의 관습 중 한 가지 사항은 언급할 만하다. 그것이 원시적이고 신성한 놀이의 특징을 아주 분명하게 드러내기 때문이다. 이 기사단은 그 구성원들 중에서 기사들 다음으로 보직 담당관(officer)을 중시한다. 가령 단장, 재무관, 서기관, 그리고 문장관紋章官이 그들이다. 문장관은 전령과 보좌들로 구성된 부하들을 거느린다. 고상한 기사도 게임을 관장하는 문장관은 상징적인 명칭을 부여받는다. 문장관 자신은 '황금양털'이라는 이름을 갖는다. 가령 장 르페브르 드 생레미, 니콜라스 드 암Nicolas de Hames 등이 그런 경우이다. 후자의 이름은 1565년 네덜란드 귀족들의 모임에서 널리 알려졌다. 전령은 샤롤레, 젤란트 같은 지역의 명칭을 부여받는다. 보좌들의 최고참은 '부싯돌'이라는 이름이 주어지는데, 기사단의 휘장 체계에서 선량공 필립을 상징하는 부싯돌을 따서 그런 이름이 붙었다. 다른 보좌들은 몽레알Montréal 같은 낭만적인 이름이 부여되거나, 아니면 '인내심(Persévérance)' 같은 미덕의 명칭이 붙는다. 혹은 『장미 이야기』의 알레고리에서 빌려온 이름, 가령 '겸손한 요청(Humble Resquete)', '달콤한 생각(Doulce Pensée)', '진정한 신중함(Léal Poursuite)' 같은 이름을 취한다. 대규모 축제 때에 이런 보좌들은 기사단장에 의해 이런 이름으로 세례 받는다. 단장이 와인을 그들의 머리에 뿌려주며 이런 명칭을 하사하는 것이다. 단장은 그들이 더 높은 보직으로 승진하면 이름을 바꾸어 주기도 한다.[115]

기사 서약과 놀이 요소

기사단이 부과하는 맹세(서약)는 어떤 종류의 영웅적 행동을 수행하겠다는 기사들의 개인적 맹세의 집단적 형식이다. 이것은 기사도 이상의 기반을 그 상호연결의 관계 속에서 파악할 수 있는 가장 좋은 기준이다. 기사라고 호칭하는 행위, 토너먼트, 기사단 등과 원시적 관습 사이에는 어떤 연결 관계가 있다는 사실을 의심하면서 그걸 막연한 의견 제시 정도로 여기는 사람들도 있다. 하지만 그런 사람들은 기사 서약의 표면 바로 밑에 야만적 특성이 어른거린다는 점을 발견하면 더 이상 그런 의심을 하지 못할 것이다. 이것은 진정한 생존경쟁이었는데, 고대 인도의 브라탐Vratam, 유대인과 나지르인의 싸움, 전성기의 바이킹 사람들의 관습 등에서 유사한 사례를 찾아볼 수 있다.

여기서 민족지학적인 문제를 다룰 의사는 없다. 하지만 중세 후기의 사상계에서 기사단의 서약이 어떤 중요한 의미를 갖고 있었는지 파악해 볼 필요는 있다. 기사 서약에는 세 가지 의미가 있었다.

첫째, 종교적·윤리적 의미를 갖고 있어서 기사서약은 사제들의 서약과 거의 같은 수준이었다.

둘째, 서약의 내용과 의미는 낭만이고 에로틱한 성격의 것이었다.

셋째, 기사 서약은 궁정 놀이로 타락하여 여흥 이상의 의미를 갖지 못할 수도 있었다.

실제로는 이 세 가지가 동시에 혼재했다. 서약의 의미는 양극단을 오락가락했다. 한 극단은 가장 숭고한 이상에 봉사하는 가장 높은 형식의 삶에의 헌신이었고 다른 한 극단은 용기, 사랑, 국가 관심사 등에서 여흥을 찾는 정교한 사회적 놀이를 기발하게 조롱하는 형식이었다. 그 중에서 놀이 요소가 지배적이었다. 기사 서약은 대부분 궁정 축제의 장식물이었다. 하지만 그 서약은 언제나 가장 진지한 군사적 모험과 연계되어 있었다. 가령 잉글랜드 왕 에드워드 3세의 프랑스 침략이나 선량공 필립의 십자군 운동 계획이 그런 경우이다.

기사 서약은 토너먼트와 비슷한 점이 있다. 파 다르므(토너먼트)의 기성품 낭만주의가 우리에게 진부하게 보이듯이, '꿩', '공작', '왜가리'의 맹세도 그에 못지않게 허영스럽고 불성실해 보인다. 하지만 우리가 이 모든 것에 스며들어 있는 열정을 눈여겨보면 사정은 달라진다. 이것은 보다 아름다운 삶을 지향하는 꿈의 결과물이다. 그리고 코시모Cosimo, 로렌초Lorenzo, 줄리아노Giuliano 같은 피렌체 사람들이 만들어낸 축제와 형식도 이런 꿈의 일종인 것이다. 이탈리아에서 그 꿈은 영원한 아름다움을 획득했지만, 여기서는 그 꿈의 마법이 그것을 꿈꾼 사람들과 함께 사라진 것이다.

갈루아와 갈루아즈

영웅은 처녀를 구해내고 그녀를 위해 피를 흘린다. 이런 영웅 심리의 바탕에는 금욕과 에로스가 서로 연결되어 있는데, 이것은 토너먼트 낭만주의의 중심 모티프이다. 그런데 이런 모티프가 기사 서약의 아주 뚜렷한 양상이다. 라 투르 랑드리La Tour Landry 기사는 자신의 딸에게 훈계를 하는 과정에서, 그가 젊은 시절 푸아투Poitou와 기타 지역에서 목격했던 귀족과 귀부인 사이에 실천되는 특별한 민네(궁정 연애)의 규칙을 말해 준다. 그들은 그들 자신을 '갈루아Galois'와 '갈루아즈Galoises'라고 불렀고 '아주 야만적인 규칙'을 준수했다. 그 중 가장 중요한 요소는 이런 것이

었다. 여름이면 그들은 벽난로에 불을 피우고 모피 옷과 안감을 넣은 두
건을 따뜻하게 입어야 했고, 겨울이면 오로지 모피 안감이 없는 상의만
을 입어야 했다. 날씨가 아무리 추워도 외투나 기타 방한복, 모자, 장갑,
토시 등을 착용해서는 안 되었다. 겨울 동안 그들은 바닥에 초록색 잎사
귀를 깔고, 벽난로 굴뚝은 초록색 가지로 가려야 했다. 그들의 침대에는
얇은 담요 한 장뿐이었다.

이 놀라운 변칙은 너무나 특이하여 저자가 일부러 그것을 지어냈을
것 같지는 않다. 이것은 성적 매혹을 금욕적인 방식으로 위장한 것이라
고 볼 수밖에 없다. 모든 세부 사항이 명확하지 않고 또 상당히 과장되
어 있기는 하지만, 민족지학적 지식이 조금이라도 있는 사람은 이것을
수다스러운 노인의 지어낸 이야기라고 보지 않을 것이다.[116] 갈루아와
갈루아즈 기사단의 원시적 특징은 다음과 같은 규칙으로 더욱 강화된
다. 즉, 갈루아가 어떤 집을 방문하면 그 집의 남편은 자신의 아내와 집
을 갈루아에게 내줘야 한다. 그리고 그 남편은 방문해 온 갈루아의 갈루
아즈를 찾아나서야 한다. 이렇게 하지 않으면 엄청난 치욕을 당하게 된
다. 라 투르 랑드리 기사에 의하면, 이 기사단의 많은 회원들이 추위로
죽었다. "나는 이런 일로 죽은 이들 갈루아와 갈루아즈는 사랑의 순교자
였다고 확신한다."[117]

기사 서약의 원시적 특징을 드러내는 더 많은 기사 서약의 사례들이
있다. 가령 로베르 다르투아Robert d'Artois가 잉글랜드 왕 에드워드 3세
와 귀족들에게 프랑스에 대하여 전쟁을 시작하라고 촉구하는 맹세를 묘
사한 시를 보자. 그 맹세의 이름은 '에롱(왜가리)의 맹세'이다. 이것은 역
사적 가치는 별로 없는 이야기지만, 그 맹세가 보여 주는 야만적 조야함
은 기사 서약의 성격을 우리에게 잘 알려준다.

축제 기간 동안 솔즈버리Salisbury 공작은 그의 부인 발치에 앉아 있다. 그가 맹세할 차례가 돌아오자 사랑하는 부인에게 그의 오른쪽 눈 위에 손가락을 하나 올려놓으라고 말한다. 두 개를 얹어도 상관없다고 말한다. 그녀가 두 손가락을 그 위에 올려놓고 기사의 눈을 감긴다. "아름다운 이여, 눈이 완전히 감겼습니까?" 그가 묻는다. "네, 확실하게 감겼습니다." "좋아요, 그러면," 솔즈버리가 말한다. "나는 전능하신 하느님과 자비로우신 성모님에게 맹세하겠습니다. 어떤 고통과 어려움이 닥쳐오더라도 이 눈을 뜨지 않겠다고 말입니다. 내가 적국인 프랑스를 화염에 휩싸이게 하고 필립 왕의 부하들과 싸울 때까지는 말입니다."

어떤 어려움이 닥쳐와도 그렇게 할 것이다.
이어 아름다운 여자가 손가락을 뗐다.
그 눈은 감겨 있었고, 사람들이 모두 보았다.[118]

우리는 프루아사르의 연대기에서 이런 문학적 모티프가 반영하는 현실을 읽을 수 있다. 프루아사르는 실제로 안대로 한 눈을 가린 영국 신사들을 보았다고 기록했다. 그들은 프랑스에서 영웅적 행동을 하기 전까지는 오로지 한 눈으로만 보겠다고 맹세했던 것이다.[119]

잔인한 에롱(왜가리)의 맹세

'에롱의 맹세'의 이런 원시적인 잔인성은 장 드 포크몽Jehan de Faukemont의 맹세에서도 분명하게 드러난다. 그는 에드워드 왕에게 봉사할 수 있다면 수도원이든 제단이든, 임산부든 아이든, 친구든 친척이든 가리지 않고 파괴하겠다고 맹세했다. 마지막으로 왕비인 필립파 드 에노Philippa de Hainaut가 남편에게 요청하여 맹세를 해도 좋다는 허락을 받는다.

이제 왕비가 말했다. 나는 오랫동안 내 몸에
아이가 들었다는 것을 알았어요. 그걸 느꼈어요.
내 몸 안에서 발길질을 시작했어요. 나는 이제
맹세하면서 나를 창조하신 하느님에게 약속합니다……
이 열매는 내 몸에서 빠져나가지 않을 거예요.
당신이 나를 저 건너 땅으로 데려갈 때까지.
그리하여 당신이 서약한 맹세를 완수할 때까지.
그 일이 완수되기 전에 이 아이가 태어난다면
나는 커다란 쇠칼로 나 자신을 죽일 거예요.
내 영혼은 사라지고 열매는 없어질 거예요.

이 신성 모독적인 맹세는 차가운 침묵을 이끌어냈을 뿐이다. 시인은 이렇게 노래했다.

왕은 왕비의 맹세를 듣고 나서 그것을 진지하게 생각했다.
그러더니 자 이제 맹세는 그만 하도록 해, 하고 말했다.

마법적 힘이 머리카락에 있든 혹은 턱수염에 있든, 그런 힘의 소유자들은 중세의 맹세에서 특별한 의미를 갖고 있었다. 아비뇽의 교황 베네딕투스 13세는 실제로는 그곳의 죄수나 다름없었는데, 자신의 자유가 회복될 때까지는 노력의 표시로서 턱수염을 깎지 않겠다고 맹세했다.[120]

에흐몬트Egmond 백작의 복수와 관련하여 뤼메Lumey는 똑같은 맹세를 했는데, 우리는 여기서 저 원시시대에 성스럽게 여겨졌던 관습의 마지막 흔적을 엿보게 된다.

맹세의 의미는 대체로 말해서 어떤 사람이 자기 자신에게 고행을 부과하여 그 맹세의 완료를 촉진시키는 것이다. 대부분의 경우 고행은 단식과 관련이 있다. 필립 드 메지에르가 세운 '수난 기사단'의 첫 번째 기사로 영입된 폴란드 기사는 지난 9년 동안 앉아 있을 때에는 밥도 물도 먹지 않은 사람이었다.[121] 베르트랑 뒤 게스클랭은 이런 맹세와 관련하여 아주 황급한 사람이었다. 한번은 한 잉글랜드 전사가 도전을 해왔다. 베르트랑은 그 도전자가 싸우기 전에는 성삼聖三의 이름으로 세 그릇의 와인 수프만 들겠다고 선언했다. 다른 경우에는 몽콩투르Moncontour를 공격하기 전에는 고기를 먹지 않고 옷도 벗지 않겠다고 맹세했다. 또는 잉글랜드인들과 일전을 벌이기 전까지는 먹지 않겠다는 말도 했다.[122]

당연한 일이지만, 이 14세기 귀족은 이미 이런 단식의 마법적 힘을 의식하는 것은 아니었다. 하지만 우리가 볼 때, 맹세의 상징으로 쇠사슬을 다양하게 사용했다는 사실로 인해, 그 내재된 모티프가 아주 분명하게 드러난다. 1415년 1월 1일, 장 드 부르봉Jean de Bourbon 공작은 "한가함을 피하고 우리가 섬기는 아주 아름다운 사람들의 명예와 존경을 얻기 위해" 열여섯 명의 다른 기사와 시자侍者들과 함께 맹세를 했다. 내용은 앞으로 2년간 일요일마다 왼쪽 다리에 죄수의 것과 같은 쇠사슬을 차겠다는 것이었다. 기사들은 금제 쇠사슬이고 시동들은 은제 쇠사슬이었다. 공작은 말을 타지 않고 '죽음이 올 때까지' 그 열여섯 명과 싸울 준비가 되어 있는 열여섯 명의 기사들을 발견할 때까지 그 쇠사슬을 풀지 않겠노라고 했다.[123] 자크 드 랄랭은 1445년 안트베르펜에서 시칠리아 출신 기사 장 드 보니파스Jean de Boniface를 만났다. '모험 기사'인 장 드 보니파스는 아라공의 궁정에서 오는 길이었다. 장의 왼쪽 다리에는 노예들이 차고 다니는 쇳덩어리가 달려 있었고 또 황금 팔찌를 늘어뜨리고 있었는데 그건 언제든지 싸울 준비가 되어 있다는 '모험'의 표시였다.[124]

프티 장 드 생트레의 장편소설에서, 기사 루이즈랑슈Loiselench는 팔과 다리에 두 개의 고리를 차고 있는데 각각 황금 사슬에 연결되어 있었다. 그는 자신의 모험으로부터 자신을 해방시켜 줄 기사를 찾는 중이었다.[125] 그 기사를 가리켜 일명 '해방자(deliverer)'라고 했다. 이렇게 하여 어떤 사람이 '싸울 기사'를 찾고자 할 때에는 그 표시를 건드리기만 하면 된다. 만약 죽을 때까지 싸울 의도라면 그 고리를 떼어낸다. 라 퀴른 드 생 팔레La Curne de Saint-Palaye는 타키투스의 책에서 이런 사실을 발견했다. 즉 이와 똑같은 관습이 고대 카티족에게도 있었다는 것이다.[126] 참회자가 순례 길에 발목에 달고 가는 쇠사슬이나 경건한 금욕 수도자가 자기 몸에 부착하는 쇠사슬은 중세 후기 기사들의 이런 '모험'과 관련이 있다.

유명한 페장(꿩)의 맹세

15세기의 가장 유명한 맹세는 꿩의 맹세이다. 이 맹세는 1454년 선량공 필립이 **십자군 운동**을 준비하는 과정에 릴에서 거행되었다. 그것은 아직도 남아 있던 아름다운 궁정 형식을 많이 보여 준다. 이렇게 말한다고 해서, 위기 상황이나 감정이 격앙된 상황에서 순간적으로 맹세를 하던 관습이 그 위력을 완전히 잃어버렸다는 얘기는 아니다. 이 관습은 아주 깊은 심리적 뿌리를 갖고 있기 때문에 교육이나 신앙과 연계되어 있지 않다. 그렇지만 문화적 형식으로서의 기사 서약, 삶을 아름답게 만드는 관습으로서의 기사 서약은 부르고뉴 궁정의 화려함 속에서 그 마지막 단계에 도달했다.

행동의 주제는 여전히 오래된 주제이다. 맹세는 축제 중에 이루어지고, 식사로 나오거나 나중에 먹어치우는 새[鳥]의 이름을 축제 명으로 취한다. 바이킹들도 술에 도취하여 축제 중에 이루어지는 맹세의 경쟁을 알고 있었다. 그 한 가지 형식은 음식으로 나온 야생 수퇘지를 살짝 만지는 것이다.[127] 릴의 유명한 축제에 나온 꿩은 살아 있는 것을 사용한 듯하다.[128] 맹세는 하느님과 성모, 귀부인들과 새의 이름으로 이루어진다.[129] 이 경우 하느님은 그 맹세의 최초 수혜자가 아니라고 가정해도 무방하다. 실제로 많은 맹세가 귀부인들과 새들의 이름으로만 이루어진다. 맹세자가 자기 자신에게 부과하는 고행은 그리 다양하지 않다. 대부분 수면과 음식에 관련된 고행이다. 한 기사는 사라센족과 싸울 때까지 일요일에는 침대에서 자지 않고, 같은 도시에 14일 연속 있지도 않겠다고 맹세했다. 또 다른 기사는 투르크족의 깃발을 만질 때까지 금요일마다 고기를 먹지 않겠다고 했다. 하지만 세 번째 기사는 고행에 고행을 거듭하기로 맹세했다. 그는 갑옷을 입는 것, 일요일에 와인을 마시는 것, 침대에 자는 것, 식탁에 앉는 것 등을 일체 거부하고, 동물 털로 만든 셔츠만 입기로 맹세했다. 맹세가 요구하는 영웅적 행동의 실천 방식은 자세하게 명기되어 있다.[130]

이런 모든 사항은 얼마나 진지한 것일까?

필립 포Philippe Pot는 투르크족을 상대로 하는 원정전에서 오른쪽 팔뚝에는 아무런 갑옷도 입지 않겠다고 맹세했다. 공작은 그 맹세에 다음과 같은 추가 논평을 붙이도록 했다(이 논평은 서면으로 기록되었다). "필립

포가 거룩한 봉헌 여행을 떠나면서 오른팔을 맨살로 드러낸 채 가겠다고 맹세한 것은 나의 존경하는 영주의 뜻은 아니었다. 영주는 그가 상황에 어울리게 무장을 하고 함께 즐거운 여행을 하기를 바랐다."[131] 그렇지만 그 맹세는 여전히 진지하고 심각한 것으로 간주되었다. 공작 자신이 한 맹세는 어느 곳에서나 사람들을 감동시켰다.[132]

다른 사람들은 조심스럽게 조건을 건 맹세를 했는데, 그 맹세는 진지한 의도와 아름다운 허세 속의 자기만족을 보여 주는 것이었다.[133] 어떤 경우에, 맹세는 '아주 사랑하는 이'에게 바쳐졌지만, 실은 그 여성의 희미한 그림자에 지나지 않았다.[134] 음울한 『에롱의 맹세』에서도 조롱의 요소가 없지는 않았다. 로베르 다르투아는 그리 호전적으로 나오지 않는 왕(→ 에드워드 3세)에게 에롱(왜가리)을 가장 수줍음이 많은 새라고 설명했다. 에드워드가 맹세를 하자 모든 사람이 웃음을 터트렸다. 장 드 보몽은 앞에서 이미 언급한 말로써 '에롱의 맹세'를 했다.[135] 그 맹세는 술기운과 귀부인의 존재 아래에서 이루어진 것인데, 열정적 성격에 희미한 조롱이 가미되어 있다. 또 다른 이야기에 의하면, 그는 왜가리의 이름으로 또 다른 맹세를 했다. 즉 그는 최대의 것을 얻을 수 있는 영주에게 봉사하겠다는 것이었다. 그러자 잉글랜드인 귀족들은 웃음을 터트렸다.[136] '꿩의 맹세'가 아무리 엄숙하게 받아들여진다고 해도 주네 드 르브르비에트Jennet de Rebreviettes가 다음과 같은 맹세를 했을 때, 식탁에서는 어떤 분위기가 지배했을까? 만약 그(주네)가 전쟁이 시작되기 전에 그가 사랑하는 귀부인의 은총을 받지 못한다면, 그는 동방에서 돌아오는 즉시 2만 크라운의 재산을 가진 여자로서 '그럴 의사가 있다면'[137] 아무 여자하고 결혼하겠다는 것이었다. 그렇지만 주네는 '가난한 기사'로서 스페인의 세우타Ceuta와 그라나다Granada에서 무어인들을 상대로 용감하게 싸웠다.

　그래서 피곤에 절은 귀족들은 그들 자신의 이상을 비웃었다. 아름다운 삶의 열정적인 꿈을 상상력, 교묘한 꾸미기, 부의 힘으로 단장하여 그 꿈을 구체적 형식으로 만들고 난 이후, 그들은 깊게 생각에 잠겼고, 그래도 삶이 그리 아름답지 않다는 것을 깨달았고, 그래서 비웃음과 조롱을 가미해 넣었다.

　기사도의 영광이란 한낱 공허한 환상일 뿐이었다. 단지 양식, 의식, 아름다우나 불성실한 놀이에 지나지 않는 것이었다! 문서상으로 중세 후기의 국가와 경제의 발전 양상을 연구한 학자들은 이런 식으로 말한다. 중세 후기의 진정한 역사는 가짜 기사도 르네상스와는 별로 상관이 없다. 그것은 껍질이 벗겨지기 시작하는 오래된 바니시(니스 모양의 광택제)였다. 역사를 만드는 사람들은 결코 꿈꾸는 사람들이 아니었다. 군주든 귀족이든 고위성직자든 시민이든 역사를 주도하는 사람은 아주 계산적이고, 냉정한 정치가 혹은 상인들이었다.

　그들은 확실히 그런 사람들이었다. 하지만 문화의 역사는 인구 숫자나 통계 수치와 관계 있는 것처럼 아름다운 꿈과 고상한 삶의 환상과도 깊은 관련이 있다. 보다 근대적인 학자는 은행과 교통량의 증가 또는 정치적이고 군사적인 갈등의 관점에서 오늘날의 사회를 연구한 끝에 이렇게 말할 수도 있으리라. "나는 음악에 관해서는 별로 주목하지 않았다. 그건 이 문화와 별로 의미가 없다."

　중세의 역사를 정치와 경제의 문서들만 가지고 서술한다면, 그 시대의 역사가 그런 식으로 보일지도 모른다. 하지만 기사도의 이상은 아무리 인위적이고 진부하게 보일지 몰라도, 일반적으로 생각하는 것보다 중세 후기의 정치적 역사에 더 많은 영향력을 행사했던 것이다.

확산되는 고상한 생활의 형식

고상한 생활 형식의 매혹은 너무나 커서 심지어 시민들(부르주아)도 능력이 되는 범위 내에서 그런 형식에 사로잡혔다. 우리는 플랑드르의 영웅들인 야콥과 **필립 반 아르테벨데**Philippe van Artevelde는 제3계급의 진정한 대표자이고 또 그들의 부르주아 지위와 그 소탈함을 자랑스럽게 여겼을 것이라고 상상할 수 있다. 하지만 이런 상상과는 반대로, 아르테벨데는 군주 같은 화려함 속에서 살았고, 매일 음악가들을 시켜 그의 집 앞에서 연주하게 했고, 마치 자신이 플랑드르의 백작이라도 되는 양 매끼 식사를 은제 그릇에 담아 올리게 했다. 그는 보라색과 붉은색 옷을 입었고 자신이 브래반트Brabant 공작이나 에노Hainnau 백작이나 되는 것처럼 '다람쥐 모피 옷'을 입었다. 그는 군주의 스타일로 말을 타고 다녔고 자신의 문장('세 개의 은제 모자를 쓴 담비')이 새겨진 깃발을 앞에 내세우고 다녔다.[138] 우리의 눈에, 15세기의 주도적 재정가이며 샤를 7세의 탁월한 은행가였던 **자크 쾨르**Jacques Coeur처럼 현대적으로 비치는 인물이 따로 있을까? 만약 우리가 그의 전기 작가인 자크 드 랄랭Jacques de Lalaing의 말을 믿는다면, 이 훌륭한 은행가는 에노 영웅인 필립 반 아르테벨데의 저 구식인 기사도 정신에 아주 관심이 많았다.[139]

현대 부르주아 생활의 고급 형식들은 모두 고상한 생활 형식에 바탕을 둔 것이다. 세르비에트serviette(냅킨) 위에 올려놓은 빵과 '세르비에트'라는 단어가 중세 궁정의 화려함에서 나온 것처럼[140], 부르주아의 결혼 전야제 같은 것도 릴의 장엄한 '여흥 행사(entremets)'로부터 나온 것이다. 문화적·역사적 관점에서 기사도 이상의 의미를 제대로 이해하려면, 우리는 셰익스피어와 몰리에르의 시대로 거슬러 올라가야 하고 심지어 근대의 젠틀맨으로까지 소급해야 한다. 하지만 우리는 여기서 중세 후기 그 시대에서 기사도 이상이 실제 생활에 미친 영향을 탐구하고자 한다.[141]

정치와 전쟁이 실제로 기사도 이상에 의해 통제될 수 있을까?

물론 가능하다. 기사도 이상의 효능이 시원치 않다면 그 허약함으로 영향을 미칠 수 있다. 오늘날의 비극적 실수가 민족주의와 문화적 오만과 광분에서 비롯되듯이, 중세의 커다란 실수는 여러 번 기사도적 관념으로부터 비롯된 것이었다. 프랑스가 저지른 가장 큰 실수인 새로운 부르고뉴 공국의 창건도 따지고 보면 기사도적 충동에서 생겨난 것이 아닌가? 기사도의 마니아인 프랑스 왕 장은 푸아티에Poitiers 전투에서 도망친 맏아들 대신에 아버지와 함께 그 전투를 견뎌낸 둘째아들(→ 필립 대담공)에게 1363년 공국을 넘겨주었다. 나중에 부르고뉴 인들은 기사도의 명예를 지키기 위하여 몽트로Montereau(장 무외공이 살해된 곳 → 무외공 장)의 복수를 맹세하는데, 이것 때문에 그들은 프랑스에 반대하는 정책을 수립했다. 이런 정치적 행위에도 기사도의 관념이 작용하는 것이다.

물론 이 모든 것을 타산적이고 앞을 내다보는 정치적 행위의 결과라고 설명할 수도 있다. 하지만 그렇다고 하더라도 당시 사람들은 1363년 사건의 가치와 교훈을 기사도적 용기의 사례로 보았고, 그 용기 덕분에 군주의 보답을 받았다고 생각했다. 신속하게 국력이 신장한 부르고뉴 공국은 정치적 통찰과 신중한 계산의 위력을 보여 주는 구체적 사례이다. 하지만 소위 부르고뉴 이상이라고 하는 것은 언제나 기사도 이상의 형식을 취하고 있다. 공작들의 별호—가령 무외공, 대담공, 신랄공(필립의 별호인데 나중에 선량공으로 바뀜)—는 궁정 문학이 의도적으로 지어낸 것인데 이들 군주를 기사도 이상의 빛 속에서 돋보이게 하려는 것이었다.[142]

기사도와 십자군 운동

십자군 운동(오, 예루살렘!)이라는 커다란 정치적 운동은 기사도 이상과 불가분의 관계에 있다. 예루살렘은 모든 유럽 군주들의 목전에서 가장 고상한 정치적 사상으로 어른거리는 아이디어였고 그들에게 행동을 촉구한 자극제였다. 이것은 실용적 정치적 이해와 정치사상 간에 특이한 모순을 드러낸다. 14세기와 15세기의 기독교 세계는 아주 화급한 동방의 문제에 직면했다. 즉 투르크족에 맞서서 유럽을 방어해야 한다는 것이었다. 투르크족은 당시 이미 아드리아노플(1378)을 함락시켰고 세르비아 제국을 파괴했다.(1389) 발칸 반도에서는 위험이 먹구름처럼 피어올랐다. 그리고 유럽의 가장 중요하고 우선적인 정치적 과제는 십자군 운동의 이상을 떼놓고는 생각할 수 없는 것이었다. 투르크 문제는 예전의 세대들이 성취하지 못한 예루살렘 해방이라는 성스러운 과제의 일환으로 인식되었다.

그리하여 중세 후기의 사람들은 기사도 이상을 전면에 내세웠다. 이러한 맥락에서 기사도 이상은 아주 강력한 효과를 발휘했다. 기사도 이상의 종교적 내용은 이 운동에서 가장 고상하게 표현되었고 예루살렘 해방은 성스럽고 고상한 기사도적 사명이 되었다. 투르크에 대항하는 전투가 제한적인 성공밖에 거두지 못한 사실은 부분적으로 종교적·기사도적 이상에서 찾아볼 수 있다. 동방에 대한 정치적 결단에서 제반 현실을 감안하기보다는 기사도적 이상이 너무나 두드러졌던 것이다. 무엇보다도 정확한 계산과 끈질긴 준비를 필요로 하는 원정전이 엄청난 종교적 긴장 속에서 구상되고 또 실천되었다. 그런 긴장이 작용하는 바람에, 성취 가능한 것에 대한 침착한 판단을 한 게 아니라, 원정전의 계획

192

을 낭만화浪漫化하는 결과를 빚고 말았다. 그런 긴장은 애초부터 무익하거나 치명적인 게 될 수밖에 없었다.

1396년의 니코폴리스Nicopolis 대참사는 아주 용맹한 적을 상대로 저 낡은 기사도적 스타일로 원정전을 수행하는 것이 얼마나 위험한지를 잘 보여 주었다. 가령 프러시아나 리투아니아로 쳐들어가 소수의 가난한 이교도들을 무찌르는 그런 기사도적 모험과는 차원이 다른 것이었다. 십자군 운동의 계획을 구상한 사람은 누구였던가? 그런 계획들과 정치적 환상가들(선량공 필립은 영리한 계산을 할 줄 알았지만 본질은 환상가였다)에게 평생을 헌신한 필립 드 메지에르 같은 몽상가들이었다.

예루살렘 해방은 모든 왕들에게 중요하면서도 핵심적인 과제로 남았다. 1422년 잉글랜드의 헨리 5세는 임종의 자리에 눕게 되었다. 루앙과 파리를 정복했던 이 35세의 젊은 정복자는 그 과정에서 프랑스에 많은 참상을 안겨주었는데, 그런 그가 파괴 작업을 한창 진행하던 중에 병으로 진중에서 죽음을 맞이하게 되었다. 의사들은 그가 앞으로 두 시간밖에 살지 못한다고 말했다. 고해신부와 기타 성직자들이 왔고 구약성경 시편에 나오는 7편의 참회시를 낭독했다. "당신의 호의로 시온에 선을 베푸시어 예루살렘의 성을 쌓아 주소서."[143] 왕은 그들에게 읽기를 멈추라고 명한 후, 커다란 목소리로, 프랑스에 평화가 정착되면 예루살렘을 정복할 생각이었다고 말했다. "만약 그것이 창조주이신 하느님의 뜻에 맞는 일이라면, 나에게 장수를 주시리라 생각했노라." 이어 그는 참회 시편의 낭독을 완료하게 했고 그 직후 사망했다.[144]

십자군 운동은 오랫동안 특별 세금을 매기는 핑계이기도 했다. 심지어 선량공 필립도 그 기회를 자주 활용했다. 그렇지만 이것이 순전히 재정적 이득을 얻기 위해 십자군 운동 계획을 위선적으로 활용한 것이라고 말할 수는 없다.[145] 선량공 입장에서는 프랑스나 잉글랜드의 왕들보다 더 높은 명성을 얻기 위한 진지한 관심과 의도의 결합이었다. 사실 당시의 프랑스나 잉글랜드의 왕은 부르고뉴 공작보다 더 높은 지위를 차지하고 있었다. 선량공은 이 유익하면서도 기사도적 계획을 추구함으로써 기독교권의 구원자가 되고 싶었다. '투르크 여행'은 그가 소매 속에 숨긴 비장의 카드였으나 결국 써먹지 못한 카드가 되었다. 샤틀랭은 선량공이 정말 예루살렘을 해방시킬 의도가 있었으나, 중요한 다른 고려 사항들 때문에 방해받았다고 말했다. 무엇보다도 시기가 좋지 않았다. 영향력 있는 사람들은 고령인 선량공이 이런 위험한 원정전을 계획하는 것에 대하여 고개를 가로저었다. 만약 그 계획을 밀고나간다면 지배 영토와 왕조가 위태롭게 될 것이라고 보았다. 교황은 선량공 필립에게 십자가의 깃발을 보내왔고, 공은 헤이그에서 벌어진 엄숙한 행렬 속에서 공손하고 존경하는 태도로 그 깃발을 받아들였다. 릴의 축제와 그 후의 다른 축제에서도 투르크 여행을 감행하겠다는 맹세가 이루어졌다. 그리하여 조프루아 드 투아지Geoffroy de Thoisy가 시리아 항구들을 정탐하고, 투르네 주교 장 슈브로Jean Chevrot가 수집된 물자들을 감독하고, 기욤 필라스트르가 자신의 부하들을 모두 대기시키고 원정전에 필요한 선박을 징발했다. 하지만 이런 소동의 와중에서도 원정전이 결국 감행되지 않을 것이라는 막연한 예감이 널리 퍼져 있었다.[146] 선량공의 맹세라는 것도 이미 그 자체로 약간 제한적인 성격을 띠고 있었다. 그는 하느님이 자신에게 위임한 지배 영토들이 평화와 안정을 누린다면, 원정전에 나서겠다고 말했던 것이다.[147]

십자군 운동의 이상을 널리 선포하는 것 이외에, 정치적 위상을 높이는 대중적인 테크닉은 군사 원정전을 선언하는 것이었다. 이처럼 요란스럽게 선언된 원정전은 아주 자세하게 준비는 되었지만, 구체화되지 않거나 결과가 미약했다. 가령 1383년에 플랑드르를 침공하겠다는 잉글랜드의 원정전이 그러했다. 또 대담공 필립이 1387년 잉글랜드를 상대로 계획한 원정전이 그러했다. 필립은 대규모 선단을 조직하고 슬뤼이스 항구에서 발진할 만전의 준비를 갖추었으나 공격은 이루어지지 않았다. 혹은 샤를 6세가 1391년에 이탈리아를 상대로 한 캠페인도 그러했다.

군주들의 1대 1 결투

정치적 프로파간다로서 거듭 선언되었지만 결코 성사되지 않은 아주 특별한 형식의 기사도적 허구가 있는데 바로 군주들의 1대 1 결투이다. 나는 다른 곳에서 15세기의 국가 간 싸움이 여전히 정파들 사이의 싸움, 혹은 개인적 '싸움'으로 인식되었다는 사실을 자세히 언급한 바 있다.[148] 어떤 싸움의 원인에 대해서는 '부르고뉴인들의 싸움(querelle des Bourguignons)'이라는 설명이 붙었다. 무책임한 정치적 수사修辭에서 여전히 활용되고 있는 군주들의 1대 1 결투만큼 더 자연스러운 것이 어디에 있겠는가? 원시적 정의감과 기사도적 상상력에서 유래한 이 해결 방식은 거듭하여 검토 사항이 되었다.

군주들의 1대 1 결투에 대한 자세한 준비사항들을 읽고 있노라면 이런 의문이 든다. 의식적意識的 위선을 앞세운 아름다운 놀이(다시 말해 아름다운 삶에 대한 추구)인가, 아니면 기사도에 입각하여 피아간에 진정한 싸움을 벌이려는 것인가? 당시의 역사가들이 이런 도전에 대하여, 결투하겠다고 주장하는 군주들만큼이나 진지했다는 것은 의문의 여지가 없다. 1383년 잉글랜드 왕 리처드 2세는 숙부인 존 오브 랭카스터John of

Lancaster에게 프랑스 왕 샤를 6세와 평화를 협상하라고 위임했다. 평화에 이르는 적절한 방안으로서, 리처드 2세는 자신과 프랑스 왕의 1대 1 대결 혹은 리처드 2세와 그의 숙부 세 명과 샤를 6세와 그의 숙부 세 명 등 4대 4 대결을 제안했다.[149] 몽스트렐레는 자신의 연대기 초반부에서 군주들의 1대 1 결투, 즉 루이 도를레앙이 잉글랜드 왕 헨리 4세(→ 리처드 2세)에게 도전한 사건에 대해서 상당한 지면을 할애하고 있다.[150] 루이 도를레앙은 격정적이면서도 총명한 정신의 소유자였다. 그는 불같은 경건심의 소유자였고, 예술의 애호가였으며, 기사도적 전투와 궁정 연애의 환상적 이상을 지지하는 사람이었다. 그와 동시에 방탕, 냉소, 마술에 대한 관심 등으로 소문이 높았고 그런 만큼 군주들의 1대 1 결투도 그가 열렬히 바라는 모험들 중 하나였다.

화려한 것을 좋아하는 선량공 필립에 대해서도 똑같은 말을 해볼 수 있다. 그는 엄청난 재물의 자원과 화려함을 사랑하는 마음 등의 뒷받침을 받으며 이 주제(군주들의 1대 1 결투)를 아주 장엄하고 화려하게 수식했다. 선량공은 1425년에 고상한 매너를 발휘하면서 험프리 오브 글로스터Humphrey of Gloucester(잉글랜드 왕 헨리 4세의 막내아들로서 1447년 사망)에게 도전장을 내밀었다. 그의 도전장에는 노블레스 오블리주noblesse oblige의 모티프가 분명하게 언급되었다. "크리스천들의 피를 흘리지 않고 또 내가 어여삐 여기는 사람들을 희생시키지 않기 위하여…… 나의 몸 하나로 이 싸움이 전쟁의 수단을 빌리지 아니하고 끝나기를 바란다. 전쟁이 벌어지면 당신이나 나의 군대에 속한 귀족들이나 기타 많은 사람들이 그들의 생을 비참하게 끝마치게 될 것이다."[151] 결투의 모든 소도구들은 준비가 되었다. 공작이 입을 값비싼 갑옷과 화려한 의복이 준비되었다. 텐트, 대깃발과 소깃발, 전령과 보좌들이 입을 옷들이 준비되었다.

이 모든 준비물에는 선량공의 문장인 부싯돌과 성 안드레 십자가가 새겨졌다. 선량공 필립은 결투에 대비하여 훈련에 들어갔다. "몸을 단련하기 위하여 음식을 절제하는 등 고생을 마다하지 않았다."[152] 에댕Hesdin에 있는 그의 공원에서 펜싱 사범의 지도 아래 매일 펜싱을 연습했다.[153] 비용 관련 서류들은 이 모든 준비에 비용이 얼마나 들어갔는지 알려주고 있다. 이 결투를 위해 준비된 값비싼 텐트는 1460년까지도 릴에서 볼 수가 있었다.[154] 하지만 결투는 성사되지 않았다.

그렇다고 해서 기죽을 필립이 아니었다. 필립은 나중에 룩셈부르크 문제를 둘러싸고 작센 공작과 다투다가 그에게 새로운 도전장을 내밀었다. 필립이 거의 예순이 다 되어 열린 릴의 축제에서, 그는 십자군 운동을 전개하겠다는 맹세를 하면서 만약 위대한 투르크가 1대 1의 백병전을 원한다면 그렇게 할 수도 있다고 말했다.[155] 선량공 필립의 완고하고 전투적인 성격은 반델로의 짧은 이야기에서도 엿볼 수 있다. 필립은 무슨 일로 명예 결투를 하려고 했는데 그의 부하 귀족들이 힘들게 말려서 그만두게 했다는 것이다.[156]

이런 형식은 르네상스 전성기의 이탈리아에서도 존속했다. 프란체스코 곤자가Francesco Gonzaga는 체사레 보르자César Borgia에게 도전장을 내밀었다. 그는 장검과 단검으로 공포와 증오의 대상인 적으로부터 이탈리아를 해방시킬 생각이었다. 이 대결은 프랑스 왕 루이 12세의 중개로 무산되었고 그 사안은 감동적인 화해로 끝을 맺었다.[157] 심지어 카를 5세 황제도 두 번이나 프랑스 왕 프랑수아 1세에게 결투를 신청했다. 첫 번째는 프랑스 왕이 포로 신세에서 풀려나 돌아왔을 때였는데 카를 5세가 보기에 약속을 지키지 않은 경우이고, 두 번째는 1536년에 신청한 것이었다.[158]

사법적 결투

법률상의 문제를 해결하기 위한 사법적 결투든, 아니면 순간적 충동과 흥분에 의해서 발생하는 결투든 모두 오래된 관습과 사상이 후대까지 존속한 것인데, 특히 부르고뉴 지방과 말썽 많은 프랑스 북부에서 성행했다. 신분 높은 사람이든 낮은 사람이든 결투가 진정으로 문제를 결판해 준다고 생각했다. 이러한 관념은 그 자체만 놓고 본다면 기사도적 이상과는 별로 관계가 없다. 복수의 관념은 그보다 훨씬 오래된 것이다. 기사도 문화는 결투에 일정한 위엄을 부여했지만, 귀족들의 세계 이외의 지역에서도 결투가 선호되었다. 귀족들이 관여하지 않은 결투에는 그 시대의 노골적인 잔인함이 있는 그대로 드러났다. 기사들은 자신들의 명예와 상관이 없는 한, 그런 결투의 광경을 아주 즐겼다.

이와 관련하여 귀족과 역사가들이 깊은 관심을 기울인 결투는 1455년 발랑시엔에서 두 시민(부르주아) 사이에 벌어진 사법적 결투였다.[159] 그것은 아주 진귀한 사건이었다. 그런 일이 지난 백 년 동안 벌어지지 않았기 때문이다. 발랑시엔 시민들은 무슨 비용을 치르더라도 그 대결이 성사되기를 바랐다. 그들이 보기에 그 대결은 오래된 특혜의 유지였기 때문이다. 하지만 아버지 선량공 필립의 부재(독일 방문) 중에 행정을 맡아 보았던 샤롤레 백작은 다른 생각을 품었고, 그래서 그 대결을 한 달 또 한 달 이런 식으로 자꾸 미루었다. 한편 두 소송 당사자인 자코탱 플루비에Jacotin Plouvier와 마위오Mahuot는 두 마리의 값비싼 투계처럼 간신히 뜯어말려야 했다. 노년의 선량공이 독일 황제를 만나보기 위한 여행에서 돌아오자, 그 대결을 벌여도 좋다는 결정이 내려졌다. 필립 자신도 그 대결을 친히 구경하고 싶어 했다. 바로 이 이유 때문에 그는 브뤼혜Bruges에서 루뱅Leuven으로 가는 길에 발랑시엔을 경유하도록 스케줄을 잡았다. 샤틀랭이나 라 마르슈 같은 기사도 정신이 충만한 연대기 작가들은 기사들과 귀족들의 파 다르므 축제를 사실적으로 묘사하려고 애쓰지만 그게 잘 되지 않았던 반면, 이 경우 두 작가는 아주 분명한 그림을 기록했다. 붉은 네모 무늬가 새겨지고 황금빛 화려한 긴 스커트의 외투[160] 아래에서 샤틀랭의 본색이 조잡한 플랑드르인의 모습이 드러난다. '그 아름다운 의식'의 세부 사항들을 그는 놓치지 않는다. 결투장의 경계를 이루는 나무 울타리와 결투장 내에 배치된 장의자 등에 대해서도 아주 정밀한 묘사를 하고 있다.

불쌍한 소송 당사자들은 각자 자기 옆에 펜싱 사범을 두고 있었다. 원고인 자코탱이 먼저 등장했다. 그는 머리를 짧게 깎은 채 아무것도 쓰지 않은 맨머리였고 얼굴은 아주 창백했다. 그는 온 몸을 감싸는 통으로 된 코르도바 가죽옷을 입었고 그 아래에는 아무것도 입지 않았다. 두 결투자는 공작에게 절을 하면서 경의를 표시했다. 공작은 격자무늬의 스크린 뒤에 앉았고 두 결투자는 검은 천으로 둘러진 의자에 마주보며 앉아서 준비가 끝나기를 기다렸다. 둥그렇게 둘러앉은 귀족들은 낮은 목소리로 어느 결투자가 이길 것인지 승산에 대한 의견을 주고받았다. 그들은 아무리 세세한 것이라도 놓치지 않았다. 마위오는 신약성경에 키스할 때 얼굴이 눈처럼 희었다! 두 명의 하인이 결투장에 입장하여 두 전사에게 목에서 무릎까지 기름을 발라 주었다. 자코탱의 경우 기름은 곧 가죽옷으로 스며들었지만 마위오는 그렇지 못했다. 이것은 두 사람 중 누구에게 유리한 징조인가? 그들은 양손에 재를 묻혔고 입에 설탕을 집어넣었다. 이어 그들은 몽둥이와 방패를 지급받았는데, 방패에는 성인들의 초상화가 그려져 있었고 그들은 그 그림에 입을 맞추었다. 그들은 뾰족한 부분이 위로 올라가게 방패를 잡았고 양손에 'une bannerolle de devocion(신앙의 소깃발)', 즉 경건한 모토가 새겨진 리본을 들었다.

키가 작은 마위오가 방패 끝으로 모래를 퍼서 그것을 자코탱의 눈으로 던짐으로써 결투를 시작했다. 그 후 격렬한 몽둥이 싸움이 벌어졌고 결국 마위오가 땅에 쓰러졌다. 자코탱은 마위오의 배위에 올라타서 그의 입과 눈에 모래를 처넣었다. 하지만 마위오는 상대방의 손가락을 양 이빨 사이에 집어넣고 깨물 수 있었다. 그 손을 빼내기 위해, 자코탱은 엄지손가락으로 마위오의 눈을 후벼 팠다. 살려달라는 마위오의 비명에도 불구하고, 그는 마위오의 양팔을 뒤로 꺾어서 그의 몸을 엎어놓고 무릎으로 허리를 누르며 양팔을 세게 당겨 마위오의 척추를 꺾기 시작했다. 죽음의 고통을 느끼는 마위오는 마지막 고백성사를 하게 해달라고 애걸했으나 소용없었다. 이어 그는 소리쳤다. "오 부르고뉴의 영주님, 겐트 전투 때 나는 당신에게 충실하게 봉사했습니다! 오 영주님, 제발, 당신의 자비를 청하오니 나를 살려주소서!" 바로 이 지점에서 샤틀랭의 보고는 갑자기 끝나 버렸고 몇 페이지가 사라졌다. 우리는 다른 사료들로부터, 절반쯤 죽은 마위오가 교수형 집행자에 의해 목매달려 죽었다는 것을 발견한다.

샤틀랭은 이 구역질나는 잔인한 행위를 그처럼 상세히 묘사한 다음에 고상한 기사도적 명상으로 이야기를 마무리 지었을까? 그건 알 수 없으나, 라 마르슈는 그렇게 마무리 지었다. 라 마르슈는 귀족들이 이 결투를 구경하고 나서 그 사건에 대하여 깊은 수치심을 느꼈다고 보고한다. 그 다음에, 이 못 말리는 궁정시인은 계속해서 말한다. 하느님께서는 그 후에 기사도적 결투가 진행되도록 허락하셨고 그 결투는 아무런 부상 없이 끝났다고 적었다.

기사도와 현실의 괴리

기사도 정신과 현실의 괴리는 실제 전쟁 중에서 기사도 이상을 실현하고자 할 때 가장 분명하게 드러난다. 기사도 이상이 감투 정신에 아무리 많은 활력과 형식을 제공했다고 하더라도, 실제 전쟁의 수행을 촉진하기보다는 지연시키는 효과가 더 컸다. 왜냐하면 그것은 아름다운 삶의 요구에 부응하기 위하여 전략적 요구 사항을 희생시켰기 때문이다. 거듭하여 가장 뛰어난 군사 지도자들이(때로는 왕들이) 낭만적 전쟁 모험의 위험에 자기 자신을 내맡겼다. 잉글랜드의 에드워드 3세는 스페인 해군의 수송선을 공격한다는 의심스러운 싸움에 자신의 목숨을 걸었다.[161] 존 왕이 창설한 '별들의 기사단' 소속의 기사들은 전투에서 4아르팡(길이의 단위로서 대략 500미터) 이상은 퇴각하지 않겠다는 맹세를 해야 했다. 그것이 여의치 않을 경우 그들은 전사하거나 사망해야 되었다. 이것은 아주 특별한 게임의 규칙으로 프루아사르에 의하면, 그 때문에 약 90명의 기사들이 즉각적으로 목숨을 잃었다.[162] 잉글랜드의 헨리 5세는 1415년 **아쟁쿠르 전투**의 진야에 적을 향해 나아갈 때, 실수를 하여 참모들이 저녁 숙영지로 정해 놓은 마을을 지나쳤다. 그러자 왕은 '아주 고상한 명예의식의 최고 수호자답게' 이런 지시를 내렸다. 정찰 임무 차 앞으로 이미 나가 있는 기사들은 전투복을 벗으라는 것이었다. 그들이 캠프로 돌아오는 길에 갑옷을 입고 퇴각하는 수치를 모면시켜 주기 위해서였다. 하지만 그 상황에서 왕 자신은 전투복을 입은 채 너무 멀리 나아갔기 때문에 뒤돌아올 수가 없었다. 그래서 왕은 이미 도착한 장소에서 밤을 보냈고 선발대는 그에 맞추어 더 앞으로 나아가게 했다.[163]

    1382년 프랑스가 플랑드르를 대대적으로 침공하기 위한 작전 계획을 수립할 때, 기사들은 전략의 필수적 사항을 지속적으로 거부했다. 클리송Clisson과 쿠시Coucy는 예기치 못한 우회로를 타고서 공격해 들어가자는 제안을 했는데, 거기에 대하여 기사들은 반대했다. "만약 우리가 정도가 아닌 다른 길을 타고 간다면…… 우리가 제대로 된 기사가 아님을 보여 줄 뿐이다."[164] 프랑스가 1404년 다트머스Dartmouth 근처의 잉글랜드 해안을 공격한 사건에 대해서도 같은 얘기를 해볼 수 있다. 지도자인 기욤 뒤 샤텔Guillaume du Châtel은 잉글랜드 인의 측면을 공격할 계획을 세웠다. 그들이 해변에 참호를 파놓고 단단히 대비하고 있었기 때문이다. 하지만 자이유Jaille 경은 잉글랜드의 방어군이 농민들의 오합지중에 지나지 않으며, 이런 적수와의 전면전을 피한다는 것은 수치스러운 일이라고 말했다. 그는 다른 사람들에게도 두려워하지 말 것을 촉구했다. 그 말은 뒤 샤텔의 마음을 움직였다. "브르타뉴의 고상한 사람이 두려워한다는 것은 있을 수 없다. 나는 목전에 승리가 아니라 죽음을 본다고 해도 불확실한 운명에 도전해 보겠다." 그는 자비를 구걸하지 않겠다고 맹세했고 이어 공격에 나섰다. 그는 전투 중에 사망했고 그의 부대는 궤멸당했다.[165] 플랑드르 원정전 동안에 선발 부대의 보직이 끊임없이 바뀌었다. 후방 부대를 담당하는 기사가 그 보직에 대하여 끈질기게 거부감을 표시했기 때문이다.[166]

기사도의 이상이 실제로 전투에 적용된 경우는 사전 합의된 아리스티에스aristies(대치전)[167]이다. 전투원이 두 명뿐인 전투든 집단이 참여하는 전투든 이런 전투에서 그 이상이 잘 발휘된다. 잘 알려진 사례는 저 유명한 콩바 데 트랑트Combat des Trente(30인 전투)이다. 이 전투는 1351년 브르타뉴의 플로에르멜Ploërmel 근처에서 벌어졌다. 전투원은 보마누아르Beaumanoir가 이끄는 30인의 프랑스 전사와 잉글랜드인, 독일인, 브레

통인 들로 구성된 30인의 전사 집단이었다. 프루아사르는 그 전투가 아주 아름답다고 하고서 끝에 가서 이런 논평을 했다. "어떤 사람은 그것이 용기 있는 일이라 했고, 어떤 사람은 수치스럽고 또 너무 과도한 행동이라고 했다."[168] 1386년 기 드 라 트레모이유Guy de la Tremoille와 영국 귀족 피에르 드 쿠르트네Pierre de Courtenay 사이에 결투가 예정되어 있었다. 잉글랜드 기사와 프랑스 기사 중에 누가 더 센지 알아보자는 것이었다. 이 결투는 마지막 순간에 프랑스 섭정인 부르고뉴 공과 베리 공에 의해 금지되었다.[169] 『르 주방셀』도 이런 쓸데없는 용기의 과시를 못마땅하게 여기는 태도에 동조했다. 우리는 앞에서 이런 경우 기사는 지휘관의 명령에 복종한다는 것을 언급한 바 있다. 베드포드 공이 12대 12의 결투를 제안하자, 『르 주방셀』의 연대기 작가는 프랑스 지도자가 이렇게 대답했다고 기록한다. "적이 제안한 것은 그 어떤 것도 하지 말라는 일반 명령이 있다. 우리는 당신을 당신의 진지로부터 몰아내기 위해 여기에 왔고 그것만으로도 일이 너무 많다." 그리하여 결투의 도전은 거부되었다. 다른 데서 『르 주방셀』은 한 장교가 결투를 거부하면서 제시한 설명을 기록한다(작가는 끝부분에서 이 설명을 다시 한 번 기록한다). 그 장교는 이런 일에 대해서는 절대로 허락을 내리지 않겠다고 말한다. 이런 결투를 요구하는 자는 적수로부터 뭔가를 빼앗아 오려는 자이다. 다시 말해 적수의 영예를 빼앗아 와 자신의 허영을 충족시키려는 것이다. 그런 허영은 아무런 가치도 없다. 그런 자는 국왕 폐하와 공공선에 대한 서비스를 게을리 하는 자이다.[170]

이것은 새로운 시대의 목소리처럼 들린다. 그러나 적대적 세력들 사이의 결투 관습은 중세 이후에도 존속했다. 우리는 1501년 바이야르Bayard와 소토메이요Sotomayor 사이에 벌어진 결투인 스피다 데 바를레타 Sfida de Barletta(바를레타에서 벌어진 결투라는 뜻의 이탈리아어. 바를레타는 이탈리아 남단의 풀리아 주 바리 현에 있는 도시로 아드리아해에 면한 항구 도시임.-옮긴이)를 알고 있다. 네덜란드 전쟁 동안인 1600년에는, 푸크트Vught 근처의 황야에서 브로테와 레켈바커의 결투가 있었다. 또 1591년에는 데벤테르Deventer에서 로드윅 판 데 케틀레가 알바니아 기사를 상대로 결투를 벌였다.

대부분의 사례에서, 기사도적 개념은 전술과 전략의 고려사항들에 밀려 뒷전으로 나앉았다. 하지만 야전에서의 전투는 정의를 판정하기 위해 사전에 정직하게 정해 놓은 결투이다, 라는 생각이 언제나 전면에 어른거렸다. 물론 전쟁의 필연적 요구 사항들 앞에서 그런 생각이 제대로 대접받은 적은 없지만 말이다. 엔리케 데 트라스타마라Henrique de Trastámara는 그 어떤 대가를 치르더라도 탁 트인 들판에서 적과 싸워 결판을 내려고 했다. 그는 자신의 유리한 진지를 자발적으로 포기했고 그래서 나제라Najera(혹은 나바레트Navarrete) 전투에서 패배했다. 잉글랜드 분견대는 1333년 스코틀랜드 군대에게 유리한 고지를 버리고 평지로 내려와 공평한 싸움을 벌이자고 제안했다. 칼레Calais 시를 해방하기 위해 그 도시에 접근하려 했던 프랑스 왕은 그게 안 되자 잉글랜드에게 다른 곳에다 전투 장소를 정하자고 제안했다. 기욤 드 에노는 한 술 더 떴다. 그는 프랑스 왕에게 3일간의 휴전을 제안했다. 그 사흘 동안에 다리를 건설하여 양군이 전투를 위해 좀 더 가깝게 다가오게 하자는 것이었다.[171] 이런 모든 사례들에서 기사도적 제안은 거부되었다. 전략적 이해가 늘 우선시되었다. 이것은 선량공 필립의 사례에서 잘 드러난다. 그는 하루에 세 번씩이나 전투를 하라는 제안을 받고서 자신의 기사도적 명예와 심각한 갈등을 일으켰으나 끝내 그 제안을 거부했다.[172]

전쟁을 미화하는 기회들

하지만 전쟁을 미화하는 기회들이 많이 있었고 심지어 기사도 이상이 현실에 밀려나는 경우에도 그런 기회가 존재했다. 다채롭고 과시적인 전투 갑옷은 엄청난 프라이드의 광휘를 내뿜었다. 아쟁쿠르 전투의 전야에, 잉글랜드와 프랑스의 양군은 서로 마주 보며 진영을 세웠는데, 어둠 속에서 트럼펫과 트롬본의 음악으로 병사들의 용기를 북돋았다. 프랑스인들은 '그들을 즐겁게 할' 것들이 많지 못하다면 크게 불평했고 그래서 침체된 분위기였다.[173]

15세기 말경에 동양식 모델을 본뜬 커다란 북을 가진 용병들이 등장했다.[174] 최면을 거는 듯하고 비음악적인 효과를 가진 북은 기사도 시대에서 근대전近代戰 시대로 넘어가는 추세를 보여 주는 적절한 징조였다. 그것은 전쟁을 기계화하는 하나의 요소였다. 1400년에 명예와 명성을 탐하는 개인적 경쟁의 아름답고 절반쯤 놀이 같은 요소가 여전히 활짝 피어 있었다. 개인화된 투구 휘장, 무기, 깃발, 전투의 고함 등을 통하여, 전투는 여전히 개성적 특성과 스포츠의 요소를 갖고 있었다. 하루 종일, 전사는 서로 다른 개인들이 오만한 프라이드를 경쟁하는 게임에서 전투의 고함을 내지르는 것을 들을 수 있었다.[175] 전투 전에 그리고 전투가 끝난 후에, 새로운 기사들을 책봉하고 기존 기사들의 계급을 올려주는 절차는 게임을 화려하게 장식했다. 기사들은 자신의 깃발의 꼬리 부분을 잘라 버림으로써 선임 기사로 승진했다.[176] 노이스Neuss 근처에 있었던 대담공 샤를의 유명한 캠프는 으리으리한 궁정에서나 볼 수 있는 축제적 화려함의 분위기를 갖고 있었다. 어떤 기사들은 '재미 삼아' 그들의 텐트를 갤러리와 정원을 갖춘 성관城館의 형태로 만들었다.[177]

전쟁의 무공은 기사도적 개념에 입각한 준거의 틀 내에서 기록되어야 했다. 순전히 기술적技術的인 관점에서 전투와 우발적 교전을 구분하려고 애썼다. 왜냐하면 모든 전투는 명예의 연대기에서 고정된 장소와 이름을 부여받아야 하기 때문이었다. 몽스트렐레는 말한다. "오늘부터 이 만남은 몽스 앙 비뫼Mons en Vimeu 교전으로 부르기로 한다. 그것은 전투로 선언되지 않았다. 양측이 우연히 만났고 깃발을 내걸지 않았기 때문이다."[178] 잉글랜드의 헨리 5세는 자신이 대승을 거둔 전투의 이름을 아쟁쿠르 전투라고 명명했다. "모든 전투는 현장에서 가장 가까운 성채들의 이름을 붙여야 하기 때문이다."[179] 전장에서 하룻밤을 머무르는 것은 승리를 수락하는 표시로 간주되었다.[180]

전투에서 군주들이 보이는 개인적 용기는 때때로 인위적인 특징을 보였다. 프루아사르는 잉글랜드 왕 에드워드 3세와 한 프랑스 귀족 사이에 칼레 근처에서 벌어진 전투를 묘사했는데, 프루아사르의 어떤 표현은 두 당사자가 그리 필사적이지 않다는 느낌을 준다. "그러자 왕은 외스타슈Ustasse와 아주 오랫동안 싸웠고 외스타슈 또한 마찬가지였다. 그것은 구경하기에 아주 즐거웠다." 프랑스 귀족은 결국 항복했고 싸움은 에드워드 3세가 그 귀족에게 저녁 식사를 제공하는 것으로 마무리된다.[181] 생 리키에Saint-Riquier 전투에서 필립 드 부르고뉴는 자신의 화려한 갑옷이 눈에 띄어 위험하다며 그것을 다른 사람에게 입혔다. 하지만 그것을 이렇게 미화했다. 평범한 전사로서도 잘 싸울 수 있다는 것을 보여주기 위해 일부러 그렇게 했다.[182] 코민은 베리와 브르타뉴의 젊은 공작들이 대담공 샤를의 '공공복지 전투'(→ 루이 11세)에 참가할 때, 두 공작은 황금 못이 박힌 가짜 공작 갑옷을 입었다고 기록했다.[183]

문학, 축제, 놀이의 영역으로 후퇴한 기사도

어디에서나 으리으리한 기사 갑옷의 구멍을 통하여 거짓말들이 번쩍거렸다. 그러나 현실은 기사도 이상을 지속적으로 거부했다. 따라서 그것은 문학, 축제, 놀이의 영역 속으로 점점 더 깊이 후퇴했다. 오로지 이런 곳들에서만 아름다운 기사도적 삶의 환상이 남아 있었다. 여기서는 카스트가 존재했고 기사도의 느낌이 타당성을 획득했다.

기사도의 이상은 평등하지 않은 자들과 대치할 때마다 기를 펴지 못했다. 낮은 계급의 사람들과 대치할 때마다 기사도적 고상함의 필요성은 사라졌다. 고상한 샤틀랭은 부유한 양조장 주인의 완고한 부르주아 명예심을 조금도 이해하지 못했다. 그는 공작의 군인 부하에게 자신의 딸을 주기를 거부했을 뿐만 아니라 공작에 저항하기 위해 자신의 재산과 목숨을 걸었다.[184] 프루아사르는 샤를 6세가 필립 반 아르테벨데의 시체를 보자고 한 것에 대하여 아무런 존경심을 표시하지 않고 기록했다. "그는 오랫동안 시체를 쳐다보았다. 이어 그 시체는 그 장소에서 내려져 나무에 매달렸다. 이것이 필립 반 아르테벨데의 최후였다."[185] 왕은 "그를 악당 취급하면서"[186] 시체를 발로 걸어차는 것도 서슴지 않았다. 귀족들의 가장 잔인한 처사는 1382년 전쟁 동안 겐트의 시민들(부르주아)에게 저질러진 것이었다. 귀족들은 사지를 절단하고 눈알을 파낸 곡물상인 40명의 시체를 그 도시로 보냈다. 이런 참사는 프루아사르의 기사도에 대한 열정을 단 한 순간도 냉각시키지 못했다.[187] 자크 드 랄랭과 그와 유사한 사람의 영웅적 행동을 높이 평가하는 샤틀랭은, 아무런 동정심도 표시하지 않은 채, 겐트의 한 성명미상 도제가 감히 혼자서 랄랭을 공격하려 했다고 언급했다.[188] 라 마르슈는 한 평민의 용감한 행위를 순진하게도 이런 식으로 논평했다. 만약 그 행위가 'un homme de bien(젠틀맨)'에 의한 것이었더라면 상당히 중요했을 것이다.[189]

현실은 모든 방면에서 기사도 이상을 부정하며 사람들의 심리를 압박했다. 군사 전략은 오래 전에 토너먼트의 요소를 포기했다. 14세기와 15세기의 전쟁은 양동전陽動戰과 기습전에 의존했다. 그것은 침략과 약탈의 전쟁이었다. 잉글랜드인들은 최초로 기사들로 하여금 전투시에 말에서 내리게 했고 이것은 프랑스에 의해 채택되었다.[190] 외스타슈 데샹은 이것이 기사들의 도주를 막기 위한 방책이라고 조롱하듯 말했다.[191] 프루아사르는 이런 말을 했다. 바다에서 싸우는 것은 유익하다. 병사들이 달아나거나 사라지지 못하기 때문이다.[192] 기사도 개념이 군사적 원칙으로는 너무 유치하여 사용될 수 없다는 사실은 『프랑스 군과 잉글랜드 군의 전령들에 대한 논쟁』에서 잘 드러난다. 이것은 1455년경에 작성된 소책자인데, 프랑스 군 혹은 잉글랜드 군의 우월성이 논쟁 형식으로 다루어져 있다. 잉글랜드 전령이 프랑스 전령에게 묻는다. 잉글랜드 왕과는 다르게, 왜 당신의 왕은 대규모 선단을 유지하지 않는가? 프랑스 전령의 대답은 이러하다. 우리의 왕은 그렇게 할 필요를 느끼지 않는다. 더욱이 프랑스 귀족들은 여러 가지 이유로 바다보다는 육지에서 전쟁하는 것을 더 좋아한다. 왜냐하면 "바다에서는 위험과 인명 손실이 크기 때문이다. 게다가 폭풍우가 불어올 때에는 너무나 끔찍하다. 많은 사람들이 바다 멀미를 견디지 못한다. 게다가, 선상 생활은 너무나 고통스러워서 귀족에게는 어울리지 않는다."[193] 비록 그 효과는 아직 무시할 정도였지만, 대포의 사용은 이미 미래 전쟁의 대변화를 예고했다. '부르고뉴 스타일로 볼 때', 순회기사의 자존심이었던 자크 드 랄랭이 폭발하는 포탄에 맞아 사망한 사실은 아주 아이러니한 상징이다.[194]

귀족·군인 생활의 재정적 측면

귀족·군인의 경력은 공개적으로 인정되는 재정적 측면을 갖고 있었다. 중세 후기의 전쟁을 다룬 역사서들을 읽어보면 신분 높은 포로가 석방금을 뜯어내는 데 있어서 얼마나 중요한지 생생하게 알 수 있다. 프루아사르는 성공적인 기습전을 수행한 군사 지도자가 석방금 덕분에 얼마나 재정적으로 윤택해졌는지 반드시 언급한다.[195] 전쟁의 직접적인 이득 이외에도, 연금, 임차료, 정부 보직 등이 기사들의 생활에 중요한 역할을 했다. 직업에서 승진하는 것이 공개적으로 시인되는 목표였다. 외스타슈 드 리뵈몽Eustache de Ribeumont은 말했다. "나는 가난한 사람으로서 승진을 원합니다." 프루아사르는 '무공으로 승진하기를 바라는' 용감한 사람들의 사례를 들면서 그들이 기사도적 전쟁에서 올린 다양한 업적을 끊임없이 설명한다.[196]

데샹은 부르고뉴 궁정의 기사, 시동, 하인들이 목을 빼고서 봉급날을 기다리는 광경을 발라드 속에서 이런 후렴으로 묘사했다.

봉급 관리관은 언제 오는 거야?[197]

샤틀랭이 볼 때, 세속의 명예를 추구하는 사람이 인색하고 타산적인 것은 자연스럽고 적절한 것이었다. 그들은 "연금이든, 임차료든, 관직의 보수든, 실제적 거래에서 생기는 돈이든 많은 수입을 강력하게 바라고 또 기다렸다."[198] 이렇게 돈을 바란 것은 고상한 부시코도 예외는 아니었다. 부시코는 모든 기사들의 모범이었지만 돈에 대한 탐욕으로부터 완전히 자유롭지는 않았던 듯하다.[199] 신중한 코민은 어떤 귀족을 그

의 수입에 따라 지위를 매기면서 '20에퀴의 수입을 가진 젠틀맨'이라고 적었다.[200]

기사도적 전쟁을 드높게 칭송하는 목소리들 중에서도 가끔 기사도의 이상을 거부하는 목소리들이 들려온다. 어떤 때는 진지한 목소리이고 어떤 때에는 조롱하는 목소리이다. 귀족들은 때때로 전쟁과 토너먼트의 생활 속에 들어 있는 과장된 비참과 거짓을 알아본다.[201] 루이 11세와 필립 드 코민은 기사도에 대하여 오로지 경멸과 조롱을 퍼부은 냉소적 인물이었는데, 이 두 사람이 서로 통한 것은 전혀 놀라운 일이 아니다. 코민의 몽트레리 전투 묘사는 그 진지한 사실주의 때문에 아주 근대적이다. 아름다운 영웅적 행위나 지어낸 극적인 사건 따위는 없고 지속적인 전진과 후퇴, 망설임과 공포 등에 대한 보고만 있으며, 가벼운 조롱을 섞어서 얘기하고 있다. 수치스럽게 도망쳤다가 위험의 순간이 지나가면 용기를 회복하는 자들을 재미있다는 듯이 보고한다. 그는 '명예'라는 단어를 거의 사용하지 않으며 명예를 거의 필요악처럼 취급한다. "내 의견은 이렇다. 만약 그가 그날 밤으로 내빼기로 마음먹었다면 그것도 괜찮은 일이었을 것이다…… 하지만 명예라는 문제가 등장하면, 그는 자신이 비겁자로 비난 받는 것은 원하지 않았으리라." 그가 유혈 낭자한 교전을 보고하는 자리에서도 기사도에 관한 어휘는 찾아보기 어렵다. 그는 용기나 기사도 같은 단어를 알지 못한다.[202]

코민은 이런 사실적인 마음가짐을 젤란트Zeeland 출신 어머니인 마가레타 폰 아르네무이덴Margaretha Von Arnemuiden에게서 물려받았을까? 홀란트의 경우, 에노의 빌렘 4세Willem IV 같은 허영스러운 모험가가 있기는 했지만, 기사도 정신은 아주 일찍 죽어 버렸다. 하지만 홀란트가 합병한 에노는 기사도적 고상함을 높이 평가해 온 지방이었다. '30인 전투' 때 잉글랜드 편에서 활약한 가장 훌륭한 전사는 크로카트Croquart였는데, 그는 예전에 아르켈 영주들의 하인이었다. 그는 전쟁 중에 약 6만 크라운으로 추산되는 엄청난 재산을 모았고 30필의 말들이 있는 마구간을 운영했다. 그는 또한 용감한 행동으로 높은 명성을 얻었다. 이 때문에 프랑스 왕은 그에게 기사직을 주는 것은 물론이요 프랑스 인으로 귀화하면 좋은 규수와 결혼시켜 주겠다고 제안했다. 이 크로카트는 재산과 명성을 양손에 거머쥐고 홀란트로 돌아와 으리으리한 스타일로 살았다. 하지만 홀란트의 귀족들은 그의 예전 신분을 잘 알았기 때문에 그를 무시했다. 그는 마침내 기사의 명예를 더 소중히 여기는 나라로 돌아갔다. [203]

장 드 느베르(후일의 무외공 장)[204]가 니코폴리스 전투라는 대참사를 겪게 되는 터키 여행을 준비하고 있을 때, 홀란트, 젤란트, 에노의 공작인 그의 아들 빌헬름에게 이렇게 말했다. "빌헬름, 너는 헝가리와 터키로 가서, 우리에게 아무런 해를 입힌 적이 없는 사람과 나라들을 상대로 싸우려 한다. 너는 헛된 세속적 영광 이외에 그렇게 해야 할 합리적 이유가 없다. 부르고뉴의 장과 프랑스에 있는 우리 사촌들이 이 원정전을 하도록 내버려둬라. 그리고 너는 프리슬란트로 가서 우리의 유산을 정복해라." [205]

부르고뉴 공작 지배하에 있는 모든 영토들 중에서, 홀란트 귀족들은 릴의 축제 때 이루어진 '십자가의 맹세' 때 가장 적은 대표자를 보냈다. 축제 후 모든 영토에서 서면 맹세를 수집할 때에도 아르투아 27건, 플랑드르 54건, 에노 27건, 홀란트 4건이었다. 그나마 상당히 유보적이고 신중한 것들이었다. [206]

만약 기사도가 사회 발전에 필요한 높은 가치를 갖고 있지 않았더라면 또 그것이 사회적·윤리적·미학적으로 필요한 것이 아니었더라면, 기사도가 수세기 동안 삶의 이상이 되지는 못했을 것이다. 한때 그 이상의 힘은 그 아름다운 과장에 있었다. 유혈적 열정으로 가득한 중세인의 마음은 너무 높은 곳에 고정된 이상에 휘둘리는 느낌을 준다. 이 일은 교회와 기사도 정신이 담당했다. "모든 남녀가 갖고 있는 이런 난폭한 행동 노선, 양념같이 들어가는 완고함과 광적인 태도가 없었더라면 흥분도 없고 효율성도 없는 것이다. 우리는 목표를 달성하기 위해 목표보다 더 높은 곳을 겨냥한다. 모든 행동은 그 안에 다소간 과장의 허위를 가지고 있다."[207]

생활 형식과 실제 생활의 부조화

그러나 문화적 이상이 아주 높은 미덕에 대한 요구로 가득 차 있을수록, 생활 형식과 실제 생활의 부조화는 커질 수밖에 없다. 조야한 현실에 눈을 감고 최고의 환상을 민감하게 받아들이는 시대만이 절반쯤 종교적 내용으로 채워진 기사도 이상을 지탱할 수 있다. 그 시대 후에 전개된 새로운 문화는 낡은 생활 형식의 드높은 야망을 포기하도록 강요했다. 기사는 17세기의 프랑스 장티욤gentihomme(젠틀맨)으로 변모되었다. 이 장티욤은 의식과 명예에 관련된 다수의 개념을 아직도 지지했지만, 신앙을 지키는 전사이며 약자와 억압받는 자의 옹호자라는 자격은 포기했다. 프랑스 귀족의 신분은, 비록 수정되고 세련되었지만, '젠틀맨'이 이어받았는데 그는 옛 기사의 유형에서 유래한 인물이다. 이렇게 연속적으로 변모가 진행되는 동안, 기사도 이상의 제일 겉에 있던 외피들은 가짜로 판명되어, 거듭거듭 뜯겨져 나갔다.

기사도 생활 형식은 아름다움, 미덕, 효용의 이상으로 과부하가 걸렸다. 코민이 그랬던 것처럼 현실의 냉엄한 관점에서 살펴본다면, 높이 칭송되던 기사도는 시대착오적이고 날조된 코미디처럼 쓸데없고 헛된 것이었다. 인간의 행동을 자극하고 국가와 공동체의 운명을 결정하는 진정한 힘은 다른 곳에 있었다. 기사도 이상의 사회적 유용성이 아주 허약하게 되자, 그 이상의 또 다른 요구 사항인 윤리적 측면, 즉 미덕의 실천은 더욱 허약하게 되었다. 순전히 정신적인 관점에서 보자면, 그 모든 고상한 생활은 공개적인 죄악과 허영 이외에 아무것도 아니었다. 그 이상은 순전히 미학적인 관점에서도 실패했다. 그 생활의 아름다움조차도 모든 면에서 부정될 수 있었다. 기사도 이상이 때로는 일부 시민들(부르주아)에게 바람직한 것으로 보였을지 몰라도, 귀족들 사이에서는 피로와 탐닉의 느낌이 널리 퍼졌다. 궁정 생활의 아름다운 놀이는 아름답게 채색된 아주 거짓된 것이었으므로, 사람을 마비시키는 것이었다. 그래서 고통스럽게 쌓아올린 생활의 예술에서 안정된 단순함과 평화의 생활로 나아가려는 동경이 있었다.

기사도 이상을 보존하는 데에는 두 가지 방법이 있었다. 하나는 실제적이고 능동적인 생활, 탐구하는 근대적 생활로 옮겨가는 것이고, 다른 하나는 세상에 대한 부정이다. 이것은 피타고라스의 Y처럼[208] 두 갈래로 분기하는 것이다. 주된 갈래는 진정으로 정신적인 생활을 영위하는 것이고, 다른 갈래는 세상의 가장자리에 매달려 그 쾌락을 취하는 것이다. 아름다운 생활에 대한 동경은 너무나 강하여, 궁정 생활과 전투 생활의 허영과 타락이 분명히 인식되는 곳에서도, 아름다운 세속적 생활에 이르는 길 혹은 더 달콤하고 더 밝은 꿈으로 나가는 길이 있는 것처럼 보였다. 전원생활의 오래된 환상은 여전히 자연적 축복의 약속으로 환히 빛났고, 테오크리토스Theocritos(기원전 270년경의 그리스인으로 목가적인 전원 시의 창시자) 이래 갖고 있었던 아름다운 빛을 간직했다. 헛된 영광과 지위를 얻기 위한 증오와 질투 가득한 싸움, 억압적이고 부담스러운 사치와 화려함, 잔인하고 위험한 전쟁 등으로부터 달아남으로써 투쟁 없이 위대한 해방을 이룰 수 있을 것 같았다.

단순한 생활의 찬양

단순한 생활의 찬양은 중세문학이 이미 고대로부터 물려받은 주제였다. 그것은 전원 문학과 동일한 것이 아니다. 전원시의 두 가지 형식은 동일한 정서를 하나는 긍정적으로, 또 하나는 부정적으로 표현한다. 전원시는 궁정 생활에 비해 긍정적으로 대비되는 삶을 묘사하는가 하면, 궁정에서의 도피, aurea mediocritas(황금의 가운데 입장, 즉 중용)의 찬양으로부터의 도피 등을 부정적으로 표현한다. 그것은 귀족적 생활 이상을 부정하는데, 학문, 혼자 있는 조용함, 노동 등을 통해 표현된 부정이다. 이미 12세기 초에 존 오브 솔즈버리John of Salisbury와 월터 맵Walter Map은 궁정 생활의 단점을 주제로 『궁정 생활의 시시함에 대하여De nugis curialium』라는 논문을 썼다. 14세기 프랑스에서 이 주제가 고전적으로 다시 표현되었는데 필립 드 비트리Philippe de Vitri의 시에서 그것을 발견할 수 있다. 모Meaux의 주교였던 비트리는 페트라르카의 칭송을 받았던 작곡가 겸 시인이었다. 『프랑 공티에의 말씀Le Dit de Franc Gontier』[209]이라는 시에서 전원田園과의 합일이 완벽하게 이루어진다.

　초록 잎사귀 아래에서, 신선한 풀들 위에서

시끄러운 시냇물과 맑은 샘물 근처에서

나는 자그마한 오두막을 발견했네.

그곳에서 공티에는 담므 알레느와 식사를 하네.

신선한 치즈, 우유, 치즈 군힌 것

크림, 크림치즈, 사과, 견과, 오얏, 배

마늘과 양파, 짧게 썬 샬롯(서양 파)

거친 소금을 친 갈색 빵 껍질,

물과 함께 먹으면 아주 좋다네.

식사를 마친 후 그들은 서로 키스를 한다. "부드러운 입과 수염난 코에." 그 다음에 공티에는 나무를 베러 숲에 가고 담므 엘레느는 빨래를 한다.

나는 공티에가 나무를 찍어 쓰러트리는 소리를 듣는다.

자신의 안전을 하느님에게 감사드리면서 그가 말한다.

"나는 대리석 기둥이 무엇인지 모른다. 빛나는 둥근 장식,

그림들로 장식된 벽들도 알지 못한다.

나는 감추어진 반역에 대한 두려움이 없다.

친밀한 외양 아래서, 황금 컵 속에 감춘 독을 마시지도 않는다.

나는 전제자 앞에서 내 머리의 모자를 벗지 않는다.

궁정 수위의 막대기가 나를 내쫓지도 않는다.

질투, 야망, 탐욕이 나를 유혹하지 않는다.

일은 나를 즐거운 자유 속으로 풀어놓는다.

나는 엘레느를 사랑하고, 그녀 또한 그러하다.

그거면 나로서는 충분하다.

무덤은 나를 두렵게 하지 않는다."

이어 내가 말한다.

"궁정의 노예는 한 푼의 가치도 없다.

자유로운 공티에야말로 황금 속에 박아 넣은

진짜 보석이로구나."

뒤에 오는 세대들에게 이 시는 단순한 생활의 이상을 고전적으로 표현해 놓은 것이었다. 안전과 독립, 절제된 즐거움, 좋은 건강, 노동, 자연스럽고 복잡하지 않은 부부 간의 사랑 등을 노래하고 있다.

외스타슈 데샹은 여러 편의 시에서 단순한 생활을 칭송하고 궁정 생활을 거부했다. 그런 시들 중에서 그는 프랑 공티에의 생활을 충실하게 모방했다.

내가 오랫동안 머무른

군주의 궁정으로부터 돌아오면서

나는 숲속 샘물 근처에서

자유인 로뱅을 발견했네.

그는 머리에 자신이 따온 꽃들로

만든 화관을 썼네. 그는 자신의

주인이고 그의 진정한 사랑 마리옹은……[210]

그는 군대 생활과 기사도를 조롱하면서 그 주제를 확대한다. 그는 아주 간명한 어조로 전쟁의 참상과 잔인함을 개탄한다. 전사처럼 비참한 계급은 없다. 7대 죄악이 전사의 하루 일과이다. 탐욕과 헛된 명성의 추구가 전쟁의 본질이다.

……나는 앞으로 중간 계급으로 살리라.
이것이 나의 굳은 결심이다.
전쟁을 버리고 노동에 살리라.
전쟁을 벌인다는 것은 저주일 뿐이다.[211]

데샹은 그에게 도전할지도 모르는 자들을 짐짓 조롱하는 어조로 비난하고 또 어떤 여자를 등장시켜, 그 여자 때문에 자신(데샹)이 강요된 결투를 하지 않게 하라고 명시적으로 요청한다.[212]
하지만 대부분의 시는 중용 그 자체에 대한 것이다.

나는 하느님에게 단지 이것만을 요구한다.
내가 이 세상에서 하느님을 봉사하고 찬양하게 해달라고.
기다란 외투를 입든 짧은 겉저고리를 입든
오로지 내 힘으로만 살아갈 뿐.
내 노동을 도와줄 한 마리의 말이 있다네.
나는 내 신분에 맞게 생활을 잘 다스리네.
뭐든지 극단으로 내밀지 말고, 질투심 없이 우아하게.
너무 많은 것을 가지지도 말고, 나의 빵을
요구하지도 말고. 오늘을 열심히 사는 것,
이것이 가장 안전한 생활이라네.[213]

명성과 행운을 추구하는 것은 비참함을 가져올 뿐이다. 가난한 사람은 만족하면서 행복하고 곤란을 당하지 않고서 장수를 누린다.

…… 일하는 남자. 가난한 노동자.
남루하고 찢어진 옷을 입고 신발도 형편없네.
하지만 그는 자신의 일에서 즐거움을 얻네.
즐겁게 그 일을 끝내네. 그는 밤에는
잘 잔다네. 이처럼 충성스러운 마음을 갖고 있기에
그는 네 명의 왕이 그들의 통치를 마치는 걸 지켜보았다네.[214]

시인은 단순하게 사는 노동자가 네 명의 왕보다 더 오래 살았다는 아이디어를 좋아하여 그것을 반복적으로 사용했다.[215]

데샹 시들의 편집자인 가스통 레이노Gaston Raynaud는 데샹의 최고봉으로 꼽히는 이런 경향의 시들은 후기 작품이라고 주장했다.[216] 이 당시 시인은 관직에서 밀려나 버림받아 실망한 상태였고 궁정 생활의 덧없음을 꿰뚫어보고 있었다.[217]

이것은 그가 내성적인 사람이 되었다는 뜻이지만, 실제로는 하나의 반작용, 즉 전반적인 피로의 표현이 아니었을까? 내가 보기에 귀족들도 열정과 화려함의 생활을 영위하는 한편, 이 궁정 시인으로부터 이런 시들을 선호하고 요구했던 것 같다. 시인은 다른 때에는 귀족들의 웃음을 바라는 잔인한 요구에도 부응했던 것처럼 이번에도 자신의 재능을 그들의 욕구를 만족시키는 쪽으로 낭비한 듯하다.

프랑스 휴머니스트들의 궁정 생활 비난

1400년경에 궁정 생활을 비난하는 주제는 초창기 프랑스 휴머니스트들 서클에서 좀 더 정교하게 가다듬어졌다. 그들은 대규모 종교회의 중 개혁파에 속하는 사람들이기도 했다. 위대한 신학자이며 교회 정치가인 피에르 다이이도 『프랑 공티에*Franc Gontier*』의 속편 같은 시를 썼는데 불안이 가득한 노예 같은 삶을 영위하는 어떤 전제자의 초상을 묘사한 것이다. 그의 정신적 형제들은 궁정 생활을 비난할 목적으로 새롭게 발견된 문학 형식인 서한체를 사용했다. 가령 니콜라스 드 클레망주Nicholas de Clemanges[218]와 장 드 몽트뢰유Jean de Montreuil가 주고받은 편지들이 좋은 사례이다.[219]

오를레앙 공작의 비서였던 밀라노 사람 암브로시우스 데 밀리스 Ambrosius de Millis는 이 서클에 속한 사람이었는데 공티에 콜Gontier Col 에게 문학적인 편지를 썼다. 이 편지 속에서 한 궁정 신하는 궁정 생활을 하려는 친구에게 그것을 만류하는 발언을 한다.[220] 이 편지는 오랫동안 잊혀졌다가 유명한 궁정 시인인 알랭 샤르티에에 의해 번역되었거나, 아니면 그 번역본 상태로 샤르티에의 이름으로 『궁정인*Le Curial*』이라는 제목으로 출판되었다.[221] 『궁정인』은 나중에 휴머니스트인 로베르 가갱에 의해 라틴어로 재번역되었다.[222]

샤를 드 로슈포르Charles de Rochefort는 『장미 이야기』의 스타일을 연상시키는 알레고리 시 형태로 그 주제를 다시 다루었다. 그가 말한 권력을 남용한 사람은 르네 왕일 것으로 짐작되었다.[223] 장 메쉬노Jean Meschinot도 선배 시인들과 유사한 시들을 썼다.

궁정은 하나의 바다. 거기로부터

오만의 파도와 질투의 폭우가 불어온다.

[……]

분노가 싸움과 소란을 일으킨다.

이것은 종종 배를 난파시킨다.

반역은 부분적으로 여기가 그 뿌리.

제대로 즐길 생각이라면 다른 곳에서 헤엄처라.[224]

이 오래된 주제는 16세기까지 그 매혹을 잃지 않았다.[225]

안전, 한적, 독립은 인생을 즐겁게 하는 좋은 것들이고, 그 때문에 사람들은 궁정 생활을 피하여 자연 속에서 노동과 절제의 단순한 생활을 영위하려고 했다. 이것은 단순한 생활이라는 이상의 부정적 측면이다. 긍정적 측면은 단순함과 노동의 향유라기보다는 자연을 사랑하는 데서 오는 안락함이다. 전원의 이상(남녀가 자연 속에서 소박하게 서로 사랑하며 살아간다는 이상)은 우리를 에로틱한 문화의 형식들로 직접 인도한다.

제4장

사랑의 형식들

12세기의 전원풍 음유시인들이 욕구 불만의 목소리를 처음 낸 이래, 사랑의 바이올린은 점점 더 높은 음조로 노래하다가 마침내 단테에 이르러서 비로소 그 악기를 순수하게 연주하게 되었다.

중세인들은 사상 처음으로 사랑의 곡조에 부정적 기조음을 개발했을 때 아주 중요한 한 고비를 넘게 되었다. 물론 고대인들도 사랑의 동경과 고통을 노래하였지만, 그 동경은 실현의 지연을 암시했을 뿐만 아니라 실현의 불확실성마저도 슬쩍 드러내고 있었다. 슬프게 끝나는 고대의 러브 스토리에서, 사랑하는 사람을 품안에 얻을 수 없다는 것이 주제가 아니라, 예전에 충족된 사랑이 죽음에 의해 갑작스럽게 끝장이 났다는 게 주제였다. 케팔로스Céphalus와 프로크리스Procris의 사랑 이야기, 피라무스Pyramus와 티스베Thisbé의 사랑 이야기 등이 그런 경우이다. 이런 이야기들에서 고통의 느낌은 성적 좌절에 있는 것이 아니라 슬픈 운명에 있는 것이다.

성적 좌절 그 자체는 음유시인들의 궁정 민네에서 처음으로 핵심적 관심사로 떠올랐다. 에로틱한 사상의 지적 형식이 창조되어, 윤리적 내용을 풍성하게 담으면서도 동시에 그것(윤리적 내용) 때문에 여성에 대한 자연스러운 사랑을 희생시키지 않아도 되었다. 성적 실현을 결코 요구하지 않음으로써 그 자체를 이상화하는 궁정 연애는 원래 감각적 사랑으로부터 생겨난 것이다. 민네Minne(궁정 연애)에서, 사랑은 윤리적·미학적 완성이 화려하게 꽃피어나는 들판이 되었다. 궁정 민네에 의하면 고상한 연인은 그의 사랑에 의해 덕스럽고 순수한 존재가 된다. 서정시에서 정신적 요소는 점점 더 우위를 점하다가 마침내 사랑의 효과는 경건한 통찰과 신앙심의 상태에 도달한다. 그것을 이름하여 '라 비타 누오바 La vita nuova(신생)'라 한다.[1]

이것은 곧 새로운 방향 전환이 뒤따랐다. 'Dolce stil nuovo(달콤한 새로운 스타일)'에서, 단테와 그의 동시대인들은 더 이상 그 너머로 나아갈 수 없는 최고 지점에 도달했다. 페트라르카는 정신적 사랑의 이상과 고대의 새로운 열정 사이에서 망설이며 서 있었다. 페트라르카에서 로렌초 데 메디치에 이르는 동안, 이탈리아의 사랑 노래는 자연스러운 감각주의의 길로 되돌아갔다. 그런 감각주의는 존중받는 고대의 모델들(사랑 노래의 모델들)에 자연스럽게 스며들어 있었다. 인위적으로 정교하게 꾸민 궁중 민네 형식은 포기되었다.

프랑스와 프랑스 정신의 영향을 받은 여러 나라들은 다른 방향으로 나아갔다. 이런 나라들에서, 궁정 서정시의 전성기 이후에 성적 사상이 발전해 나간 길은 그리 간단하지 않았다. 낡은 제도의 형식들은 그대로 남았으나 그 형식에는 새로운 정신이 채워졌다.

에로틱 문화의 바이블, 『장미 이야기』

프랑스와 그 영향력 아래 있는 나라들에서, 단테의 『신생*Vita Nouva*』이 정신적 열정의 진정한 조화를 발견하기 이전에도, 『장미 이야기』가 새로운 내용을 내놓아 궁정 민네의 형식을 부분적으로 대체했다. 이 책은 기욤 드 로리스Guillaume de Lorris와 장 쇼피넬 드 묑 쉬르 루아르Jean Chopinel de Meung-sur-Loire라는 두 작가[2]가 1240년 전에 집필을 시작하여 1280년 전에 완료한 작품이다. 이 책은 근 2세기 동안 귀족적 사랑이 논의되는 광장을 완전 장악해 왔다. 뿐만 아니라, 온갖 분야로 뻗어나가는 그 백과사전적인 내용 때문에 교육받은 사람들이 그들의 지적 발전에 필요한 여러 생생한 요소들을 취해 온 원천이기도 하였다. 한 시대의 지배 계급이 ars amandi(사랑의 기술)이라는 형식으로 그들의 인생관과 폭넓은 지식을 획득했다는 사실은 아무리 강조해도 지나치지 않는다. 이처럼 세속적 박식博識의 이상과 여성에 대한 사랑이 12~15세기처럼 친밀한 일치를 이룬 시대는 일찍이 찾아보기 어렵다. 모든 기독교적·사회적 미덕과, 삶의 형식의 전반적 구조가 민네라는 시스템에 의하여 진정한 사랑의 틀 속으로 편입되었다. 고대의 것이든, 궁정 형식의 것이든, 『장미 이야기』스타일의 것이든, 에로틱한 인생관은 당대의 또 다른 사상인 스콜라주의와 어깨를 나란히 했다. 이 두 사상은 단일 관점으로 인생과 관련된 모든 것을 포섭하려는 중세인들의 거대한 노력의 결과이다.

삶을 아름답게 만들려는 전반적 노력은 사랑의 형식을 다채롭게 재현하는 데 집중되었다. 명예와 지위에서 아름다움을 찾는 사람들, 화려함과 장엄함으로 그들의 생활을 아름답게 꾸미려는 사람들, 간단히 말해서, 프라이드(오만함) 속에서 삶의 아름다움을 추구하는 사람들은 이런 것들의 헛됨을 끊임없이 되새겨야 했다. 그러나 사랑의 경우, 아름다움 그 자체를 향유한다는 세속적 축복을 완전히 포기하지 않고서도, 어떤 현실감과 목적의식을 획득하는 듯했다. 이 경우, 고상한 형식으로부터 아름다운 삶을 창조한다거나, 높은 신분을 강조할 필요가 없었다. 여기에는 가장 심오한 아름다움, 가장 높은 축복 그 자체가 남아 있었고 거기에 색채와 형식만 부여하면 되었다. 모든 아름다운 대상, 모든 꽃, 모든 소리가 사랑의 생생한 형식을 구축하는 데 기여할 수 있었다.

사랑을 양식화(style)하려는 노력은 헛된 놀이(game) 이상의 것이었다. 열정의 힘은 후기 중세인들에게 이런 것을 요구했다. 즉, 사랑의 삶을 고상한 규칙을 갖춘 아름다운 놀이로 바꾸라고 요구한 것이다. 사람이 투박한 야만주의로 빠져들지 않으려면, 정서를 고정된 형식 안에 가두어두는 것이 필요했다. 하층 계급의 경우, 절제되지 않은 감정의 분출을 다스리는 것은 교회의 몫이었다. 교회는 주어진 상황 아래서 힘이 미치는 데까지 이 과업을 수행했다.

문학, 패션, 예의범절

귀족은 교회의 영역 밖에서 약간의 문화를 획득하면서 자신들이 교회로부터 어느 정도 독립되어 있다고 생각했다. 그리하여 귀족은 세련된 에로티시즘에서 나오는 무질서를 다스리는데, 문학, 패션, 예의범절이라는 세 가지 수단을 만들어냈다. 그리하여 이 세 가지는 사랑의 생활에 규범적 영향력을 미치게 되었다.

이 세 가지는 하나의 아름다운 환상을 창조했다. 그것 덕분에 사람들은 자신이 아름다운 생활을 한다고 상상할 수 있었다. 심지어 상류 계급 사이에서도 인생은 아주 이례적일 정도로 투박할 때가 많았지만, 그런 환상을 품을 수 있었다. 일상적인 행동은 자유로운 정신과 오만함의 특징을 갖고 있었다(후대에 내려오면서 이런 오만함은 사라졌다). 부르고뉴의 선량공 필립은 발랑시엔에 오기로 되어 있는 잉글랜드의 사절들을 맞이하기 위해 그 도시의 모든 목욕탕을 정비하라고 지시했다. "그 사절과 그들의 수행원을 위해, 목욕탕은 비너스의 부름(남녀 간의 에로스)에 부응할 수 있는 모든 것을 갖추도록 하고, 그들이 가장 좋아하는 것은 뭐든지 제공하는데, 이 모든 비용은 공작 앞으로 달아 놓을 것."[3] 그의 아들 대담공 샤를의 절약적인 행동은 많은 사람들에게 군주에 걸맞지 않은 행동으로 여겨졌다.[4] 대담공이 소유한 에댕의 위락 정원에는 여러 기계 장치들이 있었는데, 어떤 보관 품목에는 이렇게 설명이 적혀 있었다. "여자들이 그 밑을 지나가면 흥분하여 사타구니가 젖게 되는 기계."[5]

그러나 이런 투박함은 단순히 이상理想이 실패한 경우는 아니다. 고상한 사랑도 그 특유의 양식을 갖고 있듯이, 방종도(심지어 그 보다 더 오래된 방종도) 독특한 양식을 갖고 있었다. 그것은 축혼가 양식이라고 할 수 있다. 사랑의 관념들과 관계되는 한, 세련된 사회, 가령 중세 후기의 세련된 사회는 고대의 모티프들을 많이 물려받았기 때문에 에로틱한 스타일들은 서로 경쟁하거나 합병되어야 했다. 궁정 민네의 양식(style)은 원시적 형태의 에로티시즘으로부터 영향을 받았다. 그것은 훨씬 오래 된 뿌리와 활기 넘치는 의미를 갖고 있었고, 또 성적 결합 그 자체를 영광스럽게 생각하는 에로티시즘이었다. 기독교 문화에서는 에로티시즘의 가치가 신성한 성사로 대체되었지만, 에로티시즘은 민네만큼이나 활발하게 살아 있는 것이었다.

그 뻔뻔스러운 웃음과 남근적男根的 상징 등 축혼 의식의 소도구들은 결혼 축제라는 성스러운 의식에서 필수적인 한 부분이었다. 결혼의 성적 결합과 결혼 의식은 한때 불가분의 것이었다. 그것은 남녀 간의 성적 결합에 집중하는 하나의 거대한 신비였다. 그러다가 교회가 등장했

고 결혼과 성적 결합을 엄숙한 일치의 성사로 바꾸어 버림으로써, 혼배
성사의 신성함과 신비함을 교회가 독차지했다. 이 신비한 성사의 부수
적 측면들, 가령 결혼식 뒤풀이 행진, 노래, 환희의 외침 등은 결혼 축제
의 행사로 남겨두었다. 성스러운 힘을 빼앗겼지만, 결혼 축제는 더욱 더
호색한 방종으로 표현되었고, 교회는 결코 이런 행사들을 다스리지 못
했다. 교회의 윤리는 "히멘Hymen(결혼의 여신), 오 히메나이에(결혼의 축가
여)!"라는 환희에 넘치는 삶의 외침을 억압하지 못했다. 그 어떤 퓨리턴
정신도 결혼 초야의 침대를 엿보는 저 뻔뻔스러운 관습을 없애지 못했
다. 심지어 17세기에 들어와서도 이 뻔뻔스러운 특징이 만개했다. 오로
지 현대의 개인적 감수성만이 이런 공개적 과시를 완전히 철폐할 수 있
었다. 현대인들은 결혼 당사자 두 사람에게만 속한 것(섹스)을 호젓함과
어둠 속에 감추어두기를 바라는 것이다.

1641년 젊은 오란예 공과 잉글랜드의 메리가 결혼식을 올렸을 때, 사
람들이 하도 농담을 해대는 바람에 당시 소년이었던 오란예 공은 결혼
의 합방 절차를 거행하지 못할 뻔했다. 1600년대에 결혼식 때의 사정
이 이러했으니, 1400년경에 군주와 귀족의 결혼식이 어떤 경박한 방종
의 분위기에서 치러졌는지 충분히 짐작할 수 있을 것이다. 이와 관련하
여, 샤를 6세와 이사보 드 바비에르의 결혼[6]을 호색한 미소와 함께 묘사
한 프루아사르, 앙투안 드 부르고뉴에게 결혼 축가를 바친 데샹 등은 시
사하는 바가 많다.[7] 『백 가지 새로운 이야기Cent nouvelles nouvelles』는 미사
초반부에 결혼식을 올리고 가벼운 식사를 한 후에 침실로 직행한 부부
의 경우를 아주 예사롭게 언급한다.[8] 결혼과 일반적인 섹스 관련 농담은
여자들의 모임에서도 적절한 것으로 간주되었다. 『백 가지 새로운 이야
기』는 '명예롭고 교훈적인 작품'으로서 '훌륭한 사람들을 모시고 해주기

에 적절한 이야기들'을 모아 놓았다고 약간의 아이러니와 함께 자기 자신을 소개한다. 한 고상한 시인은 부르고뉴 공작 부인과 부인이 궁정에 데리고 있는 부인들과 시녀들의 요청으로 호색한 발라드를 썼다.[9]

결혼의 에로틱한 메타포

이러한 것들이 고답적이고 경직된 명예와 예절의 이상을 위반한 게 아님은 분명해 보인다. 이러한 모순은 다음과 같은 엉뚱한 생각으로 설명되어서는 안 된다. 즉, 중세 후기에 다른 영역에서 드러난 고상한 형식과 높은 수준의 예의 바름이 위선적이라는 생각 말이다. 또한 우리는 그들의 뻔뻔스러움을 가리켜 모든 제약을 벗어던진 사투르누스Saturnus 축제 같은 것이라고 매도해서도 안 된다. 결혼 축가의 음란함이 타락의 징후 혹은 귀족적 과대 포장이라고 말하는 것도 정곡을 벗어난 얘기이다. 예의 없음, 호색한 위장僞裝이라는 두 가지 의미는 결혼 축제의 양식에서 자연스러운 것이다. 왜냐하면 그 두 가지는 바로 거기서 생겨났기 때문이다. 그 두 가지는 민족지학적 배경을 염두에 두고 살펴보면 비로소 이해가 된다. 그것은 원시 문화의 남근 상징(phallic symbol)이 약화된 흔적으로 남아 있는 것인데, 과거의 신비한 의식이 약간 타락한 형태이다. 원시 문화에서는 놀이와 진지함의 경계가 문화적 형식에 의해 칼같이 구분되지 않았고, 그리하여 의식의 성스러움과 인생의 풍성한 즐거움이 자연스럽게 결합되었다. 하지만 기독교 사회가 형성되면서 사정은 달라졌다. 그런 결합은 짜릿한 조롱 혹은 자극적인 농담 속에서만 가능한 것이다. 이 두 가지(예의 없음, 호색한 위장)는 기독교적 경건함과 궁정의 성적 관념들에 직접적으로 도전하면서, 결혼 관습 속에 살아남았고 그 원시적 활력을 그대로 유지했다.

우리는 결혼 관련 이야기, 소극笑劇, 소곡小曲 등 전반적인 코믹·에로틱 장르를 결혼 축가(epithalamium)의 줄기에서 나온 곁가지로 볼 수 있을 것이다. 그러나 원시문화에 뿌리를 둔 원천과의 연결고리는 이미 사라진 지 오래이다. 문학적 장르는 그 자체로 독립했고, 코믹한 효과는 그 자체로 목적이 되었다. 코믹 예술은 곧 결혼 축가의 코믹 예술과 같은 것이 되었다. 그것은 성적인 것의 상징적 재현, 직업 이미지 속의 성행위의 묘사 등을 바탕으로 하여 그 코믹한 효과를 발휘했다. 그때나 지금이나 그 어떤 공예, 그 어떤 직업도 에로틱한 메타포에 나름대로 형식을 부여해 주었다.

가령 14세기와 15세기에 토너먼트, 사냥, 음악 등의 직업은 이런 목적(직업적 행위가 성행위를 연상시키는 것)에 부합하는 주제를 제공했다.[10] 사랑 이야기를 법률적 논쟁의 형태로 처리한 것과 『사랑의 판결Les Arrêstz d'Amour』은 이런 패러디의 카테고리라는 관점에서 이해되어야 마땅하다. 성적인 문제들에게 장식의 역할을 해주는 또 다른 영역이 있는데 바로 교회이다. 중세는 전문적인 교회 용어로 성적인 것들을 표현하는 일을 아주 개방적으로 받아들였다. 『백 가지 새로운 이야기』에서 bénir(축복하다)나 confesser(고백하다) 같은 단어가 음란한 의미로 사용되고, saints(성자)와 seins(죄악) 같은 말장난이 줄기차게 반복된다. 좀 더 세련된 사례들을 살펴보면, 교회·에로스의 알레고리가 그 자체로 하나의 문학적 형식이 되었다. 샤를 도를레앙 주위의 시인 서클은 사랑의 탄식을 수도원의 금욕, 전례, 순교 등의 형태로 은닉했다. 1400년경에 있었던 프란체스코 수도원 생활의 성공적 개혁을 반영하면서, 이들 시인은 자신들을 '계명의 실천을 사랑하는 자들'이라고 불렀다. 이것은 '돌체 스틸 누오보'(→ 단테)의 성스러운 진지함에 비하면 아이러니한 곁가지인 것처럼 보인다. 이런 신성 모독적 경향은 강렬한 사랑의 감정에 의해 절반쯤 보상이 된다.

이것은 열 가지 계명이니,
사랑의 진정한 하느님이 주시는.

시인은 십계명을 이런 식으로 모독하고 있다. 그리고 다음의 시에서는 신약성경을 놓고서 사랑의 맹세를 한다.

이어 나를 부르고 나의 손을 한 책 위에다
내려놓고 맹세하라고 명령하신다. 내가
나의 의무를 성실히 이행하겠노라고.
사랑의 문제와 관련하여.[11]

죽은 애인에 대해서 그는 이렇게 말한다.

그리고 나는 희망을 가지고 있다네.
그가 곧 애인들의 천국에서 높이 앉아 있으리라고.
순교자 자격으로 높은 명예를 얻은 성인으로서.

그 자신의 죽은 애인에 대해서는 이렇게 노래했다.

나는 내 여인의 죽음을 추모하네.

사랑의 수도원에서. 그리고 그녀의

영혼을 위해 예배를 드리네. 슬픈

생각이 그 예배를 이끌어 가고

연민어린 한숨의 양초가 그녀를 비추며

무수히 타올랐다네. 나 또한 후회로

만들어진 무덤을 지었나니······[12]

『사랑의 계율을 따르는 수도사가 된 연인l'*Amant rendu Cordelier de l'Observance d'Amour*』이라는 솔직한 시는 절망하는 애인을 '사랑의 순교자 수도원'에 입원시키는 과정을 묘사한다. 교회의 패러디를 사용하여 얻어지는 전반적인 코믹 효과가 마지막 세부 사항까지 철저하게 스며들어가 있다. 이것은 에로스가 이미 오래 전에 잃어버린 성스러운 것과의 접촉을 거듭 시도하고 있음을 보여 준다. 그런 시도가 때때로 일탈적이기는 하지만 말이다.

에로스의 형식

에로티시즘은 문화가 되기 위해서는 무슨 수를 써서라도 하나의 스타일 혹은 그 내용의 경계를 지워 주는 형식, 혹은 그것에 베일을 가려 주는 표현을 발견해야 한다. 에로티시즘이 이런 형식을 거부하고 알쏭달쏭한 알레고리에서 벗어나 사실적이고 노골적인 성행위의 묘사로 전락한다고 하더라도, 그것은 설사 그럴 의도가 없더라도 여전히 양식화한다. 세련된 감식안이 없는 사람은 그 장르를 에로틱 자연주의로 오해할 것이다. 남자들은 전혀 지겨워하지 않고 여자들도 적극적으로 참여하는 이 에로티시즘의 장르는 가장 고상한 궁정 민네 못지않게 낭만적 허구이다. 사랑의 자연적·사회적 복잡성을 비겁하게 무시하는 것, 성적 행위의 허위적이고 이기적이고 비극적인 요소들을 위장하기 위해 지속적인 쾌락으로 아름다운 겉꾸밈을 하는 것, 이런 것들이야말로 낭만주의가 아니고 무엇이겠는가? 여기서 우리는 또다시 저 위대한 문화적 모티프를 만난다. 그것은 아름다운 생활에 대한 동경이고, 인생을 실제보다 더 아름답게 보이게 하려는 욕구이다. 여기서 사랑의 생활은 환상적 욕망에 순응하는 형식의 수립을 강요당하며, 인간의 동물적 측면을 강조함으로써 그런 형식을 수립한다. 여기에 인생의 또 다른 이상이 있는데, 즉 정결하지 않음의 이상이다.

실제 생활은 사랑의 세련된 문학적 이상이 바라보는 것보다는 언제나 더 비참하고 투박하다. 반면에 현실은 자연주의적인 천박한 에로티시즘이 재현하는 것보다는 더 순수하고 더 윤리적이다. 직업적 시인인 외스타슈 데샹은 많은 발라드에서 자기 자신을 화자로 등장시켜서 가장 천박한 수준의 위반도 서슴지 않는 수준으로 타락한다. 하지만 그는 그 음탕한 장면들의 진정한 주인공은 아니다. 그런 시들 중에서 우리는 갑자기 부드러운 정서를 전달하는 시를 발견한다. 그 시에서 데샹은 자신의 딸에게 죽은 아내(딸의 어머니)의 미덕을 말해 준다.[13]

문학과 문화의 원천으로서, 다양한 측면과 파급 효과를 갖는 결혼축가 장르는 2차적인 중요성에 머무를 뿐이다. 결혼 축가는 분명 에로틱하다. 하지만 인생을 형성하고 장식하는 것은 은밀한 에로스이다. 이 에로스의 주제는 만족의 가능성, 약속, 동경, 박탈, 예상되는 행복 등이다. 여기서 가장 큰 만족은 기대되지 않는 것, 혹은 기대의 얇은 베일로 위장된 것 등에서 발견된다. 이 때문에 간접적 에로티시즘은 훨씬 더 가시적이고 훨씬 더 넓은 삶의 영역을 포괄한다. 그것은 사랑의 진면목이나 웃음 짓는 가면을 인식할 뿐만 아니라 사랑의 고통을 아름다움으로 변모시킬 수 있고, 그리하여 삶에 무한히 높은 가치를 제공한다. 그것은 정절, 용기, 고상한 온유함 등의 요소를 포함할 수 있고, 그렇게 하여 사랑 이외의 미덕과 유대 관계를 맺음으로써 이상의 획득을 위해 노력할 수 있다.

『장미 이야기』의 두 저자, 기욤 드 로리스와 장 드 묑

중세 후기의 일반적 정신은 아주 자세한 이미지와 체계 속에다 모든 사상을 포섭하려는 것이었다. 이런 정신에 완벽하게 부응하면서, 『장미 이야기』는 에로틱 문화 전반에 아주 다채롭고, 자기충족적이고, 풍성한 형식을 부여했다. 그리하여 이 책은 불경한 세속적 전례, 교리, 전설의 보물 창고가 되었다. 『장미 이야기』는 아주 다른 성격과 인생관을 가진 두 작가에 의해 집필되었는데, 이 작품 속에 등장하는 남녀 양성애(hermaphroditism: 남자가 여자도 좋아하고 남자도 좋아하는 것)로 인해 더욱 유용한 에로틱 문화의 바이블이 되었다. 다시 말해, 보다 더 다양한 용도를 위한 텍스트가 그 안에서 발견되는 것이다.

제1부의 저자인 기욤 드 로리스는 오래된 궁정의 이상에 대하여 경의를 표시한다. 작품의 우아한 플랜, 즐겁고 매혹적인 상상력은 기욤의 공로이다. 꿈의 주제가 빈번하게 등장한다. 앞부분에서 시인은 5월 아침에 잠에서 깨어나 두견새와 종달새의 울음소리를 듣는 자기 자신을 발견한다. 그가 걸어가는 길은 냇가를 따라가다가 사랑의 신비한 정원의 벽으로 그를 인도한다. 그 벽에서 그는 증오, 배신, 배덕, 강탈, 탐욕,

우울, 거짓된 경건함, 가난, 질시, 노년의 이미지들을 본다. 이것은 궁정 의례와는 반대되는 것들이다. 그러나 '오락'의 친구인 '게으름 부인'이 그를 위해 문을 열어 준다. 그 안으로 들어가니 '즐거움'이 춤을 선도한다. '사랑의 신'은 '아름다움'과 원무를 추고 '부유', '자비', '솔직함', '궁정 매너', '젊음' 등이 그 춤에 참여한다. 시인이 나르키소스 샘 근처에서 발견한 '장미 봉오리'에게 찬탄을 보낼 때, '사랑의 신'이 그에게 '예쁨', '단순함', '정중함', '동행', '매력'의 화살을 쏘아 보낸다. 시인은 자신이 '사랑'에게 충성 맹세를 바친 봉신封臣이라고 말한다. '사랑'은 자물쇠로 그의 마음을 잠그고 사랑의 10계명, 사랑의 고통, 사랑의 위로 등을 설명한다. 사랑의 위로에는 '희망', '달콤한 생각', '달콤한 말', '달콤한 시선' 등이 있다.

'정중함'의 아들인 '환영'은 그를 '장미' 쪽으로 부른다. 하지만 그 순간 장미의 수호자인 '위험', '욕설', '공포', '수치'가 나타나 그를 쫓아버린다. 이렇게 하여 사정이 복잡해진다. '이성'이 높은 탑에서 내려와 애인에게 하소연한다. '친구'가 그를 위로하고, '비너스'가 '정결'에 대항하여 자신의 매력을 뽐낸다. '솔직함'과 '연민'이 그를 '환영'에게 데려다주자 '환영'은 그가 '장미'에게 키스하는 것을 허락한다. 그러나 '험담'이 경계령을 내리고, '질투'가 달려오고, '장미' 주위에 튼튼한 벽이 둘러쳐진다. '환영'은 탑 속에 갇히고, '위험'과 그의 하인들이 문들을 감시한다. 애인의 탄식과 함께 기욤 드 로리스가 집필한 제1부는 막을 내린다.

그리고 상당한 시간이 흐른 뒤에 장 드 묑(혹은 장 클로피넬)이 아주 방대한 제2부를 가지고 등장한다. 사건들의 그 다음이 소개된다. '사랑'과 그의 동맹군들 즉 '잘 감추기'와 '겉치레'의 도움을 받는 궁정 미덕들은 장미의 성을 공격하여 정복한다. 하지만 그 과정에서 독자는 곁가지, 명상, 이야기의 홍수에 빠져 허덕이게 된다. 이런 수단을 통하여 이 두 번째 저자는 이 책을 진정한 백과사전으로 만든다. 하지만 정말로 중요한 사실은 이 두 번째 저자가 자의식이 전혀 없고, 서늘할 정도로 회의적이며, 냉소적이라고 할 정도로 비정하다는 것이다. 중세는 일찍이 이런 인물을 배출한 적이 거의 없었다. 동시에 이 저자는 그 누구도 따라갈 수 없는 프랑스어 지식을 갖추고 있다. 기욤 드 로리스의 순진하고 단순한 이상주의는 장 드 묑Jean de Meung의 부정하는 정신에 의해서 빛바래게 된다. 드 묑은 유령, 마법사, 진정한 사랑, 여성적 명예 따위를 믿지 않는다. 하지만 그는 병리적인 문제들을 잘 파악하고 있고 '비너스', '자연', '천재' 등이 인간의 관능적 욕구를 옹호하는 말들을 하도록 시킨다.

'사랑'이 그와 그의 군대가 패배할지 모른다고 우려하자, 그는 '솔직함'과 '달콤한 시선'을 그의 어머니 '비너스'에게 보내어 구원을 요청한다. 비너스는 그의 호소에 응답하여 비둘기들이 끄는 전차를 타고서 그에게 온다. '사랑'에게서 현황을 보고받은 그녀는 정결한 상태로 남아 있는 여자들을 더 이상 용납하지 않겠다고 맹세하면서, '사랑'에게 남자들과 관련해서도 똑같은 맹세를 하라고 재촉한다. 그는 맹세를 하고 그의 휘하의 모든 군대가 그를 따라서 같이 맹세한다.

한편 '자연'은 자신의 공장에서 '죽음'과의 영원한 갈등에 빠진 상태로 종의 보존이라는 과제에 몰두한다. 그녀는 자신이 만든 모든 피조물들 중에서 오로지 인간만이 자신의 계명에 불복종하면서 생식을 절제한다고 씁쓸하게 불평한다. 그녀의 명령을 받고서, 그녀의 사제인 '수호신'은 오랜 고해성사를 하면서 그녀가 자신(수호신)에게 설명해 주는 그녀의 과업을 경청한다. 그 후 수호신은 '사랑'의 군대에 가세하여, 자연의 명령에 불복한 모든 사람들에게 저주를 내린다. '사랑'은 '수호신'에게 성직자가운을 입히고 반지, 지팡이, 사제관을 내려준다. 비너스는 크게 웃으면서 그의 손에 불타는 촛불을 들려준다.

그 촛불은 '순결한 밀랍'으로 만든 것은 아니었다.

파문은 처녀성의 거부로 시작되는데, 이 대담한 상징은 놀라운 신비주의와 거의 같은 것이다. '자연'과 '사랑'의 법률을 거부하는 자들에게는 지옥을! 그 법률을 따르는 자들은 꽃이 만발한 들판을! 그곳에서는 '성처녀의 아들'이 하얀 양떼를 돌본다. 양떼는 그곳에서 영원무궁하게 피어 있는 꽃과 식물들 사이에서 영원한 복락을 누리며 풀을 뜯는다.

'수호신'이 온 세상을 불붙이는 촛불을 성채 안으로 내던지자, 탑을 차지하기 위한 최후의 전투가 시작된다. 비너스 또한 자신의 횃불을 내던진다. '수치'와 '공포'는 달아나고, '환영'은 애인에게 '장미'를 뜯는 것을 허락한다.

기독교에 저항하는 성적 모티프

여기에서는 성적 모티프가 의식적으로 사물의 중심에 놓이게 되었고, 또 엄청난 성스러움과 함께 인공적인 신비감마저 갖게 되었다. 이것보다 더 강력한 기독교적 생활 이상에의 도전은 찾아보기 어려울 것이다. 그 완전히 이교도적인 경향 때문에 『장미 이야기』는 르네상스를 향한 진일보라고 간주될 수 있다. 그 외부적 형식만 놓고 보면 이 책은 진정으로 중세적인 것이다. 정서적 반응을 의인화하고 사랑의 상황을 극단으로 밀고 나간 것처럼 중세적인 것이 따로 있을까? 『장미 이야기』 속의 의인화된 감정, 가령 '환영', '달콤한 시선', '겉치레', '험담', '위험', '수치', '공포' 등은 미덕과 죄악을 인간적 형태로 재현한 중세적 방식의 전형이다. 이런 인물들은 **알레고리**이며 때때로 그 이상의 의미를 갖는, 절반쯤 사실로 믿어지는 신화적 인물들이다. 이런 중세적 재현들과, 르네상스 시기에 들어와 아연 되살아난 님프, 사티로스, 귀신들을 어떻게 칼같이 구분할 수 있을 것인가? 그런 재현들은 다른 영역에서 가져온 것이지만, 상상력에 기여하는 가치는 동일한 것이다. 『장미 이야기』에 등장하는 인물들의 외부적 특징은 15세기 피렌체 화가인 보티첼리의 그림에 등장하는 환상적이고 꽃 같은 인물들을 연상시킨다.

여기에서 사랑의 꿈은 인공적이면서도 열정적인 형식으로 묘사되었다. 이런 세부적인 알레고리는 중세적 상상력의 필요를 충족시켰다. 의인화의 수법이 없었더라면 중세인의 마음은 감정의 변화를 표현하거나 따라갈 수 없었을 것이다. 사람들이 서로 소통하는 데 사용할 수 있는 관념적 사랑의 체계를 형성하기 위해서는, 이런 절묘한 인형극의 다채로운 바탕과 우아한 윤곽이 필요한 것이다. '위험', '새로운 생각', '험담' 같은 인물들은 과학적 심리학의 간편한 용어처럼 사용된다. 『장미 이야기』에서 일관되게 유지되는 기본 주제는 열정적 분위기 속에서 전달된다. 이제 기혼 부인에 대하여 창백한 립 서비스(입 발린 소리)를 해주는 것, 음유시인들에 의해 하늘 높이 들어 올려져 거의 도달할 수 없는 동경의 대상으로 삼는 것 따위는 그만두어야 한다고 주장한다. 그 대신 아주 자연스러운 에로틱 모티프가 등장한다. '장미'로 상징되는 처녀성의 비밀스러움이 엄청난 매력을 갖고 있는데, 그 장미는 엄청난 기술과 인내를 투자해야만 얻어질 수 있다는 것이다.

이론적으로, 『장미 이야기』의 사랑은 정중하면서도 고상한 것이다.

'인생의 즐거움의 정원'은 소수의 선택된 자에게만 개방되어 있고 오로지 '사랑'을 통해서만 그곳으로 들어갈 수 있다. 그곳으로 들어가고자 하는 자는 증오, 부정不貞, 배신, 강탈, 탐욕, 질투, 노년, 위선 등으로부터 자유로워야 한다. 이런 악덕들과 싸우기 위해 동원되는 긍정적 미덕들은 다음의 사실을 증명해야 한다. 즉, 사랑의 이상은 더 이상 궁정 민네처럼 윤리적인 것에 있지 아니하고, 순전히 귀족적인 것에 있다. 그런 미덕들로는 근심 없음, 적극적인 향락, 정신의 즐거움, 사랑, 아름다움, 부, 온유함, 정신의 자유로움, 정중함 등을 들 수 있다. 이런 것들은 더 이상 여자 애인의 반사 영광으로 고상해진 남자에게 찾아오는 변화가 아니다. 오히려 그녀를 얻는 데 사용되는 적절한 수단인 것이다. 사람들이 오해하는 것처럼, 『장미 이야기』에게 영감을 주는 것은 더 이상 여자에 대한 경배심이 아니다. 그보다는 제2부를 쓴 장 클로피넬이 보여 주듯이, 여자의 약점을 조롱하는 듯한 경멸감이 이 작품에 영감을 준다. 그 경멸감은 이러한 사랑이 갖고 있는 관능적 성격에 그 뿌리를 두고 있다.

당시의 사람들에게 강력한 영향력을 행사하기는 했지만, 『장미 이야기』는 과거의 사랑관을 완전히 대체하지는 못했다. 남녀 간의 유희를 영광스럽게 여기는 주제 바로 옆에, 순수하고, 기사도적이고, 정절을 지키고, 자기를 부정하는 사랑의 관념이 여전히 굳건하게 버티고 있다. 이런 사랑이 기사도적 생활 이상의 핵심적 요소였기 때문이다. 이 두 주제, 즉 남녀 간의 유희와 순수한 사랑은 궁정에서 벌어지는 논쟁의 중요 주제가 되었다. 프랑스 왕과 그의 숙부인 베리 공과 부르고뉴 공을 중심으로 하는 풍성하고 화려하고 귀족적인 서클은 이 주제를 즐겨 다루었다. 진정으로 고상한 남자의 사랑은 어떤 생활을 더 우선시해야 하는가? 여성의 명예를 중시하면서 그저 동경하면서 정절과 봉사를 내세우는 진정한 궁정예절의 생활인가? 아니면 『장미 이야기』가 주장하는 생활, 즉 정절은 여자 사냥을 위해 내세우는 그럴 듯한 구실에 불과한 생활인가? 부시코와 그의 동료들은 1388년 동방 여행 중에 그들 자신을 기사도적 정절의 옹호자라고 선언했고 그리하여 『백 편의 발라드의 책 Livre des cent ballades』을 집필하면서 시간을 보냈다. 그들은 유희와 정절 중 어떤 것으로 결정할지는 궁정의 보에스프리beaux-esprits(아름다운 정신의 소유자들)에게 미루었다.

『장미 이야기』에 대한 찬반양론

크리스틴 드 피장Christine de Pisan이 몇 년 뒤에 논쟁에 뛰어들며 내놓은 말들은 좀 더 심오하고 진지한 입장에서 나온 것이었다. 여성의 명예와 권리를 용감하게 옹호하는 이 여성 작가는 시적인 편지를 써서 '사랑의 신'에게 항의했다. 그 편지는 남성들이 저지른 배신과 불명예를 비난하는 여성들의 불평을 담은 것이었다.[14] 그녀는 화를 내며 『장미 이야기』의 교훈들을 거부했다. 소수의 사람들이 그녀의 의견에 동의했으나 장 드 묑의 작품은 나름대로 열정적인 찬양자와 옹호자들을 갖고 있었다. 이어지는 문학적 논쟁에서 다수의 공격자와 옹호자들이 앞에 나와서 발언을 했다. 『장미 이야기』를 높이 평가하는 옹호자들은 신분이 낮은 사람들이 아니었다. 다수의 현명하고, 과학적이고, 박식한 사람들—릴의 재판관 장 드 몽트뢰유Jean de Montreuil가 보증하는 사람들—이 『장미 이야기』를 아주 높이 평가하여 거의 신성한 존경심을 바쳤으며, 이 책을 찢느니 차라리 자신의 셔츠를 찢겠다고 말했다! 우리는 이런 옹호의 마음을 불러일으킨 정신적·감정적 조건들을 이해하기가 쉽지 않다. 그들은 궁정의 경박한 시종들이 아니라 고위직 관료였고, 위에 언급한 장 드 몽트뢰유는 성직자이자 프랑스 황태자(후일의 부르고뉴 공)의 비서이기도 했다. 그는 이 문제와 관련하여 공티에Gontier와 피에르 콜Pierre Col 같은 사람들과 라틴어 편지를 교환했으며, 다른 사람들에게는 장 드 묑의 작품을 옹호하라고 권유하기도 했다. 정말 특이한 사실은 다채롭고 풍성한 중세의 작품을 옹호한 이 사람들이 바로 최초의 프랑스 휴머니스트들을 배출해낸 그 서클 소속의 인물들이었다는 점이다. 장 드 몽트뢰유는 인문주의적 태도, 수사학, 허영 등으로 가득 찬 키케로풍風 편지들을 다수 써낸 학자였다. 그와 그의 친구인 공티에와 피에르 콜은 개혁적 성향의 진지한 신학자인 **니콜라스 드 클레망주** Nicolas de Clemanges와 편지를 주고받았다.

장 드 몽트뢰유는 자신의 문학적 관점을 아주 진지하고 소중하게 생각했다. 그는 『장미 이야기』를 공격한 성명미상의 법률학자에게 보낸 편지에서 이렇게 썼다. "장 드 묑이 쓴 이 심오하고 유명한 저작의 중요성과 신비를 연구하면 할수록, 나는 당신의 공격을 이해할 수가 없습니다." 그는 생애 마지막 날까지 이 책을 옹호하겠다고 말하면서, 펜, 목소리, 손으로 똑같은 주장을 펼 사람들이 많이 있다는 얘기도 했다.[15]

이 논쟁이 궁정 생활의 사교적 게임을 넘어서는 어떤 것이었음을 증명하기 위해 나는 여기서 한 유명 인사를 소개하고자 한다. 그는 자신이 발언할 때면 높은 도덕과 순수한 교리를 위해서 발언한다고 말한 사람으로서, 유명한 신학자요 파리 대학 학장인 장 제르송Jean Gerson이다. 그는 1402년 5월 18일 자신의 서재에서 『장미 이야기』에 반대하는 소논문을 썼다. 제르송이 전에 발표한 논문에 대하여 피에르 콜[16]이 반격한 바 있는데, 이 논문은 그 반격에 대한 답변이었다. 그 전에 발표했다는 논문도 『장미 이야기』에 반박하는 제르송의 첫 번째 논문은 아니었고 그이전에도 이미 반대의 입장을 표명했었다. 제르송은 이 책이 위험한 전염병이며 모든 부도덕의 원천이라고 생각했다. 그는 기회 있을 때마다이 책을 공격했다. 그는 거듭하여 "저 사악한 장미 이야기"[17]의 타락시키는 영향력을 매도하는 캠페인을 펼쳤다. 그는 이런 말도 했다. "만약 내가 이 세상에 딱 한 부 남아 있고 가격이 수천(리브르)에 달하는 『장미 이야기』를 갖고 있다고 하더라도, 나는 그것을 팔거나 대중에 넘기기보다는 차라리 불태워 버리겠다."

제르송은 자기주장을 펴기 위하여 적수에게서 논박의 형식을 취해 왔는데, 『장미 이야기』처럼 알레고리의 비전을 사용했다. 그는 어느 날 아침에 잠에서 깨어났는데 자신의 심장이 자신에게서 멀리 사라지는 것을 느낀다. "나의 다양한 생각의 깃털과 날개를 타고서, 이곳저곳을 날아다니다가, 마침내 기독교의 성스러운 궁정으로 들어갔다." 거기서 그는 '정의', '양심', '지식'을 만났고 '정결'이 '미친 애인'(즉, 장 드 묑)을 비난하는 소리를 듣는다. 미친 애인이 '정결'과 그녀의 다른 제자들을 지상으로부터 추방시켰다는 것이었다. 그녀의 "선량한 수호자들"은 『장미 이야기』에서 사악한 인물로 그려져 있었다. 미친 애인은 "불순한 키스, 방탕한 표정, 매력적인 미소, 경망스러운 언어 등을 행하지도 않고 또 그런 것을 승인하지도 않는 '수치', '공포', '위험'(미덕의 수호자들)" 등을 매도했다. '정결'은 계속하여 미친 애인을 비난한다. 그가 저 저주받아 마땅한 '늙은 노파'[18]의 도움을 받아가며 다음과 같은 황당한 교리를 퍼트렸다는 것이다. "젊은 여자들은 아주 이른 시기에 비싼 값을 받고서 그들의 몸을 팔아야 하며, 그에 대하여 공포나 수치를 느낄 필요가 없으며, 기만과 위증도 우습게 보아야 한다." 그는 결혼과 수도원 생활을 조롱한다. 그는 모든 상상력을 육체적 쾌락에만 집중시킨다. 그리고 최고로 나쁜 것은 '비너스', '자연', '이성' 등을 내세워, '천국'과 기독교적 신비의 개념들을 감각적 향락과 동일시하는 것이다.

이 작품(『장미 이야기』)이야말로 위험이 어른거리는 함정이다. 관능, 조롱적인 냉소주의, 우아한 상징주의를 잘 연결시킨 이 위대한 작품은 중세인의 마음에 감각적 신비주의를 일으켰는데, 그런 신비주의는 진지한 신학자들의 눈에는 죄악의 심연으로 비칠 수밖에 없었다.

제르송의 적수(피에르 콜)가 이 작품을 두둔하면서 내놓는 주장이란 얼마나 뻔뻔한 것인가![19] 그 주장은 대강 이러한 것이다.

오로지 '미친 애인'만이 무절제한 열정의 가치를 판단할 수 있다. 그것을 알지 못하는 자는 사랑을 거울 속에서 어두운 신비로만 인식할 것이다. 미친 애인은 세속적 사랑을 위해 고린도 전서의 거룩한 말씀(13장 12절 "우리가 이제는 거울로 보는 것같이 희미하나")을 빌려왔다. 그리하여 미친 애인은 신비주의자가 그의 종교적 환희를 말하는 것처럼, 세속적 사랑을 말한다! 그(장 드 묑)는 감히 솔로몬의 아가가 파라오의 딸을 위해 작곡되었다고 지껄이는 것이다.

『장미 이야기』를 옹호하지 않는 자들은 바알 잡신에게 무릎을 꿇은 자들이다. 왜냐하면 '자연'은 한 여자에게 한 남자면 충분하다고 말하지 않았기 때문이다. 자연의 수호신이야말로 곧 하느님인 것이다. 그는 심지어 누가복음 2장 23절[20]("첫 태에 처음 난 남자마다…… 아기를 주께 드리고")을 오용하면서, 여자의 성기, 즉 이 작품 속의 '장미'가 성스러운 것임을 증명한다. 이런 신성 모독적인 발언을 거침없이 지껄이면서, 그는 이 작품의 옹호자들과 다수의 증인들 이름을 호명한다. 그러면서 이런 위협을 한다. 제르송 또한 그의 선배 신학자들이 그렇게 되었던 것처럼 비합리적인 사랑의 희생자가 되고 말 것이다.

제르송의 이런 맹렬한 공격에도 불구하고, 『장미 이야기』의 위력은 분쇄되지 않았다. 1444년 리즈외Liesieux의 참사위원인 에티엔 르그리 Estienne Legris는 파리 재무부의 부장인 장 르베그Jean Lebègue에게 자신이 집필한 『장미 이야기 색인Répertoire du Roman de la Rose』을 헌정했다.[21] 15세기 말에 이르러 장 몰리네Jean Molinet는 『장미 이야기』에서 구절을 인용하는 것은 속담처럼 낯익다고 말했다.[22] 그는 이 작품의 전반에 걸쳐서 도덕적인 논평을 하고 싶다는 말도 했다. 가령 이 시의 시작 부분에 나오는 우물은 세례의 상징이고, 사랑을 부르는 두견새는 설교자와 신학자의 목소리이며, '장미'는 예수라는 것이다. 클레망 마로Clément Marot 는 『장미 이야기』의 현대판을 펴냈고 롱사르Ronsard는 '환영', '가짜 위험' 같은 알레고리의 인물들을 사용했다.[23]

사랑의 궁정

근엄한 학자들이 문학적 논쟁을 벌이는 동안, 귀족들은 그 논쟁을 즐거운 축제와 화려한 오락거리로 연출하는 좋은 기회로 삼았다. 기사도적 정절이라는 오래된 이상을 옹호하여 크리스틴 드 피장의 칭찬을 받았던 부시코Boucicaut는 크리스틴의 작품에서 '하얀 부인이 그려진 초록 방패 기사단'을 창설해야겠다는 영감을 얻었다. 하지만 그는 부르고뉴 공작과 경쟁을 할 수는 없었고, 그의 기사단은 곧 '사랑의 궁정(Cour d'Amours)'이라는 거창한 개념에 압도당했다. 사랑의 궁정은 1401년 2월 14일 파리의 오텔 다르투아Hotel d'Artois에서 창립되었다.

사랑의 궁정은 화려한 설비를 갖춘 문학 살롱이었다. 도저히 이런 일에 관심을 가질 것 같지 않은 노회한 노정객인 부르고뉴 공작, 필립 대담공은 프랑스 왕에게 이런 건의를 했다. 사랑의 궁정을 설립하여 당시 파리에 창궐하던 흑사병의 위험으로부터 사람들을 기분 전환시키는 것이 어떻겠는가. 그 궁정은 "시간을 즐겁게 보내고 또 새로운 즐거움을 발견하는 자리가 될 것"이라고 말했다.[24] 사랑의 궁정은 겸양과 정절의 미덕에 바탕을 둠으로써 "부인과 처녀들을 명예롭게 하고, 찬양하고, 추천하고, 봉사하게 될 것"이었다.

많은 회원들에게는 아주 영광스러운 호칭이 수여되었다. 창립자들과 샤를 6세에게는 대궁정장(grand Conservateur)이라는 칭호가 부여되었다. 무외공 장, 그의 동생 앙투안 드 브라방Antoine de Brabant, 그의 막내 동생 필립에게는 궁정장이라는 칭호가 돌아갔고, 에노의 피에르 드 오트빌Pierre de Hauteville에게는 사랑의 황태자라는 칭호가 주어졌다. 그 외에 장관, 감사, 명예기사, 고문, 재무담당 기사, 수렵 담당관, 시종장, 청원관, 비서관 등의 직책이 설정되었다. 간단히 말해서, 궁정과 정부의 공식 기구가 거기에 그대로 모방되었다. 그 안에는 군주와 고위 성직자가 발견되고, 또 시민들과 하급 성직자들이 있었다. 궁정의 모임과 의식은 아주 세밀하게 규제되었다. 그것은 수사학 클럽과 비슷했다. 회원들은 대화 중 말을 할 때에는 발라드, 샹송, 풍자시, 애가, 론도, 레lais, 비를레virelais 등 다양한 시 형식을 이용하여 답변해야 하는 의무가 부과되었다. 이 궁정에서의 논쟁은 "서로 다른 의견들을 뒷받침하기 위해 사랑의 소송 형태로" 진행되어야 했다. 상을 주는 일은 여성들이 담당했고 여성을 모욕하는 시를 짓는 것은 금지되었다.

가벼운 오락을 위하여 이처럼 엄숙하고 화려한 형식을 마련한다는 것은 정말로 부르고뉴다운 현상이었다. 궁정이 고상한 정절의 엄격한 이상을 보존했다는 것은 특기할 만하면서도 이해할 수 있는 일이다. 하지만 이 궁정이 존속한 15년 동안 7백 명에 달하는 회원들이 모두 부시코 같고 크리스틴 드 피장의 추종자이며, 따라서 『장미 이야기』의 적들이었다고 상상한다면 그것은 오해이다. 앙투안 드 브라방이나 기타 고위직들의 실제 행동을 살펴보면 그들은 여성의 명예를 옹호하는 사람이라고 할 수가 없다. 회원인 레뇨 다쟁쿠르Regnault d'Azincourt라는 자는 스무 마리의 말을 동원하고 신부까지 대동하여 젊은 상인 과부를 납치하려다가 미수에 그쳤다.[25] 또 다른 회원, 토네르Tonnerre 백작도 이와 유사한 범죄를 저질렀다. 사랑의 궁정이 아름다운 사교 게임에 불과하다는 또 다른 결정적 증거가 있다. 『장미 이야기』의 문학적 논쟁에서 크리스틴 드 피장의 적수로 활약했던 장 드 몽트뢰유, 공티에, 피에르 콜 등이 모두 이 궁정의 회원이었다.[26]

사랑의 형식과 실제 생활

그 당시의 사랑의 형식들은 문헌에서 알아낼 수 있다. 하지만 우리는 그런 사랑의 형식이 실제 생활에서 어떻게 작동했는지 이해해야 한다. 사전에 규정된 형식들의 완벽한 체계가 수립되어 있었고, 젊은이들은 그 체계로부터 귀족적 규약을 배웠다. 그러나 후대의 세기들은 많은 사랑의 기호와 상징을 포기해 버렸다. 『장미 이야기』에서는 '사랑'을 중심으로 하여 독특한 개인적 신화가 전개되었다. 의심할 나위 없이, '환영', '달콤한 생각', '겉치레', 기타 인물들은 문학 작품 이외의 상상력 속에서 살아 있었다. 의상, 꽃, 장식 등에는 색깔로 대표되는 넓은 영역의 의미들이 있었다. 아직도 완전히 망각되지 않은 색깔 상징은 중세의 사랑의 생활에서 아주 중요한 자리를 차지했다. 이 상징을 잘 이해하지 못하는 사람들은 『색깔의 문장紋章, La Blason des Couleurs』에서 길라잡이를 발견할 수 있었다. 1458년에 문장관 시실Sicile이 집필한 이 책은 16세기에 들어와 라블레Rabelais에 의해 운문으로 번역되고, 또 조롱되었다. 라블레가 이렇게 한 것은 그 주제를 경멸했기 때문이 아니라, 그 자신 그 주제로 뭔가 써보고 싶은 생각을 했기 때문이다.[27]

기욤 드 마쇼Guillaume de Machaut는 미지의 애인을 처음 만났을 때 하얀 드레스에 초록색 앵무새가 그려진 초록색 두건을 쓰고 있는 것을 발견하고서 아주 기뻐한다. 그 이유인즉 초록색은 새로운 사랑의 색깔, 푸른색은 진실한 사랑의 색깔이기 때문이다. 나중에 그의 시적인 사랑이 끝났을 때, 그는 이런 꿈을 꾼다. 그의 침대 머리맡에 걸어둔 그녀의 초상화가 고개를 돌리고 있었고, '새로운 사랑을 의미하는' 초록색 옷을 입고 나타났다. 그는 비난의 발라드를 쓴다.

귀부인이여, 푸른색 대신에 당신은 초록색을 입었구려.[28]

반지, 베일, 보석류, 사랑의 작은 선물들은 특별한 기능과 신비한 용도와 상징을 갖고 있었고 이런 상징들은 종종 너무 인공적인 수수께끼로 전락하기도 했다. 프랑스 황태자는 1414년 전투에 나갈 때 군기에다 황금색으로 K, 백조(cygne), 'L' 자를 새겨 넣었는데, 그의 어머니 이사보에게 시중을 드는 궁정 시녀 카시넬Cassinelle의 이름을 상징하는 것이었다.[29] 1세기 뒤의 사람인 라블레는 '궁정의 바보들과 이름 변경자들'을 비웃었다. 그들은 자신들의 모토(좌우명)에서 espoir(희망)를 동그라미로, peine(고통)을 pennes d'oiseaux(새들의 깃털)로, mélancholie(우울)를 ancolie(매발톱꽃)으로 대체하여 사용했다.[30] 코킬라르는

> 엄청난 용기를 가진, 자그마한 귀여운 이
> 다수의 모토를 가지고 다니는 이[31]

에 대하여 언급했다.

그 외에 '거짓말을 하지 않는 왕', '사랑의 성', '사랑의 판매', '판매 놀이' 같은 아주 매혹적인 심리 게임들이 있었다. 여자는 꽃이나 기타 어떤 것의 이름을 부른다. 그러면 남자는 그 이름에 각운을 맞추어 시를 지어 화답하되, 반드시 여자에 대한 칭찬이 들어가야 한다.

> 나는 당신에게 감탕나무를 팔아요.
> —예쁜이여, 나는 감히 말하지 못하겠어요.
> 내가 사랑 때문에 얼마나 당신에게 끌리는지.
> 당신은 아무 말 없어도 그걸 알아요.[32]

'사랑의 성'은 『장미 이야기』의 인물들에 바탕을 둔 질문과 답변의 게임이다.

> 내가 당신에게 물어본 '사랑의 성' 중에서
> 첫 번째 기초를 말해 보아요.
> —성실하게 사랑하는 것.
>
> 이제 그 성의 주벽을 말해 보아요. 무엇이

그것을 멋지고, 단단하고, 확실하게 만드나요.
—현명하게 감추는 것.

그 성의 총안, 창문, 그리고
유리창에 해당하는 것은 무엇인가요.
—매혹적인 눈빛.

친구여, 그 성의 문지기는 누구인가요.
—험담을 늘어놓는 위험[경계를 서고 있는 미덕].

그 성의 자물쇠를 여는 열쇠는 무엇인가요.
—정중한 요청.[33]

음유시인이 사랑을 노래한 이래, 궁정 대화의 상당 부분은 사랑에 관한 해석학의 질문으로 채워졌다. 그것은 문학적 형식에 대한 참견과 중상을 늘어놓는 것으로 간주될 수도 있다. 루이 도를레앙Louis d'Orléans의 궁정에서 식사 시간은 '아름다운 책, 재담, 발라드' 및 '우아한 요구 사항들'에 의해 채워졌다.[34] 그 중에서도 우아한 요구 사항들은 시인들 앞에 제기되어 그들이 결정하도록 조치되었다. 한 무리의 신사 숙녀가 시인 마쇼에게 다가와 다수의 '우아한 사랑 게임과 그 모험'을 제시한다.[35] 마쇼는 『사랑의 판결Jugement d'Amour』에서 애인과 사별한 여자는 애인에게 배신당한 여자보다 덜 불쌍하다는 주장을 옹호한다. 모든 사랑의 사건들은 엄격한 규정에 따라 이런 식으로 판결된다.

"훌륭하신 분이여, 당신은 다음 둘 중 어떤 것을 더 좋아하시나요? 당

신의 애인에 대하여 온갖 나쁜 말이 나돌고 있는데 당신이 알아보니 그
녀는 정절을 지키는 여자였습니다. 반대로 사람들이 당신의 여자를 모
두 칭송하는데, 실은 그녀가 부정한 여자라는 걸 당신은 발견했습니다."

아주 형식적인 명예의 개념을 준수하면서 또 여자 애인의 대외적 체
면을 지켜주어야 하는 남자는 이렇게 대답해야 한다.

"부인, 내가 실제로는 그녀가 나쁜 여자라는 것을 발견하는 한이 있더
라도 사람들이 그녀에 대하여 좋게 말해주는 것을 더 선호합니다."

만약 어떤 여자가 첫 번째 남자에 의해서 무시를 당했기 때문에 적극
적으로 나오는 두 번째 남자를 취했다면, 그녀는 정절을 지키지 않은 여
자인가?

질투심 많은 남편이 자기 아내를 자물쇠로 꽁꽁 묶어 놓는 바람에, 어
떤 기사가 그 여자를 만날 희망을 포기하고 다른 여자를 찾아나서는 것
은 괜찮은 일인가?

어떤 기사가 지금의 애인을 버리고 더 신분 높은 여자에게 갔다가 그
여자에게 차여서 전 애인에게 돌아올 경우, 전 애인이 그 기사를 용서하
면 명예가 손상되는가?[36]

이런 종류의 해석학으로부터 법률적(소송) 형식의 사랑 관련 질문으
로 넘어가는 것은 한 달음질도 되지 않는다. 실제로 마르시알 도베르뉴
Martial d'Auvergne는 『사랑의 판결Arrestz d'Amour』에서 사랑의 문제를 소송
절차처럼 다루었다.

『진정한 사건의 책』: 황혼과 아침의 사랑

이런 모든 사랑의 규약은 문헌 속에 반영된 형식을 통해서만 알 수가 있

다. 하지만 그런 규약들은 실제 생활에서도 적용되었다. 궁정의 용어, 규칙, 형식의 코드에 관련된 규약들이 시 속에서만 발견되는 것이 아니라, 귀족적 생활 혹은 대화에서도 응용되는 것이다. 그렇지만 시의 베일 너머로 그 당시의 생활상을 감지한다는 것은 어려운 일이다. 시속에서 진정한 사랑이 있는 그대로 묘사되었다고 할지라도, 그 묘사는 사랑의 규약이라는 전문적 도식(이미 만들어져 있는 환상)의 영향 아래에서 이루어지기 때문이다. 또 문학적 양식화라는 형식의 틀 내에서만 그런 묘사가 가능하다.

기욤 드 마쇼의 14세기 사랑 이야기 『진정한 사건의 책*Le Livre du Voir Dit*』에 대해서도 같은 얘기를 해볼 수 있다. 아주 길고 지루한 이 시는 나이든 노시인과 젊은 여인의 사랑으로서 괴테와 베티나[37]의 시적 사랑을 예고하는 14세기 판 러브 스토리이다. 샹파뉴 지방의 귀족 가문 딸인 18세의 페로넬 다르망티에르Péronnelle d'Armentières[38]가 노시인에게 먼저 짧은 시를 보냈을 때, 노시인 마쇼는 거의 예순이 다 된 나이였다. 그는 아주 유명한 시인이었지만 페로넬에 대해서는 아무것도 알지 못했다.[39] 그렇지만 페로넬은 노시인에게 그녀의 마음을 주었고 그녀와 사랑에 관한 시를 주고받자고 요청했다. 가난한 시인은 병약했고, 한쪽 눈이 멀었으며, 통풍으로 고통을 받고 있었지만, 그 요청에 온몸이 열정으로 불타올랐다. 노시인은 그녀의 짧은 시에 답변했고, 그리하여 편지와 시의 교환이 시작되었다.

페로넬은 이러한 문학적 연결 관계를 자랑스럽게 여겼다. 처음에 그녀는 그 서신 교환을 비밀로 지키려는 노력을 하지 않았다. 그녀는 주고받는 시들이 그들의 사랑에 관한 모든 진실을 포함해야 한다고 주장했고, 마쇼의 이야기에 그녀가 보낸 편지와 시들이 들어가야 한다고 고집했다. 그는 이런 요구 사항들을 기꺼이 완수했다. "당신의 영광과 찬양

을 위해 오랫동안 기억될 어떤 것을 써 보겠습니다."[40] 그는 이런 말도
써 보냈다. "나의 사랑하는 이여, 당신은 이렇게 늦게 시작한 것이 안타
깝지는 않습니까?[이제 겨우 18세인 그녀가 어떻게 그보다 더 빨리 시작할 수 있
겠는가?] 하느님께 맹세하지만 나는 정말 안타깝습니다[이것은 그럴 법한
이야기이다]…… 그렇지만 여기에 치유책이 있습니다. 상황이 허락하는
한, 우리의 인생을 즐기도록 합시다. 우리가 잃어버린 시간을 벌충하기
위해서. 그리고 앞으로 백 년 후에도 사람들이 우리의 사랑을 좋은 뜻으
로 명예롭게 말하도록 합시다. 만약 거기에 사악함이 있었다면 당신은
그것을 하느님으로부터 감추었겠지요. 당신이 할 수 있는 한."[41]

그 당시의 명예로운 사랑의 범위 내에 있었던 사랑 이야기를, 우리는
마쇼가 편지와 시들을 한데 묶기 위해 집어넣은 이야기의 행간들로부
터 알 수 있다. 시인은 그녀에게 채색 초상화를 요청하여 그것을 받았
고, 그 초상화를 지상의 하느님처럼 받들었다. 그는 아주 전율하면서 그
들의 첫 만남을 기다렸고 자신의 신체적 핸디캡을 두려워했다. 어린 애
인이 노시인의 용모에 별로 놀라지 않자, 그의 기쁨은 끝 간 데를 몰랐
다. 그녀는 벗나무 아래에서 그의 무릎을 베고 누워 잠이 들었다(혹은 잠
든 척했다). 그녀는 그에게 그보다 더 큰 혜택들을 주었다. 생드니와 랑디
Lendit 시장市場으로의 순례 여행은 그들에게 함께 보낼 수 있는 며칠간
의 기회였다. 어느 날 정오 무렵에 그들 일행은 많은 사람들과 무더위
때문에 아주 피곤했다. 때는 6월 중순이었다. 그들은 사람들로 북적거
리는 마을에서 피신처를 발견했다. 어떤 남자가 그들에게 침대 두 개가
있는 방을 제공했던 것이다. 어두침침한 방에서 페로넬의 올케는 침대
에 누워 낮잠을 잤다. 페로넬과 시녀는 다른 침대에 누웠다.

그녀는 수줍어 하는 시인에게 그들 사이에 누우라고 말했다. 마쇼는

그곳에 누웠고 그들에게 방해가 될까봐 죽은 사람처럼 아예 움직이지 않았다. 그녀는 잠에서 깨어나자 그에게 키스해달라고 요구했다. 그들의 짧은 여행이 끝나갈 무렵, 그녀는 그의 슬픔을 눈치 채고 그에게 가까이 다가와 작별 인사를 하라고 말했다. 그는 이 경우에게도 '명예'와 '정직'에 대하여 길게 늘어놓았지만, 그의 다소 무뚝뚝한 진술로는, 그녀가 그에게 그 어떤 것도 거부하지 않았겠는지 여부는 명확하게 알 수가 없다. 그녀는 마쇼에게 그녀의 명예를 지키는 자그마한 황금 열쇠를 주었다. 그것은 평소 아끼는 보석이었는데 그녀를 잘 수호해달라는 뜻이었다. 여기서 수호해야 할 것은 그녀의 동료들 앞에서 지켜야 할 그녀의 명성으로 보아야 할 것이다.[42]

시인은 더 이상 이런 행운을 얻을 운명이 아니었고, 극적인 운명의 전환이 없었으므로, 그의 책 제2부를 그리스 신화에서 가져온 지루한 얘기로 채웠다. 마침내, 페로넬은 그들의 관계가 이제 끝나야 한다고 말한다. 아마도 임박한 그녀의 결혼 때문이었으리라. 하지만 그는 그녀를 계속 사랑하면서 그녀를 흠모할 결심을 한다. 그들이 둘 다 죽은 후에, 그의 영혼은 하느님에게 그녀의 아름다운 영혼을 투트 벨Toute-belle(모든 면에서 아름다운 사람)이라고 부르게 해줄 것을 요청하리라.

『진정한 사건의 책』은 그 당시의 대부분 애정 문학들보다 더 많이 그 시대의 관습과 정서를 말해 준다.

첫째, 젊은 처녀가 스캔들을 일으키지 않고서도 취할 수 있는 엄청난 자유가 있었다.

둘째, 아주 친밀한 행동이 올케, 시녀, 비서 등의 사람들이 옆에 있어도 천진난만하게 벌어지는 평온함이 있었다.

벚나무 아래에서의 유희 때에는 비서가 매력적인 술수를 고안해 주기까지 했다. 페로넬이 잠들어 있는 동안, 비서는 그녀의 입에다 녹색 잎사귀를 올려놓고서 마쇼에게 그 잎사귀에다 키스하라고 말한다. 시인이 그렇게 할 용기를 내자, 비서는 잎사귀를 치워 버렸고 그들의 입술은 맞닿았다.[43] 사랑의 의무와 종교의 의무가 합치되는 것도 그에 못지않게 인상적이다. 마쇼는 랭스 대성당의 참사위원으로서 성직자의 일원이었으나, 그 사실을 그리 심각하게 받아들여서는 안 된다. 교회법 상의 의무 사항들만 수행하면 되었던 하급 성직자는 그 당시 독신 서원을 그리 심각하게 생각하지 않았다. 심지어 페트라르카도 성당의 참사위원이었다. 순례 여행이 데이트의 수단으로 선택된 것도 그리 이례적인 일이 아니다. 순례 여행 중에 사랑의 모험이 벌어지는 것은 아주 대중적이었다. 하지만 마쇼와 페로넬이 함께 떠난 순례 여행은 아주 진지하고, '아주 독실한' 것이었다.[44] 여행 떠난 지 얼마 안 된 시점에서 그들은 함께 미사를 보았고 그는 그녀의 뒤에 앉았다.

…… 신부가 '하느님의 어린 양' 하고 말하자
나는 성 크레페Saint Crepais에게 내 신앙을 고백했네.
그녀는 나에게 평화(paix)를 주었네.
교회의 두 기둥 사이에서. 나는 정말로
그것이 필요했네. 사랑에 빠진 나의 마음은
혼란스러웠고, 게다가 우리는 곧
헤어져야 하기 때문에.[45]

위 시의 '평화'는 자그마한 막대기로, 서로 입을 맞추는 '평화의 키스' 대신에 신자들 사이에 돌리는 것이었다.[46] 이 경우 그 막대기의 의미는,

252

페로넬이 그에게 그녀의 입술을 내주었다는 뜻이다. 그는 정원에서 성무일도서의 기도를 외우면서 그녀를 기다렸다. 노베나Novena(9일 동안 계속하는 기도문)를 시작하면서 그는 이런 침묵의 맹세를 했다. 앞으로 9일 동안 매일 교회에 들어가면서 사랑에 관한 새로운 시를 쓰리라. 그는 속으로 이런 맹세를 하면서 성무일도의 기도문을 경건한 마음으로 계속 암송했다.[47]

우리는 이 사건 뒤에 경박하거나 세속적인 의도가 있었으리라고 짐작해서는 안 된다. 이미 사정을 있는 그대로 말한 것처럼, 기욤 드 마쇼는 진지하고 고결한 심성을 가진 당대 최고의 시인이었다. 우리는 여기서 **트렌트 종교회의** 이전 시대에 있었던, 신앙의 실천과 일상생활의 영위가 적절히 뒤섞이는 저 이해하기 어려운 생활 방식을 발견한다. 우리는 뒤에서 이 문제를 좀 더 자세히 말하게 될 것이다.

노시인과 처녀가 주고받은 편지들, 이 역사적 연애사건의 묘사 등에 나타난 정서는 부드럽고, 달콤하고, 그러면서도 약간 병적인 것이다. 정서의 표현은 말들의 서사적 흐름에 가려져 있다. 그 말들의 흐름은 사건을 합리화하고, 또 아주 신중하게 진술한다. 게다가 그 사건은 알레고리의 환상과 꿈들의 외피를 두르고 있다. 노시인이 자신의 영광스러운 좋은 행운과 투트 벨의 훌륭한 품성을 묘사하는 데는 깊은 감정이 들어가 있고 그래서 사람을 감동시키는 구석이 있다. 하지만 노시인은 그녀가 그를 상대로 또 그녀의 마음을 상대로, 놀이를 하고 있다는 사실을 깨닫지 못한다.

『라 투르 랑드리 기사騎士의 책』

마쇼의 『진정한 사건의 책』과 거의 같은 시기에 여러 면에서 비교 가능한 책이 하나 나왔는데 제목은 『딸들의 교육을 위한 라 투르 랑드리 기사騎士의 책Le Livre du chevalier de la Tour Landry pour l'enseignement de ses filles』이었다.[48] 이것은 귀족의 저서이지만 상파뉴와 파리를 오가며 펼쳐진 마쇼와 페로넬의 로맨스 못지않게 로맨스를 다룬 책이다. 투르 랑드리 기사는 우리를 앙주와 푸아투로 데려간다. 그러나 여기에는 사랑에 빠진 늙은 시인이 등장하지 않는다. 다소 수다스러운 아버지가 '딸들의 로맨스에 조언을 해주기 위해' 자신의 젊은 시절, 일화, 이야기 등을 얘기해 준다. 그러니까 딸들에게 점잖은 사랑의 형식을 가르쳐주기 위해 이 책을 쓴 것이다. 하지만 그 가르침은 결코 로맨틱하지 않다. 세심한 귀족 노인이 딸들을 위해 내놓는 교훈과 경고는 낭만적 유희를 강력하게 금지시키는 경향이 있다. 번드레하게 말을 하는 사람을 늘 경계하라. 그들은 "거짓된 눈빛과 사색적인 표정, 자그마한 한숨, 멋진 정서적 표현 등에 능숙하고 다른 사람들보다 더 교묘하게 말을 다룰 줄 안다."[49] 그리고 남자들 앞에 너무 적극적인 태도를 취해서도 안 된다.

젊은 시절에 라 투르 랑드리 기사는 아버지를 따라 한 성관을 방문했다. 혼인을 목적으로 그 장원의 영주 딸을 만나기 위해서였다. 그 젊은 여자는 아주 친절하게 그를 맞이했다. 그녀의 진짜 성품을 알아내기 위해 그는 온갖 것들에 대하여 그녀와 대화를 나누었다. 대화는 죄수罪囚의 문제에 이르렀고 젊은 기사는 처녀에게 품위 있는 칭찬을 했다.

"아가씨, 다른 많은 사람들의 죄수가 되기보다는 당신의 손에 죄수로 떨어지는 것이 더 나을 것 같습니다. 당신의 감옥은 잉글랜드의 감옥처럼 힘들지는 않을 것으로 생각합니다." 그녀는 최근에 자신이 죄수로 삼고 싶은 사람을 만난 적이 있다고 대답했다. 그래서 내가 그녀에게 물었다. "당신은 그 사람에게 혹심한 감옥이 되려 했습니까?" 그녀는 전혀 그럴 마음이 없었다고 대답했다. 그 남자를 자신의 몸처럼 소중하게 생각하겠다고 했다. 그런 상냥하고 고상한 감옥을 얻은 그 남자는 매우 행운아일 거라고 나는 그녀에게 대답했다. 내가 뭐라고 말할 수 있겠는가? 그녀는 말을 썩 잘 했고, 그녀와의 대화로 판단해보건대, 많은 것을 알고 있었고 그녀의 눈에는 생기가 넘치지만 경박한 눈빛이 어른거렸다…… 우리가 그 성관을 떠나올 때 아버지는 내게 물었다. "네가 본 그 처녀를 어떻게 생각하느냐? 너의 의견을 말해 보아라." "아버지, 그 여자는 아주 착하고 좋은 여자처럼 보입니다. 하지만 나는 그 여자와 사귀고 싶은 마음은 조금도 없습니다."

그래서 약혼은 성사되지 않았다. 기사는 나중에 그녀에 대한 소문을 들었는데, 그런 결정을 후회하게 만드는 소문은 아니었다.[50] 이런 자그마한 사례들은 관습이 이상理想에 어떻게 적응하는지를 우리에게 보여주는데, 아쉽게도 우리가 연구하고 있는 14, 15세기에는 이런 자료들이 너무 드물다. 라 투르 랑드리 기사가 그의 인생에 대하여 좀 더 많이 말해 주었더라면 얼마나 좋았겠는가! 그의 회상은 대부분 일반적 성격의 것이다. 그는 딸이 무엇보다도 결혼을 잘 히기를 바란다. 그리고 결혼은 사랑과는 아무 상관이 없다. 그는 허용 가능한 범위의 '연애 결혼'에 대하여 그의 아내와 '논쟁'한 것을 자세히 소개한다. 그는 어떤 상황에서는 '결혼을 예상하면서도' 명예로운 사랑을 발견할 수 있다고 생각한다. 하지만 그의 아내는 반대 의견을 갖고 있다. 여자는 사랑에 빠지지 않는 것이 좋고 심지어 자기 남편도 그리 사랑하지 않는 것이 좋다. 사랑은 여자로부터 경건한 신앙심을 빼앗아 가기 때문이다. 기사의 아내는 말한다.

"나는 젊은 시절 사랑에 빠졌다는 많은 여자들에 대해서 얘기를 들어 알고 있다. 그들이 교회에 갔을 때 그들의 생각과 공상은[51] 하느님을 경배하는 데 집중하는 것이 아니라[52] 연애 사건의 상상과 그 즐거움에 집중한다. 그리하여 신부가 제단에서 성체를 들어 올리는 가장 거룩한 예배의 순간에도, 그 여자들의 머리에는 이 사랑에 관한 생각들이 가득한 것이다."[53]

이런 예리한 관찰에 대하여 마쇼와 페로넬은 아마도 동의했을 것이다. 하지만 이것 이외에도 노시인과 기사는 인생관이 너무나 다르다! 아버지는 딸들을 가르치기 위하여 아주 엄격한 교훈을 강조한다. 하지만 그렇게 하기 위해서 『백 가지 새로운 이야기』에 들어가도 전혀 손색이 없을 법한 호색한 이야기들도 자주 인용하고 있다. 우리는 엄격한 교훈과 호색한 이야기를 어떻게 서로 조화시킬 수 있을 것인가!

사랑의 놀이 요소

궁정 사랑의 아름다운 형식과 약혼과 결혼 사이에 이처럼 괴리가 있다는 것은 다음과 같은 사실을 의미한다. 즉, 놀이의 요소, 대화의 요소, 문학적 규약의 요소가 세련된 사랑의 기술과 관련하여 아무런 제약 없이 기능을 발휘할 수 있다는 것이다. 결혼 특히 귀족의 결혼과 관련된 아주 구체적 고려 사항에는, 사랑의 이상이나 정절과 희생의 허구가 끼어들 공간이 없었다. 그런 것들(이상, 정절, 희생)은 사람을 즐겁게 하는 혹은 심금을 울리는 놀이의 형식 속에서 체험될 수 있었다. 토너먼트는 낭만적 사랑의 놀이(game)에 영웅적 형식을 부여했고, 전원시는 사랑의 놀이에 목가적 형식을 부여했다.

전원시는 그 진정한 의미를 살펴보면 하나의 문학 장르 이상의 의미를 갖고 있다. 전원시는 목동의 생활이나 그 단순하고 자연스러운 즐거움을 다루는 것이 아니라, 그런 생활의 메아리를 다룬다. 따라서 전원시는 모방(imitatio)이다. 여기에는 하나의 허구가 작동한다. 즉 전원생활에서 평온하고 자연스러운 사랑이 그 본질적 표현을 얻는다고 믿는 것이다. 현실 속에서 도피가 불가능하다면 꿈속에서 도피할 수 있다고 보는 것이다. 전원시는 스트레스를 많이 주고, 교리적이고, 형식적인 사랑의 관념으로부터 정신을 해방시키는 수단이 된다. 고통스러운 기사도적 정절과 숭배, 화려한 알레고리의 장치들, 또한 현실 속 사랑의 조야함, 탐욕, 사교적 죄악들, 이런 것들로부터 해방되려는 강력한 동경을 충족시킨다. 자연의 즐거움 속에서 벌어지는 손쉽고, 만족스럽고, 단순한 사랑이 복잡한 궁정 사랑보다 한결 바람직해 보이는 것이다. 이것이 자연 속에서 사랑을 나누는 로뱅과 마리옹, 공티에와 엘레느의 경우이다. 그들은 행운의 커플이고 부러움을 받을 만한 부부이다. 평소에는 크게 멸시되던 농부가 이제 하나의 이상으로 등장한 것이다.

그러나 중세 후기는 여전히 귀족적 사회였고 아름다운 환상에 취약한 시대였다. 그런만큼 자연 생활에 대한 열정은 강력한 리얼리즘에 이르지는 못하고, 궁정 관습의 인위적 장식물로만 연결고리를 갖고 있었다. 15세기의 귀족들은 목동과 목녀의 게임을 놀이하기는 했지만, 자연에 대한 진정한 숭배와 단순함과 노동에 대한 존경은 아직도 매우 취약한 상태였다. 3세기 뒤인 18세기에 마리 앙투아네트Marie Antoinette가 트리아농Trianon(광대한 베르사유 궁의 한 귀퉁이에 마리 앙투아네트를 위해 일부러 조성한 인공의 농촌─옮긴이)에서 소젖을 짜고 버터를 만들었을 때, 자연 숭배의 이상에는 중농주의의 진지함이 깃들어 있었다. 자연과 노동은 이미 그 시대(18세기)의 위대한 잠재적潛在的 신성으로 등장했으나, 귀족 문화는 그것을 여전히 하나의 놀이로 만들 수 있었다. 1870년대에 러시아의 지식인 청년들이 농민들 사이로 스며들어가 농민들처럼 생활하는 운동을 전개했을 때, 그 이상은 아주 진지한 것이 되었다. 하지만 이렇게 뒤의 시기에서도 여전히 그런 이상의 실현은 망상인 것으로 판명되었다.

전원생활과 엄혹한 현실 사이의 중간 지점을 표현해 주는 시적 형식이 있다. 이것은 짧은 전원시(pastorelle)인데, 기사와 농촌 소녀 사이의 우연한 모험을 노래하는 시이다. 이런 시들에서 노골적인 에로스가 신선하고 우아한 형식을 발견하는데, 이것이 음란함을 모면하면서도 동시에 자연주의의 매력을 유지하게 해준다. 이 짧은 전원시들은 19세기 프랑스 소설가 기 드 모파상의 소설들 중에 나오는 여러 장면들을 연상시킨다.

그런데 애인이 자기 자신을 목동이라고 느끼는 순간에만 이런 감정이 정말로 전원적인 감정이 된다. 이런 점에서, 현실과의 접촉점은 사라진다. 궁정 사랑의 모든 요소들이 단지 무대만 전원으로 바뀐 것이다. 햇볕 따뜻한 꿈나라가 플루트 가락과 새들의 지저귐 속에서 사랑의 열정을 삼켜 버린다. 그것은 즐거운 소리이다. 사랑의 슬픔, 열정, 탄식, 심지어 버림 받은 사람의 고뇌 등도 사랑스러운 가락 속으로 용해된다. 전원시에서 에로스는 언제나 자연의 즐거움이라는 필수불가결한 접촉점을 발견한다. 이렇게 하여 전원시는 자연에 대한 문학적 느낌이 발달하는 들판이 된다. 처음에 전원시는 자연의 아름다움을 묘사하는 데 집중한 것이 아니라, 태양과 여름, 그늘과 신선한 물, 꽃과 새 등의 직접적인 즐거움에 집중했다. 자연의 관찰과 묘사는 2차적 관심사였고 1차적 관심사는 사랑의 꿈이었다. 그런 부산물로서 자연시는 상당히 매혹적인 리얼리즘을 선사했다. 가령 크리스틴 드 피장의 『전원 이야기*Le dit de la Pastoure*』 같은 시는 전원생활을 묘사하면서 하나의 장르를 창조했다.

일단 궁정 이상으로 자리를 잡으면 단순한 생활은 하나의 가면이 된다. 모든 것에 전원적 의상을 입힐 수 있다. 전원시의 상상적 영역과 기사 로맨스의 상상적 영역이 합쳐진다. 토너먼트는 전원적 의상을 입고서 치러진다. 르네 왕은 그가 개최하는 토너먼트를 '목동의 파 다르므(Pas d'armes de la bergère)'라고 명명했다.

그의 동시대인들은 이런 코미디에서 뭔가 진정성 있는 것을 발견한 듯하다. 샤틀랭은 르네 왕의 전원적 비전vision을 세상의 경이들 중 하나로 취급한다.

나는 시칠리아의 왕이
목동이 된 것을 보았네.
그의 아내 또한
목녀의 일을 맡았네. 그는
목동의 자루를 메고, 지팡이를
들고 모자를 썼네. 그리고는
양떼들 근처의 황무지에서 사네.[54]

또 다른 경우에, 전원시는 중상 비방을 담은 정치적 풍자시의 의상을 입는다. 장편 목동시인 『르 파스토랄레Le pastoralet』[55]처럼 기이한 예술작품도 없을 것이다. 이 시 속에서 부르고뉴 파당의 한 행동대원은 아주 매혹적인 위장 속에서 루이 도를레앙의 살해 사건을 노래하는데, 그 목적은 무외공 장의 비행을 변명하고 오를레앙 공에 대한 부르고뉴 사람들의 분노를 표출하는 것이다. 무외공 장은 이 시에서 레오네Léonet라는 목동식 이름을 취하고 오를레앙 공은 트리스티페Tristifer로 등장한다. 춤과 꽃 장식의 판타지도 기이한 방식으로 수행된다. 심지어 아쟁쿠르 전투도 전원적인 외피를 두르고 있다.[56]

궁정 축제의 전원적 요소

궁정 축제에서는 전원적 요소가 빠지는 법이 없었다. 그것은 위장 효과가 만점이었다. 축제 중의 '여흥 행사'로서 축제의 식사 자리를 빛내 주었고 또 정치적 알레고리로서도 적합했다. 군주를 목동으로, 백성을 양떼로 보는 그림은 이미 다른 각도에서도 제시되었다. 교회의 교부들이 국가의 근원적 형태로 목자와 양떼를 제시한 바 있었다. 가부장들은 목자로서 한평생을 살았다. 정신적·세속적 권위의 적절한 행사는 통치하는 것이 아니라 보호하는 것이었다.

> 영주여, 당신은 하느님의 목자,
>
> 그분의 동물들을 충실히 보살피소서.
>
> 그들을 들판이나 과수원으로 인도하소서.
>
> 어떤 경우에도 그들을 잃어버리지 마소서.
>
> 만약 그들을 잘 보살핀다면
>
> 당신의 그런 노고는 보답을 받으리다.
>
> 만약 제대로 보살피지 못한다면
>
> 사악한 때에 나쁜 이름을 얻을 것입니다.[57]

장 메쉬노의 『군주들의 안경*Les Lunettes des Princes*』이라는 시들 속에는 진정으로 전원적인 이미지에 대한 언급이 없다. 하지만 이런 이미지를 시각적으로 재현하려는 순간, 두 개의 관념, 즉 보호자이며 목동이라는 군주의 관념이 자동적으로 합쳐진다. 1468년 브뤼헤에서 벌어진 어떤 결혼 잔치의 여흥 행사는 예전의 공주들을 '네덜란드의 양떼들을 보살피고 보호하는 고상한 목녀들'로 칭송했다.[58] 1493년 마르가리타 데 오스트리아Margarita de Austria(대담공 샤를의 딸 마리와 오스트리아의 합스부르크 대공 막시밀리안의 사이에서 난 딸. 이 딸은 후일 루이 11세의 아들과 결혼하는데, 이 아들은 루이 11세를 뒤이어 샤를 8세로 즉위했다)가 프랑스로부터 돌아온 것을 기념하기 위해 발랑시엔에서 어떤 연극이 무대에 올려졌는데, 온 나라가 피폐의 참상으로부터 회복한 것을 '전원시의 스타일로' 보여 주었다.[59] 우리는 『베스트팔렌 조약을 축하하는 노래De Leeuwendalers』가 정치적 전원시임을 잘 알고 있다.[60] 군주가 목자라는 가락은 『빌렘의 노래 Wilhelmus』[61]에서도 들을 수 있다.

나의 불쌍한 양들에게 휴식을.
너희는 하느님에게 의지하라.
하느님의 거룩한 말씀을 받아들여라.
경건한 크리스천으로 살아라.
곧 네 인생이 끝날 것이니.

심지어 실제 전쟁에서도 사람들은 전원시의 관념을 가지고 놀이를 했다. 대담공 샤를이 그랑송Granson 공격에 사용한 투석기는 '목동과 목녀'라는 이름이 붙었다. 프랑스인들이 플랑드르 인들을 전쟁에는 안 어울리는 목동들이라고 비난할 필립 드 라베스탱Philippe de Ravenstein은 24명의 귀족들에게 목동 옷을 입히고서 야전에 나타났다. 그들은 모두 목동 지팡이와 빵 바구니를 들고 있었다.[62]

『장미 이야기』의 사상에 반발하는 기사도적 경건함이 우아한 문학적 싸움의 소재가 되었던 것처럼, 전원적 이상 또한 이런 싸움의 소재가 되었다. 여기에서도 거짓됨이 너무나 뚜렷하여 가면을 씌워야 했다. 과도하게 꾸미고 낭비적일 정도로 채색된 중세 후기의 생활은, 자연 속에서 이루어지는 단순함, 자유, 걱정 없는 진실한 사랑 등과는 닮은 바가 거의 없었다! 필립 드 비트리의 『프랑 공티에』의 주제, 즉 황금시대의 단순성을 노래한 주제는 끝없이 변주되었다. 모든 사람이 엘레느와 함께 나무 그늘에서 나눈 프랑 공티에의 식사를 부러워한다고 주장했다. 치즈, 버터, 크림, 사과, 양파, 갈색 빵, 그의 힘찬 장작 쪼개기 작업, 그의 자유와 근심 없음을 부러워했다.

> 나의 빵은 맛이 좋아. 아무도 내게
> 멋진 옷을 입으라고 하지 않아.
> 내가 마시려고 하는 물은 건강에 좋고
> 나는 전제자나 암살의 독약을 두려워하지 않아.[63]

때때로 시인들도 실수를 한다. 로뱅과 마리옹의 생활을 찬양하고 자연의 단순함과 소박한 노동을 칭송하는 외스타슈 데샹도 '짐승 같은 사람이 만들어낸 악기'[64]인 뿔나팔에 맞추어 추는 궁정 무용을 아쉬워한다. 하지만 아름다운 꿈의 거짓을 꿰뚫어 보기 위해서는 프랑수아 비용 François Villon의 깊은 감수성과 날카로운 회의주의가 필요하다. 비용의 시 『프랑 공티에에 대한 반론 Les Contrediz de Franc Gontier』에는 무자비한 조롱이 등장한다. 비용은 냉소적인 어조로 전원에 사는 사람의 근심 없음을 '양파를 먹어서 풍기는 지저분한 입냄새'와 비교시킨다. 또 장미 그늘 아래에서의 전원적 사랑을, 따뜻한 벽난로, 좋은 와인, 부드러운 침대가 갖추어진 설비 잘된 방에서 뚱뚱한 신부가 누리는 호사와 비교시킨다. 그럼 프랑 공티에의 갈색 빵과 건강한 물은 무엇과 비교시킬까? '여기에서 바빌론에 이르는 지역의 모든 새들을 준다고 해도', 비용은 단 한 순간이라도 이런 아침 식사는 참을 수 없다고 말한다.[65]

여자들의 반격

기사도 이상의 아름다운 꿈들이 거짓이었듯이, 섹스를 문화로 만들려고 하는 사랑의 형식들도 거짓과 거짓말로 가득 차 있다고 인식되어야 한 다. 고상하고 정결하고 기사도적인 정절의 이상, 『장미 이야기』의 세련 된 욕정, 전원시의 안락한 판타지, 이런 것들은 인생의 폭풍우 앞에서는 힘을 쓰지 못했다. 폭풍우는 그런 것들을 산지사방으로 흩어 버렸다. 정 신적인 측면으로부터 모든 것에 대한 저주가 왔다. 왜냐하면 섹스는 세 상을 망치는 죄악이기 때문이다. 『장미 이야기』라는 술잔의 바닥에서 도덕주의자들은 아주 씁쓸한 침전물을 보았다. 제르송은 이렇게 외쳤 다. "사생아들, 영아 살해, 낙태, 결혼 생활 속의 증오와 독약 타 먹이기, 이런 것들은 도대체 어디에서 온 것들인가?"[66]

여자들로부터 또 다른 반격의 소리가 울려 퍼졌다. 이런 모든 사랑의 형식들은 남자들이 만들어낸 것이라는 주장이었다. 에로스 문화는 이 상화된 형식으로 향수될 때에도, 철저하게 남성적 이기주의의 결과물이 라는 것이었다. 결혼에 대한 지속적인 조롱, 여자들의 부정과 오만한 마 음, 기타 여자의 약점에 대한 조롱은 남성적 자기중심성의 위장이 아니 고 무엇인가? 크리스틴 드 피장은 이렇게 말한다. "이런 모든 비난에 대 하여 나는 이렇게 말하련다. 이런 책들을 쓴 사람은 여성이 아니다."[67]

실제로 중세의 에로스 문학과 경건 문학에서 여성에 대한 진정한 연민, 그들의 약점, 사랑이 그들에게 일으키는 고통과 위험에 대한 연민을 찾아보기가 어렵다. 연민은 숫처녀의 해방이라는 허구로 형식화되었고, 그건 실제로는 남자들의 감각적 자극과 자기만족에 지나지 않았다. 『결혼의 열다섯 가지 즐거움 Les Quinze joies de mariage』의 저자는 아주 숨죽인 목소리와 화려한 풍자로 여자들의 약점을 열거한 후에, 여자들을 홀대한 사례도 열거하겠다고 했으나[68] 실제로는 그렇게 하지 않았다. 부드러운 여성의 목소리를 잘 표현한 시구를 찾는다면 우리는 크리스틴 드 피장의 시에 눈길을 돌리면 된다.

결혼은 달콤한 것이다.
나는 그것을 내 경험으로부터 알고 있다……[69]

하지만 방종과 경건한 도덕의 메마른 목소리들이 합쳐져서 조롱의 합창을 만들어냈고, 그런 합창에 대항하는 단 한 명의 여자의 목소리는 허약하기 짝이 없는 것이었다. 여성을 설교하면서 경멸하는 것과, 산만한 감각주의를 내세우며 이상적 사랑을 투박하게 부정하는 것 사이에는 큰 차이가 없으며 그게 그거인 것이다.

인생의 형식으로서 사랑을 아름답게 놀이하는 것은 기사도적 이상, 전원시, 장미 알레고리의 인공적 외피 등에서 계속 놀이되어 왔다. 온 사방에서 이런 규약들을 부정하는 소리들이 들려왔으나, 이런 형식들은 중세가 지나가고 난 이후에도 오랫동안 생활과 문화에서 그 가치를 발휘했다. 왜냐하면 이것들은 그 어떤 시대가 되었든 사랑의 이상이 그 외피로 내세울 수 있는 몇 안 되는 형식이기 때문이다.

제5장

죽음의 이미지

15세기처럼 사람들에게 죽음의 관념을 강렬하게, 또 지속적으로 각인시 킨 시대는 없었다. 그 시대에는 **메멘토 모리**Memento mori의 외침이 평생 동안 울려 퍼졌다. 카르투지오회 수사 드니는 귀족들의 교양을 위해 집 필한 그의 저서에서 다음과 같은 권유를 하고 있다. "침대에 들 때면 당 신 자신이 침대에 눕는다고 생각하지 말고 남들이 당신을 당신의 무덤 속에 눕힌다고 생각하십시오."[1] 그 이전의 시대에서도, 종교는 죽음에 지속적으로 몰두할 것을 아주 진지하게 권면했다. 하지만 중세 초기의 경건한 소논문들은 이미 탈속의 길로 들어선 사람들 손에만 들어갔었 다. 탁발 수도회의 인기 높은 설교자들이 등장하면서 비로소 메멘토 모 리의 경고는 위협적인 합창이 되었고 둔주곡 같은 힘을 발휘하며 온 세 계에 울려 퍼졌다. 중세의 말기에 이르러, 설교자들의 목소리에 새로운 시각적 재현물이 추가되었는데, 곧 목판화이다. 이 목판화는 사회의 모 든 계층에 널리 보급되었다. 이 두 강력한 표현 수단, 즉 설교와 그림은 아주 단순하면서도 직접적이고 또 생생한 이미지로 죽음의 관념을 노골 적으로 또 선명하게 표현했다. 죽음에 관한 초창기 수도원의 깊은 명상 이 이제는 피상적이고, 원시적이고, 대중적이며, 판화적인 이미지로 응축되었고, 이런 형태로 많은 사람들에게 제시되었다. 이런 죽음의 이미지는 죽음과 관련된 많은 관념들 중 오로지 하나만을 표현했는데, 곧 '사라져 버림'의 관념이 그것이다. 중세 후기의 사람들은 부패하여 없어진다는 것 이외에는 죽음의 다른 측면을 보지 못하는 듯했다.

죽음의 세 가지 주제

지상의 영광이 끝나는 것을 끝없이 탄식하는 노랫가락을 지원해 주는 주제가 세 가지가 있다.

첫 번째 주제는, 한때 이 지상에서 엄청난 영광을 누렸던 자들은 모두 어디로 갔는가?

두 번째 주제는, 한때 이 지상의 아름다움을 구성했던 모든 것이 끔찍스럽게 부패해 버리는 것은 어떻게 된 일인가?

세 번째 주제는 어느 시대, 어느 직업의 사람이든 그를 휩싸고 도는 당스 마카브르란 무엇인가?이다.

아주 끔찍스러운 두 번째, 세 번째 주제에 비하면, 예전의 영광은 모두 어디로 갔는가? 하는 첫 번째 주제는 부드러운 비가조의 탄식이다. 이것은 고대에서부터 있어 온 주제였고 기독교와 이슬람의 세계에서 널리 알려져 있다. 이것이 그리스의 이교도주의에서 나온 것임을 초기 교회의 교부들도 알았고, 바이런이 그 주제를 영속화시켰다.[2] 중세 후기에 이 주제는 비상한 인기를 누렸다. 그것은 1140년경에 제작된 클뤼니 Cluny 수도회의 베르나르 드 몰레Bernard de Morlay의 6보격 각운시에서도 발견된다.

바빌론의 영광은 어디에 있는가? 그 무서운 느부갓네살,

막강한 다리우스, 유명한 키루스는 어디에 있는가?

제멋대로 굴러가는 바퀴처럼 이들도 사라져 버렸다.

이들의 영광은 풍성하고 또 안전하게 살아남았다.

그러나 정작 그들은 부패하여 사라져 버렸다.

카이사르가 지은 의사당 건물은 어디에 있는가?

카이사르의 장엄한 개선식 행렬은?

카이사르여, 그대는 사라져 버렸다. 살아 있을 당시,

그대는 온 세상에서 가장 사납고 가장 장엄했다.

[……]

황금을 우습게 여겼던 마리우스와 파브리키우스는

지금 어디에 있는가? 파울루스의 명예로운 죽음과

기억할 만한 행위는 지금 어디에 있는가?

하늘에서 내려 준 필리피 연설의 목소리[데모스테네스]는

지금 어디에? 천상의 사람 같았던 키케로는 어디에?

시민의 평화를 사랑하고 반란자를 경멸했던 카토는 어디에?

레굴루스는 지금 어디에 있는가? 로물루스와 레무스는 어디에?

예전의 장미[로마]는 그저 이름일 뿐, 우리에게는 이름들만

남아 있을 뿐.³ (기원전 351년 마케도니아의 필립 왕이 아테네를 쳐들어왔을 때,
당시 정치 지도자인 데모스테네스가 행한 애국적인 연설을 필리피라고 함. - 옮긴이)

13세기의 프란체스코파 수사인 자코포네 다 토디Jacopone da Todi의 시
는 비록 위의 것보다 짧지만 6보격 각운시의 의미를 좀 덜 현학적으로
전달한다. '주님의 농담꾼'이라고 불리는 이 시인은 『왜 세상은 헛된 영

광 아래에서 싸우는가Cur mundis militat sub vana gloria』라는 제목을 가진 시들의 저자일 것으로 추정된다. 그 시들에는 이런 시행이 들어 있다.

말하라, 한때 호화찬란했던 솔로몬, 막강한 삼손은
지금 어디에 있는가? 아름답고 멋진 얼굴을 가졌던 압살롬,
아주 부드러운 마음을 가졌던 상냥한 요나단은 어디에?
권력이 가장 막강했던 카이사르는 어디로 갔는가?
오로지 멋진 식사에만 탐닉했던 저 유명한 부자[크라수스]는
어디에? 말하라, 연설로 유명했던 툴리우스[키케로]는 어디에?
가장 위대한 천재인 아리스토텔레스는 어디에?[4]

데샹은 동일한 주제를 여러 편의 시에서 다루었고 제르송도 이 주제를 설교에 써먹었다. 카르투지오회 수사인 드니는 『최후의 네 가지 것 De Quator hominum novissimis』(죽음, 최후의 심판, 지옥, 그리고 천당)이라는 소논문에서 이 주제를 다루었고, 샤틀랭은 이것을 『죽음의 걸음Le pas de la mort』이라는 장시에서도 다루었고, 또 비슷한 맥락을 가진 다른 작품에서도 언급했다.[5] 프랑수아 비용은 『지난 시절의 여자들을 위한 발라드 Ballade des Dames du temps jadis』의 한 후렴구에서 좀 더 부드러운 슬픔의 어조로 같은 주제를 다루었다.

그러나 지난 해 내린 눈들은 어디에 있는가?[6]
Mais ou sont les neiges d'antan?

하지만 비용은 귀족들을 다룬 발라드에서는 그런 어조에 아이러니의

분위기를 섞어 넣는다. 당대의 왕, 시인, 군주들을 생각하면서 그는 이렇게 영탄한다.

슬프다! 스페인의 훌륭한 왕이여.
하지만 나는 그의 이름조차 모르는구나.[7]

용감한 궁정 신하 올리비에 드 라 마르슈는 그의 시 『귀부인들의 치장과 승리*Parement et triumphe des Dames*』에서 감히 이런 농담을 하려고 들지는 않았지만, 동일한 주제의 맥락에서 당대의 죽은 공주들을 명상한다.

그 모든 인간의 영광과 찬란함에서 남아 있는 것은 무엇인가? 기억, 즉 이름뿐이다. 하지만 죽음 앞에서 우리가 느끼는 저 날카로운 전율을 생각해 볼 때, 이런 슬픈 생각으로는 뭔가 부족하다는 느낌이 든다. 따라서 그 시대는 가시적 공포의 거울을 들여다보면서 거기에서 부패하는 시체의 이미지를 발견하는데, 이것은 '사라져 버리고 없음'이라는 관념을 좀 더 짧은 시간의 틀 속으로 응축시켜 놓은 것이다.

먼지와 벌레

세상을 부정하는 중세인의 마음은 언제나 먼지와 벌레의 이미지를 유도했다. 세상의 쇠퇴를 논하는 교회 논문들에서, 이미 부패라는 끔찍스러운 개념이 다루어져 있었다. 하지만 이에 관한 세부 사항을 아주 자세히 다루는 것은 좀 뒤에 나왔다. 14세기 말엽에 이르러 시각 예술은 이 주제를 채택했다.[8] 조각이나 회화에서 이 모티프를 적절하게 다루어 사실적으로 표현하려면 상당한 기술이 요구되었다. 이런 기술은 1400년경에 획득되었다. 동시에 이 부패의 모티프는 교회 문학에서 일반 대중 문학으로 퍼져나갔다. 16세기 후반에 이르러, 묘비에 알몸 시체의 다양한 그림을 그려 넣었다. 알몸 시체는 양발과 양손을 오므린 채 입을 벌렸고 벌레가 시체의 내장에 우글거리는 그런 그림이었다. 중세인들은 이런 끔찍한 이미지를 명상하도록 거듭 요청받았다. 하지만 그들이 그 부패가 진일보하여 결국 흙과 꽃으로 되살아난다는 것을 왜 보지 못했을까? 이건 좀 이상하지 않은가?

죽음의 이런 세속적 측면을 오로지 혐오스러운 것으로 여기는 게 진정 경건한 사고방식인가? 아니면 이 세상에 탐닉하는 강력한 관능성이 오로지 이런 방식으로만 반발하는 것일까? 아니면 인생에 대한 염증이 그 시대를 너무나 강력하게 사로잡은 나머지, 삶에 대한 절망과 실망을 느끼고서 완전 초월적인 삶을 지향하고 싶으나, 아직도 세속적 열정에 미련이 남아서 그런 초월에 도달하지 못한 자들의 절망과 실망이 그런 식으로 표현되는 것인가? 이런 모든 감정적 요소들이 죽음의 관념 안에 들어가 있다.

이것은 삶에 대한 두려움이고, 아름다움과 즐거움에 대한 부정이다. 왜냐하면 고통과 슬픔이 그런 것들과 밀접하게 연결되어 있기 때문이다. 이러한 감정을 표현하는 데 있어서, 고대 인도의 철학(즉 불교 철학)과 중세 기독교 철학 사이에는 상당한 유사점이 있다. 불교에서도 혐오스러운 노년, 질병, 죽음에 대하여 끊임없이 몰두하고 부패를 과장되게 묘사한다. 인도의 금욕주의자들은 혐오의 감정에 대하여 그들 나름대로 비바차 라사bibhatsa-rasa라는 시적 장르를 갖고 있었다. 이것은 그 감정을 일으키는 원인 즉, 혐오, 공포, 욕정에 따라서 세 개의 하부 단위로 구분된다.[9] 기독교의 어떤 수도자는 육체적 아름다움이 피상적이라고 지적하면서 이렇게 말하고서 자화자찬했다. "신체의 아름다움이라는 것은 피부의 아름다움일 뿐이다. 만약 사람들이 피부의 밑을 볼 수 있다면(보이오티아Boeotia에서는 스라소니라는 동물이 그렇게 하는 능력을 갖고 있다고 말들 한다), 그들은 여자가 아주 혐오스러운 존재임을 발견할 것이다. 여자의 매력은 진흙과 피, 체액과 담즙으로 구성되어 있다. 만약 누군가가 여자의 콧구멍, 목구멍, 똥구멍에 숨겨진 것을 생각해 본다면 그는 더러운 오물밖에 생각나지 않을 것이다. 우리는 진흙과 오물을 우리의 손으로 만지려 하지 않는다. 그런데 우리가 그런 오물이 가득 들어 있는 자루를 품안에 안으려 하는 것은 어떻게 된 일인가?"[10]

세상에 대하여 낙담하는 경멸의 후렴구가 중세 후기의 많은 논문들에 일종의 후렴처럼 들어가 있다. 그 대표적인 것이 교황 인노첸시오 3세 Innocent III의 『세상의 경멸에 대하여De contemptu mundi』이다. 인노첸시오 3세는 좋은 행운의 은총을 받은 막강한 정치가이자, 성 베드로 보좌의 소지자(교황)이다. 그런 사람이 젊은 시절에 세속적인 일과 이해관계에 많은 관심을 기울이면서 염세적인 인생관을 표출했다는 것은 좀 기이한 일이다. "여자들은 불결함과 오물 속에서 수태를 한다. 슬픔과 고통 속에서 출산을 하고, 긴장과 불안 속에서 수유를 한다. 두려움과 공포 속에서 아이를 돌본다."[11] 어머니가 웃으면서 아이를 돌보고 즐거움을 느낀다는 것은 웃기는 이야기이다! "단 하루라도 온전한 즐거움 속에서 시간을 보낸 사람이 있을까? 시각이나 청각이나 촉각에서 오는 불쾌함을 단 한 순간도 느끼지 않은 채……"[12] 이것은 기독교의 지혜인가, 아니면 버릇없는 아이의 투정인가?

여기에는 엄청난 물질주의의 정신이 도사리고 있다. 그 정신은 아름다움의 사라짐을 생각하면서 오로지 지금 여기에 있는 아름다움에 대하여 절망만 할 뿐이다. 우리는 미술보다 문학이 여성적 아름다움을 매도 하는 사실을 주목해야 한다. 이러한 매도는 종교적 경고와 조금도 다를 바가 없다. 종교는 죽음을 늘 생각하고, 세속적인 것의 덧없음을 생각하고, 더 이상 아름다움을 제공하지 못하는 늙은 창녀가 아름다움의 부패를 탄식하는 것을 생각하라고 권유한다.

우리는 이런 교훈적인 권유가 전면에 등장하는 사례를 들 수 있다. 아비뇽에 있는 첼레스티누스 수도원에는 프랑스 대혁명 이전 시기에 한 벽화가 있었다. 전설에 의하면, 그 벽화는 수도원의 창시자이고 예술을 사랑하는 르네 왕이 제작한 것이라고 한다. 그 그림은 똑바로 서 있는 여자 시체를 보여 준다. 여자는 우아한 화관을 머리에 썼고, 수의로 온몸을 덮었으며, 벌레들이 그녀의 몸을 파먹고 있다. 이 그림 밑에 붙어 있는 기명시記銘詩의 첫 행들은 이러하다.

한때 나는 아주 아름다운 여자였어요.
그러나 죽음을 맞이하여 이렇게 되었어요.
나의 살은 아름답고 신선하고 부드러웠지요.
그러나 그것은 이제 재가 되어 버렸어요.
내 몸은 매력적이고 아름다웠어요.
나는 자주 실크 옷을 입었지요.
하지만 이제는 알몸이 되었어요.
나는 과거에 회색 모피옷과 담비옷을 입었어요.
커다란 궁정에서 내 마음대로 살았지요.
그런데 이제는 이 비좁은 관 속에서 살아요.
과거에 내 방은 멋진 태피스트리로 장식되었어요.

하지만 내 무덤은 거미집이 가득하지요.[13]

메멘토 모리memento mori의 교훈이 소기의 효과를 거두었다는 사실은 다음과 같은 전설로 증명된다. 인생과 아름다움을 사랑했던 예술가 기질의 르네 왕은 죽은 애인을 매장하고 사흘 뒤에 그녀를 다시 보고서 이 그림을 그렸다는 것이다.

그러나 '사라지고 없음'이라는 주제가 끔찍한 시체에 의해 예증되는 것이 아니라, 살아 있는 사람의 아름다운 몸(그러나 곧 벌레의 먹이가 될 몸)에 의해 강조된다는 점 때문에, 우리는 여기에서 위의 시의 정서가 다소 관능성을 지향한다는 것을 엿볼 수 있다. 올리비에 드 라 마르슈는 여자의 의상에 대한 교훈적인 풍유시 『여자들의 장식과 승리』의 끝부분에서, 아름다움과 오만에 거울을 들이대는 죽음을 언급함으로써 끝을 맺는다.

이 상냥한 표정, 즐거움을 만들어내는 저 두 눈,

기억하라, 저런 것들이 곧 그 빛을 잃는다는 것을.

코, 눈썹, 우아한 입이 곧 썩는나는 것을……[14]

지금까지 이것은 그래도 정직한 메멘토 모리이다. 하지만 그것은 알게 모르게 노년의 불리함을 한탄하는 맥없고 세속적이고 이기적인 불평으로 접어든다.

만약 당신이 천수를 누린다고 해도

60년이면 상당한 세월을 누린 것이다.

당신의 아름다움은 추함으로 바뀌어 버릴 것이다.

당신의 건강은 이름 없는 질병으로 바뀔 것이다.
그리고 당신은 이 지상에 방해물이 되리라.
만약 당신에게 딸이 있다면 당신은 그녀에게
그림자가 되리라. 그 딸애는 바람직하여 사람들의
부름을 받을 것이나, 그 어머니는 모두에 의해
버림받을 것이다.[15]

부패와 부패 방지

비용이 한때 파리의 유명한 창녀였던 『아름다운 올미에르의 탄식*Les Regrets de la belle Heaulmière*』이라는 발라드를 지었을 때 경건하고 고상한 의미는 거의 등장하지 않았다. 그는 과거의 엄청난 매혹을 늙은 육체의 슬픈 부패와 대비시킨다.

이 부드러운 이마는 무엇이 되었는가?
금발의 머리카락, 물결치는 눈썹,
시원한 양미간, 아름다운 표정,
나는 이런 것들로 멋쟁이 남자들을 사로잡았지.
크지도 작지도 않은 멋지고 오똑한 코
머리 뒤에 바싹 붙어 있는 자그마한 두 귀.
보조개가 피어오르는 뺨, 갸름하고 밝은 얼굴
저 아름다운 주홍색 입술……[16]

남방 불교에 속하는 운문 경전에는 늙고 경건한 여승인 암바팔리

274

Ambapali의 노래가 들어 있다. 이 여자도 과거에는 '아름다운 올미에르' 같은 신분이었다. 암바팔리 또한 젊을 때의 아름다움을 혐오스러운 노년과 대비하고 있으나, 그녀는 그런 쓸데없는 아름다움이 사라진 것에 대하여 감사를 표시하고 있다.[17] 하지만 이런 감정과 올미에르의 감정 사이에 겉보기처럼 그리 큰 거리가 있다고 생각하는가?

신체의 부패에 대하여 이런 혐오감을 갖고 있었기 때문에, 사람들은 세인트 로사 드 비테르보St. Rosa de Viterbo 같은 썩지 않은 시체에 대하여 엄청난 의미를 부여했다. 마리아가 성모 승천으로 세속적 부패를 면했다는 것은 가장 찬란한 영광들 중 하나였다.[18] 여기서 막강한 작용을 하는 것은 신체에 대한 집착을 떨쳐버리지 못하는 물질주의적 정신이다. 이런 정신은 어떤 신체들을 다루는 특별한 처리 방식에서 그 모습을 드러낸다. 유명한 사람이 죽은 직후에 얼굴을 화장시키는 관습이 있는데, 이것은 장례식 전까지 얼굴의 변화를 막으려는 것이다.[19] 튀를뤼팽 Turlupins 배교 교단의 한 설교자가 배교 판결이 내려지기 전에 감옥에서 사망하자, 그의 시체는 14일 동안 백악으로 밀봉되었다. 그런 다음 그 시체는 다른 살아 있는 배교자와 함께 화형에 처해졌다.[20]

유명한 사람들의 시체를 절단하여 푹 삶은 다음 그 뼈만 추려서 챙기는 것은 널리 퍼진 관습이었다. 그 뼈들은 정화된 다음 통 속에 넣어져 최종 장례지로 보내졌고, 살과 내장은 사망 현지에서 매장되었다. 12세기와 13세기에 이런 매장 방식은 다수의 왕들과 주교들 사이에서는 아주 흔한 것이었다.[21] 1299년과 1300년에 교황 보니파키우스 8세 Bonifacius VIII는 이런 관습을 야만적인 것이라고 하여 금지시켰다. 그는 이렇게 말했다. "그것은 아주 혐오스러운 야만적 행위이다. 일부 신자들에 의하여 아주 끔찍하고 무자비한 방식으로 집행되고 있는데, 이에 그것을 금한다." 하지만 14세기에 들어와 그런 금지를 해제하는 교황의 회칙이 내려왔고 15세기에 들어와서는 프랑스에 진출한 잉글랜드 인들 사이에서 이 관습이 널리 퍼졌다. 아쟁쿠르 전투에서 사망한 저명 잉글랜드인들인 에드워드 오브 요크와 서퍽Suffolk 백작 마이클 드 라 폴Michael de la Pole의 시체는 이런 방식으로 처리되었다.[22] 진중에서 사망한 헨리 5세, 잔 다르크의 오를레앙 해방 때 익사한 윌리엄 글래스데일William Glasdale, 1435년 생드니 공성전에서 전사한 존 폴스태프John Falstaff 경의 조카 등 이들의 시체도 동일하게 처리되었다.[23]

당스 마카브르

14세기에 들어와 '마카브르macabre'라는 기이한 단어 혹은 원래 철자인 '마카브레macabré'가 등장했다. 시인 장 르 페브르Jean le Fèvre는 1376년에 "나는 마카브레를 춤으로 만들었다(Je fis de Macabré la danse)"라고 말했다. 그것은 개인적 이름이었고 이 때문에 그 단어의 어원에 대하여 많은 논쟁이 벌어졌다.[24] '라 당스 마카브르la danse macabre'에서 마카브르만 형용사로 독립한 것은 훨씬 후대의 일이었다. 이렇게 하여 마카브르는 중세 후기에 죽음의 이미지에 저 독특하고 분명한 의미의 뉘앙스를 제공했다. '마카브르'의 형태로 정립된 죽음의 모티프는 주로 우리 시대의 마을 공동묘지에서 발견된다. 이런 묘지들의 시문詩文과 입상立像에서 우리는 그 의미의 메아리를 발견한다. 중세의 말엽에 이르러, 이 개념은 중요한 문화적 개념이 되었다. 죽음의 관념을 둘러싼 영역에 새롭고 환상적인 요소가 도입된 것이다. 그것은 유령 같은 공포와 차가운 두려움의 음울한 영역으로부터 솟아나는 전율이었다. 모든 것을 포섭하는 종교적 메커니즘은 즉각 그것을 메멘토 모리에 연결시킴으로써 도덕적 요소로 만들었지만, 동시에 메멘토 모리의 이미지가 가져오는 유령 같은 특성을 적절히 활용한 것이었다.

당스 마카브르 주위에는 몇 가지 관련 이미지들이 모여 있는데, 죽음의 이미지와 함께 사람들을 겁주고 경고하기에 충분한 이미지들이다. 당스 마카브르의 그림 앞에는 세 명의 죽은 남자와 세 명의 살아 있는 남자가 묘사된다.[25] 이 그림은 이미 13세기에 프랑스 문학에서 등장했다. 세 명의 젊은 귀족이 갑자기 세 명의 음침한 죽은 남자들을 만나는데, 그 사자들은 그들의 과거 영광과 살아 있는 자들을 기다리는 종말을 가리켜 보인다. 피사Pisa의 캄포 산토Campo Santo에 있는 감동적인 입상들은 이런 주제를 형식 예술로 구상화한 초기 작품이다. 베리 공은 1408년 메멘토 모리 주제를 파리의 이노상 교회의 출입구에 조각으로 새기게 했으나, 이 조각은 인멸되었다. 하지만 15세기에 이 주제를 다룬 세밀화와 목판화가 널리 유통되어 많은 사람들이 한 점씩 갖고 있었다. 이 주제는 또한 벽화로도 널리 보급되었다.

세 명의 죽은 사람과 세 명의 산 사람의 묘사는 부패의 혐오스러운 이미지와, 모든 사람은 공평하게 죽는다는 사상(당스 마카브르의 이미지)을 연결시킨다. 예술사에서 이 주제가 발달한 과정을 여기서 주마간산 식으로 언급해 보겠다. 프랑스는 당스 마카브르가 시작된 나라처럼 보이는데, 그것이 어떻게 시작되었을까? 그것은 정말로 실연된 것인가, 아니면 하나의 이미지인가? 에밀 말Emile Mâle은 15세기의 회화 예술은 연극적 공연에 그 뿌리를 두고 있다고 주장했으나, 그 주장은 비평가들의 항의를 견뎌내지 못했다. 하지만 당스 마카브르와 관련해서는 에밀 말의 주장에 어느 정도 일리가 있다. 당스 마카브르는 실제로 그림보다 앞서서 공연되었던 것이다. 아무튼 그 전이든 후이든, 당스 마카브르는 실제로 공연이 되었고, 회화로도 또 목판화로도 제작되었다. 부르고뉴 공작은 브뤼헤에 있는 자신의 관저에서 1449년에 당스 마카브르를 공연케 했다.[26] 만약 우리가 이런 공연의 색깔, 움직임, 무용수들에 대한 명암 효과 등을 알고 있다면, 우리는 그것이 당대의 관객들에게 주었을 충격을 훨씬 잘 이해했을 것이다. 귀요 마르샹Guyot Marchant이나 한스 홀바인Hans Holbein의 목판화에서 얻는 인상과는 아무래도 다를 것이다.

파리의 화가 귀요 마르샹은 1485년 『당스 마카브르』의 초판본에 대한 삽화로서 목판화를 제작했다. (도판 3) 이 목판화는 가장 유명한 당스 마카브르 그림인, 1424년 파리의 이노상 공동묘지의 기둥 홀에 그려진 벽화를 모방했을 것이다. 1485년 판의 그림 밑에 보존된 문장들은 장 르 페브르의 인멸된 장시로 소급될 수 있을 것이고 르 페브르의 장시는 다시 라틴어 시를 모방했을 것으로 추정된다. 아무튼, 이노상 공동묘지의 당스 마카브르는 17세기에 들어와 기둥 홀이 철거되면서 사라졌다. 이 벽화는 중세에 알려진 부패의 묘사로서는 가장 유명한 것이었다. 매일 수천 명의 사람들이 만남의 장소로서는 좀 기이한 곳인 이노상 공동묘지에서 이 그림을 보았고, 그림 밑에 새겨진 읽기 쉬운 시들을 읽었다.

각 시는 잘 알려진 격언으로 끝을 맺었다. 사람들은 죽음의 공평함에서 위로를 얻었고 그들의 종말이 어떻게 된다는 전망에 몸을 떨었다. 원숭이같이 생긴 죽음이 자리 잡을 장소로는 그곳만한 곳이 없었다. '죽음'은 늙어서 뻣뻣해진 무용 사범의 발걸음으로, 교황, 황제, 귀족, 일용직 노동자, 수도자, 어린 아이, 바보, 기타 모든 직업과 신분에 있는 사람들을 음울한 모습으로 데리고 간다. 그런데 1485년의 목판화는 이 유명한 벽화의 강렬한 힘에 필적하는가? 필적하지 못하는 것 같다. 그림 속

인물들이 입고 있는 옷은 1424
년 벽화의 진정한 복사품이 아
니다. 이노상 공동묘지에 있었
던 당스 마카브르의 정확한 인
상을 얻고자 한다면, 우리는 라
셰즈 디외La Chaise-Dieu 교회의
그림들을 보아야 한다.[27] 그곳
의 그림은 절반만 완성된 상태
이기 때문에 음울한 요소가 더
욱 강조되고 있다.

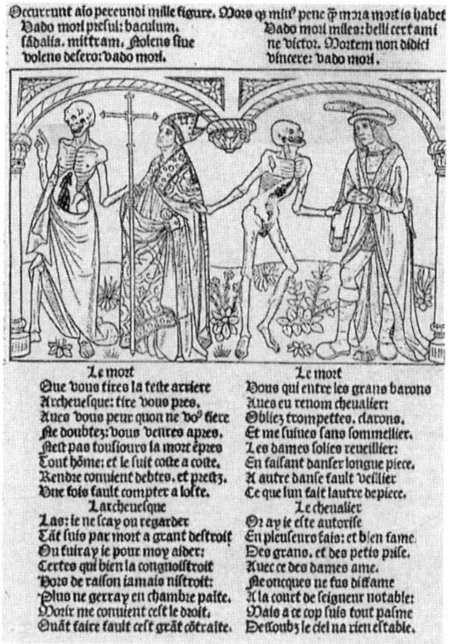

마흔 번이나 되돌아와서 산
자를 데려가는 자는 실제로는
'죽음'이 아니라 죽은 사람의 시
체이다. 시에서는 이 인물을 '르

도판 3 귀요 마르샹, <당스 마카브르>, 1486. 파리 국
립도서관.

모르Le Mort'라고 부르고 여성들의 당스 마카브르에서는 '라 모르트La
Morte'라고 한다. 그것은 죽은 자들의 춤이지, '죽음'의 춤은 아니다.[28] 더
욱이 해골은 등장하지 않고, 살이 완전히 떨어져 나가지 않은 신체, 복
부가 절개된 신체만이 등장한다. 1500년에 들어와서야 죽음의 춤을 추
는 자가 홀바인 그림에서 보이듯이 해골이 된다. 한편 이 개념은 미지
의 치명적인 도펠갱어Doppelganger(그 사람 본인에게만 보인다는 그 사람의 귀
신-옮긴이)에서[29] 나온 것이다. 도펠갱어는 개인적으로 자신의 삶을 끝내
는 자이다. 15세기 말에 나온 스페인의 당스 마카브르는 이런 인상적인
구절로 시작된다. "나는 모든 피조물들에게 알려진 '죽음'이다."[30] 옛날
의 당스 마카브르에서, 피곤한 줄 모르고 춤을 추는 사람은 여전히 살아

있는 사람이다. 그는 가까운 장래에 거울 속에서 보는 그 이미지(죽음)의 무서운 복제품이 될 것이었다. 일부 인사들이 주장하듯이, 이 사람은 이미 죽어 버린 사람의 지위와 신분을 갖고 있지는 않다. 여기서 요점은 이런 것이다. 바로 당신 자신이 당스 마카브르를 춤추고 있는 것이다(당신은 살아 있는 사람이면서 동시에 도펠갱어라는 뜻-옮긴이). 바로 이것이 그 그림에 음울한 힘을 부여한다.

앙제Angers 대성당에 있는 르네 왕과 이사벨 왕비의 무덤 기념물 아치를 장식하는 벽화에서, 거기에 묘사된 사람은 실제로 왕 자신이다. 우리는 거기서 기다란 코트를 입고 있는 해골(이 또한 전에는 시체였는가?)을 볼 수 있다. 해골은 황금 보좌에 앉아서 주교관, 왕관, 지구의, 서적 등을 발로 차고 있다. 머리는 축 늘어진 왕관을 지탱하려는 위축된 손 위에 놓여 있다.[31]

원래의 당스 마카브르는 남자만을 묘사했다. 당스 마카브르에는 이 세상의 덧없음과 공허함에 대한 경고를 사회적 평등의 교훈에 연결시킨 것이었다. 그러다보니 사회적 직업과 위엄의 소지자인 남자들을 전면에 내세우게 되었다. 당스 마카브르는 경건한 경고일 뿐만 아니라 사회적 풍자이기도 하다. 거기에 따르는 시들은 희미한 아이러니의 분위기를 풍긴다. 앞에서 나온 귀요 마르샹은 예전 판본의 속편으로서 여자들의 당스 마카브르를 발간했는데, 마르시알 도베르뉴Martial d'Aubergne의 시들을 함께 실었다. 성명 미상의 목판 화가는 예전 판본의 수준에는 미달하는 사람이었다. 그가 한 일이라고는 해골바가지인 음울한 인물의 머리 부분에 여자의 머리카락 몇 가닥을 붙여서 나풀거리게 한 것뿐이었다. 이 여성판 당스 마카브르에서, 아름다움이 부패로 변했다는 감각적 주제가 금방 눈에 뛴다. 사정은 이렇게 될 수밖에 없었다. 중세 여성들의 직업이나

280

신분은 불과 마흔 개가 되지 않았다. 왕비나 귀족부인 같은 가장 고상한 신분 이외에 수녀원장이나 수녀 같은 정신적 신분, 그리고 상인, 은행가 등의 소수 직업이 있었을 뿐이다. 이 정도 열거하면 곧 여성 직업의 리스트가 끝나 버린다. 또는 여자를 처녀, 애인, 신부, 갓 결혼한 여자, 임산부 등 일시적 상태에 따라 분류하는 리스트가 있었다. 여기에서도 과거의 성취되지 못한 즐거움 혹은 아름다움의 주제가 아주 강력하게 들려온다.

최후의 네 가지 것

죽음의 행위를 끔찍하게 묘사한 당스 마카브르에는 아직도 한 가지 그림이 결여되어 있었다. 그것은 죽음의 시간 그 자체였다. 그 시간의 공포는 라자로Lazarus의 환생보다 더 생생하게 묘사될 수는 없다. 다시 살아난 라자로는 그가 겪은 죽음에 대하여 슬픔 섞인 두려움만 느낀다. 의로운 사람이 이런 공포를 느끼는데, 하물며 죄인에 있어서랴?[32] 죽음의 단말마 같은 이미지는 최후의 네 가지 것 중 하나이다. 인간은 '인간에게 닥쳐드는 최후의 것 네 가지(quatour hominum novissima)'를 깊이 생각해야 하는데 곧 죽음, 최후의 심판, 지옥, 그리고 천당이다. 이것들은 그 자체로 저승의 비전의 일부를 이룬다, 그러나 이 경우에는 신체 그 자체의 죽음만이 먼저 거론된다. 최후의 네 가지 것과 밀접하게 관련이 있는 것으로는 '아르스 모리엔디Ars moriendi'(죽음을 맞아들이는 기술)가 있는데 15세기에 생겨난 개념이며 회화와 목판화를 통하여 경건한 사상의 일부로 널리 유포되었다. 이것은 악마가 죽음을 유발시키는 다섯 가지 유혹을 말한다. 신앙에 대한 의심, 자신의 죄악에 대한 절망, 세속적 사물에 대한 애착, 자신의 고통에 대한 절망, 자신의 미덕에 대한 교만 등 다섯 가지이다. 천사는 언제나 우리들 앞에 나타나 그의 위안으로써 사탄의 유혹을 물리쳐 주는 듯하다. 죽음의 고통에 대한 묘사는 정신적 문학의 오래된 주제이다. 우리는 동일한 이미지가 자꾸만 되풀이되는 것을 목격한다.[33]

『죽음의 발걸음』[34]이라는 자세한 내용을 담은 시에서 샤틀랭은 이런 모티프들을 집대성한다. 그는 아주 감동적인 이야기로 시를 시작한다. 이 저자의 특징인 엄숙한 수다스러움을 감안한다고 하더라도 그 이야기는 소기의 효과를 거둔다. 그의 죽어가는 애인은 그를 자기에게 불러 놓고 울먹이는 목소리로 말한다.

나의 친구여, 내 얼굴을 보아요.
죽음이 그것을 얼마나 처참하게 만들었는지 보아요.
그러니 앞으로 잊지 말아요.
이게 당신이 그토록 사랑한 그 여자예요.
당신의 소유인 이 육체는
당신에게 혐오스럽고 지저분한 것이 되어
영원히 사라질 거예요.
그것은 냄새나는 먹잇감이 될 거예요.
흙과 벌레들에게.
비정한 죽음은 모든 아름다움을 끝내 버려요.

이 시를 쓴 후에 샤틀랭은 『죽음의 거울』이라는 시를 썼다. 먼저 그는 '지상의 위대했던 사람들은 지금 어디에 있는가?'라는 주제를, 교장 선생님 같은 어조로 장황하게 서술한다. 여기에는 프랑수아 비용의 자연스러운 슬픔 같은 것은 없다. 그런 다음 당스 마카브르를 시도하는데 힘찬 박력이나 상상력의 발휘는 느껴지지 않는다. 마지막에 가서는 그는 아르스 모리엔디를 시의 형태로 기술한다. 다음은 죽음의 고통에 대한 묘사이다.

사지도 형체도 없다.
부패의 냄새도 나지 않는다.
영혼이 몸 밖으로 나가기 전에
심장은 육체를 터트리기를 원한다.
가슴을 높이 들어 올린다. 그리하여
척추가 거의 휘어질 지경이 된다.
—얼굴은 변색하여 창백하다.
두 눈은 감겨져 있고
말은 입 밖으로 나오지 않으며
혀는 입천장에 딱 달라붙는다.
숨은 가쁘고 죽어가는 자는 헐떡인다.
[……]
뼈는 전신에서 부러져 있고
인대는 파열될 정도로 팽팽하게 당겨져 있다. [35]

프랑수아 비용은 이 모든 것을 절반 길이의 시에서 아주 감동적으로 전한다. 비록 길이는 짧지만 우리는 동일한 모델을 발견한다. [36]

죽음은 그를 떨게 하고, 창백하게 한다.

코는 비틀어지고 핏줄은 부어오른다.

목은 부풀어 오르고 살은 물러진다.

관절과 인대는 늘어나서 붓는다.

그런 다음 이 모든 끔찍한 관념들을 관통하는 감각적 요소가 등장한다.

오 부드러운 여자의 육체여

매끄럽고 반질반질하고 고귀한 육체여

이런 사악함이 그대를 기다리고 있는가?

그렇다. 아니면 그대는 살아서 하늘로 올라가야 한다.

파리의 이노상 공동묘지

파리의 이노상 공동묘지처럼 죽음과 관련된 모든 것을 사람들의 눈앞에 집대성시킨 장소도 없을 것이다. 거기에서 사람들은 당스 마카브르를 최대한 체험한다. 모든 것이 함께 협력하여 음울한 성스러움을 만들어내고, 중세 후기의 사람들이 그토록 열망했던 다채로운 형식을 제공한다. 교회와 교회 마당에 봉헌된 성자들, 그리스도 대신에 학살된 '무고한 어린이들(Les Innocents)' 등은, 그 순교에 대한 안타까운 탄식과 함께, 그 시대가 연민했던 유혈적 연민을 불러일으킨다. 바로 이 세기에 성스러운 어린이들에 대한 숭배심이 널리 퍼져나가게 되었다. 거기에는 베들레헴의 어린아이들이라는 한 가지 유물 이상의 것이 있었다. 루이 11세는 자신이 봉헌한 이 교회에 커다란 수정 성골함에 '죄 없는 어린 아이 한 명을 통째로'[37] 넣어 하사했다.

사람들은 위안을 얻기 위해 이 교회 마당에 자주 들렀다. 파리의 한 주교는 자신이 이 교회에 묻히지 못하게 되자, 이 교회 마당의 흙 한 줌을 가져와 자기의 관 속에 넣어달라고 당부했다.[38] 부자든 가난한 사람이든 여기서 나란히 누워 영면했다. 하지만 그리 오래 있을 수는 없었다. 파리 시내 20개 교회가 공동으로 사용하는 이 교회의 공동묘지는 곧 포화 상태가 되었고 몇 년 뒤에는 시체들을 파내고 비석들을 팔아먹었다. 이곳에서 시체의 살이 완전히 내려서 뼈만 남는 데 약 9일이 걸린다고 한다.[39] 그 다음에 두개골과 유골들은 공동묘지를 3면에서 둘러싸고 있는 '기둥의 홀' 위에 있는 납골당에 차곡차곡 쌓아올려졌다. 아무런 차양막 없이 야외에 노출된 수천 기의 뼈들은 모든 사람이 죽으면 공평하다는 교훈을 웅변으로 말해 주었다. 아케이드 아래의 당스 마카브르의 그림과 시들에서는 동일한 교훈을 보거나 읽을 수 있었다.

납골당의 건설을 위해 고상한 기사인 부시코는 상당한 기여금을 내놓았다.[40] 교회의 출입문 위에는 세 명의 살아 있는 사람과 세 명의 죽은 사람이 조각되었다. 이 교회에 묻히기를 바랐던 베리 공이 돈을 내놓아 조각한 것이었다. 16세기 내내 '죽음'의 거대한 조각상이 이 공동묘지에 서 있었

도판 4 프랑스 학파, 파리 이노상 공동묘지에서 나온 죽음의 상(像), 16세기, 파리 루브르 박물관.

다. 그러나 지금은 루브르로 옮겨져 소장되고 있다. 이것은 그 공동묘지에 설치되었던 시설물들 중 유일하게 살아남은 것이다.(도판 4)

15세기 사람들에게 이노상 공동묘지는, 1789년의 프랑스 대혁명 당시에 우울한 팔레 루아얄Palais Royal(파리의 대중용 극장으로서 이곳에서 혁명 군중이 반혁명 귀족들을 처형하고 절단된 머리를 효수했다.-옮긴이)이 차지했던 것과 비슷한 위치를 차지했다. 지속적인 매장과 파묘가 진행되는 중에서도 산책로와 만남의 장소가 마련되었다. 납골당 근처에 자그마한 가게들이 들어섰고 아케이드 아래에는 몸을 파는 여자들이 있었다. 심지어 교회의 옆쪽 공간에는 나이든 여자 은수사가 살고 있었다. 때때로 탁발 수도자가 그 자체로 중세풍의 설교인 공동묘지에서 설교를 했다. 어린아이들의 행렬이 여러 번 거기에 모였다. 『파리 시민의 일기』에 의하면, 1만 2,500명이 촛불을 들고 모였다 한다. 그들은 이노상 묘지에서 노트르담까지 행진했다가 되돌아왔다. 그곳에서는 심지어 축제도 열렸다.[41] 끔찍한 광경이 아주 낯익은 광경이 된 것이다.

죽음의 순기능에 대한 외면

죽음을 인정사정없이 무자비하게 묘사하려는 욕망이 하도 강하다 보니, 보이지 않는 것은 모두 포기되어야 했다. 오로지 죽음의 천박한 측면들만이 사람들의 의식 속으로 파고들었다. 죽음의 마카브르 이미지에 압도되어 부드럽고 비가적悲歌的인 정서들은 사라졌다. 마카브르 이미지의 뿌리를 캐고 들어가면, 죽음에 대한 아주 세속적이고 자기중심적인 태도를 발견할 수 있다. 그 이미지는 사랑하는 사람을 잃어버린 데 대한 슬픔을 말하는 것이 아니라, 다가오는 자기 자신의 죽음만 통탄스럽게 바라본다. 죽음은 오로지 공포이며 불행이라고 생각하는 것이다. 죽음을 하나의 위안, 고통의 종말, 영원한 안식, 주어진 과업의 완성 혹은 미완성, 부드러운 기억, 운명에 대한 체념 등으로 인식할 생각은 조금도 없는 것이다. '슬픔의 신성한 깊이' 같은 것은 아예 안중에 없다. 딱 한 번 좀 더 부드러운 소리가 들렸을 뿐이다. 당스 마카브르에서 '죽음'은 일용직 노동자에게 이렇게 말한다.

근심과 노고 속에 평생을 살아온 노동자여,
너는 죽어야 한다. 그것은 확실하다.
아무리 뒤로 물러나려 해도 소용없고 앙탈해도 소용없다.
죽음은 너를 행복하게 만들어 줄 것이다.
왜냐하면 그것은 너를 커다란 슬픔으로부터 해방시키기 때문이다.

하지만 정작 노동자는 자신이 때때로 끝나기를 바랐던 인생이 정말로 끝나는 것을 슬퍼한다.

마르시알 도베르뉴는 여자를 다룬 당스 마카브르에서 어린 소녀가 어머니를 불러내어 나의 인형, 나의 주사위, 나의 예쁜 옷을 잘 돌봐달라고 말하게 한다! 중세 후기의 문학에서는 이런 감동적인 유년의 기억은 정말로 찾아보기 어렵다. 장중한 스타일을 선호하는 육중한 경직성 속에서는 그런 유년의 기억이 들어설 자리가 없다. 교회 문학도 세속 문학도 어린아이에 대해서는 잘 알지 못했다. 앙투안 드 라 살Antoine de la Salle은 『뒤 프렌 부인의 위로Le Réconfort de Madame du Fresne』[42]라는 시에서 어린 아들을 잃어버린 귀족 여인을 위로하려고 애쓴다. 그는 그 아들보다 더 잔인한 방식으로 죽은 다른 아들의 사례를 들어 줌으로써 위로

해 주려고 한다. 그 다른 사람의 아이는 볼모로 잡혀 갔다가 죽은 것이었다. 앙투안은 귀족 부인에게 세속적인 것에 너무 집착하지 말라고 조언하는 것 이외에 달리 위로의 방법이 없었다. 이어 시인은 죽음의 수의 壽衣라는 우리에게 잘 알려진 동화로 시를 계속해 나간다. 죽음의 수의는 한 죽은 아이의 이야기이다. 그 아이는 어느 날 밤 어머니의 꿈속에 나타나 "어머니, 이제 그만 우세요"라고 말한다. "어머니 눈물 때문에 제 수의가 마르지를 않잖아요." 이 이야기는 요란스러운 가락을 뽐내는 수천 가지의 메멘토 모리보다 훨씬 더 부드럽고 고즈넉한 가락을 우리에게 들려준다. 이 여러 세기 동안에 민담과 민요는 궁정 문학과 종교 문학이 모르는 많은 종류의 감정을 이미 알고 있었던 것일까?

중세 후기의 교회 사상은 단 두 가지 극단적 사항들만 알고 있었다. 하나는 사라져 없어짐에 대한 탄식이고 다른 하나는 구제된 영혼의 즐거움이다. 교회는 권력, 영광, 환희의 종말, 아름다움의 부패 등을 시종일관 훈계했다. 또한 이 세상이 끝난 다음 지복의 상태에서 구제된 영혼이 누리게 될 천상의 열락을 노래했다. 양극단의 중간에 있는 것들은 아예 표현되지 않았고 발언권도 없었다. 당스 마카브르와 음울한 해골의 고정된 재현 속에서, 생생한 인간적 감정은 모두 백골로 처리되었다.

제6장

성스러운 것의 구체화

죽음의 묘사는 중세 후기 사상의 전반적 면모를 보여 주는 하나의 사례
가 될 수 있을 것이다. 중세 후기의 사상은 추상적인 생각을 구체적인
그림으로 보여 주려는 방향으로 움직였다. 정신적 생활은 전반적으로
구체적 표현을 추구했고, 황금의 개념이 즉시 황금 주화로 변모되는 듯
했다. 성스러운 모든 것에 형식을 부여하고 또 종교적 아이디어에 물질
적 형식을 부여하려는 무제한적인 욕망이 있었다. 그리하여 종교적 아
이디어를 마음속에 하나의 선명한 그림으로 간직하고 싶어 했다. 회화
적 표현을 지향하는 이런 경향은 고정적인 어떤 것으로 굳어지는 위험
을 늘 안고 있었다.

이미지에 대한 지나친 의존

중세 후기에 백성들이 외면적으로 아주 경건한 자세를 취하고 있었다
는 사실은 야콥 부르크하르트Jacob Burckhardt의 『세계 역사에 관한 성찰
Weltgeschichtliche Betrachtungen』에 아주 명석하게 설명되어 있다.

강력한 종교가 생활의 모든 면에 스며들어가 있었고 정신의 모든 움직임에, 그리고 문화의 모든 요소에 색깔을 부여했다.

물론 이런 사실들은 곧 종교에 반작용을 가하게 되었다. 그리고 종교의 살아 있는 핵심은 그것(종교)이 한때 받아들였던 아이디어와 이미지에 의해 질식하게 되었다. '인생의 모든 관심사의 성화聖化'가 아주 해로운 영향을 미치게 된 것이다.

또 이런 설명도 있다.

그 어떤 종교도 그 백성이나 시대의 문화로부터 완벽하게 독립되어 있을 수 없다. 종교가 경전의 작용을 통하여 지엄한 주권을 행사하고 또 모든 인생이 그 중심을 축으로 회전할 때, '종교와 인생이 하나의 전체로 촘촘하게 연결되어 있을 때', 인생은 불가피하게 종교에 반작용을 가하게 된다. 나중에 문화와의 이런 친밀한 관계는 더 이상 종교에게 유익하지 않고, 위험의 원천이 된다. 그렇지만 종교는 그것이 살아 있는 한 늘 이런 식으로 움직일 것이다.[1]

중세 기독교권의 생활은 모든 면에서 종교적 이미지들이 스며들어가 있었다. 그리스도와 신앙과 관계를 맺지 않는 사물이나 행위는 없었다. 실제로 모든 것이 신앙을 열렬히 토로하면서 모든 사항을 종교적으로 이해하는 것과 연결이 되었다. 하지만 이런 초자연적 분위기 속에서도, 진정한 초월의 종교적 긴장,[2] 혹은 물질적인 것으로부터의 벗어남 등은 언제나 발생하는 것이 아니었다. 만약 이런 긴장이 없다면, 신에 대한 느낌을 일깨우려는 모든 것은 끔찍하고 진부한 것으로 경직되어 버린다. 그것은 저 세상의 외피를 뒤집어쓴 속세의 물건으로 전락한다.[3] 초월을 한시도 잊어 본 적이 없는 하인리히 조이제Heinrich Seuse 같은 진정한 성자의 경우에도[4], 우리 현대인이 보기에, 숭고함과 우스꽝스러움의 거리는 한 달음질에 불과하다. 부시코 기사가 그의 세속적인 애첩을 위해 모든 여자를 명예롭게 여겼듯이, 숭고한 조이제도 마리아를 위해 모든 여자를 명예롭게 여겼고 또 가난한 여인을 위해 진흙탕으로 길을 비켜 주기도 했다. 그는 기사도의 관습을 따랐고, 축제 때에는 화관과 노래로써 그의 신부인 '지혜'를 축하했다. 그는 민네의 노래를 들으면 즉시 그 노래 속의 여자를 '지혜'로 알레고리 화했다.

하지만 우리는 다음과 같은 것은 어떻게 이해해야 할까? 식탁에서 조이제는 사과를 네 조각으로 나눴다. 세 조각은 삼위일체의 이름으로 먹었고 네 번째 조각은 '천상의 어머니가 아기 예수에게 먹으라고 준 자그마한 사랑의 사과'를 기억하며 먹었다. 또 이런 이유로 조이제는 네 번째 조각은 껍질째로 먹었다. 왜냐하면 어린아이들은 껍질 벗긴 사과를 좋아하지 않기 때문이다. 크리스마스 직후 며칠 동안—아이가 너무 어려서 사과를 먹을 수 없는 시기—에 조이제는 그 네 번째 조각을 먹지 않았다. 대신 그것을 마리아에게 바쳤고, 그러면 그녀가 그것을 아들에게 주었다. 조이제는 무엇을 마시든, 주님의 다섯 군데 상처를 기억하여 다섯 번에 나누어 마셨다. 그러나 피와 물이 그리스도의 옆구리에서 흘러나왔기 때문에 그는 두 번째 마시는 것은 두 번에 나누어 마셨다.[5] 이것은 아주 극단적 형태의 '모든 인생사의 성화'이다.

이런 깊은 신앙심은 잠시 젖혀두고, 중세인들의 경건심이 깃들인 전례 형식을 살펴보면, 우리는 그런 전례 형식이 과도한 종교적 생활의 사례라고 생각하게 된다. 물론 이것은 교조적인 개신교의 입장에서 바라본 시각이 아닌데도, 중세의 종교 생활은 과도했던 것이다. 교회 내에서는 다수의 용례, 개념, 예식들이 자라났는데, 그것들을 부추긴 아이디어의 품질은 별도로 하더라도, 이런 과도한 사례들은 진지한 신학자들을 겁먹게 하기에 충분했다. 15세기의 개혁 정신이 이런 관습에 반기를 든 것은, 그것들이 성스럽지 못하고 미신적이어서가 아니라, 그것들이 신앙을 과도하게 강요하기 때문이었다. 하느님이 보여 주는 자비심의 표징은 그 가지 수가 꾸준히 늘어났다. 성사 옆에는 반드시 축복 기도가 따라붙었다. 유물은 일종의 부적이 되었다. 기도의 위력은 묵주에 의해 형식화되었다. 성자들이 서 있는 다채로운[6] 주랑은 점점 더 색깔과 활기를 띠었다.

피에르 다이이의 개혁 주장

신학자들은 성사와 성물들을 엄격하게 구분해야 한다고 주장했지만, 사람들이 주변적이고 화려한 것에만 그들의 신앙과 희망을 거는 행위를 제재할 수단이 마땅치 않았다. 제르송[7]은 오세르Auxerre에서 어떤 사람을 만났는데, 그 사람은 교회와 수도원에서 겨울 석 달이 시작되는 만우절이 성모수태 축일만큼이나 성스럽다고 주장했다.[8] 니콜라스 드 클레망주Nicolas de Clemanges는 새롭게 축일을 만드는 것에 대하여 반대하는 논문을 썼다. 그는 새로운 만들어진 축일의 상당수가 성경의 근거가 없는 것이라고 선언했고 그런 축일을 대부분 없애 버린 오세르 주교의 조치를 환영했다.[9] 피에르 다이이Pierre D'Ailly는 『개혁에 관하여De Reformatione』[10]에서 교회, 축제, 성자, 안식일의 숫자를 늘리는 것에 반대했다. 그는 지나치게 많은 그림, 채색 성물, 아주 따분한 전례의 세부 사항들을 개탄했다. 그는 축제의 전례에 위경적僞經的(성경의 근거가 없는) 문장을 집어넣는 것, 새로운 찬송가와 기도문의 도입, 기타 임의적인 개혁을 반대했고, 철야, 기도, 단식, 금욕 등을 지나치게 엄격하게 부과하는 것도 반대했다.

성모 숭배의 모든 세부 사항을 어떤 특별한 예배와 연결시키는 경향이 있었다. 마리아의 경건함, 그녀의 일곱 가지 고통, 마리아와 함께 하는 모든 축일, 그녀의 자매들인 야고보의 어머니 마리아와 살로메(야고보의 어머니와 살로메는 성모 마리아의 친자매는 아니고, 교회에서는 여자 신자들을 서로 자매라고 부르는 게 관습임.-옮긴이), 대천사 가브리엘, 예수 그리스도의 가계를 형성하는 모든 성자 등에 대한 특별 미사가 있었으나, 나중에 교회 당국에 의해 철폐되었다.[11] 더욱이 수도원이 너무 많다고 다이이는 말했다. 이렇게 수도원이 많다 보니 관습의 차이, 분열과 오만, 수도원들 사이의 위상 차이 등이 생겨나게 되었다. 다이이는 무엇보다도 먼저 **탁발 수도회**의 숫자를 줄이고 싶어 했다. 그들의 존재는 나환자 수용소와 병원에 해가 되었고, 정말로 가난하고 빈한하여 구걸할 자격이 충분한 사람들에게 피해를 주었다.[12] 다이이는 면죄부 설교자를 교회에서 추방하고 싶어 했다. 그들은 온갖 거짓말로 교회를 더럽히고 조롱의 대상으로 만들고 있었다.[13] 운영 유지비도 충분하지 못하면서 새로운 수도원을 계속 설립하면 그 결과가 어떻게 될 것인가?

피에르 다이이는 질적인 잘못보다는 양적인 잘못에 대하여 더 열심히 캠페인을 벌였다. 그는 설교를 하면서 이런 것들의 경건함과 성스러움에 대해서는 별로 문제를 삼지 않았다. 그러나 면죄부를 판매하는 자에 대한 비난은 단호했고, 그런 행위를 하고 돌아다니는 자들의 숫자가 점점 늘어나는 것을 우려했다. 그는 교회가 사소한 세부 사항들의 무게에 깔려 질식하고 있다고 생각했다. 알라누스 데 루페Alanus de Ruper가 새로운 로사리오 형제회의 설립을 널리 선전하고 돌아다녔을 때, 그 조직은 그 내용보다는 그 새로움 때문에 저항을 받았다. 그의 반대자들은 이런 경고를 했다. 이처럼 기도에만 전념하는 대단위 조직의 효율성을 믿다 보면, 신자들은 규정된 참회 행위를 무시할 것이고, 성직자들은 성무일도를 무시할 것이다. 만약 로사리오 형제회가 프란체스코파와 도미니크파 교회에서만 만난다면 교구 소속 교회는 곧 텅 비게 될 것이고, 이런 모임은 파당주의와 음모 행위를 가져올 것이다. 마지막으로 이런 비난도 쏟아졌다. 형제회가 장엄하고 기적적인 계시라고 한 것은 단순한 환상, 상상과 헛소리의 결합에 지나지 않는다는 것이었다.[14]

엄격한 권위의 개입이 없으면 성스러운 예식이 기계적인 방식으로 늘어났다. 이런 특징을 가장 잘 보여 주는 사례가 일주일에 걸쳐서 진행되는 '무고한 어린이들' 예배이다. 12월 28일에, 베들레헴에서 살해당한 어린아이들을 추모하기 위해 벌어지는 이 의식은, 여러 가지 준準 이교도적인 동지冬至 관습이 칙칙한 감상주의와 결합하여 만들어진 것이다. 그날은 불운한 날로 인식되었다. '무고한 어린이들' 의식의 마지막 날에 해당하는 한 주의 요일은 일년 내내 불운한 요일이라고 생각하는 사람들이 많았다. 그 요일에는 일을 시작해서도 안 되고 여행을 떠나서도 안된다고 생각했다. 그 요일은 원래 축일과 마찬가지로 간단하게 '무고한 어린이들의 날'이라고 불렸다. 루이 11세는 이 관습을 아주 꼼꼼하게 지켰다. 에드워드 4세의 첫 번째 대관식이 이 불길한 요일에 치러졌기 때문에 대관식은 다시 거행되었고, 르네 드 로렌René de Lorraine(→ 샤를 대담공)은 스위스 용병들이 '무고한 어린이들의 날'에 싸우기를 거부했기 때문에 전투 계획을 취소해야 되었다.[15]

장 제르송은 일반적으로는 사람들의 미신, 보다 구체적으로는 이 요일의 관습에 대하여 반대하는 논문을 집필했다.[16] 그는 이런 황당한 종교적 아이디어가 교회에 미치게 될 위험을 분명하게 꿰뚫어본 사람들 중 하나였다. 그는 날카로우면서도 진지한 통찰력을 발휘하여 이런 모든 현상을 불러일으키는 심리적 배경을 파악했다. 그런 현상은 '오로지 인간의 환상과, 상상력의 우울한 힘으로부터(ex sola hominum phantasiatione et melancholica imaginatione)' 나온다는 것이다. 부패한 상상력은 두뇌의 손상으로부터 유래하고 이어 뇌손상은 악마의 기만술에서 연유한다는 것이다. 이렇게 하여 악마도 미신의 유포에 대하여 나름대로 비난을 받았다.

그런 미신은 무한을 유한으로 환원시키려는 지속적인 과정 중의 하나이다. 그런 과정에서는 기적이 단순한 원자들로 환원되는 것이다. 모든 성스러운 신비에는 선박에 달라붙는 낙지처럼 그것(신비)을 모독하는 신앙의 표피적 요소들이 달라붙는다. 성체 성사의 기적에는 가장 음울하면서 물질적인 미신들이 스며드는 것이다. 가령 미사에 참석한 날에는 눈이 멀지 않고, 또 뇌졸풍을 맞지 않는다거나, 예배에 참석한 시간만큼은 노화에서 제외된다고 하는 미신 등이 그런 것이다.[17] 교회는 하느님이 너무 세속과 밀접하게 되지 않도록 끊임없이 신경을 써야 했다. 교회는 베드로, 요한, 야고보가 예수의 성스러운 변신 동안에 '천상의 존재'를 보았다는 주장(지금 천국에 가 있는 그들이 하느님을 보는 것처럼 분명하게)을 이단이라고 선언했다.[18] 잔 다르크의 후계자들 중 한 명이 기다란 옷에 붉은 겉옷을 입고 있는 하느님을 보았다고 주장한 것도 신성 모독으로 판정되었다.[19] 하지만 정작 교회 자신이 그처럼 많은 다채로운 이미지들(성자들의 조각과 초상화)을 제공하는 마당에, 일반 대중이 그런 세세한 신학적 구분을 하지 않는다고 해서 그들을 비난할 수 있을까?

제르송 자신도 그 자신이 비난하고 나선 악마로부터 완전하게 자유롭지는 못했다. 그는 교만한 호기심에 대해서 언성을 높이며 비난했다. 즉 자연의 마지막 신비까지 꿰뚫어보려는 탐구심은 교만이라는 것이었다. 그렇지만 정작 제르송 자신도 성스러운 것들의 아주 자그마한 세부 사항들까지 과도하게 파고들었다. 그는 특히 성 요셉을 숭배하여 요셉 축일을 제정하려고 열심히 노력한 바 있었고, 이 성자에 관해서는 알 수 있는 것은 뭐든지 다 알고 싶어 했다. 그는 요셉과 마리아의 결혼, 그들의 생활, 요셉의 금욕, 마리아의 임신에 대하여 그가 알게 된 경위, 요셉의 나이 등 요셉과 관련된 모든 세부 사항을 철저하게 파고들었다. 제르송은 요셉을 우습게 그려놓은 그림들을 인정하지 않았다. 데샹이 시로 묘사하고 또 멜키오르 브뢰데를람Melchior Broederlam이 그려 놓은(도판 5) 피곤한 늙은이의 모습을 거부했다. 그는 요셉이 당시 아직 쉰이 되지 않았다고 말했다.[20] 다른 곳에서 그는 세례자 요한의 신체적 조건에 대해서도 언급했다. "그의 육체를 형성시킨 정자는 그리 단단하지도, 그리 허약하지도 않았다."[21]

유명한 대중 설교자인 올리비에 마이야르Olivier Maillard는 서두에서 인사말을 한 뒤 청중들에게 '아주 아름다운 신학적 질문'을 던졌는데 이런 것이었다. 성처녀는 진정한 하느님의 어머니로 불리기 위해 그리스도의 임신에 적극적으로 참여했을까? 만약 부활이 개입하지 않았더라면 그리스도의 육체는 재로 변했을까?[22] 마리아의 무염시태無染始胎(원죄 없이 아이를 가짐)에 대한 논쟁에 대하여, 도미니크파는 성처녀를 처음부터 원죄로부터 사면해 줘야 한다는 당시의 대중적 견해와는 다른 입장을 취했다. 그들은 성모의 수태가 생물적이고 태아적인 요소가 가미된

도판 5 멜키오르 브뢰데를람, <이집트로의 도피>, 뮈제 드 보자르, 디종.

것이라고 보았는데, 오늘날의 관점에서 볼 때, 그리 교훈적이지 못하다.
하지만 아주 열광적인 신학자들은 그들의 주장이 너무나 중요하다고 확
신했기 때문에, 일반 대중을 상대로 하는 설교에서 이 논쟁을 끌어들였
다.[23] 교회 고위직의 행동 방향이 이러할진대, 성스러운 모든 것이 세속
적이고 세부적인 것으로 전락하는 것을 어떻게 막을 수 있었겠는가? 그
리하여 사람들이 기적을 눈에 보이는 것이 아니라 깊은 정신적 작용의
결과로 보는 수준에 도달하는 것은 드문 일이 되었다.

하느님과의 황당한 친밀성

일상생활 속에서 벌어지는 하느님과의 이런 황당한 친밀성은 두 가지

관점에서 바라보아야 한다.

첫째, 그것이 절대적 안정성과 신앙의 현장성現場性을 입증한다는 것
이다.

둘째, 이런 친밀감이 습관이 되면 이런 위험이 증가한다. 즉, 신을 믿
지는 않지만(그런 사람들이 늘 우리들 중에 있는데), 경건한 마음을 가진 사람
들이 불충분한 종교적 긴장의 순간에 도달하면, 의식적으로 또 의도적
으로 신앙을 모독한다는 것이다.

특히 모든 신비 성사들 중에서 가장 부드러운 성사인 영성체가 이런
식으로 위협을 받는다. 이 성스러운 성체 안에 하느님이 직접 내려와 들
어 있다는 믿음은 가톨릭 교회에서 가장 강력하고 열렬하게 주장하는
교리이다. (→ 트렌트 종교회의) 그것은 중세나 현대나 가톨릭 신앙의 핵심
요소이다. 그러나 중세 사람들의 순진하고 비非 자의식적自意識的이고 제
약을 모르는 화법은 때때로 신성 모독적인 언어의 용례를 만들어냈다.

가령 여행자가 잠시 말에서 내려 교회에 들어가는데 그 목적은 '지나
가는 길에 하느님을 보기 위해서(pour voir Dieu en passant)'(성체를 수령하기
위해서)이다. 성체를 몸에 지니고 당나귀를 타고 길을 가는 사제에 대해
서는 '당나귀에 올라탄 하느님'이라고 말한다.[24] 병석에 누워 있는 여자
에 대해서는 이렇게 말한다. "그녀는 자신이 곧 죽으리라 생각했고, 그
래서 사랑하는 하느님(성체)을 자신에게 가져다 달라"고 말했다.[25] 사제
가 높이 들어 올린 성체를 보고서 'Voir Dieu(하느님을 본다)'라고 말하는
것은 흔한 표현이었다.[26] 이런 여러 사례에서 언어 자체는 신성 모독이
아니나, 그 말을 쓰는 사람의 마음이 불경하거나 혹은 아무 생각 없이
그 말을 사용하면 그런 용례는 신성 모독이 된다. 이런 잘못된 경우에는
습관적인 어법이 그 뒤에 엄청난 신성 모독을 달고 나오는 것이다!

이런 흔한 용례에서 다음과 같은 무식한 친근성에 이르기까지는 불과 한 달음질인 것이다. "하느님께서 해주시도록 맡기자. 그분은 나이 많으신 분이니까."[27] 혹은 프루아사르의 이런 문장. "그리고 그는 양손을 꼭 모아 쥐고 그에게 빌었다. 왜냐하면 그는 하느님처럼 높은 자리에 있는 분이었기 때문이다."[28] 성체를 지칭하여 '하느님'이라는 단어를 사용하는 것이 하느님에 대한 믿음 자체를 오염시키는 사례로는 다음과 같은 것이 있다. 쿠탕스Coutances의 주교가 생드니 교회에서 미사를 집전할 때의 일이다. 주교가 하느님의 몸(성체)을 높이 쳐들자, 미사가 집전되는 예배당 주위를 배회하던 파리의 주임 행정관 위그 오브리오Hugues Aubriot는 기도를 바치며 미사에 집중하라는 경고를 받았다. 하지만 반골로 알려진 위그는 자신은 궁정에서 거주하는 주교의 하느님 따위는 믿지 않는다고 비난하듯이 말했다.[29]

이러한 친근성에는 신성한 것을 조롱하려는 의도가 조금도 없었다. 하지만 모든 성스러운 것을 회화적 이미지로 바꾸려는 중독 증세는 우리에게 좀 지나친 것으로 보인다. 사람들은 '지하실의 한스'라고 하는 컵 세트[30]와 유사한 마리아 소입상을 갖고 있었다. 이 소입상은 자그마한 황금 조각상으로 보석이 많이 박힌 것인데 배[腹部] 부분을 열면 거기에 성삼위聖三位(성부, 성자, 성령)가 들어 있었다. 이런 소입상들은 부르고뉴 공작들의 보물창고에서 발견된다.[31] 제르송도 파리의 가르멜 수도원에서 이런 소입상을 하나 보았다. 그가 이 소입상을 거부한 것은 성삼위가 마리아의 자궁에서 나온 것이라고 묘사한 이단적 해석 때문이었다. 기적에 대한 조잡한 묘사가 신앙심 부족에서 나온 것이라는 이유는 결정적 거부의 사유가 되지 못했다.[32]

중세인의 생활에는 종교가 아주 강력하게 스며들어가 있어서 현세적인 것과 내세적인 것의 거리가 거의 없어질 위험에 놓였다. 한편에서는 일상생활의 모든 것이 신성의 영역으로 들어 올려진 반면, 다른 한편에서는 신성한 것이 일상 중에 세속적인 것과 불가분의 관계로 뒤섞여 있었다. 앞에서 우리는 망자들의 뼈를 야적장에 한데 모아 놓고 사람들에게 구경시킨 파리의 이노상 공동묘지에 대해서 언급했다. 이런 끔찍한 곳의 교회 마당 뒤쪽에 갇혀 있는 수녀들의 생활처럼 더 끔찍한 것이 있을 수 있을까?

하지만 당시의 사람들이 이 수녀원에 대해서 한 말을 들어보기로 하자. "은수사들은 담장으로 둘러쳐진 이 자그마한 집에서 아름다운 설교의 위로를 들으며 살았다. 그들은 왕으로부터 8회에 나누어 8리브르의 연금을 받았다."[33]

마치 여느 수녀들에 대해서 말하는 것처럼 이런 식으로 말하고 있는 것이다! 종교적인 애수는 어디에 있는가? 가마솥에 불을 넣고, 암소의 젖을 짜고, 냄비를 닦는 등 가장 평범한 가내 잡일을 한다는 이유로 면죄부를 발급한다면 대체 어디에서 그것(종교적 애수)을 발견할 것인가?[34] 1518년 버겐 옵 줌Bergen op Zoom의 한 복권판매대회에서는 '소중한 경품'이나 면죄부 중 하나를 선택할 수 있었다.[35] 군주들이 도시로 입성 행렬을 벌일 때, 제단 위에 귀중한 성유물함을 진설하여 성직자들이 거기서 예식을 집행하고 군주들은 경배의 뜻으로 입을 맞추었다. 이런 성유물들조차도 행렬 때에는 어쩔 수 없이 거리 한 구석에서 벌어지는 관능적 공연들(때때로 이교도 스타일의 알몸으로 공연되는 행사들)과 인기 경쟁을 벌여야 했다.[36]

성과 속의 혼재

성과 속의 구분은 희미해졌다. 이것은 신성한 노래에 세속적 멜로디가 사용된다거나, 아니면 반대로 세속적 노래에 신성한 멜로디가 사용될 수 있다는 잘 알려진 사실로 생생하게 증명된다. 기욤 뒤페Guillaume Dufay는 "나는 나 자신을 너무나 즐겨", "만약 내 얼굴이 창백하다면", "무장한 남자" 같은 대중적 노래의 주제에 맞추어 미사곡들을 작곡했다. 용어用語에 있어서도 성과 속의 지속적인 상호 교환이 있었다. 세속적인 것들을 표현하는 데 전례의 용어를 빌려와도 아무 이의가 없었고, 그 반대의 경우도 마찬가지였다. 릴에 있는 한 회계사 사무소의 출입문 위에는 다음과 같은 문장이 붙어 있어서, 모든 사람들에게 언젠가는 하느님 앞에서 자신이 드렸던 헌금을 회계해야 한다는 것을 상기시켰다.

이어 우렁찬 트럼펫 소리와 함께 하느님은
총체적이고 전반적인 회계 사무소를 개소할 것이다.[37]

반면에 토너먼트의 엄숙한 선언은 면죄부를 판매하는 축제 장소 같은 분위기를 풍겼다.

너희들은 들어라, 너희들은 들어라
이 명예와 영광을. 그리고 무공이
가져다주는 저 위대한 면죄부를.[38]

우연의 일치로서, '미스테르(mystère, 신비)'라는 프랑스어 단어에는 미스테리움(mysterium, 신비)과 미니스테리움(ministerium, 행정 혹은 봉사)의 두 가지 개념이 겹쳐 있다. 따라서 일상생활 중에 어떤 대상에 대하여 '미스테르mystère'라는 용어를 사용할 때 신비의 아디이어가 다소 희석된다. 가령 '눈물의 샘 파 다르므(토너먼트)'에 사용된 일각수, 방패들, 인형 등에 대해서도 봉사의 도구라는 뜻으로 미스테르라는 용어를 썼던 것이다.[39]

　종교적 상징주의의 대칭도 있었다. 가령 지상의 사물과 지상의 사건을 신성한 것의 상징 혹은 예표像表로 사용하는 것이다. 구체적인 사례로는 군주들의 칭송에 전례의 비유를 전용하는 것이다. 중세인은 세속 권위에 대한 두려움에 사로잡히면 종교적 언어를 동원하여 그런 느낌을 표현하려 했다. 15세기 군주들의 봉신封臣들은 이런 신성 모독을 마다하지 않았다. 루이 도를레앙의 살해 사건을 다루는 법정 송사에서 루이의 변호사는 살해된 루이의 망령이 그의 아들 앞에 나타나 말을 하는 형식을 취했다. "내 상처를 보아라. 그 중에서도 다섯 군데가 특히 잔인하고 치명적이로구나."[40] 이 변호사는 루이에게 그리스도의 이미지를 부여하고 있는 것이다. 한편 샬롱의 주교는 피살된 루이를 복수하려는 자객에 의해 살해된 무외공 장을 하느님의 어린 양에 비유하는 것을 망설이지 않았다.[41] 몰리네Molinet는 아들 막시밀리안Maximilien을 마리 드 부르고뉴에게 결혼시킨 프리드리히 3세Friedrich III 황제를 가리켜 그리스도를 지상에 보낸 성부 아버지에 비유했다. 그는 이 사건을 미화하기 위해 거룩한 종교적 용어를 주저없이 가져다 썼다. 나중에 프리드리히 3세와 막시밀리안이 어린 미남공 필립(막시밀리안의 아들)을 데리고 브뤼셀 시에 들어왔을 때, 몰리네는 그 도시의 시민들이 눈물 젖은 눈으로 그 광경을 보았다고 적었다. "이것을 보아라. 성부와 성자와 성령의 삼위일체의 모습이로구나." 그는 부르고뉴의 마리에게 화관을 바쳤고, '처녀성만 없을 뿐' 성모 마리아의 정확한 이미지라고 노래했다.[42]

"내가 군주들을 신격화하려는 것은 아니다"[43] 라고 이 궁정인은 말한다. 어쩌면 이런 말들은 진정한 경배의 뜻이라기보다 그냥 내뱉은 공허한 말들일 것이다. 하지만 이런 말들이 일상생활에 사용됨으로써 성스러운 것들을 평가 절하한다. 장 제르송도 그의 설교를 들어주는 군주들에게 다른 사람들의 수호천사보다 더 높은 계급과 권능을 가진 수호천사의 비유를 제공하는 판이니, 궁정에 의해 고용된 이 시인(몰리네)을 우리가 어떻게 비난할 수 있겠는가?[44]

성스러움과 에로스의 위험한 접촉

종교적 표현이 에로스로 넘어가는 과정에 대해서는 앞에서도 다룬 바가 있다. 하지만 우리는 여기에서 그것과는 아주 다른 주제를 다룰 것이다. 앞에서 다룬 경우에는 의도적인 불경함과 진정한 조롱이 깃들어 있었지만, 방금 묘사한 사례들에는 그런 것이 없다. 이 둘(앞의 것과 지금 것)은 신성한 것을 황당하게 다룬다는 점에서만 관련성이 있다. 『백 가지 새로운 이야기들』의 저자들은 끝없는 말장난에 몰두한다. 그들은 saint(성자)와 seins(유방)을 교묘하게 혼용하고, devetion(예배), confesser(참회하다), benir(축복하다) 같은 단어에 음란한 의미를 부여한다. 『결혼의 열다섯 가지 즐거움Quinze joies de mariage』의 저자는 마리아의 즐거움들과 관련하여 이런 제목("열다섯 가지 즐거움")을 선택했다.[45] 그러나 남녀 간의 사랑을 경건한 예식의 준수라고 논평하는 것은 이미 전부터 있었던 것이다. 『장미 이야기』의 옹호자가 '신체의 부끄러운 부분들과 지저분하고 증오스

도판 6 장 푸케, 〈믈룅의 성모 마리아〉, 코닌클리크 박물관, 안트베르펜.

러운 죄악'을 언급할 때 종교 용어를 사용했다는 것은, 더욱 심각한 문제였다.[46] 여기에 종교와 에로스가 위험스럽게 접촉한 사례가 분명하게 입증되었고, 교회는 당연히 그것을 아주 두려워했다.

이런 위험한 접촉을 보여 주는 아주 뚜렷한 사례로는 푸케Fouquet가 그린 것으로 추정되는 〈믈룅Melun의 성모 마리아〉(도판 6)가 있다. 이 그

도판 7 장 푸케, <성 스테파누스와 함께 있는 에티엔 슈발리에>, 가멜데갈레리, 국립박물관, 베를린.

림은 두 장으로 된 제단화 중 한 장으로서, 나머지 한 장은 기증자인 에
티엔 슈발리에Étienne Chevalier와 성 스테파누스St. Stephanus를 그린 것인
데(도판 7) 현재 베를린에 소장되어 있다. 이 두 장으로 된 제단화는 원래
믈룅의 성모 성당의 합창대석에 걸려 있었다. 중세 시대의 전문가인 17
세기인 드니 고드프루아Denis Godefroy가 수집한 어떤 전설은 이렇게 말

한다. 플룅 성모 마리아의 묘사에 동원된 여인은 프랑스 왕 샤를 7세의 애첩인 아그네스 소렐Agnès Sorel이다.[47] 슈발리에는 소렐에 대한 애정을 숨기지 않았다. 이 그림의 다른 훌륭한 점들을 고려한다고 하더라도, 우리는 여기서 인형 같은 인물을 만난다. 둥그렇고 깨끗한 면도한 이마, 넓게 옷깃을 벌려 둥글게 드러난 유방, 높고 좁은 허리, 기이하면서도 읽어내기 어려운 얼굴 표정, 주위를 둘러싸고 있는 뻣뻣한 붉은 천사와 푸른 천사들 등이 그러하다. 이런 점들은 이 그림에 퇴폐적 무신앙의 분위기를 안겨준다. 그리하여 나머지 한 장에 등장하는 그림 기증자와 성인의 활기차면서도 심플한 분위기와는 아주 극명한 대조를 이룬다. 기록자 고드프루아는 이 그림의 테두리를 두른, 커다란 푸른색 벨벳에서 사랑의 매듭을 보았다고 적었다. 그것은 진주알로 새겨진 일련의 E자들이 금실과 은실로 만든 사랑의 매듭으로 연결된 것이었다.[48] 이것은 신성한 것에 대하여 신성 모독에 가까운 무관심을 드러낸 것이 아닐까? 후대의 르네상스 정신도 이런 불경을 저지른 적이 없었다.

일상의 종교적 실천에서 등장하는 신성 모독은 거의 무제한적이었다. 수도자들은 신성 모독적 가사가 담긴 노래, 가령 "내게 키스해 주오(Baisez-moi)", "빨간 코(Rouges nez)" 등을[49] 불렀고 그에 따라 예배가 진행되었다고 한다. 선량공 필립의 사생아인 다비드 드 부르고뉴David de Bourgogne는 위트레흐트 주교의 자격으로 그 도시에 입성했다. 그를 수행하는 자들은 귀족 군대였고 그의 또 다른 서자 동생이 아메르스포르트Amersfoort에서 그 도시까지 형을 따라왔다. 새로운 위트레흐트 주교는 '평화의 정복자, 세속의 군주'에 어울리게 무장을 하고 있었다. 이렇게 기록한 샤틀랭은 못마땅한 기색을 감추지 않는다. 이런 식으로 그는 대성당까지 말을 타고 갔고, 제단 앞에서 기도를 올리기 위해, 깃발과

십자가로 완전 무장한 행렬을 인솔하고 교회 안으로 들어갔다.[50]

이런 부르고뉴적 오만함을 로돌프 아그리콜라Rodolphe Agricola의 아버지, 바플로의 신부가 보여 준 온유한 경박성과 한번 비교해 보기로 하자. 이 신부는 셀베르트Selwert의 수도원장으로 선임되었다는 통지를 받은 날, 그의 첩이 아들을 낳았다는 소식을 함께 접수했다. 그러자 이 신부는 이렇게 말했다. "오늘 나는 두 번씩이나 아버지가 되는구나. 오늘 태어난 아이에게 하느님의 축복이 있기를!"[51]

당대의 사람들은 교회에 대하여 점점 불손하게 대하는 태도를 최근에 생겨난 죄악이라고 생각했다.

예전에 사람들은 교회에서 아주 경건했다.
제단 가까이 공손하게 무릎을 꿇었다.
그리고 온유하게 모자를 벗었다. 그러나
요즘 사람들은 짐승과 비슷하다. 두건과
모자를 그대로 쓴 채 제단으로 다가오는구나.[52]

축일에는 오로지 소수의 사람들만이 미사에 참석한다고 니콜라스 드 클레망주는 개탄했다. 그들은 미사가 끝날 때까지 자리에 남아 있지도 않고, 성수에 손을 대고, 무릎을 굽혀 성모에게 한번 인사하고, 성자상에 키스하는 것이 전부이다. 만약 그들이 성체성사까지 참석한다면 그들은 마치 그리스도를 위해 대단한 일이라도 한 것처럼 뻐기고 돌아다녔다. 아침 기도와 저녁 기도로 오로지 신부와 그의 보좌만이 바친다.[53] 마을의 향반鄕班은 그 자신과 그의 아내가 옷을 입고 준비를 갖출 때까지 미사를 기다려달라고 신부에게 전갈을 보냈다.[54]

가장 성스러운 축일들, 심지어 크리스마스이브도 카드 게임, 욕설, 신성 모독 등 방탕 속에서 지나갔다. 만약 사람들에게 이런 행동을 지적하면, 그들은 귀족들과 고위직·하위직 성직자들의 사례를 지적했다. 성직자들은 그런 행동을 해도 아무 일 없는데 왜 우리들만 뭐라고 하느냐는 태도를 보였다.[55] 철야 행사 때에는 음란한 노래들에 맞추어 교회 마당에서 춤판이 벌어졌다. 신부들도 철야 행사 중에 주사위 놀이와 욕설을 함으로써 사람들에게 좋지 않은 선례를 남겼다.[56] 이런 사례들은 인생의 어두운 측면만 들여다보는 도덕주의자들에 의해 기록되었다. 하지만 이런 어두운 사실은 여러 사료들에 의해 여러 번 확인되고 있다.

스트라스부르Strasbourg 시의회는 해마다 성 아돌프Saint Adolphe의 밤에 '철야하며 기도를 올린' 사람들에게 1,100리터의 와인을 나누어 주었다.[57] 한 시의원은 카르투지오 수도사 드니에게 이런 불평을 늘어놓았다. 해마다 성스러운 유물 전시 행렬 때면 음주, 가무, 기타 음란한 행위가 발생하는데 어떻게 하면 이것을 막을 수 있을까? 그러나 무엇보다도 시장부터 그 행사를 그만둘 생각이 없었다. 그 행렬은 시 당국에 돈을 벌어 주었다. 외지 사람들을 그 행사에 끌어들여 숙소, 음식, 음료를 제공하면서 관광 수입이 짭짤했던 것이다. 누가 뭐라고 하건 그것은 관습적으로 벌어지는 일이었다.

드니는 그 문제를 잘 알았다. 그는 사람들이 행렬 행사 때 얼마나 뻔뻔해지는지를 꿰뚫어보았다. 그들은 수다를 떨고, 웃음을 터트리고, 희롱을 하고, 음주를 하거나, 기타 조야한 쾌락에 몰두했다.[58] 드니의 울적한 탄식은 성 리에뱅Saint Liévin의 유물을 들고서 후템Houthem 시장까지 온 겐트 사절들의 행렬에도 그대로 적용될 수 있다. 샤틀랭은 이와 관련하여 이렇게 개탄했다. "예전에 귀족들은 성유물을 장엄하고 위엄 있고 경배하는 자세로 들고 다니는 습관이 있었다. 하지만 지금은 깡패와 악당의 무리들이 성물을 들고 다닌다." 그들은 소리 지르고 고함치고, 노래 부르고 춤추고, 보이는 건 뭐든지 조롱하면서 그것을 들고 다니며 그러다가 모두 취해 버린다. 더욱이 그들은 무장을 했고, 하고 싶은 짓은 뭐든지 한다. 그들이 성유물을 휴대하고 있다는 그 이유 하나만으로 모든 것이 그들 마음대로였다.[59]

사교의 장소가 된 교회

교회에 가는 것은 사회생활의 중요한 요소였다. 사람들은 제일 좋은 옷을 떨쳐입고, 신분과 지위를 과시하고, 정중한 매너와 처신을 경쟁하기 위해 교회에 갔다. 이미 앞에서 말한 것처럼,[60] '평화'의 막대기는 짜증스러운 경쟁적 정중함의 원천이었다. 젊은 귀족이 교회에 들어오면 우아한 숙녀는 자리에서 일어나 그의 입에 키스를 했다. 사제가 성체를 높이 쳐들고 신자들이 무릎을 꿇고 기도를 올리고 있는 상황도 아랑곳하지 않았다.[61] 미사 동안에 주위를 돌아다니거나 대화를 나누는 것은 아주 흔한 관습이었다.[62] 젊은 청년과 처녀가 만남의 장소로 교회를 사용하는 것은 너무 흔해서 오로지 도덕주의자들만이 그것을 당황스럽게 여겼다. 니콜라스 드 클레망주는 이렇게 불평했다. 젊은 남자들은 화려한 머리 스타일에 가슴 깊게 패인 옷을 입은 여자들을 보기 위해 교회에 온다. 덕성 높은 크리스틴 드 피장은 순진하게도 이런 노래를 읊었다.

만약 내가 교회에 간다면
아름다운 사람을 보기 위해서라네.

새로 피어난 장미처럼 신선한.[63]

교회는 청춘 남녀들의 만남 장소, 사랑하는 여자에게 성수聖水를 건네주는 장소, 그녀에게 '평화'의 막대기를 건네주고, 그녀를 위해 촛불을 켜주고, 그녀 옆에서 함께 무릎을 꿇고, 조용한 신호와 은밀한 시선을 주고받는 곳 이상의 장소였다.[64] 교회 안에서, 심지어 성스러운 날들에도 창녀들은 호객 행위를 했고[65] 젊은이들을 타락시키는 부도덕한 그림들이 판매되었다. 교회는 이런 죄악을 저질러서는 안 된다고 설교했지만 아무 효과가 없었다.[66] 교회와 제단은 거듭하여 불경한 행위들로 모독되었다.[67]

교회 예배와 마찬가지로 순례도 쾌락, 특히 연애의 성격이 강한 쾌락을 제공했다. 순례 여행은 종종 관광 여행으로 언급되었다. 딸들에게 좋은 매너 교육을 시켜야 한다고 생각했던 라 투르 랑드리 기사는 토너먼트와 순례 여행을 가기를 좋아하는 유한부인에 대하여 언급했다. 딸들에게 경고를 주기 위해, 그는 정부를 만나는 구실을 만들기 위해 순례 여행을 떠난 여자의 사례를 인용했다. "어리석은 세속적 욕망 때문에 순례를 떠나서는 안 된다고 가르치는 좋은 사례가 여기에 있다."[68] 니콜라스 드 클레망주는 이런 지적에 동의했다. 사람들은 맹세를 완수하기 위해 먼 곳의 예배당으로 순례를 떠나는 것이 아니라, 우직하고 협량한 사람들로부터 벗어나 자유를 얻기 위해 여행을 떠났다. 순례는 온갖 비행이 벌어지는 계기가 되었다. 여자 뚜쟁이들이 언제나 거기 끼어들어 젊은 여자들을 유혹했다.[69]

『결혼의 열다섯 가지 즐거움』에서 흔하게 발생하는 사건은 이런 것이다. 젊은 아내가 약간의 기분 전환을 필요로 하면 남편에게 이렇게 말한

310

다. 우리 애가 저렇게 아픈 것은 내가 임신 중에 했던 순례 맹세를 지키지 않았기 때문이에요.[70] 샤를 6세와 이사보 드 바비에르의 결혼 준비는 순례로 시작되었다.[71] 데보티오 모데르나를 지지하는 진지한 사람들이 순례를 별로 대단치 않게 여긴 것은 그리 놀라운 일이 아니다. 토마스 아 켐피스Thomas a Kempis는 순례를 자주 다니는 사람들은 성자가 되는 법이 별로 없다고 말했다. 프레데릭 반 헤일로Frédéric van Heilo는 이 문제에 집중하여 『순례자들에 반대한다Contra peregrinantes』라는 특별한 책을 집필했다.[72]

죄악의 생활과 스스럼없이 뒤섞이는 이런 신성 모독의 행위들에는, 노골적인 무신앙보다는 전례에 대한 순진한 친근성이 더 강하게 느껴진다. 종교적 분위기가 강력하게 스며들어 있고 신앙을 당연시하는 문화만이, 이런 과도함과 타락의 사례들을 보이는 것이다. 종교적 실천이 절반쯤 퇴락해 버린 과정을 추구하는 이런 사람들이, 갑자기 종교적 열광의 극단적 양상을 보이는 바로 그 사람들인 것이다. 가령 탁발 설교자들의 불같은 설교를 들을 때 이들은 열광적 반응을 보이는 것이다.

성스러움과 욕설의 결합

심지어 저주나 욕설 같은 어리석은 죄악도 강력한 신앙으로부터 생겨난다. 원래 의식적意識的 주문인 저주는 어디에나(심지어 아주 사소한 것에 이르기까지) 존재하는 하느님의 현존을 즉각적으로 의식하는 표시이다. 하느님에게 도전한다는 느낌이 저주에 그런 죄악의 매혹을 부여한다. 욕설이 기계적인 것이 되어 버리고 저주의 실현성이 사라져 버릴 때 비로소 저주는 후대의 단조로운 투박함으로 변질된다. 중세 후기에 저주는 아직도 모험과 오만의 매혹을 풍겼고 그래서 귀족들의 놀이 수단이 되었다. "뭐라고?" 귀족이 농민에게 말했다. "당신은 악마에게 당신의 영혼을 팔아 버렸고 하느님의 존재를 부정하고 있어. 그런데도 당신이 귀족이 아니란 말이야?"[73] 데샹은 욕설의 습관이 낮은 계급의 사람들에게까지 전파되었다고 보고한다.

신분이 낮은 사람치고 이렇게 말하지 않는 사람이 없네.
나는 하느님과 그의 어머니를 부정한다.[74]

사람들은 새롭고 극적인 욕설을 만들어내려고 경쟁했다. 가장 신성 모독적인 저주를 잘 하는 자는 그 방면의 대가大家로 존중되었다.[75] 데샹은 프랑스 어디에서나 사람들이 욕설을 한다고 보고했다. 처음에는 가스코뉴어로, 그 다음에는 영어로 욕설을 지껄였고, 그 다음엔 브르타뉴어로, 마지막으로 부르고뉴어로 욕설을 퍼붓는다. 그는 가장 널리 사용되는 욕설들만 한데 모아 두 개의 발라드를 썼으나 결국에는 그 시들에 경건한 의미를 부여했다. 그 중에서도 부르고뉴 욕설이 가장 질이 나빴다. 거기에는 "나는 하느님을 부정한다(Je renie Dieu)"[76]라는 욕설도 있었다. 하지만 이것은 나중에 다소 희석되어 "나는 장화를 부정한다(Je renie de Bottes)"로 바뀌었다. (하느님을 의미하는 God과 장화를 의미하는 Bottes는 네덜란드 어에서 발음이 비슷함-옮긴이)

부르고뉴 사람들은 욕설의 대가라는 명성이 높았다. 제르송은 부르고뉴 외에 프랑스가 그 높은 기독교 정신에도 불구하고 다른 나라들에 비해 욕설의 피해가 컸다고 보고했다. 그는 이 욕설이 전염병, 전쟁, 기근을 불러온 원인이라고 말했다.[77] 심지어 수도자들도 욕을 했다.[78] 제르송은 사법 당국과 고위 계급들이 엄격한 법률을 통해 이 죄악을 뿌리 뽑아 주기를 바랐다. 그러나 강력하게 집행되기는커녕 가벼운 벌과금이 부과 되고 말았다. 그 후 1397년에, 욕설을 금지하는 1269년과 1347년의 오 랜 규정들을 다시 도입하는 왕령이 선포되었다. 이번 단속은 가벼우면 서도 실용적인 벌금을 부과하는 것이 아니라, 입술을 찢거나 혀를 잘라 내는 오래된 관습을 도입하겠다고 위협했다. 이런 끔찍한 체형은 욕설 에 대한 성스러운 공포를 잘 표현해 준다. 이 왕령이 들어 있는 기록부 의 가장자리에는 이런 노트가 적혀 있다. "이런 모든 욕설들이 1411년 현재 왕국 전역에서 아무런 징벌도 받지 않고 널리 사용되고 있다."[79] 피 에르 다이이는 콘스탄츠 종교회의(→ 대분열)[80]에 나가 이 죄악에 맞서 싸 워야 한다고 강력하게 촉구했다.

제르송은 저주의 죄악이 양극단을 오락가락한다는 것을 잘 알았다. 그는 고해신부로 활약한 경험이 있어서, 단순하고 정결한 젊은 사람들 이 하느님을 부정하고 또 신성 모독(저주)을 하려는 날카로운 욕망으로 고통 받는다는 것을 알았다. 그는 젊은이들에게 하느님에 대하여 너무 열정적인 명상을 하지 말라고 권했다. 왜냐하면 그들은 아직 그런 명상 을 할 정도로 정신이 강인하지 못하기 때문이다.[81] 반면에 부르고뉴 사 람들처럼 습관적인 신성 모독자들도 있었다. 그들의 행위는 혐오스럽기 는 하지만 위증죄는 포함하지 않았다. 왜냐하면 그들은 그냥 욕설을 했 을 뿐 맹세를 하려는 의도는 없었기 때문이다.[82]

종교적 문제를 가볍게 처리하려는 습관이 언제 어느 순간에 불경不敬 혹은 무신앙으로 전락하는지, 그 지점을 정확하게 파악하기는 불가능 하다. 물론 중세 후기에는 종교적 경건함을 경멸하고 경건한 사람들을 조롱하려는 경향이 강했다.[83] 대중적 작가들은 경박하고 무심했다. 가령 『백 가지 새로운 이야기』에는 이런 스토리가 나온다. 한 신부가 자신의 죽은 개[犬]를 정결한 땅에다 묻고 그 개를 '하느님의 죄 사함을 받은 나의 훌륭한 개'라고 호칭했다. 그리고 그 개는 "곧장 개들의 천국으로 올라갔다."[84] 여기에는 거짓된 혹은 가짜 경건함에 대한 엄청난 적개심이 도사리고 있다. 두 마디 건널 때마다 '이단자(papelard)'라는 말이 나온다. "어린 천사에서 늙은 악마가 나온다(De jeune angelot vieux diable)", "청춘의 천사가 나이 들면 사탄이 된다(Angelicus juvenis senibus sathanizat in annis)" 같은 프랑스어와 라틴어 격언들은 제르송이 볼 때 그의 옆구리를 찔러대는 가시처럼 고통스러웠다. "이렇게 젊은이들이 타락했다"라고 그는 개탄했다. 어린아이들의 뻔뻔스러운 얼굴, 거친 언어와 욕설, 천박한 표정과 몸짓 등이 칭찬을 받다니, 정말 한심한 세태라는 것이었다. "악마 짓을 하는 어린아이들이 늙어서는 무엇이 될까" 하고 제르송은 우려했다.[85]

종교를 거부하는 사람들

제르송은 성직자와 신학자들에 대해서는 두 유형으로 구분했다. 한 그룹은 무식한 말썽꾼들이다. 그들에게 진지한 토론은 부담스럽고 종교는 동화童話나 마찬가지이다. 그들은 외양과 계시에 관한 모든 말을 크게 비웃으면서 아주 혐오스럽다는 듯이 거부한다. 나머지 한 그룹은 정반대의 경향을 보인다. 그들은 정신착란에 빠진 사람들이 상상해낸 얘기, 그들의 꿈, 기이한 아이디어 등을 계시로 받아들인다.[86] 일반 대중은 이 양극단 사이에 중간노선을 잡는 방법을 알지 못한다. 그들은 견자見者와 복점가의 예언을 믿는다. 하지만 진정한 계시를 자주 받는 진정한 성직자가 단 하나의 오류라도 저지르기만 하면, 세속의 사람들은 성직자 계급에 속한 모든 사람들을 조롱하면서 그들을 사기꾼 혹은 '이단자'라고 매도하고 그 이후에는 성직자들을 모두 해로운 위선자라고 치부하며 그들의 말을 들으려 하지 않는다.[87]

널리 개탄되는 불경한 사례들을 살펴보면 대부분의 경우, 예식의 내용과 형식이 포화되어 종교적 긴장이 갑자기 사라진 경우에 발생한다. 중세 내내 갑작스러운 무신앙[88]이 순간적으로 분출한 사례들이 다수 있었다. 이런 사례들은 신학적 명상에 바탕을 둔 교회의 가르침에서 이탈해 나온 것이 아니고, 그 가르침에 대한 순간적이고 직접적 반작용에서 생겨난 것이다. 시인과 연대기 작가들이 당대의 엄청난 죄악상을 목격하고서 아무도 더 이상 천당과 지옥[89]을 믿지 않는다고 개탄한 것은 그리 큰 의미가 있는 사건은 아니었다. 하지만 무신앙이 의식적意識的인 것이 되었고, 또 단단하게 굳어진 사례가 한 건 이상 보고되었다. 얼마나 굳어졌던지 그 사실이 모든 사람에게 알려졌고 또 종교를 믿지 않는 자들에 의해서도 인정되었다. "훌륭한 동료들." 베티삭Bétisac 장군은 그의 동료들에게 말했다.[90] "나는 오랫동안 나의 정신적 관심사를 살펴왔고, 내 양심에 비추어 볼 때, 이미 오랫동안 신앙에 대하여 실수를 저지름으로써 하느님을 크게 분노하게 만들었다고 생각합니다. 나는 3위1체에 대한 설명을 단 한 마디도 믿을 수 없습니다. 하느님의 아들이 하늘로부터 내려와 여자의 육신을 빌어서 지상에 왔다는 말도 믿지 못하겠습니다. 우리가 죽은 뒤에는 영혼이라는 것도 없다고 믿으며 또 그것을 널리 말해 주고 싶습니다…… 나는 자의식을 가진 이래 이런 의견을 견지해 왔고 그것을 끝까지 유지할 것입니다."

파리의 행정관 위그 오브리오Hugues Aubriot는 성직자들을 열렬하게 매도한 사람이었다. 그는 성체성사를 믿지 않았고 그것을 조롱했다. 그는 부활절 축일을 지키지 않았고 고해성사를 받으러 가지도 않았다.[91] 자크 뒤 클레르크Jacques du Clercq는 죽음에 임하여 정신이 말짱한 상태로 병자성사를 거부한 여러 명의 귀족들도 있다고 말했다.[92] 릴의 행정관인 장 드 몽트레유는 학자 친구들 중 한 명에게 편지를 써 보냈는데, 신앙심 깊은 사람의 스타일이라기보다 계몽된 휴머니스트(인문주의자)의 자연스러운 스타일을 취했다. "그대는 우리의 친구 암브로시우스 데 밀리스Ambroise de Miliis를 잘 알고 있겠지. 그대는 그가 종교, 신앙, 성경, 교회의 지시 등에 대하여 어떤 생각을 갖고 있는지 들었겠지. 그와 비교해 볼 때 무신앙의 쾌락주의자 에피쿠로스를 오히려 가톨릭 신자라고 해야 할 것이네. 그런데 그는 이제 완전히 가톨릭으로 돌아섰다네. 그가 이렇게 회심하기 전, 그러니까 무신앙을 외쳐대던 시절에도, 경건하고 독실한 신앙심을 가진 사람들로 구성된 초창기 휴머니스트 서클에서 암브로시우스는 용납이 되었다네."[93]

이런 자연발생적인 무신앙의 한편에는 르네상스의 문학적 이교도주의와, 아베로에스Averroes에게서 나온 조심스럽고 세련된 형태의 에피쿠로스주의(13세기 초에 아주 널리 유행했던 사상)가 있었다. 또 다른 한편에는 무지한 이단자들의 열정적으로 신앙을 부정하는 태도가 있었다. 이런 이단자들은, 사람들이 뒤를뤼팽Turlupin(어릿광대, 건달, 게으름뱅이 등을 뜻한 프랑스 고어 - 옮긴이)파라고 부르든, 혹은 자유정신형제회라고 부르든, 신비주의와 범신론을 갈라 놓는 경계선을 훌쩍 건너서 아예 무신앙 쪽으로 가버린 자들이었다. 하지만 이런 현상들은 뒤에 가서 다른 맥락에서 좀 더 자세히 다루어질 것이다. 여기에서는 신앙의 외부적 이미지와, 외부적 형식과 관습만 다루기로 하자.

일반 대중이 종교를 일상적으로 깨우치는 데 있어서, 가시적可視的 이미지만 있으면 충분하다. 이런 이미지는 신앙의 추상적 증명을 피상적인 것으로 만든다. 구체적으로 묘사된 것, 그러니까 우리가 색깔과 형체로 알아보는 것—가령 삼위일체의 입상, 지옥의 유황불, 성인들의 목록 따위—과, 이 모든 것에 깃들어 있는 신앙 사이에는 아무런 간격이 없다. 다시 말해, 이것이 진실일까, 하고 물어볼 수 있는 공간이 없다. 이런 재현물들은 직접 그림에서 신앙으로 넘어가 버린다. 그 재현물들은 사람들의 마음속에 이런 방식으로 존재한다. 즉 교회가 신앙과 기타의 것에 대하여 요구하는 모든 리얼리티를 그런 재현물이 규정하고 구체화해준다는 것이다.

하지만 신앙이 가시적 이미지에만 의존할 경우, 신앙의 여러 구성 요소들이 가진 성스러움의 성격이나 정도에 대해서 질적인 구분을 하는 것이 불가능해진다. 갑이라는 그림은 을이라는 그림 못지않게 리얼하고 그런 만큼 똑같은 경외감을 불러일으킨다. 하지만 하느님을 경배하고 성자들을 숭배해야 한다는 사실은, 그림 그 자체가 가르쳐주는 것이 아니다. 교회가 필요한 구분을 적절한 시점에 해주지 않으면 신앙의 구성 요소들 사이의 차이점은 사라져 버린다.

성인 숭배와 교회의 입장

교회의 엄격한 입장은 명료하면서도 고상한 것이었다. 사람은 사망한 이후에도 인격이 그대로 존재한다는 지속적인 믿음이 있기 때문에, 성인 숭배는 자연스럽고 또 의문의 대상이 될 수 없었다. '하느님에 대한 모방과 환원(per imitationem et reductionem ad Deum)'을 통하여 그들(성인들)

을 명예롭게 존중하는 것이 허용되었다. 같은 논리로, 그림, 유물, 성지, 성물 등을 숭배하는 것도 허용 가능하다. 왜냐하면 이런 것들이 궁극적으로 하느님에 대한 경배를 이끌어내기 때문이다.[94] 성자와 구원을 얻은 보통 사람들 사이의 전문적 구분은 공식적인 시성諡聖 절차로 확립되었다. 이러한 구분은 비록 골치 아픈 형식화이기는 하지만 그리스도교의 정신에 위배되는 것은 아니다. 교회는 성스러움(성인)과 축복(복자)이 동일한 가치를 갖고 있다고 생각했다. 그래서 성인과 복자로 위계를 나누는 절차가 좀 하자가 있다는 것도 알았다. 제르송은 이런 말을 했다. "시성받은 성인들보다 훨씬 더 많은 성인들이 지금까지 사망했고 매일 사망하고 있다고 보아야 한다."[95]

성인들의 초상화가 허용된 것은 10계명(구약성경 신명기 제5장 - 옮긴이)의 두 번째 계명("너희는 우상을 만들지 말라")을 위반한 것이지만 다음과 같은 논리로 정당화될 수 있다. 그런 초상화의 금지는 성육신 이전에만 필요했던 것이다. 당시에는 하느님이 오로지 정신으로만 존재했기 때문이다. 하지만 그리스도의 출현은 그 오래된 계명을 취소시켰다. 그렇지만 교회는 제2계명의 나머지 부분, 즉 "너희는 우상을 숭배하지도 받들지도 말라(Non adorabis ea neque coles)"는 가르침은 무조건적으로 따르기를 원했다. "우리는 이미지들을 경배하지는 않는다. 하지만 그 이미지 속에 묘사된 이, 하느님 혹은 그분을 섬기는 성자는 존중하고 경배한다."[96] 그러니까 이미지들은 성경을 잘 모르는 순박한 사람들에게 무엇을 믿어야 할지 가르쳐주려는 의도로 제작되었다는 얘기이다.[97]

이미지들은 마음이 단순한 사람들을 위한 책이었다.[98] 우리는 그것을 프랑수아 비용이 그 자신의 어머니를 위해 쓴 기도문에서 엿볼 수 있다.

나는 늙고 가난한 여인입니다

아는 것도 없고 글도 읽을 줄 몰라요.

내가 다니는 교회에서

나는 하프[竪琴]와 류트[絃琴]로 채색된 천국을 보아요.

저주받은 자들이 삶아지는 지옥도 보아요.

지옥은 나를 두렵게 하지만

천국은 내게 기쁨과 평화를 주어요……[99]

    그러나 교회는 다음과 같은 사실을 경계했다. 제멋대로의 성경 해석 못지않게 온갖 그림들도 단순한 사람들을 헛된 길로 인도할 수 있다. 교회는 무지나 단순함 때문에 이미지[조각이나 초상화] 숭배의 악습에 빠져드는 사람들을 관대하게 처분했다. 제르송은 말한다. "이미지는 교회가 요구하는 것만 적절히 수행한다면 아무 문제 없다."[100]

    교회는 성인을 중재자가 아니라 요청의 해결자로 숭배하는 태도에 대해서는 철저하게 금지해 왔다. 과연 교회가 이런 단속을 언제나 잘 해왔는가 하는 교리사敎理史의 측면에 대해서는 여기서 언급하지 말기로 하자. 우리는 여기서 문화사의 한 측면으로서, 교회가 사람들이 오류에 빠지는 걸 막는 데 얼마나 성공했는지 살펴보기로 하자. 다시 말해, 중세 후기에 대중들의 마음속에서 성인들이 어느 정도의 현실 감각, 어느 정도의 이론적 가치를 차지하고 있었는가? 이 질문에 대해서는 단 하나의 답변만이 가능하다. 성인들은 신앙생활에서 너무나 본질적이고, 구체적이고, 친숙한 인물들이어서, 일반적이고 감각적인 종교적 충동이 성인 숭배와 곧바로 연결되어 있었다. 대부분의 열광적 정서는 그리스도와 마리아에게 바쳐졌지만, 일상적인 종교적 감정은 상당 부분이 성인 숭배를 중심으로 결정結晶되었다.

사정이 이렇기 때문에 인기 높은 성인들은 일상생활의 한 가운데 살아 있었다. 그들의 입상은 그들의 특징 못지않게 사람들에게 친숙했다. 그들이 당한 처참한 고문과 그들이 보여 준 놀라운 기적들은 잘 알려져 있었다. 그들은 살아 있는 사람들처럼 옷이 입혀졌고, 또 저마다 특성이 부여되었다. 중세 사람들은 날마다, 살아 있는 전염병 환자나 순례자의 모습에서 성 로크와 성 야고보를 만날 수 있었다.

이와 관련하여 성인들이 입은 겉옷의 길이가 당시의 유행과 일치했다는 것을 연구하면 퍽 흥미로운 연구가 될 것이다. 확실히 15세기에는 성인 숭배의 경향이 있었다. 하지만 교회 미술이 성인들에게 수사학적 의상을 입힘으로써 살아 있는 일반 대중의 상상력으로부터 성인들을 멀리 떼어놓았다. 이러한 조치의 요점은 무엇인가? 이것은 르네상스적 감수성이 역사적 의상을 신경 쓴 사례라고 간단히 치부해 버릴 수 없다. 한 가지 더 고려해야 할 요소는, 대중적 상상력 그 자체가 성인들을 포기하기 시작했다는 것이다. 그래서 성인들은 더 이상 대중적인 교회 미술에서 고유의 자리를 차지하지 못했다. 반종교개혁 시기에, 성인들은 교회의 의도에 부응하여 몇 계단 위로 올라갔고, 그리하여 대중적 생활과의 연결점을 잃어버렸다.

조각상 덕분에 성인들이 누렸던 신체적 현존감은, 교회가 성인들의 성물 숭배를 허용하고 심지어 권장함으로써 더욱 강화되었다. 이런 구체적이고 물질적인 것에 대한 집착은 신앙을 물질화(구체화)시키는 효과를 가져왔고, 종종 깜짝 놀랄 만한 극단적 행위들을 불러일으켰다. 중세의 활기찬 신앙이 성스러운 유물에 집중되었을 때, 세속화나 신성 모독의 위험에 의해 견제를 받지 않았다. 움브리아Umbria 산맥의 사람들은

1000년경에 성 로뮈알드Saint Romuald의 유골을 확보하기 위해 그를 죽이려 했다. 토마스 아퀴나스의 사망지인 포사 누오바Fossa Nuova의 수도자들은 귀중한 유골을 잃는 것이 두려워서 망자의 머리를 자르고, 삶고, 또 시체를 보존하는 일도 서슴지 않았다.[101] 성녀 엘리자베스 드 투링기아St. Elizabeth de Thuringia를 매장하기 직전에는 수많은 사람들이 몰려들어 그녀의 얼굴을 가린 천을 한 조각 뜯어서 가지려 했고, 그녀의 머리카락과 손톱, 그녀의 귀, 심지어 젖꼭지 일부까지 떼어가려 했다.[102] 어떤 엄숙한 축제에서 샤를 6세는 그의 선조인 성 루이의 갈비뼈를 피에르 다이이, 숙부들인 베리 공과 부르고뉴 공에게 나누어 주었다. 그는 성직자들에게는 다리 부분을 주었고, 그들은 식사 후에 그 다리를 나누어 가졌다.[103]

성인들이 아무리 살아 있는 것처럼 생생하게 보인다 하더라도, 비교적 소수만이 초자연적 체험에 등장했다. 환상, 외양, 표징, 귀신 등은 대중들의 성인 상상과는 거리가 있는 영역이었다. 물론 예외가 있다. 가령 잔 다르크에게 나타났다는 성 미카엘, 성 카타리나, 성 마르그리트 등이 그들이다. 우리는 또한 환상 문헌들에서 다수의 사례들을 인용할 수 있다. 하지만 전반적으로 말해서, 우리가 이런 스토리에서 만나는 사례들은 미화되고 해석된 것들이다. 도상圖像에 의해 뚜렷하게 인식되는[104] 열네 명의 거룩한 순교자들이 1446년 밤베르크Bamberg 인근 프랑켄탈Frankenthal의 한 어린 목동에게 나타났을 때, 그 목동은 각자의 특징을 가진 순교자들을 본 것이 아니라, 열네 명의 똑같은 케루빔 천사들을 보았다. 그들은 자신들이 성스러운 순교자라고 '말했다.'

대중적 환상은 천사, 악마 귀신, 하얀 옷 입은 여자들로 채워져 있으나, 성인들은 거기에 들어있지 않다. 오로지 예외적인 경우들에만, 성인들이 진정한 초자연(그러니까 문학적으로나 신학적으로나 미화되지 않은 상태)의 역할을 수행했다. 가령 작고한 성 베르톨루스Saint Bertolus가 겐트에서 한 역할이 그러하다. 이 성인은 뭔가 중요한 일이 벌어지려고 할 때마다, 성 베드로 수도원에 있는 자신의 관대棺臺를 '아주 빈번히 아주 크게' 노크한다. 때때로 그 노크는 가벼운 지진을 동반했고, 그러면 겐트 시는 미지의 위험을 물리치기 위해 대규모 행렬을 준비했다.[105] 그러나 일반적으로 말해서, 무시무시한 공포는 교회에 전시된 선명한 이미지들보다는 희미하게 상상된 인물들에게서 더 잘 일어난다. 귀신들과 마찬가지로, 상상 속의 인물들은 반투명의 가운을 걸친 채 끔찍한 모습으로 목적 없이 배회하는 것이다. 혹은 두뇌의 깊숙한 곳에서 피어올라 순수한 천상의 빛이나 아주 무서운 환상적 형체로 등장하는 것이다.

우리는 이 모든 것 때문에 놀랄 필요가 없다. 성인들이 이처럼 유한한 형체와 구체적 특성을 취하고 있기 때문에 그들에게는 공포와 신비가 없다. 초자연적 공포는 무제한적 상상력에서 나오거나, 새롭고 끔찍한 것이 갑작스럽게 발생할지 모른다는 가능성에서 나온다. 이미지가 선명한 윤곽을 잡고, 또 그 성격이 규정되면, 그것은 안전함과 친숙함의 느낌을 불러일으킨다. 잘 알려진 성인들의 입상은 외국 도시에서 경찰관을 보았을 때처럼 사람을 푸근하게 안심시키는 구석이 있다. 성인 숭배, 특히 성인의 입상은 다음과 같은 양극단 사이에서 편안하고 조용한 신앙의 중립 지대를 제공해 준다. 하나의 극단은 하느님의 비전을 보면서 황홀에 빠지거나 그리스도의 사랑에 온몸을 떠는 것이며, 다른 하나의 극단은 악마와 마술의 공포에서 생겨난 끔찍한 환상의 결과물을 신봉하는 것이다.

우리는 심지어 성인 숭배가 중세인들의 과도한 열정을 건전하게 식혀

주는 작용을 했다고 말할 수도 있다. 왜냐하면 그것은 많은 축복과 많은 공포를 올바르게 인도하여 낯익은 개념들로 환원시켰기 때문이다.

중세의 요셉 숭배

순전히 그 회화적인 성격 때문에, 성인 숭배는 종교가 외부적으로 발현된 형식의 하나라고 할 수 있다. 그것은 일상적 생각의 흐름과 함께 흘러가며 때때로 그 흐름 속에서 위엄을 잃어버리기도 한다. 중세의 요셉 숭배가 좋은 사례이다. 그것은 열정적인 마리아 숭배에 대한 반작용의 결과이다. 의붓아버지 요셉에 대한 이런 불경한 관심은 성모에게 쏟아진 사랑 및 영광과 표리 관계를 이룬다. 마리아가 높이 올라갈수록 요셉은 그에 비해 단순한 희화戱畵가 되어 버린다. 중세 미술은 이미 그에게 무식한 농부 비슷한 외양을 부여했다. 디종에 있는 **멜키오르 브뢰데를람**의 제단화는 요셉을 그런 식으로 묘사했다. 하지만 그림에서는 요셉과 관련된 가장 신성 모독적인 측면이 묘사되지 않았으나, 시가詩歌에서는 그런 측면의 묘사도 마다하지 않았다. 외스타슈 데샹은 요셉에 대한 전통적인 인식, 즉 하느님의 어머니에게 봉사하고 그 아들을 길렀으니 인간으로서 이보다 더 높은 은총을 받은 자는 없다, 라는 인식을 거부한다. 데샹은 다소 진지하면서도 다소 조롱하는 듯한 어조로 요셉이 평생 일만 하다 간 한심한 남편이라고 묘사한다.

처자식에게 봉사하는 자여,
항상 요셉을 명심하라.
그는 우울하면서도 슬픈 가운데

한 여인에게 평생 봉사했다.

그는 어린 예수 그리스도를 돌보았다.

그는 기다란 막대기에 봇짐을 매달아 지고 걸어갔고

많은 곳에서 그런 모습으로 묘사되었다.

노새 옆에서는 그 노새의 다정한 벗이 되었다.

그래서 그는 이 세상에서 아무런 낙이 없었다.[106]

우리는 이 시가 고상한 사례를 제시함으로써 피곤한 남편들을 위로하려는 것이라고 좋은 뜻으로 해석할 수도 있다. 비록 그 묘사가 별로 품위는 없지만 말이다. 하지만 데샹은 요셉을 가정 관리의 부담을 경고하는 구체적 사례로 제시한다.

요셉은 엄청난 고통과 비참함을 견뎌냈다.

하느님이 태어났을 때! 그는 여러 번 그를

안고 다녔다. 자상한 마음에 그 아이와

어머니를 들어서 노새 위에 앉혔다.

그는 그들을 데리고 이집트로 갔다.

나는 이런 식으로 그려진 요셉을 보았다.

그는 아주 피곤한 표정이었고

헐렁한 바지에 겉옷을 입었으며

막대기에 자신의 몸을 부지했다.

늙고, 지치고, 부서진 사람.

그는 세상의 즐거움을 누리지 못했다.

하지만 그에 대하여 이런 외침이 들려온다.

그는 바보 요셉이었다.[107]

이것은 낯익은 이미지로부터 성스러움을 파괴하는 개념이 생겨난다는 것을 보여 준다. 그리하여 요셉은 절반쯤 코믹한 인물이 되어 버렸다. 요하네스 에크Johannes Eck 박사는 이런 현상을 개탄했다. 그는 요셉이 크리스마스 연극에 아예 등장하지 않거나 등장하더라도 죽을 끓이는 역할을 맡아 '하느님의 교회를 웃음거리로 만들지 않도록 해야(ne ecclesia Dei irrideatur)' 한다고 주장했다.[108] 제르송은 요셉 숭배를 주장하여 마침내 요셉이 다른 성인들을 제치고 전례 절차의 한 인물로 등장하게 만들었다. 하지만 제르송의 이런 노력도 품위 없는 행위들과 무관하지 않다.[109] 우리가 이미 앞에서 살펴보았듯이, 제르송은 비록 진지한 마음의 소유자였지만, 요셉의 결혼과 관련된 사항들을 샅샅이 캐내려는 아주 엉뚱한 호기심을 발휘했던 것이다. 현실적인 사람들(제르송은 신비주의적 경향이 있었지만 그래도 여러 면에서 합리적 성격을 가진 현실적 인물이었다)은 종종 마리아의 결혼에 세속적인 고려 사항들을 적용시켰다. 라 투르 랑드리 기사 또한 현실적이고 철저한 사람이었는데, 마리아의 결혼을 이런식으로 보았다. "하느님은 마리아가 성스러운 남자인 요셉과 결혼하기를 바랐다. 그는 나이가 들었고 또 정의로운 사람이었다. 하느님은 자신의 아들이 당대의 법적 요건을 갖춘 적법한 부부 사이에서 태어나기를 바랐다. 사람들의 구설수를 피하기 위해서라도 말이다."[110]

15세기의 한 미발간未發刊 저서는, 신부인 영혼이 천상의 신랑과 결혼하는 신비스러운 과정을 통상적인 부르주아 구애의 관점에서 묘사했다. 그 책에서 신랑인 예수는 아버지 하느님에게 이렇게 말한다. "아버님이 괜찮으시다면 저는 결혼하여 많은 자녀와 친척들을 두고 싶습니다." 아버지는 아들이 골라온 흑인 에티오피아 여자를 거부한다. 여기에서는 구약성경 아가의 문장이 메아리친다. "내가 비록 검으나 아름다우니(Nigra sum sed formosa)."(아가 1장 5절) 하느님의 반대 이유는, 이러한 결합이 가정에 분란을 일으키고 불명예를 가져온다는 것이었다. 중개자 역할을 맡은 천사가 신부를 위하여 좋은 말을 해준다. "저 처녀가 흑인이기는 하지만 우아하고 아름다운 몸매와 사지를 가졌으며 많은 아이를 낳을 체형입니다." 아버지는 다음과 같이 대답한다. "나의 사랑하는 아들이 내게 그 여자가 흑인이고 갈색 머리라고 말했다. 물론 나는 아들의 신부가 젊고, 정중하고, 예쁘고, 우아하고, 아름답고 또 아름다운 신체를 갖고 있기를 바란다." 천사는 이어 그녀의 얼굴과 사지를 칭찬하는데, 이런 것들은 곧 그녀 영혼의 미덕이기도 했다. 아버지는 자신의 뜻을 접고서 아들에게 말한다.

> 그 여자가 좋은 듯하니 그녀를
> 취하도록 하라. 신랑도 그녀를
> 사랑하고 싶은 마음이 들 것 같다.
> 이제 우리의 풍성한 소유물을 취하여
> 그녀에게 아주 많이 주도록 하라.[111]

물론 이 작품에는 아주 진지한 신앙의 의도가 깃들어 있다. 하지만 무절제한 상상력이 사소한 사항들에 탐닉하는 사례를 보여 주기 위해 이 시를 인용했다.

성인들의 특화된 기능

모든 성인은 뚜렷하고 생생한 외부적 특징을 갖고 있기 때문에 그 자신만의 독특한 인격을 소유했다.[112] 성인들의 인격은 천사들과도 뚜렷하게 구분되었는데, 천사들은 세 명의 대천사(가브리엘, 미카엘, 라파엘)를 제외하고는 인격화된 이미지가 부여되지 않았다. 각 성인들의 인격은 그들이 갖고 있는 특별한 기능으로 더욱 강조되었다. 사람들은 어떤 비상사태와 관련해서는 갑이라는 성인을 불러댔고, 특정 질병의 회복에 대해서는 을이라는 성인에게 호소했다. 성인 전설의 세부 사항과 묘사의 특징은 성인들을 특화시키는 원천이 되었다. 가령 아폴로니아 성인은 순교하면서 이빨을 모두 뽑혔다. 그래서 사람들은 심한 두통을 느끼면 그녀에게 낫게 해달라고 빌었다.

성인의 기능이 이처럼 특화되면 성인 숭배 절차가 다소 기계적이 되어 버리는 것은 불가피한 일이었다. 전염병의 치료는 성인 로크Saint Roch라고 한다면, 그 병을 고쳐 주는 성인의 역할이 불가피하게 강조되었다. 그렇게 되면 건전한 교리가 가르치는 생각의 흐름, 즉 성인이 하느님에게 중재하여 그 병을 고쳐 준다는 생각은 완전 배제될 위험에 놓인다. 이것은 소위 열네 명(때때로 다섯 명, 여덟 명, 열 명, 혹은 열다섯 명)의 거룩한 순교 성인에 그대로 해당하는 이야기이다. 이 열네 성인의 숭배는 중세 말기에 아주 중요하게 되었다. 이 그룹 중 성 바르바라와 성 크리스토포루스는 가장 자주 호소되는 성인들이었다. 대중의 전승에 의하면 하느님은 이 열네 명에게 커다란 힘을 위임했다. 즉, 그들의 이름을 부르기만 해도 긴급한 위기를 물리치는 힘을 주었다는 것이다.

하느님이 그들의 생애 말기에 힘을 위임한 성인들은

계보상으로 남자 다섯, 여자 다섯이었다.

위기를 당하여 이 성인들의 이름을 간절히 부르는

사람들을 위해 하느님이 나타나신다. 모든

혼란 중에서 성인들의 중재가 힘을 발휘한다. 다음

다섯 성인을 모시는 자는 현명하다.

조르주, 드니, 크리스토포루스, 질, 블레즈.[113]

일반 대중의 상상력 속에서 성인들의 중재 기능은 이런 즉각적이고 전능한 힘에 밀려 가뭇없이 사라져 버렸다. 신성한 순교자들은 하느님의 전권 대리인이 되었다. 중세 후기의 다양한 미사 전서典書들은 14성인의 직능을 언급했는데, 그들의 중재가 특별한 능력을 갖고 있음을 분명하게 표현했다. "오 하느님, 당신의 선정된 성인들인 조르주 등등에게 특별한 혜택을 주신 하느님. 이 성인들의 도움을 필요로 하는 사람들이 그들의 이름을 부르면, 당신의 은총으로 약속한 바와 같이, 그 사람들의 기도가 유익한 성취를 이루게 하소서."[114] 트렌트 종교회의Tridentine Council 이후의 교회는 성스러운 순교자들에게 올리는 미사를 폐지했다. 신앙이 이들 성인에게 마치 부적처럼 매달리게 되는 위험 때문이었다. 사실, 중세 후기에는 성 크리스토포루스의 이미지(그림 혹은 조각)를 하루에 한 번씩 쳐다보기만 해도 죽음을 모면할 수 있다는 믿음이 널리 퍼져 있었다.[115]

이들 열네 성인은 어떻게 기복祈福 집단으로 변질하게 되었을까? 그 이유는, 그들의 이미지가 상상력을 자극하는 감각적 특징을 갖고 있었기 때문이다. 성 아가티우스는 가시관을 썼고, 성 에지디우스는 암사슴의 배행을 받았다. 성 게오르기우스는 용과 함께 있었고, 성 블레즈는 야생 짐승들과 함께 우리 속에 있었으며, 성 크리스토포루스는 거인이 었고, 성 키리아쿠스는 악마를 쇠사슬로 친친 감아 놓고 있었다. 성 디오니소스는 자신의 머리를 겨드랑이에 끼고 다녔고, 성 에라스뮈스는 고문대에서 끔찍한 고문을 당한 나머지 창자가 밖으로 튀어나왔다. 성 외스타슈는 양 뿔 사이에 십자가를 지닌 수사슴과 함께 있었고, 성 판탈레온은 사자와 함께 있는 의사醫師로 묘사되었다. 성 비투스는 가마솥 속에, 성 바르바라는 탑 속에, 성 카타리나는 바퀴와 칼을 갖고 있었고, 성 마르그리트는 용을 데리고 있었다.[116] 이들 열네 성인에게 주어진 특별한 관심이 그들의 이미지로부터 나온 것임을 부인하기 어렵다.

다수의 다른 성인들이 특정 질병과 관련되어 있었다. 성 안토니우스는 각종 염증을 일으키는 피부병, 성 모는 통풍, 성 세바스티아누스, 성 로크, 성 에지디우스, 성 크리스토프, 성 발렌티누스, 성 아드리아누스 등은 전염병과 관련되었다. 여기서 우리는 민간 신앙이 타락한 또 다른 원인을 발견한다. 그 질병들의 명칭에 아예 성인의 이름을 붙인 것이다. 가령 성 안토니우스의 열병, '성 모의 질병', 기타 질병 등으로 성인의 이름이 그대로 병명이 되었다. 따라서 성인들은 처음부터 사람들이 질병을 생각할 때면 제일 먼저 떠오르는 존재였다. 이러한 생각은 공포와 증오 등 격렬한 감정 변화를 수반했다. 전염병과 관련된 성인들은 15세기 동안에 교회 내의 예배, 행렬, 형제회 등의 형식으로 가장 열렬하게 숭배되었다. 성인들은 이를테면 일종의 정신적 건강 보험이었다.

전염병이 돌 때마다 하느님의 분노를 강하게 인식하던 사람들은 성인들 덕분에 그 분노를 쉽게 비켜갈 수 있었다. 질병은 하느님의 심오한 정의가 그 원인이 아니라, 성인들의 분노가 그 원인이었다. 성인들은 화가 나면 질병을 지상에 내려 보내 그 분노를 풀어 줄 때까지 사람들을 괴롭힌다고 생각되었다. 만약 성인이 그 질병을 고쳐 줄 수 있다면, 그에 앞서 그 질병을 일으킬 수도 있는 것이 아닌가? 이것은 신앙을 종교적-윤리적 차원에서 마법적 차원으로 변질되는 이교도적 방식이나 다름없었다. 교회는 이런 현상에 대하여 약간의 책임이 있다. 교회의 순수한 가르침이 무지몽매한 자의 마음속에서는 흐려질 수도 있음을 충분히 고려하지 않은 책임이 그것이다.

이런 황당한 개념이 사람들 사이에서 널리 퍼져나갔고, 무식한 사람들 사이에서는 성인들이 질병을 일으키는 원인으로 간주되었다. 이 사실에 대해서는 의심의 여지가 없다. "성 안토니우스가 나를 열병으로 태워 죽이기를!"이라고 말하는 것은 아주 흔한 저주였다. "성 안토니우스가 매음굴을 불태우기를." "성 안토니우스가 저 말을 불태워 버리기를"[117] 같은 저주에서 성인은 사악한 화마火魔로 등장한다.

성 안토니우스가 그의 죄악을 내게 비싸게 팔았네.
그는 내 몸에 불을 지르네.

데샹은 그의 시 속에서 피부병을 불평하는 거지를 등장시킨다. 그 거지는 통풍 환자에게 이렇게 소리친다. "당신이 통풍 때문에 걷지 못한다면, 적어도 당신은 집에 죽치고 있음으로써 도로를 한적하게 만들어 주는 거잖아."

생 모르Saint Maur는 당신을 떨게 만들지 않을 거야.[118]

로베르 가갱Robert Gaguin은 성인 숭배 그 자체를 공격하지는 않았다. 그는 『프랑스 전역을 돌아다니는 건장한 거지들의 갖가지 죄악*De validorum per Franciam mendicantium varia astucia*』이라는 시에서 거지들을 이렇게 묘사했다. "이 거지는 지독한 냄새를 풍기는 침을 뱉다가 땅에 쓰러진다. 그는 이것이 성 요한이 행한 기적이라고 투덜거린다. 다른 거지들은 성 피아크리우스Saint Fiacrius가 보낸 농포膿疱로 고생한다. 오, 그리고 당신 다미아누스Damianus는 나의 오줌이 잘 안 나오게 한다. 성 안토니우스는 그들의 관절에 비참한 염증을 안겨준다. 성 피우스Saint Pius는 그들을 불구로 만들고 그들의 사지를 마비시킨다." [119]

하느님을 대신하는 성인들

에라스뮈스는 이런 대중의 속신을 조롱했다. 그래서 필레쿠스Pilecous가 "성인들은 천당과 지상 중 어느 쪽이 더 행복한가"라고 질문해 오자 테오티무스Theotimus로 하여금 이렇게 대답하게 했다. "그래, 하늘에서 통치하는 성인들을 모욕해서는 안 돼. 성인들이 살아 있었을 때, 코르넬리우스Cornelius보다 더 점잖은 사람, 안토니우스보다 더 선량한 사람, 세례자 요한보다 더 온유한 사람이 어디에 있었나? 그런데 자네가 들어 아는 것처럼, 숭배를 제대로 받지 못하면 성인들은 저 끔찍한 질병을 지상에 내려 보내지 않나." [120] 라블레는 대중 설교자들이 청중들에게 다음과 같이 설교했다고 주장한다. 즉, 성 세바스티아누스가 전염병의 원인이고 또 성 에우트로피우스Eutropius가 수종(수종은 프랑스어로 이데오피크인데 음성적으로 비슷하다는 이유로 이 성인이 지명되었음)의 원인이라는 것이다. [121] 앙리 에티엔Henri Estienne 또한 이런 믿음을 언급했다. [122]

성인 숭배의 감정적·정신적 내용은 상당 부분 이미지들의 색상과 형태에 의해 결정되었다. 이런 직접적인 미학적 체험이 종교적 개념을 아예 말살해 버릴 위험도 있었다. 번쩍거리는 황금 조각상, 성인들에게 입힌 옷들의 꼼꼼하고 구체적인 묘사, 경건한 눈빛, 대중의 마음속에 들어가 있는 살아 있는 성인의 형상 등이 사람들을 압도해 버렸다. 이 때문에 이들 화려한 존재들(성인들)의 예배와 관련하여 교회가 허용하고 또 금지하는 것을 꼼꼼이 생각해볼 공간은 아예 사라져 버렸다. 성인들은 대중들의 마음속에서 하느님으로 존재했다. 이런 대중적 믿음에 내포된 위험은 신앙의 정도를 걷고자 하는 빈데스하임Windesheim 공동체 사람들에게는 우려스러운 일이었다. 이런 우려는 외스타슈 데샹 같은 피상적이고 진부한 궁정 시인의 머릿속에서도 떠올랐다. 이 시인은 여러 면에서 한계가 있지만, 그래도 그 시대의 정신을 비춰 주는 훌륭한 거울이다.

순은, 황금, 나무, 석재, 청동 등으로
하느님의 모상을 만들지 말라.
그것은 사람들에게 우상 숭배를 가르치는 것……
그 모상은 보기 좋은 형체를 갖고 있기 때문에
나는 그 색깔에 대하여 불평을 말한다.
번쩍이는 황금의 아름다운 빛깔 때문에
많은 무식한 사람들은 그게 하느님이라고 생각한다.
그리하여 그들은 어리석은 생각에 봉사한다.
교회에는 이런 이미지들이 많이 서 있다. 아니,
그런 우상들을 너무 많이 세워 놓았다.
간단히 말해서 이건 아주 잘못된 일이다.

이런 가짜들을 경배하지 말자.

[……]

군주여, 우리가 하나의 하느님을 믿도록 해주세요.

그 하느님을 완벽하게 경배하도록 해주세요.

들판에서나 어디에서나, 이것이 옳은 일이므로.

무쇠나 돌로 만든 가짜 하느님은 이제 그만.

돌은 아무런 지각도 가지고 있지 않아.

이런 가짜들을 믿지 말도록 합시다. [123]

그렇다면 천사 숭배가 성인 숭배에 대한 반작용으로 생겨난 것이라고 보아야 할까? 생활 속의 신앙은 너무 확고하게 성인 숭배에 집중되어 있었다. 성인 숭배와 보호 사상에 대하여 좀 더 유연한 생각이 제시되어야 했다. 이것은 가시적 이미지가 없는 천사의 이미지에 결부될 수 있었고, 매개 없는 직접적인 종교적 체험이 될 수 있었다. 여기서 또다시 제르송이 나섰다. 신앙의 순수함을 열렬하게 부르짖던 그는 거듭하여 수호천사의 숭배를 권유했다. [124] 하지만 또다시 세부 사항에 몰두하는 현상이 벌어졌고, 이것은 천사 숭배의 경건한 실체에 피해를 입힐 수도 있었다. 제르송은 "신학자들의 근면(studiositas theologorum)이 천사와 관련하여 일련의 질문을 불러일으킨다"라고 말했다.

천사들은 언젠가 우리들을 떠나는가?

천사들은 우리가 구원을 받을지 저주를 받을지 미리 알 수 있는가?

그리스도와 마리아는 수호천사를 갖고 있었는가?

안티그리스도도 수호천사를 가질 수 있는가? 우리의 선량한 천사가 상상력이 빚어내는 이미지들의 도움 없이 우리의 영혼에 말을 걸 수 있는가?

악마가 우리에게 악을 저지르라고 재촉하듯이, 천사는 우리에게 선행을 하라고 권유하는가? 천사들은 우리의 생각을 읽을 수 있는가?

이런 다양한 질문들이 생겨났다. 이런 세부 사항에의 근면(studiositas)은 신학자들의 영역이라고 제르송은 결론 내렸다. 하지만 미묘한 사색보다 신앙에 좀 더 열중해야 하는 사람들은 이런 호기심(curiositas)을 내다버리는 게 좋다는 것이다.[125]

1세기 뒤에 종교 개혁은 성인 숭배가 전혀 무저항 상태인 것을 발견했다. 그 당시 종교개혁은 마법사와 악마에 대한 믿음을 공격하지 않았다. 종교개혁 자체가 그런 믿음 속에 여전히 사로잡혀 있었기 때문에 공격할 의사가 없었던 것이다. 왜 공격할 생각이 없었을까? 그것은 성인 숭배가 그 무렵 이미 죽은 머리(caput mortuum)였기 때문이 아닐까. 다시 말해, 성인 숭배가 이미지, 전설, 기도 속에 완벽하게 편입되어 더 이상 강렬한 외경을 불러내지 못했기 때문이 아닐까. 성인 숭배는 더 이상 비정형적이고 표현 불가능한 어떤 신비에 뿌리를 두고 있지 않았다. 그런 것(비정형적이고 표현 불가능한 신비)이야말로 악마적 생각이 강력하게 뿌리를 내리는 근거가 되는 것이다. 얼마 후 가톨릭교회 내에 반종교개혁이 도래하여 성인 숭배를 새롭게 정화하려고 했을 때, 교회는 좀 더 엄격한 정원사의 칼을 가지고 그런 마음(성인 숭배)에 가지치기 작업을 하면서, 대중의 상상력으로부터 무성하게 웃자란 가지들을 잘라냈다.

제7장

경건한 퍼스낼리티

중세 사람들은 전적으로 외양에만 매달리면서 미지근한 부패의 양상을 보이는 종교적 생활을 영위했다. 그들의 굳은 신앙심은 두려움과 기쁨을 동시에 만들어냈지만, 단순하기 짝이 없는 중세인들은, 후대의 개신교도들과는 다르게, 일상적인 종교 형식에 대해 어떤 질문을 던지거나 정신적 갈등을 일으키지 않았다. 편리하게 식어 버린 종교적 경외심과 일상생활에 만족하는 시기, 그리고 간헐적으로 사람들을 사로잡던 광적인 신앙심의 시기, 이렇게 두 개의 시기가 번갈아 교차했다.

종교적 긴장의 강약

종교적 긴장 상태가 강함과 약함의 선명한 대비를 지속적으로 유지하는 현상은, 민중을 두 부류로 나누는 간단한 도식으로는 설명되지 않는다. 그러니까, 일부 독실한 신자들은 한결같이 엄격한 종교 생활을 하는 반면, 세속적인 사람들은 피상적 신앙심을 유지할 뿐이라는 도식은 잘못된 것이다. 중세 후기의 북부 네덜란드와 저지대 독일의 경건주의를 고찰해 보면, 우리는 이런 잘못된 도식화의 결론을 내리기가 쉽다. 과연,

경건주의 집단은 네덜란드 공동생활신도회와 빈데스하임 수도회가 추구한 데보티오 모데르나dévotio moderna를 실천하면서 세속적인 삶을 멀리했다. 그들 사이에 유지된 종교적 긴장의 수준은 보통이었으나, 신앙심이 몹시 독실하여 일반 대중과는 좋은 대조를 이루었다.

한편, 프랑스와 남부 네덜란드에서는 조직화된 운동이 벌어지지 않았지만, 새로운 신앙의 바탕이 된 분위기는 에이셀Ijssel 호숫가의 조용한 지역과 마찬가지로 이곳에서도 영향을 끼쳤다. 다만 남쪽 지역에서는 세속적 생활과의 공식적인 단절 현상은 결코 나타나지 않았다. 일부 종교 생활에서는 열정적인 신앙심이 때때로 짧지만 더 격렬하게 분출하여 절정을 이루곤 했다. 오늘날에도 라틴계 사람들과 북유럽 사람들의 기질을 구분하는 차이점이 바로 이것이다. 남쪽 사람들은 모순을 더 기꺼이 받아들인다. 그들은 극단적인 신앙심으로 나아가지 않고서도 양극단의 조화를 이룬다. 가령 일상생활의 의심하기 쉬운 태도를, 은총을 입은 순간의 떨리는 벅찬 감정과 쉽게 결합시키는 것이다.

중세 내내 민중이 성직자 계급을 높이 존경하면서도 정작 사제들이 멸시를 받았던 사실은 부분적으로 고위 성직자들이 세상과 타협하고 일반 사제들의 신망이 상당히 떨어졌거나 아니면 오래된 이교도의 본능에서 비롯된 결과라고 할 수 있다. 불완전하게 기독교 신앙을 받아들인 사람들은 전쟁에도 안 나가고 동정을 지키는 사람들(성직자)에 대해 결코 반감을 버리지 않았다. 용기와 사랑에 바탕을 둔 기사의 자존심도 민중의 투박한 마음과 마찬가지로 성직자들의 정신적인 세계를 거부했다. 성직자의 부패도 그런 멸시에 한몫을 했다. 몇 세기 전부터 여러 계층의 사람들이 음란한 수도사와 주색에 빠져 살찐 성직자를 놀리고 조롱했다. 성직자에 대한 잠재적 증오심은 언제나 존재했다. 설교자가 자신이

속한 계급의 폐단을 심하게 비난할수록, 그의 호소는 민중에게 먹혀들었다.[1]

시에나의 성 베르나르디노(Saint Bernardino da Siena)는 이렇게 전한다. "설교자가 성직자를 공격하자마자, 청중은 그 설교에 곧바로 빠져들었다. 청중이 무더운 날씨에 졸고 있거나 심한 추위에 몸을 떨 때, 성직자 공격만큼 예배를 생생하게 이끌어가는 좋은 방법이 없었다. 참석한 모든 사람들은 당장에 정신이 번쩍 들고 기분이 좋아진다."[2] 14세기와 15세기의 대중적인 순회 설교자들이 일으킨 극적인 종교 운동은 **탁발 수도회**의 부흥에서 시작했지만, 또 다른 한편으로 이 탁발 수도사들은 그들의 방탕한 삶 때문에 웃음거리가 되었다. 대중 문학에 등장하는 보잘것없는 사제, 이를테면 동전 세 닢에 미사를 드려 준다는 초라한 하인 같은 사제나, 먹여 주고 재워 주는 대가로 '모든 죄를 사면해 주는' 고백신부 역할을 맡은 사제들도 으레 탁발 수도사였다.[3] 모든 면에서 아주 경건한 몰리네는 새해의 소망을 빌면서 탁발 수도사들을 가볍게 조롱한다.

도미니크회 수도사들이
성 아우구스티누스 수도회의 수도사들을 잡아먹고,
가르멜회 수녀들은
작은 형제회 수도사들의 허리끈에 매달려 죽으라고
하느님께 기도하자.[4]

탁발 수도회가 본보기를 보이며 독단적으로 주장했던 청빈의 개념은 더 이상 지적인 만족을 주지 못했다. 가난을 정신적 지주로 삼던 형식적 상징주의는 이제 비참한 사회 현실의 문제 앞에서 밀려나게 되었다. 14세기가 끝날 무렵, 잉글랜드에서는 새로운 통찰이 생겨났고, 생활의 경제적 요소를 평가하는 안목이 다른 나라들보다 일찍 열렸다. 기묘하게 몽상적이고 안개처럼 몽롱한 장시 『농부 피어스의 환영The Vision Concerning Piers Plowman』의 작가는 부지런히 일하는 대중의 괴로움에 사상 최초로 초점을 맞추었고, 중세를 좀먹던 탁발 수도사, 게으름뱅이, 낭비자, 야바위 불구자, 건장한 거지들(validi mendicantes)을 증오했으며, 일상적인 노동의 신성함을 칭찬했다. 최고의 신학자들 가운데 피에르 다이이와 같은 신학자는 탁발 수도사와 진짜 빈민(vere pauperes)을 대비시키는 일을 서슴지 않았다. 데보티오 모데르나파는 신앙에 진지하게 접근한 덕분에 어느 정도 탁발 수도회와 다른 모습을 보였다.

그 시대의 일상적인 종교 생활은 불쑥 정반대의 입장으로 전환되는 극단적인 변화를 보여 준다. 어떤 때는 사제와 수사에게 조롱과 증오심을 쏟아 부었으나, 그것은 동전의 앞뒤처럼 마음속 깊이 품은 애정과 존경심의 뒷면일 뿐이었다. 종교적 의무를 받아들이는 방법에 있어서도 양극단이 교차되었다. 소박하기 짝이 없는 직관은 곧장 지나친 경건함에게 밀려난다. 1437년, 프랑스 왕이 수도로 돌아온 뒤, 파리에서는 아르마냐크 백작의 영혼을 추모하는 엄숙한 장례 미사가 열렸다.[5] 백작의 피살로 시작된 기나긴 비참한 세월은 마침내 끝났다. 사람들은 떼 지어 몰려들어 장례식을 지켜보았지만 실망이 컸다. 돈을 나눠 주지 않았기 때문이다. '파리의 시민'은 일기에서 이렇게 전한다. 약 4천 명의 참석자들은 아무것도 나눠 주지 않는 것을 알았으면 그곳에 나오지 않았을 것이다. "그리고 예전에 그를 위해 기도했던 사람들은 이제 그를 저주했다."[6] 하지만 여러 번의 장례 행렬에 눈물을 뚝뚝 흘리고 순회 설교자의 이야기에 전율하는 사람들도 바로 파리 시민이었다. 질베르 드 라누아

Ghillebert de Lannoy는 로테르담에서 한 사제가 성체(Corpus Domine)를 들어 올리자, 떠들썩하던 민중의 소동이 일거에 진정되는 광경을 보았다고 전한다.[7]

　종교적 긴장이 양극단을 오가면서 격렬하게 변화하는 양상은 무식한 대중에게만 있는 것이 아니라, 교양 있는 사람들의 삶에서도 나타났다. 눈부시게 빛나는 신앙의 진리는 번개 치듯이 불시에 내리꽂혔다. 그들은 성 프란체스코가 복음서의 말씀을 직접 명령으로 알아들었다는 그런 체험을 다소 희석된 형태로 늘 반복했다. 어떤 기사는 세례식문洗禮式文의 낭독을 스무 번 정도나 들었는데, 문득 문구의 뜻이 거룩함에 충만하고 쓰임새가 아주 많다는 것을 깨달았으며, 십자 성호를 긋지 않고 자신의 세례를 기억하는 것만으로도 악마를 쫓아낼 수 있다고 생각했다.[8] 『르 주방셀』은 어떤 결투에 증인으로 참석했다. 두 결투자는 성체를 두고 자신의 입장이 옳다고 맹세할 참이었다. 그 순간, 기사(르 주방셀)는 어느 한쪽은 분명 거짓 맹세를 해야 하고, 그러면 나중에 번복하지 못해 저주를 받게 된다는 것을 깨닫고 이렇게 외친다. "맹세하지 말라. 맹세하지 말고 다만 5백 에퀴의 금화만 걸고 싸우라."[9]

　지나친 호사와 쾌락을 일삼는 상류 사회는 무거운 중압감 때문에 민중과 마찬가지로 발작적인 신앙생활을 영위했다. 프랑스 왕 샤를 5세는 사냥하러 나가서 한창 흥겨울 때에도 예사로 사냥을 포기하고 미사에 참석하곤 했다.[10] 어떤 경우, 정복지 프랑스의 섭정왕으로 나온 잉글랜드 베드포드 경의 젊은 부인, 안 드 부르고뉴Anne de Bourgogne는 말을 타고 거칠게 질주하다가 행렬 기도에 흙탕물을 끼얹어 일기 작가 '파리의 시민'의 빈축을 샀다. 하지만 또 다른 경우, 그녀는 한밤중에 궁정의 화려한 연회에서 빠져나와 첼레스티누스파 수녀원에서 새벽기도를 드렸다. 그녀는 오텔 디외l'Hôtel Dieu 요양원의 가난한 환자들을 위문 갔다가 옮은 병 때문에 젊은 나이에 죽었다.[11]

경건함과 죄악의 대비

루이 도를레앙Louis d'Orléans은 깊은 신앙심과 지나친 향락이 불가사의할 만큼 대조적으로 교차되는 인물이었다. 그는 사치와 쾌락에 빠진 군주와 영주들 가운데 가장 탐닉적이고 열정적인 성격이었다. 심지어 마법에 빠졌고 그것을 공식적으로 부정하지도 않았다.[12] 그래도 오를레앙 공은 신앙심이 대단히 깊어 첼레스티누스파 수도원의 공동 침실에 독방을 가지고 있었다. 그곳에서 수도원 생활에 동참하여 한밤중에 일어나 새벽기도를 바치고, 이따금 하루에 대여섯 번이나 미사를 드린 적도 있었다.[13] 질 드 레Gilles de Rais의 생애는 신앙과 범죄가 잔혹하게 뒤엉켜 있었다. 그는 마슈쿨Machecoul 성城에서 어린이들을 유괴하여 학살하는 와중에도 자신의 영혼을 구원하겠다며 '무고한 복된 아이들'을 추모하는 미사를 올렸다. 종교재판관이 이단으로 기소하자, 그는 영문을 모르겠다며 깜짝 놀라는 반응을 보였다. 이보다 덜 유혈적인 범죄와 경건한 신앙이 서로 뒤섞인 경우는 얼마든지 있었다. 경건한 속물의 사례로는 야만적인 푸아Foix 백작 가스통 페뷔스Gastonn Phébus, 경박한 왕 르네René, 세련된 샤를 도를레앙Charles d'Orléans 등을 들 수 있다. 사람들을 무섭게 했던 야심가 장 드 바비에르Jean de Bavière는 변장하고 리드윈 드 쉬담 Lidwine de Schiedam을 찾아가 자신의 영혼 상태에 대하여 상담했다.[14] 선량공 필립을 배반했던 신하이자 무신론자인 장 쿠스탱Jean Coustain은 좀처럼 미사에 참석하지 않고 기부금을 베푼 적도 없었다. 그러나 정작 자신이 사형 집행인의 손에 사형을 당하게 되자, 신앙에 귀의하여 투박한 부르고뉴 방언으로 목청 높여 하느님에게 간절히 기도를 올렸다.[15]

선량공 필립도 성聖과 속俗이 마구 뒤엉킨 가장 두드러진 사례이다. 터무니없이 호사스러운 연회를 열고 많은 사생아를 얻고 정치적 계산이 뛰어나고 엄청나게 자존심이 높고 분노가 격렬한 이 군주는 엉뚱하게도 독실한 신앙인이었다. 그는 미사가 끝난 뒤에도 오랫동안 무릎을 꿇고 기도를 올렸다. 1주일에 나흘씩 그리고 성모 마리아와 사도의 축일 전야에는 빵과 물만 먹으면서 금식했다. 때때로 오후 네 시까지는 아무것도 먹지 않았다. 그는 많은 기부금을 언제나 은밀하게 베풀었다.[16] 룩셈부르크를 기습 공격한 뒤, 그는 미사가 끝난 뒤에도 성무일도에 몰두했다. 그가 감사의 특별 기도를 너무 오랫동안 바치자 말에 올라탄 측근들은 전투가 아직 끝나지 않았던 탓에 초조했다. 그들은 주장했다. "대공께서 주기도문을 외우는 일은 굳이 지금이 아니더라도 다음번에 쉽게 할 수 있지 않습니까?" 그렇게 지체하다가 위험해진다는 경고를 듣자, 대공은 이렇게 대답했다. "만약 하느님께서 승리를 주고 싶다면, 그분은 나를 위해 지켜 주시리라."[17]

우리는 이 모든 상황에서 위선이나 편협한 광신을 볼 것이 아니라, 근대적 정신이 이해하기 힘든 정신적 양극 사이의 긴장 상태를 보아야 한다. 죄 많은 세상과 하느님의 왕국이라는 완벽한 이원론이 있기 때문에 중세인들에게는 이것이 가능했다. 중세 사람들의 마음속에서는 고결한 모든 감정이 종교로 흡수되었다. 이런 종교적 심성 덕분에 자연스럽고 관능적인 충동은 배제할 수 있었고, 그런 충동을 세속적 죄악의 수준으로 격하시킬 수 있었다. 중세 사람들의 마음에는 두 가지의 인생관이 나란히 공존했다. 하나는 모든 윤리적인 개념을 자기 것으로 만드는 경건하고 금욕주의적 인생관이었고, 다른 하나는 훨씬 더 방탕하게 굴면서 성스러움에 반발하여 완전히 악마에게 몸을 맡기는 세속적 인생관이었다. 두 가지 중에서 어느 하나가 우위를 차지하면, 성인이나 무절제한 죄인 중 어느 하나가 나타난다. 일반적으로 두 가지 인생관은 저울처럼 심하게 흔들리면서도 그런대로 균형을 유지한다. 우리는 중세인에게서 향락을 즐기는 와중에서도 신앙심이 더욱더 격렬하게 터져 나오는 모순적이면서 열정적인 인간상을 발견한다.

예를 들어 데샹, 앙투안 드 라 살Antoine de Salle, 장 몰리네와 같은 중세의 시인들은 온갖 세속적이고 음란한 작품을 썼으면서도 동시에 가장 경건한 찬양시를 지었다. 만약 현대 시인이 이런 모순적인 작품들을 썼다면 우리는 그 시인의 세속적인 시기와 회개의 시기를 구분하여 작품을 분류할 것이다. 하지만 중세 시인의 경우는 이렇게 해야 구분해야 할 이유가 별로 없다. 이러한 모순은 이해하기 어렵지만 우리는 그것을 있는 그대로 받아들여야 한다.

과시욕과 신앙심

지나친 과시욕과 굳건한 신앙심은 기묘하게 뒤섞여 등장한다. 생활과 사상의 모든 측면을 다채로운 장식과 형식으로 무제한 표현하려던 욕구는 그림, 귀금속 세공, 조각 등으로 종교에 과중한 부담을 주었고, 거기서 한발 더 나아갔다. 성직자조차 때때로 색채와 매력을 갈망했기 때문에 과시욕이 그들의 생활에 속속들이 스며들었다. 토마스 수도사는 모든 사치와 겉치레를 신랄하게 비판했지만, 그가 설교하던 단상에는 이 세상에서 가장 화려한 태피스트리가 걸려 있었다.[18] 필립 드 메지에르는 화려함을 좋아한 경건과 신자의 완벽한 전형이다. 그는 자신이 창설하려는 '수난 기사단'에서 입을 옷의 세부 장식을 일일이 지정하려 했다. 그가 꿈꾸는 목표는 색채의 향연과 다름없었다. 기사들은 지위에 따라 붉은색, 초록색, 심홍색, 파란색의 옷을 입어야 했고 기사단장은 흰색이 배정되었다. 흰색은 의식용 복장의 색이기도 했다. 십자가는 붉은색이고, 혁대나 실크 허리띠에는 뿔 죔쇠와 도금된 황동 장식을 달아야 했다. 장화는 검은색, 망토는 붉은색으로 정해졌다. 수도사, 시종, 사제, 여성 단원의 옷들도 세심하게 구상되었다.[19] 하지만 이 기사단은 결코 성사되지 않았다.

필립 드 메지에르는 평생 동안 허황된 계획을 세우며 십자군을 꿈꾼 한갓 몽상가에 지나지 않았다. 하지만 파리의 첼레스티누스파의 수도원에서 자신의 예술적 취향을 충족시킬 수 있는 장소를 발견했다. 그 수도회의 규율이 몹시 엄격했지만, 왕과 왕비의 영묘가 모셔진 성당과 수도원은 금은보석으로 눈부시게 빛났다.[20] 크리스틴 드 피장은 이 성당의 건축미를 완벽하다고 칭송했다. 메지에르는 얼마 동안 그곳에서 평수사로 지내며, 수도원의 엄격한 규율 생활에 철저히 복종하면서 대영주와 당대 최고의 문인들과 교류했다. 그는 사교적, 예술적 면에서 헤르트 흐로테Geert Groote와 어깨를 겨루는 인물이었다.[21]

메지에르의 친구인 오를레앙 공도 이곳에 매혹되어, 방탕한 생활을 그만두고 회개할 때면 이곳을 찾았으며, 암살자의 칼에 맞아 요절한 그의 무덤도 여기에 있다. 호사스러운 생활을 누린 두 군주, 루이 도를레앙과 그의 숙부 필립 부르고뉴 대담공이 예술 취향을 탐닉하는 장소로 계율이 가장 엄격한 수도회의 수도원을 선택한 것은 결코 우연이 아니다. 사치스러운 장식은 수도사의 근엄한 삶과 대조를 이루어 눈부시게 돋보이기 때문이다. 오를레앙 공은 첼레스티누스파의 수도원에 은거했고, 부르고뉴 공은 디종 인근의 샹몰에 있는 카르투지오회 수도원에 은거했다.

노년에 접어든 르네 왕은 앙제Angers 부근에서 사냥하다가 어떤 은수사隱修士와 마주쳤다. 그 은수사는 유급 성직을 포기하고 호밀 흑빵과 야생 열매를 먹으며 살아가는 사제였다. 왕은 그의 덕행에 감동하여 그를 위해 오두막과 작은 성당을 세워 주었다. 왕 자신은 그곳에 정원을 만들고 아담한 정자를 지었으며, 그림과 상징으로 장식했다. 그는 종종 '그의 소중한 르퀼레Reculee라고 이름붙인 은신처'로 찾아가 예술가와 학자들과 대화를 나누었다.[22] 이 시기는 언제인가? 중세인가, 르네상스인가, 18세기인가?

한편 사부아의 공작은 금박 세공 허리띠를 두르고, 붉은 모자를 쓰고, 금제 십자가 목걸이를 걸고, 고급 포도주를 마시는 은수사가 되었다.[23]

이런 호사스러운 신앙은 아주 과장된 연극적 겸손과 겨우 종이 한 장 차이일 뿐이다. 올리비에 드 라 마르슈는 어린 시절의 기억을 간직하여 나폴리의 명예왕 자크 드 부르봉이 도착하던 장면을 전했다. 성녀 콜레트Saint Colette의 영향으로 속세를 버린 왕은 추레한 옷을 입고 '인분과 거름을 나르는 들것과 다름없는' 짐마차를 타고 지나갔다. 이어 궁정풍의 우아한 행렬이 뒤따랐다―라 마르슈는 감탄에 가득 찬 목소리로 말한다―"그가 지나간 모든 마을의 사람들은 왕이 자신의 겸손을 지나치게 드러내려고 이런 입성식을 한다고 수군거렸다."[24]

이런 극적인 자기 비하는, 성인들이 자신의 죽음에 대비하여 지시한 장례식에서는 찾아보기 어렵다. 그들에게 있어서 장례식은 죽은 사람이 보잘것없다는 것을 적절히 드러내기 위한 절차면 충분했다. 필립 드 메지에르의 친한 벗이자 신앙의 스승이던 성 피에르 토마스Saint Pierre

Thomas는 죽음이 가까운 것을 예감하고, 목에 밧줄을 두르고 자루에 들어가 땅바닥에 드러누웠다. 이것은 죽음에 이르러 대지에 드러누운 성 프란체스코를 모방한 것이었지만 훨씬 더 과장된 행동이었다. 피에르 토마스는 이렇게 유언한다. "사람들은 물론이고 염소와 개조차 내 몸을 밟고 지나가도록 나의 시신을 성가대의 입구에 묻어 달라."[25]

그를 존경하던 제자 메지에르는 유별난 겸손을 발휘하면서 임종의 기회에 스승을 능가하려고 애썼다. 그는 이런 지시를 적어두었다. "내 목에 무거운 쇠사슬을 감아라. 숨을 거두자마자 나를 발가벗긴 채, 다리를 붙잡아 성가대까지 끌고 가라. 무덤에 묻힐 때까지 그곳에 드러누워 있게 하고, 두 팔은 십자가 모양으로 뻗어, 밧줄 세 가닥으로 널빤지에 묶어라. 나의 세속적인 모토("하느님께서 나를 무척 싫어하여 내가 속세 군주들의 궁정에서 죽게 된다면")로 장식된 값비싼 관을 짜려 하지 말고 그 관 대신에 널빤지를 사용하라. 널빤지에 삼베나 거친 검은 아마포를 2엘_{ell} 길이로 덮고, 머리를 뒤쪽으로 하여 무덤까지 끌고 가라. 이 가엾은 순례자의 시신을 알몸 상태로 무덤에 던져 넣어라. 그리고 작은 묘비를 세워라. 신앙의 친구인 마르탱과 유언 집행자들 외에는 아무에게도 그의 죽음을 알리지 마라."

제안서와 의식 절차에 많은 관심을 쏟아 붓고, 터무니없이 세부적인 계획을 항상 꾸며내던 필립은 많은 유언장을 남겼다. 하지만 이것은 그리 놀라운 일은 아니다. 다만 생애 후반의 문서에서는 1392년의 유별난 매장 조항에 관한 언급이 한 구절도 없다. 1405년, 숨을 거둔 메지에르는 자신이 좋아하던 첼레스티누스파 수도복을 입고, 평범한 장례식을 거쳐 매장되었다. 두 개의 비석에는 그가 멋대로 지었을 것 같은 글귀가 새겨졌다.[26]

변함없는 종교적 낭만주의

성스러움의 이상, 그러니까 성스러움의 낭만주의에 대해 15세기는 아무
런 기여를 하지 못했고, 또 새로운 시대의 도래를 알리지 못했다. 르네
상스조차 성스러움의 이상을 바꾸지 못했다. 성스러움의 이상은 문화를
새로운 길로 이끄는 강력한 흐름에 휘둘리지 않았고, 종교개혁이라는
큰 위기를 전후해서도 한결같이 예전의 모습을 유지했다. 성인은 신비
주의자 못지않게 시대를 초월한 존재였다. 반종교개혁의 시대에 나타나
는 갖가지 성인들은 중세 끝 무렵에도 볼 수 있는데, 이들은 중세 초기
의 성인들과 별반 다르지 않았다. 위대한 행동가이며 열변을 토하거나
열정에 불타오르는 성인들은 어느 시대에나 있었다.

 반종교개혁 시대에는 이그나티우스 데 로욜라Ignatius de Loyola, 프랑
수아 자비에François Xavier, 카를로 보로메오Carlo Borromeo, 중세 끝 무
렵에는 시에나의 베르나르디노, 뱅상 페리에, 조반니 다 카피스트라노
Giovanni da Capistrano가 있었다. 이슬람교와 불교에서도 찾아볼 수 있는
유형의 성인들처럼, 명상 속에서 환희를 발견하는 신비주의자의 대열에
는 16세기의 알로이시우스 곤자가Aloysius Gonzaga, 14세기와 15세기로
거슬러 올라가면 프랑수아 드 폴François de Paule, 콜레트, 피에르 드 뤽상
부르Pierre de Luxembourg 등이 있다. 두 유형 사이에 위치하는 많은 성인
들은 양 극단의 특성을 일부 나누어 가졌다. 때로는 양극단의 특징을 최
고의 수준으로까지 융합시키기도 했다.

 성스러움의 낭만주의(romanticism of holiness)는 기사도의 낭만주의와 동
등한 입장에서 견주어볼 수 있다. 두 가지의 낭만주의는 개인의 삶이나
문학에서 이상적 생활양식을 실현하려는 욕구에서 생겨났다. 어느 시대

든 성스러움의 낭만주의가 종교 문화를 크게 향상시키기보다는, 상상력을 북돋우는 극단적인 금욕과 겸손에서 훨씬 더 많은 기쁨을 찾아낸 것은 주목할 만하다. 교회가 아무리 사회적 봉사를 열심히 하더라도 성스러움의 이상을 떨쳐내지 못했고, 오히려 놀랄 만큼 깊은 신앙심이 성스러움을 얻는 계기가 되었다. 성인으로 추대된 위대한 활동가들도 그들의 행동이 초자연적인 광채에 휩싸였기 때문에 성스러움의 명성을 얻었다. 이를테면 니콜라스 쿠자누스Nicholas Cusanus보다는 그의 협력자인 카르투지오회 수도사 드니가 성자의 반열에 올랐던 것이다.[27]

이런 맥락에서, 중세가 끝난 뒤에도 기사도 이상을 존중하여 그 문화를 육성하려던 귀족 계층, 세련된 겉치레 문화에 속한 사람들이 성스러움의 이상을 어떻게 다루었는지 살펴보는 것은 대단히 흥미로운 일이다. 이런 이상적 형태와의 접촉은 흔한 일이 아니더라도 종종 있었다. 왕족과 귀족 계급은 성인을 여러 명 배출했다. 그들 가운데 한 명은 샤를 드 블루아Charles de Blois이다.

샤를 드 블루아의 신앙심

샤를은 외가 쪽으로 발루아 가문의 후예이고, 브르타뉴 공국의 상속자인 잔 드 팡티에브르Jeanne de Penthièvre와 결혼하면서 그의 인생을 휩쓸어 버린 계승 분쟁에 말려들었다. 결혼 계약의 조건에 의하면 그는 브르타뉴 공국의 군대와 전투 지휘를 떠맡아야 할 의무가 있었다. 이 때문에 그는 또 다른 계승권 주장자, 장 드 몽포르Jean de Monfort와 대결해야 했고, 뒤이어 벌어진 브르타뉴 분쟁은 시기적으로 백년전쟁의 초기와 일치했다. 에드워드 3세는 몽포르의 상속권 주장을 지지한다는 핑계를 대고 프랑스로 침공해 왔다. 블루아 백작은 진정한 기사답게 전쟁터에 나가, 당대 최고의 명장 못지않게 싸웠다. 1347년, 칼레 공방전이 벌어지기 직전에 포로가 된 그는 1356년까지 잉글랜드에 인질로 붙잡혀 있었다. 1362년이 되어서야 브르타뉴 공국을 얻기 위한 싸움에 뛰어들었지만, 1364년 베르트랑 뒤 게스클랭Bertrand du Guesclin과 보마누아르Beaumanoir의 편에 서서 용감하게 싸우다가 전사했다.

이 전쟁 영웅은 외형적인 면에서 살펴보면, 당시의 아주 많은 계승권 주장자 혹은 지도자들과 다름없이 지냈지만, 사실은 어려서부터 엄격한 금욕 생활을 했다. 아버지는 어린 그에게 종교 서적을 읽지 못하도록 말릴 정도였다. 어른이 되어 기사가 될 사람에게 이런 책들은 어울리지 않는다는 이유에서였다. 그는 부인의 침대 곁에 짚을 깔고 바닥에서 잤다. 전사 당시에는, 갑옷 아래 고행자가 입던 투박한 동물 털 셔츠를 입고 있었다. 그는 매일 저녁 잠자기 전에 고백성사를 바쳤는데 그 이유는 그의 설명에 따르면, 기독교 신자는 누구도 죄를 용서받지 않은 채 잠들면 안 되기 때문이었다. 런던에서 포로 생활을 지낼 때도 그는 자주 공동묘지를 방문하여 무릎을 꿇고 구약성경의 시편 130편, "깊은 곳에서(De profundis)"를 읊었다. 그에게서 응송應頌을 암송해달라고 권고 받은 브르타뉴 출신의 시동侍童은 이곳이 자신의 부모와 친구를 죽이고 집을 불사른 자들의 묘지라고 대꾸하면서 응송을 거절했다.

석방된 뒤, 그는 포로 생활을 시작한 라 로슈 데리엥la Roche-Derrien에서 트레기에Tréguier까지 맨발로 순례를 떠나려 했다. 트레기에는 그가 포로로 지내는 동안 전기를 저술한 브르타뉴의 수호성인인 성 이브Saint Yves의 성골함이 있는 곳이었다. 그의 계획을 소문으로 듣고, 사람들은 길에 밀짚과 담요를 미리 깔아두었다. 하지만 블루아 백작은 다른 길로 돌아갔다가 발이 너무 짓무른 탓에 15주 동안 걷지 못했다.[28] 그가 세상을 떠난 직후, 사위인 루이 당주Louis d'Anjou를 비롯한 귀족 친척들은 그를 성인품에 올리려 했다. 1371년, 앙제에서 열린 심의 절차는 드디어 그를 복자 반열에 올렸다.

프루아사르의 이야기를 믿을 수 있다면, 이 경건한 샤를 드 블루아에게 이상하게도 사생아가 있었다. "앞서 말한 샤를 드 블루아는 적과 맞서 싸우다가 관례대로 장렬하게 전사했다. 또한 장 드 블루아Jean de Blois라고 하는 그의 서자와 몇몇 기사들과 브르타뉴의 시종들도 최후를 함께 했다."[29] 위의 글을 명백한 거짓말이라고 물리쳐야 할까?[30] 아니면 루이 도를레앙과 선량공 필립과 같은 인물에게 엿보이는 신앙심과 쾌락의 기묘한 결합이 블루아 백작이기 때문에 훨씬 더 두드러져 보인다고 해야 할까?

어린 성자 피에르 드 뤽상부르

그 시대의 또 다른 귀족, 피에르 드 뤽상부르Pierre de Luxembourg의 생애에 대해서는 위에서 블루아에게 물었던 그런 질문을 하지 않아도 된다. 14세기의 독일 제국뿐만 아니라 프랑스와 부르고뉴 궁정에서 요직을 차지했던 뤽상부르 백작 가문의 이 후손은 윌리엄 제임스William James가 '바보에 가까운 성인(the under-witted saint)'이라고 불렀던 사례에 딱 들어맞는 인물이었다.[31] 그의 편협한 마음은 굉장히 폐쇄적인 신앙 세계의 작은 울타리에서만 존재할 수 있었다. 그는 아버지가 베스바일러Baesweiler에서 벌어진 브라방 가와 겔드르 가의 전투(1371년)에서 전사하기 전인 1369년에 태어났다. 그 영혼의 편력을 살펴보면 우리는 8세 소년이 필립 드 메지에르와 친교를 맺었던 파리의 셀레스티누스파 수도원으로 거슬러 올라가게 된다. 피에르는 아주 어려서부터 처음에는 여러 성당의 참사회원직, 15세 나이에는 메츠의 주교직, 나중에는 추기경과 같은 교회의 요직을 맡았다. 이 때문에 이미 지나친 부담감에 짓눌린 상태였다.

18세가 채 되기 전인 1387년에 그는 세상을 떠났고, 사람들은 곧 아비뇽 교황청에게 그의 시성 절차를 진행해달라고 요청했다. 최고 권력자와 권위자들은 그 일을 적극 추진했다. 프랑스 왕은 파리의 노트르담 대성당 참사회와 파리 대학의 지원을 얻어 시성 청원서를 제출했다. 1389년에 열린 심의절차에서 프랑스의 여러 공작들이 증인으로 출석했다. 피에르의 형인 앙드레 드 뤽상부르, 루이 드 부르봉, 앙게랑 드 쿠시 등도 증인으로 나섰다. 아비뇽 교황이 게으름을 피운 탓으로 성인품에는 오르지 못했지만 피에르는 1527년에 복자로 선포되었다. 청원서에 상세히 나와 있듯이, 피에르 숭배는 이미 복자를 선포하기 오래 전부터 인정받았고, 그 후 숭배 열기는 더욱 더 높아졌다. 유해가 묻힌 아비뇽의 무덤에서는 날마다 주목받을 만한 기적이 일어났다고 전해진다. 왕은 당시에 고위층 귀족들이 선호하던 파리의 수도원을 모방하여 그의 묘지 위에 첼레스티누스파 수도원을 세웠다. 오를레앙, 베리, 부르고뉴의 여러 공작들은 프랑스 왕의 행사를 기념하기 위해 첫 번째 초석을 놓으러 왔다.[32] 피에르 살몽에 따르면, 그로부터 몇 년이 지난 후에 성인의 성당에서는 미사를 집전하는 소리가 들려왔다.[33]

그의 시성 절차가 진행되는 동안 증인들이 들려준, 요절한 왕족 출신 수도자의 이미지에는 뭔가 애틋한 것이 있었다. 유난히 키가 큰 피에르 드 뤽상부르는 몸이 허약했다. 그는 어려서부터 경건하고도 엄격한 신

350

앙을 진지하게 지키는 것 이외에 다른 것은 알지 못했다. 그는 어린 동생이 웃는 것도 꾸짖었다. 성경에 주님께서 우셨다는 이야기는 있지만, 좀처럼 웃으셨다는 기록이 없기 때문이었다. 프루아사르는 그를 이렇게 묘사했다. "상냥하고 예의바르고 온화한…… 숫총각의 몸에 기부금을 아낌없이 베풀었다. 그는 밤낮을 가리지 않고 기도했다. 평생 동안 겸손하게 지냈다."[34] 지체 높은 가문의 어른들은 처음에 세속을 떠나려는 그의 계획을 만류했다. 순회 사제가 되고 싶다고 말하자, 그는 이런 대답을 들었다. "너는 키가 너무 커. 모두가 곧 너를 알아볼 걸. 게다가 추위도 견디지 못할 텐데. 사람들을 십자군에 나가도록 어떻게 설교할 수 있겠니?" 우리는 여기서 그의 옹골찬 결심을 듣게 된다. 피에르는 이렇게 대답했다. "모두가 저를 올바른 길에서 벗어나 악의 길로 이끌려 하고 있어요. 확실히 제가 그 길을 걷기만 하면, 온 세상 사람들이 좋게 얘기할 정도로 잘 해낼 것입니다." 그의 고백신부이자 스승 장 드 마르슈는 대답했다. "전하, 아무도 전하께서 악행을 저지르기를 원하지 않습니다. 다만 선행을 하시기를 바라지요."

지체 높은 가문의 친척들은 마침내 어린 피에르의 금욕주의적 열망을 꺾을 수 없다는 것을 알고, 존경심과 자부심을 느끼기 시작했다. 그들의 집안에서 성인이, 그것도 이토록 어린 성인이 배출되어 함께 지내고 있다니! 베리 궁정과 부르고뉴 궁정의 지나치게 호사스럽고 오만한 생활의 한복판에 살면서, 온몸이 먼지와 벌레로 뒤덮인 몰골에, 교회 중책의 부담에 짓눌린 가엾고 병약한 어린 피에르가 하찮은 죄목에도 늘 근심 걱정하던 저 가련한 모습을 상상해 보라. 그의 경우 참회는 너무 집착이 심하여 고질적 습관이 되었다. 피에르는 자신이 저지른 죄목을 날마다 수첩에 낱낱이 기록했다. 여행을 떠난 탓에 기록을 못하면, 여행을 마친 뒤에 몇 시간씩 고심하여 누락한 부분을 메웠다.

사람들은 그가 밤중에 촛불 아래에서 뭔가를 쓰거나 목록을 읽는 모습을 보았다고 한다. 그는 한밤중에 일어나 전속사제에게 고백성사를 보곤 했다. 사제의 침실 문을 아무리 두드려도 소용없는 경우가 가끔 있었는데, 사제들이 못 들은 척했기 때문이다. 혹시 들어줄 사람을 찾으면, 그는 수첩에 적은 죄목을 처음부터 끝까지 읽었다. 고백의 횟수도 1주일에 두서너 번을 하다가, 삶의 종말이 다가올 무렵에는 하루에 두서너 번으로 늘어났다. 그의 최후가 가까운 무렵에 고백사제는 그의 곁을 떠날 수 없었다. 그는 가난한 사람을 묻듯이 장례를 치러달라고 부탁한 뒤 마침내 세상을 떠났다. 사인은 폐결핵이었다. 나중에 발견된 상자에는 그의 짧은 생애 동안 날마다 죄목을 기록한 종이들이 가득 들어 있었다.[35]

루이 11세의 성물 수집벽

궁정 계층과 성스러움 사이의 관계를 밝히는 또 다른 증거로는 성 프랑수아 드 폴이 루이 11세의 궁정에 머무른 이야기를 들 수 있다. 왕의 유별난 신앙심은 잘 알려졌기 때문에 지금 새삼스레 설명하지 않아도 될 것이다. "과거의 어떤 왕보다 더 많은 돈을 들여 하느님과 성모 마리아의 은총을 사들인"[36] 루이는 자기만족의 물신숭배를 공공연히 보여 준다. 성유물을 숭배하고 순례와 행렬 기도에 집착한 그에게는 숭고한 감정과 경건한 조심성 따위는 아예 찾아볼 수 없었다. 그는 신성한 유물들을 값비싼 가정상비약처럼 다루었다. 앙제 시에 보관하던 성 로Saint Laud의 십자가를 낭트로 가져온 이유는 그 십자가에 손을 대고 맹세하기 위한 목적뿐이었다.[37] 루이는 다른 어떤 맹세보다 성 로의 십자가에 맹세하는 것을 특히 중시했다. 생 폴 원수가 왕 앞으로 출두하라는 명령을 받고, 왕에게 성 로의 십자가를 걸고 신변 안전을 맹세해달라고 요구하자, 왕은 이렇게 대답했다. "아무 맹세라도 해줄 수 있지만, 그것만은 안 되네."[38]

그가 몹시 두려워하던 죽음이 다가오자, 온 사방에서 가장 귀중한 성유물들을 보내왔다. 교황은 갖가지 유물 가운데 성 베드로의 유해를 덮었던 성체포(corporale, 聖體布)를 보냈다. 터키 황제도 아직 콘스탄티노폴리스에 남아 있던 성유골의 소장품을 보내 주었다. 왕의 병상 머리맡 탁자 위에는 여태까지 랭스를 한 번도 떠나본 적이 없던 성유병聖油甁이 놓여 있었다. 어떤 사람들의 이야기에 따르면, 왕은 이 성유를 온몸에 바르고 치유의 기적을 바랐다.[39] 이런 기묘한 종교적 충동은 메로빙거 왕조의 역사에서나 찾아볼 수 있을 뿐이다.

루이 왕이 순록이나 영양羚羊과 같은 이국적인 동물을 수집하는 집착과, 귀중한 성유물을 모으는 집착은 별로 구분이 되지 않는 수집벽이었다. 그는 피렌체 지방의 성 자노비Saint Zanobi의 반지와 '하느님의 어린 양' 등에 관해 로렌초 데 메디치와 편지를 주고받았다. 여기서 말하는 하느님의 어린 양은 '스키티아Scythia의 어린 양'이라고도 하는 양치류의 줄기로 만든 것으로서, 사람들이 영험하다고 여긴 식물이었다.[40] 루이 왕에게 죽음이 다가올 무렵, 플레시 레 투르Plessis-les-Tours 성城에서는 독실한 신자들이 악사들과 어울려 배회하는 기묘한 광경이 연출되었다. "이 무렵 왕은 현악기와 목관악기를 지닌 많은 악사들을 불러 모으고, 투르 인근의 생코슴Saint-Cosme에 숙소를 제공했다. 그곳에 모인 약 120명의 사람들 가운데에는 푸아투에서 온 목동들이 많았다. 그들은 가끔 왕의 침소 앞에서 연주를 했지만 왕을 보지는 못했다. 왕은 시간을 때우기 위한 심심풀이뿐만 아니라 잠을 쫓기 위해서도 연주를 즐겼다. 그는 수많은 남녀 광신자, 독실한 신자, 은수사, 성인다운 사람들을 불러 모아, 왕이 죽지 않고 오래 살도록 하느님께 끊임없이 기도해달라고 지시했다."[41]

미니모 수도회(l'ordre des Minimes)를 창설하고, 겸손의 측면에서 성 프란체스코 수도회의 수도사들을 능가할 정도이던 칼라브리안Calabrian의 은수사, 성 프랑수아 드 폴은 말 그대로 루이 왕의 수집벽 대상이 되었다. 최후를 맞이할 무렵, 루이 11세는 성인이 기도를 바치면 자신의 목숨을 연장시켜 줄 것이라는 기대 아래 성인을 불러들였다.[42] 나폴리 왕에게 사절을 여러 번 보내도 교섭이 헛수고로 끝난 뒤, 왕은 외교 수완을 발휘하여 교황을 움직였으며, 완강하게 버티던 성인의 의지를 꺾고서 그를 데려오는 데 성공했다. 프랑스 귀족의 호위대는 이탈리아에서 수도사를 억지로 데려왔다.[43]

하지만 그가 도착하자, 왕은 진짜 성인인지를 확신하지 못했다. "성스러움을 가장한 사람들에게 여러 번 속았기 때문이다." 시의侍醫의 제안에 따라 왕은 그를 관찰하라고 지시하면서 그의 덕행을 갖가지 방법으로 시험하게 했다.[44] 성인은 온갖 시험을 당당하게 통과했다. 그의 고행苦行은 야만스럽기 짝이 없었고, 10세기의 이탈리아인 성자, 성 닐이나 성 로뮈알드의 수행을 연상시켰다. 그는 여자 모습이 시야에 들어오기만 하면 도망치고, 어렸을 때부터 동전 한 닢도 만져본 적이 없었다. 잠자리에는 드러눕지 않고 으레 서거나 뭔가에 기댄 채 잠잤다. 머리카락도 자르지 않고, 수염은 마냥 자라게 놔두었다. 고기는 결코 먹지 않고 채식으로 연명했다.[45]

임종이 다가온 몇 달 동안, 왕은 기이한 성인이 제대로 먹을 수 있는 음식을 마련하기 위해 몸소 편지를 썼다. "주나Genas 경, 부탁하건대 짐에게 레몬, 신선한 오렌지, 사향배muscadelles, 파스닙 미나리를 보내 주오. 고기도 생선도 먹지 않는 성인을 위해서라네. 그러면 대단히 고맙겠군."[46] 왕은 내내 그를 '성인'이라고 불렀다. 그리하여 코민도 성인을 여러 번이나 만났는데도 그의 이름을 알지 못했다.[47] 하지만 왕의 주치의인 자크 쿠아티에Jacques Coitier처럼 조롱하듯이 이 유별한 손님을 맞이하거나 그의 성덕을 믿지 않았던 사람들도 그를 '성인'이라고 불렀다.[48]

코민은 차분하게 유보하는 입장에서 보고하면서 이런 결론을 내렸다. "그는 아직 살아 있다…… 그러니 당연히 더 좋은 쪽으로 아니면 더 나쁜 쪽으로 변할 것이다. 따라서 나는 침묵하려 한다. 많은 사람들은 이 은수사의 도착을 조롱의 눈길로 바라보면서도 그를 '성인'이라고 부른다." 하지만 코민 자신은 이렇게 단언했다. 아무도 '이런 유별난 성인, 또는 성령이 그의 입을 통해 말한다는 생각을 들게 하는 사람'을 여태 본 적이 없었다. 파리의 박식한 신학자인 잔 스탕동크Jan Standonck와 장 캉탱Jean Quintin은 파리에 미니모 수도회의 수도원을 세우려는 문제와 관련하여 이 기이한 성인과 논의하도록 파견되었는데, 그의 됨됨이에 깊이 감동하여 정말 성인이라고 확신하면서 파리로 되돌아왔다.[49]

카르투지오회 수도사 드니

부르고뉴 대공들이 당시의 성인들에게 기울인 관심은 성 프랑수아 드 폴에 대한 루이 11세가 기울인 관심처럼 그렇게 이기적이지는 않았다. 주목해야 할 점은, 한두 명 이상의 위대한 신비가와 고행자苦行者들이 규칙적으로 등장하여 정치 문제의 중재자나 조언자로 활동했다는 것이다.

이를테면 성녀 콜레트, 복자 드니 드 리켈Denis de Ryckel, 통칭 카르투지 오회 수도사가 그런 경우이다. 부르고뉴 가문은 콜레트에게 특별대우를 했다. 선량공 필립과 그의 어머니, 마르그리트 드 바비에르는 개인적으로 그녀와 친교를 맺고 조언을 구했다.[50] 콜레트는 프랑스의 여러 가문, 이를테면 사부아 가문과 부르고뉴 가문 사이의 복잡한 문제를 중재했다. 샤를 대담공, 그의 딸 마리와 남편 막시밀리안, 이들 부부의 딸, 마르가리타 데 오스트리아 등은 거듭하여 그녀의 성인품을 청원했다.

카르투지오회 수도사 드니는 당시의 공적 생활에서 훨씬 더 중요한 역할을 맡았다. 그는 부르고뉴 가문과 줄곧 친교를 유지하면서 필립 선량공에게 조언했다. 1451년, 그는 니콜라스 쿠자누스Nicholas Cuzanus 추기경이 독일 제국을 순방하던 유명한 여행에 동행했는데, 브뤼셀에서 선량공의 영접을 받았다. 드니는 늘 교회와 기독교 세계의 상황이 악화될 것이고 대재앙이 곧 닥칠 거라는 불안감에 시달렸다. 어느 날, 그는 환상 속에서 이런 질문을 던졌다. "주님, 터키 군대가 로마를 침략하지 않겠습니까?" 그는 선량공 필립에게 십자군 운동을 종용했다.[51] 그가 군주다운 생활을 논한 소논문을 '신앙이 독실한 위대한 군주이자 대공(inclytus devotus ac optimus princeps et dux)'에게 헌정했는데 그 사람은 다름 아닌 필립이었다. 샤를 대담공은 드니의 협력을 얻어 세르토헌보스에 카르투지오 수도원을 세우려 했다. 이 수도원은 콘스탄티노플의 성 소피아를 기리기 위한 것이었는데, 대공은 그녀를 진정한 성인으로 여겼고, 그녀는 이름에 걸맞게 일반 대중들 사이에서 영원한 지혜의 성녀로 숭배되었다.[52] 아놀드 드 겔드르Arnold de Gueldre 대공은 자신의 아들 아돌프와 싸우던 시기에 드니의 조언을 청하기도 했다.[53]

군주뿐만 아니라 많은 귀족, 성직자, 부르주아들은 루르몬트Roermond

에 있던 드니의 오두막으로 찾아와 조언을 구했다. 그는 쉴 틈도 없이 줄곧 갖가지 고민, 의혹, 양심의 문제를 해결해 주었다.

카르투지오회 수도사 드니는 저물어가는 중세 시대에 배출된 열렬한 광신자의 완벽한 전형이었다. 그는 도저히 믿을 수 없을 정도로 정력적인 일생을 보냈다. 그에게는 위대한 신비주의자의 황홀경, 지독한 금욕주의, 영적 선지자의 끊임없는 환영幻影과 계시 따위가, 신학 저술가와 교회 실무에 대한 조언자로서의 폭넓은 활동과 어우러졌다. 그는 위대한 신비주의자에 아주 가까운 인물이었다. 또 브루크만과 같은 실무적인 빈데스하임 수도원 사람들과도 가깝게 지냈다. 그는 브루크만을 위해 유명한 기독교도의 생활 지침[54]을 써 주었다. 그는 니콜라스 쿠자누스와 교회 정화를 위해 열심히 노력한 사람 등에 견줄 만했다. 심지어 마녀 사냥꾼들과도 닮은 데가 있었다.[55] 그는 분명히 지칠 줄 모르는 정력을 발휘했다. 그가 저술한 글은 4절판으로 45권 분량이다. 마치 중세 신학의 많은 하천들이 그에게 흘러들어와 다시 대양으로 가는 것 같다. 16세기의 신학자들 사이에는 "드니를 읽으면 모든 것을 읽은 것과 다름없다(Qui Dionysium legit, nihil non legit)"라고 얘기할 정도였다.

그는 심오한 철학적 문제를 다루었는가 하면, 나이든 평수사 빌렘의 요청에 따라 철학을 다루는 것과 똑같이 내세의 영혼이 어떻게 서로 알아보는지에 대하여 심오한 글을 써주기도 했다. 그는 빌렘이 네덜란드어로 번역할 수 있도록 쉽게 라틴어 문장을 쓰겠다고 약속했다.[56] 그는 위대한 선조들의 모든 사상을 간명하고 자연스럽게 표현했다. 이것은 한 시대가 끝날 무렵의 작품에서 발견되는 특징이다. 다시 말해, 요약하고 결론을 내리지만 새로운 지평을 열지는 못하는 것이다. 베르나르 드 클레르보Bernard de Clairvaux나 위그 드 생빅토르Hugues de Saint-Victor 등 드니의 문장에 인용된 글들은 검소한 단색 옷에 달린 보석처럼 빛난다. 그는 모든 저서를 직접 쓰고 교정하여 다듬고 주석을 달고 삽화를 넣었다. 그러다가 일생의 마지막을 맞이했을 때, 그는 적절한 인용구를 골라 평생의 저술 행위를 마무리했다. "나는 이제 편안한 침묵의 입구로 갈 것이다(Ad securae taciturnitatis portum me transferre intendo)."[57]

그는 쉴 줄 몰랐다. 날마다 구약성경의 시편을 거의 모두 암송했다. 그것이 여의치 않을 경우 적어도 절반은 암송하려고 애썼다. 옷을 입거나 벗는 틈틈이 기도를 올렸다. 자정 미사가 끝나 다른 사람들이 잠자러 간 뒤에도 그는 잠을 자지 않았다. 그는 건강한데다 키가 컸고, 체력이 강건하여 그 어떤 일도 견뎌낼 수 있었다. 자신이 쇠로 된 머리에 구리로 만든 위장을 지녔다고 말하곤 했다. 그는 음식에 대해서도 대범했다. 벌레가 득실거리는 버터, 벌레 먹은 버찌와 같이 썩은 음식을 찾아내어 싫은 내색을 하지 않고 오히려 맛있다면서 잘 먹었다. 이런 벌레들은 치명적인 독을 지니지 않아서, 안심하고 먹어도 된다는 말까지 했다. 지나치게 많은 소금에 절인 청어는 썩을 때까지 밖에 매달아두었다가 먹었다. 그는 짠 것보다 지독한 냄새를 풍기는 청어가 더 좋다고 말했다.[58]

그는 단조롭고 평온한 학자의 분위기에서 심오한 철학적 사색의 작업을 완수한 것이 아니었다. 초자연적인 것의 극적인 동요를 받아들여 전율하는 마음으로 그 작업을 밀고 나아갔다. 어렸을 때도 밤중에 휘영청 밝은 달빛에 일어나기도 했다. 학교에 빨리 가고 싶은 마음에 한밤중을 학교에 갈 시간이라고 생각했던 것이다.[59] 그는 말을 더듬었다. 그래서 자신의 몸에서 떨쳐내려 애쓰는 악마들이 자신을 '말더듬이(taterbek)'라고 부른다고 적었다. 블로드롭Vlodrop 부인이 죽어갈 때, 그는 방안에 악마들이 가득 찬 것을 보았다. 악마들은 그가 손에 쥔 지팡이를 쳐서 떨어뜨렸다. '마지막 임종'의 두려움에 대해 드니보다 잘 아는 사람은 없었다. 악마가 죽어가는 사람을 맹렬하게 공격한다는 것은 그가 거듭 주장하는 설교 주제였다. 그는 자신이 세상을 떠난 사람들과 늘 의사소통을 한다고 말했다. 영혼들이 종종 나타납니까? 한 수도사는 질문했다. 그는 대답했다. "몇백 번이나 나타났네." 그는 연옥에 빠진 아버지를 알아보았으나 그를 구출하려는 충동을 억눌렀다. 그는 끊임없이 유령, 계시, 환영과 마주쳤지만 그것에 대해 얘기하는 것을 꺼려했다. 그는 어떤 계기로 황홀경에 빠지는 것을 부끄러워했다. 하지만 그의 지혜와 권고를 경청하러 온 귀족들의 모임이 한창 진행 중일 때, 가끔 그렇듯이 음악이 그를 사로잡아 황홀경에 빠트려서 난처한 적도 있었다. 위대한 신학자들은 다들 존칭을 갖고 있는데 드니에게는 '황홀경 박사(Doctor Ecstaticus)'라는 존칭이 돌아갔다.

카르투지오회 수도사 드니와 같은 위대한 인물도 루이 11세가 말년에 초빙했던 기이한 성인 프랑수아에게 쏟아진 그런 의혹과 조롱의 눈길에서 벗어나지 못했다. 드니도 세상 사람들의 비난과 비웃음에 맞서 끊임없이 싸움을 벌여야 했다. 15세기의 사람들은 이미 중세 신앙의 최고 표현들(성인들)에 대해서 분노와 거부감을 느끼고 있었다. 이런 심리는 성인에 대한 한없는 헌신 및 열광과 나란히 존재했다.

제8장

종교적 흥분과 판타지

베르나르 드 클레르보가 그리스도의 수난에 대해 끓어오르는 감정을 서정적 신비주의로 표현하기 시작한 12세기부터 서정의 곡조는 점점 늘어나고, 중세 사람들은 그런 이야기를 듣기만 해도 경건한 신앙심으로 충만했다. 그리스도와 십자가의 이미지는 사람의 마음에 스며들어 깊숙이 파고들었다. 십자가에 못 박힌 예수의 이야기는 어린이의 민감한 감수성에 뿌리를 내렸으나, 너무 음울하기 때문에 다른 모든 감정을 어둡게 덮어 버렸다. 아주 어렸을 때, 장 제르송은 아버지가 벽 앞에서 팔을 벌리고 이렇게 말하는 것을 들었다고 한다. "애야, 너를 창조하고 구원하신 주님께서 어떻게 십자가에 매달려 돌아가셨는지를 보아라." 아버지의 그런 모습은 제르송의 노년까지 마음속에 뚜렷이 각인되었다. 그는 아버지의 기일이 돌아오면 어김없이 그 이미지를 떠올렸다. 게다가 아버지의 기일은 십자가 현양 축일(9월 14일)과 같은 날이었다.[1]

콜레트는 네 살 때부터 어머니가 매일 기도할 때마다 흐느끼며 한숨쉬는 소리를 들으면서 자랐다. 어머니는 조롱받고 채찍질을 당하고 순교한 그리스도의 수난을 떠올리며 슬퍼했던 것이다. 기도에 얽힌 기억은 지나치게 예민한 그녀의 마음에 깊이 새겨졌고, 그녀는 평생 동안 날마다 그리스도가 십자가에 매달린 시각이 오면, 가슴이 찢어지는 듯한 고통에 시달렸다. 뿐만 아니라 성경에서 주님의 수난 대목을 읽을 때마다, 아기를 낳는 산모보다 더 심한 통증을 느꼈다.[2] 어떤 설교자는 가끔 청중 앞에서 십자가에 못 박힌 모습으로 약 15분이나 아무 말도 하지 않고 가만히 서 있을 때도 있었다.[3]

사람들의 마음은 온통 그리스도 생각으로 가득했기 때문에, 주님의 생애나 수난을 떠올리는 아주 사소한 계기라도 생기면 곧 그리스도를 생각했다. 어떤 가엾은 수녀는 부엌으로 장작을 나르면서 자신이 십자가를 지고 있다고 상상했다. 장작을 나른다고 생각만 해도 그 행동을 지고한 사랑의 눈부신 빛으로 감쌀 수 있었다. 눈먼 여자는 빨래하면서 나무통을 말구유로, 세탁장을 마구간이라고 여겼다.[4] 군주를 칭송할 때에도 종교 용어를 남발했다. 이를테면, 루이 11세를 예수에 비교하거나 독일 황제와 아들과 손자를 성삼위[5]에 빗대는 불경스러운 표현도 역시 지나친 신앙심의 결과였다.

2원적 형태의 종교적 정서

15세기는 이 강력한 신앙심을 두 가지 형태로 보여 준다. 한 쪽에서 순회 설교자가 주기적으로 열변을 토하여, 마른 부싯깃에 불을 붙이듯이 군중의 영혼을 열정적으로 사로잡는다. 이것은 발작을 일으키듯이 나타나는 기독교적 감정, 다시 말해 열정적이고 강렬하지만 무척이나 일시적인 감정이다. 또 다른 쪽에서, 감수성을 영원한 평온의 길로 이끌어 성찰이라는 새로운 생활양식으로 가는 소수의 사람들이 있었다. 이들은 경건주의 집단이다. 그들은 혁신자임을 충분히 자각하면서 스스로를 근대적인 신자, 즉 새로운 신도라고 불렀다. 데보티오 모데르나devotio moderna는 공식적인 운동으로서 북부 네덜란드와 독일 저지방에 국한되었지만, 이런 운동을 일으킨 정신은 프랑스에서도 존재했다.

강력한 설교가 정신문화에 끼친 영향을 알려주던 자료는 현재 별로 남아 있지 않다. 우리는 설교자들이 엄청난 감동을 불러일으킨 것을 알지만,[6] 그들이 자극했던 실제적인 흥분을 생생하게 되살릴 수는 없다. 우리는 기록으로 남은 설교를 읽으면 당시의 깊은 감동을 느끼지 못한다. 그들은 어떻게 그런 흥분을 자아낼 수 있었을까? 당시의 사람들도 이미 기록된 설교 문서를 냉담하게 대했다. 뱅상 페리에의 전기 작가에 따르면, 그의 설교를 듣고 설교집을 읽었던 많은 사람들은 직접 설교에 비해 책 읽기는 그 흥분의 희미한 그림자도 느낄 수 없었다고 한다.[7] 이것은 그리 놀라운 일이 아니다. 우리는 뱅상 페리에나 올리비에 마이야르의 출판된 설교집에서 웅변의 바탕이 되는 자료를 읽을 뿐이다.[8] 웅변의 모든 열기는 식어버리고 그 설교를 제1장, 제7장 등으로 나누는 피상적인 형식만 남아 있는 것이다. 하지만 중세 사람들은 늘 지옥의 공포를 생생하게 설명하고, 저지른 죄는 반드시 벌을 받는다는 천둥 같은 위협을 당하고, 수난 이야기와 그리스도의 사랑을 서정적으로 묘사하는 설교에 감동했다.

우리는 설교자들이 어떤 수법을 사용했는지를 알고 있다. 설교의 그 어떤 효과도 너무 조잡하지 않았고, 울다가 웃는 변화는 결코 갑작스럽지 않았으며, 무절제하게 목소리를 높이더라도 그게 너무 터무니없는 것은 아니었다.[9] 하지만 우리는 설교자들이 자아냈던 갖가지 흥분에 대해, 늘 엇비슷한 보고를 바탕으로 어림짐작해야 한다. 중세의 도시들이 설교 예약을 잡기 위해 얼마나 경쟁했는지, 어떻게 행정관과 민중이 으레 군주를 맞이하듯이 성대한 행렬을 지어 설교자를 환영했는지, 설교자가 눈물을 흘리며 통곡하는 청중 때문에 얼마나 자주 설교를 중단했는지에 관한 보고를 읽고서 당시의 분위기를 짐작할 뿐이다. 한번은 뱅상 페리에가 설교하던 중 이런 일이 있었다. 사형 선고를 받은 한 쌍의 남녀가 그의 설교장 앞을 지나갔다. 뱅상은 처형을 잠시 늦춰달라고 요청하고서, 두 사람을 설교단 아래에 숨긴 채, 그들이 저지른 죄에 대해 설교했다. 설교가 끝난 뒤, 설교단 아래에는 한 줌의 뼈 이외에 아무것도 남아 있지 않았다. 사람들은 이 거룩한 성인의 설교가 죄인들을 불태운 동시에 구원했다고 굳게 믿었다.[10]

각국의 데보티오 모데르나

미사 때에 설교자의 강론을 들으면서 팽팽했던 열기는 늘 기록된 전승의 일부가 되지 못하고 사라졌다. 그러나 우리는 근대적 신앙의 '성찰'에 대해 훨씬 잘 알고 있다. 모든 경건주의 집단에서는 종교가 생활양식뿐만 아니라 사교 형태를 제공했다. 즉, 순수한 남녀는 조용히 친교를 맺으면서 평화롭게 정신적으로 교류한다. 영원이라는 세찬 바람이 휩쓸고 지나간 작은 세계 위에는 드넓은 하늘이 펼쳐져 있었다. 친구들은 토마스 아 켐피스가 세상일을 모른다며 감탄했다. 빈데스하임 수도원의 부원장은 '아무것도 모르는 장Jean-je-ne-sais-pas'이라는 명예로운 별명을 얻었다. 그들은 오로지 단순명료한 세상을 좋아했으며, 악을 몰아내어 깨끗한 세상을 만들려고 했다.[11] 이 편협한 생활권 안에서 그들은 서로 다정하게 친교를 맺고 즐겁게 지냈다. 호감의 표시를 샅샅이 알아낼 수 있도록 그들의 시선은 늘 서로를 향하면서 상호 방문하는 것을 아주 기뻐

했다.[12] 이런 방문 덕분에 그들은 자신들의 전기적傳記的 묘사에 특별한 관심을 기울였고, 결과적으로 우리는 그들의 정신 상태를 상세히 알게 되었다.

데보티오 모데르나는 네덜란드에서 통제된 형태의 몹시 관습적이고 도 경건한 신앙생활을 구축했다. 조용하고 절제된 행동, 조신한 걸음걸이로, 그리고 어떤 사람들은 활짝 미소를 지은 표정이나 새 옷을 일부러 기워 입은 것 등으로 새로운 신앙의 신자임을 드러냈다. 무엇보다도, 주체 못할 정도로 눈물을 흘리는 경우가 많았다. "신앙심은 마음의 부드러움에서 우러나오기 때문에 속죄하려는 사람은 누구나 쉽게 눈물을 쏟는다(Devotio est quaedam cordis teneritudo, qua quis in pias faciliter resolvitur lacrimas)." 사람들은 하느님에게 '매일매일 눈물의 세례'를 청해야 한다. 눈물은 기도의 날개이다. 성 베르나르의 말에 따르면 천사의 포도주이다. 사람들은 이 멋진 눈물의 기쁨에 굴복해야 한다. 1년 내내, 특히 사순절 동안 마음을 단련해야 한다. 그러면 구약성경의 시편 기록자와 같이 이렇게 말할 수 있으리라. "나에게는 눈물이 밤이나 낮이나 나의 양식이었네(Fuerunt mihi lacrimae meae panes die ac nocte)." 가끔 쉽게 눈물을 흘리기 때문에 "우리는 탄식하며 울부짖으면서 기도를 하게 된다(ita ut suspiriose ac cum rugitu oremus)." 하지만 눈물이 나오지 않는다고 하여, 억지로 짜낼 필요는 없다. 마음속에서 우러나는 보이지 않는 눈물도 괜찮다. 남 앞에서 유별난 신앙심을 보이지 않도록 조심해야 한다.[13]

뱅상 페리에는 미사를 집전할 때마다 눈물을 터뜨렸다. 거의 모든 신자들은 그와 함께 눈물을 흘리는 바람에 설교장은 눈물바다가 되었다. 눈물은 달콤한 환희였기 때문에 그는 눈물을 거두려 하지 않았다.[14]

프랑스에서 '새로운 신앙'은 네덜란드의 공동생활신도회나 빈데스하임 수도회같이 강제 규범을 따르는 특별한 조직의 형태를 띠지 않았다. 프랑스 사람들은 정신적으로 세속에 머무르거나, 아니면 기존의 수도회로 들어갔다. 수도원에서는 '새로운 신앙'이 점점 규율을 더 엄격하게 준수하는 쪽으로 옮겨갔다. 이런 상황은 프랑스의 부르주아 계층까지 널리 퍼지지는 않았다. 이것은 프랑스의 신앙심이 네덜란드 사람에 비하여 더 열정적이고 충동적인 특성을 지닌 사실로 설명될 수 있었다. 프랑스 신앙의 열기는 냄비처럼 즉시 끓어올랐다가 빨리 식어 버렸다. 중세가 끝날 무렵, 남쪽 사람들은 북부 네덜란드를 방문했다가 그 지역 주민들 사이에 독실한 신앙이 널리 퍼져 있음을 여러 번 목격하고, 네덜란드 특유의 현상이라고 여겼다.[15]

네덜란드 신자들은 그들 운동의 모태였던 강렬한 **신비주의**를 바탕으로 세속의 생활양식과 절연했다. 이렇게 함으로써 그들은 얼떨결에 이단에 **빠져드는** 위험을 사전에 예방할 수 있었다. 네덜란드의 '새로운 신앙'은 순종적이고 정통 신앙을 따르며 실용적이고 단정하고 가끔은 분별력을 발휘하는 신앙이었다. 이와 대조적으로 프랑스인의 신앙은 터무니없이 과장된 신앙 현상에 거듭 접하면서 훨씬 더 동요하는 현상을 보였다.

흐로닝언의 도미니크회 수도사 마티외 그라보우Marthieu Grabow가 탁발 수도회를 대표하여 콘스탄츠 종교회의(→ 대분열)에 참석해서 공동생활신도회를 비난하고, 가능하다면 유죄 판결을 얻어내려 했을 때, 헤르트 흐로테의 신봉자들이 그들의 옹호자로 여긴 사람은 바로 보수적 정책의 위대한 교회 지도자인 장 드 제르송이었다. 제르송은 이 신도회가 올바른 신앙을 표방하는지, 또 이 조직을 허용할 수 있는지 아닌지를 판단하기에 딱 맞는 적임자였다. 참된 신앙과 과장된 신앙을 구분하는 것은 그가 한결같이 주의를 기울인 문제였기 때문이다. 제르송은 신중하고 양심적이고 학구적이었으며, 정직하고 순수한 선의를 지닌 인물이었다. 그는 올바른 관례에 지나치게 얽매이는 구석도 있지만, 그것은 서민 출신에서 사실상 귀족에 준하는 지위까지 오른 섬세한 사람에게는 종종 있는 일이었다. 게다가 심리학자일 뿐더러 양식(style)에 대한 감각을 지녔다. 우리가 알다시피, 양식에 대한 감각과 정통신앙은 아주 밀접한 관계가 있다. 당대의 프랑스 신앙생활의 사례들이 거듭 그에게 의혹과 우려를 안겨준 것은 놀라운 일이 아니다. 기묘하게도, 그가 과장되고 또 위험한 경향을 지녔다고 비난하던 신앙의 유형이 곧 그가 변호하던 네덜란드의 '새로운 신앙'을 연상시켰다. 하지만 이것은 이해할 만하다. 그가 돌보던 프랑스의 양들에게는 안전한 울타리가 없었기 때문이다. 그 울타리란 곧 계율과 조직이다. 그것이 광신적인 신자들을 교회의 울타리 안에 가두어두는 것이다.

일반 대중의 과장되고 위험한 신앙심

제르송은 사방에서 민중 신앙에 도사린 위험을 알아보았다. 그는 신비주의를 세속으로 가져오는 것은 잘못이라고 생각했다.[16] 그는 세상의 종말이 다가온다고 말했다. 세상은 망령든 노인과 같이 온갖 공상, 망상, 환상에 시달리고 그리하여 진실의 길을 잃고 방황한다고 보았다.[17] 적절한 지침을 받지 못한 채, 많은 사람들은 지독한 단식에 열중하고, 밤새워 기도하고, 머리가 멍할 정도로 많은 눈물을 흘린다. 절제하라고 권고해도, 귀담아 듣지 않는다. 이런 사람들은 악마의 망상에 쉽게 빠질 수 있기 때문에 그들에게 경각심을 일깨워야 한다. 제르송은 얼마 전에 아라스 시에서 아이 딸린 여자를 방문한 적이 있었다. 그녀는 남편의 만류에도 아랑곳하지 않고 사나흘씩 단식하여 주위 사람들의 감탄을 자아냈다. 제르송은 그녀와 얘기를 나누면서 철저하게 살펴보고서, 그녀의 금욕이 오만과 고집에서 비롯된 것임을 알았다. 이런 단식이 끝나면 그녀는 게걸스럽게 먹었기 때문이다. 그녀가 왜 그런 고행을 하는지에 대하여 물으면, 그 이유는 자신이 빵조차 먹을 자격이 없다는 대답뿐이었다. 그녀는 겉모습만 살펴봐도 이미 정신이상의 징후를 드러냈다.[18] 또 다른 여자는 간질병 환자였다. 그녀는 사람들의 영혼이 지옥으로 떨어질 때마다 자기 발의 티눈이 아프다고 주장했다. 그녀는 사람들의 이마를 보고서 죄를 판독할 수 있다고 했고, 또 날마다 세 명의 영혼을 구제한다고 주장했다. 고문당할 위기에 몰리자, 그녀는 생계를 위해 이런 거짓말을 떠벌렸다고 고백했다.[19]

제르송은 곳곳에서 사람들의 입에 오르내리는 최근의 비전幻影과 계시들을 한심하게 보았다. 심지어 스웨덴의 브리지타Brigitta, 시에나의 카타리나와 같은 유명한 성녀의 계시조차 거부했다.[20] 이런 이야기를 지나치게 많이 들어 신뢰심이 떨어진 것이다. 자기가 교황이 되리라는 계시를 받았다고 주장하는 사람들도 많았다. 어느 학식 있는 사람은 자신의 교황 등극설을 스스로 글을 써서 묘사하고 다양한 증거로 그것을 뒷받침했다. 하지만 또 다른 사람은 자신이 교황의 지위에 오른 뒤에, 적그리스도나 아니면 앞잡이가 될 것이라고 확신했고, 그 결과 기독교 세계가 재앙에 빠질 것이므로 자살해야겠다는 생각에 사로잡혔다.[21]

제르송은 무식한 사람들의 신앙보다 더 위험한 것은 없다고 말한다. 성모 마리아의 영혼이 하느님 안에서 기뻐 뛰놀았다는 얘기를 가엾은 신자들이 들으면, 그들도 사랑 속에서 혹은 공포 속에서 하느님과 함께 기쁨을 맛볼 수 있다는 상상을 펼친다. 그들은 진위를 가릴 수 없는 갖가지 환상을 보고서, 그것을 기적으로 여기면서 뛰어난 신앙의 증거라고 생각한다.[22] 하지만 바로 이것이 데보티오 모데르나의 처방이기도 했다. "온갖 노력과 정성으로 이 길을 걸어가 주님이 겪으신 고통의 정신을 본받으려는 사람은 겸손하고 두려워할 줄 알아야 한다. 만약 어떤 위험에 빠지면, 그는 그 위험을 그리스도의 고난에 연결시켜 함께 나누도록 준비해야 한다."[23]

제르송은 명상 생활에 큰 위험이 따른다고 지적했다. 그런 생활을 계속하다가 우울증에 걸리거나 심지어 정신병자가 된 사람들이 많았다.[24] 그는 무리하게 오래 하는 단식이 얼마나 쉽게 광기나 환각을 불러일으키는지 알았고, 단식이 마법에서 상당한 역할을 한다는 것도 꿰뚫어보았다.[25] 이렇게 심리적 요소를 날카롭게 분석하는 안목을 지닌 제르송은 다음과 같은 문제로 고뇌했다.

교회는 신앙의 표현에서 거룩하다고 허용할 수 있는 것과 거부해야 하는 것 사이의 경계선을 어디에다 그어야 할까?

제르송은 구분의 기준이 정통 교리만으로 충분하지 않다고 생각했다. 노련한 신학자인 그는 교리에 분명히 어긋난 경우는 단죄하기가 쉬웠지만, 교리와는 무관한 경우들이 문제였다. 이런 경우, 신앙의 옳고 그름에 대해 윤리적으로 살펴보고 판단의 기준으로 삼아야 한다. 판정을 내리는 사람은 신중한 절제와 건전한 취향을 지녀야 한다. 제르송은 이렇게 말한다. "교권 분열로 한탄스러운 시대에 '분별(discretio)'보다 더 무시되는 덕목은 없구나!"[26] 교리는 장 드 제르송에게 더 이상 신앙의 진위를 가리는 단일 기준이 아니었다. 마찬가지로 오늘날의 현대인들도 갖가지 신앙심을 정통이나 이단이라는 척도에서가 아니라 심리적 성격에 따라 판단하려는 경향이 있다. 교리에 의한 구분은 중세 사람들에게도 이미 마땅한 것이 아니었다. 그들은 성자다운 뱅상 페리에의 설교 못지 않게 이단적인 토마스 수도사의 가르침에 귀를 기울였고, 성녀 콜레트 와 그 후계자를 사기꾼이나 위선자와 다름없다고 비난하기도 했다.[27] 콜 레트는 윌리엄 제임스가 말한 신인神人 몰입 상태[28]의 모든 특성을 보여 주었는데, 그 상태는 아주 고통스러울 정도로 예민한 감수성에서 비롯 된 것이었다. 그녀는 불길을 마주 보지 못하고, 열기를 참을 수 없었으 며, 촛불만은 유일하게 견딜 수 있었다. 또 파리, 달팽이, 개미, 악취, 오 물을 지나치게 두려워했다. 그녀는 훗날 성 알로이시우스 곤자가Aloysius Gonzaga와 마찬가지로 성욕을 몹시 혐오했다. 그녀는 자신의 신자 모임 에 처녀들만 참석하는 것을 선호했고, 결혼한 성인들을 꺼려하고, 그녀 의 어머니가 의붓아버지와 재혼한 것을 탄식했다.[29]

처녀성의 양면적 특성

교회는 순수한 처녀성을 추구하는 열정이 본받을 만한 가치라며 칭찬했 다. 처녀성은 하나의 개인적 감정으로서 성욕에 대한 혐오에 그치면 아 무 위험이 없었다. 하지만 이 감정은 교회에게, 더 나아가 순결에 집착 하는 개인들에게 엉뚱한 위험을 초래할 수도 있다. 다시 말해, 달팽이가 자신의 순수한 껍질 안에 안전하게 틀어박히는 것에 그치지 않고 더듬 이를 내미는 것처럼, 순결에 대한 열망이 교회와 사회생활 전반에 확대 될 때에는 위험한 것으로 돌변했다. 중세 교회는 순결에 대한 지나친 요 구가 혁명적 형태를 띠면서, 사제의 부도덕한 행위나 수도사의 방탕을 거세게 공격할 때마다 곤란함을 느끼면서 거듭 이런 정결함의 요구를 부정했다. 당시의 교회는 부패와 타락을 근절하려면 자신의 힘이 부친다는 것을 잘 알았기 때문이다.

　장 드 바렌Jean de Varennes은 지나친 정결함을 고집하다가 랭스 대주교의 처분으로 비참한 감옥 생활로 그 고집의 대가를 치렀다. 장 드 바렌은 박식한 신학자이자 유명한 설교자이고, 아비뇽 교황청에서 뢱상부르 가문 출신의 젊은 추기경(피에르 드 뢱상부르)의 보좌사제였고, 주교나 심지어 추기경까지 승진할 가능성이 있었다. 하지만 이 모든 상황은 곧 끝나 버렸다. 그는 갑자기 랭스의 노트르담 성당의 참사회원직을 제외한 모든 특권을 포기하면서 전도양양한 위치를 버리고, 아비뇽을 떠나 고향인 생 리에Saint Lié로 돌아갔다. 그는 그곳에서 성인의 삶을 실천하면서 설교하기 시작했다. "많은 사람들이 전국 곳곳에서 몰려들어 그를 만났다. 그는 단순하고 고매하고 청렴하게 생활하기 때문이다." 민중은 그가 교황감이라고 생각하며 그를 '생 리에의 성인'이라고 불렀다. 그가 지닌 기적의 힘 때문에 그의 손에 입맞춤하고 옷자락을 만지려는 사람들이 많았다. 어떤 사람들은 그를 하느님의 사자, 심지어 신적 존재라고 여겼다. 프랑스 전역에서 이 성인을 늘 그런 식(신적 존재)으로 숭배했다.[30]

　하지만 모든 사람이 그의 의도가 진심에서 우러나왔다고 믿었던 것은 아니다. 그를 두고 '생 리에의 바보'라고 꼬집거나, 놓쳐 버린 교회의 요직을 선동적인 행위로 다시 노린다고 의심하는 사람들도 있었다. 예전의 많은 성인들과 마찬가지로 장 드 바렌 덕분에 우리는 성적 순수성의 열정이 어떻게 혁명적 사고방식으로 전환하는지를 알 수 있다. 그는 교회의 타락과 관련된 모든 불만을 단 하나의 사악함, 즉 정결하지 못함으로 환원시켰다. 그는 격렬하게 분노하면서 교회의 권위에 맞서고, 특히 랭스 대주교에 반대하고 거역하라고 설교했다. 그는 군중에게 외쳤다.

"늑대, 늑대를 경계하라." 민중은 '늑대'가 누구인지 잘 알기 때문에 열심히 호응했다. "아아, 늑대를 쫓아내라, 선량한 사람들이여, 늑대를."

하지만 장 드 바렌은 자신의 신념을 끝까지 밀고나갈 배짱이 없었다. 결국 감옥에 들어갔고 대주교를 늑대로 지칭한 적이 없다며 한발 뒤로 물러섰다. 다만 "머리에 종기가 난 사람은 모자를 벗지 말라"라는 속담을 인용했을 뿐이라고 둘러댔다.[31] 그의 극단적 비판이 어떤 것이었는지 명확하지 않다 하더라도, 청중이 그의 설교에서 들었던 내용은 과거에 자주 있었던 가르침, 즉 교회를 위기로 몰아넣는 그런 가르침이었다. 즉, 음란한 생활에 빠진 사제가 베푸는 성사聖事는 무효이며, 그런 사제가 집전하던 성체는 빵에 지나지 않고, 그가 베푸는 세례와 고해성사는 아무 효력이 없다는 것이었다. 장 드 바렌의 경우에는 이런 정결함을 좀 더 극단적으로 밀어붙인 것뿐이었다. 그는 사제라면 수녀는 물론이고 나이 든 부인과도 한 집에 살아서는 안 된다고 말했다. 그가 주장한 22개나 23개의 죄악은 결혼과 관계가 있었다. 간음한 자는 구약의 율법에 따라 벌을 받아야 한다고 강력히 주장했다. 그리스도 또한 간음한 여인의 죄를 확신했다면, 그 여인에게 돌을 던졌을 것이라고 바렌은 말했다. 그는 프랑스에 순결한 여인이 없는 것을 개탄했고, 사생아는 올바르게 살 수도 축복을 받을 수도 없다고 주장했다.[32]

교회는 늘 음란함을 집요하게 싫어하는 측에 맞서서 자기 방어를 위한 변호에 나서야 했다. 만약 존경 받지 못하는 사제가 나눠 주는 성체가 무효라는 의혹이 인정된다면, 교회의 조직 전체는 기초부터 흔들릴 것이다. 제르송은 장 드 바렌을 14세기 체코의 종교개혁자인 얀 후스Jan Huss에 견주면서, 원래의 의도는 좋았으나 열의가 지나쳐 올바른 길에서 벗어난 이단자라고 평가했다.[33]

하느님의 사랑에 대한 감각적 표현

반면, 교회는 다른 영역, 즉 하느님의 사랑을 아주 감각적으로 묘사하는 것을 참는 동시에 너그럽게 봐주었다. 하지만 파리 대학 학장 장 제르송은 여기에서도 예리한 통찰력을 발휘하여 그 위험을 알아보고 경고했다.

그는 위대한 심리학자의 경험에 비추어, 교리는 물론 윤리 등 여러 가지 측면에서 감각적 사랑의 위험을 꿰뚫어보았다. 그는 이렇게 말했다. "사랑하는 사람들, 아니 정신 나간 사람들(amantium, immo et amentium)의 수많은 미친 짓들을 내가 다 헤아리자면 하루만으로는 부족할 것입니다."[34] 사실, 그는 경험에서 우러나온 지식으로 그것을 알고 있었다. "정신적 사랑은 쉽사리 노골적인 육체적 사랑으로 전락한다(Amor spiritualis facile labitur in nudum carnalem amorem)."[35]

제르송은 일찍이 갸륵한 신앙심 안에서 어떤 자매와 정신적 우정을 키운 어떤 남자를 안다고 말한 적이 있었다. 그런데 그 남자는 다름 아닌 본인이었다. "처음에는 육체적인 욕구의 불길이 타오르지 않았다. 하지만 거듭 교제하면서 싹튼 사랑은 점점 하느님에게 뿌리를 두지 않았다. 그리하여 그녀가 곁에 없으면, 그는 마음속에서 그녀를 생각하거나 찾아가고 싶은 생각을 더 이상 억제하지 못했다. 그래도 그것을 죄를 짓거나 악마의 속임수라고 의심하지 않다가, 꽤 오래 그녀를 만나지 않던 어느 순간, 그는 위험을 꿰뚫어보고 신의 가호로 아슬아슬하게 그 사랑으로부터 벗어날 수 있었다."[36] 그는 이 경험 덕분에 감각적 사랑에 "정통한 사람"이 되었다.

그의 저서, 『악마의 다양한 유혹에 대하여De diversis diaboli tentationibus』[37]는 네덜란드의 '새로운 신앙'파 신자들의 심리 상태와 비견되는 정신 상태를 날카롭게 분석한다. 제르송은 무엇보다도 빈데스하임 주의자들이 일컫는 '신의 달콤한 사랑(Dulcedo Dei)'을 불신했다. 그의 말에 따르면, 악마는 때때로 인간에게 신앙심으로 위장된 경이롭고 엄청난 감미로움(dulcedo)을 불어넣어 준다. 그리하여 사람들은 쾌락(suavitas) 추구를 유일한 목표로 삼고, 단지 그것을 위해 하느님을 사랑하고 따른다.[38] 또 다른 저서에서[39] 그는 똑같이 '신의 달콤한 사랑'을 얘기하고 있다. "많은 사람들은 이런 감정의 적극적 호소에 속아 넘어간다. 그들은 마음속의 헛소리를 마치 하느님을 꺼안듯이 받아들이고, 잘못된 길로 접어들어 비참해졌다. 이렇게 지나친 행위는 갖가지 쓸모없는 노력으로 이어졌다. 어떤 사람들은 완전한 무감각에 빠진 채 신의 뜻에 따라 움직이는 수동적 상태에 도달하려 애썼다. 또는 신비 인식을 강조하면서 하느님과 하나가 되어 하느님이 더 이상 존재나 진리나 선이 아니라고 생각하는 상태가 되려 했다." 이것은 제르송이 신비주의자 루이스브뢰크 Ruysbroeck의 단순성을 의심하고 비판하는 근거이기도 했다.[40] 그는 루이스브뢰크의 저서 『영적 결혼의 장식Ornement des noces spirituelles』에서 강조된 신비주의를 논박했다. 루이스브뢰크는 하느님을 바라보는 온전한 영혼은 하느님의 본질인 명증성明證性을 통해 하느님을 볼 뿐만 아니라, 그렇게 볼 수 있다는 사실에 의해 그 영혼이 곧 하느님 자체라고 주장했는데, 제르송은 그것이 맞지 않는 얘기라고 주장했다.[41]

보수적이고 온건한 성 베르나르의 신비주의를 지지하던 장 제르송과 같은 사람들은 신비주의자들이 시대를 가리지 않고 누린 몰아沒我 감각을 부정했다. 어떤 여성 신비가는 그에게 이렇게 말했다. "나의 영혼은 하느님을 명상하다가 실제로 무無로 돌아가, 사라진 다음에 새로 만들어졌어요." 그는 질문을 던졌다. "그걸 어떻게 아는가요?" 그녀는 대답했다. "그렇게 느꼈어요." 이런 설명의 논리적 모순은 당대의 최고 지성인 제르송에게 그것이 얼마나 비난받아 마땅한 환상인지를 보여 주고도 남았다.[42] 그런 느낌을 마치 정신의 작용인 것처럼 표현하는 것은 위험했다. 다만 이미지의 차원으로 얘기하면 교회는 그런 느낌을 너그럽게 용인했다. 이를테면, 시에나의 카타리나가 자신의 심장이 그리스도의 심장으로 바뀌었다고 말하는 것은 괜찮았다. 하지만 1310년, 자유정신 형제단의 신봉자인 에노의 마르그리트 포레트Marguerite Porete는 자신의 영혼이 하느님 안에서 완전 파괴되었다고 믿었기 때문에 파리에서 화형을 당했다.[43]

몰아 감각은 커다란 위험을 가져온다. 이것은 기독교의 신비가들뿐만 아니라 인도의 신비주의자들이 도달한 결론이었다. 그 위험의 구체적 내용은 이러하다. 완벽하게 신을 명상하고 관조하고 사랑하는 온전한 영혼은 결코 죄를 지을 수 없다. 신에 몰입하면, 자신의 의지는 더 이상 없고, 남은 것은 오로지 신의 의지뿐이다. 그리하여 몰아 상태에서 육욕에 사로잡히더라도 그 육욕은 죄가 되지 않는다. 이미 죄가 없는 상태에서 벌어진 육욕이기 때문이다.[44] 가난하고 무식한 수많은 사람들은 이런 황당한 설교에 미혹되어 엄청난 방탕의 삶에 빠졌다. 이를테면 베가드 Begards파, 자유정신형제단, 튀를뤼팽 이단자들이 이런 몰아 상태를 인정하며 황음한 짓을 저질렀다.

제르송은 신에 대한 광적인 사랑이 위험하다고[45] 얘기할 때마다, 이런 이단자들을 예로 들면서 경고했다.[46] 하지만 '새로운 신앙'주의 집단에서도 이와 거의 비슷한 감정이 엿보인다. 빈데스하임 수도회의 헨드릭 반 허프Hendrik van Herp는 동료 신자들이 영적 간음을 저지른다고 질책했다.[47] 이런 식의 사고방식에는 사람들을 가장 사악한 불경에 빠뜨리는 악마의 덫이 놓여 있었다. 제르송의 이야기에 따르면, 어떤 유명 인사는 카르투지오회의 한 수도사에게 이렇게 고백했다. "설사 내가 죽을죄를 저질렀다고 할지라도 그것이 하느님에 대한 사랑을 가로막지 못할 것입니다." 그는 그렇게 말하면서 그 죽을죄가 부정不貞이라고 말했다. "그 죄는 오히려 내 마음에 불을 질러, 하느님의 감미로움을 훨씬 더 강렬하게 찬양하면서 추구하게 할 것입니다."[48]

신비주의 움직임이 명확한 틀을 갖춘 확신으로 바뀌고 또 사회적으로 영향력을 발휘하게 되자, 교회는 곧 그런 움직임을 경계의 눈초리로 바라보았다. 다만 그것이 상징적 성격의 열정적 환상에 그치는 것이라면, 교회는 아무리 풍부하게 표현된 것이라 하더라도 신비주의를 묵인했다. 가령 요하네스 브루크만Johannes Brugman이 주정뱅이의 모든 특징으로 그리스도의 성육신을 비유하는 것을 허용했다. 주정뱅이는 술에 취하여 자아를 잊고, 위험을 알아보지 못하고, 조롱을 받아도 노여워하지 않으며, 모든 것을 남에게 주어 버린다. "아, 인류를 사랑하시어 지극히 높은 하늘에서 세상의 가장 낮은 골짜기로 내려오셨을 때, 그분은 취해 있지 않았을까요?" 주님은 천국을 거닐면서, 술이 가득 든 술병을 예언자들에게 마시도록 따라 주었다. "그들은 잔뜩 취할 때까지 마셔댔고, 다윗은 마치 주님의 광대처럼 하프를 들고 식탁 앞에서 뛰어다녔다."[49]

술취함과 배고픔의 비유

기괴한 브루크만뿐만 아니라 순수한 루이스브뢰크와 같은 사람도 하느님에 대한 사랑을 술취한 상태로 묘사했다. 술취함의 비유 다음에는 굶주림의 비유가 있다. 이런 이미지들은 둘 다 성경에서 가져온 것이다.

"나를 먹는 자는 점점 굶주릴 것이고, 나를 마시는 자는 점점 더 목이 마르리라(qui edunt me, adhuc esurient, et qui bibunt me, adhuc sitient)."⁵⁰ 이것은 본디 집회서(21:21)의 얘기인데도, 주님의 말씀으로 간주되었다. 하느님에 대한 영원한 갈구渴求가 인간의 정신에 깃들었다는 비유는 또 이렇게 표현되었다. "결코 채워지지 않는 영원한 굶주림은 여기에서 시작한다. 이것은 사랑하는 힘의 내면적 욕구이자 갈망이고 창조된 영혼이 창조되지 않은 절대 선을 추구하려는 욕구이자 갈망이다…… 이들은 대단히 가엾은 사람들이다. 그들은 게걸스럽고 탐욕스러우며 또 탐욕에 정신이 팔려 있기 때문이다. 아무리 많이 먹고 마시더라도 그들은 결코 만족하지 못한다. 이런 종류의 굶주림은 영원하기 때문이다…… 그리고 만약 하느님이 불운한 사람들에게 그분 자신을 제외한 성인들의 모든 재능을 부여하더라도, 탐욕에 사로잡힌 영혼은 여전히 채울 길 없는 굶주림으로 괴로워할 것이다." 하지만 술취함의 비유와 마찬가지로, 굶주림의 이미지도 거꾸로 뒤집어 그리스도에게 적용될 수 있다.

그리스도의 굶주림은 한이 없다. 주님은 우리 모두를 통째로 먹어치운다. 그분은 탐욕스러운 먹보이고 그분의 굶주림은 끝이 없기 때문이다. 그분은 우리 뼈의 골수까지 먹어치운다. 하지만 우리는 기꺼이 몸을 맡기고, 주님의 입맛에 맞으면 더욱더 내맡길 것이다. 아무리 거듭하여 우리를 먹더라도, 그분은 탐욕스러운데다가 한없이 굶주리기 때문에 만족할 수 없다. 주님은 우리가 보잘것없지만 개의하지 않고, 우리에게 아무것도 남겨 주려 하지 않는다. 그분은 먼저 식사를 마련하고, 사랑 안에서 우리의 모든 죄와 결점을 태워 버린다. 우리가 정화되어 사랑의 불로 튀겨질 때, 그분은 이 모든 것을 먹어치우려는 듯이 탐욕스레 입을 벌린다…… 만약 우리가 그리스도께서 우리의 지복至福을 위해 갖고 계신 탐욕스러운 열망을 볼 수 있다면, 우리는 그분의 입으로 날아갈 수밖에 없다. 우리를 완전히 삼키면, 예수님은 이번에 자신을 우리에게 내어준다. 그분은 우리에게 주님과 영원한 열망을 나눌 수 있는 영혼의 굶주림과 갈증을 준다. 그분은 우리에게 정신적 굶주림을 주고, 우리의 마음에서 우러나온 사랑에게 자신의 몸을 음식으로 준다. 그리하여 우리가 이 몸을 먹고, 우리 안에서 깊은 신앙심으로 즐긴다면, 주님의 몸의 영광스러운 뜨거운 피가 우리의 본성과 모든 핏줄에 흘러들어 올 것이다…… 우리는 늘 이렇게 먹고 또 먹히리라. 사랑 안에서 올라가고 내려가는 것, 이것이 우리의 영원한 삶이다.[51]

여기서 한 걸음 더 나아가면, 드높은 신비주의는 진부한 상징주의로 전락해 버리고 만다. 장 베르텔레미Jean Berthelemy는 『사랑을 두려워하는 책Le livre de crainte amoureuse』에서 성체성사에 대해 이렇게 썼다. "너희는 그분을 불에 그을리거나 태우지도 않고 적당히 구워 먹을 것이다. 부활절의 어린 양이 장작불과 숯불의 두 불 사이에서 잘 익혀지듯이, 온유한 예수님은 성 금요일에 존귀한 십자가의 꼬챙이에 꿰어져, 아주 고통스러운 수난의 죽음을 떠올리며 우리를 구원하려 한다. 우리의 영혼과 지복을 위해 참고 불살라 버리는 사랑과 민네Minne의 불길 사이에서 그분은 우리의 구원을 위해 서서히 구워진다."[52]

술취함와 배고픔의 비유는 종교적 축복의 감정을 에로스로 상징해야 한다는 견해를 배척한다.[53] 하느님의 영묘한 힘은 섹스의 느낌이라기보다는 뭔가 마시거나 포만한 느낌과 같다. 어떤 여성 신자는 자신의 온몸이 예수 그리스도의 피에 잠겨 있다고 느끼면서 기절했다.[54] 성변화聖變化(성체성사에서 빵이 그리스도의 살, 포도주가 그리스도의 피로 변하는 것)의 신념이 북돋운 피의 환상은 머리가 어지러울 정도로 열광적인 도취로 나타난다. 보나벤투라Bonaventura에 따르면, 예수님의 상처는 꽃이 만발한 달콤한 낙원의 붉은 핏빛 꽃송이다. 영혼은 나비처럼 이 꽃에서 저 꽃으로 날아다니며 피를 마신다. 영혼은 옆구리의 상처를 지나 그분의 심장으로 들어가야 한다. 동시에 낙원에서는 그분의 피가 개울처럼 흐른다. 그 모든 뜨겁고 붉은 피는 하인리히 조이제Heinrich Seuse의 입을 통해 그분의 가슴과 영혼으로 흘러들어갔다.[55] 시에나의 카타리나는 그리스도의 옆구리 상처에서 흘러나온 피를 마신 성인들 중 한 사람이다. 또 성 베르나르, 하인리히 조이제, 알랭 드 라 로슈 같은 사람들은 성모 마리아의 가슴에서 젖을 맛보았다.

종교적 판타지의 부작용

라틴어 이름으로 알라누스 드 루페, 네덜란드 친구들이 반 데르 클리프 Van der Klip라고 부르던 알랭 드 라 로슈Alain de la Roche는 중세 후기에 프랑스인 특유의 극단적인 신앙심과, 구체적으로 비전(환상)을 보는 풍부한 신앙을 갖춘 주목받는 인물이었다. 1428년 무렵, 브르타뉴에서 태어난 그는 주로 북프랑스와 네덜란드에서 활동한 도미니크 수도회 수사이다. 1475년, 그는 즈볼레Zwolle에서 활발하게 교우하던 수사 공동체에서 세상을 떠났다. 그는 묵주 기도의 확대에 힘썼는데, 이런 목적 때문에 세계적인 기도 단체를 설립하고, 이것을 주기도문과 번갈아 암송하는 성모송의 확정된 체계로 수립했다. 대부분 설교 기록과 환상을 설명한 글로 이루어진 이 환상가(알랭 드 라 로슈)의 저서에서,[56] 우리는 자칫 성적인 방향으로 흐르기 쉬운 판타지의 요소를 엿볼 수 있지만, 그렇다고 해서 타오르는 듯한 열정의 징조를 발견하는 것은 아니다. 열정 없이도 관능적 판타지가 가능한 것이다.

모든 것을 용해시키는 하느님의 사랑은, 알랭의 저서 속에서, 이미 유출(→ 신플라톤주의)된 것, 즉 기정사실로 묘사되어 있다. 따라서 위대한 신비주의자들의 굶주림, 갈증, 피, 사랑의 판타지 등 그들의 품위를 높여 주던 풍부한 열정은 전혀 느낄 수 없다. 그는 성모 마리아의 온몸에서 각 부위를 명상하라고 권고한다. 그러면서 성모 마리아의 젖으로 어떻게 자신의 갈증을 풀었는지 세세히 묘사했다. 그가 수립한 상징체계에서 주기도문의 구절들은 각각 미덕들의 혼례 침대(미덕을 탄생시키는 원천)로 해석되었다. (이 부분 제9장 상징주의의 쇠퇴 중 소제목 "상징의 도식화" 참조-옮긴이) 이런 과도한 상징은 쇠락한 시대정신을 잘 드러내고 있다. 중세 후기의 다채로운 신앙심이 이제 퇴락의 길로 접어들어 전성기를 지난 꽃의 형태로 조락한 것이다.

성적인 요소는 악마에 대한 판타지에서도 한 자리를 차지했다. 알랭드 라 로슈는 갖가지 죄를 상징하는 괴물들을 보았다. 괴물은 역겨운 성기에서 유황 불길을 내뿜고, 먹구름과 같은 연기로 컴컴하게 대지를 뒤덮었다. 그는 환상 속에서 '배교의 매춘부(meretrix apostasae)'라는 괴물을 보았다. 그녀는 배교자들을 삼켰다가 토해내고 다시 삼키고 그들을 어머니처럼 입 맞추고 쓰다듬었으며, 그 자궁에서 끊임없이 배교자들을 탄생시켰다.[57]

이것은 '새로운 신앙' 파가 맛본 '달콤한 즐거움'의 부정적 측면이다. 천국에서의 달콤한 판타지만으로는 뭔가 부족한 탓에 그 보완적 장치로서 지옥의 이미지에 물든 어두컴컴한 심연의 판타지를 생각해냈다. 그 심연은 세속적 관능을 자아내는 극단적인 언어로 표현되었다. 빈데스하임 사람들의 고요한 경건주의와, 중세 끝자락의 가장 어두운 만행(마녀 사냥)이 서로 연결되는 것은 그리 놀랄 일이 아니다. 마녀 사냥은 그 무렵 열성적인 신학자와 엄혹한 사법 체계의 합작으로 단단한 사법 제도로 정립되었다. 알라누스 드 루페는 그 둘(경건주의와 마녀 사냥)을 이어 주는 연결고리였다. 그는 도미니크 수도회의 동료이며 제자인 야코프 슈프렝거Jacob Sprenger의 스승이다. 야코프는 하인리히 인스티토리스 Heinrich Institoris와 함께 『마녀들의 망치Malleus maleficarum』[58]를 공동으로 저술했을 뿐만 아니라 알라누스 데 루페의 독일 로사리오 형제회를 열렬하게 지원했던 인물이다.

제9장

상징주의의 쇠퇴

중세 사람들은 늘 종교적 감동을 강렬한 이미지로 바꾸려던 경향이 있었다. 그들은 신비를 눈으로 목격해야만 비로소 이해하게 된다고 믿었다. 그리하여 가시적 표징을 통해 형언할 수 없는 뭔가를 숭배하려고 했기 때문에, 그들은 끊임없이 새로운 이미지를 만들어냈다. 14세기 무렵, 예수에 대한 흘러넘치는 사랑을 표현하려면, 십자가와 어린 양의 이미지만으로는 충분하지 않았다. 그것들에 더하여 예수 이름 자체를 숭배했으며, 일부 지역에서는 그것이 십자가 숭배를 능가할 정도로 성행했다. 하인리히 조이제는 가슴에 예수의 이름을 문신으로 새겼고, 옷에 연인의 이름을 수놓아 입고 다니는 남자에 자신을 비유하기도 했다. 그는 이 달콤한 이름을 수놓은 손수건을 제자들에게 보냈다.[1] 시에나의 베르나르디노는 감동적인 설교를 마치면서 두 자루의 초에 불을 붙이고, 가로세로 1야드 크기의 서자판書字板을 보여 주었다. 거기에는 파랑 바탕에 금색 글자로 쓴 예수의 이름이 후광에 둘러싸여 있었다. "성당을 가득 메운 사람들은 무릎을 꿇고, 예수를 향한 사랑이 북받쳐 올라와 울음을 터뜨렸다."[2]

프란체스코 수도회를 비롯한 다른 수도원의 많은 설교자들은 이 관습을 본받았다. 서자판을 손에 쥐고 높이 들어 올린 카르투지오회 수도사 드니를 묘사한 그림은 아직도 남아 있다. 제네바 시의 문장紋章에서 윗부분을 장식하던 태양광선의 무늬는 이런 숭배 형태에서 비롯된 것이다.[3] 교회 당국은 이것이 미신이나 우상숭배가 아닐까 하여 의심의 눈초리를 보냈다. 이런 관습에 대한 찬반양론은 거셌다. 베르나르디노는 교황청에 불려갔고, 교황 마르티누스 5세Martinus V는 그 관습을 금지시켰다.[4] 하지만 가시적인 표징을 가지고 하느님을 숭배하려던 욕구는 곧 공인된 형태를 찾아냈다. 성체 현시대聖體顯示臺[5]를 놓아 기도하면, 그곳에 안치된 성체를 볼 수 있게 된 것이다. 이것이 처음 등장한 14세기에는 탑의 모양이었지만, 신의 사랑을 상징하여 빛살이 퍼지는 태양의 형태로 바뀌었다. 교회는 이런 가시적 형태에 대하여 거듭 유보적인 태도를 보였고, 성체 현시대는 처음에 성체 축제 주간에만 사용하도록 되었다.

쇠퇴하던 중세가 거의 모든 것을 과도한 이미지의 요소들로 분해시키던 현상은 황당한 판타지로 전락할 뻔했다. 하지만 중세인들이 사용했던 거의 모든 이미지가 전체를 통합하는 정신적 체계, 즉 상징주의 내에서 제자리를 잡았기 때문에 그러한 전락을 면할 수 있었다.

흐릿한 거울의 비유

중세 사람들은 고린도전서의 한 대목이 다른 어떤 구절보다 위대한 진리라고 확신했다. "우리가 이제는 거울로 보는 것같이 희미하나 그때에는 얼굴과 얼굴을 대하여 볼 것이요(Videmus nunc per speculum in aenigmate, tunc autem facie ad faciem)." (사도 바울이 고린도전서 13장 12절에서 한 말—옮긴이)

중세인들은 결코 다음과 같은 상황을 잊지 않았다. 즉, 모든 사물이 그 즉각적인 기능과 발현 형식으로 존재 의미가 국한된다면(가령 저녁노을이 그저 저녁노을에 불과하고 그것이 중세의 가을을 가리키는 의미는 없다고 한다면-옮긴이), 그 사물은 곧 부조리하게 되어 버린다. 중세인이 볼 때 사물은 결코 사물 그 자체로 있지 않았다. 모든 사물은 나름대로 중요한 방식으로 피안의 세계를 향해 손을 내뻗고 있다. 이런 통찰이 어떤 순간의 형언할 수 없는 감정임을 우리는 잘 알고 있다. 가령 나뭇잎에 떨어지는 빗소리나 탁자 위에 비치는 등불이 실용적인 생각과 행동에 봉사한다기보다 마음속 깊은 곳의 인식에 도달하게 해주는 그런 순간 말이다. 그런 통찰은 어떤 병적인 집착의 형태로 떠오를 수도 있다. 그리하여 모든 사물이 저마다 위협적인 의도를 품은 듯이 보이고, 또 우리가 풀려고 애쓰지만 풀지 못하는 수수께끼를 함축하고 있는 듯이 보인다. 그런 통찰은 우리에게 잔잔한 평온함과 강인한 확신을 안겨준다. 또 우리 자신의 삶이 이 세상의 신비한 의미에 동참한다는 느낌을 준다.

이런 통찰의 느낌이 모든 사물의 원천인 유일자(the One)에 대한 경외심으로 굳어질수록, 그 통찰은 일순간의 명석하지만 산발적인 직관으로 존재하는 것이 아니라, 지속적인 일상생활의 감정이나 심지어 분명한 확신으로 바뀌게 된다. "사물을 제 모습 그대로 창조한 힘(유일자)과 우리가 연결되어 있다는 영원한 의미를 연마함으로써, 우리는 사물을 기꺼이 받아들일 수 있다. 이렇게 하여 자연의 겉모습이 바뀌는 게 아니라, 그것에 담긴 의미를 보는 눈이 바뀌는 것이다. 자연은 죽었다가 되살아난다. 이 죽음과 소생의 차이는, 사랑이 담긴 눈빛으로 사람을 보느냐 그저 냉담하게 보느냐의 차이와 같다…… 모든 사물을 하느님 안에서 바라보고 모든 것을 하느님에게 연결시킬 때, 우리는 평범한 것들에서 초자연적인 의미를 읽어낸다."[6]

상징주의는 바로 이런 감정을 바탕으로 한다. "하느님에게 공허하거나 무의미한 것은 없다(Nihil vacuum neque sine signo apud Deum)."[7] 하느님의 이미지가 일단 만들어지면, 신성에서 의미를 발견하려는 모든 노력은 구체적 생각으로 응고되고 추후에 말로 표현되었다. 이렇게 하여 세상을 거대한 상징의 연결체라고 보는 고결한 생각이 생겨났다. 다시 말해 세상은 많은 상징의 관념들로 지어진 대성당이고, 생각할 수 있는 모든 것을 운율에 맞게 다성적多聲的으로 표현한 상징의 체계라는 것이다.

생각의 상징적 모드는 발생론적 모드(사고방식)에서 독립되어 있으면서도 그 모드와 동등한 위치를 유지했다. 세상을 진화과정으로 보는 발생론적 모드는 흔히 말하듯이 중세 사람들과 동떨어진 생각은 아니었다. 하지만 중세인은 한 사물에서 다른 사물이 생기는 과정을 생식이나 가지치기라는 소박한 형태로만 생각했고, 논리적 연역에 의해 정신의 발달과정에 대해서도 이와 똑같이 생각했다. 우리는 나무 가지들의 계통도라는 구조에서 그런 현상을 읽을 수 있다. 이를테면 '법률과 규범의 기원을 이루는 나무(arbor e origine juris et legum)'는 법과 관련된 모든 것을 수많은 가지들을 넓게 뻗친 한 그루의 나무라고 보았다. (→ 실재론) 이처럼 연역적으로 적용된 진화론적 사고방식은 다소 도식적이고 임의적인데다 그 내용이 빈약했다.

상징과 상징되는 것

인과관계의 관점에서 보면, 상징주의는 사고방식의 지름길이다. 이것은 고비마다 은밀하게 숨겨진 인과관계를 더듬어 찾지 않고, 느닷없이 비약하여 사물 상호간의 관계를 찾아낸다. 다시 말해, 인과관계를 뛰어넘어 의미와 목적의 관계를 추구한다. 중세인들은 두 가지 사물이 보편 가치의 본질적 특성을 공유한다고 생각하면, 그 둘은 의미와 목적이 관련된다고 믿었다. 바꿔 말해, 어딘가 비슷하다는 연상聯想은 신비스러운 본질적 관계를 직접 불러일으켰다. (가령 장미와 피는 서로 아무 상관이 없지만, 둘 다 붉은 색깔이고, 그 붉은 색깔은 예수 그리스도의 속성을 가리키므로 이 둘이 서로 연결된다고 보는 사고방식-옮긴이) 심리학의 관점에서 보면, 이것은 아주 빈약한 정신 작용이고, 민족지학의 관점에서 살피면 대단히 원시적인 정신 상태이다. 원시적인 사고방식은 사물의 경계를 인식하지 않는다는 것이 약점이다. 이것은 어떤 특정 카테고리의 유사성 또는 속성을 매개로 그것과 관련된 모든 개념들을 어떤 사물의 아이디어 속에 포섭한다. 상징적 사고방식의 기능은 이것과 밀접한 관계가 있다.

하지만 상징주의는 중세 시대의 **실재론**, 그리고 그 이전의 플라톤식 관념론(물론 자세히 파고 들어가면 실재론과 관념론이 약간 다른 부분도 있지만)이라는 세계관과 불가분의 관계가 있다. 우리가 이 사실을 깨닫자마자, 상징주의는 임의적이고 미숙한 모습을 탈피하게 된다.

공통된 특성에 따른 상징적 동일시는 상징과 상징되는 것이 정말 본질적인 특성을 갖고 있을 때 의미가 있다. 흰 장미도 붉은 장미도 가시를 지닌 채 꽃이 피어난다. 중세 사람들은 곧 이런 사실에서, "처녀와 순교자가 자신을 박해하는 사람들 사이에서 영광스럽게 빛난다"라는 상징적 의미를 알아본다. 이런 동일시는 어떻게 가능할까? 아름다움, 부드러움, 순수함과 같은 특성을 양쪽이 공통적으로 지니기 때문이다. 핏빛이 도는 붉은 장미는 처녀와 순교자의 속성이기도 하다. 하지만 두 가지의 구성 요소가 특별한 상징주의의 연계, 특성, 본질을 나눠 가져야만, 이 연관성은 진정으로 신비스러운 의미를 지닐 수 있다. 달리 말하면, 흰색과 붉은색은 양적인 기준에서 물리적 차이를 나타내는 형용 어구가 아니라, 저마다 실체이고 현실이 되어야 한다. 우리가 원시인, 어린이, 시인, 신비가의 지혜를 잠시 빌려올 수 있다면, 언제나 이런 식으로 사물을 바라볼 수 있다.[8] 이런 사람들(원시인, 어린이, 시인, 신비가)은 사물의 타고난 본질이 그 사물의 일반적 성질에 스며들어 있다고 생각한다. 이런 성질이 그 사물의 존재이며 또 본질의 핵심이라는 것이다. 가령 아름다움, 부드러움, 흰색은 그 본질에 있어서 서로 같은 것들이다. 즉, 흰색을 가진 모든 것은 아름답고 부드럽다. 흰색을 가진 모든 것은 서로 연관되고, 똑같은 존재 이유를 지니고, 하느님 앞에서 똑같은 중요성을 지닌다. 사정이 이렇기 때문에 중세 사상에서, 상징주의와 리얼리즘(중세적 의미의 리얼리즘으로서 곧 실재론)은 불가분의 관계가 있다.

실재론과 유명론

우리는 여기에서 **보편**에 대한 지적 논쟁을 자세히 거론하지는 않겠다. 확실히, 실재론은 '사물보다 앞선 보편(universalia ante rem)'을 주장했고, 본질과 선재先在가 일반적인 조건에 속한다고 생각했으나(본질은 가령 '아름다움'을 들 수 있는데, 이 아름다움이 예쁜 여자, 잘 만들어진 물건, 화려한 옷 등에 개별적으로 들어 있는 것이 아니라 이런 개별적인 사물과는 상관없이 아름다움이라는 본질이 이미 있다는 것이고, 선재는 개개 인간들의 영혼이 그런 인간들이 존재하기 이전부터 이미 있었다는 믿음 — 옮긴이), 이 사상이 중세의 사상계를 완벽하게 지배하지는 못했다. '사물 다음에 오는 보편(universalia post rem)'을 옹호하는 유명론자唯名論者들도 적지 않았다. 하지만 다음과 같이 주장해도 그리 무모하지 않을 것이다. 전성기의 과격한 **유명론**은 역류, 반동, 대립에 지나지 않았다. 후기의 온건한 유명론은 극단적인 실재론에 맞서 철학의 견지에서 이견을 주장한 것이었으며, 중세의 전반적 정신문화에 자리 잡은 실재론의 사상을 방해하지 않았다.[9]

실재론은 문화 전반의 고유한 경향이었다. 왜냐하면 정말로 중요한 것은 지적 능력이 뛰어난 신학자들의 논쟁이 아니라, 예술과 윤리와 일상생활에서 상상력과 사고방식을 좌우하던 관념이기 때문이다. 그런 관념들은 어느 것이나 대단히 실재론적이었다. 이렇게 된 것은 신-플라톤주의의 오래된 전통에서 고급 신학을 가르쳤기 때문이 아니라, 실재론이 철학으로부터 독립된 원시적 사고방식이기 때문이다. 원시적인 사람들은 이름을 지을 수 있는 것이라면, 곧 실체(존재)라고 여겼다. 그 이름이 어떤 사물의 성질, 형식, 기타의 것을 가리켜도 개의치 않았다. 그리하여 이름 지어진 모든 실체는 자동적으로 하늘에 투영되었다.(하느님이 만들어낸 것이라고 믿었다.-옮긴이) 실체는 늘 그런 것은 아니지만 거의 언제나 의인화擬人化되었다. 의인화된 개념은 아무 때라도 살아 있는 사람인 양 춤을 추었다.

중세적인 의미에서 보면, 모든 실재론은 궁극적으로 신인동형론神人同形論의 형태를 취한다. 중세 사람들은 관념을 독립된 실체로 여기고, 그것을 눈으로 직접 보고 싶어 했다. 그러자면 의인화 이외에 달리 방법이 없었다. 바로 여기에서 상징주의와 실재론은 알레고리로 바뀐다. 알레고리는 상상력의 구체화하는 힘과 결합된 상징주의이다. 그것은 의도적 표현이고 그만큼 상징의 힘은 고갈되어 버린다. 열정적인 외침을 문법적으로 정확한 문장으로 바꾸어 놓으려는 시도이다. 괴테는 상징과 알레고리의 차이를 이렇게 설명한다. "알레고리는 현상을 용어로, 용어를 이미지로 바꾼다. 그렇지만 그 용어는 언제나 이미지와 연결되고 그 이미지에 의해 보존된다. 그 용어는 이미지 속에서 완전 포착되고, 이미지는 용어를 적절히 표현해 준다. 상징은 현상을 관념으로, 관념을 이미지로 바꾼다. 그리하여 관념은 끝없이 활동하면서도 손에 닿을 수 없는 곳에 있고, 갖가지 말로 표현되면서도, 끝내 말로 표현되지 못한다."[10]

알레고리는 현학적인 문구로 전락한 동시에 아이디어를 이미지로 바꾸는 가능성을 지녔다. 중세 사상에 들어온 알레고리의 방식은 현학적이고 노쇠한 특징이 늘어났는데, 이것은 이미 고대 후기의 문학 작품들 가령 마르티아누스 카펠라Martianus Capella와 프루덴티우스Prudentius의 우화적인 작품들에서도 발견되는 것이다. 하지만 중세의 알레고리와 의인화에 진정성과 활기가 부족했던 것은 아니었다. 이런 것들이 부족했다면, 어떻게 중세 문화는 줄기차게 알레고리를 학습하고 또 활용할 수 있었겠는가?

상징주의의 기능

전체적으로 보면, 생각의 세 가지 방식—실재론, 상징주의, 의인화—은 한 줄기 빛과 같이 중세 사람들의 마음을 밝혀 주었다. 심리학은 연상의 관점에서 상징주의 전체를 다루는 경향이 있지만, 문화사학자들은 보다 깊은 존경심의 눈빛으로 그 사고방식을 바라보아야 한다. 이 세상에 존재하는 모든 것을 상징적으로 해석한다는 것은 비할 데 없는 미학적, 윤리적 가치를 지녔다. 상징주의는 인과관계의 과학적 사고방식보다 더 강력한 연결 관계로 통합된 세계관을 만들어냈다. 자연과 역사 전체를 아우르면서 상징주의는 확고한 계급 질서, 건축적 구조물, 계층적 종속

관계를 만들어냈다. 각각의 상징적 맥락에서 어떤 것은 더 높아야 하고, 어떤 것은 더 낮아야 하기 때문에 사물들 사이의 위계질서는 불가피하다. 가치가 대등한 사물은 서로에 대한 상징이 될 수 없지만, 하나로 합치면 원래의 것보다 높은 제3의 의미를 나타낼 수 있다. 상징적 사고방식에서 사물들 사이의 관계는 한없이 다양했다. 각각의 사물은 다양한 성질에 따라 다른 사물의 상징이 될 수 있으며, 어느 한 특수한 사물이 다양한 사물을 의미할 수 있다.

이렇게 하여 상급의 개념은 무수히 많은 하급의 상징을 거느리게 된다. 아무리 낮게 위치한 사물이라도 숭고한 개념을 나타내고 그것을 바라보며 영광을 찬양할 수 있다. 견과류인 호두는 전체적으로 그리스도를 의미한다. 즉, 씨알은 그리스도의 신성神性을, 껍질은 그분의 인성人性을, 둘 사이의 피막은 십자가를 나타낸다. 정신이 영원으로 올라갈 때, 모든 사물은 정신을 뒷받침하여 위계질서의 안정이 이루어지도록 도와준다. 한 사물은 다른 사물을 한 단계씩 높은 곳으로 밀어 올리는 것이다. 상징적 사고방식은 하느님의 위엄과 영원에 대한 감정을, 지각될 수 있는 모든 사물로 끊임없이 구체화시킨다. (관념을 사물로 표현하여 구체화시킨다.-옮긴이) 이렇게 하여 신비스러운 삶의 불길은 결코 꺼지지 않는다.

이처럼 상징주의의 드높은 미학적, 윤리적 가치는 가리지 않고 골고루 모든 개념에 스며든다. 상징적 가치가 눈부시게 빛나는 모든 보석을 알아볼 수 있는 기쁨을 상상해 보자. 그 순간, 처녀성과 장미의 동일시는 그저 시적인 나들이웃에 그치지 않고, 그 둘의 본질을 드러낸다. 이것은 생각의 다성적多聲的 연주이다. 완전히 다듬어진 상징주의의 요소들은 저마다 상징의 화음 안에서 울려 퍼진다. 상징적 사고방식은 황홀한 생각을 불러오면서, 아직 지성이 작용하지 않는 상태의 흐릿한 사물의 윤곽을 파악하게 하고, 이성적理性的 생각을 침묵시키며, 삶에 대한 강렬한 감정을 드높이 승화시킨다.

이 조화로운 관계 속에서 생각의 모든 영역이 두루 연결된다. 구약성경 속의 사건들은 신약성경의 사건들을 예고하기 때문에 의미를 지닌다. 세속의 역사는 신구약 두 가지를 모두 반영한다. 무슨 생각을 하건, 잡다한 생각의 단편들은 만화경을 보듯이 하나로 뭉쳐 대칭적인 아름다운 형상을 만들어낸다. 각각의 상징은 모두가 궁극적으로 성체성사라는 중심적 기적으로 집결하기 때문에 초월적 가치를 지니고, 보다 확실한 실재의 높이로 승화한다. 이 수준에서 상징은 더 이상 비유가 아니고, 상징하는 것과 상징되는 것은 서로 똑같은 것이 된다. 보다 구체적인 사례를 들면 성체는 곧 그리스도이다. 성체를 먹는 사제는 자신의 그런 행동 덕분에 주님의 무덤이 된다. 여기에서 상징은 드높은 신비의 현실에 참여하고, 의미를 지닌 모든 행동은 신비 속에서 하나로 통합된다.[11]

중세 사람들은 상징주의를 통하여 혐오스러운 세상을 높이 평가하여 즐길 뿐만 아니라, 지상의 사업을 고결하게 만들 수 있었다. 이리하여 모든 직업은 신성함과 상징적 관계를 맺는다. 장인의 노동은 말씀의 영원한 생성이자 육화이고, 하느님과 인간 영혼 사이의 결합이다.[12] 지상의 사랑과 신의 사랑 사이에도 상징적 연결의 밧줄이 있었고 그 밧줄은 무시로 하늘과 땅을 오르내린다. 신앙의 뿌리 깊은 개인주의는 덕행과 축복을 얻기 위해 자신의 영혼을 갈고닦았고, 그 개인주의는 실재론과 상징주의 사이에서 건전하게 균형을 이루었다. 그리하여 개인의 고통과 덕행은 개별적 특수성에서 분리되어, 보편적인 범주로 승화한다. 상징적 사고방식의 윤리적 가치는 상상력을 높이는 작용과 불가분의 관계에 있다. 상징을 다루는 일은 논리적으로 기술된 교리문답서에 음악을 곁들이는 것이나 다름없다. 이런 반주가 없다면, 문답서는 딱딱하고 뭔가 부족한 것이 될 터이다. "사색이 완전히 추상화해 버린 시대에, 추상적으로 정의된 개념들은 심오한 직관과 어긋나기 십상이다." [13] 상징주의는 종교적인 풍부한 개념들로 다가갈 수 있는 길을 예술에게 열어 주었다. 예술은 풍부한 음향과 다채로운 색상으로 그 개념들을 표현하는 동시에, 불분명하면서도 드높은 특성을 그 개념들에 부여할 수 있었다. 그리하여 예술은 말이나 글로 표현할 수 없는 것을 이해하는 가장 심오한 직관의 수단이 되었다.

상징의 도식화

저물어가던[14] 중세는 마지막으로 활짝 핀 사상의 세계를 고스란히 보여 준다. 상징주의는 모든 것을 망라하여 세상을 완벽하게 묘사했고, 각각의 상징들은 시들어 돌처럼 굳은 꽃으로 바뀌었다. 고전 고대 이래 상징주의는 세월이 좀 지나면 완전히 기계적으로 되어 버리는 경향을 보였다. 일단 사상의 원칙으로 확립되면, 상징주의는 시적 상상력과 열정을 발휘하지만 동시에 기생식물처럼 사람들의 지적 작용에 들러붙어, 그저 기계적인 습관이나 생각의 질병으로 전락한다. 특히 상징적 접촉이 숫자와 관련이 있을 때, 이런 기계적 상징의 전체상이 드러난다. 가령 상징 작업은 산술표를 사용하는 것이나 다름없게 되어 버린다. 12개월은 12사도를, 4계절은 4복음서 저자들을, 1년은 그리스도를 의미한다는 도식이 그러하다.[15]

숫자 7에 바탕을 둔 체계는 산더미처럼 불어난다. 일곱 가지 기본 도덕에 대해서는 주기도문의 일곱 가지 기원, 성령의 일곱 가지 선물, 산

상수훈의 일곱 가지 축복, 시편의 일곱 가지 회개 등이 대응한다. 이것들은 뒤이어 그리스도 수난의 일곱 가지 단계와 7대 성사聖事와 연결된다. 일곱 가지 항목들은 거듭 일곱 가지 대죄에 대한 대비이거나 치유책으로서 생각되었다. 일곱 가지 대죄는 일곱 마리의 짐승으로 묘사되고, 나아가 일곱 가지 병을 의미했다.[16] 이상의 사례들은 장 제르송과 같은 도덕군자에게서 빌려온 것인데, 이 참된 영적 치유자는 상징 관계의 실천도덕적 가치를 강조한다. 반면, 알랭 드 라 로슈와 같은 신비가는 미학적 요소를 중시한다.[17] 그는 10과 15라는 숫자에 바탕을 둔 하나의 체계를 세우려 했다. 그가 열심히 후원한 묵주신심회에서 바치던 기도는 150회의 성모송 사이사이에 끼워 넣어 주기도문을 15회나 차례로 낭송하는 일련의 과정이다. 주기도문 15회는 그리스도 수난의 15단계에, 성모송 150회는 구약성경의 시편 150편에 해당한다. 하지만 이것으로 그치지 않았다. 열한 개의 천계天界에 4대 원소를 더하여 열다섯 개의 기준을 정하고 여기에 실체(substantia), 질(qualitas), 양(quantitas) 등 10개 범주를 곱하여 150가지의 본성적 기질(habitudines naturales)을 얻는다. 마찬가지로 본성적 기질은 십계명에 열다섯 가지 덕목을 곱하면 나온다. 세 가지 신학적 덕목, 네 가지 기본 덕목, 일곱 가지 중요한 덕목을 모두 합치하면 14가 된다. "이제 남는 두 가지는 신앙과 회개(restant duae: religio et poenitentia)"인데, 이렇게 되면 14 더하기 2는 16이 되어 하나가 넘치게 된다. 하지만 기본 덕목인 '절제'는 중요한 덕목의 '금욕'[18]과 겹치므로 이 둘을 하나로 보면 결국은 모두 합쳐 15가 된다.

이 열다섯 가지 덕목은 주기도문의 구절마다 혼례 침대를 가지고 있는 왕비에 해당한다. 성모송의 모든 구절은 성모 마리아의 열다섯 가지 완덕을 의미하는 동시에, 마리아를 상징하는 천사 바위(rupis angelica) 위의 보석을 뜻한다. 단어들은 각각 하나의 죄 또는 그것을 상징하는 짐승을 몰아낸다. 그것들은 또한 모든 성인들이 앉아 있는, 열매가 주렁주렁 달린 나무의 가지들이고, 한 층계의 계단들이다. 이를테면 '아베'라는 단어는 마리아의 원죄 없음과 다이아몬드를 의미하고, 뒤이어 교만 또는 교만을 상징하는 사자를 쫓아낸다. '마리아'라는 단어는 지혜와 석류석을 뜻하고, 질투 또는 그것을 상징하는 검은 개를 물리친다. 환상 속에서 알랭은 죄를 상징하는 혐오스러운 짐승의 모습과, 휘황찬란하게 반짝이는 보석들을 바라보았다.

예전부터 알려진 보석의 경이로운 능력은 새로운 상징을 불러일으킨다. 줄마노는 검은색, 붉은색, 흰색의 세 가지 종류가 있는데 겸손한 마리아가 검고, 고통스러운 마리아가 붉고, 영광과 자비의 마리아가 흰 것을 상징한다. 이 보석으로 만든 인장을 사용하면, 밀랍이 묻지 않는다. 이것은 고결한 품성을 의미하여 부정을 몰아내고, 사람들을 정직하고 순결하게 만든다고 여겨졌다. 진주는 은총(gratia)이라는 뜻이고, 성모 마리아의 은총이기도 하다. 이것은 바다의 조개껍데기 속에서 하늘의 이슬을 받아 '그 어떤 번식의 씨앗을 받아들이지 않은 상태에서(sine admixtione cuiuscunque seminis propagtionis)' 태어난다. 성모 마리아는 조개이다. 이 경우, 상징의 대상이 약간 바뀌었다. 다른 보석의 유형을 따르면, 사람들은 성모 마리아가 진주일 것이라고 예상하기 때문이다. 상징주의의 만화경적 본질은 여기에서도 두드러지게 나타난다. "하늘의 이슬로 생긴"이라는 구절은 확실한 것은 아니지만, 동정童貞 잉태의 또 다른 수사修辭, 즉 기드온이 양털을 펴서 하느님의 증거인 이슬이 내리도록 기도했다는 비유를 연상시킨다. (구약성경 사사기 6장 36절-옮긴이)

상징을 사용하는 생각의 모드는 벌써부터 밑천이 바닥을 드러낸 상태였다. 상징과 알레고리의 추구는 이제 하나의 놀이로 그치고, 단순한 연상에 따른 피상적인 공상으로 전락했다. 상징은 거룩한 대상을 상징할 때에만 가까스로 정서적 가치를 유지했다. 상징 작업은 종교적인 세계에서 교훈적인 영역으로 옮겨가자마자 어쩔 수 없이 퇴보했다. 프루아사르는 정성 들여 다듬은 시, 『사랑의 시계Le orloge amoureus』에서 사랑의 모든 본질을 시계 장치의 다양한 부품에 빗대어 표현한다.[19] 샤틀랭과 몰리네는 정치적인 도식적 상징주의의 분야에서 경쟁했다. 귀족, 사제, 평민의 3계급은 성모마리아 특유의 본질을 나타내는 것으로 해석되었다. 신성 로마제국의 7선거후選擧候인 세 명의 성직왕과 네 명의 세속왕은 세 가지 신학적 덕목과 네 가지 중추적 덕목의 상징이라고 주장되었다.

1477년, 부르고뉴 가문에 충성을 바친 생토메르Saint-Omer, 에르Aire, 릴, 두에Douai, 발랑시엔, 이렇게 다섯 도시는 슬기로운 다섯 처녀가 되었다.[20] 사실, 이것은 역전된 상징주의이다. 다시 말해, 하위 개념이 상위 개념을 가리키지 않고 반대로 상위 개념이 하위 개념을 상징하는 것이다. 작가는 지상의 사물들을 가지고 천상의 영광을 장식하려는 의도인 것이다. 종종 제르송의 작품이라고 여겨지던, 『알레고리로 표현된 도덕적 문법서Donatus moralisatus seu per allegoriam traductus』는 신학적 상징주의를 라틴어 문법에 비유한 것이다. 명사는 인간이고, 대명사는 각 개인이 죄인임을 보여 준다는 식이다. 올리비에 드 라 마르슈가 지은 『귀부인들의 치장과 승리Le parement et triumphe des Dames』 같은 시에서는 온전한 여성 화장을 우수한 자질과 덕행에 비유함으로써 상징의 의미가 완전히 진부함의 밑바닥에 이르게 된다. 나이든 궁정 신하의 존경할 만한 훈화는 종종 익살맞은 윙크에 가로막혀 무색해졌다. 이 시에서 슬리퍼는 겸손을 의미했다.

슬리퍼는 중병을 앓지 않는 혜택과
건강을 우리에게 안겨줄 뿐이고,
그것에 어울리는 합당한 칭호를 준다면
나는 겸손이라는 이름을 부여하리.

그리하여 구두는 배려와 근면, 스타킹은 인내, 양말대님은 과단성, 셔츠는 명예, 코르셋은 순결을 상징한다.[21]

상징과 알레고리

하지만 아무리 무미건조하게 표현하더라도, 상징주의와 알레고리는 중세 사람들에게 우리가 생각하는 것보다 훨씬 더 생생한 감정적 가치를 안겨주었다. 상징적 동일시와 의인화의 기능이 아주 발달했기 때문에, 관념을 떠올리기만 하면 그것이 자연스레 '등장인물'로 그리고 배역으로 바뀌었다. (가령 비겁이라는 관념을 떠올리면 '비겁'이라는 인물이 생겨났다는 뜻-옮긴이) 관념은 모두 존재로 간주되고, 본질도 실재한다고 여겨졌다. 모든 것을 상상해낸 중세인의 지능은 곧 관념에게도, 본질에게도 인간적 형태를 부여했다. 언젠가 계시를 받던 순간에, 카르투지오회 수도사 드니는 교회가 인간의 형상으로 릴의 궁정 축제에서와 마찬가지로 연극 무대에 등장하는 광경을 보았다. 또 다른 계시에서는 주교회의의 신부들과 드니의 영적 친구인 니콜라스 쿠자누스가 추구했던 미래의 '교회 개혁(Reformatio)', 정화된 교회의 이미지를 보았다. 그는 그 정결한 교회의 영적 아름다움을, 값비싼 멋진 옷이라고 상상했고 또 색상과 형상이 예술적으로 잘 혼합된 형언할 수 없는 구체적 아름다움의 극치라고 상상했다.

언젠가, 드니는 계시 속에서 박해받는 교회를 보았다. 꼴사납고 누추하고 핏기가 없고 가엾고 허약하며 시달린 모습이었다. 주님께서 드니에게 말씀하셨다. "너의 어머니이며 나의 신부인 거룩한 교회의 말을 들어라." 드니는 그 목소리가 '교회라는 사람(quasi ex persona ecclesiae)'에게서 나오는 것인 양 그 내면의 목소리를 듣는다.[22] 이런 점에서 생각은 이미지와 밀접한 관계를 맺었고, 이미지에서 생각으로 거슬러 올라갈 필요도 없었고 또 알레고리를 일일이 설명하지 않아도 되었다. 아무리 불완전하게 제시되더라도 주제만 제시되면 충분한 것이다. 형형색색의 옷은 영적 완성이라는 관념을 전달하는 데 딱 들어맞는다. 이것은 개념이 이미지로 녹아드는 것이고, 다시 말해 생각이 음악으로 승화하는 것처럼 우리에게 익숙한 현상이다.

이 대목에서 『장미 이야기』에 등장하는 알레고리 인물을 짚고 넘어가자. '환영', '달콤한 감사', '겸손한 요청' 등의 이름을 접하면, 우리는 도대체 그게 무엇인지 머릿속에서 구체적인 이미지를 얼른 떠올리기가 어렵다. 하지만 중세 사람들에게 이 비유들은 생생한 모습을 갖추고 또 열정이 스며든 존재였다. 이것들은 파보르Pavor(공포), 팔로르Pallor(창백), 콘코르디아Concordia(조화)라는 추상 개념에서 파생된 로마 여신들의 이미지에 완벽하게 대응한다. 헤르만 우제너Herman Usener가 로마의 신들을 설명한 것은 거의 완벽하게 중세의 의인관擬人觀에도 적용할 수 있다. "관념은 관능의 힘을 지니고 사람들의 영혼에 큰 힘을 발휘한다. 그리하여 관념을 가리키는 어휘는, 임의에 맡겨진 형용사의 유동성에도 불구하고 신적 존재라고 여겨진다."[23] 그렇지 않다면, 과연 누가 『장미 이야기』를 읽겠는가? '달콤한 생각', '수치', '추억', 기타 단어들은 중세 후기 사람들의 머릿속에 반신半神이나 다름없는 삶을 누렸다. 『장미 이야기』의 등장인물들의 경우, 어떤 것은 훨씬 더 구체적으로 표현되었다. 가령 '위험'은 본디 구혼기간에 구혼자를 위협하는 위험을 지칭했으나, 사랑의 전문 용어에서는, 배신당한 남편을 의미했다.

사람들은 거듭 어떤 논쟁에 관해 대단히 중요한 견해를 표현하기 위해 알레고리를 사용했다. 샬롱의 주교(장 제르맹)는 필립 선량공의 정치적 행동에 대해 심각하게 충고하려 했다. 성 앙드레 축일 때, 그는 에댕Hesdin 성에서 대공, 대공비, 측근들에게 알레고리의 형식으로 간언했다. 이를테면 오테스 드 시뉘리Haultesse de Signourie는 먼저 신성 로마제국에 살다가 이어 프랑스로, 마침내 부르고뉴 궁정으로 옮겨왔다. 그녀는 이곳에서도 '군주의 무관심', '자문위원회의 나약함', '공직자들의 질투심', '백성에 대한 착취'로 위협받는 사실에 대해 주저앉아 통곡했다. 주교는 '군주의 경각심'을 비롯하여 다른 이미지를 등장시켜 궁정의 간신들을 쫓아내려 했다.[24] 이처럼 모든 특성들이 독립된 존재로 의인화되어 표현되었다. 이것은 분명히 인상을 강화하기 위한 수단이다. 알레고리가 여전히 중세의 사고방식에 아주 중요한 기능을 맡고 있는 점을 감안한다면 이러한 판단은 충분히 이해할 만하다.

'파리의 시민'은 인습에 사로잡힌 일기 작가인데, 문장을 능란하게 꾸미거나 골똘하게 생각하는 것을 별로 좋아하지 않았다. 하지만 뒷날 1792년 9월에 되풀이될 1418년 6월 파리의 피비린내가 진동하던 끔찍한 사건, 즉 부르고뉴파의 학살 사건을 묘사하게 되자, 그 또한 알레고리를 활용했다.[25] "그 무렵 사악한 충고의 탑에 갇혀 있던 '불화의 여신'이 일어나 분노, 복수를 일깨웠다. 그들은 일제히 갖가지 무기를 들고 '이성', '정의', '신을 생각하는 마음', '중용' 등을 수치스럽게 몰아내었다." 이런 비유는 비슷한 맥락을 유지하면서, 잔혹한 광경을 사실적으로 묘사하는 이야기와 번갈아 이어진다. "사람들은 살해된 직후에 움직일 수 있었다. 어떤 사람은 백 걸음을 걸어가다가 쓰러져 죽었다. 그 시체들은 바지만 걸친 채, 오물을 뒤집어쓴 돼지들처럼 수북이 쌓여 있었다." 억수같이 내린 비는 시신의 상처를 말끔히 씻어 주었다. 이 맥락에서 왜 알레고리가 사용되었을까? '파리의 시민'은 일기의 대부분을 차지하는 일상생활의 묘사에 만족하지 않고, 그보다 지적으로 더 높은 차원으로 그 학살 사건을 끌어올리고 싶었던 것이다. 그는 이 끔찍한 사건이 개인의 우발적 범죄와는 다른 것이라고 보았고, 그래서 그 비극적인 감정을 표현하는 수단으로 알레고리를 선택했다.

알레고리의 진부한 의인화

의인화와 알레고리의 기능은 중세 후기까지 여전히 우리를 무척 짜증나게 할 정도로 성행했다. 전통적 인물들이 긴요하지 않은 옷을 입고, 이것이 유희일 뿐이라고 사람들에게 말하는 활인화(活人畵, tableau-vivant: 살아 있는 사람이 무대에 등장하여 알레고리의 역할을 수행하는 것)에서, 우리는 아직도 알레고리를 즐길 수 있다. 하지만 15세기 때, 성인聖人뿐만 아니라 알레고리의 인물도 일상적인 옷을 입고 돌아다녔다. 중세 사람들은 표현하고 싶은 생각이 떠오르면 언제든지 걸맞은 의인화를 만들어낼 수 있었다. 샤를 드 로슈포르Charles de Rochefort는 궁정 생활의 체험 때문에 나쁜 길로 빠진 경솔한 젊은이의 '품행(Moralite)'을 주제로 『궁정의 방탕아 L'abuze en court』를 썼다. 이 글에서 그는 『장미 이야기』를 본떠서 호주머니에서 뭔가를 끄집어내듯이 술술 많은 알레고리를 지어냈다. 우리 현대인의 눈으로 보면, '미친 생각'과 '미친 사치'를 비롯한 그 모든 것들은 살아 있는 등장인물의 특징이 아예 없다. '가난'과 '질병'이 젊은이를 병원으로 데려가는 끝 무렵, 그들은 시의 내용을 알려주는 세밀화에서 그 시대의 귀족처럼 등장한다. '시간'조차 수염을 기르지도 낫을 들지도 않은 채, 몸에 맞는 조끼와 바지를 입고 나타난다. 의인화된 등장인물들은 그림이 순진할 정도로 뻣뻣하기 때문에 지나치게 원시적인 인상을 불러일으킨다. 그리하여 등장인물의 개념과 관련하여 중세 사람들이 느끼던 마음의 미묘한 감동을 우리는 잘 이해하지 못한다. 하지만 작품의 진부함 속에서도 은유의 생명력이 엿보인다.

올리비에 드 라 로슈는 이런 사실에 전혀 당혹스러워하지 않았다. 즉, 1454년 릴의 궁전 연회에서 '여흥 행사'를 맡은 열두 명의 알레고리, 곧 열두 가지 '덕목'은 자신들의 시를 낭독한 뒤에 '연회의 흥을 한층 돋우기 위해 가장무도회와 같이 손님을 과장되게 접대하면서' 춤을 추기 시작했다.[26] 우리가 이해하는 범위에서, 의인화는 일부러 그런 건 아니겠지만 여전히 덕행과 감정에 어느 정도 연계된다. 그러나 중세 사람들은 도저히 의인화와 연결되지 않은 사항에 대해서도, 주저하지 않고 밀고 나아갔다. 피테르 브뢰헬Pieter Brueghel은 인간의 모습을 지닌 사순절이 사육제 군대와 맞서 싸우기 위해 들판으로 나가는 광경을 그렸는데, 이건 화가가 미쳐서 이렇게 그린 게 아니었다. 이미 『사순절과 육식일의 싸움La bataille de karesme et de charnage』이라는 시에서 치즈가 잉어와 싸우고, 소시지가 뱀장어와 싸우는 광경이 나오는 것이다. 이런 발상은 일찍이 13세기 말까지 거슬러 올라가고, 1330년 무렵에는 스페인 시인 후안 루이스Juan Ruiz가 이미 모방하여 유사한 시를 썼다.[27] 사순절의 의인화는 속담에서도 등장한다. "부활절 전야, 사순절은 케이크를 굽는다." 다른 곳에서 상상력이 발휘된 과정은 훨씬 더 진일보했다. 북부 독일의 몇몇 도시에서 성가대석에는 '사순절'이라고 하는 인형이 매달려 있고, 사람들은 부활절 전주의 수요일 미사 중에 이 '굶주린 인형'을 떼어냈다.[28]

성인의 이미지와 상징적 인물은 현실적 측면에서 얼마나 달랐을까?

성인의 이미지는 교회 당국이 공인하여 나름대로 역사적 성격을 지니고 있으며, 나무와 돌의 형상으로 만들어졌다. 반면, 상징적 인물은 개인의 정신생활, 자유로운 공상과 관계되는 맥락을 지닌다. '행운 Fortune'이니 '겉치레Faux-Semblant' 같은 알레고리의 인물이 성녀 바르바라나 성 크리스토포루스와 마찬가지로 생생한 존재였는지는 아주 진지하게 생각해 볼 문제이다. 어떤 형상은 교리의 굴레에서 벗어나 자유로운 상상력으로 탄생하고, 어떤 성인들보다 확실한 사실성을 얻어내고, 모든 성인들보다 더 오래 살아남았다는 것을 잊지 말자. 바로 '죽음'의 알레고리가 그러하다.

중세의 알레고리와 르네상스의 신화 사이에는 사실상 본질적인 차이가 없다. 이렇게 보는 것은 다음과 같은 두 가지 사항 때문에 그러하다.

첫째, 신화 속의 신들은 중세의 상당한 기간 동안 자유로운 은유를 동반했다. 비너스는 순수한 중세시中世詩에서도 일정한 역할을 했다.

둘째, 자유로운 알레고리는 16세기까지, 심지어 그 뒤의 훨씬 훗날까지 성행했다.

14세기 무렵, 알레고리는 신화와 경쟁하기 시작한다. 프루아사르의 시에서 '상냥한 외모', '젊음', '기쁨', '거절', '위험', '핑계', '솔직함' 같은 알레고리의 인물들 곁에, 가끔 알아보기 어려울 정도로 왜곡된 신화적 인물들, 가령 아트로포스Atropos, 클로토Clotho, 라케시스Lachesis, 텔레포스Telephus, 이드로포스Ydrophus, 넵티스포라스Neptisphoras 같은 기묘한 신들이 뒤섞여 나타난다. 이 신들의 형상이 외부적으로 풍부한지 살펴볼 때, 그들은 『장미 이야기』의 등장인물에 비해 한참 처진다. 다시 말해, 공허하면서도 그림자 같아 보인다. 또 크리스틴 드 피장의 『오테아가 엑토르에게 보내는 편지Épistre d'Othéa à Hector』에서 신화의 신들이 왕국을 형성한 경우, 전반적인 이미지는 고전적이 아니라 지나치게 바로크적 인상을 풍긴다. 르네상스에 이르자 이 관계는 역전되었다. 올림포스 신들과 님프는 중요도에서 '장미'를 비롯한 상징 집단을 점점 추월하여 앞서 나갔다. 고전적 주인공들은 고전 고대의 보물에서 풍부한 양식과 감성, 시적인 아름다움, 무엇보다도 자연과의 일체감을 가져왔다. 그것들 앞에서, 일찍이 생생하던 중세의 알레고리는 희미하게 빛을 잃고 사라져갔다.

심리 게임이 되어 버린 상징

상징주의는 자신의 시녀인 알레고리와 함께 심리 게임으로 전락했다. 의미 있는 것들은 이제 의미 없는 것들이 되었다. 상징적 사상은 인과관계적·발생적 사고방식의 발전을 가로막았다. 물론 상징주의가 그런 사고방식의 발전을 완전 배제했다고 말하는 것은 아니다. 사물의 자연 발생적 관계는 상징적 관계와 나란히 제자리를 차지했지만, 사람들이 상징주의에서 벗어나 사물의 자연적 발전으로 관심을 기울여야 발생적 사고방식이 중요한 위치에 오를 수 있는데 사정은 그렇지 못했다.

사례를 들어 설명해 보자. 종교적 권위와 세속적 권력의 관계를 살펴보면, 중세의 세계는 두 가지 상징을 비교하는 것에 바탕을 두었다. 하나의 상징은 하느님이 이 세상을 창조할 때, 그 서열을 정한 두 천체, 즉 해와 달이고, 또 다른 것은 그리스도가 산헤드린(유대인 최고회의)에 붙잡혀 갔을 때, 사도들이 몸에 지녔다는 두 자루의 칼이다. 중세 사람들이 볼 때, 이 상징들은 결코 영리한 비교比較의 수준에 그치는 것이 아니었다. 이런 상징들은 천상의 권위와 지상의 권위를 비교하면서 그 관계를 설정해 주는 것이고, 그것(관계)은 이런 신비한 상징의 연결고리를 결코 벗어던지지 못했다. 이 상징들은 베드로를 교회의 반석으로 삼는 것과 동등한 개념적 가치를 지녔다. 상징의 힘은 두 권력의 역사적 발전에 대해 탐구하려는 노력을 가로막았다. 단테는 『군주론De monarchia』에서 세속적 권력이 긴급하게 필요하다고 여기면서, 역사적 탐구의 길을 닦기 위해 먼저 상징의 응용 가능성에 의문을 제기하고 상징의 힘을 꺾어야 한다고 보았다. (→ 교회와 국가)

루터는 신학에 깃들어 있는 독단적인 알레고리의 악습을 비판했다. 그는 중세 신학의 대학자들, 이를테면 카르투지오회 수도사 드니, 『성무일과의 근거Rationale divinorum officiorum』를 지은 귀욤 뒤랑Guillaume Durand, 보나벤투라, 제르송에게 독설을 퍼부었다. 그는 외친다. "알레고리 연구는 게으른 사람들이나 할 것이다. 당신은 어떤 문제든 그것에 알레고리를 갖다 붙이는 일이 어려울 것이라고 생각하는가? 도대체 알레고리를 못할 만큼 재치 없는 사람이 누가 있겠는가?"[29]

상징주의는 어떤 연결의 순간을 표현하기에는 신통치 못한 수단이었다. 가령 우리가 음악을 들으면서 뭔가 깊이 통찰하면서 본질적이라고 여기는 그런 연결을 표현해 주지 못한다. 다시 고린도전서의 구절을 인

404

용해 보자. "우리가 이제는 거울로 보는 것같이 희미하나(Videmus nunc per speculum in aenigmate)." 중세인들은 거울 속에 뭔가 신비한 것이 있다는 사실을 인식했다. 하지만 그들은 거울 속 이미지(상징)를 쳐다보면서, 그것을 다른 이미지(상징)로 설명하려 했고, 거울에 거울(상징)을 맞세우려 했다. 그리하여 온 세상이 독자적인 비유(상징) 속에 포섭되었다. 중세 후기는 활짝 핀 상징의 꽃이 너무 무르익어 이제 떨어지는 시대였다. 이 시대의 생각은 비유(상징)에 지나치게 의존했다. 중세 후기의 주된 특징인 시각적視覺的 경향은 이제 모든 것을 압도했다. 인간의 머리로 생각할 수 있는 모든 생각은 구체적이면서도 회화적繪畵的인 것으로 대체되었다. 세상은 달빛 속에 잠긴 한적한 대성당("세상은 많은 상징의 관념들로 지어진 대성당")으로 인식되었고, 모든 생각은 그곳에 깃들어야 마땅했다.

제10장

상상력에 대한 불신

상징주의는 중세 사상의 숨결이라고 해도 과언이 아니다. 중세 사람들은 으레 의미 깊은 상관관계에서 모든 것을 파악하고 영원과의 관계에서 사물을 바라보는 바람에, 사물의 경계를 희미하게 만드는 대신 사상의 세계를 휘황찬란하게 빛나게 만들었다. 하지만 상징의 기능이 사라지거나 기계적으로 전락하자, 하느님의 의지가 작용하는 곳으로 구축된 거대한 도시는 곧 죽음의 도시가 되어 버렸다. 체계적 이상주의는 어디에서나 사물의 일반적 성질을 본질로 여기고 그것을 분류 기준으로 삼아 사물의 관계를 설정하려 했다. 그런 작업은 뻣뻣하면서도 무익한 분류 작업을 가져왔다. 이 과정에서 순전히 추론에 따라 개념을 나누고 세분하는 일은 아주 쉬웠다. 개념들은 우주 세계의 둥근 천장에 딱 들어맞도록 쉽게 만들어질 수 있었다.

그러나 추상적 논리의 규칙을 제외하면, 그때까지 잘못 분류해 놓은 사실들을 지적해 주는 해결책이 없었다. 그리하여 중세 사람들은 그런 추상적 사고방식이 내린 결론에 속아 넘어갔고, 그들의 체계에 오류가 있을 수 없다고 과신했다. 명확하든 애매하든 모든 용어들은 하늘의 별처럼 떠 있었다. 사람들은 사물의 본질을 알기 위해 사물의 내부 구조를 들여다보거나 길게 그림자를 드리운 사물들의 역사적 발전을 살펴볼 필요가 없었다. 그저 사물들이 하나의 관념으로 총총히 빛나는 하늘을 쳐다보기만 하면 되었다.

사물과 생각을 결합시키는 습관

중세 사람들은 늘 상상의 노선을 따라 사물을 관념(생각)에 결합시키려는 습관이 있었고, 이런 습관이 정치, 사회, 윤리에 관한 논쟁을 다루는 태도에서 지속적으로 등장한다. 가장 세속적이고 평범한 문제조차 보편적인 맥락에서 보아야만 했다. 이를테면, 파리 대학에서는 학위 취득에 대해 심사료를 청구하는 것이 타당한지를 두고 내내 논쟁이 벌어졌다. 피에르 다이이는 심사료에 동조하는 학장의 입장을 반박했다. 다이이는 역사적 근거를 내세워 이 요구를 반박하거나 실정법에 비추어 타당성을 논쟁하지 않고, 완전히 스콜라식으로 추론했다. "돈을 사랑함이 일만 악의 뿌리가 되나니(Radix omnium malorum cupiditas)"라는 성경 구절(디모데전서 6장 10절-옮긴이)에 따라 다이이는 삼단 논법을 펼쳤다. 심사료 부당 청구는 성직 매매죄이고, 자연법과 하느님의 법에 어긋나고, 따라서 이단이다.[1]

어떤 종교 행렬을 훼방 놓은 행위를 비판하려던 카르투지오회 수도사 드니는 행렬과 관련하여 옛 법에서 어떻게 다루었는지 등 과거로 소급되는 모든 것을 종합할 뿐, 정작 문제 자체를 깊이 다루지는 않았다.[2] 이렇기 때문에 사람들은 중세의 거의 모든 논거에 싫증을 내고 실망했다. 그 논거는 곧 시선을 하늘로 향하고, 애초부터 성경의 사례와 윤리적 일반론에 현혹되기 때문에 금방 핵심을 잃어버린다.

408

이런 완벽한 관념론은 어디에서나 모습을 드러낸다. 주님을 제대로 섬기려면, 소속 직업의 요구에 맞도록 누구나 자신을 뜯어고쳐야 했던 종교·윤리의 이상은 모든 생활양식, 모든 사회적 신분과 직업에 스며들었다.[3] 카르투지오회 수도사 드니는 현세적 직업을 신성한 것이라고 강조했는데, 이것은 새로운 시대의 징조, 즉 '종교 개혁'을 예고하는 목소리로 해석되었다. 드니는 소논문『주교와 사제의 생활과 단련에 관하여 De vita et regimine, episcoporum, archidiaconorum』등에서 그런 주장을 펼쳤다. 그리고 이 소논문들을 훗날 친구 브루크만을 위해『그리스도 교도의 생활신조와 규칙De doctrina et regulis vitae christianorium』이라는 제목의 두 권짜리 책으로 요약했다. 드니는 모든 직업에 의무를 충실히 수행하여 세상을 성스럽게 만들려는 이상을 부여했다. 즉, 모든 사람, 주교, 고위 성직자, 주교교회의 보조 사제, 주교교회 참사회원, 주임신부, 신자, 군주, 귀족, 기사, 상인, 남편, 과부, 처녀, 수도사 및 수녀까지 그런 이상에 동참해야 한다는 것이다.[4] 하지만 여러 신분을 저마다 독립적인 것으로 구분하는 발상에는 일반론을 선호하는 중세적 특징이 깃들어 있다. 드니의 취지는 직업상 의무를 자세하게 설명하면서 가르치려는 것이었으나, 그것은 추상적이고 일반적인 설명에 그쳤고, 직업의 생생한 실태를 파고들지는 못했다.

이렇게 모든 것을 일반론으로 소급시키는 경향은 독일의 역사가 람프레히트[5]가 중세 정신의 아주 두드러진 특성이라고 추려내어, '유형주의(typism)'라는 이름을 붙였다. 이런 특색은 뿌리 깊은 관념론에서 비롯된 정신적 결과이자 욕구이다. 이것은 개별적 특수성을 간파할 능력이 없어서가 아니라 오히려 사물의 관계를, 더할 수 없이 높은 존재와의 관계, 윤리적 이상, 일반적인 의미 등에 비추어 밝혀내려는 사려 깊은 욕구에서 출발한 것이다. 중세 사람들은 모든 것에서 몰개성적인(개인의 개성과는 상관없이 존재하는) 요소를 찾아내려 했다. 모든 것의 가치는 정상적이고 표준적인 사례가 될 만한 가치여야 했다. 이처럼 사물의 개성과 독자성에 대하여 관심이 부족한 것은 어느 정도 의도적인 것이었지만, 낮은 지적 발달의 수준에서 발견되는 사고방식의 보편적 습관이기도 하다.

개념과 맥락의 분리

중세 사람들은 온 세상과 삶에서 빚어진 모든 것을 독립된 관념으로 만들었고 그 다음에는 그 관념들을 수많은 봉건적 관계나 지적 위계질서 속에 억지로 끼워 넣었다. 다시 말해, 중세 사람들은 모든 개념을 맥락에서 분리하여, 그 개념을 본질상 독립적인 실체라고 여겼다. 툴루즈의 주교 풀크Foulques는 알비파의 여인에게 기부금을 주었다는 비난을 받자, 이렇게 대답했다. "나는 이단이 아니라 가난한 여자에게 적선한 것입니다." 프랑스 왕비, 마거릿 오브 스코틀랜드(루이 11세의 아내로서 스코틀랜드의 제임스 1세의 딸)는 잠들어 있는 시인 알랭 샤르티에에게 키스하고 이렇게 변명했다. "나는 남자에게 키스한 것이 아니에요. 아름다운 말과 덕망 높은 이야기가 끊임없이 흘러나오는 소중한 입에 입맞춤했을 뿐입니다."[6] 이런 속담이 있다. "나는 이단을 말할 수는 있지만 이단자가 되지는 않으리라(Haereticare potero, sed haereticus non ero)."[7] 여기서 우리는 이런 질문을 던져 볼 수 있다. 이 모든 사례들, 그러니까 일상적인 생각의 영역에서 나온 여러 사례들은 심오한 신학적 구분과 어떻게 일치하는가? 모든 사람을 구원하려는 하느님의 선행적 구원 의지(voluntas antecedens)와, 오직 선택된 사람들만을 구원하는 결과적 구원 의

410

지(voluntas consequens)처럼 서로 구별되어야 하는 것인가? [8]

중세인의 이런 사고방식은 불면증 환자의 일방적 생각과 비슷하다. 그는 모든 사물들을 깊이 생각하기만 할 뿐 현실에서 파악된 인과관계는 깡그리 무시해 버린다. 사실상, 이러한 사고방식은 기계적 분석으로 일관하다가 마침내 끝없는 숫자 계산에 이르고 만다. 그런 식으로 가장 부지런히 분석하려 했던 분야는 미덕과 악덕의 분야였다. 갖가지 죄는 일정한 숫자의 원인, 종류, 결과, 해로운 영향을 갖는다고 보았다. 드니에 따르면, 사람은 열두 가지 어리석은 행동으로 죄를 짓는다. 자신을 속이고, 악마에 굴복하고, 자살하고, 소유한 부(즉 도덕)를 거부하고, 그리스도의 피로 속죄 받은 소중한 몸이지만 푼돈에 자신을 팔아넘기고, 가장 정숙한 연인을 등지고, 전능한 신에게 맞설 수 있다고 생각하고, 악마를 섬기고, 평화가 없는 상태에 빠지고, 지옥문을 열고, 천국으로 가는 길을 가로막고, 마침내 지옥으로 떨어진다. 드니는 이런 잘못들을 일일이 성서의 해당 구절을 인용하고 삽화를 그려 설명했다.

죄악은 그처럼 정확하게 정의되었기 때문에 마침내 교회 정문 위에 새겨진 조각상들(각종 죄악의 알레고리)처럼 확정성과 독립성에 도달했다. 드니는 분석을 거듭하여 일련의 죄에 더 깊은 의미를 다시 부여했다. 죄의 경중은 하느님, 죄인, 죄의 내용, 상황, 의도, 죄의 본질, 결과 등 일곱 가지 관점에서 고려되어야 한다고 보았다. 이런 관점들은 다시 여덟 가지 또는 열네 가지로 세분되었다. 이를테면, 열네 가지의 두 번째 입장에서 보는 경우, 죄의 경중은 남이 베푼 친절, 지식, 덕행의 실천, 예배, 봉헌, 죄의 유혹에 저항할 수 있는 능력, 신앙, 나이에 따라 무거워지거나 가벼워지기도 하는 것이다. 또 정신에는 죄를 저지르기 쉬운 여섯 가지 약점이 있다. [9] 이렇게 분석하고 분류하는 과정은 불교와 비슷한 바가 있다. 불교에서도 이렇게 체계적으로 죄를 분류하여 지침을 세우고 덕의 실천을 권고한다. (불교의 가장 기본적인 가르침인 4성제, 8정도, 12인연을 가리킨다.-옮긴이)

죄악을 이처럼 분해하는 것은 당초 목적인 죄책감을 강화하는 게 아니라 오히려 약화시킨다. 그런 분해가 죄악을 깊이 생각하여 징벌의 느낌을 강화하지 않기 때문에, 죄악의 분류를 허망한 일로 만들어 버린다. 현세에서는 누구도 죄의 엄청난 규모를 완벽하게 이해할 수 없다.[10] 모든 도덕관념은 하느님의 존엄성에 직접 연결되기 때문에, 그걸 실천하는 것은 견디기 힘들 정도의 무거운 부담이었다. 모든 죄는 아무리 하찮더라도 온 우주에 영향을 끼치는 것으로 인식되었다. 보살菩薩의 위대한 업적을 접하는 불교 문헌에서는 꽃비가 내리며, 눈부신 빛 속에서, 땅이 살며시 진동하고, 천사의 박수갈채가 들려오는 것으로 되어 있다. 마찬가지로 드니는 더 엄숙한 분위기 속에서 모든 복자, 의인, 천계, 자연의 요소, 비이성적 짐승, 무생물마저 불의에 소리 높여 비난하는 소리를 들었다고 기록했다.[11] 드니는 온갖 무시무시한 환상을 일일이 자세하게 설명하면서 죄악, 죽음, 심판, 지옥의 공포를 더욱 오싹하게 부추겼다.

이런 오싹한 효과는 어쩌면 드니의 정신이 비非 시적詩的인 방식으로 작동하기 때문일 것이다. 단테는 아름다운 시로 지옥의 잔인성과 어두움을 탁월하게 묘사했다. 파리나타Farinata(단테의『신곡』지옥편 칸토 10에 등장하는 인물-옮긴이)와 우골리노Ugolino(단테의『신곡』지옥편 칸토 33에 등장하는 인물-옮긴이)는 타락했지만 여전히 영웅적인 모습을 간직하고 있다. 루시퍼Lucifer(천사였다가 악마로 타락한 존재로서 단테의『신곡』지옥편 칸토 31과 34에 등장-옮긴이)는 사악한 날개를 퍼덕거리면서도, 위엄을 갖추었다는 인상을 우리에게 불러일으킨다.

이에 비해 수도사 드니는 강렬한 신비주의를 지향하면서도 문장은 완전히 산문적이다. 우리에게 나타난 지옥의 이미지는 오로지 극심한 두려움과 비참함만 일깨운다. 죄인이 지옥의 광경을 아주 생생하게 상상할 수 있도록, 건드리면 화상을 입을 정도로 뜨겁게 육체의 고통을 그려냈다. 드니는 말한다. "마음의 눈으로 늘 상상해 보자. 시뻘겋게 달구어진 화덕에 벌거벗은 사람이 드러누워 있는 모습을. 그는 결코 이런 고통에서 벗어나지 못한다. 차마 눈뜨고 한 순간도 볼 수 없는 고통이 아닌가? 얼마나 비참한지 상상해 보자. 불구덩이 속에서 얼마나 고통스럽게 몸부림치고 울부짖고 비명을 지르면서 어떻게 사는지를. 특히 견디기 어려운 고통이 절대 끝날 수 없다는 것을 깨달았을 때, 그것이 어떤 불안과 고통의 바늘로 그의 마음을 찌르는지를!"[12]

지옥의 상상과 실천

여기서 우리는 이런 의문이 고개를 쳐든다. 이런 식으로 지옥을 상상했던 중세 사람들은 어떻게 그 시대 사람들을 불에 태워 죽이는 생지옥을 실천할 수 있었을까? 드니는 타오르는 불길, 살을 에는 추위, 징그러운 벌레, 악취, 굶주림, 갈증, 쇠사슬, 암흑, 이루 형용할 수 없는 지옥의 타락을 묘사했다. 끊임없이 메아리치는 울부짖음과 비명, 악마의 모습, 이 모든 것들은 숨 막히는 악몽에 등장하는 수의壽衣처럼 그 글을 읽는 사람들의 영혼과 감각을 뒤덮었다. 하지만 훨씬 더 중압적인 고통이 있으니 바로 심리적 고통에서 비롯된 불안이다. 비탄, 공포, 하느님에게서 버림받고 영원히 쫓겨난 공허감, 하느님에 대한 이루 말할 수 없는 증오, 선민選民들이 누리는 천국의 기쁨에 대한 질투 따위가 그런 불안이다. 지옥에 떨어진 사람들의 마음속에는 혼란과 강박이 있을 뿐이다. 그들의 정신은 오류와 망상, 맹목과 광란으로 가득하다. 이 모든 것이 영원히 계속된다는 것을 알면 그들은 현기증 나는 공포에 휩싸인다.[13]

이른바 '하느님에 대한 두려움'이 갑자기 덮치는 형태든 또는 오랜 번뇌가 마음을 좀먹는 형태든, 영원한 고통에 대한 두려움이 명상과 종교 생활의 이유로 열거되는데, 이것은 일일이 예를 들어 논증할 필요조차 없다.[14] 모든 것이 이 목적(명상과 종교 생활)에 연계되어 있었다. 어쩌면 드니의 소논문일지도 모르겠는데, 빈데스하임 수도원에서는 방문자들이 식사할 때면 최후의 네 가지 것, 즉 죽음, 심판, 지옥, 영생(천당)에 관한 소논문을 낭독했다.[15] 참으로 쓰디쓴 반찬이 아닐 수 없다! 하지만 이런 반찬은 사람들에게 끊임없이 윤리적 완덕을 추구하도록 자극하려는 것이었다. 중세 사람들은 독한 약을 너무 오랫동안 복용한 사람처럼 이제 어지간한 자극에는 반응하지 않았다. 칭송할 만한 미덕을 대단히 영광스럽게 빛나도록 하려면 극단적인 사례를 제시해야 되었고, 그래야 감동을 이끌어 냈다.

이처럼 극단적인 사례들이 설쳐댔기 때문에, 덜 극단적인 윤리 개념은 명함도 못 내미는 우스꽝스러운 미덕 정도로 취급되었다. 인내에 대한 사례로는 성 에지디우스가 있다. 그는 화살에 맞아 상처를 입고도 목숨이 붙어 있는 한, 상처가 낫지 않도록 해달라고 하느님에게 기도했다. 절제의 사례는 음식에 재를 섞어 먹은 성인들에게서 살펴볼 수 있고, 순결의 사례는 유혹을 이겨낼 수 있는지 시험하기 위해 일부러 여자와 한 침대에서 잤다는 성인들이나, 미덕의 적을 피하기 위해 수염이나 체모를 무성하게 자라도록 놔두었다는 처녀들의 가련한 판타지에서도 엿볼 수 있다. 나이가 지나치게 어린 꼬마 성자의 사례는 기묘한 자극을 주기

414

도 한다. 성 니콜라스는 축일에 어머니의 젖을 거부했다. 불굴의 의지에 대한 사례로서, 제르송은 성 퀴리쿠스Saint Quiricus를 제시한다. 이 어린 성인은 세 살이거나 아니면 겨우 9개월밖에 안 된 순교자인데, 자신을 안아 주겠다는 로마 지방 총독의 손길을 거부하다가 깊은 구렁에 던져 졌다.[16]

뛰어난 덕행을 이렇게 독한 양념을 섞어 맛보려던 욕구는 당시에 지배적이던 관념론과 거듭 연결되는 것이었다. 미덕을 하나의 관념으로 바라보기 때문에 중세 사람들은 그것을 일상생활의 터전에 아예 적용하지 않았다. 미덕의 아름다움은 최고로 완성된 독립적(현실 생활과는 동떨어진) 존재에 있다고 보았지, 매일 실패하면서도 덕을 새롭게 갈고 닦는 현실생활의 과정에 있다고 보지 않았다. 따라서 사막에서 고행하는 은수사들은 미덕을 실천할 수 있었지만, 일상생활에서 실패하고 재기하는 평범한 사람들에게는 미덕이 없다고 생각했다.

신플라톤주의가 기독교에 상당한 영향을 끼쳤음에도 불구하고, 중세의 실재론(말하자면 과장된 관념론)은 원시적 사고방식으로 간주되어야 한다. 실재론을 가리켜 이렇게 규정한 것은, 그것이 원시인의 자세를 닮았기 때문이다. 물론 중세의 실재론은 철학의 외피를 쓰고 원시에서 한 단계 승화되기는 했지만 속을 들여다보면 여전히 원시적 사고방식인 것이다. 원시인은 추상적인 것을 추상적으로 파악하지 않고 그것에 본질과 존재를 부여했는데(가령 '행복'이라는 추상적 개념이 '나무'처럼 형체와 속성을 갖고 있다고 보는 것-옮긴이), 중세인의 실재론은 이런 자세를 닮았다. 덕행에 대한 지나친 공경을 고급 종교의 산물이라고 여길 수 있지만, 그 이면裏面—현세 멸시—에서 우리는 분명히 중세 사상과 원시 사상을 맺어 주는 연결고리를 발견할 수 있다.

소논문 『세상의 경멸에 대하여De contemptu mundi』가 모든 물질적(현세적)인 것의 사악함을 지나치게 강조하고 있다. 세상을 경멸한다고 말하는 경우, 육체의 기능, 말하자면 배설과 생식처럼 현세 멸시의 좋은 구실은 없으리라. 이것은 중세 윤리에서 가장 졸렬하면서 또 납득하기 어려운 부분이다. "사람은 가장 더러운 정액으로 만들어지고, 육신의 떨림으로 임신되고, 월경의 피로 자란다. 그리하여 그 열매는 아주 혐오스럽고 불순하여 자라지 않을 것이고 식물은 그것과 맞닿으면 시들어 버릴 것이다…… 만약 개가 그 열매(인간)를 먹으면 미쳐 버릴 것이다(formatus de spurcissimo spermate, conceptus in puritu carnis sanguine menstruo nutritus, qui fertur esse tam detesabilis et immundus, ut ex ejus contactu fruges non germinent, arescant arbusta…… et si canes inde comederint, in rabiem efferantur)."

이것은 육체를 모욕하여 그 정반대의 것(정신)에 굴복시킨 것이며, 이런 견강부회야말로 원시적 실재론의 잔재가 아니고 무엇이겠는가. 미개인(원시인)은 배설물에 마법적 실체가 있다며 두려워했고 또 임신과 출산에 관련된 모든 것이 마법의 작용이라고 보았는데, 중세인의 육체 혐오는 이런 원시적 실재론과 유사하다. 이런 주술적 두려움에서 금욕주의의 여성 혐오 및 멸시에 이르는 거리는 한 달음질이다. 여성들과 가장 여성적인 기능을 두려워했던 원시인이나, 초기 기독교의 교부敎父들인 테르툴리아누스와 히에로니무스 이후 기독교 문헌에 나오는 금욕주의적 여성 증오와 저주는 서로 맥이 닿아 있는 것이다.

죄악은 실체를 가지고 있다

중세인들은 모든 것에 실체가 있다고 간주했다. 이것은 '교회의 보고 (thesaurus ecclesiae)'[17]라는 교리, 다시 말해 '그리스도와 모든 성인들이 공덕을 쌓은 보물(operum superogationum)'이라는 설교에서 분명하게 구체화되었다.[18] 이런 보물의 개념은 모든 신자들이 '그리스도의 신비스러운 지체(corpus mysticum Christi)', 곧 교회의 팔다리로서 그 보물을 공유한다는 아주 오래된 생각이었다. 그러나 무진장한 선행이 가득 쌓여 있기 때문에 교회가 그 공덕을 얼마든지 나눠 줄 수 있고, 특히 교황이 그런 분배의 특권을 누린다는 가르침은 13세기에 이르러서야 나타났다. 헤일스Hales의 알렉산더Alexander가 처음으로 이런 의미에서 '보고(寶庫, thesaurus)'라는 단어를 사용한 뒤부터 그 의미는 두루 쓰이게 되었다.[19] 이 교리에 대하여 저항이 없는 것은 아니었으나, 마침내 1343년 클레멘투스 6세의 교서 『독생자Unigenitis』에 의해 완벽하게 설명되고 공인되었다. 이 교서에서 '보고'는 그리스도가 베드로와 그의 후계자들에게 맡긴 자산이나 다름없었다. 이것은 날마다 늘어날 뿐만 아니라, 자산을 나눠 주어 사람들이 올바른 길을 걸어갈수록, 은공의 보고는 그에 비례하여 늘어난다는 것이다.[20]

선행을 이렇게 실체로 보았으니, 죄악에 대한 생각은 훨씬 더 강렬하게 나타났다. 교회는 힘주어 죄악이 실체가 아니라고 가르쳤지만,[21] 무식한 사람들이 그렇게 믿는 것은 불가피했다. 교회가 죄를 용서해 주는 기법(면죄부의 판매)을 만들어내고 또 교회가 죄악을 공들여 분류하여 다채롭게 묘사하는 현상 등을 두루 감안할 때, 무식한 사람들의 그런 생각은 당연한 일이었다. (참고로, 힌두교의 경전 『아타르바베다Artharva-Veda』 또한 죄악이 실체가 있다는 견해를 제시한다.) 드니는 죄악을 열병, 차갑고 썩은 체액 등으로 비유했는데, [22] 이러한 비유는 죄악을 전염되는 실체로 보는 생각을 더욱 굳혀 놓았다. 교리의 순수성을 크게 의식하는 중세의 법률은 이런 죄악관을 고스란히 받아들였다. 예를 들어, 영국의 법률가들은 중죄가 피의 부패와 관련이 있다고 생각했다. [23] 구세주의 피라는 개념 또한 지나치게 실체를 중시하는 관점을 따르는 것이다. "이 사상 속에서 그 피는 진정한 실체이다. 구세주의 피 한 방울로 온 세상을 구원할 수 있고 또 넘칠 정도로 풍부하다"라고 성 베르나르는 말한다. 또 성 토마스 아퀴나스는 성체 찬가에서 이렇게 노래한다.

> 거룩한 펠리컨이신 주 예수여,
> 불결한 저를 당신의 피로 씻어 주소서,
> 아, 한 방울만으로도 온 세상을
> 죄악으로부터 구할 수 있으리니. [24]

카르투지오회 수도사 드니는 영생의 개념을 공간적 관점에서 표현하려고 무척 노력했다. 영원한 빛은 한없이 존엄하다. 자신의 내면에 하느님을 향유하는 것은 뭐든지 무한한 완성으로 나아간다. 구세주는 반드시 무한한 위엄과 효험(efficacia)을 누린다. 죄악은 무한한 신성함을 어기는 것이기 때문에 한없이 극악하다. 이런 이유들로 인해 구원의 행위는 무한의 능력을 가진 주체(구세주)를 필요로 한다. [25] 부정적('없다') 의미를 가진 공간 형용사 '한계가 없는(infinite: 무한한)'은 어느 경우에서나 신성함의 중요성과 잠재력을 암시한다. 드니는 독자에게 영원의 의미를 불어넣기 위해 멋진 이미지를 활용한다. 우주만큼 큰 모래 언덕을 상상해

보라. 모래알은 10만 년마다 한 방울씩 언덕에서 떨어진다. 언젠가 언덕
은 사라질 것이다. 하지만 아스라이 머나먼 시간이 흐른 뒤에도 지옥의
벌은 줄어들지 않고, 모래의 첫 알이 떨어진 때와 비교하면 종말에 단
한 걸음도 가까이 다가가지 못한다. 그렇지만, 죄인들은 그 모래언덕이
아예 사라질 수 있고(구세주에 의한 구원-옮긴이) 그리하여 영겁의 벌에서
해방될 것임을 안다면, 큰 위로가 될 것이다.[26]

　천국의 기쁨이나 하느님의 존엄을 위의 글과 비슷하게 표현하려 한다
면, 목청을 크게 돋우어 그런 생각을 외쳐야 하리라. 그러나 천국의 기
쁨은 막상 표현하려 들면 원시적인 성격이 되고 만다. 인간의 언어는 공
포를 상상하는 것과 동일한 강도로 지복至福을 떠올리지 못하기 때문이
다. 우리는 추악함과 비참함을 묘사하기 위해 소재를 찾으려면 인간 마
음의 깊숙한 동굴을 깊이 파고들기만 하면 된다. 하지만 지극한 기쁨을
설명하려면, 목을 길게 내밀어 하늘을 쳐다보아야 하는데 하늘은 높기
만 하고 그래서 묘사는 언제나 불충분한 것이다. 드니는 온 힘을 기울여
최상급 형용사에 골몰하고 또 남발했다. 하지만 그것은 지복에 대한 생
각을 산술적으로 강화했을 뿐, 그 의미를 더욱 분명하고 심오하게 밝히
지는 못했다. 가령 이런 식으로 최고 혹은 가장이라는 형용사를 남발하
는 것이다. "최고의 실체이시며 최고로 숭배되고 또 복종되어야 마땅한
삼위일체시여…… 우리를 당신 자신의 최고로 명석한 명상으로 이끌어
주소서." 하느님은 "가장 자비로우신 분, 가장 위엄에 넘치시는 분, 가장
경이로우신 분, 가장 찬란하신 분, 가장 막강한 전능을 가지신 분, 가장
현명한 지혜를 가지신 분, 그리고 가장 높은 영광을 지니신 분이시다."[27]

　하지만 이런 식으로 최상급이나 높이, 넓이, 무한함, 무진장함의 양적
인 이미지를 한군데 집결시키는 것이 무슨 소용이 있을까? 이것들은 이

미지에 지나지 않고, 무한이라는 아이디어를 유한한 세계의 이미지들로 파악하려는 것이다. 이것은 불가피하게 영원이라는 관념을 약화시키고 피상적인 것으로 만든다. 이런 식으로 영원을 표현해 놓으면 영원은 셀 수 있는 것처럼 되어 버린다. 어떤 감동도 한번 입 밖으로 나와 표현되어 버리면, 그 직접성과 단순명쾌함을 잃어버린다. 하느님에게 돌려진 모든 속성은 하느님의 위엄을 높이는 것이 아니라 오히려 덜어낸다.(이 부분은 노자 『도덕경』의 제1장, "도道를 이러이러한 것이라고 말해 버리면 그것은 더 이상 진정한 도가 아니다"라고 말한 것과 상통한다.-옮긴이)

상상력에 대한 불신

이 시점에 도달하면 인간의 정신력을 바탕으로 하여, 이미지 없는 절대적 신성을 파악하려는 거센 투쟁이 시작된다. 이 투쟁은 특정 문화나 시대에 얽매이지 않고, 때와 장소를 초월하여 늘 고개를 내민다. "여러 신비가들의 발언에는 영원한 합의가 있다. 사람들은 비판을 멈추고 생각해 보아야 한다. 흔히 얘기하듯이, 신비주의의 고전에 생일도 고향도 없는 것은 바로 이런 합의 때문이다."[28] 아무리 그렇다고 해도 상상의 버팀목은 당장 내다 버릴 수 없다. 그러나 하나씩 하나씩 표현 수단의 결점이 눈에 띄게 된다. 그러면 관념이 구체적으로 나타난 의인화, 사물을 다채롭게 표현하는 상징주의가 가장 먼저 사라진다. 이런 식으로 상상력을 혁파하려는 물꼬가 한번 터지면, 피, 속죄, 성체성사, 성부, 성자, 성령 따위를 더 이상 언급하지 않게 된다.

에크하르트의 신비주의에서는 그리스도의 이름이 거의 나오지 않고, 교회와 성체를 거의 언급하지 않는다. 하지만 존재의 신비한 비전, 진리,

420

신성 등을 표현하는 용어들은 여전히 자연적인 개념들 가령 빛과 넓이 등의 이미지와 연결되었다. 그러나 나중에 상상력을 불신하면서 그 반대의 이미지인 정숙, 공허, 암흑 등을 강조하게 되었다. 게다가 빛이나 넓이만 강조하던 그런 표현 용어들이 형태도 내용도 없다는 단점을 깨닫게 되면서, 사람들은 그 용어들에 반대 개념을 맞세움으로써 그 결점을 제거하려고 했다. 그러자 궁극적으로 순수한 부정('아니다', '없다' 등) 이외에 아무것도 남지 않게 되었다. 하느님은 모든 존재하는 것의 '없음(Nothingness)' 속에서 인식되기 때문에, 신비주의자들은 하느님을 '없음(Nothing)'이라고 불렀다. 이것이야말로 스코투스 에리우게나Scotus Eriugena[29] 그리고 안겔루스 질레지우스Angelus Silesius가 다음과 같이 말한 그것이다. (신비주의자들이 말하는 하느님은 無가 아니고 언제나 有이다. 따라서 nothing을 무라고 해석할 수 없다. 여기서 nothing은 아님[not]과 없음[no]을 동시에 가리키는 명사형이다. 즉 없다, 아니다 등의 부정적 의미로 사용된 것이다. 위에서 나온 문장, "부정적('없다') 의미를 가진 공간 형용사 '한계가 없는(infinite: 무한한)'은 신성함의 중요성과 잠재력을 암시한다"를 참조하면 이 없음의 의미가 분명해진다. 인간이 생각하는 어떤 것 안에는 하느님이 있지 않음, 즉 없음인 것이다. 아래에서도 이와 유사한 표현인, '영혼이 이 어둠(즉, 없음 혹은 아님)으로 들어가자마자, 곧 모든 이름, 모든 인식은 깡그리 없어집니다'가 나온다. 그리고 더 밑에는 '아버지는 곧 아버지 아님'이라는 표현이 나오는데, 하느님을 아버지로 한정하면 거기에는 이미 하느님이 존재하지 않는다, 즉 없다는 것이다.─옮긴이)

하느님은 '지금'과 '여기' 구애되지 않는 순수한 '없음'이다.

하느님을 파악하려 할수록, 그분께서는 사람들로부터 더 멀어지신다(없어지신다).[30]

명상가들이 단계적으로 이미지를 포기하다가 결국 모두 버리게 되는 과정은 물론 이렇게 질서정연하지는 않다. 신비주의자들의 발언은 대부분이 서로 뒤섞인, 혼란스러운 국면들을 동시에 보여 준다. 그런 발언들은 이미 인도에 존재했고, 기독교 신비주의의 원천인 아레오파고스의 가짜 디오니시우스에 이르러 활짝 피어났다. 그리고 14세기 독일의 신비주의에서 되살아났다.

카르투지오회 수도사 드니가 겪은 계시 중 이런 대목은 본보기가 될 수 있다.[31] 드니는 분노하는 하느님과 대화한다. "이 대답에, 수도사는 명상에 잠겨 있다가 무한한 빛과 감미로움의 세계로 들어갔다. 엄청난 정적 속에서 그는 외부로 들리지 않는 은밀한 속삭임 속에서, 가장 깊이 비밀스럽게 진정으로 숨어계신 불가해한 하느님에게 외쳤다. '오, 가장 사랑스러운 신이여, 당신은 빛 자체요, 빛의 세계이십니다. 당신에게 뽑힌 사람들은 편안하게 쉬고, 기운을 되찾아 깜박 졸다가 잠듭니다. 당신은 한없이 넓어 도저히 건널 수 없는 사막과 같습니다. 참으로 경건한 영혼—특별한 사랑으로 완전히 순수해지고 천상에서 빛을 받고 성스러운 열정에 타오르는—은 길을 잃지 않으면서 방황하고, 방황하는 일 없이 헤매고, 행복에 빠지고, 힘이 떨어지지 않아도 힘을 되찾습니다.'" 이 대목에는 먼저 긍정적인 빛의 이미지가 있다. 다음으로 잠의 이미지, 뒤이어 사막의 이미지가 나타난다. 마지막으로 상반된 이미지들이 서로를 지워 없앤다.

사막의 이미지, 다시 말해 공간의 수평적 개념은 심연의 수직적 개념과 번갈아 나타난다. 후자(심연)는 신비주의의 상상력이 발휘되는 엄청난 보고寶庫였다. 어디에도 속하지 않은 신성의 성격은 에크하르트의 말을 빌리면, '고요하고 공허하여 어떤 방식이나 형태가 없는 심연'이었으며, 이런 표현은 수평과 수직을 한없이 확장하여 현기증을 일으킨다. 파스칼은 끊임없이 자신의 옆에 심연이 있다고 상상했다. 이러한 감각은 신비주의의 표준적 표현이 되었다. 이렇게 심연과 정적의 비전을 내세움으로써, 형언할 수 없는 신비적 체험의 생생한 표현을 얻게 된다. 하인리히 조이제는 이렇게 외친다. "마음, 생각, 영혼이여, 사랑스러운 모든 것의 바닥 모를 심연으로!"[32] 마이스터 에크하르트는 숨을 못 쉴 정도로 몸이 경직되어 외친다.

"이 불꽃은[각 개인이 지닌 신비한 핵심]…… 스스로 존재하는 한, 성부에게도, 성자에게도, 성령에게도, 삼위일체에게도 만족하지 않는다. 사실, 나는 이렇게 단언한다. 이 불꽃은 하느님의 본질이 풍성한 다산성으로서 나타날 때도 만족하지 않는다. 훨씬 더 이상하게 들리겠지만 나는 이 불꽃이 주지도 받지도 않은 채, 가만히 있으면서, 일체화된 신의 존재에도 만족하지 않는다고 진지하게 말한다. 이 불꽃은 그 존재가 어디에서 왔는지 알 것이다. 이 불꽃은 단조로운 대지, 고요한 사막으로 들어가려 한다. 그곳에는 어떤 구별도 지금까지 없었다. 성부, 성자, 성령의 구분이 없었다. 아무도 없는 내밀한 곳, 오로지 그곳에서만 불꽃은 만족한다. 불꽃은 자신보다 더 열렬하게 그곳에 속해 있다. 이곳은 그 자체로 가만히 있는, 단조로운 고요함(아무 특성이 없는)이기 때문이다." 에크하르트는 또 말한다. "행위도 이미지도 없는, 텅 빈 신성으로 들어가라. 영혼은 자아를 잃고 황무지 속으로 잠기면 비로소 완전한 행복에 이를 것이다."[33]

요하네스 타울러Johannes Tauler는 말한다. "이곳에서 정화되어 행복한 영혼은 거룩한 암흑, 고요한 정적, 형언할 수 없이 불가해한 합일에 잠긴다. 이런 몰입에서는 동질성과 이질성의 모든 개념이 사라지고, 이런 심연에서는 영혼이 스스로 넋을 잃고, 신이나 자신이나 동질성이나 이질성이나 유용성에 대해 아무것도 모르게 된다…… 영혼은 신과의 합일에 잠기고, 구별할 수 있는 모든 능력을 잃는 것이다."[34]

하느님에 대한 신비적 체험

루이스브뢰크는 모든 어휘를 구사하여 독일 신비가들보다 훨씬 더 구체적으로 신비적 체험을 표현한다.

마음을 열고 외치자.
오, 엄청난 심연이여!
아무 말도 하지 않고,
당신의 심연으로 우리를 이끄시기를
그리고 당신의 사랑을 우리에게 알리시기를.

신과 하나가 되는 은총의 기쁨은 "미로를 헤매는 것과 같이 혼란스럽기 그지없다. 정처 없이 길도 오솔길도 없고, 규칙이나 척도도 없기 때문이다." "우리는 되돌아올 줄 모르는 영원한 상태에 몰입하여, 높이, 깊이, 넓이, 길이의 감각을 잃을 것이다(공간에 대한 모든 개념을 지워 버린다)."[35] 명상의 기쁨이 아주 크기 때문에 "모든 성인들과 이것을 체험한 고매한 사람들은 아는 것을 벗어 버리기(not-knowing)의 상태, 다시 말해 영원한 몰입의 상태에 잠긴다."[36] 하느님은 모든 사람들에게 은총을 넘치도록 주지만 "그들은 저마다 다르게 받고, 누구에게나 받는 몫은 충분하다." 말하자면, 하느님과의 합일에서 그들은 자신에게 주어진 풍부한 은총을 일방적으로 받아들인다. "하지만 사막의 암흑 속에 빠진 뒤, 그 몫은 조금도 남지 않는다. 줄 것도 없고 받을 것도 없으며, 하나의 단순한 존재로만 머문다. 그 존재 안에서, 하느님과 하나가 된 사람들은 어둠 속으로 침잠하여 사라진다. 그들은 이 형태가 없는 존재 양식에서 하느님을 가장 많이 발견한다."[37]

모든 부정들('없다', '아니다')이 다음의 문장에서 통합되었다.

(사랑의) 7단계가 이어지는데, 이 단계는 인간이 시간과 영원 속에서 도달할 수 있는 가장 고귀하고 드높은 체험이다. 우리가 인식과 지식을 초월하여 자신에게서 아는 것을 벗어버리는(not-knowing) 순간, 그 단계가 나타난다. 그때, 우리는 하느님에게 또는 피조물에게 붙인 이름을 벗어나 영원한 이름 없음 속으로 사라진다. 그때, 우리는 덕행을 실천하고 싶은 마음에서 벗어나 아무것도 행하지 않기(not-doing)의 상태를 자신의 내면 안에 발견한다. 그곳에서는 아무도 개인적 욕구를 주장할 수 없다. 그때, 축복받은 모든 영혼을 초월하여, 우리는 바닥 모를 기쁨을 발견한다. 그곳에서 우리는 본디 모습이 기쁨이라는 점에서 모두가 하나이다. 그때, 우리는 축복 받은 영혼들이 자신의 존재를 상실하고 초월적 존재로 용해되어, 형태가 없는 미지의 암흑 속으로 잠기는 것을 바라본다.[38]

이런 단순하고 소박한 기쁨 속에서 피조물의 온갖 차이는 녹아 사라진다. "그들은 자신을 초월하여, 아는 것을 벗어버리기의 바닥 모를 상태에 몰입한다. 모든 빛은 암흑으로 바뀌고, 성삼위는 본질적인 일체로 통합된다."[39]

모든 이미지를 제거하고, '단순한 형체 없음인 텅 빈 상태'를 구체적으로 표현하려는 시도가 늘 있었으나 헛수고로 끝났다. 그런 상태는 하느님만이 내어주실 수 있다. "그분은 우리에게서 모든 이미지를 지우고, 우리를 근원으로 데려간다. 그곳에서 우리는 영원과 끊임없이 조응하는 황량하고, 비어 있고, 형체 없는 '텅 빔'을 발견한다."[40]

하느님의 본질은 어둠

루이스브뢰크의 글에서 인용한 마지막 두 문단은 극한에 다다른 이미지, 곧 빛이 순수한 부정과 암흑으로 바뀌고, 모든 긍정적 지식의 포기를 강조했다. 하느님의 심오한 본질을 어둠이라고 부르던 관습은 가짜 디오니시우스에서 비롯된 것이다. 그와 같은 이름이고(드니 Denis라는 이름은 라틴어 디오니시우스Dionysius에서 나온 것-옮긴이), 찬양자이며 주석가였던 카르투지오회 수도사 드니는 이 표현을 정교하게 가다듬어 발전시킨다. "그리하여 당신의 영원한 빛의 탁월하고도 헤아릴 수 없는, 눈에 보이지 않는 충만함은 이른바 당신이 거주하시는 어둠이라고 불립니다. 당신은 어둠을 안식처로 삼으신 것입니다. 신성한 어둠 그 자체는 들여다 볼 수 없는, 이루 말할 수 없는 광명의 빛 때문에 모든 빛에서 가려져 있고, 모든 시야에서 숨겨져 있습니다."[41] 어둠은 아는 것을 벗어 버리기(not-knowing) 혹은 인식의 완전한 멈춤이다. "영혼이 하느님의 눈부신 빛으로 다가갈수록, 그분에게 다가가기 어렵고, 그분을 알아볼 수 없다는 게 분명해집니다. 영혼이 이 어둠으로 들어가자마자, 곧 모든 이름, 모든 인식은 깡그리 없어집니다(omne mox nomen omnisque cognitio prorsus deficient). 하지만 우리의 영혼에 이런 깨달음이 허락될 것입니다. 즉, 당

426

신을 본다는 것은 당신이 전혀 보이지 않음을 안다는 뜻입니다. 이것을 분명히 인식할수록, 역설적이게도 영혼은 당신을 똑똑히 알아보게 됩니다. 오, 복된 성삼위여, 저희를 이렇게 빛을 초월한 어둠에 이르게 하소서. 그리고 비가시성(보이지 않음)과 아는 것을 벗어 버리기를 통하여 당신을 보게 하시고 또 당신이 모든 인식과 지식을 초월하여 존재한다는 것을 깨닫게 해주소서. 인식되거나 이해되는 모든 것을 극복한(잊어버린) 사람들, 그들 자신을 포함하여 창조된 모든 피조물을 극복한(잊어버린) 사람들, 이런 사람들에게 당신은 모습을 드러냅니다. 그들은 당신이 진정으로 존재하는 어둠 속으로 들어갑니다."[42]

빛이 어둠으로 바뀌는 것과 같이, 최고의 삶은 죽음으로 바뀐다. 마이스터 에크하르트는 이렇게 말한다. 어떤 피조물도 살아서는 하느님의 나라로 들어갈 수 없다는 것을 알면, 영혼은 비로소 자신의 길을 찾고, 하느님의 심연 속에 들어가므로 더 이상 하느님을 찾지 않게 된다. "신의 왕국에서 드높은 죽음이 이루어진다. 이 죽음에서 영혼은 모든 욕구, 모든 이미지, 모든 이해력, 모든 형태를 잃고, 존재에서 벗어난다. 그런 다음에 영혼은 하느님이 살아 계시다는 것을 확신한다. 육체적으로 죽은 인간이 자신의 몸을 움직이지 못하는 것과 마찬가지로 정신적으로 죽은 영혼은 어떤 모습이나 이미지를 타인에게 보이지 못한다. 이 영혼은 죽어 신성 속에 묻혔기 때문이다." 영혼은 하느님의 이 바닥 모를 심연에 빠지지 못한다면, 이 신성한 죽음을 알지 못한다.[43]

드니는 다른 글에서 부정을 통해 신을 바라보는 길이 긍정을 통하는 것보다 더 완벽하다고 얘기한다. "왜 그런가 하면 만약 하느님을 선善이고 본질(essentia)이며 생명이라고 긍정적으로 말해 버리면, 하느님이 피조물과 어떤 공통점이 있고 또 어느 정도 비슷하다고 암시하는 꼴이 되기 때문이다. 분명한 것은 그분은 불가해하고 알 수 없고 헤아릴 수 없으며 표현할 수 없는 존재라는 점이다. 하느님은 헤아릴 수 없고 도무지 견줄 수 없는 차이와 독특함에 의해, 자신이 창조한 모든 것과 구별된다."[44] 드니는 신과 인간 사이에 공통되는 지혜(sapientia unitiva)가 있다는 얘기는 이치에 어긋나고 무의미하며 어리석은 것이라고 생각한다.[45]

고대 인도인의 다음과 같은 목소리는 드니의 그것과 얼마나 비슷하면서도 또 다른가?

제자는 스승을 찾아와 말했다. "오, 존경받는 분이여, 브라마를 저에게 가르쳐 주소서!" 하지만 스승은 침묵을 지켰다. 또 다른 제자가 두서너 번이나 되풀이했다. "오, 존경 받는 분이여, 브라마를 가르쳐 주소서!" 스승은 대답했다. "가르쳐 주겠노라. 하지만 너는 이해하지 못할 것이다. 이 아트만[자아]은 고요하기 때문이다."[46]

여러 신들은 프라자파티Prajapati에게서 아트만에 대해 알고 싶어 했다. 그들은 브라마를 배우면서 32년 동안 그와 함께 살았다. 그는 그들에게 다른 사람의 눈동자에 비치는 조그만 인간이나 물에 반사된 형상이 자아라고 가르쳤다. 떠나는 그들을 배웅하다가, 그는 혼잣말을 했다. 그들은 자아를 이해하지 못한 채, 떠나는구나. 다시 32년이 지난 뒤, 그는 인드라의 항의를 듣고 이렇게 해명했다. 꿈속에서 걷는 사람은 아트만이다. 또다시 같은 기간이 지난 뒤, "사람이 잠들었을 때, 완전 몰입하는 것은 완전히 쉬게 되고 그것(완전 몰입하는 것)은 더 이상 꿈속에서 보이지 않는다. 그것이 자아이다." "하지만, 그 아트만은 이것(잠든 것)도 저것(완전 몰입한 것)도 아니다."[47]

일련의 상반된 부정('아니다')은 이제 완전히 끝나서 자아의 본질을 설명하기에 이르렀다.

사랑하는 여인에게 껴안긴 남자가 안팎의(남녀의) 경계를 모르듯이, 인식인 자아에게 껴안긴 영혼은 외면이나 내면을 알지 못한다. 그것이 영혼이 존재하는 형식이다. 욕구가 충족되면, 자아 자신이 곧 욕구이고, 욕구가 없는 상태라면 자아는 고통으로부터 멀어진다. 그리하여 아버지는 아버지 아님이고, 어머니는 어머니 아님이며, 세상은 세상 아님이다…….[48]

(아트만은 '자아' 혹은 '영혼'을 의미하는 산스크리트 용어이다. 우파니샤드와 베단타 철학에서 아트만은 개개인의 영혼으로 인식되고, 브라만(위의 인용문에 나오는 브라마)은 모든 사물의 주재자인 신성으로 인식되는데, 아트만과 브라만을 같은 것이라고 본다. 개인이 곧 우주라는 얘기는, 기독교 신비주의자들이 말하는, 빛이 곧 어둠이라는 얘기와 상통한다. 이 때문에 아버지는 아버지 아님이라는 역설이 성립한다.-옮긴이)

전례와 상상의 관계

그렇다면 이미지의 힘은 이제 소진되었을까? 그러나 이미지나 비유가 없으면, 우리는 단 한 가지의 생각도 표현할 수 없다. 사물의 불가해한 본질에 대해 얘기할 때, 언어는 사실상 이미지이다. 중세 사람들은 열렬하게 바라는 드높은 것을 오로지 부정적으로 얘기하는 것으로 만족하지 않았다. 현자가 관념과 용어를 다루다가 적절한 표현을 찾지 못하고 벽에 부딪칠 때마다, 시인이 등장하여 구출해 주었다. 감미로운 서정적 심상을 지닌 하인리히 조이제는 늘 의례적인 전망의 눈 덮인 봉우리에서 성 베르나르의 예스러운 신비주의의 꽃들이 핀 환상적인 들판으로 되돌아오는 길을 찾아냈다. 깊은 명상이 황홀경에 빠지면, 형형색색의 비유는 언제나 되돌아왔다. 그리하여 조이제는 자신의 정신적 약혼녀인 영원한 지혜를 바라본다. "그녀는 구름 낀 하늘로 높이 치솟았다. 그녀는 아침의 샛별과 같이 밝고, 햇살과 같이 빛났다. 그녀의 면류관은 영원하고, 옷은 은혜롭고, 얘기는 달콤하고 포옹은 기쁨의 극치였다. 그녀는 멀고도 가깝고, 높고도 낮은 곳에 있었다. 그녀는 모습을 드러내면서도 숨어 있었다. 그녀에게 다가갈 수 있지만, 아무도 그녀를 붙잡을 수 없었다."[49]

신비주의자들이 형태와 이미지를 버리고 독자적인 고독한 봉우리에 올라갔다가 다시 내려오는 길은 이밖에도 더 있었다. 그 봉우리들은 성체성사와 전례典禮의 신비를 철저히 파헤친 끝에 도달할 수 있었다. 즉, 사람들은 교리와 성체성사의 아름다운 기적을 샅샅이 이해하면, 비로소 이미지의 형식을 떨쳐 버리고, 인식을 초월한 신비의 봉우리로 올라갈 수 있었다. 하지만 욕심을 부린다고 언제나 명징함을 거듭 누릴 수 있는 것은 아니었다. 명징함은 희귀한 은총의 순간이고, 그나마 오래 가지도 않는다. 게다가 교회는 언제나 성체성사라는 슬기롭고 경제적인 제도를 확립하여 황홀경의 봉우리 아래에서 사람들을 기다리고 있었다.(교회가 성체성사를 통하여 신비 체험을 형식화했으니, 개인들의 명상과 수행에 의하여 신비에 도달하려는 것은 더 이상 필요하지 않게 되었다는 뜻-옮긴이) 전례를 통해 교회는 인간과 신이 만나는 결정적인 체험의 순간을 만들어냈고, 나아가 신비에 형식과 색상을 입혔다. 그렇기 때문에 전례는 신비주의가 날뛰는데도 위기를 극복하여 늘 살아남았고 그 힘을 비축했다. 교회는 들꽃 같은 상상력이 만들어내는 아름다운 신비주의는 잘 견뎌냈지만, 오로지 개인의 명상과 수행만을 강조하는 급진적인 신비주의는 두려워했다. 그것은 교회를 지탱하는 모든 것, 가령 조화로운 상징주의, 교리, 성체성사 등을 불태워 버릴 위험을 안고 있었기 때문이다.

"사람과 신 사이에 공통되는 지혜(sapientia unitiva)가 있다는 얘기는 이치에 어긋나고 무의미하고 어리석다"라고 드니는 말했다. 그러나 극단적 신비주의자들은 무한과 무의식으로 다가가고자 했다. 그들은 신과 피조물의 사이의 중간 매개를 부정하며 또 하느님과 인간 사이에 공통적인 지혜가 있다고 보기 때문에 신의 초월성을 부정한다. 그들은 신과 함께 있는 황홀경을 강조하고 그리하여 삶으로 되돌아올 수 있는 다리는 불태워진다. "모든 피조물들은 순수한 없음이다. 나는 그것들이 작다거나 혹은 중요하다고 말하는 게 아니라, 순수한 없음이라고 말한다. 존재를 갖고 있지 않는 것, 그것이 없음이다. 피조물의 존재는 모두가 하느님의 현존 속으로 날아가 사라지기 때문에 존재를 갖고 있지 않고, 그래서 없음이다."[50] 교회는 이런 극단적 신비주의를 경계하지 않을 수 없었다. 드니가 공통적 지혜를 부정한 것은 교회의 역할을 강조하기 위해서였다. 교회는 사람들이 황홀경만 강조하다가 삶으로 되돌아오는 길을 망각하는 것을 무엇보다도 두려워했다. 교회의 제도권 밖에서 하느님에 도달하는 길이 있다는 얘기는 극단적으로 말하면 교회가 불필요하다는 얘기가 되기 때문이다.

토마스 아 켐피스의 『그리스도를 본받아』

철저한 신비주의는 지성知性을 배제한 영적 생활로 되돌아간다는 뜻이다. 그리하여 모든 지적 작업은 영적 생활에 묻혀서 쓸모없게 된다. 그럼에도 불구하고 신비주의가 문화에 풍요로운 결실을 가져온 점이 있다면, 그것(신비주의)이 늘 준비 단계를 거쳐 서서히 관습과 문화의 형식을 내버렸기 때문이었다. 신비주의는 완숙 단계에 이르기 전의 초창기 단계에서 소정의 결실을 문화에 가져다주었다. 완덕完德의 과수원에서는 인생의 통찰을 얻으려는 사람들에게 필요한 조건들, 가령 평정, 관용, 욕망의 억제, 단순함, 절제, 부지런함, 성실함, 열정 등이 활짝 꽃피었다. 이러한 사정은 인도의 사례를 말한 것이지만, 유럽에서도 사정은 마찬가지였다. 신비주의는 초기에 무엇보다도 자선 행위를 강조하면서 도덕적 실천을 요구했다. 모든 위대한 신비주의자들은 아낌없이 선행을 칭찬했다. 마이스터 에크하르트는 마리아보다 마르다Martha를 높이 평가하고,[51] 찢어지게 가난한 사람에게 수프 한 그릇을 줄 수 있다면 성 바울의 황홀경조차 포기하겠노라고 말했다.(마리아와 마르다는 신약성경 요한복음 11장 1절에 나오는 인물로, 마리아는 종교적 명상과 헌신을, 마르다는 종교적 실천을 상징한다. 성 바울의 황홀경은 기독교로 개종하기 전의 유대교 신자 바울이 다마스쿠스로 가는 도상에서 하느님을 만나 겪은 황홀경을 말하는 것으로서 사도행전 9장 7절에 나온다.-옮긴이)

에크하르트를 비롯하여 그의 제자 타울러로 이어진 신비주의의 계보는 점점 실천적 요소를 중시하는 방향으로 나아갔다. 루이스브뢰크 또한 손으로 하는 일상적 노동을 칭찬했고, 카르투지오회 수도사 드니는 개인의 극단적 신비주의와 일상적 신앙생활에 대한 실천적 마음가짐이 하나로 결합된 인격을 보여 주었다. 네덜란드에서는 신비주의에 수반되는 요소들—도덕주의, 경건주의, 자선, 근면—에 초점을 맞춘 종교 운동이 시작되었다. 이것은 이제 신비주의가 소수의 사람들이 추구하는 열렬한 신비주의에서, 많은 사람들이 일상생활 속에서 실천하는 포괄적 신비주의로 발전했다는 뜻이다. 다시 말해, 데보티오 모데르나의 사람들은 산발적으로 느끼는 황홀경 대신에 공동체 단위의 종교적 열정을 추구하게 된 것이다. 이것은 말하자면 현실적인 신비주의였다.

공동생활신도회와 빈데스하임 수도회의 구성원들은 조용하고 침착하게 일상적 업무에 열중했고, 그들의 마음에서는 열렬한 신앙심이 은은한 불처럼 빛났다. 변덕스러운 감정과 무절제한 고행은 자취를 감추었고 이단에 빠질 위험도 함께 사라졌다. 수도사와 수녀들은 보수적인 정통 신앙을 온전히 따랐다. 이것은 실천적 세부 사항을 중시하는 신비주의였다. 비유적으로 말하자면, 그들은 계시의 벼락에 맞은 게 아니라 작은 영감의 불꽃을 받았다. 그들은 조용하고 겸손한 소규모 공동체를 이루어 활동했고 친밀한 영적 교감, 편지의 교환, 내면의 깊은 명상 등의 형식을 통하여 황홀경을 체험했다. 정서적, 영적 생활은 온실의 식물처럼 재배되었다. 다시 말해 청교도주의는 최소한으로 줄이고, 영적 단련을 많이 하면서, 웃음 등 본능적 충동을 억누르고, 경건파의 소박한 마음을 굳게 지켰던 것이다.

그 시대에 큰 힘을 발휘한 걸작 『그리스도를 본받아*Imitatio Christi*』는 이 공동체 생활에서 나왔다. 사람들은 이 책에서 독특한 인물을 만난다. 그는 신학자도 인문주의자도 철학자도 시인도 아니며 신비가는 더 더욱 아니다. 그가 저술한 책은 수세기에 걸쳐 사람들에게 정신적 위로를 주었다. 이 책의 저자 토마스 아 켐피스는 조용하고 내성적인 성격에, 미사의 기적을 온건하게 이해하고, 하느님의 인도를 철저하게 따랐다. 그는 교회 행정이나 세속적 삶에 대해 퍼부어졌던 설교자들의 분노, 제르송, 드니, 니콜라스 쿠자누스의 다방면에 걸친 야심적인 활동, 장 브루크만의 미친 듯한 환상, 알랭 드 라 로슈의 다채로운 상징주의 따위를 전혀 알지 못했다. 그는 단지 모든 사물에서 고요함을 추구했고 '한 귀퉁이에서 책을 손에 든(in angello cum li bello)' 채 그 고요함을 발견했다. "오, 고독하게 홀로 앉아 하느님과 묵묵히 얘기를 나누면 얼마나 유익하고, 얼마나 기쁘고 상쾌한가!(O quam salubre quam iucundum et suave est sedere in solitudine et tacere ei loqui cum Deo!)"[52]

그의 책은 삶과 죽음에 대하여 단순한 지혜를 담았고, 마음에 상처를 입은 사람들에게 위안을 주었고, 그리하여 시대를 뛰어넘는 책이 되었다. 이 책은 **신플라톤주의**의 신비주의를 배제하고, 또 철학적 사상의 발전을 보여 주지도 않는다. 그의 소중한 스승인 **베르나르 드 클레르보**의 목소리가 책의 바탕을 이룬다. 이 책은 격언 형태를 취한 많은 단순한 생각들을 핵심 주제별로 모아 놓고 있다. 모든 격언들은 단도직입적인 문장으로 표현되어 있다. 그리하여 종속절도 없고, 생각의 상관관계들도 별로 없으며, 하인리히 조이제의 서정적 전율이나 루이스브뢰크의 번쩍이는 불꽃도 없다. 『그리스도를 본받아』는 가락이 비슷한 문장들의 둔탁한 울림 때문에 다소 산만한 글처럼 보이기도 한다. 하지만 그 단조로운 리듬은 가랑비가 내리는 저녁 바다의 물결소리 또는 가을의 소슬한 바람 소리를 연상시키면서 자못 시적인 분위기를 풍긴다.

아마 네스키리

『그리스도를 본받아』의 지속적인 영향력에는 기적 같은 측면도 엿보인다. 이 사상가는 아우구스티누스의 비약하는 문장력이나 성 베르나르의 유려한 산문이나 그 밖의 깊고 풍요로운 사상을 갖고 있지 않다. 그러면서도 그는 우리를 사로잡는다. 그의 문장은 전체적으로 차분하게 가라

앉아 있고 모든 리듬은 단조短調로 되어 있다. 평화, 안식, 고요하게 체념하는 듯한 예감, 위로가 있다. 토마스 아 켐피스는 다른 곳에서 이렇게 말했다. "지상의 삶은 나를 피곤하게 한다(Taedet me vitae temporalis)."[53] 하지만 역설적이게도 세상에서 도피한 사람의 이야기가 그 누구보다도 세속의 사람들에게 힘을 주고 있다. 이 책은 강렬한 신비주의의 표현력을 갖고 있어서 시대 구분 없이 삶에 지친 사람들을 위로해 준다.

이 책은 가능한 한 이미지를 사용하지 않으려 하고, 형형색색의 화려한 상징에서 벗어나려고 노력한다. 그래서 『그리스도를 본받아』는 하나의 문화적 시대에 한정되지 않고 여러 시대에 호소하는 힘을 가진 고전이 되었다. 이 작품은 만물의 대주재(All-One)에 대하여 느끼는 황홀한 명상을 기록했기 때문에, 모든 문화를 초월할 수 있었고 그리하여 그 어떤 문화에도 소속되지 않았다. 이런 특징 덕분에 이 책은 무려 2천 판이나 출간되었다. 또 실제 저자가 누구인가 하는 의문도 제기되었고, 그와 관련하여 무려 3세기의 시차를 보이는 서로 다른 집필 연대가 제기되기도 했다. 그리고 보니 토마스 아 켐피스는 아마 네스키리Ama nesciri("세상 사람들에게 알려지지 않는 것을 사랑하라")라는 명언을 가볍게 말한 게 결코 아니었다.

제11장

일상생활 속에서
실천되는 사고방식

중세의 사상을 전반적인 통일성 속에서 이해하려면, 신앙과 철학에서 이루어지는 사고방식뿐만 아니라, 일상생활의 지혜와 세속적 관행에서 발견되는 고정된 틀까지 연구해야 한다. 중세 사상은 드높은 것이나 하찮은 것이나 정해진 사고방식의 틀로부터 똑같이 지배받았기 때문이다. 신앙 및 철학과 관련된 사고방식은 오래된 저서들의 전통에서 비롯된 결과 또는 영향과 얼마나 밀접한지가 늘 문제로 제기되었다. 오래된 저서들은 멀리 그리스와 유대, 심지어 이집트와 바빌로니아의 기원으로 거슬러 올라간다. 반면, 일상생활의 사고방식은 **신플라톤주의** 등의 부담에 짓눌리지 않은 채, 순수하게 자발적으로 나타났다.

중세인은 일상생활에서나 신학에서나 사고방식이 비슷했다. **스콜라** 학자들이 실재론이라고 부르던 구조적 관념론은 일상생활과 신학에 기초를 제공했다. 다시 말해, 각각의 통찰을 구분하여 개별적인 존재로 여기고 그것들(구분된 통찰들)을 위계질서 속에 끼워 넣어, 마치 어린이가 장난감 블록을 갖고 놀듯이 끊임없이 궁전과 대성당을 세우려는 것이다.

삶 속의 모든 것은 하느님의 계획

삶 속에서 안정된 자리를 차지한 것, 생활양식이 된 모든 것은 하느님의 계획 안에 들어 있는 것으로 여겨졌다. 이러한 하느님의 계획은 지고지존의 관념에는 물론이고 지극히 평범한 풍속에도 적용되었다. 이것은 올리비에 드 라 마르슈와 알리에노르 드 푸아티에Aliénor de Poitier가 설명한 궁정 예절에서도 분명히 드러났다. 늙은 알리에노르는 이런 예절들이 왕들의 궁정에서 사려 깊은 취사선택의 과정을 거쳐 과거 어느 때에 제정되었으며, 앞으로 영원히 지켜야 할 슬기로운 법령이라고 생각했다. 그녀는 이런 예절들이 몇 세기에 걸쳐 내려온 지혜인 것처럼 말한다. "그런데 저는 옛사람들이 이렇게 알았다는 얘기를 들었습니다……." 그녀는 시대가 발전하는 게 아니라 퇴보한다고 생각했다. 지난 10년쯤 전부터, 플랑드르의 몇몇 숙녀들은 임산부 침대를 벽난로 옆에 두었는데, "세상 사람들은 어떻게 그럴 수 있느냐며 비웃었다." 예전에는 결코 있을 수 없는 일이었다. 도대체 세상이 앞으로 어떻게 될까? "하지만 어찌된 일인지 요즈음은 누구나 자기 멋대로 행동합니다. 이러다가 세상에 정말로 나쁜 일이 생길까봐 걱정됩니다."[1]

라 마르슈는 이 모든 예식의 합리적인 원인에 대해, 중요하다고 생각되는 질문을 자신과 독자에게 던진다. "왜 과일장수는 가게에서 불을 밝히는 데 필요한 밀랍을 팔고 있는가?" 대답은 이렇다. "벌이 꽃에서 꿀을 모으고, 그 꽃이 열매를 맺듯이, 밀랍도…… 꿀벌에서 얻는다…… 그리하여 이것은 올바르고 사물의 이치는 그렇게 정해져 있다."[2] 해당 기관에 각각의 기능을 부여하려는 중세인의 이런 경향은 사물의 특성에 독립성을 부여하고, 각자를 저마다의 이념으로 여기는 사고방식의 결과였다. 잉글랜드의 왕은 '대봉사(magna sergenteria)' 제도에 따라 어떤 관리를 임명했는데 그의 임무는 왕이 도버 해협을 건널 때에 뱃멀미를 일으키면 왕의 머리를 받쳐 주는 일이었다. 1442년, 이 지위는 존 베이커John Baker라는 사람이 차지했으며, 그는 두 딸에게 이것을 물려주었다.[3]

모든 사물, 심지어 무생물에게까지 이름을 붙이던 관행도 똑같은 시각으로 이해해야 한다. 이것은 원시적 의인화擬人化의 희미한 자취이다. 오늘날에도 군대에서, 가령 대포에 이름을 부여하는 등 많은 점에서 원시적 생활 형태로 되돌아가고 있다. 중세에는 그런 충동이 훨씬 강했다. 기사 이야기에 나오는 명검名劍과 마찬가지로 14세기, 15세기의 전쟁에서 활약한 투석기投石機들에는 이름이 붙어있다. '오를레앙의 개(le Chien d'Orleans)', '라 그랭가드la Gringade', '라 부르주아지la Bourgeoisie', '미친 마르그리트(de Dulle Griete)' 따위이다. 오늘날에도 유명한 보석에는 이런 이름 붙이기 관습이 남아 있다. 샤를 대담공이 소유한 여러 보석들은 '르 상시le sancy', '세 형제(les trois freres)', '주인(la hote)', '플랑드르 공(la balle de Flandres)' 등으로 불렸다. 요즈음도 배는 명명식을 거행하지만 집과 교회의 종은 이름을 붙이는 경우가 거의 없다. 배는 이곳저곳으로 이동하고 언제든 금방 알아보기 위해 이름이 필요하고, 또 집보다는 훨씬 인간미를 풍기기 때문에 이름이 붙는다. 심지어 영어에서는 으레 배를 가리킬 때면 대명사 '그녀'를 사용한다. 중세 때는 무생물을 의인화하려는 욕구가 현대보다 훨씬 더 두드러졌다. 당시에는 모든 사물에 이름이 붙어 있었고, 집이나 시계는 물론이고 지하 감옥마저 고유의 이름을 지녔다.[4]

무외공 장의 루이 도를레앙 암살

중세 사람들은 이른바 '도덕성', 모든 사물에 내재된 교훈, 본질적인 윤리적 의미 등을 줄기차게 탐구했다. 역사적이고 문학적인 사례들은 비유, 도덕적 본보기, 입증의 근거로 구체화되었다. 이야기도 어느 것이나 금언, 격언, 경구가 될 수 있었다. 중세인은 구약과 신약의 성스러운 상징적 연결고리같이, 일상생활의 도덕적 연결고리를 만들어냈고, 어떤 사건이 발생하면 성서, 역사, 문학 등의 모범적 사례와 기준을 비춰보는 거울을 곧바로 들이댔다. 누군가에게 용서를 권하고 싶으면, 그에게 성경에 나오는 용서의 사례를 일러주었다. 결혼이 위험하다고 경고하려면, 고대의 불행했던 결혼 사례를 열거했다.

무외공 장은 오를레앙 대공을 암살했다는 혐의에서 벗어나려고, 자신을 요압Joab에, 희생자를 압살롬Absalom에 비유했는데 자신이 요압보다 더 의롭다고 주장한다. 프랑스 왕 샤를 6세는 암살을 명백하게 금지하지 않았기 때문이다. "장 공작은 그런 식으로 암살 사건에 해당하는 도덕적 추론을 이끌어냈다."[5] 이것은 원시적인 법률 원칙을 순진하게 적용한 것이었다. 그러나 현대의 사법적 실천은 그런 판단이 원시적 사고방식의 희미한 잔재라고 여긴다. (요압은 구약성경 사무엘 하 18장에 나오는 인물. 다윗 왕의 아들 압살롬이 아버지에게 반란을 일으키자, 다윗 왕은 충신 요압을 시켜 반란을 진압하라고 지시하면서 아들 압살롬은 죽이지 말라고 했다. 그러나 요압은 국가를 위해 다윗 왕의 지시를 무시하고 반란자 압살롬을 살해한다.—옮긴이)

증거의 제시에서도 뒷받침의 근거로서 성경 구절을 끌어왔다. 1406년, 파리 국민의회에서 교권 분열 문제를 두고 아비뇽 교황에 대한 복종을 거부할 것인지에 관한 열두 가지 찬반 논란은 모두가 성경 구절에서 출

발했다.[6] 세속의 연설가도 설교자 못지않게 성경 구절을 즐겨 인용했다.[7]

위에서 언급한 모든 특징들을 가장 두드러지게 보여 주는 사례로는 장 프티Jean Petit 경의 변론을 들 수 있다. 그는 악명 높은 변론에서 부르고뉴 공작이 배후 사주한 오를레앙 공작의 살해 사건을 정당하다고 주장했다. 당시는 왕의 동생(루이 오를레앙)이 어느 저물녘에 무외공 장에게 고용되어 비에유 뒤 탕플Vieille-du-Temple 거리의 한 집에 은신하던 암살자의 칼에 숨을 거둔 지 석 달이 지난 때였다. 장례식 때, 부르고뉴 공작은 처음에는 깊은 애도의 뜻을 표시했다. 하지만 그가 암살자를 숨겨 준 아르투아 저택까지 수사망이 좁혀들어 오자, 부르고뉴 공작은 숙부 **베리 공작**과 상의한 후, 악마의 꼬임에 넘어가 살인을 명령했다고 털어놓았다. 이후 무외공은 파리에서 플랑드르로 달아났다. 그는 겐트 시에서 범죄에 대해 처음으로 공개적인 해명을 하고 파리로 돌아왔다. 오를레앙이 사람들에게 크게 인심을 잃은 사실과, 자신이 나름대로 파리 시민들 사이에 인기가 높은 것을 믿고 귀환했는데, 시민들은 실제로 무외공을 환영했다. 아미앵에서 공작은 이미 두 명의 부하들과 상의를 마쳤다. 그 부하들이란 1406년 파리의 한 교회 집회에서 화려한 발언으로 두각을 나타낸 장 프티와 피에르 오 뵈프Pierre aux Boeufs였다. 그는 두 부하에게 앞서 시몬 드 소Simon de Saulx가 겐트에서 작성한 답변서를 더욱 정교하게 다듬도록 시켰다. 그것은 파리의 왕후 귀족들에게 깊은 인상을 심고 또 공작의 행위가 정당하다는 것을 설득하기 위한 것이었다.

1408년 3월 8일, 신학자이자 설교자에 시인인 장 프티는 파리의 생 폴 저택에서 프랑스 황태자, 나폴리 왕, 베리 공작, 브르타뉴 공작을 필두로 고관대작이 즐비하게 참석한 자리에 모습을 드러냈다. 그는 상황에 맞게 겸손을 표시하면서 자신이 신학자도 법률가도 아닌 일개 비참한 사람이라는 투로 말하기 시작했다. "저는 송구스럽기 짝이 없어서 넋을 잃고 기억력이 희미할 정도입니다. 점점 심해져, 조금 남아 있는 제 정신마저 완전히 사라지고 말았습니다." 그는 사악한 정치적 음모꾼(오를레앙)에 대하여 아주 절제된 형식으로 상세하게 풀어나갔다. 그 걸작 변론은 "돈을 사랑함이 일만 악의 뿌리가 되나니"라는 성경 구절에 바탕을 두었다.

전체적인 변론은 스콜라 철학의 기법과 보조적인 문장을 교묘하게 구사하고, 성서와 역사를 사례로 들면서 보강했다. 변론은 살해당한 오를레앙 공작의 불의不義를 일일이 묘사하면서 악마적인 힘을 얻고 낭만적인 긴장을 더했다. 장 프티는 먼저 부르고뉴 공작이 프랑스 왕을 공경하고, 사랑하며, 나아가 왕의 원수를 갚아야 하는 열두 가지 의무를 나열했다. 이어 장 프티는 하느님, 성모, 복음사가 성 요한의 가호를 빌면서 본론을 펼치기 시작했다. 논증은 대전제, 소전제, 결론으로 나뉘었다. 모든 논증들의 머리말에서 그는 "돈을 사랑함이 일만 악의 뿌리가 되나니"라는 성경 구절을 인용한다. 여기에서 두 가지의 파생 명제, 즉 "탐욕은 배교자를 낳고, 배신자를 만든다"를 이끌어낸다. 배교와 배신의 악행은 다시 세분되어 다시 세 가지의 본보기에 비추어 설명된다. 루시퍼, 압살롬, 아달랴Athaliah[8]의 이미지는 청중의 뇌리에 배신자의 전형으로 떠오른다. 뒤이어 여덟 가지 진리는 폭군 살해를 정당화한다. 왕과 맞서 음모를 꾸미는 자는 천벌을 받아 마땅하다. 그 자의 지위 고하와 상관없이 누구나 그 자를 죽일 수 있다. "저는 12사도를 기리면서 열두 가지 이유를 들어 증명하고자 합니다." 그는 세 명의 신학박사, 세 명의 철학자, 세 명의 법학자들에게서 빌려온 발언과, 성경에서 나온 세 가지 문장을 인용했다.

442

이런 식으로 여덟 가지 진리를 논증할 때까지 변론을 이어간다. 사람들이 매복했다가 폭군을 덮쳐 살해해도 괜찮다는 것을 증명하기 위해 '도덕 철학자 보카치오'의 『유명인들의 운명에 대하여De casibus virorum illustrium』의 문장을 인용한다. 여덟 가지 진리에서 여덟 가지 '파생 명제(correlaria)'가 생겨나고, 아홉 번째 '파생 명제'로 완결된다. 즉, 오를레앙 공작을 오만방자한 존재라고 비방하고 의혹의 눈길을 보냈던 괴이한 몇 가지 사건들을 암시하는 것이다. 젊었을 때부터 야심이 크고 무모한 오를레앙 공작에 따라다니던 해묵은 의혹들을 끄집어내어 거듭 사람들의 분노를 부추겼다. 1392년, 그가 계획한 치명적인 '불의 무도회(bal des ardents)' 사건에서 그의 형이자 젊은 왕인 샤를 6세는 간신히 목숨을 건졌다. 이때 왕의 측근들은 왁스와 아마로 만든 옷을 입고 악당으로 변장했다가, 오를레앙 일행의 부주의하게 다루어진 횃불을 만나 무참하게 불에 타죽었다.[9]

첼레스티누스 수도원에서 오를레앙 공작과 '마법사' 필립 드 메지에르의 대화는 살인과 독살 계획을 방증하는 적절한 소재였다. 널리 알려진 그의 마법 편애는 아주 끔찍한 괴담들을 자아냈다. 이를테면, 어느 일요일 아침, 오를레앙은 배교 수도사, 시동侍童, 하인을 데리고 마른Marne의 라 투르 몽제la Tour-Montjay로 갔다. 배교 수도사는 갈색과 녹색의 옷을 입은, 에레마스Heremas와 에스트라맹Estramain으로 불리는 두 악마를 불러냈다. 악마 의식에서, 그들은 장검, 단도, 반지를 악마에게 바쳤다. 뒤이어 그 일행은 몽포콩Montfaucon의 교수대에 매달린 시신을 끌어내려 광란의 의식을 벌였다는 것이다. 변론가 장 프티는 심지어 미친 왕(샤를 6세)의 두서없는 무의미한 말에서도 어떤 불길한 의미를 이끌어 냈다.[10]

이렇게 상황을 일반적·윤리적 수준으로 끌어올려, 성서의 유형과 도덕적 격언에 비추어보면서 교묘하게 혐오와 공포의 분위기를 일으킨 뒤, 소전제가 불쑥 제시된다. 이것은 단계적으로 대전제를 구축해 주고 직접적인 비난의 발판이 된다. 장 프티는 사람의 마음을 멋대로 폭발시키려는 열렬한 당파적 증오를 이용하여, 피살된 희생자의 기억을 무자비하게 공격했다.

장 프티는 무려 네 시간 동안 장광설을 늘어놓았다. 그가 이야기를 마치자, 변호 의뢰인인 부르고뉴 공작은 말했다. "나는 그대의 이야기를 승인하오(Je vous avoue)." 변론서는 압착 가죽으로 장정하고, 금박으로 장식하여 채색 장식의 삽화를 그려 넣은 네 권의 값비싼 책으로 만들어져 공작과 가까운 인척에게 돌려졌다. 그 중 한 권은 아직도 빈에 보관되어 있다. 이 소책자의 인쇄본은 옛날에는 구매할 수도 있었다.[11]

속담의 기능과 도덕성

일상적 사건을 도덕의 모범으로 끌어올리고, 모든 문장을 격언으로 승화시켜 논쟁의 여지가 없는 구체적 생각으로 굳혀주는 형식이 있었다. 바로 속담이었다. 속담은 그런 구체적 생각을 아주 자연스럽게, 또 보편적으로 표현해 주었다. 속담은 중세의 사고방식에서 아주 효과적인 기능을 발휘했다. 일반적으로 수백 가지의 속담을 사용했는데, 대부분은 적절하고도 함축성 높은 것이었다. 속담에 드러난 지혜는 때때로 평범했지만 유익하고 심오한 경우도 있었다. 어조는 자주 빈정거리고, 분위기는 아주 친절하면서도 체념에 가까운 것이었다. 속담은 저항을 설교하는 경우가 없고, 늘 굴복을 충고했다. 미소와 한숨 속에서, 이기주의자가 승리를 하게 만들고 반면에 위선자를 훈방해 준다. "큰 고기는 작은 고기를 먹어치운다." "넝마를 입으면 당신의 등이 바람에 드러난다." "눈치 볼 필요가 없으면 아무도 정절을 지키지 않는다." 이런 냉소적인 속담들은 많이 있다. "사람들은 자신의 체면을 두려워하는 한도 내에서만 선량하다." "사람들은 부득이하면 악마의 도움도 받는다." 하지만 속담의 이면에는 남을 비판하지 않으려는 관대한 정신이 깃들어 있다. "결코 미끄러지지 않을 만큼 훌륭한 편자를 박은 말은 없다."

도덕군자들이 인간의 죄악과 타락을 개탄했다면, 민중은 은근한 미소와 이해하는 지혜로 그 죄악과 타락에 맞섰다. 지혜와 도덕성은 시대와 장소를 가리지 않고 속담 속에서 하나의 이미지로 응축되었다. 어떤 경우, 속담의 어조는 거의 성서적(교훈적)이지만 가끔 이교도적으로 순박할 때도 있었다. 일상생활 중에서 속담을 사용하던 사람들은 논쟁, 동기, 논박의 문제를 신학자와 철학자에게 떠넘긴다. 그 대신 속담은 핵심을 찌르는 판단으로 날카로운 주장을 편다. 그것은 성가신 논쟁을 멸시하고 많은 혼란을 회피한다. 속담은 복잡한 문제를 무 자르듯이 명쾌하게 재단한다. 속담을 내세우면 문제는 해결된다. 이렇게 생각을 결정화結晶化하는 능력은 문화에 중요한 이점利點을 가져다준다.

후기 중세인이 얼마나 많은 속담들을 익숙하게 알고 있는지를 살펴보면 정말 놀랄 정도이다.[12] 흔히 사용되던 속담들은 상당히 지성적인 내용을 갖고 있었기 때문에 당시의 저자들은 속담을 널리 사용했다. 이를테면 모든 연聯이 속담으로 끝나는 시는 인기가 높았다. 어떤 수치스러운 사건이 벌어진 후, 한 무명작가는 이런 형태의 시를 지어 파리의 행정관 위그 오브리오Hugues Aubriot를 공격했다.[13] 또 다른 사례는 알랭 샤르티에의 『고사리 발라드Ballade de Fougères』,[14] 몰리네의 『언행록Faitz et

Dictz』이라는 시집 속의 여러 시들[15], 코키야르Coquillard의 『메아리의 한 탄*Complaincte de Eco*』[16]이라는 시, 완전히 속담으로 지은 비용의 발라드 등이 대표적인 사례이다.[17] 로베르 가갱의 『따분함을 달래는 심심풀이*Passe temps d'oysiveté*』[18]라는 시도 이 범주에 속한다. 몇 가지 예외를 제외하면, 가갱이 지은 이 171연의 시는 대부분 적절한 속담으로 끝난다. 하지만 가갱이 속담이라고 말한 것들은 당시의 속담집에서 겨우 몇 가지만 발견된다. 그렇다면 가갱의 속담은 원래 있던 것이 아니라 그가 시를 쓰면서 만들어낸 것일까? 이것이 사실이라면, 중세 후기의 사상에서 속담이 필수적 기능을 했다는 간접적 증거가 된다. 시인들이 포괄적이고 확실하고 널리 이해될 만한 판단을 제시하기 위해, 시 속에서 일부러 속담을 구사했다고 볼 수 있다.

설교자들도 성경 구절과 나란히 속담을 즐겨 인용했고, 교회나 의회의 논쟁에서도 자주 인용되었다. 제르송, 장 드 바렌, 장 프티, 기욤 필라스트르, 올리비에 마이야르 등은 논쟁을 뒷받침하는 강론에서 가장 널리 알려진 속담을 구사했다. "무슨 일에도 침묵하는 사람은 어떤 일에도 괴로워하지 않는다." "공들여 빗은 머리에는 투구를 쓰기가 어렵다." "남의 돈으로 지불하면 과용하게 된다." "주군이 하는 대로, 하인도 따라한다." "그 판사에 그 판결." "공익을 섬기는 자는 아무런 보답도 없다." "머리에 종기가 난 사람은 모자를 벗지 말라."[19] 이러한 속담과 토마스 아 켐피스의 『그리스도를 본받아』 사이에는 유사점이 있다. 이 책은 그 형태를 살펴보면, 온갖 출처의 지혜를 수집한 이른바 '인용 모음집(rapiaria)'이다.

중세가 끝나갈 무렵, 많은 작가들의 판단력은 실제로 자신이 구사하던 속담 수준을 넘지 못했다. 14세기 말의 연대기 작가, 조프루아 드 파

446

리Geoffroi de Paris는 각운脚韻을 사용한 연대기에서 속담들을 사이사이 끼워 넣어 도덕적 가르침을 되살리려 했다.[20] 이런 기법을 사용한 조프루아는 프루아사르나 『르 주방셀』보다 더 현명했다. 프루아사르나 『르 주방셀』이 직접 지어낸 다음과 같은 금언은 종종 설익은 속담처럼 들리기 때문이다. "전쟁이란 질 때도 있고, 이길 때도 있다." "세상에는 결국 질리지 않는 것은 없다." "사람들이 얘기하듯이, 죽음보다 더 확실한 것은 없다."[21]

사상의 형식으로서 속담과 비슷한 것은 중세 후기에 조심스럽게 사용하던 표어가 있다. 표어는 속담과 달리, 일반적으로 통용된 지혜가 아니지만 주로 개인적인 잠언으로 활용되었다. 표어는 일종의 훈장으로 승화되어, 옷이나 장신구에 금문자로 박아 넣어 지니고 다녔다. 이렇게 생활 현장의 곳곳에서 반복되던 교훈은 당사자는 물론 주위 사람들을 훈계하여 올바른 생활로 이끌 것으로 기대되었다. 대부분의 경우, 표어는 격언과 마찬가지로 체념이나 기대심이 바탕에 깔려 있다. 때때로 표어는 애매한 요소가 가미되어 비밀스러운 분위기를 풍긴다. "그건 언제 될까?" "늦든 이르든 온다." "앞으로 나아가라." "이 다음은 더 낫다." "기쁨보다 슬픔이 더 많다." 표어는 대다수가 사랑과 관계가 있다. "다른 사람은 절대로 사랑하지 않으리." "당신이 좋으실 대로." "기억해 주세요." "이 세상 그 무엇보다도." 이것들은 말안장과 갑옷에 붙인 기사도적인 표어들이다. 반지에 새긴 것들은 더 은밀하다. "내 마음은 당신의 것." "나는 그것을 원해요." "영원히." "모든 것을 당신에게." 등.

표어를 보완하는 것은 표장標章이다. 이것은 표어를 구체적인 형태로 그린 것이거나, 아니면 다소 느슨하게 설명하는 글이다. 후자의 경우로는 루이 도를레앙의 표장은 지팡이와 고슴도치로 되어 있었는데, 울퉁

불퉁하고 마디가 많은 지팡이에는 "나는 원한다"라는 표어를 새겼고, 고슴도치의 그림 밑에는 "가까우나 머나"라는 표어를 새겼다. 오를레앙의 적인 무외공 장의 표장은 "나는 받아들인다"라는 글을 새긴 대패였고, 선량공 필립의 표장은 부싯돌과 부시였다.[22] 표어와 표장은 문장紋章의 영역에서 비롯된 것이고, 중세 사람들에게 문장은 계보를 알리려는 취미 이상의 것이었다. 문장의 도형圖形은 토템과 같은 의미를 지녔다.[23] 문장 속에서 사자, 백합, 십자가는 중요한 상징이 되었고, 그 상징은 불가분의 독립적 이미지를 구사하면서 자존심, 야심, 충성심, 연대감 등 복합적 감정 체계를 표현했다.

결의론과 놀이

중세 때에는, 결의론(決疑論, casuistry: 어떤 사안의 윤리적 타당성에 의문을 제기하고 그에 대한 답변의 근거를 성경 구절에서 찾아내는 논증 방식 – 옮긴이)을 지향하는 경향이 강했는데, 이것은 모든 사안을 독자적으로 존재하는 사물로서 개별화하고, 그 각각을 이념으로 바라보려는 욕구가 표현된 것이었다. 이것 또한 극단적인 관념론의 또 다른 결과이다. 중세인들은 모든 문제에는 이상적인 해답이 있다고 생각했다. 당면 문제와 영원한 진리(성경 구절) 사이의 상관관계를 깨달으면 그 이상적인 해답이 나온다고 보았다. 이러한 상관관계는 틀에 짜인 규칙을 사실에 적용하여 결론을 도출했다. 결의론은 윤리와 법적 질문에 성경 구절로 대응했고 그런 논증 방식이 갖가지 생활 분야를 지배했다. 양식과 예법이 주요 관심사이면서 놀이의 요소가 문화 형태의 전면에 나설 때, 결의론이 아연 기세를 떨쳤다. 무엇보다도 의식과 예의에 관한 사례에서 결의론은 위력을 발휘했다. 이런 의문을 다루는 사고방식으로서 결의론은 아주 적절했다. 왜냐하면 의문들은 고귀한 선례와 고정된 규칙을 따르는 일련의 사례에 의해 해결되기 때문이다. 기마 시합과 사냥의 '게임(놀이)'에서도 마찬가지이다. 앞에서 살펴본 대로,[24] 사랑은 세련된 형식과 규칙을 따르는 아름다운 사교였기 때문에, 이 분야에서 정교한 결의론이 등장하게 되었다.

온갖 종류의 결의론은 마침내 전쟁의 관습과 결부되었다. 기사도 정신은 전쟁의 전체적 개념에까지 큰 영향을 끼치면서 전쟁에 놀이의 요소를 부여했다. 노획의 권리, 전투 개시, 하달된 명령에 대한 절대 충성 등은 마상 기마시합과 사냥 놀이를 지배하던 규칙의 범주에 들어가는 것이었다. 법률과 규칙으로 무력 사용을 제한하려는 소망은 국제법에 대한 본능에서 나온 것이라기보다 명예와 생활양식을 중시하던 기사도 정신에서 유래한 것이다. 세심하게 배려하는 결의론과, 엄격한 틀에 맞춘 규칙의 체계화 덕분에 전쟁 수행은 어느 정도 기사도적 명예와 조화를 이룰 수 있었다.

그리하여 국제법은 무기 사용을 비롯한 놀이 규칙과 뒤섞여 발전하기 시작했다. 1352년, 조프루아 드 샤르니Goeffroy de Charny는 왕이 설립한 '별들의 기사단' 단장의 자격으로 프랑스 국왕 장 2세에게 결의론에 따른 많은 문제들을 제기했다. 그것들 가운데 20개 항목은 '마상 창 시합(jouste)', 21개 항목은 '기마 시합', 93개 항목은 '전쟁'에 관한 것이었다.[25] 25년이 지난 뒤, 프로방스의 셀로네Selonnet 수도원장이며 교회법 박사인 오노레 보네Honoré Bonet는 젊은 국왕 샤를 6세에게 『전쟁 수형도樹型圖, Arbre des batailles』를 지어 바쳤다. 이것은 전쟁 법률에 관한 소논문으로서, 판을 거듭하여 인쇄된 사실을 미루어보아 16세기의 후기에도 여전히 실용적 가치를 유지한 듯하다.[26] 이 논문은 여러 가지 질문들을 다루고 있는데 어떤 것들은 국제법에 대한 중요한 문답인가 하면, 어떤 것들은 하찮은 질문으로서 놀이 규칙에 관련된 것이었다. 마땅한 이유 없이 이교도에게 전쟁을 걸 수 있을까? 보네는 단호하게 대답한다. 아니다, 설령 개종시키기 위해서라도 전쟁은 안 된다. 군주는 다른 군주의 영내 통과를 거부할 수 있을까? 농부와 소가 전쟁의 폭력에서 보호를 받아야 한다는 신성한 특권은 (무시되는 경우가 많지만) 당나귀와 하인에게 확대 적용할 수 있을까?[27] 성직자는 아버지와 주교 사이에서 누구를 도와야 할까? 빌린 갑옷을 전투 중에 잃어버린 사람은 그것을 물어주어야 할까? 축일에 싸우는 것은 허용될까? 식사하기 전의 공복空腹 상태로 전투하는 게 나을까, 아니면 식후食後의 전투가 나을까?[28] 이 모든 질문에 대해 수도원장은 성경 구절, 교회법, 주석서 등에 입각하여 해답을 내놓는다.

전쟁 규칙에서 가장 중요한 핵심은 포로의 취급이다. 귀족 포로에게서 거두어들이는 몸값은 귀족과 용병이 똑같이 전투의 승리에서 기대하던 매력적인 요소였다. 이것은 결의론적 규칙을 한없이 적용할 수 있는 분야였다. 국제법과 기사도의 '명예 사항(point d'honneur)'은 여기에서도 뒤섞였다. 프랑스인은 잉글랜드와 교전 상태이기 때문에 잉글랜드 땅에서 가여운 상인, 농부, 목동을 포로로 잡을 수 있을까? 어떤 상황에서 포로 신분으로부터 도망칠 수 있을까? 안전 통행증의 가치는 무엇일까?[29]

이런 질문은 전기적 소설 『르 주방셀』에서 실제 경험에 비추어 다루어지고 있다. 두 명의 대위는 한 명의 포로를 두고 언쟁하다가 사령관에게 포로를 데리고 갔다. 한 대위가 말했다. "제가 먼저 붙잡았습니다. 먼저 포로의 팔과 오른손에서 장갑을 벗겼습니다." 다른 대위가 반박했다.

450

"하지만 포로는 내게 오른손을 내밀고, 항복한다고 먼저 말했습니다."
두 사람은 소중한 재산인 포로를 잡았다고 주장할 수 있었지만, 우선권
을 인정받은 사람은 후자였다. 도망쳤다가 다시 붙잡힌 포로는 누구의
권리에 속할까? 해결책은 이렇다. 그것이 전투 현장에서 벌어진 상황이
라면, 포로는 새로운 포획자에게 속한다. 전투 현장이 아니라면, 그는
원래 주인에게 돌아가야 한다. 포획자가 도망치지 않겠다는 포로의 약
속에도 불구하고 그에게 사슬을 채웠다면, 포로는 도주해도 무방할까?
만약 포획자가 포로에게 도망치지 않겠다는 다짐을 받아두지 않다면 그
경우는 어떻게 될까?[30]

형식주의와 경제적 이해

사물이나 사례의 독립적 가치를 지나치게 평가하던 중세 사람들의 경
향은 결의론적 사고방식 이외에 또 다른 결과를 낳았다. 우리가 잘 아는
프랑수아 비용의 풍자시 『유언집Le Testament』에서 비용은 그의 모든 소
유물을 친구와 적에게 물려주었다. 이런 시적인 유언은 몇 가지가 있는
데 이를테면, 앙리 보데Henri Baude의 『바르보의 노새Barbeau's Mule』를 들
수 있다.[31] 유서는 간편한 문서 양식이지만, 중세 사람들이 유서에서 아
주 사소한 소유물까지 일일이 따로 나눠 준다는 사실을 고려해야만 그
내용을 제대로 이해할 수 있다. 어떤 가난한 여인은 나들이옷과 모자를
교구에, 침대를 대녀代女에게, 모피를 간호사에게, 일상복을 빈민에게,
그녀의 유일한 재산인 4리브르를 또 다른 옷과 모자와 함께 프란체스코
회에게 유증한다.[32] 이것은 사소한 것이지만 그래도 중세인의 마음가짐
을 보여 주는 좋은 사례가 아닐까? 중세인은 모든 덕행을 영원한 본보

기라고 생각하고, 모든 관습에서 신의 섭리를 바라보는 그런 마음가짐을 갖고 있었다. 하지만 이처럼 개별 사물에 깃든 특이성과 가치에 집착하는 것은 수집광과 구두쇠의 집착증과 아주 비슷한 것이다.

위에서 살펴본 모든 특징들은 형식주의라는 용어로 요약될 수 있다. 본디 사물을 초월적 존재라고 생각하는 것은 이런 뜻을 갖고 있다. 즉, 각각의 개념은 확고하게 경계를 그어 조형적 형태로 개별화하기 때문에, 이 형태가 아주 중요하다. 죽을죄와 경범죄는 정해진 규칙에 따라 구별된다. 정의감은 굳건한 반석 같은 것이어서 잠시도 흔들려서는 안 된다. 옛 법률 격언에도 나왔듯이, 행위에 따라 사람을 판단하는 것이다. 행위를 판단할 때, 형식이 늘 판단의 핵심이었다. 예전에, 고대 게르만 시대의 원시적 관습법은 그 형식주의를 강력하게 적용한 탓에 재판관은 행위의 사전 의도 여부를 따져서 사면할 수는 없었다. 일단 벌어진 행위는 어디까지나 행위이고, 그 결과에 따라 처벌했다. 따라서 미수에 그친 행위나, 범죄 시도만으로는 처벌을 받지 않았다.[33]

훨씬 더 후대에 와서, 선서문을 낭독할 때에 무심코 구절을 빼먹으면, 그와 관련된 법적 권리를 상실할 수도 있었다. 선서는 어디까지나 선서이고 아주 신성한 것이기 때문이다. 하지만 경제적 이해관계는 그 형식주의에 종지부를 찍었다. 현지의 언어를 제대로 구사하지 못하는 외국 상인은 이런 형식주의의 잘못을 양해해 주어야 했는데, 안 그러면 상거래는 방해받을 것이기 때문이다. 따라서 도시들의 법률에서 이런 형식주의의 논리로 인해 권리를 잃는 것은 점점 배제되었다. 처음에는 도시의 특권으로 그런 배제가 인정되었고, 궁극적으로 일반법으로 확립되었다. 하지만 법적인 문제에서 극단적 형식주의의 흔적은 중세 후기에 상당히 많이 남아 있었다.

외부적 명예(체면)에 극도로 예민하게 반응한 것은 형식주의적 사고방식에서 비롯된 현상이다. 1445년, 미델뷔르흐Middelburg에서 얀 반 동뷔르흐Jan van Domburg라는 사람은 살인을 저지르고, 피신처를 구하기 위해 교회로 도망쳤다. 추격대는 관습대로 그가 숨은 교회를 온 사방에서 포위했다. 수녀인 그의 누나는 현장에 나타나, 가족에게 그를 형리의 손에 넘겨주는 수치를 안겨주어 가문의 명예를 더럽히느니 차라리 떳떳이 싸우다 죽으라고 거듭 설득했다. 결국은 상황이 그렇게 흘러갔고, 동뷔르흐 가문의 수녀는 남동생의 시신을 거두어 엄숙한 장례를 치렀다.[34] 어느 기마 시합에서 한 귀족의 말안장 방석은 관습에 따라 문장으로 장식되어 있었다. 올리비에 드 라 마르슈는 그것이 부적절하다고 지적했다. 말은 '이성이 없는 동물'이라 창 시합에 놀라 쓰러질지 모르고, 그럴 경우 문장이 땅바닥에 질질 끌리면 가문의 명예가 먹칠 당하기 때문이다.[35] 부르고뉴 공이 포르시앵Porcien 성을 방문한 직후에, 그 성의 어떤 귀족이 정신착란에 빠져 자살을 시도했으나 미수에 그쳤다. 성안 사람들은 이루 말할 수 없이 당혹해했으며, "이렇게 엄청난 기쁨을 맛본 뒤에 그런 창피를 겪어야 하다니 어이없어 했다." 미쳐서 그런 짓을 저질렀다는 것은 누구나 알았지만, 이 불행한 귀족은 정신병이 나은 뒤에 '영원한 치욕의 낙인과 함께'[36] 성으로부터 쫓겨났다.

추락한 명예를 되살리고 싶은 욕구가 얼마나 구체적이었는지를 두드러지게 전하는 사례로는 이런 것이 있다. 1478년, 로랑 게르니에Laurent Guernier라는 사람은 파리에서 교수형을 선고받았다. 그 뒤 범죄에 대한 사면을 받았지만, 제때 통지를 받지 못해 형이 그대로 집행되었다. 이 사실은 1년이 지난 뒤에 밝혀졌고, 유족은 그의 시신을 정중하게 매장할 허가를 받아냈다. 운구 행렬 앞에는 네 명의 동네 호곡꾼들이 허리에

딸랑이를 차고, 죽은 사람의 문장을 가슴에 달고 걸어갔다. 촛불을 든 네 명, 횃불을 든 여덟 명은 관을 에워싸고 행진했다. 일행은 모두가 똑같은 문장이 달린 상복을 입고 있었다. 장례 행렬은 생드니 문에서 생앙투안 문을 거쳐 파리를 빠져나갔다. 그곳에서 시신은 고향인 프로방스로 운구되었다. 호곡꾼 한 명은 거듭 이렇게 소리쳤다. "여러분, 죽은 로랑 게르니에의 영혼을 위해 주기도문을 읊어 주시오. 생전에 프로방스에서 지냈는데, 얼마 전에는 떡갈나무에 매달려 죽어 있는 것을 발견했다오."[37]

아주 위력적인 유혈 복수의 원칙은 북부 프랑스와 남부 네덜란드처럼 번성한 문명 지역에서 특히 성행했는데, 이것도 형식주의적 사고방식과 관련된다.[38] 이런 경우, 복수하려는 동기는 흔히 격렬한 분노나 잔인한 증오에서 빚어진 것이 아니라, 오히려 가문의 명예가 훼손된 것은 피로써 복수해야 한다는 것이었다. 때때로 사람을 죽이지는 않고, 상대편의 허벅지나 팔뚝, 얼굴에 상처를 입히는 것으로 그쳤다. 상대편이 죄를 지은 상태로 고백성사 없이 죽으면, 그를 죽게 만든 사람이 책임을 져야 하기 때문에 그 경우에는 면피의 방책이 도모되었다. 가령, 뒤 클레르크의 이야기에 따르면, 어떤 사람들은 처제를 죽이러 가면서, 일부러 사제를 데려간 경우도 있었다.[39]

속죄나 복수의 형식은 상징적 처벌이나 보속補贖 행위로써 불공평을 바로잡기도 했다. 15세기 때, 모든 중요한 정치적 중재는 상징적 요소를 크게 강조했다. 범죄 현장을 연상시키는 집을 허문다든지, 기념 십자가를 기증하거나, 벽을 쌓아 문을 폐쇄하라는 명령이 그런 구체적 사례이다. 속죄의 공개적 의식, 세상을 떠난 영혼을 달래는 미사 또는 예배당을 세우기 위한 헌금도 상징적 요소이다. 속죄 요구는 오를레앙 가문이 무외공 장에게 제기한 소송에서도 엿볼 수 있다. 또 1435년의 아라스 협정, 1437년의 반항적인 브뤼헤 사람들의 속죄 행위, 1437년의 겐트 시민에게 내려진 훨씬 더 심각한 속죄 행위 등도 모두 그런 사례들이다. 겐트의 경우, 시민들은 모두가 검은 옷을 입고, 허리띠를 매지 않은 채, 모자를 쓰지 못하고 맨발로 걸어가야 했고, 주모자들은 속옷 차림에 억수같은 비를 맞으면서 행렬 속에서 걸어가, 일제히 부르고뉴 공작의 용서를 빌어야 했다.[40] 1469년, 동생 샤를 드 프랑스와 화해할 무렵에, 루이 11세는 리지외Lisieux 주교가 왕자(샤를 드 프랑스)를 노르망디 공작으로 봉하면서 끼워 주었던 반지를 달라고 먼저 요구한 다음에, 루앙Rouen으로 돌아와 고관대작들이 보는 앞에서 그 반지를 모루 위에 놓고 쳐부수게 했다.[41]

이런 만연된 형식주의는 또한 일단 내뱉은 말의 효력에도 깃들어 있었다. 말의 효력에 대한 믿음은 원시 문화에서 활짝 피어났고 중세 후기에서도 축복, 마법, 비난의 형식에 뿌리 깊이 남아 있었다. 엄숙한 청원은 동화童話 속의 소망과 같은 특징을 갖고 있었다. 유죄 선고를 받은 죄인에게 사면을 내려달라고 선량공 필립에게 아무리 열심히 탄원해도 실패하게 되면, 그 임무는 필립이 총애하는 며느리인 이사벨 드 부르봉에게 돌아갔다. 사람들은 대공이 사랑하는 며느리의 소원을 딱 잘라 물리치지 못할 것이라고 예상했다. 그녀는 필립에게 말했다. "저는 전하에게 중요한 것을 부탁드려 본 적이 없어요."[42] 그리하여 소기의 목적은 달성되었다. 제르송도 말의 위력을 믿었다. 그렇기 때문에 아무리 설교해도 도덕 수준이 개선되지 않는 데 대하여 개탄했다. "나는 뭐라고 말해야 좋을지 모르겠어요, 끊임없이 설교를 하는데도, 늘 결과는 도루묵이니까."[43]

후기 중세인의 경박성

전반적인 형식주의에 휘둘린 중세 후기의 정신은 흔히 공허하고 천박한 성격을 띠게 되었고, 그 첫 번째 특징은 동기의 지나친 단순화였다. 후기 중세인은 분류의 체계에 위계질서를 부여했고, 또 아이디어의 가변적 독립성을 출발점으로 삼아 그 아이디어들의 상관관계를 보편타당한 진리에 비추어 설명하려 했다. 이런 특성 때문에 인과관계를 중시하는 그들의 정신적 기능은 비유적으로 말하자면 전화 교환대와 비슷했다. (초창기의 전화 교환대는 전화 교환원이 갑이라는 사람과 을이라는 사람을 서로 연결시켜 주어야만 통화가 가능했다. -옮긴이) 그러니까 온갖 인과관계가 어느 때든 일어나지만, 동시에 연결되는 것은 언제나 두 전화선뿐이었다. 어떤 상황, 어떤 관계에서도 어떤 한 가지 특징만이 눈에 띄고, 이것을 지나치게 부풀려 다양하게 윤색했다. 다시 말해, 경험의 이미지는 늘 성글고 굵은 선의 원시적인 목판화와 비슷했다. 그들은 가장 일반적이고 가장 직접적이고 가장 단순한 것을 좋아했기 때문에 단 하나의 모티프로 모든 것을 설명하기를 좋아했다. 가령 부르고뉴 사람들이 볼 때, 오를레앙 공작을 살해하려는 동기는 한 가지뿐이다. 프랑스 왕 샤를 6세는 부르고뉴 공작에게 왕비와 **샤를 도를레앙**과의 불륜을 복수해달라고 부탁한 것이다.[44] 겐트에서 일어난 대폭동의 원인에 대해서도 당대 사람들은 공식 문서의 표현 양식이 잘못되었다는 이유 하나만으로 충분했다.[45]

중세 사람들은 어떤 하나의 사례를 가지고 일반화하는 것을 좋아했다. 올리비에 드 라 마르슈는 잉글랜드가 전에 공평무사했던 단 하나의 사례를 가지고 이런 결론을 내렸다. 당시의 잉글랜드 사람들은 덕행이 뛰어나고, 그래서 프랑스를 정복할 수 있었다.[46] 개별적 사례를 지나치게 윤색하고 무리하게 분리하여 독립적인 실체로 본다는 사실은 엄청난 과장을 불러일으켰다. 게다가 어느 경우에나 늘 그렇듯이 성경 속의 사건을 끌어다가 예증하기 때문에 그 사례가 한층 더 중요한 영역으로 끌어올려지면서 과장은 과장을 낳았다. 이를테면 1404년, 파리 대학생의 행렬이 습격당하여 두 명이 다치고 한 명의 옷이 갈기갈기 찢어지자, 격분한 학장은 이런 성경적 연상을 떠올리며 마음을 진정시켰다. "아, 죄 없는 어린 양과 같은 학생들이여, 사랑스러운 학생들이여." 그는 이 사건을 베들레헴의 무고한 영아 살해에 연결시켰다.[47]

어느 경우에나 한 가지 설명을 쉽게 적용하고, 더구나 그걸 굳게 믿어 버리면 판단 착오가 벌어질 가능성이 엄청 커진다. 니체는 말했다. "판단 착오 없이 평생을 살아가야 한다면, 그런 삶은 불가능할 것이다." 우리의 관심을 끄는 지난 시대의 강렬한 삶은 부분적으로 이런 그릇된 판단에서 비롯되는 것이다. 어느 시대가 되었든, 온힘을 쏟아 부어 매진해야 하는 상황에서는, 그릇된 판단이 용기를 내는 데 상당한 도움을 준다. 중세 사람들은 끊임없이 이런 정신적 위기를 안고 살았다고 봐야 한다. 그들은 단 한 순간이라도 엄청난 판단착오를 하지 않으면 살아갈 수 없었고, 그리하여 그 잘못된 판단이 가져온 당파 갈등 때문에 엄청난 악덕을 저질렀다. 오를레앙 가문을 철천지원수로 여기는 부르고뉴 가문의 심리적 태도는 이것을 보여 준다. 양쪽의 사망자 숫자는 승자들이 우스꽝스러울 정도로 왜곡했다. 샤틀랭에 따르면, 가브르Gavre 전투에서 2만 명 내지 3만 명의 겐트 폭도가 죽은 것에 비해 부르고뉴 군대에서는 겨우 다섯 명의 귀족이 목숨을 잃었다.[48] 코민이 이렇게 과장된 표현을 사용하지 않은 것은 그의 근대적 정신을 보여 주는 징표였다.[49]

연대기 작가들의 독특한 부정확성

중세 끝자락의 저자들이 보여 준 태도, 가령 아주 천박하고 부정확하고 곧이곧대로 믿는 저 독특한 경솔함에 대해 우리는 어떻게 생각해야 할까? 그들은 참된 사색이 아예 필요 없고, 꿈결처럼 나타났다가 덧없이 사라지는 이미지가 충분한 마음의 양식이 되는 것처럼 행동했다. 외양을 피상적으로 묘사하는 것은 프루아사르와 **몽스트렐레**와 같은 연대기 작가들의 전형적 특징이다. 프루아사르는 지루하게 끄는 전투와 포위 공격을 묘사하느라 재능을 낭비하는데, 어떻게 그런 일이 그의 관심을 끌었을까? 이처럼 파당 정신이 분명한 사람들 바로 곁에는, 정치적 입장을 전혀 결정하지 못하는 연대기 작가들도 있었는데 가령 프루아사르와 피에르 드 페냉Pierre de Fenin 등이 그러하다. 이들은 겉으로 드러난 사건을 일일이 묘사하는데 재능을 다 써버렸고, 중요한 것과 하찮은 것을 구분하지 않았다. 몽스트렐레는 부르고뉴 공작이 포로가 된 잔 **다르크**와 대화를 나눈 자리에 동석했지만, 어떤 이야기가 오갔는지를 기억하지 못한다.[50]

이들 자신이 관여한 중요한 사건에서조차 부정확한 기술은 끝이 없다. 잔 다르크의 복권소송을 주재한 토마스 바쟁Thomas Basin은 연대기에서 그녀가 보쿨뢰르Vaucouleurs 태생이라고 잘못 기록했다. 그는 잔 다르크를 잡아 데려온 투르Tour 시의 수비대장 보드리쿠르Baudricourt를 영주로 오인했고, 게다가 황태자와 잔 다르크의 첫 회견 날짜를 석 달이나 잘못 계산했다.[51] 궁정에서 소중한 역할을 맡았던 올리비에 드 라 마르슈는 공작 가문의 가계와 친척 관계에 대해 내내 착오를 일으켰고, 샤를 대담공과 마거릿 오브 요크의 결혼 시기(1468년)에 대해서도 잘못 알았다. 그는 그 결혼식 축제에 직접 참석했지만 일시를 1475년의 노이스Neuss 공격 이후라고 기록했다.[52] 코민조차 이런 혼란에서 자유롭지 못하다. 그는 연대를 거듭 두 배로 늘려 계산하고, 아돌프 드 겔드르 Adolphe de Gueldre의 사망 이야기를 세 번이나 반복하여 말했다.[53]

중세 문헌의 어느 페이지를 보더라도 비판적 분석력의 부족과 경솔함이 확연하기 때문에 일일이 사례를 들 필요조차 없다. 물론, 개인의 교육 수준에 따라 이런 부정확성에는 상당한 차이가 있다. 특히 부르고뉴 민중들은 이처럼 잘 믿어 주는 태도를 갖고 있었기 때문에 결코 위풍당당한 통치자(대담공 샤를)의 죽음을 믿지 못했다. 이런 경솔함은 샤를 대담공과 관련된 일에서 잘 드러난다. 낭시 전투에서 공작이 전사한 지 10년이 지났는데도 사람들은 여전히 공작이 돌아오면 갚을 것이라는 조건 아래에 돈을 빌려주곤 했다. 바쟁은 이것을 어리석다고 여겼고 몰리네도 마찬가지였다. 몰리네는 『세상의 경이로운 일들Des Mervilles du monde』이라는 시에서 다음과 같이 말했다.

나는 알 수 없는 일을 보았네.
죽은 사람이 되살아나고,
그가 돌아오니
수천금이 지급되는 것을.
한 사람은 말하네, 그는 살아 있다고.
다른 사람은 말하네, 뜬소문이라고.
질투심 없는 모든 선량한 사람들은
그를 못내 애석하게 여기네.[54]

하지만 강력한 열정의 영향력과 준비된 상상력 덕분에, 중세 사람들은 머릿속에 떠오르는 사실을 쉽게 현실로 받아들일 수 있었다. 아이디어를 서로 독립된 개념들로 생각하는 정신구조 덕분에, 마음에 떠오른 하나의 아이디어는 곧 신뢰할 만한 개념으로 둔갑해 버렸다. 일단 특별한 이름이나 형태로 뇌리에 새겨지면, 그 아이디어는 윤리적·종교적 이미지의 체계 내에서 자리를 잡고 자동적으로 깊은 신빙성을 갖게 된다.

한편, 아이디어는 예리한 규정, 계층적 관계, 흔히 의인화된 성격 덕분에 굳건한 확실성에 도달하지만, 또 다른 한편으로는 생생한 형식 때문에 그 내용을 상실하는 위험이 있었다. 외스타슈 데샹은 장문의 우의적인 풍자 교훈시『결혼의 거울Le Miroir de Mariage』[55]에서 결혼의 불리함을 분석했다. 주인공 '솔직한 의지'에게 '광기'와 '욕망'은 결혼을 재촉하고 '과학의 목록'은 결혼을 하지 말라고 말린다.

시인은 '솔직한 의지'라는 추상적 개념에 무슨 의미를 부여하려 했던 것일까? 어떤 의미에서 주인공은 독신남의 즐거운 자유인데 또 다른 경우, 철학적 의미의 자유의지이기도 하다. 시인의 상상력은 당연히 '솔직한 의지'의 의인화에 몰두한 나머지, 의인화된 인물의 생각을 분명히 드러낼 필요를 느끼지 못하고, 그 인물이 한 극단(독신남의 자유)에서 다른 극단(철학적 자유)으로 오락가락하는 것을 그냥 내버려둔다.

이 시는 아이디어가 일단 정교하게 다듬어지면, 아예 형태가 없어지거나 증발해 버린다는 사실을 다른 각도에서 보여 준다. 시는 여성의 약점을 비웃는, 기본적으로 민감한 속물근성의 분위기를 풍긴다. 중세 내내 여성은 놀림감이었다. 우리 현대인의 감각으로 볼 때, 시의 후반부에서 '과학의 목록'이 그의 친구 '솔직한 의지'에게 정신적 결혼과 명상의 삶을 경건하게 칭찬한 태도는 이런 여성 비하의 분위기와는 안 어울리는 것이다.[56] 시인이 가끔 '광기'와 '욕망'의 입을 빌려 드높은 진리(논쟁의 반대편에서 나올 것으로 예상되는 진리)를 말하게 한 것도 우리에게는 역시 기이하게 보인다.[57]

놀이와 진지함의 혼재

중세의 글을 접할 때마다 흔히 그렇듯이, 우리는 여기에서 이런 의문을 갖게 된다. 데샹은 자신이 진지하게 찬양한 내용을 진심으로 받아들였을까? 우리는 이렇게 질문해 볼 수도 있다. 장 프티를 비롯한 부르고뉴 공작의 옹호자들은 오를레앙의 기억을 더럽히며 그를 모욕한 저 끔찍한 악행들을 정말로 믿었을까? 왕자와 귀족들은 실행 불가능한 계획과 맹세를 진지하게 윤색한, 기묘한 기사도의 환상과 코미디를 진정으로 받아들였을까? 중세의 사고방식에서는, 진지함과 놀이, 정직한 확신과 영국식英國式 '체하기(pretending)'를 서로 분명히 구분하기가 대단히 어렵다. 체하기는 원시문화에서 중요하게 여겨지는 어린이의 심리 상태와 유사한 것이다.[58] 그것은 geveinsdheid('겉꾸밈')보다 aacnstellerij('마치 …인 체 행동하다')라는 단어로 훨씬 더 잘 표현된다.

이렇게 진지함과 놀이가 뒤섞인 현상은 여러 분야의 특징이기도 하다. 무엇보다도, 사람들이 희극적인 요소를 불어넣으려 했던 전쟁에서 그러하다. 포위당한 쪽이 적군에게 조롱을 쏟아 부었다가 그에 대한 대가를 아주 비싸게 치르는 것이다. 모Meaux 성城의 주민들은 그 성을 공략하던 잉글랜드의 헨리 5세를 멸시하기 위해 성벽 위에 나귀를 올려놓고서 조롱했다. 콩데Condé 사람들은 자신들이 여전히 부활절 케이크를 굽는 중이기 때문에 항복할 수 없다고 선언했다. 성벽에 서 있는 몽트로

Montereau 시민들은 적군이 대포를 발사한 뒤에도 투구의 먼지를 깨끗이 털면서 그깟 포격은 아무렇지도 않다고 허세를 떨었다.[59] 이와 똑같은 놀이의 정신에 입각하여, 샤를 대담공의 야영지는 넓은 시골 장터처럼 세워졌다. 귀족들은 '재미 삼아' 화랑과 정원을 갖춘 성의 형태로 천막을 쳤고, 이 야영지에서 갖가지 놀이 행사가 펼쳐졌다.[60]

어떤 분야, 가령 악마와 마녀를 믿었던 어두운 분야에서는, 가장 심각한 문제에 조롱의 요소를 덧붙여서 아주 조잡한 결과를 낳기도 했다. 악마 판타지는 깊은 두려움(악마를 믿게 만드는 요소)에서 나온 것이지만, 순진한 상상력은 악마를 아주 유치한 형형색색의 익숙한 형상으로 꾸몄기 때문에 그것들은 가끔 무서운 모습을 잃었다. 악마가 희극적인 모습으로 등장한 것은 문학뿐만이 아니었다. 뼛속까지 오싹한 마법의 시련에서조차, 사탄의 집단은 화가 히에로니무스 보슈Hieronymus Bosch가 묘사한 것 같은 우스꽝스러운 악마의 옷을 차려입었고, 그들이 풍겨대는 지독한 유황 냄새는 광대극의 대사 속으로 흘러들었다. 악마대장 타후Tahu와 고르기아스Gorgias의 지휘 아래 수녀원을 혼란에 빠뜨리는 악마들은 '판투플Pantoufle(의상 이름)', '쿠르토Courtaulx(도구 이름)', '모니플Mornifle(놀이 이름)' 등의 이름을 갖고 있었는데, 이는 동시대의 의상, 도구, 놀이의 이름과 똑같은 이름이었다.[61]

15세기는 다른 어떤 시대보다 마녀를 심하게 박해했다. 중세가 막을 내리고 휴머니즘(인문주의)이 꽃을 피우던 바로 그 순간, 사람들은 마녀 사냥에 열광하여 조직적으로 이 끔찍한 사상에 동화했고 그 결과 나온 부산물이 『마녀들의 망치Malleus maleficarum』(1487)와 교황의 회칙 『최고를 바라는 자들Bulle summis desiderantes』(1487년과 1484년)이었다. 인문주의도 종교개혁도 이 마녀 박해의 광풍을 시원하게 막지 못했다. 심지어 1550년 이후에도 인문주의자 장 보댕Jean Bodin은 그의 저서 『악마학 Demonomie』에서 이 박해 열기에 박식하고 구체적인 영양분을 주지 않았던가? 새로운 시대와 새로운 지식도 잔혹한 마녀 사냥을 즉각 거부하지는 못했다. 기이한 일이지만, 1세기 후인 16세기에 겔드르의 의사 요하네스 비어Johannes Wier가 내놓은 마법과 관련된 온건한 의견이 이미 15세기에도 나돌고 있었다.

중세인의 미신을 바라보는 태도

중세 후기의 사람들이 미신(주로 마법과 요술)을 대하는 태도는 상당히 우유부단하고 유동적이었다. 후대 사람들이 널리 믿고 있는 것처럼, 일반적인 경솔함과 비판적 사고방식의 부족 때문에, 이 시대가 마법의 열광에 아주 무기력하게 말려들어간 것은 아니었다. 미신에 대하여 의혹을 제기하고 합리적으로 의문을 표시하는 글도 많았다. 악마는 악마 열광의 새로운 가마솥에서 분출하여 오랫동안 살아남았다. 마법과 마녀들은 특별한 지역, 특히 산악 지대인 사보이, 스위스, 로렌, 스코틀랜드를 본거지로 삼았다. 하지만 이 유행병은 그 밖의 지역에서도 만연했다. 1400년, 프랑스 궁정조차 마법의 온상이었다. 설교자는 궁정 귀족에게 '늙은 마법사'라는 구절이 점점 '귀족 마법사'로 바뀌지 않도록 경계해야 한다고 말했다.[62] 특히 루이 도를레앙 집단은 악마의 기술을 부린다는 비난을 받았다. 이런 점에서, 장 프티가 제기한 비난과 의혹은 정당함이 없지 않았다.

오를레앙의 친구이자 보좌관이던, 늙은 필립 드 메지에르는 부르고뉴 사람들에게 그 모든 비행을 부추긴 수수께끼 인물이라고 여겨졌는데, 자신이 오래 전에 스페인 사람에게서 마법을 배웠고, 이 악마의 지식을 잊어버리기 위해 대단히 많은 노력을 기울였다고 보고했다. 스페인을 떠난 지 10년에서 12년이 지난 뒤에도, 그는 "자신의 마음에서, 앞에서 언급한 하느님에게 반대하는 징표와 그 효과를 자발적으로 근절하지 못했다." 그러나 마침내 "그리스도인의 영혼에 대한 적, 이 큰 어리석은 짓에서" 하느님의 가호로 고백과 저항을 통해 구원을 얻었다.[63] 마법의 대가들은 비술을 얻기 위해 즐겨 먼 지역까지 찾아갔다. 악마와 소통하고 싶지만 그 기술을 배울 수 없는 사람에게는 "스코틀랜드 황무지로 가라"는 조언들을 해주었다.[64]

오를레앙은 마법의 대가와 강령술사를 직접 거느렸다. 그는 어떤 마법사의 기술이 마음에 들지 않아, 그를 화형 시키기도 했다.[65] 미신적인 관행을 학자들에게 물어보라는 권고를 받고 그는 이렇게 대답했다. "왜 내가 그들과 상의해야 하는가? 나는 그들이 마법을 그만두라고 조언할 것을 잘 알지만, 아랑곳하지 않고 예전과 같이 믿고 행동하기로 굳게 결심했다. 나는 포기하지 않을 것이다."[66] 제르송은 오를레앙의 고집스럽고 사악한 행동이 그를 갑작스러운 죽음으로 몰아넣었다고 본다. 제르송은 오를레앙이 마법의 도움으로 미친 왕(오를레앙의 형인 샤를 6세)을 치료하려 했던 것도 못마땅하게 여긴다. 그런 마법사들 중 하나가 성공을 거두지 못하자 불속에 처넣어 죽이지 않았던가.[67]

특히 한 가지 마법 관행이 군주의 궁정에서 널리 유행되었다. 라틴어로는 인불타레invultare, 프랑스어로는 앙부트망envoûtement인 이 마법은 세계적으로 알려진 것인데, 적의 모습을 본뜬 왁스 인형이나 초상화를 만들어서, 그 적의 이름을 붙이고 그 인형이나 초상화를 저주하거나 녹이거나 찔러서 적을 파괴하려는 시도이다. 프랑스의 필립 6세는 적이 저주하며 그린 자신의 초상화를 입수하자, 이렇게 말하면서 그 그림을 불길에 던졌다고 한다. "짐은 누가 더 강력한지 두고 보겠노라. 악마가 나를 파괴할지, 아니면 하느님이 짐을 구할지."[68]

부르고뉴 공작들도 이와 유사한 박해를 받았다. 샤롤레 백작(훗날의 샤를 대담공)은 신랄하게 말했다. "여기 내 앞에 양초 그루터기가 하나 있다. 이것은 악마의 세례를 받았다고 하며, 나를 저주하는 저 혐오스러운 신비로 가득 찬 주술의 물건이라고 한다."[69] 부르고뉴 공국의 선량공 필립은 프랑스 왕과는 다르게, 많은 점에서 보수적인 생활방식을 유지했다. 이를테면 기사도와 화려함, 십자군 계획, 자신이 보호하는 오래된 학문적 형식을 선호했다. 필립은 미신의 문제에 관한 한, 프랑스 궁정 특히 루이 11세의 궁정보다 더 계몽된 입장을 보였다. 필립은 매주 돌아오는 무고한 어린아이의 대학살을 추모하는 불길한 날을 그리 대수롭지 않게 여겼다. 그는 점성술사에게서 미래에 대한 정보를 구하지도 않았다. "왜냐하면 그는 모든 일에서 하느님의 신비를 파고들지 않았고, 그러면서도 그분을 전적으로 신뢰하는 올바른 사람이었기 때문이다"라고 샤틀랭은 말했고 또 그런 필립의 입장에 동의했다.[70] 1461년, 선량공이 아라스의 마녀와 마법사에 대한 심한 박해를 금지시키자 그 지역의 마녀 사냥은 종지부를 찍었다.

마녀 사냥: 마법과 이단의 혼동

마녀 사냥으로 밀어붙인 끔찍한 망상은 상당 부분 마법과 이단의 두 개념을 혼동한 데에서 비롯된 것이다. 일반적으로 신앙의 직접적인 영역에서 벗어난 것들, 이를테면 과도한 비행에 대한 혐오, 공포, 증오와 관련된 모든 감정들은 이단이라는 용어로 표현되었다. 몽스트렐레는 어린이 납치 살해범 질 드 레의 가학적 범죄를 한 마디로 '이단'이라고 했다.[71] 15세기 프랑스에서는 마법에 대한 공통 용어가 보드리vauderie였는데, 이 용어는 이미 이단자 집단인 발도파Waldesians와는 무관했다. '아라스의 보드리(Vauderie d'Arras)'에서 우리는 병적인 과대망상과 일반적인 의혹을 엿볼 수 있다. 이러한 과대망상은 마녀 박해의 요령을 기술한 『마녀들의 망치』[72]의 창작 동기가 되었다. 하지만 귀족과 평민들은 마녀와 관련하여 적발된 모든 범죄들이 과연 사실일까 하는 의심을 널리 품고 있었다. 어떤 심문관은 기독교도의 3분의 1이 보드리에 물들었다고 주장했다. 그 심문관은 하느님을 굳건히 믿기 때문에 마법으로 고발당한 자는 모두 유죄라는 끔찍한 결론에 도달했다. 그는 아니 땐 굴뚝에 연기날 일이 없다면서, 하느님은 순진한 사람이 마법의 비난을 받도록 내버려두지 않을 것이라고 제멋대로 해석했다. "성직자든 세속인이든 심문관에게 반박하는 자는 모두 발도파의 앞잡이이기 때문에 체포해야 마땅하다고 그 심문관은 주장했다." 어떤 사람이 상상으로 유령을 보았다고 주장하면, 이 심문관은 그에게 마법의 혐의를 씌웠다. 과대망상에 빠진 그 심문관은 자신이 상대방을 한번 쳐다보는 것으로 그가 이단에 빠졌는지 아닌지 단박에 알아낼 수 있다고 큰 소리를 쳤다. 이 심문관은 나중에 정신 이상이 되었지만 이미 마녀와 마법사들이 화형당한지 한참 지난 후였다.

아라스 시는 이런 마녀 박해 때문에 악명이 높았고, 사람들은 아라스 상인에게 방을 빌려주거나 돈 빌려주는 것을 거부했다. 그들은 괜히 그 상인과 거래했다가 그 다음날 마법사의 혐의를 뒤집어쓰고 전 재산이 몰수될까봐 두려워했던 것이다. 그럼에도 불구하고, 자크 뒤 클레르크에 의하면, 아라스 이외의 지역에서는 천 명에 한 사람도 마녀 사냥을 진실이라고 믿지 않았다. "아라스 이외의 고장에서는 그런 일들이 벌어졌다는 얘기가 아예 나돌지 않았다." 마녀 사냥의 피해자가 처형에 앞서서 저지르지도 않은 사악한 행위를 취소하라는 강요를 받았을 때, 아라스 시민들마저도 그 재판에 의심을 품었다. 어떤 시詩는 마녀를 박해하는 자들에 대한 증오심이 가득했고 또 박해자들이 탐욕에서 마녀 사냥을 시작했다고 비난했다. 주교 자신도 마녀 사냥을 엉뚱한 음모, 혹은 '소수의 악독한 자들이 날조한 것'이라고 매도했다.[73] 부르고뉴 공작은 루뱅 대학 교수진에게 마녀 사냥에 대한 자문을 구했다. 몇몇 위원들은 보드리가 사실이 아니고, 다만 환상에 지나지 않는다는 의견을 내놓았다. 그리하여 필립은 '황금양털 기사단'의 단장을 아라스로 파견하여 마녀 사냥을 당장 중지시켰다. 그 뒤로 새로운 희생자가 체포되는 일은 없어졌고, 아직 심문을 받던 사람들도 좀 더 부드러운 대우를 받았다.

마침내 아라스의 마녀 재판은 완전 무효로 선언되었다. 아라스 시는 이것을 기념하여 즐거운 축제를 열고 도덕 교훈극을 공연했다.[74]

15세기에 이미 시작된 마녀 허구론

하늘을 질주하거나 밤의 축제를 벌인다는 마녀 얘기가 헛된 공상에 지나지 않는다는 의견은 이미 15세기에 여러 사람들이 제시했다. 그렇지만 악마의 역할이 아예 논의 대상에서 사라진 것은 아니었다. 왜냐하면 이 불길한 환상을 가장 먼저 일으킨 장본인은 악마이기 때문이다. 그것은 사탄에서 비롯된 오류인 것이다. 이것은 1세기 뒤인 16세기에 요하네스 비어가 주장한 것이기도 하다. 로잔 교회의 참사회장이던 시인

마르탱 르프랑Martin Lefranc은 1440년 선량공 필립에게 헌정한 위대한
시, 『숙녀들의 수호자Le Champion des Dames』에서 마법에 대하여 계몽된
입장을 취했다.

이런 행동을 저지를 정도로 어리석은
노파는 있을 수가 없다네.
그런데도 노파를 화형과 교수형에 처하기 위해
적敵(악마)은 인간의 본성을 왜곡하네.
수많은 올가미를 쳐놓고서
사람의 마음을 악의에 물들게 만드네.
지팡이나 막대기 따위를 타고
하늘을 날아다니는 사람은 없다네.
하지만 악마에게 넋을 빼앗기면
사람들은 쾌락에 빠질 곳으로 날아가
욕심을 채울 수 있다고 헛소리를 말하네.
로마에 대해서 열심히 얘기하는 사람들은
실제로는 그곳에 가본 적이 없네.
[……]
악마들은 모두가 지옥에 있다고,
솔직한 의지는 말하네. 그렇지만 그들은
쇠사슬에 묶여 있고, 집게나 줄칼도 없으니
사슬에서 도저히 풀려날 길이 없구나.
그렇다면 어떻게 기독교 자녀 앞에
나타나 많은 간계를 부릴 수 있으랴?

그렇게도 많은 호색한 사건들에 빠질 수 있으랴?
나는 그대의 어리석음을 도무지 알 수 없구려.

같은 시의 다른 곳에서는 이렇게 얘기한다.

나는 살아 있는 한 이런 얘길 믿지 않아.
여자가 허공에 몸을 띄워
찌르레기나 개똥지빠귀처럼 날아다닌다는 얘기.
샹피옹도 성 아우구스티누스도 분명히 말했네.
그것은 망상이며 판타지라고,
다른 사람들, 그레고리우스도, 암브로시우스도, 히에로니무스도
그 얘기를 헛소리라고 생각했네.
가엾은 여인이 잠자리에 누워 휴식을 취하려는데
결코 잠드는 법 없는 적敵이 나타나서
그녀의 곁에 머문다는 얘기.
아주 교활하게 환상을 일으키므로 여인은 굳게 믿고,
단지 꿈을 꾸고 있음에도, 실제로 그렇다고,
그렇게 하려 한다고 생각한다는 얘기.
노파가 꿈에서 고양이나 개를 타고 집회 장소로
간다는 건 꿈같은 얘기지.
실제로는 아무 일도 일어나지 않아.
그녀를 공중으로 한 걸음이라도 들어 올릴
그런 지팡이나 막대기는 아예 없으니까.[75]

프루아사르는 가스코뉴 귀족과 그들을 따라다니는 악마 오르통 Horton의 사건을 아주 생생하게 묘사하면서 그것을 '오류'라고 보았다.[76] 제르송은 악마적 환상을 분석하면서 여기서 한 걸음 더 나아가, 각종 미신적 현상을 자연적 현상으로 설명하려 한다. 그런 현상 가운데 많은 것들은 단순히 인간의 상상과 우울한 망상에서 비롯되었으며, 이런 상상과 망상은 대부분의 경우에 두뇌 손상에 의한 상상력의 부패가 그 원인이라는 것이다. 제르송의 이런 견해는 아주 계몽적이다. 이교도의 흔적과 시적 창작력이 미신에 부분적으로 작용한다고 보면서도 합리적으로 미신을 설명하려는 것이다. 제르송은 많은 악마의 소행이 자연적 원인에서 나온다고 보지만, 궁극적으로 악마가 주범이라는 견해를 취한다. 왜냐하면 뇌의 기능 장애는 악마가 불러일으킨 환상의 결과이기 때문이다.[77]

끔찍한 마녀 사냥 이외의 영역에서는, 교회가 효과적이고 적절한 수단으로 미신에 대응했다. 설교자 리샤르 수사는 사람들이 효험이 있다고 믿었던 맨드레이크(지중해 지방에 나는 가짓과의 유독 식물, 마취제, 하제로 사용)를 일부러 가져와 불태웠다. 파리의 시민은 그의 일기에서 이 맨드레이크에 대하여 이렇게 적었다. "많은 무식한 사람들은 그것을 한적한 곳에다 보관했다. 그들은 이 지저분한 잡초를 대단히 신뢰했다. 그것을 실크나 리넨으로 곱게 잘 싸놓으면, 자신들이 결코 가난하지 않을 것이라고 진심으로 믿었다."[78] 또한 집시 무리에게 손금을 보여 자신의 행운을 점쳤던 시민들은 교회에서 파문을 당했으며, 무신앙의 악행을 물리치기 위해 행렬 행사가 열렸다.[79]

카르투지오회 수도사 드니가 지은 소논문은 신앙과 미신의 경계선을 분명하게 설정했다. 교회는 그런 구분 기준에 입각하여 이단적 아이디어는 거부하고, 불순한 아이디어들은 진정한 종교적인 내용을 부여하여 정화했다. 드니는 이렇게 말한다. 부적, 주술 행위, 축복 등은 그 자체로 어떤 효과를 일으키는 힘이 없다. 이런 점에서 그것들은 성체성사의 말씀과는 감히 비교할 수가 없다. 올바른 의도를 가지고 성사의 말씀을 낭송하면, 그것은 부정할 수 없는 효과를 발휘한다. 말하자면, 하느님이 그 말씀에 힘을 실어 주는 것이다. 하지만 성체 강복은 겸손한 요청으로 간주될 뿐이고, 적절하고 경건한 의례문에 따라 낭독해야 하고, 하느님에 대한 신앙에 바탕을 두어야 한다. 그런 식으로 성사가 적절히 이루어지면 하느님이 거기에 따라 효과를 부여하는 것이다. 만약 그것이 달리 행해진 경우—예를 들어, 십자가 성호를 잘못 그은 경우—에도 효과가 여전히 발휘된다고 믿는 것은 악마의 망상이다. 이 경우 악마의 작용은 결코 기적이 아니다. 악마들은 자연계의 은밀한 힘을 알고 그것을 활용하기 때문이다. 따라서 그 효과는 새떼의 전조前兆처럼 자연계의 원인에서 나오는 자연적 현상이다. 드니는 축복, 부적과 같은 것들이 사람들 사이에서 효력을 발휘하는 듯하다고 말한다. 하지만 그는 그런 것들의 가치를 부정하고, 성직자들이 이런 모든 것들을 금지해야 한다고 목청을 높인다.[80]

일반적으로 말하면, 초자연적(으로 보이는) 현상에 대한 사람들의 태도는 두 축 사이에서 오락가락 한다. 다시 말해, 합리적이고 자연스러운 설명에 바탕을 둔 자발적이고 경건한 긍정과, 악마의 간교하고 사악한 속임수가 아닐까 하는 의심 사이를 왕복한다. "이 세상에 눈으로 보이는 모든 것은 악마가 일으킬 수 있다(Omnia quae visibiliter fiunt in hoc mundo, possunt fieri per daemones)"라는 격언은 성 아우구스티누스와 성 토마스 아퀴나스의 권위에 의해 승인되었다. 이 격언은 경건한 사람들 사이에 불확실성을 가져왔다. 그리하여 광적인 히스테리가 시민들을 단명한 광란으로 몰아넣는 사례들이 더러 있었다. 하지만 그 광란은 갈 데까지 다 간 다음에야 비로소 그 본질이 히스테리에 지나지 않는다는 것이 밝혀졌다. 중세에는 이런 사례들이 왕왕 있었다.[81]

제12장

생활 속의 예술:
반에이크의 예술을 중심으로[1]

중세 후기의 프랑스·부르고뉴 문화는 예술을 통하여 현대인에게 잘 알려져 있고, 특히 회화가 유명하다. 반에이크 형제, 로히어르 반 데르 베이던 Rogier van der Weyden, 멤링Hans Memling, 조각가 슬뤼테르Claus Sluter 등이 이 당시에 대한 우리의 예술관을 지배하고 있다. 이런 상황은 늘 그랬던 것은 아니다. 약 50년 전이나 그 이전만 하더라도, 평균적 교육을 받은 사람은 주로 역사책을 통하여 그 시대를 알았다. 이런 지식은 몽스트렐레와 샤틀랭의 연대기 같은 1차 사료가 아니라, 두 저자의 연대기를 바탕으로 집필된 드 바랑트De Barante의 『부르고뉴 공작들의 전기*Histoire des Ducs de Bourgogne*』에서 얻어진 것이다. 드 바랑트를 제외한다면, 사람들이 당시에 대해 품은 이미지는 주로 빅토르 위고의 장편소설 『노트르담 드 파리*Notre Dame de Paris*』(한국에서는 『노트르담의 꼽추』로 알려진 작품 – 옮긴이)를 통해서가 아닐까?[2]

이런 출처들에서 나온 중세 후기의 이미지는 무섭고 엄숙했다. 연대기 작가들과, 19세기의 낭만주의 시대에 이 주제를 다룬 사람들은 중세 후기의 어둡고 불쾌한 모습을 주로 부각시켰다. 피비린내 나는 잔인성, 오만, 탐욕, 복수심, 궁핍 등. 이런 묘사 속에서 좀 더 밝은 색깔은 저 유명한 궁정 축제의 화려하게 과장된 허영심에서 발견된다. 그 축제에는 으레 진부한 알레고리와 엄청난 사치의 불꽃이 섬광처럼 반짝거렸던 것이다.

그런데 지금은 어떠한가? 지금 그 시대는 우리의 생각 속에서 다르게 비쳐지고 있다. 역사책이나 소설보다는 반에이크와 멤링의 고상하고 고귀한 진지함과 깊은 평화가 먼저 떠오르는 것이다. 약 5세기 전의 그 세상은 화려하게 빛나는 단순한 쾌활함, 고귀한 영적 깊이를 갖고 있는 것처럼 보인다. 예전의 난폭하고 어두운 이미지는 평화와 평정의 이미지로 바뀌었다. 당시의 예술과 더불어, 우리가 지닌 모든 증거들은 아름다움과 지혜의 존재를 증명한다. 뒤페Dufay와 그 제자들의 음악, 루이스브뢰크와 토마스 아 켐피스의 저서들. 당시의 잔혹성과 궁핍이 여전히 느껴지는 잔 다르크의 역사와 프랑수아 비용의 시에서도 우리는 고결함과 공감을 인식하는 것이다.

그림과 문학의 차이

당시에 대한 두 가지 인식, 즉 미술에 반영된 이미지와 역사 및 문학에 담긴 이미지는 어째서 큰 차이를 보일까? 다양한 영역과 생활양식 사이에 큰 격차가 있었던 특수한 시대 탓일까? 화가들이 순수하고 정신적 작업을 하던 환경은 군주, 귀족, 문학가들의 생활 영역보다 더 좋고 또 다르기 때문일까? 화가들은 루이스브뢰크, 빈데스하임 수도자, 민속 음악 등과 함께 불타는 지옥의 평화로운 림보(예외 지역)에 있었던 것일까? 아니면 미술이 시인과 역사가의 문장보다 더 밝은 시대적 이미지를 남기는 게 보편적 현상일까?

이 질문에 대한 답변은 확실히 '그렇다'이다. 사실, 우리가 예전의 모든 문화에 대해 스스로 만들어낸 이미지는 취미가 독서에서 회화로 바뀐 때부터, 그리고 우리의 역사적 감각이 점점 시각적으로 바뀐 때부터 더욱더 밝고 명랑해졌다. 미술이 우리에게 과거를 알려줄 경우, 그것은 드러내놓고 슬퍼지는 않는다. 시대의 고통이 낳은 쓰디쓴 뒷맛은 미술로 오면 투명하게 증발했다. 글로 분명히 표현해 놓으면, 세상의 고통은 늘 즉각적인 비탄과 불만의 어조를 간직하면서 우리에게 슬픔과 동정을 일깨웠다. 그러나 그림으로 표현하면, 고통은 곧 잔잔하게 평화로운 애가哀歌로 승화되었다.

예술을 통하여 시대를 전체적으로 이해할 수 있다고 생각하는 것은 잘못이다. 그런 방법은 역사적 비판에서 상당한 오류를 범하기 쉬우므로 수정되어야 한다. 특히 부르고뉴 시대를 그런 식으로 파악하려 할 때에는 이런 오류를 저지르게 된다. 즉 예술과 문학이 문화를 표현하는 방식이 서로 다르다는 것을 놓치는 오류가 그것이다.

미술과 문학의 표현 방법이 전혀 다르다는 것을 감안하지 않고, 과거의 문화를 이해하려 한다면, 그림의 관람자는 위에서 말한 오류(예술로 시대 전반을 이해할 수 있다는 착각)를 저지르게 된다. 무엇보다도 미술은 문학에 비해 보존 상태가 좋지 못하다. 소수의 개별적 작품을 예외로 치면, 우리는 중세 후기의 문학을 거의 완벽하게 파악하고 있다. 온갖 양식의 작품에 걸쳐 가장 수준이 높은 것에서 낮은 것까지, 가장 고상한 것에서 비속한 것까지, 가장 이론적인 것에서 실제적인 것까지 훤히 다 알고 있다. 시대의 생활상은 문학에 잘 반영되고 또 표현되어 있다. 게다가 문서의 전승은 문학 말고도 차고 넘칠 정도로 많다. 가령 그 시대의 정보를 보완해 주는 공문서와 문서들이 집대성되어 있어 얼마든지 열람할 수 있다.

반면에, 그림은 그 독특한 특성 때문에 시대상을 부분적으로 또 간접적으로 반영할 뿐이다. 따라서 우리는 회화를 통해 단편적으로 그 시대를 더듬어볼 수 있다. 게다가 교회 미술 외에는 지금까지 보존된 작품들이 많지 못하다. 세속적 그림들은 응용미술이 대부분이어서 거의 완전히 사라졌다. 특히 미술 창작과 공동체 생활의 변덕스러운 관계를 보여 주는 그림들이 가장 부족하다. 그리 많지 않은 소중한 제단화와 능묘(무덤) 기념물이 우리에게 이런 관계를 희미하게 알려주고 있으나 그것만으로는 불충분하다. 예술이 제공하는 그 시대의 이미지는 우리가 알고 있는 그 시대의 치열한 역사와는 별도로 존재한다. 삶에서 미술의 기능을 이해하려면, 보존된 걸작을 꼼꼼히 연구하는 것만으로는 충분하지 않다. 이미 인멸되어 사라진 작품들도 우리의 관심을 끌기 때문이다.

예술은 중세의 삶에서 여전히 필수적인 부분이었다. 삶은 고정된 관습을 따랐고, 교회의 성체성사, 일련의 연례 축제, 하루의 시간 구분에 따라 사람들은 함께 모이고 어울렸다. 삶의 노동과 기쁨은 일정한 형식을 가졌다. 종교, 기사도, 궁정 민네Minne는 이런 형식들 중에서 가장 중요한 것이었다. 예술은 아름다운 인생의 형식을 장식하는 중요한 임무를 맡았다. 예술이 추구하던 대상은 예술 자체가 아니라 아름다운 삶이었다. 후대와 달리, 중세인들은 틀에 박힌 평범한 일상에서 벗어나 고독하게 명상하고 예술을 즐기면서 위로받는 일에는 관심이 없었다. 오히려 삶의 화려함을 강화하기 위해 예술을 이용했다. 드높이 날아오르는 신앙심이든 혹은 지상에서 가장 자랑스러운 기쁨이든 삶의 높은 음정에 맞춰 진동하는 것이 중세 예술의 운명이었다.

476

중세의 미술은 응용 미술

중세 사람들은 예술을 그 자체로 아름다움이라고 생각하지 않았다. 중세 예술은 대부분 응용 예술이었고 작품 그 자체로 존재하는 경우에도 응용성은 여전히 중시되었다. 중세 사람들이 예술 작품을 주문 제작하는 이유는 실용을 위한 것이었고, 예술 작품은 삶의 형식에 봉사해야 되었다. 실용과 무관하게 아름다움의 순순한 이상이 창조적 예술가를 지배하는 경우는, 겉으로 드러난 게 아니라 대부분 예술가의 잠재의식 속에서만 존재했다. 예술을 위한 예술의 애호는 먼저 예술 작품의 왕성한 수집에서 그 첫 번째 발아를 볼 수 있다. 군주와 귀족들이 예술 작품을 축적하다가, 결국 그것들은 하나의 거대한 컬렉션(수집품)이 되었다. 그리하여 작품의 실용성은 별로 중요하지 않게 되었다. 군주가 수집한 보물의 귀중한 일부, 진기한 물건으로 존재하면서 즐거운 감상의 대상이 되었다. 르네상스 시대에 크게 되살아난 예술 취향은 이런 수집벽에 바탕을 두고 있다.

15세기의 위대한 예술 작품, 특히 제단화와 능묘 기념물을 평가할 때, 중세인들은 미학적 고려사항을 넘어서서 한 걸음 더 나아갔다. 그것들의 실용적 중요성과 목적이 그 아름다움보다 훨씬 더 소중했다. 그것들이 묘사한 대상이 성스럽거나 혹은 그 목적이 고상한 것이었기 때문에 예술 작품은 반드시 아름다워야 했다. 대표적 예술품인 제단화는 이중의 의미를 지녔다. 큰 축제 중에 예식을 위해 전시되는 작품들은 첫째, 신자들의 신앙심을 높이고 둘째, 경건한 기증자의 기억을 유지해야 되었다. 우리가 알기로, 후베르트Hubert와 얀 반에이크(도판 8, 9) 형제가 제작한 제단화 〈어린 양에 대한 경배The Adoration of the Lamb〉는 전시되는 경우가 드물었다. 네덜란드에서는 도시의 행정관들이 유명한 재판이나 법 절차를 묘사한 그림들을 시청 내에 있는 법정에 내다 걸라고 지시하는 경우가 있었다. 이를테면, 브뤼헤에 있는 헤라르트 다비트 Gerard David(도판 10)의 〈캄비세스의 재판The Judgment of Cambyses〉이나 루뱅에 있는 디르크 바우츠Dirk Bouts의 〈오토 황제의 재판The Justice of the Emperor Otto〉, 또는 지금은 인멸된 로히어르 반 데르 베이던의 그림 등이 그런 대상이었다. 이런 그림들은 엄숙하고 생생하게 법관의 의무를 상기시키기 위해 전시되었다.

당시 사람들이 벽을 장식한 그림에 얼마나 민감하게 반응했는지는 다음과 같은 사례에서 알 수 있다. 1384년, 렐링헴Lelinghem에서 열린 강화회의에서는 프랑스와 잉글랜드가 휴전을 맺을 것으로 기대되었다. 베리 공은 군주의 특사들이 만날 장소인 오래된 예배당 벽에 고대 전투를 묘사한 태피스트리를 걸도록 지시했다. 하지만 랭커스터 공작, 존 오브 곤트John of Gaunt(→ 리처드 2세)는 예배당에 들어오면서 그것을 목격하자 치워달라고 요구했다. 평화를 원하는 사람들은 전쟁과 파괴를 묘

도판 8 얀 반에이크, 겐트 제단화 닫힌 상태, 1432. 겐트, 세인트 바보 대성당.

478

도판 9 얀 반에이크, 겐트 제단화 열린 상태, 1432. 겐트, 세인트 바보 대성당.

사한 그림을 보아서는 안 된다는 얘기였다. 그 자리에는 〈그리스도 수
난〉의 도구들을 묘사한 태피스트리가 걸렸다.[3]

초상화는 실용적인 의미와 불가분의 관계가 있고, 오늘날에도 가족
소유물로서 도덕적 가치가 있다. 가족 초상화는 원래 가정의 틀이라는
형식에 이바지했으나 그보다는 따뜻한 삶에 대한 소망, 부모에 대한 사
랑, 가족에 대한 자존심 등이 오랜 세월이 지나면서도 사라지지 않았기
때문에 가치가 있었다. 더구나 초상화는 약혼자들이 결혼할 것임을 서
로에게 알리는 추가적인 기능을 가지고 있었다. 선량공 필립이 1428년

에 자신의 신부를 알아보기 위해 포르투갈로 보낸 사절 중에는 얀 반에 이크도 들어 있었다. 그는 공주의 초상화를 그리는 임무를 맡았다. 때때로 신랑이 생면부지의 신부를 초상화만 보고 사랑하게 되었다는 소설 같은 이야기가 떠돌았다. 예를 들어, 영국의 리처드 2세가 여섯 살 된 이 사벨 드 프랑스에게 구혼한 경우가 그것이다.[4] 여러 명의 초상화를 비교

도판 10 헤라르트 다비트, <캄비세스의 재판>, 시립박물관, 브뤼헤.

도판 11 디르크 바우츠, <오토 황제의 재판>(장면 1, 2), 왕립박물관, 브뤼셀.

하여 선택했다는 주장도 가끔씩 있었다. 프랑스의 샤를 6세가 결혼 적
령기를 맞이하여 바바리아 공작, 오스트리아 공작, 로렌 공작 등의 딸들
중에서 선택해야 되었을 때, 뛰어난 화가를 보내 세 여자의 초상화를 그
려 왔다. 왕은 그 그림들만 보고서 가장 아름답다고 생각한 14세의 이사
보 드 바비에르를 선택했다.[5]

무엇보다도 무덤 기념물의 경우에 예술의 실용적 특징이 가장 두드러
졌다. 당시의 조각가들은 이런 무덤 장식을 만들면서 맡은 바 임무를 고
결하게 수행했다. 하지만 예술의 실용적 기능은 조각에만 한정된 것은

아니었다. 고인故人에 대한 이미지를 눈에 보이도록 만들려는 열렬한 욕구는 장례식에서도 충족되어야 했다. 어떤 경우, 살아 있는 사람이 생전의 고인을 연기하기도 했다. 생 드니에서 있었던 베르트랑 뒤 게스클랭의 장례식 때, 갑옷을 입고 말에 올라탄 네 명의 기사들이 성당에 나타나 "생전의 고인을 연기했다."[6] 1375년의 어떤 비용 청구서에는 폴리냐크Polignac 가문의 장례식을 언급하면서 "장례식에 죽은 기사의 모습을 연기한 블레즈Blaise에게 5수(중세 프랑스의 화폐 단위)를 청구한다"라고 적혀 있었다.[7] 왕실의 장례식에서는 왕위의 표장을 제대로 갖춘 가죽 인형이 흔히 사용되었다. 이런 인형을 사용한 목적은 망자의 모습을 여실하게 보여 주려는 것이었다.[8] 어떤 경우, 장례 행렬에서는 여러 가지 인형이 등장하기도 했다. 사람들은 이런 인형들을 보고서 망자를 생각하며 애도의 감상에 사로잡혔다.[9] 15세기에 프랑스에서 시작된 데스마스크 death mask(죽은 사람의 얼굴에 석회를 얹어 살짝 누름으로써 그의 얼굴을 떠낸 것[死面])는 장례식 인형의 관습에서 비롯된 것으로 보인다.

일상생활과 연결된 그림

예술 작품은 거의 언제나 특별한 목표, 즉 일상적 삶과 연결되어 있었다. 이것은 미술과 공예의 경계를 흐릿하게 만들었는데, 좀 더 사실적으로 말해 보자면, 당시는 이런 경계가 설정된 것도 아니었다. 이 경계선은 화가 자신에게도 존재하지 않았다. 플랑드르, 베리, 부르고뉴의 궁정에서 일하는 대가들의 경우, 그림을 그리는 창작 행위, 손으로 그리는 초벌 작업, 여러 색깔을 칠하는 조각 작업을 동시에 번갈아가며 담당했다. 그들은 또한 방패와 깃발에 문장을 그리는 일과, 마상 시합 의상과 예복의 디자인도 담당했다. 멜키오르 브뢰데를람은 처음에 플랑드르의 백작인 루이 드 말Louis de Male 밑에서, 그 다음에는 루이의 사위인 최초의 부르고뉴 공작 밑에서 화가로 일하며 백작 가문을 위해 다섯 개의 조각 의자를 채색했다. 그는 손님들에게 물이나 분말을 뿌리는 희귀한 신식 기계를 에댕 성에서 수리하고 색칠했으며, 공작 부인의 마차를 채색하는 작업도 했다.

브뢰데를람은 훨씬 뒤인 1387년에 부르고뉴 대공이 잉글랜드를 원정하기 위해(이것은 결국 미수로 그쳤다) 슬뤼이스 항구에 집결시킨 함대를 화려하게 장식하는 작업을 감독했다. 군주의 결혼식과 장례식에도 궁정 화가들이 참여하여 봉사했다. 얀 반에이크의 작업장에서는 조각상에 채색하는 작업이 활발히 벌어졌고, 반에이크 자신은 필립 공을 위해 도시와 국가를 정밀하게 그려 넣은 세계 지도를 만들었다. 휘호 판 데르 후스Hugo van der Goes는 면죄부 판매를 알리는 광고문의 그림을 그렸다. 헤라르트 다비트는 브뤼헤에 있는 Broodhuis(빵집)의 난간이나 방의 덧문에 배경 장식을 그렸다. 막시밀리안Maximillian이 1488년에 이곳에 감금되어 있었는데 이 왕족 죄수의 체류를 즐겁게 하기 위해 일부러 그런 그림을 그려 넣었다는 것이다.

위대한 예술가를 비롯하여 중소 예술가의 많은 작품들 중에서 상당히 특수한 것들만 후대까지 보존되었다. 이것들은 주로 무덤 기념물, 제단화, 초상화, 세밀화 등이다. 초상화를 제외하면 세속적인 그림들은 별로 남아 있지 않다. 장식 미술과 공예품은 교회 도구, 성직자의 제복祭服, 가구 등 그 종류가 많다. 만약 우리가 얀 반에이크나 로히어르 반 데르 베이던의 목욕 장면이나 사냥 장면 그림을 수많은 피에타와 성모 마리아의 그림들과 나란히 놓을 수 있다면 15세기 미술의 본질에 대한 통찰력이 크게 향상되었을 것이다. 하지만 이런 그림들은 전해지지 않기 때문에 응용 미술의 전 분야를 전반적으로 이해하기가 대단히 어렵다. 그렇게 하려면, 우리는 보석과 방울로 두루 장식된, 교회의 제복과 궁정의 당당한 옷들을 함께 살펴보아야 한다. 아울러 화려하게 장식된 배들도 살펴야 한다(아쉽게도 이 배들에 대한 세밀화는, 선박 그 자체에 대해서는 아주 불충분한 기계적 개념만 전달할 뿐이다).

프루아사르는 선박의 아름다움 못지않게 선박 관련 물건들, 가령 선박의 깃발이나 그 깃발을 장식하는 문장紋章도 아주 좋아했다.[10] 문장으로 화려하게 장식된 깃발들은 가끔 너무 길어, 돛대 꼭대기에서 휘날리다가 바닷물을 적시기도 했다. 피테르 브뢰헬Pieter Bruegel의 배 그림에서는 여전히 이례적으로 길고 넓은 깃발을 볼 수 있다.(도판 12) 멜키오르 브뢰데를람이 1387년 슬뤼이스에서 제작한 필립 대담공의 배는 푸른색과 황금색으로 장식되었다. 커다란 문장은 선미 갑판의 돌출 부분을 아름답게 꾸몄다. 돛은 마거리트 꽃무늬, 공작 부부의 머리글자, 표어 '그건 나를 지체시켜(Il me tarde)' 등으로 장식되었다. 귀족들은 어느 배가 잉글랜드 원정을 떠나기 위해 가장 값비싼 장식을 썼는지 과시하려고 서로 경쟁을 벌였다. 프루아사르에 따르면,[11] 화가들은 아주 유복하여 살기가 괜찮았다. 그들은 마음대로 그림 값을 부를 수 있었고 화가는 언제나 모자랐다. 프루아사르는 많은 배들이 돛에 금박을 입혔다고 주장했다. 특히, 기 드 라 트레모유Guy de la Tremoille는 선박의 치장과 관련하여 비용을 아끼지 않았다. 그는 금박 작업에 2천 리브르 이상을 썼다. "아무도 드 라 트레모유보다 더 아름답게 배를 꾸미는 방법을 생각할 수 없었다. 이 모든 비용은 프랑스의 가난한 사람들이 낸 세금으로 충당되었다."

만약 인멸된 세속적 장식 예술마저 살펴볼 수 있었다면, 화려한 사치

도판 12 피에트르 브뤼헬(대), <나폴리의 오래된 항구>, 팔라초 도리아, 로마.

를 좋아하던 당시의 취향은 관심의 대상이 되었을 것이다. 살아남은 예술 작품들은 아주 분명하게 그런 사치의 경향을 보인다. 하지만 우리는 예술의 이런 특성을 별로 높이 평가하지 않기 때문에 별로 관심을 기울이지 않고, 단지 주어진 작품의 심오한 아름다움을 즐기려 할 뿐이다. 따라서 호화롭고 거창하기만 한 예술 작품들은 우리에게 별로 매력이 없다. 그러나 이런 위풍당당한 화려함은 중세 사람들에게 대단히 중요한 것이었다.

아름다움과 화려함의 혼재

중세 끝자락의 프랑스·부르고뉴 문화는 화려함이 아름다움을 대체하는 문화였다. 중세 후기의 예술은 당시의 쇠퇴하는 정신, 이미 수명을 다하여 조락하는 정신을 여실하게 반영한다. 중세 후기 사상의 가장 중요한 특징이라면, 아주 지엽적인 세부 사항까지 철저하게 묘사하는 것, 끝없는 형식적 재현의 체계로 정신이 과부하된 것, 등인데 이런 것들이 중세 예술의 본질을 이룬다. 그 예술은 또한 모든 것을 일정한 형식에 따라 재현하고 제시하며 장식했다. 불타오르는 듯한 고딕 양식은 예배 뒤에 끝없이 흘러나오는 오르간 소리와 비슷하다. 이처럼 장식이 과도하기 때문에 형식들의 구분이 애매모호했다. 모든 세부 사항은 연속적으로 공들여 다듬어지고, 각각의 선線은 거기에 대응하는 선과 마주친다. 이것은 형식을 내세우면서도 아이디어가 무절제하게 웃자란 경우이다. 화려한 장식의 세부 사항은 모든 표면과 선을 공격한다. 공백에 대한 두려움(horror vacui)은 정신적 발전이 끝나 버린 시대의 특징이고, 이런 두려움이 중세 후기의 예술을 지배한다.

이처럼 화려함과 아름다움 사이에 경계가 뚜렷하지 않다. 꾸미기와 장식은 더 이상 자연미를 찬양하는 게 아니라, 오히려 지나치게 비대해져서 자연미를 질식시킨다. 순수한 회화와 멀어질수록, 이상비대異常肥大한 형식적 장식은 한없이 내용을 뒤덮는다. 조각은 다행스럽게도 독립된 인물상을 만들어내는 경우에 이런 형식의 이상비대증에 빠질 염려는 없다.〈모세의 우물〉의 동상들과 무덤 기념물의 '우는 사람들(plourants)'12은 엄격하고 단순한 자연미가 뛰어나며 그 예술적 수준이 15세기 이탈리아 조각가 도나텔로에 버금간다. 하지만 조각 예술의 임무가 장식적 성격을 띠거나, 회화의 영역에 빠지거나, 부조浮彫의 비좁은 차원에 얽매여 장면 전체를 그림처럼 묘사하려 든다면, 조각 또한 과도하게 웃자란 장식에 몰두한다.

우리는 디종의 감실에서 자크 드 바에르즈Jacques de Baerze의 조각에 이

486

어 브뢰데를람의 그림을 보면 이 두 작품 사이의 불협화음을 알아챌 수 있다.(도판 13) 브뢰데를람의 그림은 순수 재현에만 집중하는 경우, 단순성과 정적이 지배하는 반면, 바에르즈의 조각은 장식적이어서 인물의 형상에 군더더기를 붙인다. 그리하여 조각의 형태가 서로 밀쳐내어 미적 효과를 상쇄시키면서, 브뢰데를람의 그림에 감도는 정적을 획득하지 못한다. 그림과 태피스트리의 차이도 이와 유사하다. 순전히 재현에 집중할 때에도, 태피스트리는 정해진 기술 때문에 장식에 더 가깝고, 미화美化의 욕구에 집착한다. 태피스트리는 인물과 색채로 넘쳐나고, 그 형식이 너무 의고적(archaic)이다.[13] 순수 미술로부터 훨씬 더 떨어진 분야로는 의상이 있다. 의상 또한 예술에 속하지만, 이것은 유혹하려는 목적을 갖고 있으며 겉치레가 아름다움을 압도한다. 게다가 개인적 허영심은 의상 예술을 열정과 감각의 영역으로 끌어들이는데, 이 영역에서는 고급 예술의 본질인 균형과 조화가 뒤로 밀린다.

1350년부터 1480년까지 사치스러운 의상 스타일은 후대 사람들이 누리지 못한 것이었다. 후대에는 그렇게 줄기찬 방식으로 사치를 누리지는 못했다. 지나친 패션은 확실히 후대에도 있었다. 이를테면 1520년 무렵의 용병 제복과, 1660년의 프랑스 귀족 의상은 사치스러웠다. 하지만 근 1세기나 지속된, 한없이 과장스럽고 지나치게 사치스러운 프랑스·부르고뉴 의상 같은 것은 유례가 없었다. 그들의 옷에서 우리는 그 시대의 미적 감각이 아무런 방해 없이 성취한 결과가 무엇인지 엿볼 수 있다. 궁중 예복禮服은 많은 보석들이 달려 있었고, 각 부분의 비율은 우스꽝스러울 정도로 과장되었다. 여자들은 에냉hennin이라는 원뿔형 모자를 썼다. 모발은 관자놀이 부분 혹은 헤어라인이 시작되는 이마 부분에서 감추거나 제거했다. 그 결과 앞으로 툭 튀어나온 이마는 아름답다고 여겨졌으며 널리 과시되었다. 데콜레decolletage(옷깃을 깊이 파서 목, 어깨를 많이 드러낸 것)의 유행은 갑자기 시작되었다.

남성의 겉치장 또한 많은 사치를 보여 주었다. 가장 두드러진 것들은 풀렌poulaines(길게 늘인 구두 앞부분으로서, 전투에서 패한 니코폴리스의 기사들[14]은 달아나기 위해 이 풀렌의 끝부분을 잘라내야 했다), 착 달라붙은 허리, 풍선처럼 부풀어 어깨까지 올라간 소매, 발목까지 드리운 긴 저고리, 엉덩이를 거의 덮지 못하는 짧은 웃옷, 끝이 비좁아지는 큰 모자 또는 실린더 모양의 모자, 멋지게 머리를 감싼 보닛(모자) 등이었다. 특히 보닛은 수탉의 볏이나 깜박이는 불꽃을 연상시켰다. 남자들은 흥겨울수록 더 사치를 부렸다. 이 모든 아름다움은 화려함, 당당함, 높은 신분 등을 드러냈다.[15] 선량공 필립이 아버지 무외공 장이 피살된 뒤에 잉글랜드 왕을 맞이하면서 입은 상복은 너무 길었기 때문에, 그가 내내 말을 타고 있는데도 옷단이 땅바닥까지 끌렸다.[16]

이렇게 과시하던 사치 취향은 궁정 축제에서 절정에 이르렀다. 특히 부르고뉴 궁정에서 열린 축하연은 누구나 기억할 정도로 유명했다. 이를테면 1454년 릴의 축하연에서 손님들은 투르크족과 싸우기 위해 십자군에 참가하겠다고 맹세하는 동안, 꿩 요리가 성대하게 차려졌다. 또 1468년 브뤼헤에서 개최된 샤를 대담공과 마거릿 오브 요크 결혼식은 향연의 극치였다.[17] 겐트와 루뱅에 있는 제단의 성스러운 분위기와, 왕후들의 저속한 과시 분위기는 상상조차 할 수 없을 만큼 차이가 많이 난다. 이런 향연의 여흥 행사는 악단이 그 속에 자리 잡고 연주해도 될 만큼 거대한 파이, 요란스럽게 장식된 배와 성채, 원숭이, 고래, 거인, 난쟁이 등으로 구성되었다. 이런 등장인물들에게는 진부하기 짝이 없는 알레고리가 부여되었고 그 때문에 아주 멋없는 행사가 되었다.

축제의 기능

하지만 우리는 교회 예술과 궁정 축제 예술이라는 양극단의 거리를 너무 과장하는 게 아닐까? 무엇보다도 중세의 축제가 사회에 기여한 몫은 분명히 밝혀두어야 한다. 축제는 아직도 과거에 원시인들이 품었던 순기능적 목적을 간직했다. 즉, 그것은 문화가 가장 높게 드러난 표현이고, 공동체가 삶의 환희를 보여 주는 형식이고, 그 공동체 의식을 보여 주려는 행사였다. 프랑스 대혁명처럼 사회적 대변혁이 이루어지는 동안, 축제는 때때로 중요한 사회적·미학적 기능을 회복시킨다.

현대인은 스스로 원할 때면 언제나 휴식하고, 혼자서 인생을 되돌아보며, 인생의 즐거움이나 오락에 전념할 수 있다. 하지만 정신적 사치를 누릴 수 있는 기회가 여전히 부족한 중세의 사람들은 축제라는 집단적 행동을 추구했다. 일상생활의 비참한 모습이 두드러질수록, 축제는 더욱더 필요했다. 그리하여 아름다움과 쾌락에 대한 도취로 삶에 화려함을 더하고, 현실의 어두움을 희석시켜야 했다. 15세기는 실의失意와 염세에 깊이 물든 시대였다. 이미 살펴본 대로 당시 사람들은 부정과 폭력, 지옥과 영겁의 벌, 페스트, 화재와 굶주림, 악마와 마녀 등에 짓눌려 살아왔다. 비참한 사람들은 날마다 되풀이되는 공허한 위안, 가령 천상에서 누릴 행복에 대한 약속, 하느님의 빈틈없는 보살핌과 자비 따위로는 충분히 만족할 수가 없었다. 공동체는 때때로 삶의 아름다움을 영광스럽고 엄숙하게 다짐할 필요가 있었다. 삶의 기본적인 향락—놀이, 사랑, 술, 춤, 노래—만으로는 불충분했다. 삶은 아름다움을 통해 더 고상해져야 하고 사회적 축제로 양식화되어야 했다. 개인들은 독서를 하거나 음악을 듣거나 그림과 조각을 관람하거나 자연을 즐기는 근대적 향락을 아직 손에 넣지 못했다. 책은 값이 비쌌고, 자연은 위험했으며, 예술은 축제의 작은 한 부분에 지나지 않았다.

민중의 축제는 본디 그 아름다움의 원천을 노래와 춤 속에서 찾았다. 색채와 형식의 아름다움은 그것들이 풍부한 교회 축제에서 빌려왔고, 민중의 축제는 으레 교회 축제가 끝난 직후에 열렸다. 도시의 축제는 교회 형식에서 떨어져 나와 그 나름의 독립적 장식을 갖추었고, 15세기 내내 수사학자들의 노력으로 계속 개최될 수 있었다. 이 시기 이전에는, 군주의 궁정들이 부수적으로 사치스러운 물건을 전시하며 완전히 세속적 축제를 마련하고, 또 그 축제를 화려하게 장식했다. 하지만 전시와 화려한 장식만으로는 충분하지 못했고, 축제에 절대 빠질 수 없는 양식(style)이 있어야 했다.

교회 축제는 전례典禮 덕분에 양식을 독점했다. 공동체의 아름다운 사회적 행위 속에서 교회 축제는 늘 고결한 이상을 아름다운 이미지로 표현하여 감동을 불러일으켰다. 교회 의식의 성스러운 품위와 고상한 위엄은, 익살극에 가까울 정도로 방만한 축제의 세부 사항들로부터 영향을 받지 않았다. 그렇지만 궁정 축제는 어디에서 양식을 빌려왔을까? 축제는 어떤 개념에 바탕을 두었을까? 그 대답은 다름 아닌 기사도 정신이다. 궁정 생활에는 이것이 밑바닥에 깔려 있었다. 그렇다면 기사도 정신은 어떤 양식, 그러니까 어떤 전례와 관련되어 있을까? 작위 수여 행위, 기사단의 규칙, 마상 창 시합, 상석권(上席權, preseance), 충성 서약(hommage), 예절에 관련된 모든 사항 그리고 무기, 전령관, 문장을 두고 왕이 벌이는 유희 등이 모두 그런 전례에 해당한다. 궁정의 축제는 이런 요소들에 크게 의존했으므로, 동시대인의 눈에 그 축제는 대단히 숭고한 양식으로 보였다. 이같이 전례와 양식을 갖춘 축제 분위기를 접하면서 우러나온 강렬한 감동은 현대인들도 느낄 수 있다. 현대인들은 군주제나 귀족제에 대하여 거부감을 느끼지만 그와 무관하게 왕의 대관식이나 기사 작위 수여식 등을 보면서 감동을 느낀다. 그러니 기사도 정신의 미혹에 사로잡혀 있던 당시 사람들은 길고긴 옷자락에 휘황찬란한 예복을 입은 기사들을 보고 얼마나 감동했겠는가!

하지만 궁정 축제는 그보다 더 많은 것을 목표로 했다. 그것은 영웅적 삶에 대한 꿈을 극단적으로 보여 주려 했다. 하지만 바로 그 점에서 기사도 정신의 양식은 성취를 이루지 못했다. 기사도 환상과 영광의 체계는 더 이상 진정한 생명력을 갖고 있지 않았다. 모든 것은 지나치게 문학적이고, 병적인 고전의 재생, 헛된 관습으로 전락했다. 겉모습을 매력적으로 만든 지나친 예법 속에는 알맹이가 썩어가는 생활양식이 숨어 있었다. 15세기의 기사도 정신은 의미가 고갈되어 껍데기만 남은 낭만주의였다. 이처럼 낙후된 기사도 정신이 궁정 축제의 원천이었고, 사람들은 축제의 공연과 구경거리를 이 원천으로부터 끌어낼 수 있다고 생각했다. 어떻게 궁정 축제는 이 퇴폐적인 기사도 정신, 양식도 없고 규율도 없고 진부한 낭만주의로부터 멋진 양식을 만들어냈을까?

여흥 행사의 미학적 가치는 이런 양식의 관점에서 보아야 한다. 말하자면, 그것은 멋진 양식을 만들어내려는 응용문학이었다. 사실 이 가치는 응용문학을 참을 만한 것으로 만들어 주는 유일한 힘이었다. 여흥 행사에서는, 다채롭고 문학적이고 몽상적인 알레고리가 아주 구체적인 인물로 재현되었던 것이다.

이 모든 현상에 배어든 속물적 진지함은 부르고뉴 궁정 문화와 잘 어울렸다. 부르고뉴 궁정은 북부 사람들을 접하면서 경쾌하고 조화로운 프랑스 정신을 잃어버렸고, 엄청난 과시적 태도를 아주 진지하게 받아들였다. 릴에서 열린 선량공 필립의 대축하연은 이제껏 궁정 귀족들이 경쟁적으로 개최하던 수많은 연회의 절정이자 종말이었다. 그 연회는 적은 비용으로 간소하게 시작하다가 손님 수와 사치스러운 메뉴와 여흥 행사가 점점 늘어났다. 호스트(파티의 주최)가 어떤 손님에게 화환을 건네면, 그 손님이 다음번 행사의 주최자로 결정되는 식이었다. 이렇게 기사에서 대귀족으로, 대귀족에서 대공大公으로 행사의 비용과 품위가 점점 높아지다가 마침내 부르고뉴 공의 차례가 돌아왔다. 하지만 선량공 필립의 의도는 화려한 축제를 개최하는 것에서 끝나지 않았다.

필립은 1년 전(1453년)에 함락된 콘스탄티노플을 탈환하기 위해 투르크족에 맞서 싸울 십자군 지원자를 모집하겠다는 의도를 밝혔다. 대對 투르크 십자군은 대공이 공식적으로 선언한 평생의 목표였다. 축하연 준비를 위해, 필립 선량공은 준비위원회를 구성하고, '황금양털 기사단'의 단장 장 드 라누아Jean de Lannoy를 위원장으로 임명했다. 올리비에 드 라 마르슈 또한 준비위원회의 일원으로 들어갔다. 회고록에서 이 문

492

제를 다룰 때마다, 그는 몹시 엄숙해졌다. "이 위대하고 영광스러운 업적들은 그 명성과 기억이 후대에 영원히 남을 것입니다." 이 구절은 그가 대사건을 회상하면서 했던 말이다.[18] 대공의 측근인 수석고문관들은 규칙적으로 회의에 참석했다. 그들은 재상 니콜라스 롤랭Nicolas Rolin과 시종장 앙투안 드 크루아Antoine de Croy와 먼저 상의한 다음에 '의식과 행사'를 어디에서 개최할 것인지 결정했다.

그 아름다운 축하연의 모습은 앞에서 자주 언급했기 때문에 여기서 되풀이하지 않겠다. 어떤 사람들은 심지어 도버 해협을 건너 이 구경거리를 보러 왔다. 초대받지 못한 귀족들도 구름같이 몰려들었으며 대부분이 가면을 썼다. 손님들은 먼저 연회장을 한가롭게 거닐면서 훌륭한 전시품을 감상하고 감탄했다. 뒤이어 살아 있는 사람들과 활인화活人畵가 등장했다. 올리비에 드 라 로슈는 주인공인 '성 교회(Sainte Église)'의 역할을 맡았다. 가장 중요한 장면에서 주인공 성 교회는 투르크 거인이 이끄는 코끼리 등 위에 설치한 탑 안에 앉아 위용을 과시했다. 식탁에는 경탄할 만한 장식품들이 손님의 이목을 끌었다. 가령 돛을 펴고 선원들을 가득 태운 무장 상선[19], 나무와 샘물과 바위가 배치된 초원, 성 앙드레의 그림, 뤼지냥Lusignan 성과 그 탑 위에 서 있는 요정 멜뤼진Mélusine, 풍차와 새[鳥] 사격장, 들짐승이 어슬렁거리는 숲, 그리고 마침내 풍금과 성가대가 있는 성당 등이 그런 장식품이었다. 그리고 커다란 파이 안에 앉아있는 28명의 오케스트라 단원은 성가대와 번갈아 음악을 연주했다.

여기에서 중요한 것은 이 모든 현상에서 나쁜 취미(혹은 보기에 따라서는 좋은 취미)가 어느 정도로 발견되는가 하는 것이다. 소재는 신화, 알레고리, 교훈극에서 빌려온 이미지들의 산만한 잡탕에 지나지 않았다. 하지만 실행 방법은 어떤가? 의심할 여지 없이 행사의 효과는 주로 사치를 통해서 이루어졌다. 1468년 결혼 축하연에서 화려한 식탁을 장식한 호르컴Gorcum 탑은 높이가 무려 46피트(약 140센티미터)에 이르렀다.[20] 라마르슈는 이곳에서도 등장한 고래에 대하여 이렇게 말한다. "이것은 확실히 근사한 '막간 여흥'이었다. 고래 안에 40명이 넘는 사람들이 있었다."[21] 게다가 기계로 조작하던 신기한 기구들도 눈에 띠어 이를테면 헤라클레스와 싸우는 용의 입에서 새들이 날아오르는 것 등 기묘한 장치가 있었는데, 예술적 개념과는 무관한 것들이었다. 그 기계 장치의 해학적인 요소도 그리 신통치 못했다. 호르쿰 탑의 내부를 들여다보면, 멧돼지는 트럼펫을 불고, 염소는 성가를 부르고, 늑대는 플루트를 연주하고, 네 마리의 당나귀는 가수 역할을 맡았는데 이걸 해학적이라고 할 수 있겠는지 의문스럽다. 이 모든 것이 음악에 상당히 조예가 깊다는 샤를 대담공 앞에서 벌어졌던 것이다.

축제와 화가들의 역할

그럼에도 불구하고, 축하연의 모든 장식, 특히 어리석게 보이는 허례허식의 전시 조형물 가운데 진정한 예술 걸작품이 꽤 많았다. 가르강튀아(→ 라블레) 취향의 장식을 즐거워하며 그걸 진지하다고 생각했던 사람들이 동시에 얀 반에이크와 로히어르 반 데르 베이던에게 작품을 주문했던 사람들임을 잊어서는 안 된다. 부르고뉴 공작을 비롯하여 본 Beaune(도판 14)과 오텅Autun(도판 15, 16)의 두 성당에 제단화를 기증했던 롤랭, 베이던에게 〈7성사聖事, Seven Sacraments〉(도판 17)를 제작하도록 의뢰했던 장 슈브로Jean Chevrot, 그리고 라누아 가문 등이 그러하다. 그런데 이런 전시품을 제작한 사람들이 다름 아닌 화가들이라는 사실은 훨

도판 14 로히어르 반 데르 베이던, <최후의 심판>, 제단화(열린 상태), 오텔-디외, 본, 파리.

씬 더 중요하다. 공교롭게도 얀 반에이크와 로히어르 반 데르 베이던에 대한 정확한 기록은 남아 있지 않지만, 그 밖의 사람들 이를테면 콜라르 마르미옹Colard Marmion, 시몽 마르미옹Simon Marmion, 자크 다레Jacques Daret 같은 화가들이 연회의 장식 그림을 종종 그렸다는 사실은 알려져 있다.

1468년의 축제에서 일정이 갑자기 앞당겨지는 바람에 시한을 맞추기 위해 각 지역의 화가 조합에서 화가들이 총동원되었다. 겐트, 브뤼셀, 루뱅, 티를르몽Tirlemont, 몽스, 베르겐Bergen, 케누아Quesnoy, 발랑시엔, 두에Douai, 캉브레, 아라스, 릴, 이프르Ypres, 쿠르트레Courtrai, 오드나르드Audenarde 등의 화가들은 서둘러 브뤼헤로 모여들었다.[22] 그들이 제작한 작품들은 아무리 날림 공사라고 해도 완전 흉물은 아니었다. 이들이 제작한 다수의 평범한 제단 장식들은, 1468년 축하연에서 선보인 부르고뉴 공작의 문장을 완전히 갖춘 30척의 의장 선박들, 과일 바구니나 새장을 들고 각 지역의 의상[23]을 입은 60개의 여자 인형들, 풍차와 새 사냥

도판 15 얀 반에이크, 오튕 제단화 <롤랭 재상의 성모 마리아>, 뒤의 배경을 확대한 것, 루브르, 파리.(위)
도판 16 얀 반에이크, 오튕 제단화 <롤랭 재상의 성모 마리아>, 루브르, 파리.(아래)

도판 17 로히어르 반 데르 베이던, <7대 성사의 제단화>, 코닌클리크 박물관, 안트베르펜.

꾼 인형들보다는 훨씬 우수했다. 아무나 붙들고 둘 중 하나를 선택하라고 하면 이 제단 장식을 골라잡았을 것이다.

신성 모독이 될지 몰라도, 우리는 한 걸음을 더 나아가 이렇게 주장해 볼 수 있다. 우리가 클라우스 슬뤼테르Claus Sluter[24]와 그 밖의 화가들을 제대로 이해하려면, 지금은 자취도 없이 사라져 버린 이런 테이블 장식 예술을 유념해야 한다.

갖가지 예술 중에서 장례식 조각은 분명히 실용적 기능성이 뛰어났다. 역대 부르고뉴 공작들의 묘를 만든 조각가들의 임무는 상상적인 아름다움을 창조하는 게 아니라 고인의 위엄을 미화하는 것이었다. 그 임무는 화가에 비해 훨씬 더 엄격하게 제한되었고 자질구레한 규제를 받았다. 화가들은 주문 제작을 할 때에도 상당히 자유롭게 창작 의욕을 발휘하고, 주문품이 아닌 경우에는 뭐든지 그릴 수 있었다. 하지만 그 시대의 조각가들은 주문 제작 외에는 거의 조각 활동을 할 수 없었다. 더구나 작품의 주제는 가지 수가 한정되었고, 엄격한 전통을 따라야 했다. 조각가는 화가보다 부르고뉴 공작을 섬기는 신분적 제약이 훨씬 더 컸다. 두 명의 위대한 네덜란드 예술가(슬뤼테르와 그의 사촌 클라에스 반 데 베르베Claes van de Werve)는 프랑스 예술의 매력에 끌려 고국을 떠났는데, 부르고뉴 공작이 그들을 완전 독차지했다. 슬뤼테르는 공작이 마련해 준 가구가 딸린 디종의 집에서 살았다.[25] 그는 그곳에서 영주처럼 생활했지만, 실제로는 궁정의 시종이었다. 슬뤼테르는 사촌 클라에스나 얀 반에이크와 마찬가지로 '부르고뉴 대공 전하의 시종'이었다. 궁정에서의 이 관직은 조각가에게 강압적인 의미를 지녔다. 클라에스 반 데 베르베는 궁정 예술이 만들어낸 비극적인 희생양이었다. 그는 무외공 장의 무덤 기념물(도판 18)을 완성하기 위해 디종에 몇 년씩 발이 묶였고, 자금 지원도 받지 못했으며, 전도유망한 경력은 기다림 속에 헛되이 끝나버렸다. 결국, 그는 임무를 완성하지 못한 채 죽었다.

하지만 조각가의 이런 예속적 신분은 조각의 특징과는 다소 상반되는 것이다. 즉, 조각은 주로 수단, 재료, 주제가 제한적이기 때문에 늘 단순함과 자유가 도달할 수 있는 절정을 추구한다. 이 단순함과 자유의 절정을 통칭 고전주의라고 한다. 조각의 경우, 단 한 사람일지라도 시간과 공간을 초월한 거장巨匠이 등장하여 끌로 작업하는 순간, 고전주의의 정상에 도달할 수 있다. 시대가 조각 예술에 어떤 임무를 강요하더라도,

498

나무나 돌로 만드는 인물상 혹은 옷을 묘사한 조각 작품은 표현 기법이 일정했고 별로 변화가 없었다. 가령 로마 제정기의 흉상, 16세기 프랑스 조각가 장 구종Jean Goujon과 미셸 콜롱브Michel Colombe, 18세기 프랑스 조각가 오귀스탱 파주Augustin Pajou와 장 앙투안 우동Jean Antoine Houdon 등의 흉상 작품들을 살펴보면 상호간에 차이점이 별로 없는 것이다.

도판 18 후안 데 라 후에르타/앙투안 르 무아튀리에, <무외공 장의 무덤>, 뮈제 데 보자르, 디종.(위)
도판 19 클라우스 슬뤼테르/클라우스 데 베르브, <대담공 필립의 무덤>, 뮈제 데 보자르, 디종.(아래)

슬뤼테르의 예술

슬뤼테르와 그의 문하생들도 조각 예술의 영원한 정체성을 공유한
다. 그런데도 우리는 슬뤼테르의 작품을 있는 그대로 혹은 제작된 의
도 그대로 이해하지 못한다. 로마 교황 특사는 슬뤼테르의 〈모세의 우
물Moses Fountain〉을 경건하게 참배하러 오는 모든 사람들에게 면죄부
를 주었다고 하여(1418년) 동시대인들에게 큰 기쁨을 주었다. 우리가 이
런 배경을 머릿속에 떠올리는 순간, 왜 슬뤼테르의 예술과 '앙트르메
entremets(여흥 행사)'의 예술을 하나의 맥락으로 파악해야 하는지 그 이유
를 깨닫게 된다.

〈모세의 우물〉은 한쪽 면만 남아 있다.(도판 20) 부르고뉴의 초대 공작
필립 대담공은 골고다 언덕의 이미지로 조각된 분수를 만들어, 자신이
좋아하던 샹몰의 카르투지오회 수도원의 안뜰에 설치하고 싶어 했다.
작품의 주된 부분은 십자가에 매달린 예수, 십자가 아래에 있는 성모 마
리아, 요한, 막달라 마리아의 인물상 등이었다. 이 조각 작품은 샹몰 지
역을 회복 불능의 쑥대밭으로 만든 프랑스 대혁명이 일어나기 전에 이
미 대부분 사라졌다. 지금은 중간 이하의 부분과 받침대만이 남아 있는
데, 그 받침대에는 천사들이 가장자리를 떠받치고 있고, 구세주의 죽음
을 예언한 구약성경의 여섯 인물인 모세, 다윗, 이사야, 예레미야, 다니
엘, 스가랴의 인물상이 서 있다. 각각의 상에는 깃발 같은 두루마리가 붙
어 있는데, 여기에는 예언이 새겨져서 실제로 읽을 수 있다. 전체적인 묘
사는 최고조에 도달한 연극 공연의 분위기를 풍긴다. 이런 연극적 효과
는 어디서 나올까? 군주의 입성식이나 축하연 때 벌어지는 활인화나 '가
면극'에서 대사가 적힌 두루마리를 지닌 인물이 등장한다는 사실, 또 구

도판 20 클라우스 슬뤼테르, <모세의 우물> 중 모세, 1395-1404, 샤르트뢰즈 드 샹몰, 디종.

약성경의 구세주 예언이 이런 조각상의 가장 중요한 주제라는 사실 등
이 그런 효과에 기여한다. 하지만 그보다는 조각의 세세한 묘사가 이례
적일 만큼 강력한 언어적 효과를 내는 것이 주된 이유라고 보아야 한다.

조각에 새겨진 글은 훨씬 더 중요한 역할을 한다. 우리는 본문의 신
성한 의미를 속속들이 흡수해야만 이 작품을 제대로 이해할 수 있다.[26]
"해질 때에 이스라엘 회중이 그 양을 잡고(Immolabit eum universa multitudo

filiorum Israel ad vesperam)." 이는 모세의 말이다. (출애굽기 12장 6절) "악한 무리가 나를 둘러 내 수족을 찔렀나이다. 내가 내 모든 뼈를 셀 수 있나 이다(Foderunt manus meas et pedes meos, dinumeraverunt omnia ossa mea)." 이는 시편에 나오는 다윗의 말이다. (시편 22장 16-17절) "도수장으로 끌려가는 어린 양과 털 깎는 자 앞에서 잠잠한 양같이 그의 입을 열지 아니하였도다(Sicut ovis ad occisionem ducetur et quasi agnus coram tondente se obmutescet et non aperiet os suum)." 이는 이사야의 말이다. (이사야서 53장 7절) "지나가는 모든 사람들이여. 너희에게는 관계가 없는가. 나의 고통과 같은 고통이 있는가 볼지어다!(O vos omnes qui transitis per viam, attendite et videte si est dolor sicut dolor meus!)" 이는 예레미야의 말이다. (예레미야 애가 1장 12절) "예순두 이레 후에 기름부음을 받은 자가 끊어져 없어질 것이며(Post hebdomades sexaginta duas occidetur Christus)." 이는 다니엘의 말이다. (다니엘서 9장 26절) "그들이 곧 은 삼십 개를 달아서 내 품삯을 삼은지라(Appenderunt mercedem meam triginta argenteos)." 이는 스가랴의 말이다. (스가랴서 11장 12절)

이렇게 여섯 사람이 부르는 애가哀歌는 십자가 아래에서 위로 치솟아 올라간다. 이 작품의 본질적 특성은 바로 이것이다. 조각상과 성구聖句 사이의 관계를 이런 식으로 강조하고, 몸짓과 표정에는 사람의 마음을 뒤흔드는 뭔가가 있기 때문에, 작품은 전체적으로 강력한 정서를 환기시키는 것이다. 그 강력한 감동 때문에 위대한 조각상에서 발견되는 평정(ataraxia)이 약간 흐트러지는 느낌도 있다. 이 조각상들은 관객에게 너무 직접적으로 호소한다. 슬뤼테르는 극소수의 예술가처럼 주제의 거룩함을 표현할 줄 알았다. 하지만 순수 예술의 관점에서 본다면, 이렇게 지나친 신성함은 주제의 과도한 표현이다. 미켈란젤로의 무덤 조각상에 비하면, 슬뤼테르의 예언자들은 표현이 과도하고 개성이 너무 강하다. 만약 엄격한 위엄을 드러낸 그리스도상의 머리 부분과 몸통뿐만 아니라 더 많은 부분이 후대까지 보존되었더라면 우리는 이런 비판을 두 배로 더 타당하다고 생각하게 될 것이다. 현재 전해지는 상태로는, 아주 시적 인 천사들(반에이크의 천사에 비해 한없이 더 천사답다)이 천진난만한 은총 속 에서 예언자들의 신앙심을 받침대 위로 이끌어가는 것을 살펴볼 수 있 을 뿐이다.

하지만 샹몰의 골고다 언덕 조각상에서 강렬하게 표현된 특징은 조각 이외의 부문에도 나타나 있다. 즉, 조각품 전체를 감싸는 휘황찬란함이 그것이다. 장 말루엘Jean Malouel이 색채 장식을 담당하고 에르망 드 콜 로뉴Herman de Cologne가 금박을 입힌 당시의 예언자 조각상을 한번 상 상해 보라.[27] 거기엔 그 어떤 채색 효과, 그 어떤 극적 효과도 빼놓은 것 이 없었다. 예언자들은 금색 망토를 입고 녹색의 받침대 위에 서 있었 다. 모세와 스가랴는 붉은색의 긴 옷을 입었고, 안감은 푸른색으로 처리 했다. 다윗은 금색의 별들이 점점이 박힌 파란 옷을, 예레미야는 암청 색 옷을, 그들 중에서 가장 슬픈 이사야는 무늬가 도드라진 비단옷을 입 었다. 그리고 황금빛의 태양과 머리글자들은 빈 공간을 채웠다. 이 모든 것에 문장을 추가해 보라! 부르고뉴 공작의 지배가 미치던 영지들의 자 랑스러운 문장은 예언자 조각상 아래의 받침대를 떠받치는 기둥뿐만 아 니라 완전히 도금된 큰 십자가의 가로대에서 화려하게 반짝였다! 심지 어 기둥머리처럼 늘린 십자가의 양 날개 끝에 부르고뉴와 플랑드르의 문장이 새겨져 있었다. 이것은 하네킨 드 하흐트Hannequin de Hacht가 만 들어 예레미야의 코에 씌운 금도금 구리 안경보다 훨씬 더 뚜렷하게, 이 거대한 예술 작품의 주문 의도를 말해 준다.

조각 예술은 군주의 후원을 먹고 산다. 그렇지만 예술가는 주문 제작의 속박에서 벗어나려고 애쓰기 때문에 위대한 것이다. 그런 점에서 조각 예술은 어느 정도 비극적이고 숭고한 요소를 갖고 있다. 석관 주위의 '상복을 입고 눈물을 흘리는 사람들(Plourants)'이라는 조각은 부르고뉴의 장례 예술에서 오래 전부터 추구하던 필수적 모티프였다.[28] 그 목적은 깊은 슬픔의 고통을 창조적으로 표현하는 게 아니라, 시신을 묘지로 옮기는 장례 행렬을 충실하게 재현하여, 고위 조문객들의 면면을 쉽게 알아보게 하려는 것이었다. 그러나 슬뤼테르와 제자들은 이런 세속적 모티프를 심오하고도 장엄한 슬픔의 묘사, 돌에 조각된 장송 행진곡으로 능숙하게 바꾸어 놓았던 것이다!

이렇게 말해 놓고 보니 후원자와 예술가 사이에 존재하는 불협화음을 너무 지나치게 강조하는 듯하다. 슬뤼테르가 예레미야 조각상의 안경을 멋진 아이디어라고 생각하지 않았다는 얘기는 전적으로 확실한 것은 아니다. 뭐라고 할까, 좋은 취미와 나쁜 취미는 당시 사람들의 마음속에서 칼같이 구분되는 그런 것이 아니었다. 예술에 대한 진정한 감식안과, 겉치레와 호기심에 대한 몰두는 아직 서로 분화되지 않았다. 순진한 상상력은 여전히 아무것에도 얽매이지 않은 채, 기이한 것을 아름다운 것으로 즐길 수 있었다. 예를 들어 드레스덴의 '녹색 궁륭의 방'에 있는 수집품들은 일찍이 군주다운 예술적 컬렉션의 죽어 버린 머리(caput mortuum: 빈 껍데기)에 지나지 않는다. 에댕 성은 보물 창고 겸 놀이터였는데 갖가지 오락 기구들로 가득했다. 잉글랜드의 인쇄업자 캑스턴은 이곳에서 황금양털 신화의 주인공인 이아손의 전설을 묘사한 그림들로 장식된 방을 보았다. 좀 더 멋진 효과를 내기 위해서, 이아손의 아내 메데아의 마술을 흉내 내는 번개, 천둥, 눈, 비 등을 만드는 기계 장치까지 마련되어 있었다.[29]

군주들의 입성 행렬

사람들은 군주들의 입성 행렬을 환영하려고 길가에 배치하던 구경거리 인물들(personnages)을 만들면서 상상의 날개를 마음껏 펼쳤다. 1389년 파리에서, 이사보 드 바비에르가 샤를 6세의 신부로 입성할 때, 성경에서 따온 장면이 행렬에 섞여 있었고, 또 도금된 뿔이 달리고 화관을 목에 두른 흰 사슴[30]이 그 장면에 등장했다. 그 사슴은 정의의 옥좌(lit de justice)에 앉아 쉬면서 눈, 뿔, 다리의 순으로 몸을 움직였고 마침내 칼을 들어 올려 자신이 정의의 상징임을 과시했다. 왕비의 행렬이 센 강의 다리를 지나가던 순간, 천사가 '기계 장치에 의해' 노트르담 대성당의 탑에서 내려와, 다리를 장식한 푸른 호박단 캐노피의 터진 틈으로 들어가, 왕비의 머리에 왕관을 씌우고 이내 사라졌다. 그 모습은 "마치 저절로 하늘로 되돌아간 듯했다."[31] 선량공 필립은 겐트 입성식 때 천사가 아니라 처녀가 하강했고,[32] 1484년 샤를 7세가 랭스에 입성할 때에도 비슷한 장치가 동원되었다.[33] 우리는 사람이 그 안에 들어가 움직이는 이른바 무언극 모형 말[馬]을 무척이나 우습다고 여기지만, 15세기의 사람들은 그것을 아주 진지하게 생각했다. 가령 르 페브르 드 생레미Le Fèvre de Saint-Rémy는 전혀 조롱하는 기색 없이, '인조 말에 탄' 네 명의 트럼펫 연주자와 '펄쩍펄쩍 뛰거나 반회전하는 정말로 멋진 구경거리를 연출한' 열두 명의 귀족을 감탄조로 보고했다.[34]

이런 이상야릇한 기계 장치는 그 후 세월이 흐르면서 자취도 없이 사라졌으나 개별적인 예술 작품들은 보존되었다. 우리의 예술적 감식안은 기계 장치와 예술을 분명하게 구분하지만, 이런 구분은 중세 후기의 사람들에게는 아예 존재하지 않았다. 부르고뉴 시대의 예술적 삶은 여전히 사회생활의 형식에 따라 결정되었다. 예술은 뭔가 쓸모가 있어야 했고 주로 사회적 기능이 중시되었다. 좀 더 구체적으로 말하면, 예술은 예술가가 아니라 기증자의 개인적 중요성을 부각하고 그의 영광을 드러내야 했다. 이 때문에 교회 예술에서는, 눈부신 화려함이 천상에 대한 경건한 생각을 이끌어내는 한편, 신앙과 무관한 기증자가 작품 전면에 그의 모습을 드러내는 것이다. 한편 세속적인 회화는 과장이 심한 궁정 미술처럼 늘 화려하거나 오만한 것은 아니었다. 우리는 예술과 삶이 서로 접촉하여 수용하는 양태를 완벽하게 알기를 원하지만, 당시 예술의 전반적 환경에 대한 지식이 너무나 부족하다. 게다가 그 예술 자체에 대한 우리의 지식이 너무 단편적이어서 예술과 삶의 접촉 양태를 제대로 파악하기가 어렵다. 또 궁정과 교회만이 중세 후기의 삶을 지탱하는 것은 아니었다.

반에이크의 그림 <아르놀피니의 결혼>

이렇기 때문에 두 세계(궁정과 교회) 이외의 삶을 표현하던 소수의 걸작품들은 대단히 중요하다. 그런 것들 중에서도 특히 한 작품은 무엇과도 비교할 수 없는 빛을 발한다. 바로 <아르놀피니의 결혼>이라는 초상화이다.(도판 21) 이 그림은 가장 순수한 형태의 15세기 예술을 표현하는데, 그 덕분에 화가 얀 반에이크의 수수께끼 같은 개성을 가까이 들여다볼 수 있다. 이런 개인들의 초상화를 그릴 때, 그는 하느님의 당당한 위엄을 재현하지도, 귀족의 오만함을 느끼지 않아도 되었다. 얀 반에이크는 친구들의 결혼식 장면을 즐겨 그렸다. 이 그림의 주인공은 정말로 플랑드르 지방에서 장 아르놀핀Jean Arnoulphin이라고 불리던, 이탈리아 루카

도판 21 얀 반에이크, <아르놀피니의 결혼>(조반니 아르놀피니와 체나미 아르놀피니), 내셔널 갤러리, 런던.

Luca 출신의 상인일까? 반에이크가 두 번이나 그린[35] 이 얼굴은 전혀 이탈리아인 같지 않다. 하지만 1516년의 마르가리타 데 오스트리아(대담공 샤를의 외손녀) 공주의 소장품 목록[36]에 그림 제목이 〈방안에서 아내와 함께 있는 에르눌 르 팽Hernoul le fin avec sa femme dedans une chambre〉이라는 것은 그가 아르놀피니라는 가정을 강력하게 뒷받침한다.

그렇다면 이 그림을 '상공업자의 초상'이라고 불러서는 안 된다. 아르놀피니는 고문顧問으로서 공작령의 대사에 자주 참여했던 고위직 인물이기 때문이다. 아무튼 초상화의 인물은 얀 반에이크의 친구였다. 화가가 자신의 작품에 서명한, 거울 위쪽에 정교하게 쓴 문구, "여기 요하네스 데 에이크가 있었다. 1434년(Johannes de Eyck fuit hic, 1434)"이 그것을 증명한다. 얀 반에이크는 그 결혼식 현장에 있었다. 1434년의 어느 날에 말이다. 깊은 정적이 흐르는 실내는 아직도 그의 목소리가 여운으로 감돌고 있다. 우리가 뒤에 렘브란트의 그림에서나 다시 만나게 되는 온화한 마음, 고요한 분위기가 이 그림 곳곳에 스며들어가 있다. 마치 얀 반에이크의 속마음인 듯하다. 결혼식이 있었던 중세의 그날 저녁이 문득 되살아난다. 그 시대의 문학, 역사, 신앙생활에서 자주 찾아보았지만 실패했던 그 저녁을 이제야 바로 보게 된다. 민요와 교회 음악에서 들려오는 행복하고 고상하고 순수하며 단순한 중세 시대를 말이다. 이 그림 속에서 호탕한 웃음소리와 한없는 열정의 세상은 천리만리 떨어져 있다.

이 순간, 우리는 상상 속에서 얀 반에이크의 모습을 본다. 그는 중세의 긴장되고 격렬한 생활에서 초연하게 벗어난 사람, 고개를 숙이고 자신의 내면을 들여다보면서 인생을 살아가는 단순명료한 사람, 혹은 꿈을 꾸는 사람으로 우리 앞에 나타난다. 여기서 우리는 주의를 기울여야 한다. 이 그림은 보기에 따라서는 공작의 '시종(varlet de chambre, 즉 반에이크)'에 대한 예술적·역사적 소설이 될 수도 있다! 이 그림은 화가가 고귀한 영주를 마지못해 섬겼다는 것을 보여 준다. 또 고통의 늪에 빠진 동료 화가들이 그들의 고상한 예술 정신을 희생해 가면서까지 궁정 축제의 공연 작업과 의장 선박 제작에 참여한 사실을 간접적으로 증명한다. 진정한 화가라면 이런 그림을 그리고 싶지, 누가 장식용 그림이나 신기한 기계 장치의 채색을 맡으려 하겠는가!

이런 생각을 뒷받침할 수 있는 근거는 아무것도 없다. 우리가 높이 평가하는 반에이크의 예술은 우리에게 혐오감을 주는 궁정 생활의 한가운데에 우뚝 서서 두각을 나타냈다. 우리가 그 시대 화가들을 충분히 알지 못하기 때문에, 그들은 세상 물정에 밝은 사람들처럼 보이기도 한다. 베리 공은 화가들과 아주 원만한 관계를 유지했다. 프루아사르는 므욍 쉬르 예브르Mehun-sur-Yèvre의 멋진 성에서 화가 앙드레 보느뵈André Beauneveu와 허물없이 대화하는 베리 공을 보았다.[37] 랭부르 출신의 3형제는 뛰어난 삽화가들인데, 깜짝 놀랄 만한 새해 선물로 베리 공을 즐겁게 해주었다. 선물은 새롭게 삽화를 그려 넣은 필사본 형태였지만, '모조품 책'이었고 "흰색 나무토막에 책 모양을 갖추었으되, 속에는 종이도 아무 글도 없었다."[38] 얀 반에이크가 궁정 사람들 사이에서 활동했다는 것은 의심의 여지가 없다. 선량공 필립이 그에게 맡긴 은밀한 외교 임무는 세상 물정을 알아야만 할 수 있는 일이었다. 15세기에 그는 고전을 읽고 기하학을 연구하는 학자로 통했다. 그의 겸손한 그리스어 좌우명, 'Als ik kan(제가 할 수 있는 한)'은 약간 기이한 분위기를 풍긴다.

궁정 생활과 데보티오 모데르나

이런 사실들에서 경고를 받지 않는다면, 우리는 반에이크의 예술이 15세기의 삶 속에 있는 게 아니라 다른 곳에 있다고 판단하기 쉬울 것이다. 우리가 볼 때, 당시에는 엄격하게 구분된 두 개의 생활 영역이 있었다. 한편에는 궁정, 귀족, 부유한 시민의 문화, 말하자면 허풍떨면서 명예욕과 물욕에 사로잡혀 분방한 열정으로 불타오르는 문화가 있었다. 다른 한편에는 데보티오 모데르나의 한결같은 잿빛의 조용한 영역, 이를테면 공동생활신도회와 빈데스하임 수도회에서 정신적 지주를 찾던 중산층의 경건한 남편과 순종적인 아내들의 영역이 있었다. 이것은 루이스브뢰크와 성녀 콜레트의 세계이기도 했다. 우리가 볼 때 이 후자는 경건하고 조용한 신비주의를 품은 반에이크의 예술이 속한 세계이다. 하지만 그의 실제 위치는 오히려 앞에서 말한 전자(궁정, 귀족, 부유한 시민의 문화)의 세계에 속한다.

새로운 신앙을 지지하던 사람들은 그 시대에 꽃을 피운 위대한 예술을 거부했다. 그들은 대위법과 파이프 오르간마저 받아들이지 않았다.[39] 반면, 화려함을 좋아하던 부르고뉴 가문인 위트레흐트의 다비드 주교와 샤를 대담공은 가장 뛰어난 작곡가를 음악 선생으로 두었다. 위트레흐트 주교에게는 오브레히트Obrecht가, 샤를 공에게는 뷔누아Busnois가 그 일을 맡았는데, 샤를 공은 노이스 부근의 진영까지 그 음악 선생을 데려갈 정도였다. 빈데스하임 수도회의 수도원장은 장식음을 집어넣은 음악이라면 뭐든지 금지했고, 심지어 토마스 아 켐피스는 이렇게 말했다. "종달새와 나이팅게일처럼 노래할 수 없다면, 차라리 까마귀와 연못의 개구리처럼 노래하라. 이들은 하느님께서 주신 능력대로 노래하고 있으

510

니까."[40] 당연하게도 그들은 그림에 대해 별다른 의견을 내놓지 않았지만, 그들이 사용하는 책이 단순하면서도 삽화가 들어 있지 않기를 바랐다.[41] 그들은 〈어린 양에 대한 경배〉(도판 8, 9) 같은 작품조차 과도한 자만심의 표출이라고 여겼을 정도였다.

하지만 이 두 가지 생활 영역은 겉보기처럼 칼같이 구분되는 것이었을까? 우리는 이 문제를 이미 앞에서 언급한 바 있다. 궁정 사회와, 신을 경외하는 독실한 남녀 신도 사이에는 서로 접촉하던 연결고리가 많았다. 성녀 콜레트와 카르투지오회 수도사 드니는 부르고뉴 공작들과 가까이 지냈다. 샤를 대담공의 두 번째 부인, 마거릿 오브 요크는 벨기에의 '개혁' 수도원에 대해 깊은 관심을 기울였다. 포르투갈 출신의 베아트리스는 부르고뉴 궁정에 출입하는 귀부인이었으나 화려한 겉옷 밑에다 말총으로 짠 거친 고행苦行 옷을 입었다. "신분에 걸맞게 금실로 짠 옷을 입으며 왕족의 장신구를 두르고, 궁정 사람들 중에서 가장 세속적으로 보이고, 온갖 헛된 이야기에 귀를 기울이고, 겉으로 경망스러운 여자 혹은 우쭐대는 여자처럼 행동했지만, 그녀는 매일 알몸에 동물 털 셔츠를 입고, 은밀히 거친 빵과 물만 먹으면서 금식하고, 남편이 집을 떠나 있는 동안에는 지푸라기 침상에서 잠잤다."[42]

내면을 들여다보는 행위는 '새로운 신앙' 지지자들이 끊임없이 지킨 생활 습관이었으며, 이런 생활은 고귀한 궁정 사람들에게도 알려져 있었다. 비록, 사치스러운 생활에 드문드문 울려 퍼지는 희미한 메아리처럼 들리더라도 말이다. 릴에서 대축제가 끝나고 필립 선량공이 신성로마 황제와 협상을 벌이기 위해 레겐스부르크Regensbourg로 떠났을 때, 몇몇 귀족과 귀부인들은 '아름답고 경건한 삶을 영위하는' 규율을 지켰다.[43] 연대기 작가들은 화려하고 당당한 궁중 행사를 일일이 폭넓게 묘사했으나, 화려한 의식의 요란함을 거듭 경멸했다. 올리비에 드 라 마르슈조차 릴의 축제가 끝난 뒤에 이 축하연의 '지나친 낭비와 엄청난 지출'을 깊이 반성했다. 교회가 주인공으로 등장하는 앙트르메(막간 여흥 행사)를 제외하면, 그는 축제 행사에서 '덕행에 대한 분별력'을 발견하지 못했다. 하지만 궁정의 한 현자는 왜 축제를 그런 식으로 운영해야 하는지 그 이유를 그에게 분명히 밝혀 주었다.[44] 루이 11세는 부르고뉴 궁정에 체류한 뒤부터 사치한 것에 반감을 품고 싫어했다.[45]

예술가는 데보티오 모데르나의 단체와 사뭇 다른 사회에 몸을 담고 일했다. 당시에 번성했던 회화 예술은 '새로운 신앙'의 경우와 마찬가지로 도시의 공동체 생활에 뿌리를 두었지만, 반에이크와 후계자들의 예술은 시민적이라고 말할 수 없는 것이, 궁정과 귀족 계급의 예술에 봉사했기 때문이다. 실제로 세밀화는 랭부르 3형제의 작품과 〈토리노의 기도서〉의 예술적 정교함에 힘입어 발전했는데, 이런 작품들은 주로 군주의 후원을 받은 것이었다. 그렇지만 벨기에 대도시들의 부유한 시민들도 고상한 생활양식을 열망했다. 남부 네덜란드와 프랑스 예술, 그리고 15세기 북부 네덜란드의 빈한한 예술 사이의 차이점은 내용적으로는 별다른 게 없고 단지 환경의 차이일 뿐이다. 북부 네덜란드의 도시들, 가령 브뤼헤, 겐트, 브뤼셀의 화려하고 사치스러운 생활은 끊임없이 궁정 생활과 접촉했다. 반면 이런 도시들에서 멀리 떨어진 하를렘Haarlem 같은 지방 도시는 모든 면에서 데보티오 모데르나의 본거지인 조용한 도시 이셀Yssel을 훨씬 더 닮았다. 우리에게 전해지는 디르크 바우츠Dirk Bouts의 작품들은 그를 매혹시킨 남부에서 제작된 것인데, 이 그림들을 가리켜 '하를렘풍'이라고 할 수 있을 것이다. 그의 예술은 단순하고, 엄격하고, 내성적인 특성을 보인다. 반면, 남부 대가들은 귀족적인 자만

512

심, 화려한 기품, 자존심, 현란함을 보인다. 이렇게 볼 때 하를렘파는 부르주아의 진지함을 적극적으로 추구했음을 알 수 있다.

위대한 그림의 후원자들

위대한 그림을 후원하던 사람들은 우리가 알고 있는 한, 거의 전적으로 당시의 대자본을 대표하던 사람들이다. 그들은 군주, 궁정의 고위 관리, 벼락부자들이었다. 부자들은 부르고뉴 시대에 아주 많았기 때문에 다른 후원자들 못지않게 궁정을 행동의 지침으로 삼았다. 부르고뉴의 권력은 돈의 위력을 작동시키는 능력과, 하사금과 정실주의를 통하여 귀족들에게 새로운 자본력을 만들어 주는 능력에서 나왔다. '황금양털 기사단'의 과시, 축제와 마상 창시합의 겉치레에 탐닉하던 무리들은 기사도 정신을 중시하는 생활의 형식을 숭상했다. 안트베르펜 미술관에 소장되어 있는 감동적이면서도 경건한 그림, 〈7성사聖事〉(도판 17)에는 투르네 주교인 장 슈브로Jean Chevrot의 문장紋章이 들어 있어서 그가 이 그림의 기증자일 가능성을 높여 주고 있다. 그는 롤랭 다음으로 부르고뉴 대공[46]의 최측근 고문관이었고, '황금양털 기사단'에 관련된 문제와 십자군 계획에 대하여 열심히 조언한 고관이었다.

당시의 대자본가는 피에르 블라델린Pierre Bladelin이 전형적 인물이다. 그의 경건한 모습은 플랑드르의 미델뷔르흐에 있는 성당 제단을 아름답게 꾸민, 석 장 연속된 그림(도판 22)으로 우리에게 알려져 있다. 그는 고향 브뤼헤의 세금 징수관에서 대공의 재무장관으로까지 승진한 입지전적 인물이다. 장관 재임시 절약과 엄격한 통제로 정부의 재정을 충실하게 개선했다. 그는 '양털 기사단'의 재무 담당자가 되었고 기사단에 단원으로 들어갔다. 1440년, 그는 잉글랜드에 포로로 잡힌 샤를 오를레앙 공의 몸값을 치르고 되찾아오는 중요한 임무를 맡았다. 그리고 대 투르크 전쟁에서는 재정 관리자로 참여하게 되어 있었다. 동시대인들은 그의 엄청난 재산에 깜짝 놀랐는데, 재산 형성에만 몰두한 게 아니라, 사재를 털어 둑을 건설하고 미델뷔르흐라는 새로운 도시를 세웠다.[47]

겐트 성당의 제단 장식에 기증자로 나선 요도쿠스 비트Jodocus Vydt와, 고위 성직자 반 데 파엘레Van de Paele 또한 당시의 대자본가들이었다. 드 크루아 가문과 라누아 가문은 신흥 부자들이었다. 동시대인들은 '보잘 것없는 가문 출신의' 법관으로서 재무장관과 최고위직인 재상에 오른 니콜라스 롤랭Nicolas Rolin의 출세에 충격을 받았다. 1419년과 1435년 사이에 체결된 굵직한 부르고뉴 조약들은 모두 그의 작품이었다. "그는 으레 모든 일을 혼자서 처리하고 혼자서 모든 일의 부담을 지곤 했다. 그것이 전쟁이건, 평화건, 재정 문제건."[48] 그는 흠 없는 건 아니지만 엄청난 부를 축적하여, 여러 번 좋은 일에 기증했다. 그럼에도 불구하고,

도판 22 로히어르 반 데르 베이던, <블라델린 제단화>, 가멜데갈레리, 국립박물관, 베를린.

그의 탐욕과 오만은 깊은 증오심을 샀다. 사람들은 그의 기증 사유인 신앙심을 크게 의심했다. 롤랭은 고향인 오툉을 위해 주문 제작한 얀 반 에이크의 그림(도판 15)(지금은 루브르 미술관에 소장)에서 경건하게 앉아 있는 모습으로 나오고, 또 본 병원에 기증한 로히에르 반 데르 베이던의 그림(도판 14)에서도 경건한 모습으로 등장한다. 하지만 그는 오로지 지상의 문제만 신경 쓴 것으로 알려져 있다. 샤틀랭은 이렇게 말한다. "그는 마치 지상의 삶이 영원한 것처럼 재산을 거두어들였다. 그리하여 그의 정신은 길을 잃었다. 그는 나이가 들어가면서 생애의 마지막이 눈앞에 닥쳐왔는데도 인생의 장벽이나 한계를 인정하지 않으려 했다." 자크 뒤 클레르크는 이렇게 비평한다. "그 고문관은 어떤 영역, 가령 세속적인 영역에서는 현인이라는 평판이 돌았다. 하지만 정신적 문제에 관해서라면, 나는 침묵을 지키고 싶다."[49]

그렇다면 그림 〈성모 마리아〉의 기증자인 니콜라스 롤랭의 표정에 위선적인 성격이 숨어있다고 의심해야 할까? 이미 앞에서 말했지만, 부르고뉴의 필립 공과 루이 도를레앙와 같은 인물들도 자존심, 탐욕, 음란과 같은 세속적인 죄와, 진지한 경건함과 강렬한 신앙의 양극단이 곤혹스러울 정도로 뒤섞여 있었다.[50] 롤랭 또한 당시의 이런 도덕적 유형이라고 보아야 한다. 그래서 우리는 여러 세기 전의 사람인 이 인물의 속내를 쉽사리 헤아릴 수가 없다.

15세기 그림의 특징

15세기 그림에서는 극단적인 신비의 세계와 아주 세속적인 세계가 서로 쉽게 만나서 교차한다. 이 그림들에선 신앙이 아주 공공연하게 발언하기 때문에 신앙을 위해서라면 그 어떤 세속적인 묘사도 지나치게 감각적이거나 극단적이지 않았다. 반에이크는 황금과 보석으로 주름진, 육중하고 뻣뻣한 옷을 천사와 신성한 인물들에게 입혔다. 천상의 것을 지시하기 위하여, 그는 아직 바로크 양식의 저 나부끼는 옷깃과 안절부절 못하는 다리[脚]까지 동원할 필요는 없었다.

중세 신앙은 완전히 직접적이고 노골적이지만, 그렇다고 해서 원시적이라고 할 수는 없다. 15세기의 화가를 원시적이라고 말하는 것은 오해의 소지가 많다. 그런 오해를 피하면서 살펴볼 때, '원시적'이라는 용어는 어떤 그림이 시기적으로 앞서 있다, 혹은 더 오래 되었다 정도의 뜻을 가진다. 따라서 '원시적'은 순전히 연대를 표시하는 형용어구이다. 하지만 이런 말을 사용하면서 15세기 예술가들의 마음도 당연히 원시적일 거라는 생각하게 되는데, 이것은 옳지 못한 판단이다. 당시의 예술 정신은 이미 설명한 대로 신앙심의 구현이었다. 즉, 신앙에 속한 모든 것을 탐색하고 정교하게 가다듬어 작품으로 구상화하는 것, 그런 쪽으로 창조적 상상력을 최대한 활용하는 것이 그 시대의 예술 정신이었다.

성상聖像들은 한때 아주 먼 거리에서 엄숙하고 경직된 자세로 우러러 보던 대상이었다. 그런 숭배에 뒤이어 내면적 감정의 슬픔이 따라 나왔고, 12세기에 이르러 성 베르나르의 신비주의로 활짝 만개했는데, 주로 노래와 눈물이 흘러넘쳤다. 사람들은 흐느껴 울며 하느님에게 애원했다. 예수의 고통에 공감하기 위해, 그들은 현세의 삶에서 온갖 형태와 색채를 가져와 그리스도와 성인들에게 집중시켰다. 풍성한 인간적 이미지의 흐름이 하늘에서 쏟아져 내려와, 헤아릴 수 없이 많은 지류로 나뉘어져 흘렀다. 모든 거룩한 것들은 점점 더 세련되고 정교하게 묘사되어 아주 사소한 세부 사항까지도 소홀히 하지 않았다. 인간은 열렬하게 팔을 벌려서 천상의 것을 움켜쥐었고 그것을 지상으로 끌어내렸다.

당초 언어는 오랫동안 조각과 회화보다 더 뛰어난 표현력을 자랑했다. 조각은 여전히 기계적 이미지에서 벗어나지 못하고, 소재와 도구에서 제약을 받는 반면, 문학은 십자가에 매달린 몸의 온갖 자세와 모든 감정에 이르기까지 수난의 드라마를 세세히 묘사하기 시작했다. 이미 1400년부터 성 보나벤투라의 저술[51]로 추정되던 『그리스도의 생애에 대한 명상*Meditationes vitae Christi*』은 애수적哀愁的 자연주의의 모델로 숭상되었다. 이 저서에서 예수의 탄생과 어린 시절, 십자가에서 내려진 시신과 애도의 각 장면들은 생생한 색채로 묘사되었다. 십자가 처형 후에 예수의 시신을 수습한 아리마대 사람 요셉은 어떻게 사다리를 올라갔는지, 또 못을 빼내기 위해 얼마나 세게 구세주의 손바닥을 눌렀는지 자세히 기록되었다.

반에이크 형제의 자연주의

하지만 그 사이에 회화 기법 또한 발전했다. 미술은 문학을 따라잡았을 뿐만 아니라 능가했다. 반에이크의 예술에 이르러, 성스러운 사물에 집중하던 회화는 세부를 묘사하는 자연주의의 단계로 올라섰다. 엄밀한 미술사의 관점에서 보자면, 이것은 자연주의의 시초이지만, 문화사의 관점에서 보면, 중세 후기의 결말을 의미한다. 신성을 묘사하기 위해 세속의 이미지를 가져왔고, 그리하여 성과 속 사이의 긴장감은 여기서 최고조에 이르렀다. 머릿속에 구상했던 신비스러운 관념은 그림 속에서 증발해 버리고 다채로운 형태들에 대한 매혹이 그림을 채웠다.

따라서 반에이크 형제의 자연주의는 미술사에서 으레 간주하듯이 르네상스의 도래를 알리기보다 중세 정신의 만개라고 보아야 한다. 반에이크 형제의 그림은 성인들의 모습을 아주 자연스럽게 묘사하는데, 이것은 요하네스 부르크만이 설교한 성인 숭배, 제르송의 정교한 명상, 카르투지오회 수도사 드니가 설명한 지옥의 고통 등과 일맥상통하는 것이다. 이런 문학적 자료들에서도 성인들의 모습은 공들여 묘사되고 있다.

번번이 형식은 내용의 성장을 억압하여 내용의 쇄신을 막아 버렸다. 그림의 내용을 살펴보면, 반에이크의 예술은 여전히 완벽한 중세 정신에 머물러 있다. 새로운 사상은 반영되어 있지 않고, 중세 정신의 궁극적 종점을 이루고 있는 것이다. 중세의 개념 체계는 하늘을 향해 세워진 것이고 나머지는 그런 정교한 체계를 색칠하고 장식하는 것인데, 반에이크 형제는 이런 일에 집중했다.

반에이크 형제의 동시대인들은 위대한 그림들을 감상할 때에 분명히 다음 두 가지를 의식했다. 첫째는 주제를 적절하게 재현하는 것이고, 둘째는 놀랄 정도로 완벽하게 세부 사항을 묘사하여 자연을 충실하게 표현했는지 여부이다. 그들의 이런 태도는 미학적 감수성보다는 신앙의 영역을 더 높이 평가한 것이었다. 그리하여 미학적 감수성의 높은 수준에는 오르지는 못했으나 거기에는 소박한 놀라움이 깃들어 있다.

1450년 무렵, 제노바의 문인 바르톨로메오 파치오Bartolomeo Fazio는 처음으로 얀 반에이크의 작품들에 대해 예술사적 비평을 했으며, 그 과정에서 지금은 대부분 인멸된 작품들도 언급했다. 그는 성모 마리아의 외모에서 풍기는 아름다움과 품위, '진짜 머리카락보다 더 진짜 같은' 가브리엘 대천사의 머리카락, 세례자 요한의 얼굴에 감도는 성스럽고도 엄격한 금욕주의, 성 히에로니무스의 정말로 '살아 있는 듯한' 자세 등을 칭찬했다. 또한 〈서재에 앉아 있는 성 히에로니무스St. Jerome in his

도판 23 얀 반에이크, <서재에 앉아 있는 성 히에로니무스>, 1435년경. 디트로이트 시청.

Study〉(도판 23) 속의 원근법과 창문으로 쏟아지는 햇살을 찬탄했다. 그 외에 목욕하는 여인이 거울에 비친 모습, 또 다른 작품에서 몸에 흐르는 땀방울, 타오르는 램프, 방랑자들과 산, 숲, 마을, 성이 있는 풍경, 지평선이 끝없이 펼쳐진 풍경, 또 다른 거울 등에 대하여 칭찬을 아끼지 않았다.[52] 파치오의 문장은 반에이크의 예술에 대한 놀라움으로 가득하다. 파치오는 그림에 펼쳐진 상상력의 무한한 흐름에 편안하게 올라타서 그림을 감상하기만 할 뿐, 그림 전체에 담겨 있는 아름다움의 수준에 대해서는 의문을 제기하지 않는다. 이 글은 중세의 작품을 완전히 중세적인 관점에서 평가한 것이다.

르네상스의 미술 사상

중세 후기가 지나고 한 세기가 흘러가서 르네상스식 아름다움의 개념이 득세했을 때, 플랑드르 예술에 대하여 하나의 비판이 제시되었다. 세부 표현이 지나치게 세밀한 표현 기법은 플랑드르 예술의 장점이 아니라 결점이라는 것이다. 포르투갈의 화가 프란시스코 데 홀란다Francisco de Holanda는 자신의 예술관은 곧 미켈란젤로와의 대화에 의해 형성되었다고 하면서 이 거장(미켈란젤로)의 의견을 그대로 전했다. 다음은 플랑드르 미술에 대한 미켈란젤로의 견해이다.

플랑드르의 그림은 이탈리아의 그것보다 한결 신앙심 깊은 사람들을 기쁘게 해준다. 사람들은 이탈리아 그림을 보고 눈물을 자아내지 않지만 플랑드르 그림을 보면서 눈물을 펑펑 쏟는다. 이것은 결코 플랑드르 미술의 힘과 가치가 높기 때문이 아니라 '경건한' 플랑드르 그림의 감수성 때문이다.

520

이 미술은 여자 감상자들, 특히 나이 많은 여자와 어린 여자들뿐만 아니라 수도사, 수녀, 나아가 진정한 조화를 이해하지 못하는 교양인들의 취향에 딱 들어맞는다. 플랑드르에서 그림을 그리는 목적은 주로 사물의 겉모습을 감쪽같이 속일 정도로 재현하는 데에 있다. 그림의 대상도 대부분 열렬한 감동을 불러일으키는 것이거나 성인과 예언자처럼 무난한 주제를 선택한다. 그들은 대체로 많은 인물들이 등장하는 풍경을 그린다. 이 모든 것이 그림을 보는 눈길을 사로잡을지 모르지만, 이런 그림에는 예술도 사리분별도 '균형'도 비례도 선택도 위대함도 없다. 간단히 말해서 이 미술은 힘이나 찬란함이 없다. 이 그림은 많은 것들을 동시다발적으로 완벽하게 재현하고 싶어 한다. 화가가 그림에서 온힘을 기울여야 하는 중요한 대상은 단 한 가지밖에 없는데, 이런 번잡한 세부 사항을 재현하는데 온힘을 기울이고 있는 것이다.

여기에서 '경건한'이라는 꼬리표는 중세 정신의 모든 것을 뜻한다. 위대한 화가 미켈란젤로의 관점에서 보면, 이 오래된 아름다움은 허약한 자와 시시한 자의 관심사일 뿐이다. 하지만 이런 견해에 모든 사람들이 동의한 것은 아니었다. 알브레히트 뒤러Albrecht Dürer와 쿠엔틴 마세이스Quentin Massays와 얀 반 스코렐Jan van Scorel은 〈하느님의 어린 양〉(도판 9)에게 입맞춤했다는 얘기가 있다. 이 오래된 그림은 이런 화가들이 볼 때 결코 사소한 그림이 아니었다.

아무튼 플랑드르 미술을 사소하다고 비판한 미켈란젤로는 확실히 르네상스 미술 사상을 대표한다. 그의 플랑드르 예술 비판은 중세 후기 정신의 본질적 특징을 문제로 삼았다. 열렬한 감정 표출, 지엽적인 모든 것을 독립적인 실체로 보려는 경향, 눈에 보이는 대상의 다양성과 색채에 몰두하는 것, 등이 미켈란젤로의 비판 대상이었다. 예술과 삶을 새롭게 보려는 르네상스의 미술 사상은 이런 것들을 배척했다. 언제나 그렇지만, 우리는 과거의 아름다움이나 진실에 일시적으로 눈을 감아야만 이런 르네상스적 인식에 다가갈 수 있다.

그림을 미학적으로 평가하여 말로 표현하는 태도는 상당히 늦게 발전했다. 15세기의 미술 찬양자들은 부르주아(시민)들이 갖고 있던 표현 방식밖에 없었다. 그저 멋진 그림을 보면 놀라움과 경탄을 표시하는 것이 전부였고, 예술적 아름다움이라는 개념은 아직 존재하지 않았다. 예술의 아름다움이 활짝 빛나면서 그들의 마음을 감동시킬 때마다, 그들은 이런 감정을 하느님에 대한 충만한 사랑 혹은 삶의 즐거움에 대한 인식 정도로 생각했지, 그것이 독립된 미학적 감각이라고 보지 않았다.

이와 관련하여 카르투지오회 수도사 드니가 저술한 소논문 『세상의 예쁨과 하느님의 아름다움에 대하여De venustate mundi et pulchritudine Dei』는 하나의 참고 사항이 된다.[53] 이 제목은 진정한 아름다움을 아는 분은 하느님뿐이라는 것을 우리에게 전해 준다. 세상은 라틴어로 베누스투스venustus, 즉 예쁘고 사랑스러울 뿐이다. 드니의 설명에 따르면, 창조된 사물의 아름다움은 드높은 아름다움이 유출流出(→ 신플라톤주의)된 것에 지나지 않는다. 창조된 피조물은 신성의 아름다움을 공유하기 때문에 아름답고, 그 덕분에 지고한 신성과 어느 정도 닮아간다.[54] 가짜 디오니시우스, 아우구스티누스, 생 빅토르의 위고Hugues de Saint Victor, 헤일스Hales의 알렉산더Alexander[55] 등에게서 빌려온 이런 숭고한 미학적 이론 덕분에, 드니는 아름다움을 종교적으로 분석할 수 있었다.

하지만 15세기의 사람들은 새로운 미학의 도전에 적절히 부응하지 못했다. 드니는 심지어 12세기의 선구자들, 가령 리샤르와 위고의 세련된 정신, 생 빅토르 수도원의 수사들 등에게서 나뭇잎, 바다와 늘 변하는 색깔, 끊임없이 구비치는 바닷물 등 세속적 아름다움의 사례를 빌려온다. 아름다움 자체를 분석하려고 열중할 때마다 그는 깊숙이 안으로 파고드는 것이 아니라 완전히 피상적인 것에 머문다. 풀은 녹색이기 때문에, 돌은 반짝여서, 인간의 몸은 단봉낙타나 쌍봉낙타와 마찬가지로 목적에 알맞기 때문에 아름답다는 식이다. 세상은 길고 넓어서, 천체天體는 둥글고 밝아서 아름답다. 산이 크고, 강이 길고, 들판과 숲이 넓고, 지상이 헤아릴 수 없이 많은 것을 갖고 있기 때문에 그 아름다움을 찬양한다는 것이다.

중세 사상은 늘 아름다움을 완벽, 균형, 화려함의 개념으로 파악한다. 토마스 아퀴나스는 이렇게 말한다. "아름다움에는 세 가지가 필요하다······ 첫째, 완전무결함이다. 불완전한 것은 불쾌하기 때문이다. 두 번째는 균형이나 조화가 필요하다. 세 번째는 명료함이다. 우리는 순수한 색채를 지닌 것은 뭐든지 아름답다고 한다(Nam ad pulchritudinem tria requiruntur. Primo quidem integritas sive perfectio: quae enim diminuta sunt, hoc ipso turpis sunt. Et debita propotio sive consonantia. Et iterum claritas: unde quae habent colorem nitidum, pulchra esse dicuntur)."[56]

드니는 이와 비슷한 기준을 적용하려 들지만 그 결과는 다소 궁색하다. 응용 미학은 언제나 졸렬한 것이 되고 만다. 이렇게 추상적인 아름다움의 개념을 다룰 때, 드니가 세속적 아름다움을 무시하는 것은 그리 놀라운 일이 아니다. 아름다운 것을 묘사하려고 할 때마다 드니는 늘 보이지 않는 아름다움, 다시 말해 천사와 천상의 아름다움으로 방향을 틀거나, 아니면 추상적인 것에서 찾으려 한다. 삶에서 아름다운 것이 있다면, 그것은 불쾌한 죄악에서 벗어나서 신성한 교회법의 지침과 명령에 따르는 행위뿐이다. 그는 미술의 아름다움은 물론이고 음악의 아름다움에 대해서도 말하지 않는다. 음악이 나름대로 미학적 가치를 지니고 있다는 것을 드니도 깨달았을 법한데 말이다.

중세의 음악 사상

일찍이 드니는 세르토헨보스의 성 요한 성당에 들어갔는데, 달콤한 멜로디를 연주하는 오르간 소리에 감동하여 깊은 황홀경에 빠진 적이 있었다.[57] 하지만 그 아름다움에 대한 감동은 곧 신앙으로 둔갑했다. 그는 음악이나 미술의 아름다움에 신성함 이외에 다른 것이 있다고 보지 않았다.

드니는 근대의 다성 음악을 교회에 도입하는 것에 반대했다. 그는 예전의 권위자들의 말을 반복하면서, 성부聲部를 나누는 것(fractio vocis)은 영혼이 조각난 징조와 마찬가지라고 말했다. 성부 나누기는 완전한 허영으로서, 남성이 머리카락을 볶거나, 여성이 주름 잡힌 옷을 입는 것처럼 혐오스럽다고 보았다. 그가 볼 때, 이런 다성 음악을 연주하는 사람들은 오만함과 생각의 음란함(lascivia anima)을 간직한 자들이었다. 그는 신앙심 깊은 사람들이 멜로디에 자극을 받아 깊이 명상하거나 헌신한다는 사실은 인정했다. 교회가 오르간을 허용할 정도로 나아간 것이 그 증명이다. 하지만 기교적인 음악이 교회에 나온 사람들, 특히 여인네의 귀를 즐겁게 하고 기쁘게 하는데 쓸모가 있다면 단호하게 반대해야 한다고 주장했다.[58]

이것은 다음과 같은 사실을 분명하게 밝혀 준다. 중세인들은 음악적 감동을 표현하려 할 때마다 그것을 표현할 마땅한 어휘가 없었다. 그들은 여전히 일련의 죄스러운 감정들, 자존심, 어느 정도의 음란함이라는 어휘 이외에는 그 감동을 표현하지 못했다.

중세에 음악 미학에 대하여 많은 글이 쏟아져 나왔다. 대체로 소논문 들은 납득하기 어려운 고대의 음악 이론에 바탕을 둔 것이었다. 결국, 그 논문들은 음악의 아름다움을 어떻게 즐겨야 하는지에 대해 별로 말 해주지 않았다. 음악의 아름다움을 표현해야 하는 대목에 이를 때마다, 글의 내용은 막연해지고 그림을 찬양하는 글과 아주 비슷하게 되었다. 어떤 대목에서 음악의 감동은 곧 천상의 기쁨과 같은 것이고, 다른 대목 에서는 음악이란 의미의 청각화聽覺化라고 설명되었다.[59]

중세인들은 음악의 감정이 본질적으로 천상의 기쁨과 관련이 있다고 생각했다. 그림과 마찬가지로, 음악은 성스러운 실체의 묘사가 중요한 게 아니라 천상의 기쁨을 들려줄 때 비로소 중요한 것이다. 음악을 상당 히 좋아했던 늙은 몰리네는 역시 음악 애호가인 샤를 대담공에 관한 얘 기를 들려준다. 대담공은 노이스 부근의 진지에서 문학과 음악, 특히 음 악을 즐기면서 시간을 보냈다. 그를 기쁘게 만드는 것은 수사학적 취미 만이 아니었다. "음악은 하늘의 반향, 공기의 희망, 교회의 오르간, 작은 새들의 노래, 우울하고 좌절된 마음의 기분전환, 악마를 억눌러 쫓아내 는 것이었다."[60] 음악을 즐기면서 누리는 황홀함에 대해서는 물론 잘 알 려져 있었다. 피에르 다이이의 이야기에 따르면, "화음의 힘은 인간의 영혼을 사로잡기 때문에 다른 어떤 열정이나 취미보다 더 고상할 뿐만 아니라 심지어 영혼마저도 능가한다."[61]

그림에서와 마찬가지로 음악에서도 사물의 두드러진 모방이 커다 란 칭찬을 받았다. 이러한 모방을 통하여 아름다움을 추구하면 그 위 험 부담은 음악 쪽이 훨씬 더 크다. 그러나 음악은 오랫동안 이 표현 수단(모방)을 열심히 사용해 왔다. 카치아caccia(윤창輪唱을 의미하는 영어 단어 'catch'는 여기서 나왔음)는 원래 사냥을 의미했는데, 가장 잘 알려진 모방의 사례이다. 올리비에 드 라 로슈는 이런 음악에서 사람들이 숲에 있는 것처럼 개 짖는 소리, 사냥개의 으르렁거리는 소리, 울려 퍼지는 나팔 소리를 들었다고 전한다.[62] 16세기 초, 조스캥 데 프레Josquin de Prés의 제자인 잔캥Jannequin은 이런 모방의 음악적 기술을 발명하여, 숲속의 사냥, 마리냥 전투의 소란스러움, 파리 시장의 떠들썩하게 외치는 소리, '여자들의 수다 소리', 새들의 지저귐 등을 음악으로 재현했다.

빛과 아름다움

중세 후기에 아름다움에 대한 이론적 분석은 충분하지 못하고, 감동을 표현하는 수단도 피상적이었다. 이론적 분석은 아름다움을 설명하는 경우에 우아함, 질서, 위대함, 유용성 등을 판단 기준으로 제시할 뿐이고 그나마 광채나 빛에 관련된 낱말의 수준에서 더 나아가지 못했다. 정신적 아름다움을 설명하기 위하여 드니는 이 모든 용어들을 빛의 개념으로 환원시켰다. 이를테면 지성은 빛이고 지혜, 학문, 기량 등은 마음을 환하게 밝혀 주는 햇살이라는 것이다.[63]

중세 후기의 미적 감각을 살펴보려면, 아름다움의 이상을 어떻게 정의했는지 또는 그림과 음악을 접했을 때의 감정 상태를 무엇이라고 말했는지 알아볼 게 아니라, 아름다움에 감동받아 흥겨운 나머지 저절로 우러나오는 표현을 알아보는 편이 더 좋다. 그러면 우리는 이런 표현들이 거의 언제나 빛과 찬란함에 대한 감각이거나 혹은 생생한 움직임에 대한 감각이라는 것을 확인하게 된다.

프루아사르는 사물의 아름다움을 눈여겨보는 경우가 드물었다. 끝이 없는 얘기를 늘어놓느라고 너무 바빴기 때문이다. 하지만 그가 기뻐 어쩔 줄 모르며 탄성을 지르던 한 가지 광경이 있었다. 깃발과 작은 기를 펄럭이며 바다에 떠있는 배, 햇빛에 반짝이는 형형색색의 문장紋章이 그 것이다. 또는 말에 올라타고 행진하는 기사들의 투구, 갑옷, 창끝, 깃발에 어른거리며 반사하는 햇살도 그를 감동시켰다.[64] 외스타슈 데샹은 빙빙 돌아가는 풍차, 이슬방울에 맺힌 영롱한 빛의 아름다움을 찬양했다. 라 마르슈는 독일과 보헤미아 기사단의 금발머리에 반짝이는 햇빛이 정말로 아름답다고 생각했다.[65]

이렇게 반짝이는 모든 것을 찬양하던 마음은 자연스럽게 옷의 장식을 찬양하게 되었다. 15세기는 여전히 과도한 보석으로 의상을 꾸미는 것이 패션의 큰 흐름이었다. 훗날이 되어서야 장식 매듭이나 나비매듭이 대체 장식물로 등장했다. 더 나아가 그보다 더 사소한 장식물들, 가령 딸랑딸랑 소리를 내는 작은 방울이나 금화를 옷에 달아 반짝이는 광채의 효과를 높이기도 했다. 라 이르La Hire라는 여자는 커다란 은제銀製 소방울들로 뒤덮인 붉은 망토를 입고 돌아다녔다. 1465년 입성 행렬에서, 기사대장 살라자르Salazar는 갑옷을 입은 20명의 기사들을 이끌고 나타났는데, 그들이 탄 말에는 큰 은종들이 달려 있었다. 기사대장의 안장 방석에는 장식된 무늬마다 도금된 큰 은종들이 붙어 있었다. 1461년 루이 11세의 파리 입성식 때, 샤롤레, 생폴, 크루아 그 밖의 많은 사람들이 탔던 말의 안장도 이런 식으로 장식되었다. 샤롤레 백작이 탄 말 등에는 네 개의 작은 기둥이 세워졌고, 그 기둥들 사이로 큰 종이 매달려 있었다. 샤를 대담공은 토너먼트 시합에서 촘촘히 장식된 플로랭스 금화들이 짤랑짤랑 소리 내는 축제 의상을 입었고, 잉글랜드 귀족들은 노블 금

화를 주렁주렁 매단 옷을 입었다.[66] 1434년, 샹베리Chambéry에서 열린
주네브Genève 백작의 결혼식에서는 남녀 귀족 모두가 '반짝이는 금화'로
뒤덮인 흰 옷을 입고 춤을 추었다. 남자들은 작은 방울이 많이 달린 넓
은 허리띠를 둘렀다.[67]

의상의 색깔들

주목받기 좋아하는 이런 순진한 경향은 이 시대에 널리 퍼졌던 색채 감
각에서도 거듭 두드러지게 나타난다. 이것을 정확히 밝히려면, 옷차림
과 장식 예술뿐만 아니라 순수미술의 색채 기준을 아우르는 폭넓은 통
계학적 조사가 필요하다. 의복에 관한 한, 이 조사는 지금 얼마 남지 않
은 옷가지의 유물에 의존하기보다, 현재에도 많이 남아 있는 그 무렵의
저술을 참고해야 한다. 나는 여기에서 토너먼트 시합과 입성 행렬을 묘
사한 글에서 수집한 몇 가지 예비적인 생각을 제시하고자 한다. 물론 우
리는 여기서 일상복을 지배하던 스타일과 사뭇 다른 예복과 제복을 다
루어야 한다. 평상복에서는 회색, 검은색, 보라색을 많이 사용했다.[68] 축
제 옷과 제복에서는 무엇보다도 붉은색이 지배적이었음을 주목할 만하
다. 그 시대의 사람들은 붉은색 이외에 다른 색을 기대하지 않았다. 입
성 행렬은 으레 붉은색으로 물들었다.[69] 붉은색과 더불어, 흰색은 축제
를 위한 제복의 색깔로 중요한 지위를 차지한다. 색깔의 배합은 어떤 방
식도 허용된다. 즉, 빨강과 파랑, 파랑과 보라 등을 적절히 섞어서 혼합
의 효과를 내는 것이다. 라 마르슈는 자신의 글 속에서 축제 연회에 등
장하는 어떤 소녀의 모습을 묘사했다. 그녀는 보라색 실크 옷을 입고,
파란 실크의 안장 방석을 입힌 작은 승용마에 올라타서,[70] 진홍색 비단

옷에 초록색 두건을 두른 세 남자의 인도를 받으며 등장했다.[71] 중세 사람들은 명암이 확실한 색채의 대비를 좋아했다.

이상하게도 검정과 보랏빛이 배합된 옷은 녹색과 청색의 배합보다 인기가 더 높은 반면, 노란색과 갈색의 조합은 거의 눈에 띄지 않았다. 검정, 무엇보다도 검은 벨벳은 사방에서 등장하는 화려한 색깔로부터 오만하게 거리를 두며, 엄숙하고 진지한 광채를 발산했다. 선량공 필립은 청소년 시절 이후 늘 검은색 옷을 입었고 수행원들과 말에게도 똑같은 색을 입혔다.[72] 르네 왕이 훨씬 더 눈에 튀는 세련된 모습을 원하면서 좋아하던 색은 회색과 흰색과 검은색이 어우러진 옷이었다.[73]

말이 난 김에, 청색과 녹색의 배합은 희귀했으나 이것을 단순한 색채 감각의 표현이라고 보아서는 안 된다. 청색과 녹색은 다른 어떤 색보다 상징적 의미가 강해서 평상복에서는 어울리지 않았다. 두 색깔은 사랑의 색깔이다. 녹색은 사랑받는 상태를, 청색은 사랑의 충실성을 상징했다.[74] 아니 좀 더 멋지게 말해 보자면, 두 색깔은 아주 특별한 방식으로 사랑의 색깔이 되었지만, 다른 색깔들도 사랑의 상징에 동원되기도 한다. 데샹은 한 무리의 구혼자들에 대하여 이렇게 말한다.

어떤 남자는 그녀를 위해 녹색의 옷을,
어떤 이는 청색의 옷을, 어떤 이는 흰 옷을,
어떤 이는 핏빛의 주홍색 옷을 입었네.
하지만 그녀를 가장 원하는 남자는
깊은 슬픔 때문에 검은 옷을 입었구나.[75]

그러나 녹색은 젊고 희망에 부푼 **궁정 연애**의 색깔이기도 하다.

당신은 녹색의 옷을 입어야 할 거에요,

그것은 사랑에 빠진 사람들의 제복이니까.[76]

따라서 순회 기사들이 녹색의 옷을 입는 것은 아주 합당한 일이었다.[77] 연인은 파란 옷을 입어 충실함을 보여 주었다. 이렇기 때문에 크리스틴 드 피장은 남자 구혼자가 자신의 파란 옷을 가리켰을 때, 숙녀가 내놓아야 할 대답을 이렇게 노래했다.

어떤 숙녀를 위해 사랑의 표어를 입는 것,

또는 청색의 옷을 입는 것은 증거가 되지 못하네,

완전히 사랑에 빠진 마음으로, 다른 사람이 아니라

그녀에게 봉사하고, 그녀가 비난 받지 않도록 지켜 주는 것,

…… 사랑은 파란 옷을 입는 게 아니라, 그런 멋진 행동에 있어요,

하지만 많은 사람들은 이렇게 생각하네,

묘비 아래에서 거짓의 잘못을 덮어 버릴 수 있다고.

파란 옷을 입었기 때문에… [78]

이것은 파랑이 위선적인 의도로 사용되면, 부정不貞을 의미할 수도 있음을 뜻한다. 그리고 논리를 뒤집어보면, 파랑은 바람피운 인물뿐만 아니라 불륜의 피해자를 뜻하기도 했다. 네덜란드에서 파란 색깔의 두건 달린 겉옷(Huik)[79]은 간통한 여자를 의미했고, 파란 옷(cote bleue)은 오쟁이 진 사내를 뜻했다.

내게 파란 옷을 입힌 그 녀석,

사람들의 손가락질을 받게 만들다니,

그 놈은 죽어 마땅해! [80]

이것은 또다시 파랑이 일반적으로 어리석음의 색깔로 사용된다는 걸
보여 준다. 그래서 파란색으로 칠한 배는 바보들의 배(ship of fools: 온갖 바
보들이 올라탄 배를 가리키는데 곧 세상의 상징이고, 세상의 악행과 우행을 조롱하는
뜻이 담겨 있다.-옮긴이)가 된다. [81]

노란색과 갈색이 뒤로 밀린 사실은 그 두 색깔의 속성에 대한 반감으
로 설명될 수 있다. 그러니까 이 색깔들은 거의 무의식적으로 부정적이
고 불길한 의미가 부여되었다. 달리 말하면, 노란색과 갈색은 추악한 색
깔이기 때문에 싫어했다. 불행한 결혼 생활에 빠진 어떤 남자는 이렇게
말했다.

온갖 색깔 중에서 나는 갈색을 가장 좋아하네,

그 색깔을 좋아하기 때문에 나는 갈색의 옷을 입네,

다른 모든 색깔은 잊어버렸네.

아아, 슬프다! 내가 사랑한 것은 여기 없구나.

또 다른 시는 이렇게 읊고 있다.

나는 회색과 황갈색의 옷을 입어도 괜찮네,

내게 희망은 더 이상 없으니까. [82]

말이 난 김에, 갈색과 대조적으로 회색은 축제의 의상에서 빈번하게
등장했다. 슬픔의 색깔인 회색이 갈색보다 더 서글픈 뉘앙스를 간직했

기 때문이리라.

이 무렵, 노란색은 이미 적대적 감정을 뜻했다. 뷔르템베르크의 하인리히와 수행원들은 모두가 노란색의 옷을 입고 부르고뉴 공의 앞을 지나갔고, "공작은 그런 옷을 입은 행동이 자신을 비난하는 의미임을 알았다."[83]

16세기 중반부터 검은 색과 흰색의 배합은 일시적으로 내리막을 걷는 반면, 청색과 녹색의 배합은 오름세를 탔다(하지만 이것은 나의 잠정적인 생각일 뿐이고, 뒷받침하는 추가 증거가 필요하다). 16세기 동안, 위에서 말한 명암이 확연히 드러나는 옷 색깔의 대비가 대부분 사라졌고, 또 예술의 분야에서도 원색들의 우직한 대비를 피했다는 사실은 주목할 만하다. 부르고뉴 지역의 예술가들이 구사한 조화로운 색채 감각은 이탈리아에서 수입해온 것이 아니었다. 헤라르트 다비트는 오래된 화파의 스타일을 세밀하게 계속 연구한 결과 선배 화가들과 다른 세련된 색채 감각을 보여 준다. 이것은 색채 감각이 일반적인 정신 형성의 발전과 관련된다는 것을 보여 준다. 우리는 여기서 예술사와 문화사의 연구가 서로 보완한다는 것을 알게 된다.

제13장
·············

이미지와 말:
그림과 글의 비교

지금까지 중세와 르네상스를 분명히 구분하려는 모든 시도는 결국 그 경계선을 훨씬 더 뒤로 밀어냈을 뿐이다. 사람들은 중세에 나타난 여러 가지 형식과 움직임들에서 앞으로 다가올 시대의 징조를 읽었다. 이런 여러 형식과 움직임을 통칭하여 '르네상스'라고 하는데 이 용어의 의미는 너무나 넓게 확대되어 그 역동적인 힘을 잃어버릴 정도가 되었다.[1]

중세와 르네상스는 거울 이미지

중세에서 르네상스 적인 것을 찾을 수 있듯이, 그 반대 르네상스에서도 중세를 찾아볼 수 있다. 아무 선입견 없이 르네상스의 정신을 살펴보는 사람들은 거기서 르네상스 관련 이론이 주장하는 것보다 더 많은 '중세적인' 요소를 발견한다. 르네상스 미술이 형식과 내용에서 중세적인 것을 포함하고 있는 것처럼, 아리오스토Ariosto, 라블레, 마르그리트 드 나바르Marguerite de Navarre, 카스틸리오네Castiglione 등 르네상스 작가들의 작품에는 여전히 중세적인 요소들이 충만하다. 우리가 볼 때, 둘 사이의 차이는 있다. 중세와 르네상스는 사과와 딸기가 분명히 다르듯이, 시대적 본질이 근본적으로 상이하다. 하지만 보다 자세한 세부 사항으로 들어가면 이 차이는 사실상 가뭇없이 사라져 버리고 만다.

따라서 될 수 있는 대로 원래의 뜻에 맞게 르네상스라는 용어를 추적해 보는 것이 필요하다(르네상스라는 말은 중세라는 용어에 비해 볼 때, 그 말뜻에서도 알 수 있듯이, 명확한 시대 구분의 기준이 없다). 피에렌스 제바에르Fierens Gevaert²와 그 밖의 사람들은 슬뤼터르와 반에이크 형제를 르네상스 화가로 간주했는데 여기에는 분명히 이의를 제기할 수 있다. 이 화가들은 완전히 중세적인 취향을 지녔고 형식과 내용의 양면에서 중세적이었다. 우선 내용의 측면을 살펴보면, 그들의 예술은 주제, 관념, 의미와 관련되는 한, 오래된 것을 전혀 버리지 않았고 새것을 받아들이지도 않았다. 형식의 측면에서, 그들은 세심한 사실주의를 지향했는데, 모든 것을 될 수 있는 대로 구체적으로 묘사하려는 욕구는 무엇보다도 진정한 중세 정신인 것이다. 이런 중세 정신이 종교적인 사상과 창조성, 일상생활과 그 밖의 모든 곳에서 작동한다. 이런 정교한 사실주의는 르네상스가 만개한 친퀘첸토Cinquecento(이탈리아의 16세기)에서는 포기되었지만, 콰트로첸토Quattrocento(이탈리아의 15세기)에는 여전히 이탈리아가 그것(사실주의)을 북유럽과 공유했다.

실제로 이 새로운 정신은 15세기의 프랑스와 부르고뉴 미술과 문학에서는 전혀 표현되지 않았다. 설사 이 지역에서 새로운 아름다움이 나타났다고 해도 그건 르네상스와 무관했다. 프랑스와 부르고뉴의 미술과 문학은 여전히 전성기를 지난 중세 정신에 몰두했고 중세 사상과 그 궁극적인 완성에 봉사했다. 이 미술과 문학은 오래 전부터 궁리되어 온 개념들을 완벽하게 묘사하고 미화하는 임무에 종사했을 뿐, 다른 임무를 맡지 않았다. 그리하여 중세인의 마음은 포화상태에 이르렀고 새로운 영감을 기다리게 되었다.

중세 후기에는 아름다움의 묘사가 기존에 분류된 정신적 소재들의 순수한 표현과 정확한 묘사에만 집중했다. 따라서 이런 시대에는, 회화가 문학보다 더 심오한 가치를 지닌다. 이것은 물론 중세인들의 판단은 아니다. 그들이 볼 때, 비록 전성기가 지난 아이디어일지라도 여전히 설득력 있고 중요한 특성을 많이 간직했다. 그런 아이디어는 특히 미화美化를 강조하는 문학 형식에서 사랑과 존경을 받았다. 현대인의 감수성에 비추어 볼 때, 칠칠치 못할 정도로 단조롭고 피상적으로 보이는 시들이 그림보다 훨씬 더 열렬한 칭송을 받았다. 그림의 심오한 정서적 가치는 아직 중세인들에게 싹트지 않았거나, 아니면 그 가치를 적극적으로 표현할 정도에까지는 이르지 못했다.

중세 후기의 화가와 시인

우리는 이 시대의 대부분 문학 작품들에서는 어떤 향기도 눈부신 빛도 느끼지 못하는 반면, 미술에서는 중세 사람들보다 훨씬 더 깊은 감동을 받는다. 이런 사실은 미술과 언어의 효과에서 비롯된 근본적인 차이로 설명될 수도 있다. 하지만 이런 차이를 예술가 개인의 재능에서 찾아서는 안 된다. 가령 대부분의 시인(프랑수아 비용과 샤를 도를레앙은 예외)이 인습에 사로잡힌 저능아인 반면, 당시의 화가들은 모두 천재였다고 말해버리면, 그것은 너무 안이하고 또 협량한 설명이 된다.

미술과 문학이 똑같은 일을 한다고 하더라도 반드시 똑같은 결과물이 나오지는 않는다. 화가는 겉으로 드러난 대상의 선과 색을 재현하고 모양을 고스란히 살리는 작업만 해도 그 이면裏面에는 언외言外의 여운, 즉 궁극적인 뭔가가 남아 있게 된다. 하지만 시인이 눈에 보이거나 지각된 현실만 언어로 표현한다면, 그는 자신의 말로써 언외의 보물을 획득하지 못한다. 물론 시의 운율과 소리가 미지未知의 아름다움을 새롭게 덧붙여 줄 가능성은 있다. 그렇다 하더라도 이런 요소들(운율과 소리)이 허약하다면, 시의 효과는 독자의 관심을 사로잡는 아이디어가 있을 때만 가까스로 유지된다. 중세인들은 여전히 시 구절에 담긴 아이디어를 읽고 많은 연상을 떠올리면서 감동하는데, 그 아이디어가 그들에겐 생생한 것이었기 때문이다. 그들은 또 그 아이디어를 표현하기 위해 새롭게 찾아낸 어휘에서 그것이 더욱 새롭게 빛난다고 여겼다.

하지만 아이디어 자체가 더 이상 사람을 사로잡지 못한다면, 시는 형식을 통해서만 효과를 발휘할 수 있다. 형식은 엄청 중요하고, 때때로 아이디어의 내용을 압도할 정도로 참신할 수도 있다. 15세기의 문학에

도판 24 얀 반에이크, <마가레타 반에이크>,브뤼헤 시 박물관.(왼쪽)
도판 25 얀 반에이크, <보두앵 드 라누아의 초상>, 가멜데갈레리, 국립박물관, 베를린.(오른쪽)

536

도판 26 얀 반에이크, <참사위원 반 데르 파엘레와 함께 있는 성모>, 브뤼헤 시 박물관.

서는 새로운 형식이 이미 꽃피기 시작했다. 하지만 대부분의 시는 여전
히 낡은 형식에 매달렸고, 운율과 소리는 허약했다. 이런 상황에서 새로
운 아이디어와 새로운 형식이 없는 문학은 낡아빠진 주제를 반복할 뿐
이었다. 이런 시를 써내는 시인들에게는 미래가 없었다.

　시인들이 이처럼 답보하던 시대의 화가들은 나중에 영광의 시절을 누
리게 된다. 이 화가들은 언외言外의 보물을 중시하며 살았는데, 모든 예
술 중에서 가장 심오하고 가장 지속적인 효과를 거두는 것은 바로 이 풍
요로운 언외의 보물(말로는 표현되지 않는 어떤 것)인 것이다. 이 점을 살펴
보기 위해 반에이크의 초상화 넉 점을 검토해 보자. 첫째는 날카롭게 깎
아 다듬은 듯한, 쌀쌀한 표정을 짓는 그의 아내의 얼굴이다.(도판 24) 둘
째는 보두앵 드 라누아Baudouin de Lannoy의 딱딱하고 침울한 표정의 귀
족 얼굴이다.(도판 25) 셋째는 참사회원 반 데르 파엘레van der Paele의 소

름끼치는 불가사의한 표정이다.(도판 26) 넷째는 베를린에 소장되어 있는 아르놀피니의 병적일 정도로 체념 섞인 표정(도판 27)이고, 다섯째는 이집트풍의 신비감을 풍기는 〈진실한 추억Leal Souvenir〉의 얼굴이다.(도판 28) 이 모든 초상화에는 도저히 믿어지지 않을 정도로, 개성의 밑바닥까지 파헤친 묘사가 깔려 있다. 이런 기적적인 표현에서 우리는 가장 심오한 성격 묘사를 접하게 된다. 우리는 그것을 그림에서 볼 수는 있지만 말로는 표현하지 못한다. 설사 반에이크가 당대 최고의 시인이었다 할지라도, 그림에 숨겨진 언외의 비밀을 멋진 시어로 표현하지 못했을 것이다.

15세기의 미술과 문학이 그 태도나 정신에서 불일치하는 것은 근본적으로 이런 차이 때문이다. 하지만 이런 차이를 제대로 깨닫고, 구체적인 사례에서 문학과 그림의 표현 방식을 비교해보면, 처음의 생각과는 다르게 공통점이 훨씬 더 많이 나타난다. 당시 미술의 가장 뛰어난 대표로 반에이크 형제와 그 계승자들의 작품을 선택한다면, 그에 필적하는 문학 작품은 누구의 것을 가져와야 할까? 우리는 똑같은 주제를 다룬 작품을 가져오기보다는, 똑같은 원천이나 동일한 생활권에서 나온 작품을 가져와야 할 것이다. 우리가 앞에서 지적했듯이, 이 생활환경은 사치스러운 궁정 생활과 귀족 계급, 허세부리는 부르주아의 삶을 의미한다. 얀 반에이크의 예술과 비슷한 수준에 오른 문학이라면, 프랑스어로 쓰인 궁정 문학이나 적어도 귀족 취미의 문학이 되어야 할 것이다. 이 문학을 읽고 칭찬하던 사람들은 위대한 화가들에게 제작을 주문하던 바로 그 사람들이기도 했다.

표면만 살펴본다면 양자(그림과 문학)의 차이가 너무 심하여 비교가 안될 것 같다. 그림은 압도적으로 종교를 주제로 삼는가 하면, 프랑스·부

도판 27 얀 반에이크, <조반니 아르놀피니>, 가멜데갈레리, 국립박물관, 베를린.(왼쪽)
도판 28 얀 반에이크, <진실한 추억>, 내셔널 갤러리, 런던.(오른쪽)

르고뉴 문학은 특히 세속적인 요소를 다루기 때문이다. 하지만 그런 피
상적 관찰은 회화나 문학을 깊숙이 살펴보는 태도가 아니다. 먼저 미술
을 살펴보면, 세속적인 요소가 지금 전해지는 작품들로 미루어보아 훨씬
더 큰 자리를 차지한 적이 있었다. 또 문학을 살펴보면, 비록 세속적인
장르가 지나치게 많기는 하지만 거기에는 종교적인 것도 많이 있었다.

　문학사에서 주로 문제를 삼는 표현 형식들은 민네리트Minnelied(궁정
의 연애시), 『장미 이야기』의 아류 작품들, 기사도 이야기의 후기 버전들,
새롭게 떠오르는 소설, 풍자시, 사료 편집 등이다. 회화에서는 제단화와
초상화에 감도는 진지한 엄숙함이 먼저 생각난다. 문학이라면, 우리는
선정적인 풍자시의 음탕한 눈길과, 단조롭게 서술하는 연대기의 음산한

기록을 떠올린다. 15세기의 사람들은 마치 미덕을 그림으로 그리고, 악덕은 글로 쓴 것 같다. 하지만 문학을 이렇게 보면 너무 편협한 생각이다. 종교 서적은 여전히 부르고뉴 대공들의 방대한 서재書齋에서 큰 자리를 차지했다. 뿐만 아니라 덕성을 기르고 윤리를 가르치는 신앙적인 요소들은 세속적인 문학에서 계속 중요했다. 심지어 가장 경솔한 장면을 보여 줄 때도 종교의 목소리가 사라지는 법이 없었다.

15세기의 실패한 문학

15세기의 미술과 문학이 우리에게 주는 인상이 상당히 다르다는 얘기를 다시 한 번 생각해 보자. 우선 몇몇 시인들을 제외하면, 이 시대의 문학은 너무 따분하여 지긋지긋한 느낌을 준다. 알레고리를 끊임없이 정성들여 갈고닦기는 했지만, 단 하나의 등장인물도 나름대로 참신한 개성을 제시하지 못한다. 내용도 수세기 동안 다져와 진부하기 짝이 없는, 틀에 박힌 교훈을 되풀이한다. 주제는 언제나 똑같다. 이를테면 과수원에서 잠든 주인공이 어떤 상징적인 여자를 꿈꾼 얘기, 5월 초의 아침에 산책을 나간 얘기, 숙녀와 연인 사이에, 또는 두 숙녀 사이에 벌어지는 싸움, 또는 사랑의 결의론決疑論에서 가져온 문제들을 조합한 것 등이다. 그 외에 끔찍한 천박성, 번지르르하게 장식된 문체, 설탕처럼 달콤한 로맨티시즘, 흔해빠진 공상, 근엄한 설교…… 우리는 한숨을 짓다가 거듭 되물어보고 싶어진다. 이 사람들은 정말로 얀 반에이크의 동시대인들일까? 반에이크가 정말로 이런 것들에 감탄했을까? 우리의 생각과는 다르게, 아마도 그랬을 가능성이 높다. 바흐를 보라. 그는 류머티즘에 걸린 듯, 편협한 신앙심에 사로잡혀 소시민적 각운을 사용하는 엉터리 시인들의 시를 가사로 가져와 멋진 곡을 작곡하지 않았는가. 그러니 반에이크가 그런 고리타분한 것을 좋게 보았다고 해도 그리 놀랄 일이 아니다.

그 시대의 사람들은 예술 작품이 태어나는 것을 보면서, 그 작품을 그들이 품은 삶의 꿈과 같은 것으로 받아들였다. 다시 말해, 그들은 아름다움의 객관적인 완성도에 따라 작품을 평가하는 게 아니라, 주제의 거룩함이나 열정적 활기가 자신들의 마음속에 메아리치는 여운(즉 그들의 삶의 꿈에 호응하는 정도)에 바탕을 두고 평가했다. 오래된 삶의 꿈이 시간의 경과와 함께 모두 지나가 버리고, 또 거룩함과 열정도 장미꽃 향기처럼 사라져 버릴 때, 비로소 예술 작품을 그 표현 수단, 그 양식, 그 구조, 그 조화에 의해 평가하게 되는 것이다. 이런 요소들은 미술과 문학에서 똑같이 소중한 요소들이지만, 사뭇 다른 예술적 평가를 불러온다.

15세기의 문학과 미술은 앞에서 중세 정신의 본질이라고 말한 보편적 특성을 공유한다. 가령, 세부적인 모든 것을 정교하게 묘사하고, 마음에 떠오르는 생각이라면 아무것도 남김없이 표현하려는 경향이 그것이다. 그리하여 모든 것은 마침내 가능한 한 가시적이고 개념화된 이미지로 바뀌었다. 에라스뮈스는 언젠가 파리에서 한 신부가 40일 동안, 다시 말해 사순절 내내 탕자(蕩子, l'enfant prodigue)의 비유(누가복음 15장 11절)를 예로 들어 설교하는 것을 들었다. 설교자는 탕아가 집에서 출발하여 집으로 돌아올 때까지의 과정을 세세하게 묘사했다. 어떤 숙소에서 점심으로 소 혓바닥 파이를 먹은 얘기, 물레방앗간을 지나간 얘기, 도박을 한 얘기, 주막에서 발길을 멈추고 쉰 얘기 등 온갖 시시콜콜한 얘기를 다 했다. 그 신부는 자신이 멋대로 꾸며낸 이야기 곳곳에 예언자와 복음 사가의 구절을 교묘하게 끼워 넣어, 마치 그게 소중한 교훈인 것처럼 보이게 했다. "이렇기 때문에, 그 신부는 무식한 민중과 뚱뚱한 귀족들 모두에게 하느님처럼 보였다."[3]

반에이크의 <성모 마리아>와 <수태고지>

이제, 이런 무제한적 꾸미기의 특성을 밝히기 위해 얀 반에이크의 두 그림을 분석해 보자. 먼저, 살펴볼 그림은 루브르에 소장된 〈롤랭 재상의 성모 마리아*La Vierge du Chancelier Rolin*〉(도판 15, 16)이다.

옷감, 모자이크 타일을 깐 대리석 바닥과 기둥, 창유리의 반사, 재상 무릎 위의 기도서를 꼼꼼하게 묘사한 것은 반에이크가 아닌 다른 화가였다면, 너무 현학적이라는 비난을 들었을 것이다. 한 가지 세부 묘사를 살펴볼 때, 기둥 장식의 과장된 세부 처리는 짜증스러운 효과를 가져온다. 마치 까치발처럼 들어간, 구석의 기둥 머리 부분에는 낙원 추방, 카인과 아벨의 희생, 노아 방주의 탈출, 함(노아의 아들로서 가나안의 조상인데, 아버지 노아의 알몸을 보고서도 이불을 덮어 주지 않아 단죄됨-옮긴이)이 저지른 죄의 장면들이 묘사되어 있다. 하지만 두 주인공을 에워싼 방에서 벗어나면, 세부를 공들여 표현하려는 열정이 절정에 도달한다. 기둥들 너머로 넓게 펼쳐진 탁 트인 풍경은 반에이크가 지금까지 그린 어떤 그림보다 뛰어난 솜씨를 자랑한다. 이에 대한 설명은 뒤랑 그레빌Durand-Gréville의 글을 인용해 보자.[4]

어떤 사람이 호기심에 끌려 부주의하게도 이 그림에 너무 가까이 다가가면 그는 넋을 잃고 만다. 주의력을 집중시켜야 할 그 시간 내내 그림에 사로잡히는 것이다. 꿈을 꾸듯이, 그는 장식에 이어 장식을, 성모님의 보관寶

冠을, 장인의 솜씨를 차례로 바라본다. 기둥머리를 가득 채우지만 그리 무겁게 보이지 않는 인물 군상을 본다. 풍요로운 화단에는 꽃이 만발하고, 잎사귀가 무성하다. 어느 사이에 놀란 시선은 성자와 성모의 얼굴 사이에서 박공과 아름다운 성당 뾰족탑들로 가득한 시가지, 버팀벽이 많은 대성당, 계단이 두 부분으로 나눈 드넓은 광장을 보게 된다. 광장에는 인물들이 많다. 헤아릴 수 없이 많은 화필을 이리 저리 휘둘러, 살아 있는 인물들을 많이 묘사했다. 우리의 시선은 당나귀 등(양쪽 끝이 차차 없어지는)처럼 구부정한 다리[橋]에 끌리고, 그곳에는 서로 길을 지나가기 위해 붐비는 군중으로 가득하다. 굽이굽이 흐르는 강을 뒤따르면, 미세하게 보이는 작은 배들이 지나간다. 강 복판에는 어린이의 손톱보다 더 작은 섬이 있고, 그곳에는 수많은 종탑들로 가득하고 숲으로 둘러싸인 성채가 당당하게 서 있다. 왼쪽으로 눈길을 돌리면, 가로수가 즐비하고 산책하는 사람들이 몰려든 강둑이 흘깃 보인다. 더 나아가면, 푸른 언덕의 둥그스름한 봉우리를 하나씩 지나가다가, 멀리 떨어진 곳에 눈 덮인 산맥을 잠시 바라보고, 무한하게 펼쳐진 어렴풋한 파란색의 하늘에 몰입한다. 뭉게뭉게 피어오른 구름은 망각 속으로 사라진다.

아, 놀랍구나! 미켈란젤로의 제자(앞에서 나온 포르투갈 화가 프란시스코 데 홀란다─옮긴이)가 주장한 것과 달리, 이 모든 묘사들은 통일성과 조화를 잃지 않았다. "개관 시간이 거의 끝나 미술관장의 목소리가 당신의 명상을 깨뜨리기 직전, 이 걸작이 어떻게 차분한 어스름으로 바뀌는지를, 어떻게 하늘은 더욱더 어두워지는지를, 색채가 흐릿해지는 중심 장면이 조화와 일치의 영원한 신비 속에 잠기는지를, 당신의 시선은 바라본다……"[5]

무제한적 꾸미기의 화풍을 연구하기에 딱 알맞은 또 다른 그림은 현재 상트페테르부르크의 에르미타주Ermitage 미술관에 소장된 〈수태고지受胎告知, *Annunciation*〉(도판 29)이다. 이 작품의 오른쪽 날개를 이루었던 세 폭 그림이 실제로 온전하게 보존되었을 당시는 얼마나 경이로웠을까? 반에이크는 완벽한 거장의 솜씨를 보여 준다. 그는 그 어떤 것으로부터도 도망치지 않으며, 그 어떤 것이든 해낼 수 있고, 또 모든 것에 겁 없이 도전하는 중세의 대가이다. 동시에 그의 그림들 중에서 이것처럼 원시적이고, 신성하고, 정교한 그림도 없다.

천사는 우리에게 낯익은 주택의 방(가정에 걸린 그림들은 대부분 성모가 집안의 방에서 천상의 메시지를 받는 것으로 처리한다)이 아니라, 정해진 오래된 미술 양식의 관례대로, 성당에서 하느님

도판 29 얀 반에이크, <수태고지>, 앤드루 M. 멜런 컬렉션.

의 메시지(수태고지)를 전한다. 두 주인공의 자세와 표정을 살펴보면, 겐트 제단 외부의 〈수태고지〉에서 보여 준 부드러운 감수성은 보이지 않는다. 겐트 제단화에서 천사는 백합을 들고 있는 데 비해, 여기의 천사는 고개를 숙이며 마리아를 맞이한다. 그는 자그마한 왕관을 쓰고 있는 것이 아니라 왕홀王笏을 손에 쥐고, 호화로운 왕관을 쓰고 있다. 얼굴에는 뻣뻣한 에게 '바다의 미소(Aegean smile)'가 어려 있다. 그는 진주, 황금, 보석이 달려 찬란하게 빛나는 형형색색의 옷을 입었고, 반에이크가 그린 어떤 천사들보다 찬란하다. 옷은 녹색과 황금색이고, 금란 코트는 진홍색에 황금색이다. 날개는 공작 날개로 치장되었다.

마리아의 책, 의자 위에 놓인 쿠션 등은 아주 공들여 묘사되어 있다. 성당 건물의 세부 사항들은 성경에서 가져온 일화들로 장식되었다. 타일은 12궁도를 보여 주는데 그 중 다섯을 알아볼 수 있다. 그 외에 삼손의 일화에서 세 장면과, 다윗의 일생에서 한 장면을 덧붙이고 있다. 둥근 천장 사이로 성당의 뒤쪽에는 이삭과 야곱의 그림이 원형 장식으로 꾸며져 있다. 두 세라핌 천사들이 수행하는 그리스도가 지구의地球儀 위에 서있는 모습은 유리창의 가장 위쪽에서 볼 수 있다. 그 곁의 벽화는 모세가 십계명이 새겨진 석판을 발견하여 가슴에 품은 장면이다. 이 모든 것은 분명히 읽을 수 있는 글로 설명되어 있다. 천정 부분의 장식은 뭔가 암시하지만 눈으로 읽을 수는 없다.

〈롤랭 재상의 성모 마리아〉의 경우에서와 같이 공들여 세심하게 그린 장면들은 겹겹이 쌓여 있는데도 핵심적인 통일성과 분위기를 전혀 잃지 않는다. 정말 기적이 아닐 수 없다! 〈롤랭 재상의 성모 마리아〉에서는 주요 장면을 지나 눈길을 아주 먼 곳으로 이끌어가는 경쾌하고 밝은 일광日光이 있었다. 그러나 〈수태고지〉에서는, 높은 성당 천장의 아주 신비스러운 어둠은 진지함과 신비스러움으로 전체 장면을 흐릿하게 가리기 때문에, 시선은 성경 고사들이 장식된 세세한 장면들을 알아보기가 어렵다.

이것이야말로 그림에서 발견되는 '무제한적 꾸미기'[6]의 효과이다! 반 에이크, 이 화가는 크기가 0.5평방미터에 미치지 못하는 공간에서 세부 사항에 대한 끝없는 욕망을 발산했다! 그래서 우리가 시장 통에서 붐비는 많은 사람들을 흘깃 쳐다볼 때 전혀 질리지 않는 것과 비슷한 느낌을 준다. 아니면, 이런 무제한적 꾸미기는 경건하지만 무식한 증여자의 귀찮은 주문을 충족시켰다고 봐야 할까? 아무튼 이 그림은 한 번 쳐다보기만 해도 그 윤곽을 충분히 파악할 수 있다. 그림의 사이즈가 이미 제약의 효과를 발휘하는데다, 그림 속에 묘사된 사물의 아름다움과 특성은 별로 신경을 쓰지 않더라도 금방 알아볼 수 있기 때문이다. 그리하여 그림 속의 많은 완벽한 부분들이 우리의 시선을 차창의 풍경처럼 스쳐 지나간다. 그것들은 곧 의식에서 사라져 그림의 색깔이나 원근법의 전체적 효과 속에 완전히 묻혀 버린다.

15세기 문학의 무제한적 꾸미기

15세기의 문학(여기서는 순수문학belle litterature을 의미하는데 민속 예술은 이 맥락에서는 어울리지 않아서 제외)이 '무제한적 꾸미기'의 일반적인 특성을 공유했다고 말할 때, 이것은 전혀 다른 의미에서 그러하다. 다시 말해 15세기 문학은 사물의 표면적 외양에 집중하는, 거미줄처럼 세밀한 묘사를 지향하는 그런 사실주의가 아니다. 그 문학에서는 아직 이런 사실주의가 존재하지 않았다. 자연과 사람의 묘사는 여전히 중세시의 단순한 표현 수단에 의존했다. 시적 분위기를 이끌어내는 개별적 대상들은 그냥 언급될 뿐, 묘사되지는 않는다. 명사가 형용사를 지배하고, 그 명사(대상)의 주된 특징, 가령 색깔이나 소리 따위만 언급된다. 문학의 상상력에서 무제한으로 꾸며지는 것은 본질적으로 질적인 측면이 아니라 양적인 측면이다.

양적인 무제한 꾸미기는 대상의 특성을 세부적으로 분석하기보다, 아주 많은 개별적 대상들을 마구 쌓아올리는 방식이다. 시인은 생략의 기술을 이해하지 못하고 여백餘白을 알지 못한다. 그리하여 언외言外의 효과를 알아보는 감각이 부족하다. 이것은 시인이 떠올린 이미지뿐만 아니라 그가 표현한 아이디어에도 해당한다. 대상에 의해 떠올려지는 아이디어들도 가능한 한 완벽하게 연결되어 있다. 모든 시들은 그림에서와 마찬가지로 세부 사항들로 넘쳐났다. 하지만 왜 문학은 그림에 비해 이런 세부적인 묘사에 있어서 전반적 조화의 느낌이 떨어질까?

이것은 시와 그림에서 1차 관심사와 2차 관심사의 상호 관계가 완전 정반대라는 사실로 어느 정도 설명된다. 그림에서, 1차(주된) 관심사, 즉 대상의 적절한 표현과, 2차(부수적인) 관심사의 중요도는 그리 크지 않다. 그림에서는 1차와 2차의 구분이 별로 중요하지 않고 모든 것이 필수적이다. 극단적으로 말해서 그림의 완벽한 조화는 단 하나의 세부 사항에 있을 수도 있다.

15세기 그림을 접할 때, 우리가 제일 먼저 평가하는 것은 깊은 신앙심, 즉 잘 표현된 주제의 측면일까? 가령 겐트 제단화를 예로 들어보자.(도판 8, 9) 하느님, 성모 마리아, 세례자 요한 등 커다란 인물 모습에, 우리의 관심은 그다지 끌리지 않는다. 주요 장면에서, 우리의 시선은 거듭하여 작품의 주제인 '어린 양'에서 벗어나 좌우 양쪽에서 기도하는 사

람들의 행렬과, 배경의 자연 풍경으로 쏠린다. 우리의 눈길은 멀리 가장
자리에 있는 아담과 이브에게로, 기증자의 초상으로 향한다. 〈수태고
지〉의 화면에서 가장 감동적이고 불가사의한 매력은 천사와 동정 마리
아의 모습, 즉 경건한 모습을 풍부하게 표현한 솜씨라고 하더라도, 여전
히 우리의 시선은 그 주위의 구리 주전자와 햇빛 찬란한 거리 풍경에 사
로잡히는 것이다.

　화가에게 부수적인 관심사에 지나지 않던 세세한 부분 속에서, 일상
적인 사물들은 은근하게 활짝 핀 꽃처럼 신비롭게 빛난다. 우리는 여기
에서 모든 사물의 불가사의한 특성을 직접 접촉하고 감동한다. 종교화
라는 선입견을 먼저 마음에 품고 〈어린 양에 대한 경배〉를 보는 경우는
모르겠지만, 그 외의 경우에 성찬 전례를 거룩하게 묘사한 이 그림을 보
면서 느끼는 감동은, 로테르담 미술관의 엠마누엘 데 비테Emmanuel de
Witte의 〈생선가게 좌판Fishmonger's Stall〉(도판 30)을 감상하면서 느끼는
감동과 별반 다르지 않다.

디테일이 우수한 15세기 미술

화가는 이처럼 세부 사항을 표현할 때에 완벽한 자유를 누렸다. 그림을
그릴 때의 주요 관심사, 즉 성스러운 주제를 묘사하는 데는 엄격한 규
범이 있었다. 종교화는 도상학圖像學 규칙을 따라야 했고 일탈은 용납되
지 않았다. 하지만 화가에게는 한없이 자유로운 공간이 남아 있어, 창작
의 욕구를 거리낌 없이 충족시킬 수 있었다. 옷, 기둥, 배경을 묘사할 때,
그는 규범에서 벗어나 화가의 중요한 임무, 즉, 그림 그리기를 마음대로
할 수 있었다. 다시 말해, 어떤 관습에도 얽매이지 않고, 눈에 보이는 모

도판 30 엠마누엘 데 비테, <생선가게 좌판>, 보이만스-판 베우닝언 박물관, 로테르담.

습 그대로 재현할 수 있었다. 그리하여 엄격하고 단단하게 구성된 성화
聖畵는 눈부시게 빛나는 보물처럼, 여성의 옷을 장식하는 꽃처럼, 디테일
이 우수한 장면들을 풍요롭게 간직했다.

　15세기의 시를 살펴볼 때, 1차 관심사와 2차 관심사가 맺는 상호 관계
는 어떤 의미에서 그림과는 정반대이다. 시인은 중심 주제에 대해 자유
로운 편이다. 그는 능력이 있다면, 새로운 사상을 시에 담을 수 있지만,
시의 세부 사항과 주제의 배경은 옴짝달싹 못할 정도로 관습에 묶여있
다. 거의 모든 세부 사항에는 표현 규칙이 미리 정해져 있어서, 그 틀을
깨려면 상당한 저항에 부딪쳤다. 꽃, 자연과 어울리는 즐거움, 슬픔과
기쁨 등은 저마다 틀에 박힌 표현 방식을 가지고 있기 때문에, 시인은 어

느 정도 다듬거나 윤색할 수 있을 뿐, 참신한 것을 만들어낼 수 없었다.

시인은 끊임없이 주제를 갈고닦아 빛나도록 만든다. 화가처럼 화폭의 공간을 채워야 하는 도움을 주는 구속이 시인에게 없기 때문이다. 시인이 접하던 활동 무대는 늘 무한히 열려 있었다. 그는 주제에 관한 한 그 어떤 한계도 알지 못한다. 이런 자유 때문에, 시인은 뭔가 예외적인 것을 성취하려면, 화가보다 더 훌륭한 사상가가 되어야 했다. 평범한 화가조차도 그의 그림으로 후대 사람들을 기쁘게 할 수 있지만, 평범한 시인이 써낸 시들은 망각의 세계에 묻혀 버린다.

무제한적 꾸미기의 구체적 효과

15세기의 작품을 예로 들면서 '무제한적 꾸미기'의 효과를 증명하려면, 작품 전체를 직접 소개해야만 할 것이다. (그런데 대단히 장편이다!) 여기서는 그것이 불가능하기 때문에 몇 편의 시를 본보기로 살펴보자.

알랭 샤르티에Alain Chartier는 당대의 대시인으로 통했다. 사람들은 그를 페트라르카와 견주고, 클레망 마로Clément Marot는 여전히 그를 최고의 시인으로 여겼다. 내가 앞에서 언급했던 짤막한 일화(제10장 초반부)는 그의 높은 인기를 증명한다.[7] 그 시대의 기준에 따르면, 그는 대화가와 어깨를 나란히 하는 수준에 오른 인물이다. 그의 시 『네 귀부인의 이야기Le livre des quatre dames』는 아쟁쿠르 전투에 연인을 내보낸 네 귀부인들의 대화로 시작하는데, 첫 머리는 관례대로 그림의 배경에 해당하는 풍경을 묘사한다.[8] 이 풍경을 겐트 제단화의 유명한 경치, 즉 '무제한적 꾸미기'의 전형적인 사례라고 볼 수 있다. 꼼꼼하게 묘사된 풀과 꽃으로 뒤덮인 경이로운 초원, 그늘진 언덕 너머로 솟아오른 성당 종탑들이 그러하다.

550

봄날 아침, 시인은 우울증에 시달리던 기분을 떨쳐버리기 위해 산책에 나선다.

우울한 생각을 잊고
기분전환을 위하여
어느 화창한 아침, 나는 들판으로 나왔네.
사랑이 함께 하는 첫날,
마음은 아름다운 계절에 머물고……

이것은 완전히 관습적이고, 리듬이나 형식미를 느낄 수 없는 아주 평범한 작품이다. 이제 봄날 아침의 묘사가 이어진다.

사방에서는 새들이 어지러이 날고,
아주 달콤하게 노래하고 있어
그 노랫소리에 기뻐하지 않을 마음은 없네.
새들은 노래하며 하늘 높이 날아오르고,
서로 지나가고 또 지나가는 것이
누가 가장 높이 날아오르는지 경쟁하는 것 같네.
날씨는 구름 한 점 없이 맑고,
하늘은 온통 푸른색인 한때.
아름다운 태양은 밝게 빛나고 있었네.

아름다운 계절과 풍경을 묘사하는 대목은 시인이 자제할 줄 알았다면, 큰 효과를 발휘했을 것이다. 자연에 대한 이 시의 단순성에는 정말로 매혹적인 것이 있지만, 확고한 형식이 없다. 시인은 자로 잰 듯이 조심스럽게 새의 노랫소리를 일일이 늘어놓은 뒤에 이렇게 이어간다.

나는 보았네, 꽃이 만발한 나무들과
산토끼, 집토끼가 달리는 모습을.
만물은 봄을 반기고,
사랑은 그곳에 군림하는 것 같았네.
아무도 늙거나 죽을 수 없을 것처럼 보였네.
사랑이 여기에 있는 한,
풀잎에서는 달콤한 향기가 피어오르고,
맑은 공기를 더욱 상쾌하게 했네.
그리고 골짜기를 따라 졸졸거리며
작은 시내가 흘러 대지를 적시네.
그 물은 짜지 않았네.
작은 새들이 날아와 그 물을 마셨네.
새들이 귀뚜라미와 날벌레와 나비를
쪼아 먹은 뒤에, 나는 송골매, 매, 쇠황조롱이를 보았네.
그리고 좋은 꿀로 나무의 크기에 어울리게
벌집을 짓는 침을 지닌 벌들도 보았네.
울타리 저편에는 매력적인 초원이 있어
자연은 푸른 풀밭 위로
하양, 노랑, 빨강, 보랏빛의 꽃을 흩뿌려 놓았네.
그곳은 백설에 뒤덮인 것처럼
새하얀 꽃들이 만발한 숲으로 둘러싸였네.

참으로 알록달록한 게 한 폭의 그림이었지.

시냇물은 자갈들 위로 빠르게 흘러가고, 물고기들은 거기서 헤엄친다. 자그만 숲은 강둑 위로 나뭇가지를 펼쳐 마치 푸른 커튼을 친 듯하다. 시인은 또다시 둥지를 튼 오리, 비둘기, 백로, 꿩 따위 새들의 이름을 나열한다.

이것은 시에서 발견되는 자연 경치의 무제한적 꾸미기이다. 그림에 비하면, 얼마나 다른 효과를 불러오는가? 달리 말해, 똑같은 영감에서 비롯되었지만 방법상의 차이로 결과는 아주 다른 것이다. 화가는 그림의 특성상 자연을 충실하게 그리도록 강요받는 반면, 이 시는 형식 없는 피상성에 빠져서 관습적인 모티프를 늘어놓는다.

이 경우, 시의 효과는 산문보다 못하다. 산문이 오히려 그림의 효과에 더 가깝게 다가간다. 산문은 특별한 모티프에 얽매어 있지 않다. 산문은 때때로 지각된 현실의 꼼꼼한 묘사를 더 강조하고, 더 자유로운 수단을 동원하여 꼼꼼한 묘사를 완수한다. 이렇게 함으로써 산문은 문학과 미술의 상호 보완적 관계를 시보다 훨씬 잘 증명한다.

15세기 산문의 대가 샤틀랭

중세 후기 정신의 기본적 특성은 시각적인 특성을 강조하는 것이었다. 이 특성은 정신의 쇠락과 밀접한 관계가 있었다. 중세 사람들은 오로지 시각적인 상상력을 통해서만 생각했다. 표현된 것들은 모두가 시각적인 용어에서 나왔다. 그들은 우화 이야기와 시에 지적 내용이 아예 없어도 문제 삼지 않았다. 시각적인 성취만으로도 충분한 만족을 얻을 수 있었기 때문이다. 사물의 겉모습을 직접적으로 표현하려는 경향은 문학적인 방법보다 그림을 통해 더 강하고 완벽하게 이루어졌다. 마찬가지로, 이런 시각화는 시보다 산문에서 더 효과적으로 성취되었다. 이렇기 때문에 15세기의 산문은 여러 가지 면에서 회화와 시의 중간 단계에 위치한다. 시, 산문, 회화는 모두 '세부 사항의 무제한적인 꾸미기'라는 공통점을 가지고 있지만, 그림과 산문에서는 이런 공통점이 직접적인 사실주의로 결실 맺어졌지만, 시는 그렇지 못했고 그것을 보충하는 대체물도 갖고 있지 못했다.

반에이크 못지않게 사물을 투명하게 관찰하여 외부적으로 표현한 산문 작가가 있다. 그는 조르주 샤틀랭인데 플랑드르의 알스트Aalst 지역 출신이다. 그는 자신을 가리켜 '충성스러운 프랑스인', '프랑스 태생'이라고 말하지만, 그의 모국어는 플랑드르어인 듯하다. 라 마르슈는 그를 가리켜 "프랑스어로 글을 쓰지만, 플랑드르 태생"이라고 했다. 하지만 샤틀랭 자신은 투박한 촌스러움을 플랑드르의 특징이라며 자랑스럽게 생각했다. 그는 자신의 '품위 없는 말투'에 대해 이렇게 말했다. "나는 소를 몰면서 기르는 목동, 막돼먹고 무식한 인간, 말을 더듬고, 입이 싸고, 육체적 결점 투성이에, 땅을 갈기에 딱 어울리는 인간이다."9 그는 자신의 과장이 심한 비극조 산문10을 당시 사람들의 매너와 심각한 '허풍'을 묘사하다 보니 그렇게 되었다고 말하는데, 이 때문에 프랑스 독자의 구미에 별로 맞지 않는다고 생각한다. 그의 장식적인 문체는 코끼리처럼 비둔한 느낌을 준다. 그래서 어떤 동시대인은 그의 문장을 가리켜 "우렁찬 소리를 내는 배 불룩한 종鐘"11이라고 했는데 적절한 논평이었다. 하지만 날카롭게 관찰하여 형형색색으로 생생하게 표현하는 스타일은 플랑드르 기질 덕분이었다. 그의 날카로운 관찰과 생생한 묘사는 근대 벨기에의 작가들을 연상시킨다.

샤틀랭과 얀 반에이크 사이에는 틀림없이 유사성이 있지만 둘의 예술적 수준에는 차이가 있다. 아주 좋게 보아서, 반에이크의 특징 중 다소 낮은 수준이 샤틀랭의 최고 수준과 비슷하다. 아무튼 이렇게라도 반에이크와 어깨를 겨룬다는 것은 상당한 의미를 갖는다. 나는 여기서 겐트 제단화의 노래하는 천사들을 생각해 본다. 눈부시게 빛나는 보석들이 달린 진홍색과 황금색의 무거운 옷들, 지나치게 강조된 일그러진 얼굴, 악보대의 다소 현학적인 장식 등 반에이크 그림의 이런 특징은 허세 심한 부르고뉴 궁정의 문학 스타일과 조응한다. 회화에서는 이 수사적인 요소가 부차적인 위치를 차지하지만, 샤틀랭의 산문에서는 주된 관심사가 된다. 대부분의 경우, 그의 예리한 관찰과 생생한 묘사는 아름답게 다듬은 구절과 장식적인 단어들의 홍수에 짓눌려 익사할 지경이다.

하지만 샤틀랭이 그의 플랑드르 기질을 사로잡는 사건을 묘사할 때에는 얘기가 달라진다. 샤틀랭 문장의 장식적 요소에도 불구하고, 아주 직접적이고 유연한 세속성이 그의 이야기에 스며들어 완벽한 효과를 발휘한다. 그가 다루는 아이디어의 목록은 동시대인의 목록보다 별로 길지 않다. 아주 오랫동안 유통되어 온 종교적, 윤리적, 기사도적 아이디어라는 닳아빠진 동전을 사용하고 있다. 이처럼 아이디어는 피상적이지만 문장의 묘사는 명쾌하고 생생하여 그 동전이 잘 유통된다.

그의 선량공 필립 묘사는 반에이크 그림의 솔직함에 거의 필적한다.[12] 소설가의 기질이 농후한 연대기 작가답게 그는 대공과 아들 샤를 사이의 언쟁(1457년)을 상세하게 얘기한다. 바로 이 대목에서 사물을 시각화하여 보여 주는 그의 능력이 최대한 빛난다. 사건을 둘러싼 외부적인 상황들은 완벽할 정도로 명쾌하게 제시된다. 이 이야기 중에서 긴 대목을 몇 가지 인용해 보자.

선량공과 대담공의 부자 갈등

쟁점은 젊은 샤롤레 백작(후일의 샤를 대담공)의 궁정에서 보직이 하나 비었는데 그걸 누구에게 주느냐 하는 것이었다. 대공은 일찍이 그 보직을 아들 마음대로 하라고 약속했지만, 대공의 총애를 받던 크루아파의 일원에게 주고 싶어 했다. 샤를은 그런 총애를 싫어하여 반대했다.

"성 앙투안의 축일 미사가 지난 뒤의 월요일,[13] 대공은 신하들끼리의 의견 충돌이 가라앉아 궁정이 평화로워지기를 바라며, 아들도 자신의 의지와 희망에 따르기를 몹시 기대했다. 그는 이미 많은 시간을 들여서 기도를 올렸고 성당에서 인적이 끊어지기를 기다린 뒤, 아들에게 다가오라고 부르면서 관대한 목소리로 말했다. '샤를아, 나는 시종직을 다투는 상피Sempy 와 에메리Hémeries 영주들의 언쟁에 네가 개입하지 말고, 상피 영주가 빈 자리를 차지하기를 바란다.' 그러자 백작은 대답했다, '전하께서는 상피 영주를 거론하지 말라고 제게 명령을 내린 적이 있습니다. 전하, 저는 부디 그 명령을 지키도록 기도하겠습니다.'—'그래?' 대공은 이렇게 대답했다. '나의 명령에 대해 고민하지 말라. 명령을 내리고 거두는 일은 내게 속한 권리이니까. 나는 상피 영주가 그 자리에 임명되기를 바란다.'—'하항!' 이 것은 백작이 한 말이다(그는 늘 이런 식으로 못마땅함을 표시했다), '전하, 제발 용서해 주십시오, 저는 그럴 수 없습니다. 저는 전하께서 명령한 것을 그대로 지키겠습니다. 이것은 크루아 영주가 제게 농간을 부린 것입니다. 저도 상황을 알아보았으니까요.'—'뭐라고?' 이것은 대공이 한 말이다. '너는 내 말을 따르지 않을 작정이냐? 내 뜻을 거스를 생각인가?'—'전하, 저는 기꺼이 복종하겠습니다만 이 문제만큼은 아닙니다.' 그러자 대공은 그 대답에

556

화를 억누르며 대꾸했다. '아아! 정녕 나의 뜻을 거스를 작정이냐? 그렇다면 썩 내 앞에서 꺼져라.' 이렇게 얘기하면서 피가 거꾸로 용솟음치는 듯, 대공은 안색이 창백해지다가 곧 울그락불그락해졌고 얼굴은 끔찍한 표정으로 일그러졌다. 나는 대공과 함께 단 둘이 있었던 교회 서기로부터 이 얘기를 전해 들었다. 서기는 대공을 바라보기가 섬뜩했다고 한다……."

이 글은 정말 힘찬 문장이 아닌가. 첫 머리를 부드럽게 열고, 말을 짧게 주고받다가 분노가 치솟고, 아들의 머뭇거리는 대화에서는 이미 뒷날의 샤를 대담공의 모습을 엿볼 수 있지 않은가.

대공비(이때까지 그녀의 존재는 언급되지 않았는데)는 대공이 아들을 바라보는 사나운 눈길에 몹시 겁을 내며, 아들을 밀치면서 다급하게 남편의 분노를 달래려 애쓰고, 교회의 기도실[14]에서 아무 말 없이 나갔다. 하지만 그녀는 여러 모퉁이를 돌아야 비로소 문에 이르렀고, 교회 서기는 열쇠를 가지고 있었다. "카론, 문을 열게." 대공비가 말했다. 하지만 교회 서기는 그녀에게 무릎을 꿇고, 두 사람이 교회를 떠나기 전에 아들이 먼저 대공에게 용서를 빌라고 간청했다. 그녀는 샤를에게 어서 빌라고 열심히 권했지만 아들은 오만하게 큰 소리로 대답했다. "맹세코 그럴 수 없습니다, 어머니. 전하는 화가 치밀어 저를 꼴 보기 싫다며 썩 꺼지라고 했습니다. 이렇게 명령했기 때문에, 저는 전하에게 되돌아갈 수 없습니다. 저는 하느님의 돌보심을 믿고서 정처 없이 떠나갈 것입니다." 분노로 힘이 빠진 채 기도 의자에 앉아 있던 대공의 목소리가 갑자기 들려왔고……[15] 대공비는 두려움에 떨면서 교회 서기에게 외쳤다. "이보게, 자, 자, 우리가 떠날 수 있도록 어서 문을 열게나. 아니면 우리는 죽은 목숨이네."

필립은 당시 발루아Valois 가문에 흐르는 다혈질의 마술에 사로잡혔다. 자신의 방에 돌아온 늙은 대공은 일종의 젊은 혈기에 빠졌다. 저녁 무렵, 그는 충분한 호위도 없이 혼자서 남몰래 브뤼셀에서 빠져나왔다. "그때는 날이 짧았다. 이미 날이 저물었고, 군주는 말에 올라타고 혼자서 들판으로 나갔다. 우연히도 그 날은 오랫동안 우심했던 서리가 녹기 시작한 날이었다. 게다가 짙은 안개가 하루 종일 끼었다. 그날 저녁에는 가늘지만 살을 에는 비가 내리기 시작했다. 비는 들판을 흠뻑 적시고 얼음을 녹였으며 바람이 불기 시작했다." 이것은 벨기에 소설가 카미유 레모니어Camille Lemonnier의 얘기 같지 않은가.[16]

뒤이어 작가는 어둠 속에서 들판과 숲을 정처 없이 돌아다니는 대공의 모습을 묘사하고, 아주 생생한 사실주의와, 나름대로 중요한 장면에 이상야릇한 의미를 부여하고 또 도덕적 교훈의 수사修辭를 독특하게 뒤섞는다. 대공은 배고프고 지친 몸으로 방황한다. 그가 소리를 질러도 어디에서도 대답은 들려오지 않는다. 자칫 길인가 착각하여 강으로 들어갈 뻔했지만 영특한 말은 제때 알아보고서 뒷걸음질쳤다. 그는 말에서 내려 자기 자신을 질책한다. 사람 사는 동네로 되돌아가도록 알려주는 수탉의 울음소리나 개 짖는 소리를 들으려 했지만 헛수고였다. 마침내 그는 반짝이는 불빛을 보고 거기에 다가갔다. 그는 불빛을 놓쳤다가 다시 찾았고 드디어 접근할 수 있었다. "하지만 다가갈수록, 그것은 섬뜩하고 무서운 광경인 것 같았다. 불빛은 짙은 연기가 피어오르면서 수천 군데의 흙 둔덕에서 나왔기 때문이다. 그때, 누구라도 그것을 영혼의 연옥이나 악마의 환상이라고 여겼을 것이다." 그는 갑자기 말의 고삐를 잡아당겼다. 하지만 그는 깊은 숲 속에서 사람들이 숯을 굽고 있다는 것을 알았다. 하지만 주위에는 말이나 오두막집이 전혀 없었다. 잠시 헤맨 뒤에야 그는 개 짖는 소리를 들었고 가난한 사람의 오두막을 찾아내어 휴식을 취하면서 음식을 얻어먹었다.

샤틀랭의 작품에서 이처럼 인상적인 또 다른 대목은 발랑시엔의 두 시민이 벌인 사법적 결투이다. 헤이그의 프리지아 대표와 부르고뉴 귀족들 사이의 야간 싸움도 특이하다. 프리지아 사람들은 이층 방에서 나막신을 신고서 술래잡기를 하다가 이웃들의 밤잠을 설쳐놓았다. 또 다른 문장은 1467년의 겐트 폭동 사건에 대한 묘사이다. 대공이 된 샤를이 겐트를 처음 방문했는데, 그곳 사람들은 후템Houthem 축제일을 맞아 성 리비누스Saint Livinus 성당에서 되돌아오는 길이었다.[17]

우리는 이런 의외의 자질구레한 세부 사항 덕분에, 작가가 모든 상황을 얼마나 명쾌하게 관찰했는지 잘 알 수 있다. 겐트의 폭동에 직면한 대공은 '턱수염 사이로 이를 내밀고 입술을 깨물면서 낡은 투구를 쓴, 수많은 악당의 얼굴들'과 마주쳤다. 앞으로 밀고나가 대공 옆의 창가로 다가선 악한은 검은 침이 달린 쇠장갑을 끼고 있었다. 그는 쾅 소리가 나도록 창턱을 세게 쳤고, 그러자 주위는 겁먹은 듯 침묵에 빠져들었다.[18]

지각된 대상을 단도직입적으로 간결하게 얘기하는 샤틀랭의 문학적 능력은, 엄청나게 예리한 관찰력을 발휘하며 사물들을 완벽하게 표현하는 반에이크의 회화적 능력과 어깨를 겨룬다. 문학에서의 사실주의는 으레 관습적인 형식들로부터 간섭을 받았다. 그 결과 사실주의는 잘 발달하지 않았고 건조한 미사여구의 산더미를 뒤에 남겼다. 이런 상황이어서 멋진 사실주의는 문학에서 아주 예외적인 것이었으나, 회화에서는 활짝 꽃핀 사과나무처럼 찬연하게 빛을 발했다.

사실주의적인 표현에 관한 한 회화 쪽이 문학보다 훨씬 앞섰다. 미술은 이미 빛의 효과를 재현하는 놀랄 만한 기교를 습득했다. 그중에서도 세밀화의 화가들은 순간적으로 스쳐 지나가는 빛의 장면을 포착하려고 많은 노력을 기울였다. 이런 기술을 처음으로 완전히 발휘한 작품은 헤르트헨 토트 신트 얀스Geertgen tot Sint Jans의 〈그리스도의 탄생The Nativity〉(도판 31)이다. 세밀화 화가들은 이미 그리스도의 체포 장면을 그릴 때, 병사들의 갑옷에 반사되어 흔들리는 햇불의 빛을 묘사했다. 르네 왕의 세밀화 〈사랑에 사로잡힌 마음Cuer d'amours espris〉에 채색 삽화를 그린, 신원 불명의 대가는 환하게 밝아오는 해돋이와 해질 무렵의 가장 신비스러운 어스름을 잘 묘사했다. 『다이이의 성무일도서Heures d'Ailly』라는 기도서에 삽화를 그려 넣은 세밀화 화가는 폭풍이 몰아친 뒤에 구름 사이로 뚫고 나오는 햇빛을 선명하게 묘사했다.[19]

문학은 빛의 효과를 그대로 살리려 해도 아직 원시적인 방법밖에 알지 못했다. 그러나 밝은 빛의 광채에 대한 문학적 감수성은 위에서 언급한 대로 풍부했다. 작가들은 아름다움을 무엇보다도 찬란하게 빛나는 어떤 것이라고 여겼다. 15세기의 작가와 시인들은 햇빛, 촛불, 무기에 반사되는 빛을 즐겨 묘사한다. 하지만 단순히 빛의 존재를 알고 있다는 수준에 그치고, 그것을 어떻게 묘사할 지에 대한 문학적 방식은 아직 존재하지 않았다.

대화 처리가 뛰어난 프루아사르

우리는 회화에서 발휘되는 빛의 효과를 문학에서 찾으려면, 다른 곳을 찾아보아야 한다. 이 시대의 문학은 주로 직접화법을 생생하게 활용하여 순간적인 감정의 변화를 포착했다. 어떤 시대에서도 이렇게 줄기차게 직접화법의 문장을 구사한 적은 없었다. 이 관습은 성가실 정도로 남용되었다. 프루아사르와 그 일파는 정치적 상황을 설명하는 경우에도

도판 31 헤르트헨토트 신트 얀스, <그리스도의 탄생>, 내셔널 갤러리, 런던.

질문과 대답의 형식을 사용했다. 대화는 의식을 거행하는 듯한 어조와 공허한 울림 속에서 끊임없이 이어지다가 때때로 단조로움을 깨뜨리는 게 아니라 오히려 몇 갑절로 단조로움을 증폭시켰다. 하지만 작가들은 종종 이 기술을 활용하여 자연스러운 인상을 설득력 있게 이끌어냈다. 프루아사르는 누구보다도 생생한 대화를 구사할 줄 아는 대가였다.

"그는 그들의 도시가 점령되었다는 소식을 들었다. (대화는 온통 큰 소리로 주고받는다.) 그는 물었다. '어떤 자들에게?' 함께 이야기하던 사람들이 대답했다. '브르타뉴 녀석들입니다.' '아, 브르타뉴 놈들은 악질이다. 그 놈들은 도시를 약탈하고 불태운 다음에야 떠날 것이다. (외치던 소리는 내 내 이어진다.) 그들이 뭐라고 함성을 지르더냐?' 기사는 물었다. '나리, 그 녀석들은 라 트리무이유La Trimouille라고 외치고 있습니다.'"

프루아사르는 대화자가 놀라면서 상대방의 마지막 말을 반복하게 함으로써, 어느 정도 황급한 분위기를 창조한다. "나리, 가스통이 죽었습니다.' '죽었다고?' 백작이 물었다. —'그렇습니다, 정말로 죽었습니다, 나리.'" 또 다른 사례를 들면 이렇다. "그가 사랑과 집안 문제에 대해 조언을 요청했다면." "조언이라고," 대주교는 대답했다. "선량한 조카여, 이젠 너무 늦었다. 소 잃고 외양간 고치는 격이니까."[20]

시 또한 문답 형식을 많이 사용했다. 짧은 각운의 시행 속에서, 질문과 대답은 두 번 되풀이된다.

죽음이여, 나는 원망한다. —누구를? —너를.
—내가 너에게 뭘 잘못했는데? —내 연인을 빼앗아갔지.
—그건 사실이야. —말하라, 왜 그랬는지.
그건 재미가 있더군. —재미있어? 넌 잘 못 안 거야.[21]

이렇게 대화를 끊어서 이어가는 방법은 더 이상 수단이 아니라 목적이 되었고 노련한 기교가 되었다. 시인 **장 메쉬노**Jean Meschinot는 이 기교를 최고조로 끌어올렸다. 가엾은 프랑스 국민이 루이 11세의 책임을 따지는 발라드에서, 대화 주체는 30개 행마다 서너 번씩 바뀐다. 하지만 이런 기발한 형식을 취했다고 하여 정치적 풍자시의 효과가 줄어든 것은 아니다. 첫 번째 대목은 다음과 같다.

전하…… 뭔가? —들어 주십시오…… —무엇을? —제 입장을.

—말해 보거라. —저는…… —누군데? —황폐해진 프랑스입니다!

—누구 탓인가? —전하 탓으로. —어떻게? —모든 계급에게.

—거짓말이로다. —어찌 감히. —누가 그렇게 말하더냐? —제 고통이.

—무엇이 괴롭다는 거냐? —비참함이요. —얼마나? —극심할 정도로.

—한 마디도 믿을 수 없노라. —명백한 사실입니다. —이젠 그만하라!

—아니! 말해야겠어요. —소용없다. —부끄러운 줄 아십시오.

—내가 뭘 잘못했다는 거냐? —평화를 깨뜨렸어요. —어떻게?

—전쟁으로…… —누구의 —전하의 친구와 친척들.

—말을 삼가라. —그럴 수 없습니다, 정말로.[22]

피상적인 자연주의가 드러나는 당대 문학의 사례는 또 있다. 프루아사르는 기사도의 영웅적인 공훈을 묘사하는 데 관심을 기울였지만 자신의 뜻과는 다르게, 전쟁의 처참한 현실을 묘사했다. 기사도를 아주 많이 다루었던 코민과 마찬가지로, 프루아사르는 전쟁터에 쌓인 피로, 헛수고로 끝난 추격, 맹목적인 이동, 초조하게 지새는 밤의 야영을 잘 묘사했다. 그는 머뭇거리면서 전투를 기다리는 상황을 누구보다도 뛰어나게 그려냈다.[23]

사건의 외부적 상황을 세심하게 그리고 간결하게 재현할 때, 프루아사르는 때때로 비장한 문장을 구사한다. 이를테면, 분노가 폭발한 아버지의 칼에 찔린 젊은 가스통 페뷔스Gaston Phébus의 죽음 이야기가 그렇다.[24] 이 작품은 사진을 찍듯이 대상의 묘사가 정확하다. 그래서 그가 다양한 이야기를 시키는 작중 화자話者의 뛰어난 자질을 엿볼 수 있다. 예를 들어, 그는 함께 여행하는 동료인 기사 에스팽 드 리옹Espaing de Lyon의 이야기들을 정말로 훌륭하게 전달했다.

　인습에 얽매인 굴레를 벗어 버리고, 관찰에 집중하여 글을 쓸 때마다 문학은 똑같은 수준은 아니더라도, 회화와 어깨를 겨룰 정도가 된다.

문학과 미술의 자연 묘사

우리는 자연을 꼼꼼히 묘사한 문학작품들 중에서 회화의 수준에 근접한 것을 찾아서는 안 된다. 왜냐하면 여기서 말하는 자연 묘사는 주로 '비의도적인 관찰'과 관련된 것이기 때문이다. 15세기 문학의 자연 묘사는 아직 비의도적인 관찰에 바탕을 둔 것이 아니었다. 자연 속의 사건들은 중요하다고 생각될 때에만 이야기되었다. 필름이 빛에 반응하여 기록하듯이, 어떤 의도에 맞추어 사건의 외부적 상황만을 묘사했다. 의도가 배제된 문학 특유의 표현 방식은 여태 존재하지 않았다. 그러나 회화에서 자연 묘사는 부차적인 것이었고, 그래서 자연 묘사는 비의도적인 관찰이 가능했다. 하지만 문학에서는 자연 묘사가 여전히 의도적인 것이었다.(자연을 신의 영광 혹은 연애의 아름다움이라는 의도 아래서 묘사할 뿐, 그런 의도가 없이 자연의 아름다움을 있는 그대로 표현하는 문학적 방식은 아직 없었다는 뜻. 위에서 말하는 비의도적인 관찰은 신의 영광이나 연애의 아름다움 같은 의도가 없는 관찰을 말함.-옮긴이)

　그림 속의 자연 묘사는, 순전히 2차적인 특성을 지녔다는 그 사실로 인해 표현의 순수성과 단순성을 얻었다. 회화에서 순전히 부차적인 성격의 배경(자연 묘사)은 그림의 주제에 비해 중요하지 않고 종교 미술 양

564

식에서 아무 역할도 없었기 때문에, 15세기의 화가들은 풍경에 어느 정도 조화로운 자연스러움을 부여할 수 있었다. 물론 큰 관심사가 집중된 주제를 다루는 데 있어서는 이런 자연스러움이 여전히 금지되었다. 이런 현상을 정확히 설명해 주는 유사 사례는 이집트 미술이다. 이집트 사람들은 노예가 시시한 존재이기 때문에 노예의 형상을 그릴 때에는 인물 양식의 규범을 따르지 않았다. 인물 규범에서는 으레 인간의 모습을 왜곡시켜 표현해야 되었지만, 노예 같은 사소한 인간들은 때때로 동물과 마찬가지로 아주 자연스럽고 충실하게 표현할 수 있었다.

주제가 풍경을 너무 구속하지 않을수록, 그림의 전체적인 조화와 자연스러운 특징은 더 잘 나타난다. 『샹티이의 아주 화려한 성무일도서 *Très riches heures de Chantilly*』[25]의 삽화(세밀화)에서는 전혀 거리낌 없이 기묘하고 화려하게 왕족에게 존경을 표시한 장면 뒤에, 꿈결같이 부드럽고 몽롱하며 율동적으로 완벽하게 묘사된 브뤼헤 시市의 풍경이 나타난다.

문학을 살펴볼 때, 자연의 묘사는 여전히 전원시의 수준을 벗어나지 못했다. 우리는 이미 앞에서 단순한 전원생활을 두고 찬반 논쟁을 벌인 궁정 사람들을 언급했다. (제4장의 끝부분―옮긴이) 루소가 자신의 자연 사상을 마음껏 펼치던 후대와 마찬가지로, 중세 사람들은 공허한 궁정 생활에 싫증나 현명하게도 그곳에서 도피하여, 거무스름한 빵으로 배를 채우고, 느긋하게 로뱅과 마리옹의 사랑에 마음이 끌린다고 선언하면, 그런대로 품위가 더욱 돋보였다. 이것은 격정적인 화려함과 오만한 자기중심주의에 대한 감상적인 반발이었으나, 나름대로 진정성이 있었다. 하지만 그 주된 내용은 여전히 문학적 허세였다.

전원시가 노래한 자연 사랑은 이런 허세에 속하는 것이었다. 시적인 표현은 관습에 얽매어 있었다. 자연은 궁정 연애 문화의 거대한 사회적 놀이(게임)에 양념처럼 끼어드는 요소였다. 아름다운 꽃과 지저귀는 새와 기타 그와 관련된 용어들은 모든 당사자들이 이해하는 관습적인 형식으로 사용되었다. 문학의 자연 묘사는 이처럼 궁정 생활의 의도와 연결되어 있어서, 회화의 비의도적 차원과는 사뭇 달랐다.

봄의 아침과 같이 의무적인 모티프를 지닌 시의 첫 번째 연과 전원곡을 제외한다면, 중세 사람들은 자연을 묘사하려는 욕구를 거의 느끼지 못했다. 이를테면 샤틀랭의 작품과 같이 얼었던 눈이 녹기 시작하는 봄을 묘사하는 몇 편의 시가 있기는 하지만(암시의 효과가 훨씬 강력해지는 것은 이처럼 비의도적인 묘사 덕분이다), 자연에 대하여 문학적 정서를 살펴볼 수 있는 적절한 장르는 주로 전원시이다.

세부 사항의 무제한적 꾸미기의 효과를 예시하기 위하여 우리가 앞에서 인용했던 알랭 샤르티에의 시 구절 옆에, 『르뇨와 제앙느통*Regnault et Jehanneton*』이라는 시를 놓아 보자. 이 시에서 위풍당당한 목동 르네는 잔 드 라발Jeanne de Laval에 대한 사랑을 표시한다. 여기서도 사정은 마찬가지이다. 화가가 색채와 빛을 통해 풍경에 부여하는 통일성도, 자연의 일부에 대한 일관된 통찰도 찾아볼 수 없다. 단지 자연의 세부 사항들을 지루하게 열거할 뿐이다. 먼저 지저귀는 새, 벌레, 개구리를 하나씩 차례로 나열한 다음 경작하는 농부 얘기가 나온다.

저 멀리 농부들은 쉴 새 없이 밭을 갈며,
소리 높여 노래 부르네, 흥을 돋우면서.
황소들은 힘껏 쟁기를 끌고,
비옥한 밭에서 좋은 밀을 거둘 수 있으리.
틈틈이 소들에게 말을 거네,

566

그들의 이름을 부르며.

어떤 것은 '새끼 사슴', 어떤 것은 '쥐',

누렁이, 하양이, 퍼렁이, 동무라고.

그리고 채찍을 든다네,

그 놈들이 앞으로 나아가도록. [26]

물론, 이 시의 묘사에는 나름대로 신선함과 행복감의 분위기가 있다. 하지만 『아주 화려한 성무일도서』의 삽화 그림과 비교하면 여전히 수준이 떨어진다. 르네 왕은 자연을 잘 묘사하기 위한 모든 소재, 말하자면 일련의 그림물감을 제공하지만, 그저 물감에 지나지 않는다. 게다가 어스름이 짙어지는 풍경을 묘사할 때, 그는 어떤 의도에 맞추어서 그 분위기를 표현하려고 노력한다. 다른 새들은 침묵을 지키지만 메추라기는 여전히 지저귀고, 자고새는 황급히 둥지로 날아가고, 사슴과 토끼들이 나타난다. 태양은 좀 전까지 종탑 위에서 어렴풋이 빛났으나 이제 서쪽으로 넘어가고 대기는 쌀쌀해지고, 올빼미와 박쥐는 푸드덕푸드덕 날개치며 날기 시작했다. 그러면서 교회 종탑에서는 삼종기도를 알리는 종소리가 울렸다.

『아주 화려한 성무일도서』의 달력 그림들은, 모티프를 다르게 표현하는 회화와 문학의 방식들을 비교해 볼 기회를 준다. **랭부르 형제**의 삽화에서 배경을 채우는 멋진 성城들은 잘 알려져 있다. 외스타슈 데샹의 시는 그림의 문학 버전이라고 볼 수 있다. 일곱 편의 단시短詩에서 프랑스 북부의 여러 성들을 칭송하는데, 훗날 아그네스 소렐이 살게 되는 보테 성을 비롯하여 비에브르Bièvre, 카샹Cachan, 클레르몽Clermont, 니에프Nieppe, 노루아Noroy, 쿠시Coucy 성을 노래했다[27] 랭부르 형제 세밀화의 섬세하고 미묘한 표현 수준에 도달하려면, 테샹은 지금보다 훨씬 더 강력한 상상력의 날개를 펼쳐야 할 것이다. 9월 달력의 그림(도판 32)을 살펴보자. 소뮈르Saumur 성은 포도를 수확하는 장면 뒤에서 마치 꿈결처럼 떠오른다. 풍향계가 달린 높은 첨탑, 탑의 꼭대기 부분, 우아하게 장식된 흉벽, 20여 개의 가느다란 굴뚝 등 모든 것이 화단의 흰 야생화처럼 짙은 쪽빛의 대기 중에 활짝 피어 있다. 또는 3월 그림(도판 33)에 나오는 당당하고도 웅장하며 엄숙한 뤼지냥Lusignan 성, 12월 그림(도판 34)에 나오는 나뭇잎이 시들어 앙상한 숲 위로 불안스레 서 있는 뱅센 Vincennes 성의 음울한 탑을 보라.[28]

시인, 적어도 테샹 정도의 시인이라면 이렇게 생생한 이미지를 불러일으키는 표현 수단이 있었을까? 물론, 없었다. 이를테면 비에브르 성을 다룬 시에서는 성의 건축 형태를 묘사했는데도, 그림과 같은 효과는 나오지 않는다. 사실, 그는 성을 바라보는 기쁨을 나열하는 데 그쳤을 뿐이다. 화가는 당연히 밖에서 성을 바라보지만, 시인은 성 안에서 밖을 내다보고 있다.

그의 맏아들은 빈Viennois의 왕세자.

이곳에 '아름다움'이라는 이름을 주었네.

즐거움을 주는 곳이니 아주 어울리는 이름.

그곳에선 나이팅게일의 노랫소리를 들을 수 있네.

도판 32 랭부르 형제, <9월(포도수확)>, <베리 공의 화려한 성무일도서> 중의 캘린더 페이지. 뮈제 콩데, 샹티이.
도판 33 랭부르 형제, <3월>, <베리 공의 아주 화려한 성무일도서> 중의 캘린더 페이지. 뮈제 콩데, 샹티이.
도판 34 랭부르 형제, <12월>, <베리 공의 아주 화려한 성무일도서> 중의 캘린더 페이지. 뮈제 콩데, 샹티이.
도판 35 랭부르 형제, <2월>, <베리 공의 아주 화려한 성무일도서> 중의 캘린더 페이지. 뮈제 콩데, 샹티이.

도판 32

도판 34

도판 33

도판 35

마른Marne 강이 그 주위를 둘러싸고, 웅장한 장원의

높이 치솟은 상쾌한 숲은 바람결에 가볍게 흔들리지.

초원과 정원이 가까이에 있어. 아름다운 잔디밭,

맑고 시원한 샘물,

포도원들과 경작하기 좋은 땅들,

빙빙 돌아가는 풍차, 보기에도 아름다운 들판.

이 시의 효과는 세밀화의 그것과 비교하면 얼마나 큰 차이를 보이는 가! 그럼에도 불구하고, 회화와 시는 표현 방식과 주제를 공유한다. 그림과 시는 가시적인 것들을 나열한다(시는 귀에 들리는 것을 포함한다). 하지만 화가의 시선은 특정하고 제한된 대상의 덩어리에 집중된다. 눈에 보이는 것을 나열하면서도, 화가는 통일성, 제약성, 일관성을 제시한다. 2월의 그림(도판 35)에서 폴 드 랭부르Paul de Limbourg는 겨울이 연상되는 모든 사물들을 한데 모아 놓았다. 앞쪽에서 불 쬐는 농부들, 말리기 위해 널어놓은 세탁물, 눈 덮인 땅 위의 까마귀, 양 우리, 벌통, 술통, 수레 등 모든 것과, 배경에 고요한 마을과 언덕 위의 외따로 떨어진 농가 등 겨울 풍경이 물씬 풍긴다. 하지만 이런 잡다한 대상들에도 불구하고 그림은 완벽할 정도로 평온한 통일성을 간직한다. 이에 비해 데샹의 시선은 하릴없이 이리저리 움직이며 안정을 찾지 못한다. 그는 절제할 줄 모르기 때문에 통일된 시각을 얻지 못한다.

이처럼 데샹의 시에서는 내용이 형식을 압도해 버렸다. 문학의 형식과 내용은 둘 다 낡았지만, 회화에서는 내용이 낡았음에도 불구하고 형식은 새로웠다. 그림에서는 내용보다 형식 안에서 표현할 수 있는 것이 훨씬 많았다. 화가는 언외言外의 지혜를 형식에 담을 수 있었다. 다시 말

해 직관, 분위기, 심리 현상 등을 말로 하지 않고서도 표현할 수 있었다. 중세 후기는 지나칠 정도로 시각적인 것에 치우쳤다. 이러한 시대 상황은 회화의 표현이 문학보다 우월하다는 것을 설명해 준다. 주로 시각적 요소에 편승하기만 할 뿐, 언외의 지혜가 없는 문학은 실패할 수밖에 없었다.

새로운 것이 없는 15세기 문학

15세기의 시는 새로운 아이디어가 거의 없는 듯하다. 새로운 형식을 만들어내려고 해도 힘이 부쳤다. 고작해야 낡은 주제를 다듬어 새롭게 만드는 것에 그쳤다. 모든 사상은 답보 상태였다. 중세의 정신은 성스러움을 주축으로 삼는 커다란 건축물을 간신히 완공하고서, 지칠 대로 지쳐 머뭇거렸다. 공허감과 무력감이 온 사방에 만연했다. 사람들은 세상에 절망했고 모든 것은 퇴화했다. 지독한 우울증이 영혼을 지배했다. 데샹은 이렇게 한탄한다.

아, 내가 더 이상 아무것도 만들지 못한다고 말들 하네.
난 예전에는 새로운 것들을 많이 만들었는데.
그 까닭은 내게 멋진 주제가 없기 때문이지.
그게 있어야 좋은 것이나 멋진 것을 만들어낼 수 있어.[29]

운문체의 기사도 소설과 기타 시가詩歌들이 지나치게 긴 산문으로 재생된다는 사실은 이 시대 문학의 침체와 쇠퇴를 확실하게 증명한다. 이런 모든 상황에도 불구하고, 15세기의 '압운押韻 이탈'은 새로운 정신으로의 전환이었다. 13세기 말까지 사람들은 의학, 박물학을 비롯하여 모든 것을 운문으로 표현했다. 이것은 고대 인도의 문학이 모든 학문 분야에 시詩의 형태를 적용한 것과 마찬가지였다. 이런 고정된 형식은 의사전달의 수단이 크게 소리 내어 읽는 것임을 의미했다. 이것은 개인적으로 흥에 겨워 우러나오는 낭독이 아니라, 여러 사람들 앞에서 기계적으로 들려주는 낭송이다. 더 원시적인 시대에, 운문은 사실상 일정한 형식에 맞춰 단조롭게 읊었던 형식이었다. 따라서 산문에 대한 새로운 요구가 생겨났다는 것은 좀 더 다르게 표현하려는 충동이 생겼다는 뜻이다. 예전의 암송 형식을 압도하는 보다 새로운 읽기의 관습이 정착되었음을 보여 주는 것이다. 이러한 독서는 여러 개의 챕터로 나누어 소제목을 다는 관습과 연결되었고, 이런 관습이 15세기에 널리 받아들여졌다(예전의 책들은 이렇게 여러 챕터로 나누는 일이 없었다). 이 당시에 산문이 시보다 더 많은 수요가 있었다. 시는 여전히 모든 주제를 수용하는 문학 형식으로 사용되었다. 이와는 대조적으로 산문은 예술의 형식으로 정립되었다.

산문이 시보다 더 뛰어난 장점을 나타낸 것은 형식의 측면에서였다. 산문도 시와 마찬가지로 새로운 사상은 그리 많지 않았다. 프루아사르는 아무 생각 없이 묘사에 집중하는 작가의 완벽한 전형이다. 그에게 사상은 거의 없고 사물에 대한 이미지가 있을 뿐이다. 그는 몇 가지 윤리적인 동기와 감정, 이를테면 충성, 명예, 탐욕, 용기, 그 밖의 단순한 형태의 덕목을 인식할 뿐이다. 그는 신학, 알레고리, 신화에는 관심이 없고 도덕도 마지못해 주의를 기울인다. 그는 정확하게, 별 힘 안들이고, 당연하다는 듯이 문장을 써나가지만 내용은 공허하다. 그는 영화에서 현실을 보여 주는 방식대로 겉모습을 기계적으로 찍어 묘사할 뿐, 내면의 진실로써 독자의 가슴을 강력하게 사로잡지 못한다. 그의 사색은 비길 데

없이 진부하다. 이를테면, 모든 일은 따분하게 마련이고, 죽음보다 확실한 것은 없으며, 때때로 지는 일이 있으면 이기는 일도 있다는 식이다. 어떤 개념에 대해서는 틀에 박힌 말투가 자동적으로 튀어나오고 그 판단도 상투적이다. 이를테면 독일인에 대해 얘기하는 경우, 으레 그들이 포로를 부당하게 대우하고 대단히 탐욕스러운 사람들이라고 말한다.[30]

혼히 프루아사르의 교묘하고 재치 있는 말(bon mots)이라고 인용되는 몇몇 문구들조차 본디의 맥락으로 되돌아가 읽어보면 대부분 박력이 없다. 예를 들어, 초대 부르고뉴 공, 빈틈없고 끈질긴 필립 대담공에 대한 성격 묘사가 그러하다. 프루아사르는 그를 '현명하고 냉철하며 상상력이 넘치고 자신의 일을 멀리 내다보는' 인물이라고 평가했다. 하지만 프루아사르는 이런 묘사를 누구에게나 닥치는 대로 적용했다![31] 가령 유명한 구절, "이리하여 장 드 블루아Jehan de Blois 전하殿下는 큰 대가를 치르게 되는 부인과의 전쟁을 떠맡았다"[32]도 본디 맥락에서 살펴보면, 인상적이라고 생각되는 구석이 별로 우러나오지 않는다.

사상의 결핍을 가려 주는 수사학

프루아사르의 문장은 수사학[美辭麗句]이 아예 없었다. 그러나 이것이야말로 당대의 사람들이 새로운 사상의 결핍을 감추었던 효과적 장치였다. 중세인들은 기교를 마음껏 부린 화려한 문체에 열중했다. 사상은 속이야 어떻든 당당한 외양 때문에 참신하게 여겨졌다. 온갖 어휘들은 무늬를 도드라지게 짠 옷을 입었다. 명예와 의무라는 용어들은 기사도 환상과 관련된 형형색색의 옷을 입었다. 자연에 대한 감각은 전원곡이라는 외피를 입었으며, 사랑은 대부분 『장미 이야기』에 나오는 알레고리의 틀을 사용했다. 알몸으로 자유롭게 설 수 있는 사상은 단 하나도 없었다. 사상은 지루한 행렬의 일정한 박자에 맞춰 걸어갈 뿐, 조금도 거기서 벗어나지 못했다.

수사적인 장식 요소는 그림에서도 찾아볼 수 있다. 그림으로 표현된 수사修辭라고 할 만한 사례들은 헤아릴 수 없이 많다. 이를테면, 반에이크의 〈참사회원 반 데르 파엘레와 함께 있는 성모〉에서 이 그림의 기증자를 성모에게 추천하는 성 그레고리우스가 그런 경우이다. 화가는 성 조지의 황금 갑옷과 찬란한 투구를 고풍스럽게 만들려고 불필요하게 애쓰고 있다. 그의 동작은 수사적인 측면으로 보아도 참으로 빈약하다. 또한 폴 드 랭부르의 어떤 그림은 삼왕三王(예수의 탄생을 축하하러 온 동방의 세 박사)이 출현하는 이국적인 장면을 너무 극적으로 표현하려 애쓴 나머지, 수사적인 요소가 괴상한 화려함이 되어 버렸다.

15세기의 시는 심오한 사상을 아름답게 표현하려 들지 않을 때, 오히려 자연스럽게 보였다. 비록 잠시일지라도 어떤 이미지나 분위기를 생생하게 떠올리려 할 때, 가장 훌륭한 기량을 발휘했다. 시의 효과는 형식적인 요소, 이를테면 이미지, 억양, 운율에 달려 있었다. 이 때문에 15세기 시는 운율과 억양이 부차적인 역할을 하는, 호흡이 긴 서사적 예술작품을 써내지 못했다. 따라서 15세기 시는 형식을 주된 관심사로 삼는 장르, 론도, 발라드 등에서 참신성을 발휘했다. 이 장르들은 가벼운 사상에 바탕을 두고서 이미지, 억양, 운율에서 시적효과를 이끌어낸다. 이것들은 민요처럼 단순함과 직접적인 창조성을 특징으로 하며, 민요에 가까이 다가갈수록 더 큰 매력을 풍긴다.

서정시의 형식을 확립한 마쇼

14세기 무렵, 서정시와 음악의 관계는 역전되었다. 그 이전에는 심지어 서정과 무관한 시일지라도 음악 연주와 불가분의 관계에 있었다. 인도의 슬로카sloka처럼 일련의 12음절 또는 14음절로 된 샹송 드 제스트 chanson de geste(무훈시)도 음악처럼 연주 위주였다. 중세의 시인은 으레 시를 짓는 동시에 반주 음악을 작곡했다. 14세기의 기욤 드 마쇼가 대표적인 경우이다. 당시에 가장 공통적인 서정시인 발라드, 론도, 데바 débat(논쟁 형식의 시)의 형식을 확립한 인물이 마쇼였다. 마쇼의 론도와 발라드는 대단히 단순하고, 색채가 별로 없고, 가벼운 지적 내용을 특징으로 한다. 이것은 나름대로 유리한 점이 있었는데, 이 경우 시는 음악을 수반함으로써 예술적 효과의 절반만 담당하면 되었기 때문이다. 음악을 곁들인 노래가 뛰어날수록 색채와 표현력은 줄어든다. 이를테면 다음과 같은 단순한 론도가 그러하다.

이별할 때, 나는 내 마음을 당신에게 남겨두었네.
그리고 눈물을 흘리며 슬퍼하면서 떠나네,
되돌아올 수 없어도, 당신을 섬기기 위해
이별할 때, 나는 내 마음을 당신에게 남겨두었네,
내 영혼을 걸고 맹세하지만, 평화를 누리지 않을 것이네,
돌아올 그날까지, 이토록 침울한 이 몸에게.
이별할 때, 나는 내 마음을 당신에게 남겨두었네,
그리고 눈물을 흘리며 슬퍼하면서 떠나네.[33]

그러나 후대 시인인 데샹으로 내려오면 그는 더 이상 자신의 발라드에 반주 음악을 작곡하지 않는다. 그리하여 마쇼보다 훨씬 더 다채롭고 표현적이다. 똑같은 이유로 그의 시는 더 많은 흥미를 자아낸다. 비록 문체는 시적이지 못하지만 말이다. 내용이 거의 없지만 일정한 내적 가락을 가진 경쾌하고 가벼운 시는 시인이 더 이상 반주 멜로디를 작곡하지 않더라도 사라지지 않을 것이다. 론도는 특유의 스타일을 간직하는데 장 메쉬노의 다음과 같은 시가 좋은 사례이다.

당신은 정말로 나를 사랑해 줄 겁니까?
당신의 영혼을 걸고 말해주세요.
내가 그 무엇보다도 당신을 사랑한다면,
정말로 나를 사랑해주시겠습니까?
하느님은 당신 안에 많은 착함을 넣어 주셔서
당신이라는 사람 자체가 하나의 발삼 향입니다.
그러므로 나 자신은 엄숙히 선포합니다.
내가 당신의 것이라고. 하지만 얼마나
나를 사랑해 주시겠습니까? [34]

순수하고 단순한 재능을 가진 크리스틴 드 피장도 시에서 경쾌하고 가벼운 효과를 잘 냈다. 그녀는 동시대인들과 마찬가지로 시에다 곡을 붙이는 재능이 있었다. 형식과 사상은 거의 변하지 않은 채, 유창하면서도 무채색이고, 고요하며 조용하며, 부드럽게 농담하는 듯한 우울함이 뒤따른다. 이런 시들은 참으로 문학적인 시이다. 생각과 억양이 완전히 궁정풍이다. 그것들은 관습적인 묘사로 똑같은 모티프를 되풀이하던 14

세기의 상아 장식판을 연상시킨다. 사냥 장면, 『트리스탄과 이졸데』 또는 『장미 이야기』의 사건 등을 우아하게 멋지고 매력적으로 묘사하는 상아 장식판 말이다. 크리스틴은 우아한 정교함에 민요의 가락을 결합시켜 종종 순수한 작품을 만들어낸다. 이를테면, 남녀의 재회를 노래한 경우가 그러하다.

어서 오세요,
내 사랑이여, 자, 나를 포옹하고 키스해 주세요,
어떻게 지내셨나요?
떠나신 뒤로.
아무 일 없이 잘 지내셨나요? 늘? 이리로 오세요,
내 곁에 앉으세요, 그리고 얘기해 주세요,
어떻게 지내셨는지, 잘 지내셨는지, 못 지내셨는지,
나는 자세히 알고 싶어요,

─나의 여인이여, 난 그 누구보다 당신에게
사로잡혀 있어요, 이게 아무에게도 불쾌하지 않기를.
욕망이 나를 꽉 붙잡고 있다는 걸 알아주세요.
이런 불편을 예전에는 느끼지 못했고 그러다보니
그 어떤 것에도 기쁨을 느끼지 못했어요.
당신과 멀리 떨어진 뒤. 연인들의 마음을 누그러트리는 사랑이
이렇게 말했어요. "나에게 충실하세요. 그리고 그것에 대하여
나는 자세히 알고 싶어요."

—그래, 당신은 맹세를 지켜 주셨군요,
성 니케즈의 이름을 걸고, 정말 고마워요.
당신이 무사히 건강하게 돌아오셨으니,
기뻐합시다. 자, 진정하세요.
얘기해 주세요, 도대체 당신의 괴로움이
내가 겪은 고통보다 얼마나 심했는지를.
나는 자세히 알고 싶어요.

내가 당신보다 더 괴로움을 당했다고
생각해요. 그러니 정확히 얘기해 주세요,
그 괴로움의 보상으로 얼마나 많은 키스를 받을 수 있나요?
나는 자세히 알고 싶어요.[35]

다음은 연인의 열정에 대한 노래.

오늘로 꼭 한 달이 지났어요.
내 연인이 떠난 지.
내 마음은 서글퍼 말이 없어요.
오늘로 꼭 한 달이 지났어요.

"굿 바이," 그분은 말했습니다, "나는 떠나갑니다."
그리고 나서 지금껏 그분은 내게 소식이 없어요.
오늘로 꼭 한 달이 지났어요.[36]

다음은 체념을 권하는 노래.

친구여, 더 이상 울지 말아요,
내 마음은 그대의 슬픔에 연민으로 가득하다오.
내 마음을 그대와의 달콤한 우정에
온전히 바치고 싶어요.
당신의 분위기를 바꾸어 보세요.
제발, 더는 슬퍼하지 말아요.
쾌활한 얼굴을 내게 보여 주세요,
당신의 소망은 곧 나의 욕망이에요.

이 다정하고 자연스러운 여성 특유의 노래들은 『장미 이야기』의 주인공들이 보여 주는 남성적인 무겁고 기상천외한 생각과 다채로운 의상들은 결핍되어 있지만, 우리의 기분을 북돋아주기에는 충분하다. 이 노래들은 단 하나의 체험된 정서를 전달한다. 시의 주제는 우리를 감동시키자마자 곧 이미지로 바뀌어 버린다. 그리고 그 일원적 이미지는 거기에 수반되는 어떤 아이디어의 도움도 요청하지도 않는다. 이 시들은 어느 시대에서도 통하는 음악과 시의 특징을 갖추고 있다. 좋은 영감이 어느 한 순간의 단순한 통찰에 바탕을 두고서 피어나는 것이다. 주제는 순수하고 강렬하다. 노래는 검은 새의 노래처럼 명쾌하고 한결같은 어조로 시작한다. 하지만 시인 혹은 작곡가는 시행이 끝난 뒤에는 곧 힘이 바닥나 버린다. 분위기는 가라앉고, 마무리는 허약한 수사의 늪에 빠져 허우적거린다. 우리는 15세기의 거의 모든 시인들에게서 이런 실망감을 느낀다.
다음은 크리스틴 드 피장이 지은 발라드이다.

모든 사람들이 군대에서 돌아오는데,

어째서 당신은 전쟁터에 남아 있지요?

당신은 아실 거예요, 내가 당신에게만

사랑을 바치겠다고 맹세한 것을.[37]

첫 시작이 이렇게 나오면 우리는 중세 프랑스의 레오노레Leonore 발라드를 기대하며 뭔가 완성도 높은 시가 이어지기를 기대한다. 하지만 이 여류시인은 이렇게 첫 연을 시작하고 나서는 더 이상 할 말이 없다. 별 볼 일 없는 두 연을 더 쓰고 나서는 이 시를 끝내 버리고 만다.

하지만 프루아사르의 『말과 사냥개의 논쟁Le débat dou cheval et dou levrier』의 서두는 참으로 발랄하다. (레오노레 발라드는 독일시인 고트프리트 아우구스트 뷔르거Gottfried August Burger의 대표시 『레오노레Leonore』(1773)를 가리키는 것이다. 그는 당시의 관습을 파괴하는 파격적인 시를 많이 썼는데 레오노레는 애인을 잃어버린 여자가 애인의 혼령과 함께 무덤 속으로 들어간다는 괴기한 내용을 담고 있다.─옮긴이)

프루아사르는 스코틀랜드에서 돌아왔네,

회색빛의 말을 타고,

가죽 끈으로 맨 흰색 사냥개를 끌고.

"아아," 개는 말했네. "난 지쳤어. 어이 회색빛의 말,

우린 언제나 쉴 수 있을까?

이제 우리에게 밥을 줄 시간인데."[38]

하지만 이 발랄한 어조는 지속되지 못하고 시는 곧 위축되어 버린다.

시의 주제는 느껴지기만 할 뿐 깊이 명상되지는 않는다. 그러나 시의 주제가 가끔 웅장하게 암시될 때도 있다. 피에르 미쇼Pierre Michaut의 『눈먼 자들과의 춤Danse aux Aveugles』에서 우리는 사랑, 행운, 죽음의 옥좌 주위에서 영원히 춤추는 사람들을 본다.[39] 하지만 마무리는 처음 시작할 때에 비하여 한참 수준이 떨어진다. 이름 없는 시인이 지은 『성 이노상의 탄식Exclamacion des os Sainct Innocent』은 유명한 이노상 공동묘지의 납골당에서 뼈들이 외치는 소리로 시작한다.

우리는 불쌍한 죽은 자들의 뼈라네,
치수에 맞추어 무더기로 가지런히 쌓여 있도다.
깨지고 부서지고 닥치는 대로……[40]

이 구절들은 죽음을 슬퍼하는 아주 침울한 서두로서는 딱 들어맞는다. 하지만 이 모든 것은 그 후에 아주 평범한 메멘토 모리로 전락한다.

만약 그림의 경우라면, 이것들은 더 큰 그림을 위한 밑그림으로 적절하다. 이런 간단한 비전 속에도 더 크고 정교한 그림을 그리게 해주는 주제가 들어 있다. 하지만 시인에게는 그런 비전만으로는 충분하지 않다.

풍자와 조롱에 강한 15세기 문학

이 모든 것으로 미루어보아 15세기 미술의 힘이 모든 면에서 문학을 능가했다는 뜻인가? 아니다. 문학에서는 마음대로 쓸 수 있는 직접적인 표현 수단이 미술보다 더 많고 또 풍부한 분야도 있다. 무엇보다도 풍자가 이런 분야이다. 순수회화는 비록 풍자화의 수준으로 자신을 낮춘다

고 해도, 희극적인 감정을 조금
밖에 표현하지 못한다. 그림으
로 표현되면, 희극적인 요소는
이상하게도 희극적이지 않고
진지하게 보인다. 복잡한 삶 속
에서 희극적인 요소가 비교적
많지 않을 경우에, 그러니까 희
극적 요소가 지배적인 분위기
가 아니라 양념 정도일 때에는,
순수회화도 문학의 코믹 수준
과 보조를 맞출 수 있었다. 가
령 풍속화는 미소한 양의 희극
적인 요소를 포함시켰다.

여기에서도 순수회화는 여전
히 자신의 본바탕을 확실히 지
킨다. 우리가 이미 앞에서 언급
한 대로, 15세기의 미술은 세부
사항의 무제한적 꾸미기를 실
천했다. 이 꾸미기가 알게 모르
게 사소한 것들의 묘사로 진행

도판 36 로베르 캉팽(플레말의 대가), <수태고지>(오른
쪽 패널), 메트로폴리탄 박물관.

되다가 마침내 풍속화로 발전했다. 플레말Flémalle의 대가에 이르면, 마
침내 세부 사항은 '풍속화'로 정립되었다. 그가 그린 목수 요셉은 자리에
앉아 쥐덫을 만들고 있다.(도판 36) 모든 세부 사항에서 풍속화의 성격은
드러난다. 순수회화에서 풍속화로의 발전은 반에이크에게서 이미 시작

되었다. 가령 반에이크가 플레말의 대가를 연상시키는 방식으로 창문의 그늘을 그대로 놔두거나 찬장이나 벽난로를 그릴 때에도 그런 풍속화의 기미가 포착되는 것이다.

하지만 이처럼 풍속을 다루는 경우에도, 말(언어)은 묘사를 뛰어넘는 차원을 그 안에 갖고 있다. 다시 말해, 문학은 마음의 상태를 솔직하게 표현할 수 있다. 아름다운 성채를 묘사하는 데샹의 글을 논의할 때, 우리는 그의 시가 실패했고, 세밀화의 높은 가시적 수준보다 한참 떨어진다고 논평했다. 하지만 초라한 핌Fismes 성에서 앓아누운 사람을 묘사하는 데샹의 발라드는 풍속화의 수준에 육박한다.[41] 그는 탑에 둥지를 튼 올빼미, 까마귀, 찌르레기, 참새의 소리에 잠을 이루지 못한다.

> 아주 기이한 가락이로구나.
> 게다가 그리 즐겁지도 않구나.
> 앓아누운 사람들에게는.
> 제일 먼저 큰 까마귀들이 우리에게 알려주네.
> 동이 트자마자 아주 확실하게.
> 목청이 터지라고 울어젖히는구나.
> 살진 것, 마른 것 가리지 않고, 쉴 새 없이.
> 저 소리보다는 큰북의 소리가 더 낫겠네,
> 다음에는 갖가지 새들이 우짖는 소리.
> 이어서 소들의 울음소리, 암소들, 송아지들,
> 우렁차게 울다가는 아주 낮게 한숨짓네.
> 이 소리들은 해롭기 그지없네,
> 사람들의 머리가 완전히 텅 비어 버릴 때,

교회 종소리가 울려 퍼지며,
앓아누운 사람들의 정신을
완전히 짓밟아 버리네.

저녁이 이슥할 무렵, 올빼미는 등장하여 탄식하는 소리로 환자에게
겁을 주어 죽음을 연상시킨다.

여긴 차갑고 불길한 피신처.
특히 아픈 사람들에게는.

어렴풋이 희극적인 요소를 비치거나 심지어 느긋하게 얘기하기 시작
하자마자, 사물을 나열하는 방법은 더 이상 지루하지 않게 된다. 시민
(부르주아)이 입은 옷을 생생하게 나열하고, 여성의 화장을 느긋하게 오
래 묘사하자, 단조로움은 사라진다. 장편 우화시『애인들의 악기』에서
프루아사르는 갑자기 발랑시엔에서 어렸을 적에 뛰어놀던 60가지의 어
린이 놀이를 나열하여 우리를 매혹시킨다.[42] 탐식이라는 악마에 봉사하
는 문학적 작업이 이미 시작된 것이다. 프랑스 소설가들 가령 에밀 졸라
Émile Zola, 조리스 카를 위스망스Joris Karl Huysmans, 아나톨 프랑스Anatole
France의 풍성한 주연酒宴은 이미 중세에 그 원형이 정립되었던 것이다.
프루아사르는 베스바일러Baesweiler 전투에서 뚱뚱한 벤첼 공작의 주위
로 몰려든 브뤼셀의 미식가들을 참 매력적으로 묘사했다. 그들은 하인
을 데리고 왔으며, 각자는 안장에 매단 큰 와인 술병, 빵과 치즈, 훈제 연
어, 송어, 뱀장어 어묵 등을 작은 냅킨에 깔끔하게 포장해 가져왔다. 그
미식가들의 등장은 전투 대형에 상당한 혼란을 안겼다.[43]

도판 37 후베르트 반에이크, <열린 무덤 곁에 있는 세 명의 마리아>, 보이만스-판 베우닝언 박물관, 로테르담.

이런 세부적 풍속에 집중하는 경향 덕분에, 당시의 문학은 가장 엄숙한 주제조차 운문으로 바꾸어 놓았다. 데샹은 평소에 유지하던 시의 수준을 떨어뜨리지 않고도, 운문으로 돈을 달라고 애원할 수 있었다. 일련의 발라드에서 그는 자신에게 약속된 예복, 땔감, 말, 체불 임금을 지불하라고 호소했다.[44]

이것에서 다음 단계까지는, 그러니까 풍속화에서 이상야릇하고 익살스러운 브뢰헬의 예술까지는 한 달음질인 것이다. 이런 코믹함의 형식에서 미술은 여전히 문학과 동격이었다. 브뢰헬과 같은 희극적 요소는 이미 14세기 예술에 온전하게 나타났다. 이것은 디종에 있는, 멜키오르

도판 38 랭부르 형제, <동정 마리아의 정화의식>, <베리 공의 화려한 성무일도서> 중에서. 뮈제 콩데, 샹티이.

586

도판 39 랭부르 형제, <엘리사벳을 방문한 성모 마리아>, <베리 공의 화려한 성무일도서> 중에서. 뮈제 콩데, 샹티이.

브뢰데를람의 〈이집트로의 피신〉(도판 5)에서 엿볼 수 있다. 후베르트 반 에이크Hubert van Eyck의 작품으로 추정되는 〈열린 무덤 곁에 있는 세 명의 마리아〉(도판 37)에 나오는 잠자는 세 명의 병사들에게서도 그런 희극적 요소가 발견된다. 폴 드 랭부르는 일부러 이상야릇한 요소를 집어넣어, 아주 인상적인 장면을 그려냈다. 〈동정 마리아의 정화의식〉에서 구경꾼은 폭 넓은 소매에 1미터 높이의 허리 굽은 마술사의 모자를 쓰고 있다. (도판 38) 혀를 내민 괴상한 가면들로 장식된 세례반洗禮盤에는 익살스러움이 깃들어 있다. 〈엘리사벳을 방문한 성모 마리아〉의 배경에서는, 탑 속의 주인공은 달팽이와 싸우고, 또 다른 사람은 풍적風笛을 부는 돼지가 탄 손수레를 밀고 있다. (도판 39)[45]

문학의 브뢰헬적 요소

15세기의 문학은 어느 페이지를 들춰봐도 이상야릇한 구석이 있다. 인위적인 문체와, 알레고리 인물의 기이하게 환상적인 옷들은 이런 사실을 증명한다. 브뢰헬의 자유분방한 판타지는 나중에 더욱 폭발적으로 터져 나왔는데, 이를테면 사순절과 사육제 사이의 싸움, 생선과 고기 사이의 다툼 등은 이미 15세기의 문학에서 인기 높은 모티프였다. (도판 40) 브뢰헬과 아주 닮은 것으로는 대상의 예리한 비전을 들 수 있다. 그는

도판 40 피에테르 브뢰헬(대), <사육제와 사순절 사이의 싸움>, 문화사박물관, 비엔나.

잉글랜드와 맞서 전쟁하기 위해 슬뤼이스에 집결한 군대를, 파수병의 눈에 쥐와 생쥐의 군대로 보이는 것처럼 처리했다.

"전진, 앞으로! 이리로 오게. 나는 경이로운 것을 본다. 적어도 내게는 그렇다."
"뭐라고, 파수병? 그래 무엇이 보인단 말인가?"
"수만 마리의 쥐떼, 수많은 생쥐들이 잔뜩 몰려든다, 저기 저 바닷가에……."

도판 41 렘브란트, <거지들>, 아트 리소스, 뉴욕.

또 다른 경우, 그는 초점을 잃은 시선으로 침울하게 궁정의 식탁에 앉아 있다가 불현듯이 조신朝臣들이 음식을 먹는 모습에 주목했다. 어떤 사람은 돼지처럼 우적우적 씹으면서 먹고, 어떤 사람은 쥐처럼 이빨을 톱과 같이 사용하여 조금씩 물어뜯기 때문에 얼굴이 일그러지고, 또 어떤 사람은 턱수염이 도르래마냥 오르락내리락 했다. "그들이 먹는 꼴이란 마치 악마들과 같구나."[46]

보통사람들의 삶을 묘사할 때마다, 문학은 순수미술에서 만개한 유머가 교묘하게 뒤섞인 사실주의에 의존했다. 길 잃은 부르고뉴 대공에게 피신처를 제공한 가난한 농부에 대한 샤틀랭의 묘사는 브뢰헬의 그림처럼 사실주의가 탁월하다.[47] 먹고 춤추고 구애하는 목동들을 묘사하는 전원시들은 감상적이고 낭만적 기본 주제로부터 떠나서 약간 희극적인 효과를 노리는 생생한 사실주의로 옮겨갔다. 우리는 여기에서 15세기의 문학과 미술이 관심을 보이기 시작한 낡아빠진 옷에 대한 흥미를 엿볼 수 있다. 달력 세밀화는 몹시 기뻐하면서 밀밭에서 곡물을 수확하는 사람들의 낡아서 무릎이 보이는 옷을 강조하거나, 자선을 받는 거지들의 넝마를 즐겨 그렸다. 바로 여기에서 우리는 하나의 출발점을 본다. 그 출발점은 렘브란트의 스케치(도판 41)와 무리요Murillo의 〈거지 소년〉(도판 42)을 거쳐 스탱랑Steinlen의 거리의 사람들(도판 43)로 이어지며 연속적

도판 42 바르톨로메 무리요, <거지 소년>, 루브르, 파리.

도판 43 테오필 스탱랑, <대로변의 꽃 파는 사람>, 뮈제 드라빌 드 파리, 뮈제 카르나발레, 파리.

인 선線을 그리는 것이다.

하지만 동시에 우리는 그림과 문학의 큰 차이에 충격을 받는다. 순수 회화가 이미 거지의 회화적 특성, 말하자면 형식의 마술을 예민하게 의식했지만, 문학은 당분간 거지를 개탄하거나 칭찬하거나 비난하면서 그들의 존재 의미에만 관심을 기울일 뿐이다. 특히 거지의 존재를 비난한다는 것은, 가난을 사실적으로 묘사하는 문학의 원형이 되었다.

사실 거지는 중세가 끝날 무렵에 큰 골칫덩어리였다. 이 불쌍한 무리는 성당에 진을 치고, 소리를 지르면서 떠들썩하게 굴어 예배를 방해했다. 그들 가운데는 질 나쁜 사람들이 많았는데, 건강하면서도 빌어먹는 사람들(valid mendicantes)이 있었던 것이다. 1428년, 파리의 노트르담 대성당의 참사회원은 그들을 성당 문 앞으로 제한하려고 시도했으나 허사였다. 거지들은 나중에 가서야 성가대에서 본당 회중석으로 밀려났다.[48] 데샹은 이 불쌍한 사람들에 대한 반감을 줄기차게 표현했다. 그는 거지들이 모두 위선자와 사기꾼이라고 여겼다. 그는 외쳤다. "그들에게 몰매를 주어 성당에서 쫓아내라, 아니면 목을 매달거나 불에 태워 죽여라!"[49] 이렇게 볼 때, 비참함에 대한 근대 문학의 묘사에 이르는 여정은 순수 회화가 건너야 했던 길보다 훨씬 더 먼 것 같다. 회화에서, 새로운 요소는 나름대로 자연스럽게 채택되었다. 이와는 대조적으로, 문학에서는 새로이 성숙된 사회적 감수성이 먼저 새로운 표현의 형식들을 만들어내야 했다.

약하든 강하든, 조잡하든 섬세하든 희극적 요소가 주제에 의해 제공되는 경우(가령 풍속화나 익살화의 경우), 순수 회화는 문학과 보조를 맞출 수 있었다. 하지만 그림이 표현하려고 해도 도저히 표현할 수 없는, 색채나 선으로는 묘사가 안 되는 유머의 분야가 있었다. 희극적인 요소가 건강한 웃음을 일으키는 모든 곳, 가령 코미디, 광대극, 익살극, 농담 등의 형식들에서, 문학은 그림의 도전을 받지 않고 우위를 점유할 수 있었다. 이것은 중세 후기 문화의 풍성한 보물이고, 아주 특별한 정신의 소리가 그 보물로부터 들려온다.

문학 속의 아이러니

인생의 중요한 것들, 가령 사랑, 고통, 이별 등에 대하여 은근한 아이러 니를 퍼붓는 영역에서도 문학은 주도권을 잡는다. 이처럼 아이러니가 뒤섞이면, 허세부리고, 겉만 번드레하고, 진부한 에로티시즘의 형식들 도 아연 세련되고 순화된다.

에로티시즘(연애시) 이외의 분야에서, 아이러니는 여전히 어색하고 유 치한 면을 보여 준다. 1400년 무렵의 프랑스 작가들은 아이러니를 구사 하려고 할 때, 독자들에게 그것이 아이러니임을 미리 알려주었다. 데샹 은 그 시대를 이렇게 찬양한다. 모든 일은 완벽하게 돌아가고, 어디에서 나 평화와 정의가 군림한다.

지금 시대를 어떻게 생각하세요?
사람들이 날마다 내게 묻는구나,
그러면 나는 이렇게 대답하지.
명예, 충성, 진리 그리고 신앙,
관대, 용기 그리고 질서,
기부와 공공복지의 공동선이 보인다고.
그러나 맹세하건대, 내 머릿속 진짜 생각은
말해 주지 않아.

비슷한 취지를 살린 다른 발라드의 끝에서는 이런 후렴구가 있다. "지 금 말한 것들은 모두 반대로 알아듣게."[50] 또 다른 발라드의 후렴구는 이렇다. "세상을 이토록 비난하는 것은 큰 죄니라."

임금님, 제가 알고 있듯이,

온 나라에 미덕이 흘러넘치는군요.

하지만 이런 얘기에 많은 사람들이 중얼거립니다,

"저 친구 거짓말도 잘 해."…… 51

15세기의 후반 무렵, 어떤 재주꾼(bel esprit)은 자신의 풍자시에 이런 제목을 붙였다. "세상에서 가장 하찮은 화가가 질 나쁜 물감으로 그린 엉터리 그림 아래에서. 아이러니의 방식을 사용하여 대가 장 로베르테 Jehan Robertet가 지은 시."52

하지만 연애를 다루는 순간 아이러니는 몹시 세련되어 보인다. 이 경우, 아이러니는 우아한 우수憂愁, 억눌린 예민함과 뒤섞이기 때문에, 15세기 연애시의 낡은 문체에 뭔가 새로운 울림을 가져다준다. 이런 시를 읽으면 냉혹한 마음도 흐느껴 울면서 사라진다. 예전에 들어본 적이 없던, "깊은 곳에서(de profundis)"(구약성경 시편 130)의 외침이 세속적인 사랑 안에서 가득 울려 퍼진다.

이것은 자기 자신을 조롱하는 노래, 프랑수아 비용이 시로 읊었던 '거절당하여 버림받은 연인'의 모습이다. 이것은 샤를 도를레앙이 숨죽인 작은 목소리로 노래한 사랑에 대한 환멸의 시이다. 그는 울면서 웃는다. "나는 눈물을 지으며 웃네"라는 구절은 프랑수아 비용의 전매특허가 아니다. "웃을 때에도 마음에 슬픔이 있고 즐거움의 끝에도 근심이 있느니라(risus dolore miscebitur et extrema gaudii luctus occupat)"라는 성서의 오래된 속담(잠언 14장 13절)53은 새롭게 응용되어 되살아났으며, 신랄하고 세련된 정서적 의미를 획득했다. 멋들어진 궁정시인, 알랭 샤르티에는 방랑자 프랑수아 비용 못지않게 이 모티프를 잘 알았다. 두 사람 이전에는 오트 드 그랑송Othe de Granson[54]에게서 이런 아이러니를 찾아볼 수 있다. 다음의 사례는 알랭 샤르티에의 시이다.

나는 웃을 줄 아는 입이 없다,
설사 입이 웃어도 눈은 그걸 부정한다.
두 눈에 넘쳐흐르는 눈물로 인해.
내 마음은 웃음을 부인하는 것이다.

더 나아가 불행한 연인에 대해 이렇게 노래한다.

그는 억지웃음을 지으면서
거짓된 즐거움을 내보이네.
그럴 마음도 없으면서 억지로 노래하네,
즐거워서가 아니라, 두렵기 때문에.
목소리에 묻어나는 일말의 탄식이
늘 괴로움으로 바뀔까봐,
숲 속에서 지저귀는 지빠귀처럼 노래하네.[55]

방랑시의 형식을 지닌 어떤 시집의 끝 부분에서 시인은 다음과 같이 고통을 부인한다.

이 책은 야비한 생각 없이 시간을 보내려고
구술하고 묘사한 글이네.
알랭이라는 이름의 하찮은 서기가

소문으로 들은 사랑을 적어 놓았네.[56]

르네 왕의 지루하게 긴 시 『사랑에 사로잡힌 마음Cuer d'amours espris』에
서도 환상적인 장면을 자세하게 묘사하여 끝 부분을 마무리했다. 시종
장은 손에 촛불을 들고, 왕이 정말로 심장을 잃었는지 살펴보지만, 옆구
리에 구멍을 찾을 수 없었다.

그리하여 그는 미소 지으며 내게 말했네.
내가 잠들었던 것 같다고
이런 재난으로 세상을 떠나지 않으니
조금도 두려워하지 말라고.[57]

인습에 찌든 옛 형식들은 새로운 정서를 받아들이자 생생하게 되살아
났다. 샤를 도를레앙처럼 진부한 의인법擬人法을 끝까지 추구한 시인은
없었다. 그는 자신의 마음을 하나의 독립된 존재로 보았다.

나는 마음에 검은 옷을 입은 사람⋯⋯ [58]

예전의 서정시들, 그러니까 돌체 스틸 누오보dolce stil nuovo(→ 단테)도
의인법을 아주 신성하고 진지하게 다루었다. 하지만 샤를 도를레앙의
시에 이르면, 진지함과 조롱 사이에 더 이상 구분선을 긋기가 어렵다.
그는 의인법을 과장되게 사용하지만 그렇다고 해서 섬세한 감정을 잃지
는 않는다.

어느 날, 나는 내 마음과 얘기했네,

마음은 은밀하게 속삭였네,

말하는 중에 나는 마음에게 물었네,

사랑을 섬기는 동안

어느 정도 재산을 모았는지,

마음은 기꺼이 대답하기를,

진실을 얘기하겠노라고,

관련 문서들을 충분히 살핀 뒤에.

그렇게 말하고서 그는 떠나갔네,

나에게서 멀어져 갔네.

이어 나는 그가 들어가는 걸 보았네.

그가 소유한 경리 사무실로.

그는 거기서 여기저기 뒤지면서

몇 가지 낡은 장부를 보았네,

내게 신실을 보여 주고 싶으니까,

관련 문서를 충분히 살핀 뒤에······ 59

위의 구절에서 희극적인 요소가 두드러진다면 다음의 대목에서는 진지한 분위기가 압도적이다.

내 마음의 문을 더 이상 두드리지 마라.

근심과 걱정이여. 나에게 신경을 쓰지 마라.

내 마음은 잠들어 깨어나지 않으려 하니.

그러나 내 마음은 온 밤을 고통으로 지새웠지.

내 마음은 잘 보살펴 주지 않으면 위태로워져.

그만, 그만, 내 마음이 잠자도록 내버려둬.

더 이상 내 마음의 문을 두드리지 마라.

근심과 걱정이여. 나에게 신경을 쓰지 마라······ 60

교회 용어를 빌려 연인들을 빗댄 표현도 나름대로 문학적 기여를 했다. 『백 가지 새로운 이야기들』에서처럼 아주 그림 같은 언어나 조잡한 불경함의 효과를 냈고 또 15세기에 형식을 갖추면서 거의 애가哀歌다운, 몹시 부드러운 연애시를 만들어내기도 했다. 『사랑의 계율을 따르는 수도사가 된 연인』도 그러한 사례이다. 15세기 사람들은 아련하게 서글픈 분위기를 간직한 에로티시즘에 신성 모독의 요소를 추가하자 훨씬 더 강렬한 맛을 느꼈다.

연인을 영적 수도회의 수도사로 비유하는 모티프는 이미 샤를 도를레앙의 동아리에서, 또 '계율의 연인들'이라고 자처하던 시인들의 모임에서 생겨났다. 하지만 이 모티프를 아주 잘 다듬어서 자신의 다른 작품보다 훨씬 뛰어난 시, 『사랑의 계율을 따르는 수도사가 된 연인』을 써낸 사람이 있었다. 그런데 이 시의 저자가 정말로 마르시알 도베르뉴Martial d'Auvergne였을까?

실연失戀하여 불쌍하게 된 연인은 세상과 등지고, 고뇌하는 연인만이 들어갈 수 있는 이상한 수도원에 들어간다. 수도원장과 조용히 얘기하면서 그는 짝사랑이라는 우아한 이야기를 나누고, 그 사랑을 이제 그만 잊어버리라는 충고를 들었다. 이렇게 볼 때 중세 풍자 문학의 밑바탕에는 18세기 프랑스 화가 와토Watteau의 그림이나 피에로Pierrot 숭배의 분위기가 충분히 깔려 있으나 단지 피에로 풍의 은은한 달빛이 없을 뿐이다.[61] 수도원장은 질문을 던진다. 그녀는 사랑의 눈빛으로 당신을 힐끗 보거나 아니면 옆을 지나가면서 "신이 당신을 보호하기를……" 하고 인사하지 않던가? 연인은 대답한다. 결코 그럴 정도는 아니었습니다. 하지만 나는 밤중에 세 시간 동안 그녀의 집 앞에 서서 처마를 올려다보았습니다.

그러자 나는 그 집 창문이
덜커덩거리는 소리를 들었고,
나의 기도소리를 그녀가 알아들었다는
느낌이 들었어요.

"그녀가 목격했다고 확신하나?" 수도원장은 물었다.

신이여 도우소서, 나는 너무 황홀했고
거의 제 정신이 아니었습니다.
내가 보기에 바람이 그녀의 창문을
흔들었던 것 같아요. 아마도.
그래서 그녀는 저를 알아볼 수 있었을 거예요.
그리고 부드럽게 속삭였지요. "그럼 잘 자요."
전 정말이지 왕이라도 된 기분이었어요.
그 후 온밤 내내.[62]

그는 놀랍게도 이런 환희에 빠진 채 잠이 들었다.

나는 활력이 넘쳤어요,
이리저리 뒤척이지도 않고,
단잠을 잤어요,
밤새도록 한 번도 깨어나지 않고,
그리고 옷을 입기 전, 사랑의 신을 찬양하면서
나는 세 번이나 베개에 입맞춤하고,
내 자신에게, 천사들에게 미소 지으며.

그가 엄숙하게 수도원에 입회하는 동안, 그를 비웃던 숙녀는 기절한다. 그가 그녀에게 선물로 주었던, 눈물로 채색한 조그만 황금 심장은 그녀의 옷에서 떨어진다.

다른 사람들은 고통을 숨기기 위해,
억지로 마음을 억누르네,
그들의 손에 쥔 기도서를
펼쳤다 닫았다 하면서 시간을 보내고,
헌신의 징표로서
낱장을 넘기고,
하지만 그들의 슬픔과 눈물은
분명히 연인의 감정을 보여 주네.

수도원장이 마침내 그의 새로운 의무를 일일이 나열하고, 나이팅게일의 소리를 듣지 말고, '들장미와 산사나무' 아래에서 잠들지 말고, 무엇보다도 여인의 눈을 들여다보지 말라고 경고한다. 그러자 시는 다양하게 바뀌는 연과 함께, 끊임없는 멜로디 속에서 부드러운 눈빛을 주제로 삼으면서 한탄한다.

언제나 오가는 상냥한 눈길이여,
상냥한 눈길은 얼굴을 달아오르게 하네,
사랑에 빠진 사람들의 눈빛……

진주처럼 영롱한 아름다운 두 눈이여,
그 눈빛은 말하는구나. 그대가 원하면, 언제라도 좋아요,
그 눈빛을 강력하게 느끼는 사람들에게…… [63]

우울증이 스며든 에로티시즘

15세기 무렵, 관습적인 에로티시즘의 형식에는 부드럽게 억눌린 어조의 멜랑콜리 분위기가 희미하게 스며들었다. 예전에 여인을 비웃던 냉소적 풍자는 갑자기 다른 분위기로 전환되었다. 이를테면 『결혼의 열다섯 가지 즐거움』에서, 예전의 어리석은 여성 비하는 고요한 환멸과 우울의 분위기로 전환되었다. 이 작품은 간결한 사실주의, 우아한 형식, 섬세한 심리 묘사 등으로 결혼의 슬픔을 다루는 근대 풍속 소설의 예고편이다. 에로티시즘(사랑)의 아이디어는 천박하고 또 황급하게 표현된다. 연인들의 부드러운 대화에는 사악한 의도가 깃들이지 않는다.

사랑의 표현 수단이라는 문제에 대하여, 문학은 수 세기에 걸쳐서 훈

련을 받아왔다. 이 문제의 대가들은 플라톤, 오비디우스, 트루바두르와 음유시인, 단테, 장 드 묑 같은 다양한 인물들이다. 반면, 순수 미술은 여전히 이 분야에서 몹시 원시적이었고 오랫동안 그 수준에 머물렀다. 사랑에 대한 미술의 표현은 18세기에 이르러서야, 풍부한 표현과 세련미를 갖추고 문학의 묘사 수준을 따라잡았다. 15세기의 회화는 여전히 경박성이나 감상적 태도를 표현하지 못했고, 악질적 요소를 표현하는 것도 허용되지 않았다. 무명의 대가가 1430년 이전에 그린 처녀 리스벳 반 두벤보르데Lysbet van Duvenvoorde의 그림(도판 44)은 엄숙하기 짝이 없는 인물을 보여 준다. 그림 속의 처녀는 종교화를 기증한 인물로 설명된 적도 있었지만, 그녀가 손에 쥔 작은 깃발에는 이런 글이 적혀 있다. "나는 이렇게 소망하는 것이 지겹다. 자기 마음을 활짝 열어 보여 주는 남자가 어디 없을까?"

이 작품은 순결함과 음란함의 요소를 동시에 풍긴다. 하지만 그 중간 단계를 표현하는 수단은 없다. 이 작품은 사랑의 삶을 웅변하지 않으며 그나마 순진하고 순수한 형식 속에서 말할 뿐이다. 물론, 우리는 기존에 존재하던 이런 부류의 미술 작품들이 대부분 인멸되었다는 점을 상기해야 한다. 만약 우리가 〈여인들의 목욕〉에서 반에이크가 그린 종류의 누드화나, 두 명의 젊은 남자들이 웃으면서 갈라진 틈새를 통해 몰래 여자들을 훔쳐보는 로히어르 반 데르 베이던의 작품(이 두 전하여지지 않는 그림은 반에이크의 그림을 최초로 논평한 제노바인 파치오의 논평에서 언급되었다)이 남아 있어서, 그것들을 반에이크의 겐트 제단화 중 〈아담과 이브〉와 비교할 수 있다면, 아주 흥미로웠을 것이다. 말이 난 김에 하는 말인데, 관능적인 요소는 〈아담과 이브〉에는 아예 배제되어 있다. 화가는 높게 솟은 작은 유방, 가느다란 긴 팔, 불룩한 배 등을 묘사함으로써 여성미의 관

도판 44 북부 네덜란드 화파, <리스벳 반 두벤보르데>, 리크스박물관, 암스테르담.

습적 기준을 따른다. 이 모든 것이 참으로 순박하다. 그는 관능을 조금

이라고 자극할 능력이나 욕심이 없었다. 하지만 '얀 반에이크 화파畵派'[64]

라는 딱지가 붙은 <사랑의 마법>의 본질적 요소는 매혹이다. 방안에서

한 여인이 마술을 부리기에 알맞게 알몸 상태로 주술을 사용하여 애인의 모습을 현신現身시키려 한다.(도판 45) 이 순간, 우리는 16세기 독일화가 크라나흐Cranach의 누드화에서 만나는 것과 똑같이 얌전한 정욕의 누드를 본다.

누드의 문제

회화에서 관능적인 장면을 별로 그리려 하지 않았던 것은 오로지 정숙함을 강조했기 때문은 아니다. 중세 끝자락은 뿌리 깊은 정숙함과 광포한 자유분방함이 기묘하게 대조를 이룬 시대였다. 후자(자유분방함)에 대해서는 어느 페이지에서나 등장하기 때문에, 굳이 사례를 들 필요가 없다. 한편, 정숙함에 대해서는 이런 사례가 있다. 학살이나 약탈하는 광란의 장면에서도 희생자의 속옷은 입은 채로 남겨둔다는 관행이 그것이다. 이런 규칙이 지켜지지 않은 경우에, 일기 작가인 파리의 시민(부르주아)은 몹시 분개했다. "탐욕에 사로잡힌 사람들은 비록 4드니에 정도밖에 안 되는 물건인데도 바지마저 빼앗아갔다. 이것은 기독교 신자로서 이웃에 대해 극악무도한 짓을 저지른 것이고, 상상조차 할 수 없는 일이다."[65] 보뤼의 개자식(Bastard of Vauru)[66]이 가엾은 여인에게 저지른 잔인한 짓을 언급할 때, 이 악랄한 자가 다른 희생자들보다 훨씬 더 허리 아래쪽으로 그 여자의 옷을 찢었기 때문에 파리의 일기 작가는 엄청난 분노를 터트렸다.[67]

　당시는 정숙함이 대세였던 세상이었음을 감안하면, 미술에 여태 활용되지 않던 여성의 누드가 활인화活人畵에서 자유롭게 활개를 친 것은 훨씬 더 주목할 만한 사실이다. 입성식에는 벌거벗은 여신이나 님프의 활인화

도판 45 본너 제단화의 대가, <사랑의 마법>, 빌덴덴 퀸스테 박물관, 라이프치히.

가 빠지지 않았다. 뒤러는 1520년 카를 5세의 안트베르펜 입성 때[68]에 그런 활인화를 직접 보았고, 뒤러의 설명을 잘못 알아들은 한스 마카르트 Hans Makart는 그런 여인네들이 행렬의 일부였다고 착각했다. 그런 활인화의 공연은 일정한 장소에 작은 무대를 설치하고 개최되었다. 가끔은 물속에서 공연될 때도 있었다. 이를테면 1457년 선량공 필립이 겐트에 입성할 때는 "그림에서 볼 때와 같이 완전 알몸에 흐트러진 머리카락의" 사이렌들이 리스Lys 강의 다리 근처에서 헤엄치는 공연이 연출되었다.[69]

〈파리스의 심판〉(비너스, 주노, 미네르바의 세 여신이 서로 아름다움을 자랑하면서 파리스에게 누가 제일 아름다운지 심판해달라고 요청한 그리스 신화―옮긴이)은 이런 공연물 중에 가장 인기 높은 주제였다. 이것은 그리스적 심미안審美眼의 취미라거나 노골적인 정숙함의 결핍이라고 볼 것이 아니라, 오히려 순박한 민중의 관능 취미가 드러났다고 보아야 한다. 장 드 로아Jean de Roye는 두 도적 사이에서 십자가에 매달린 그리스도 수난상에서 그리 떨어지지 않은 곳에서 연출된 사이렌 공연물에 대해 이렇게 말한다. "그리고 거기에는 아름다운 아가씨 셋이 벌거벗은 사이렌 역할을 맡고 있었다. 사람들은 예쁘게 솟아올라 좌우로 벌어진, 둥글고 탄탄한 유방을 보았으며, 그것은 정말 재미있는 볼거리였다. 그녀들은 짧은 시구와 목가牧歌를 읊조리고, 그녀들 곁에서는 몇 대의 저음 악기들이 섬세한 음악을 연주했다."[70]

몰리네는 1494년 필립 미남공의 안트베르펜 입성식에서 민중이 〈파리스의 심판〉을 보고 얼마나 즐거워했는지를 이렇게 전한다. "민중이 몹시 기뻐하며 바라본 무대에서는 알몸의 여자들이 세 여신을 연기했다."[71] 1468년 샤를 대담공의 릴 입성식에서도 〈파리스의 심판〉이 공연되어 뚱뚱한 비너스, 비쩍 마른 주노, 꼽추 미네르바가 저마다 황금관을 머리에 쓰고 이 주제를 패러디했다. 하지만 이것은 그리스의 순수한 미적 감각에 멀리 못 미치는 공연이었다.[72]

알몸 공연은 16세기 후반까지 여전히 유행했다. 브르타뉴 공의 1532

년 랭스 입성 때에도 바쿠스[73]와 더불어 벌거벗은 케레스(농사의 여신)를 볼 수 있었다. 1578년 9월 18일, 오란예의 빌렘 공조차 브뤼셀로 입성하면서 여전히 안드로메다의 공연물로 환영받았다. 이 활인화를 준비한 장 밥티스트 후와에르트Jean Baptist Houwaert는 이렇게 말했다.[74] "쇠사슬에 묶인 처녀는 어머니의 자궁에서 태어난 모습 그대로 알몸이었다. 그녀는 대리석 조각처럼 보였다." (안드로메다는 어머니인 카시오페이아가 자신의 딸이 물의 요정들을 모두 합친 것보다 더 아름답다고 주장하여 어머니 대신 바위에 알몸으로 묶여 처형될 뻔하다가 영웅 페르세우스의 도움으로 곤경을 모면한 그리스 신화의 여성-옮긴이)

말이 난 김에 말해 보자면, 회화의 표현력이 문학에 비해 뒤쳐진 것은 해학, 감상적 영역, 관능 등의 분야에 한정된 게 아니다. 시각적 경향이 퇴조할 때마다 회화의 표현력은 한계에 부딪쳤다. 중세 사람들은 모든 것을 눈으로 보려는 경향이 지배적이었기 때문에, 회화의 표현력이 문학보다 우위에 설 것으로 예상되었으나 실은 그렇지가 않았다. 자연의 세계를 직접 본 이미지 그대로 옮기는 것에 그치지 않고 그 이상의 뭔가가 요구될 때마다, 회화의 힘은 서서히 위축되었던 것이다. 우리는 미켈란젤로의 이런 비판이 얼마나 견실한지 다시금 깨닫게 된다. "이(플랑드르) 그림은 많은 것들을 동시다발적으로 완벽하게 재현하고 싶어 한다. 화가가 그림에서 온힘을 기울여야 하는 중요한 대상은 단 한 가지밖에 없는데, 이런 번잡한 세부 사항을 재현하는 데 온힘을 기울이고 있는 것이다."

정적인 하모니와 동적인 하모니

이제 얀 반에이크의 작품으로 되돌아가자. 그의 예술은 말하자면 현미

경으로 들여다보듯이 살펴서 그리는 세부 사항의 묘사에는 비길 데 없이 뛰어났다. 이를테면 얼굴이나 옷감 그리고 보석의 특징을 날카로운 관찰에 입각하여 그렸다. 하지만 인식된 대상을 다른 장면의 일부와 어울리도록 만들어야 하는 순간, 말하자면 건물이나 풍경을 함께 묘사할 때, 우리는 초기의 원근법이 풍기는 특유의 매력에도 불구하고, 반에이크 그림에서 어떤 약점을 발견한다. 예를 들어, 확실한 응집력이 부족하거나 배치가 다소 산만한 것이다. 의도적인 구도가 화가의 묘사를 제한할수록 또 그림의 특정 주제가 회화의 형식을 강요할수록, 그 그림은 실패하게 된다.

누구도 채색 기도서의 달력 그림이 성서 이야기를 그린 삽화보다 뛰어나다는 주장을 부정하지 않을 것이다. 전자의 경우에는 직접 두 눈으로 보아 깨닫고, 이야기하듯이 재현한 것으로 충분했다. 하지만 중요한 행동의 구도나, 많은 사람들이 움직이는 장면을 재현하려면, 무엇보다도 율동적인 구성과 응집된 감각이 필요했다. 14세기의 피렌체 화가 지오토는 일찍이 그런 감각을 발휘했고, 미켈란젤로는 그것을 더욱 발전시켰다. 하지만 15세기 미술의 특징은 응집과 구성보다는 다면적인 성격을 강조했다. 하지만 그런 성격이 응집되어야만, 〈어린 양에 대한 경배〉에서와 같이 고도의 조화를 구축할 수 있다. 거기에서 우리는 비할 바 없이 강렬한 리듬, 모든 군상이 중심을 향해 수렴되는 당당한 리듬을 발견한다. 하지만 이 리듬은 말하자면 순수하게 수량적數量的인 조화, 다시 말해 다면성에서 비롯된 것이다. 반에이크는 정적인 장면을 잘 묘사함으로써 강력한 구도를 구축하지 못하는 난점을 피해 나갔다. 이렇게 볼 때 그는 동적인 하모니가 아니라 정적인 하모니를 성취했다.

이것은 무엇보다도 로히어르 반 데르 베이던과 반에이크 사이의 큰 차이를 말해 준다. 로히어르는 동적인 리듬을 발견하기 위하여 수량적인 조화를 가능한 한 억제했다. 베이던은 언제나 그런 리듬을 획득한 것은 아니었지만, 그래도 늘 동적 리듬을 얻으려고 애썼다.

성서의 가장 중요한 주제들을 묘사하는 것과 관련하여 엄격히 지켜져온 오래된 묘사의 전통이 있었다. 이런 주제를 그릴 경우 화가는 더 이상 그림의 구도를 준비하지 않아도 되었다.[75] 어떤 주제들은 이미 나름대로 율동적인 구조를 갖고 있었다. 피에타Pietà(그리스도의 죽음을 슬퍼하는 성모), 십자가에서 내려지는 그리스도, 목동들의 경배와 같은 장면에서 구조의 리듬은 자연스레 따라왔다. 마드리드에 소장된 로히어르 반 데르 베이던의 〈피에타〉, 루브르와 브뤼셀의 아비뇽 화파畵派의 작품들, 페트루스 크리스투스Petrus Christus의 피에타, 헤르트헨 토트 신트 얀스의 피에타, 〈다이이의 성무일도서〉 같은 작품들을 떠올려보라.[76]

하지만 그리스도에 대한 조롱, 십자가를 지고 가는 모습, 삼왕三王의 경배와 같은 장면이 생생할수록, 구도는 점점 어려워지다가 결국에는 어떤 구조적 불안감이 깃들이고, 시각적 인식은 응집력이 산만해진다. 교회의 도상학 기준이 화가에게 도움을 주지 않고 화가 자신이 알아서 그림의 구도를 잡아야 할 경우, 화가는 상당히 무기력해진다. 디르크 바우츠나 헤라르트 다비트가 임의로 구도를 잡은 재판정의 그림들의 경우, 이미 구도상의 약점을 보인다. 루뱅에 소장된 〈성 에라스뮈스의 순교〉라는 그림에서도 구도가 아주 산만하고 서투르다. 브뤼헤 시에 소장된, 〈능지처참형을 당하는 성 히폴리투스의 순교〉에서도 구도가 너무 취약하여 불쾌감을 준다.

한 번도 본 적이 없는 판타지를 그릴 때마다, 15세기의 미술은 우스꽝스러운 것에 쏠리는 경향을 보인다. 위대한 회화는 엄격한 주제들 덕분에 이런 위험에서 보호를 받았다. 하지만 채색 삽화는 신화와 알레고리의 판타지들을 일부 생략해도 되는 사치를 누리지 못했다(문학은 그런 사치를 누렸다). 크리스틴 드 피장이 써낸, 상세한 신화적 환상인 『오테아가 엑토르에게 보내는 편지*l'Épître d'Othea à Hector*』[77]의 삽화는 좋은 사례가 된다. 이 삽화에서 그리스의 신들은 흰색 모피 옷이나 부르고뉴 궁전의 예복을 입었고 그 옷의 뒷면에는 큰 날개가 달려 있다. 전체적인 표현의 디자인은 미노스라는 신화 속 인물을 잘 구현하지 못한다. 크로노스는 자식들을 집어삼키고, 미다스는 노획품을 나눠 주는 등 모든 그리스 신들은 똑같이 우직하게 그려져 있다. 하지만 배경에 어린 목동과 양, 교수대와 바퀴가 있는 작은 언덕을 그릴 때, 채색 삽화가는 평소의 솜씨를 발휘했다.[78] 그리고 삽화가들의 긍정적인 힘은 바로 이 지점에서 한계에 부딪친다. 결국, 삽화가들은 자유롭게 창조하는 조형 작업에 관한 한, 시인과 마찬가지로 제약을 받는 것이다.

서로 구속하는 이미지와 아이디어

알레고리의 제시로 인해 상상력은 막다른 골목으로 내몰렸다. 이미지는 아이디어를 완벽하게 포섭해야 하기 때문에, 자유롭게 구축되지 못한다. 또한 아이디어는 이미지에 얽매여 훨훨 날아오르지 못한다. 화가들의 상상력은 활발하게 발휘되지 않았고, 아이디어(그림의 주제)를 가능한 한 진지하게 그림 위에다 옮겨 놓았다. 그 과정에서 표현 양식은 별로 고려하지 않았다. 신중함(temperantia)은 자신의 본성을 알리기 위해 머리에 시계를 얹었다. 『오테아가 엑토르에게 보내는 편지』의 채색 삽화가는 이런 목적 때문에 그저 작은 벽시계를 활용하여, 선량공 필립의 궁정 벽에 걸기도 했다.[79] 샤틀랭같이 날카로운 관찰력을 가진 사람이 그 자신의 경험과 관련하여 알레고리의 인물들을 묘사한다면, 그 인물들은 몹시 작위적으로 보일 것이다. 이를테면, 샤틀랭은 대담한 정치 풍자시 『진실의 서Le dit de Vérité』[80]에 뒤이어, 자신을 변명하기 위해 저술한『잘 못 이해된 진실의 변명Exposition sur verite mal prise』에서 자신을 비난하는 네 명의 숙녀들을 묘사했다. 이 숙녀들은 분노, 비난, 고발, 변명의 알레고리로 등장한다. 두 번째인 '비난'의 알레고리는 이러하다.[81]

"이 귀부인은 신랄한 상태에 놓여 있고, 통렬하고 날카로운 이유들을 가지고 여기에 등장했다. 그녀는 이를 갈고 입술을 깨문다. 종종 고개를 가로저으며 자신이 논쟁을 벌이고 있음을 몸짓으로 보여 주고, 발을 구르면서 이리저리 뛰어다닌다. 그녀는 초조하게 반박하려 했다. 오른쪽 눈은 감고 왼쪽 눈은 떴다. 그녀에게는 책들이 가득 든 가방이 있었는데, 어떤 책들은 마치 소중한 듯이 허리춤에 집어넣고, 다른 책들은 심술궂게 던져 버렸다. 그녀는 문서와 낱장을 찢어버렸다. 글쓰기 관련 책들을 불길에 마구 던져 버렸다. 어떤 책에는 미소를 지으면서 입맞춤을 했다. 어떤 책에는 야비하게도 침을 뱉고, 발로 짓밟았다. 그녀는 많은 중요한 저술을 북북 그어 버린, 잉크 가득한 펜을 손에 쥐고 있다…… 게다가 그녀는 어떤 그림들을 스펀지로 꺼멓게 물들이는가 하면, 다른 그림들을 손톱으로 긁어 버렸고, 다른 그림들은 완전히 지워, 마치 끝장났다는 듯이 가볍게 어루만졌다. 그리고 그녀 자신이 존경받을 만한 많은 사람들의 비정하고 잔인한 적임을 드러냈다. 그녀는 합리적이라기보다 자의적으로 행동했다……."

하지만 또 다른 대목에서 그는 평화의 숙녀가 자신의 코트를 벗어 공중에 펼치자, 그 코트는 마음의 평화, 입의 평화, 허울만의 평화, 진정한 효과의 평화, 이렇게 네 명의 숙녀로 나뉘어졌다고 말한다.[82] 또 다른 알레고리에서 그는 정치 논설을 의인화할 수 있다는 듯, "당신의 나라의 중요성, 여러 사람들의 다양한 개성과 조건, 프랑스인과 이웃 국민의 질투와 증오"를 여인의 모습으로 등장시켰다.[83] 이 인물들이 상상된 것이 아니라 발명되었다는 것은, 그녀들이 작은 깃발에 자신의 이름을 보여 준다는 사실로 짐작할 수 있다. 샤틀랭은 생생한 상상력으로 이 인물들을 만들어낸 것이 아니라, 그림이나 활인화처럼 그냥 제시했을 뿐이다.

『필립 대공의 죽음, 비탄을 통해 알게 되는 신비』에서 그는 대공을, 하늘에 걸린 실을 타고 내려오는 귀중한 연고軟膏 병에다 비유한다. 대지는 그 병을 가슴에 품고 길렀다.[84] 몰리네는 펠리컨(통상적인 그리스도의 이미지)인 그리스도가 자신의 피로 새끼를 먹여 기를 뿐만 아니라 죽음의 거울을 닦는다고 보았다.[85]

아름다움에 대한 영감은 여기에서 사라지고, 우스꽝스러우면서도 헛된 농담, 기진맥진한 정신은 새로운 수혈을 받아야 할 지경에 이르렀다. 행동의 추진자로 꾸준히 활용되어 온 꿈의 모티프에서도, 우리는 단테와 셰익스피어에게서 보는 진정한 꿈의 요소를 거의 느끼지 못한다. 시인이 자신의 발상을 깊은 통찰이라고 여겼던 비전(환상)조차도 일정한 수준을 유지한 것은 아니었다. 샤틀랭은 자신을 '이런 비전의 창안자이며 마법사'라고 부른다.[86]

알레고리적 묘사의 황량한 들판에서, 그래도 조롱만은 새로운 꽃을 피웠다. 의인화가 유머로 흥을 돋우면서 조롱은 특정한 효과를 거두었다. 데샹은 의사에게 '미덕'과 '법률'이 어떻게 지내는지 물어본다.

의사 선생님, 법률은 어떻게 지내는가요?

―정말이지, 그는 너무 나빠요……

―이성은 어떻게 지냅니까?……

그녀는 제 정신을 잃었어요,

그녀는 말은 하지만 영 힘이 없어요,

그리고 정의는 백치가 되었어요…….[87]

서로 다른 유형들의 판타지들은 어떤 일관된 표현 스타일(양식)도 없이 마구 뒤섞인다. 전원시라는 옷을 입은 정치적 팸플릿은 가장 기괴한 결과물이다. 자신을 부카리우스Bucarius라고 부르는 무명 시인은 전원시의 형식으로 부르고뉴 사람들이 오를레앙 일당에게 퍼부은 모든 욕설을 나열했다. 그는 오를레앙, 무외공 장, 두 공작의 험악한 부하들을 관대한 목동들에 비유한다. 목동들의 코트에는 백합이나 뒷다리로 선 사자의 문장이 새겨져 있다. '긴 옷을 입은 양치기들'은 성직자의 비유이다.[88] 오를레앙 공에 해당하는 목동 트리스티페Tristifer는 다른 사람들에게서 빵과 치즈 외에 사과, 견과, 피리를 빼앗고 또 양에게서 방울을 빼앗는다. 그는 저항하는 사람들을 양치기의 큰 지팡이로 위협하다가, 결국 그 자신이 지팡이에 맞아 죽고 만다. 시인은 종종 엄숙한 주제를 잊어버리고, 달콤한 전원곡에 심취하다가는 느닷없이 신랄한 정치적 중상비방을 퍼부으며 이 환상과 결별한다.[89]

몰리네의 진부한 말장난

몰리네는 신앙, 전쟁, 문장, 사랑의 모티프 따위를 창조주가 진정한 연인들에게 주는 선언 속에다 뒤섞는다.

　우리 사랑의 신, 창조주, 영광스러운 왕,
　겸손한 진정한 연인들을 찬미할지어다!
　갈보리 산의 성자가 승리를 거둔 때부터
　여러 병사들이 우리의 무기를 알지도 못하여
　악마와 동맹을 맺어 버렸구나……

　그리하여 그들을 위해 관련 문장紋章이 설명된다. 문장은 은빛 방패이고 방패의 윗부분은 황금으로 되어 있는데 거기에 다섯 상처가 새겨져 있다. '호전적인 교회'는 교회를 지키기 위해 무기를 들고 나서려는 모든 사람들을 징집하고, 또 부릴 수 있는 권리를 허락받았다.

　지금 눈물을 흘리며 우는 사람들은,
　마음속으로 뉘우치며, 속이지 않고 충실하여.⁹⁰

　몰리네는 여러 기교를 활용하여 동시대인에게서 영감을 주는 수사학자 겸 시인이라는 칭찬을 받았다. 하지만 우리가 볼 때, 그것은 소멸을 앞둔 부패한 표현 양식의 마지막 단계이다. 그는 아주 진부한 말장난에 몰두한다. "그리하여 슬뢰이스에 평화가 찾아왔다. 평화는 그 도시 안에 남았다. 전쟁은 평화로부터 배제되어 은둔자보다 더 외롭게 되었다."⁹¹ 『장미 이야기』를 산문으로 풀어쓴 도덕적인 글의 서문에서, 그는 자신의 이름 몰리네를 가지고 말장난을 한다. "노동의 밀알을 잃지 않기 위해, 그것을 갈아서 나오는 밀가루가 온통 성과를 맺을 수 있도록, 나는 하느님께서 은총을 베푸신다면, 나의 거친 맷돌을 돌려 악덕을 미덕으로, 육체적인 것을 정신적인 것으로, 세상의 것을 신의 것으로 묘사하여 무엇보다도 도덕적 교훈을 끌어내고 싶다. 그리하여 우리는 딱딱한 돌에서 꿀을, 날카로운 가시에서 붉은 장미꽃을 얻을 것이다. 거기에서 우리는 낟알, 씨앗, 열매, 꽃, 잎, 아주 달콤한 향기, 신록의 푸릇푸릇한 냄새, 꽃봉오리, 우거진 양육, 영양분이 많은 열매, 열매가 많은 목장을 발견할 것이다."[92]

이것은 정말로 한 시대의 종말처럼 보인다! 이 얼마나 진부하고 낡았는가! 하지만 이것은 동시대인들이 새로운 것이라고 찬양했던 글이었다. 중세의 시는 실제로 말장난을 제대로 할 줄 몰랐고 이미지에 너무 많이 기댔다. 몰리네와 유사한 기질을 가졌고 그를 찬양했던 올리비에 드라 마르슈의 시도 이미지를 과도하게 사용한다. 가령 다음의 시를 보라.

나는 열병과 같은 생각에 사로잡혔네,
카타르와 같은 불만에,
편두통과 같은 슬픔에,
복통과 같은 초조에,
참을 수 없는 치통에.
내 마음은 더 이상 감당할 수 없네,
내 운명을 후회하네.
익숙지 않은 슬픔을 통해.[93]

메쉬노는 라 마르슈 못지않게 시시한 알레고리에 사로잡힌 시인이었다. 그의 시 『군주들의 안경』에서 안경은 '신중함'과 '정의'의 비유이다. '강제력'은 안경테이고, '절제'는 모든 것을 쥐는 손톱이다. '이성'은 안경의 사용 설명서와 함께 안경을 시인에게 건넨다. 하늘이 보낸 '이성'은 잔치에 참석하기 위해 사람의 마음속으로 들어가지만, 모든 것이 '절망'에 의해 망쳐졌음을 발견한다. '절망'이 모든 것을 먹어치워서 거기에는 아무것도 남아 있지 않았다.[94]

이처럼 모든 것이 퇴화하고 부패했다. 그럼에도 불구하고, 우리는 이미 새로운 르네상스 정신이 도처에 퍼져 있는 시대에 접어들었다. 위대한 르네상스의 새로운 영감, 새로운 순수한 형식을 우리는 어디에서 발견할까?

제14장
·············

새로운 형식의 등장:
중세와 르네상스의 비교

새싹이 피어나는 르네상스의 휴머니즘(인문주의)과, 시들어가던 중세 정
신의 상호 관계는 우리가 일반적으로 생각하는 것보다 훨씬 더 복잡하
다. 사람들은 두 문화를 아예 다르다고 여긴다. 그리하여 고대 문화의
영원한 젊음을 받아들이고, 중세적 사고방식의 진부한 표현 방식을 거
부한 현상이 갑작스러운 계시처럼 일거에 찾아왔다고 생각한다. 마치
의인법과 화려한 양식에 지칠 대로 지친 정신이 문득 깨달아 아, 이것이
아니라 바로 저것이구나! 하고 소리치는 모양이라는 것이다. 또는 고전
고대의 훌륭한 조화가 마치 오래 기다렸던 해방처럼 그들의 눈앞에 갑
자기 나타나 구원자를 영접하듯이 환호작약하며 르네상스를 받아들였
다고 생각하는 것이다.

르네상스와 중세의 구분은 명확하지 않다

하지만 이것은 사실과 다르다. 중세 사상이 자리 잡은 정원의 한복판에
서, 무성하게 자라는 오래된 씨앗들 사이에서, 고전주의가 서서히 발전
했던 것이다. 처음에 고전주의는 상상력의 형식적 요소에 불과했고, 나

중에 이르러서야 새롭고 큰 영감을 영혼에 불러일으켰던 것이다. 하지만 고전주의가 도도히 밀려오던 그때에도 낡고 중세적인 것으로 치부된 정신과 표현 형식들이 넝쿨 위에서 그냥 죽어 버린 것은 아니었다.

이것을 좀 더 분명히 인식하려면, 르네상스의 출현을 훨씬 큰 그림으로 관찰하는 게 유익하다. 그러자면 이탈리아뿐만 아니라 프랑스에 집중하여 면밀하게 조사해야 한다. 프랑스는 진정한 중세 문화의 보고寶庫에 가장 비옥한 토양을 제공한 나라이기 때문이다. 다른 나라들의 중세 후기의 삶과 크게 대조되는 15세기 이탈리아 르네상스(문예부흥)를 살펴보면, 우리는 균형, 명랑, 자유의 전체적인 인상이 순수하고 격조가 높은 것을 알 수 있다. 이런 특성들의 종합이 르네상스이고 또 새로운 정신의 징조이다. 어떤 역사적 판단에 도달하려면 불가피하게 일방적인 입장을 취하게 되는데, 그 때문에 이런 사실이 잊혀졌다. 즉 15세기의 이탈리아에서도 문화생활의 기초가 여전히 중세적인 사상에 머물러 있었고, 또 르네상스의 정신에서도 중세적 특징이 사람들의 생각보다 훨씬 더 깊은 영향을 주었던 것이다. 사정이 이런데도 일반인들의 머릿속에는 르네상스의 분위기만 일방적으로 남아 있다.

사실 우리가 15세기의 프랑스와 부르고뉴 세계를 전반적으로 살펴보면, 엄숙한 분위기, 야만적인 화려함, 기괴하고 과장된 형식, 진부한 상상력 등이 일차적인 특징이다. 그것은 중세 정신이 소멸하기 직전에 보여 주는 그런 징후들이다. 그래서 프랑스와 부르고뉴에서도 르네상스가 온 사방에서 다가오고 있었다는 사실은 쉽사리 망각된다. 그렇지만 르네상스는 이곳에서 아직 주도권을 쥐지 못했고, 내면의 기조음基調音을 바꾸어 놓지는 못했다.

이 모든 상황 가운데 주목할 만한 사실은 르네상스라는 새로운 흐름이 하나의 형식으로 먼저 찾아왔고 그 다음에 새로운 정신으로 정착되었다는 것이다.

소수의 라틴어 학자로 시작된 휴머니즘

새로운 고전적 형식들은 오래된 관념과 생활의 각종 관계들 속에서 생겨났다. 휴머니즘은 소수의 학자들이 순수한 라틴어와 고전적 문장 구조를 지키기 위해 평소보다 더 많은 노력을 기울이는 상황에서 평범하게 시작되었다. 1400년의 프랑스에서 번성한 이 학자 그룹은 몇몇 성직자와 행정장관들로 이루어졌다. 대표적인 인물은 릴 대성당의 참사회원이고 궁정의 장관이던 장 드 몽트레유, 유명한 문학가 니콜라스 드 클레망주, 개혁주의 성직자 공티에 콜, 군주의 개인비서였던 암브로시우스 밀리스 등이었다(휴머니스트라고 하면 이들이 제일 먼저 거명되는 이름들이다).[1] 그들은 아름답고 자부심 높은 인문주의적 편지들을 서로 주고받았다. 이 편지들은 곧장 사상의 윤곽을 말하고, 중요한 주제들을 신중하게 선택하고, 문장을 복잡하게 만들면서 애매하게 표현하고, 자신의 학식을 은근히 드러내는 점 등이 후대의 편지들에 비해 결코 뒤지지 않았다.

장 드 몽트레유는 'orreolum'과 'schedula'에서 'h'를 뺄 것인지 말 것인지 그리고 라틴어의 'k'의 사용법에 관한 문제를 두고서 지나치게 흥분했다. 그는 클레망주에게 이런 편지를 썼다.[2] "훌륭한 교사인 형제여, 당신이 나를 도와주지 않는다면, 나는 명성을 잃어버리는 것은 물론이요 죽어 마땅할 것입니다. 나는 캉브레 주교에게 보낸 지난 편지에서 펜을 지나치게 경솔하게 긁적인 탓에 비교급 'proprior'을 쓸 자리에 단어 'proximore'를 사용했습니다. 그것을 고치지 못한다면, 비판자들은 나를 협박하는 소논문을 발표할 것입니다."[3] 이 편지들은 분명 대중을 의식하고 쓴 학자의 문장이었다. 게다가 친구 암브로시우스에 대한 몽트레유의 공격은 진정으로 인문주의적 풍모를 보인다. 암브로시우스는 키케로의 문장에 모순이 많다고 비난했고, 베르길리우스에 비해 오비디우스를 더 높이 평가했다.[4]

자신의 편지에서, 몽트레유는 상리스Senlis 부근의 샤를리외Charlieu 수도원을 아주 느긋한 어조로 묘사했다. 그가 수도원 현장에서 목격한 장면을 단순한 중세풍 문체로 얘기하면서, 문장이 갑자기 술술 읽히기 시작한 것은 아주 주목할 만하다. 참새들이 수도원 식당에서 사람들과 함께 음식을 먹는 모습(그래서 왕이 수도사들을 위해서 그 수도원을 지었는지 혹은 새들을 위해서 지었는지 의문이 들고), 또 작은 굴뚝새가 마치 수도원장처럼 행세하는 모습, 정원사의 당나귀가 히힝 소리를 내면서 몽트레유에게 자신의 존재를 편지 속에 언급해 달라고 떼쓰는 듯한 모습 등이 아주 자연스럽게 읽힌다. 이 모든 것이 발랄하고 매력적이지만, 특별히 르네상스적 분위기를 풍기지는 않는다.[5]

하지만 잊지 말자. 이미 앞에서 지적한 바와 같이, 『장미 이야기』를 열렬히 옹호하는 1401년의 사랑의 궁정(Cours d'amours)의 회원들이, 바로 위에서 언급된 초기 휴머니스트인 장 드 몽트레유와 공티에 콜이었던 것이다. 이것은 초기의 휴머니즘에서 실생활의 요소가 참으로 피상적인 것임을 보여 주는 것이다. 이것은 박학한 중세 학문이 강화된 효과에 지나지 않으며, 그 이전에 있었던 고전 라틴의 전통이 부활된 것에 지나지 않는다. 가령 샤를마뉴의 시대에 학식 높은 수도자였던 알퀴엥Alcuin과 그의 동료들에게서 이런 태도를 발견할 수 있고, 또 후대인 12세기의 프랑스 학파에서도 이런 태도가 있었다.

초기의 프랑스 휴머니즘은 직계 후계자를 찾지 못한 채, 소규모 학자 그룹에 머물렀지만, 그럼에도 불구하고 이미 국제적 대규모 지성 운동과 나름대로 연결되었다. 장 드 몽트레유와 비슷한 정신의 소유자들은 이미 페트라르카에서 빛나는 본보기를 보았다. 그들은 거듭하여 14세기 중엽의 국가 문서 공용어에 새로운 라틴 수사법을 도입했던 피렌체의 재상, 콜루치오 살루타티Coluccio Salutati를 언급했다.[6] 하지만 프랑스의 경우, 페트라르카는 여전히 중세의 정신 속에서 수용되었다. 그는 초창기 휴머니스트 세대인 뛰어난 몇몇 지성인들과 개인적으로 사귄 적이 있었다. 시인 필립 드 비트리Philippe de Vitri와, 철학자 겸 정치가 니콜 오렘Nicole Oresme 등이 페트라르카와 교우했다. 오렘은 특히 황태자(샤를 5세)를 가르친 사람으로 유명하다. 필립 드 메지에르 또한 페트라르카를 알았던 것 같다. 이들 중에서 오렘이 새로운 사상을 많이 간직했지만, 그래도 이들은 휴머니스트가 아니었다. 폴랭 파리스Paulin Paris[7]가 추정한 대로, 마쇼의 젊은 애인 페론은 마쇼와 구애의 시를 주고받으면서 엘로이즈의 사례뿐만 아니라 페트라르카의 라우라(페트라르카의 애인)에게서 영향을 받았다. 따라서 이것은 다음과 같은 사실을 증명한다. 즉, 마쇼의 장시 『진정한 사건의 책Le livre de voir-dit』에서 우리는 근대적 아이디어의 도래를 느낀다. 하지만 그런 아이디어는 르네상스적인 것이 아니라 여전히 중세적인 것이다.

페트라르카와 보카치오

우리는 대체로 페트라르카와 보카치오를 오로지 근대의 측면에서만 바라보는 경향이 있는 것 같다. 이 두 사람을 최초의 혁신자라고 여기고 또 그런 식으로 변호하기도 한다. 하지만 그들이 최초의 휴머니스트이기 때문에 14세기와 완전 결별했다고 가정한다면 그건 잘못된 생각이다. 그들의 전반적 작업은 아무리 새로운 숨결이 많이 스며들었더라도, 중세 문화에 바탕을 두고 있다. 그 밖에도, 중세 후기에 페트라르카와 보카치오가 이탈리아 이외의 지역에서 이탈리아어 저술(물론 이 저술은 불멸의 것이다)뿐만 아니라 라틴어 작품을 통해서 유명해진 것에 주목해야 한다. 동시대인이 볼 때, 페트라르카는 주로 에라스뮈스의 예고편 같은 존재, 윤리와 삶에 관한 논문을 멋있게 쓴 다재다능한 저자, 『저명한 사람들의 책*Liber de viris illustribus*』과 『기억할 만한 사건의 책 4*Rerum memorandum libri IV*』을 쓴, 고전 고대를 탐구한 낭만주의자였다. 그가 다룬 주제, 세속에 대한 경멸(De contemptu mundi), 종교적인 한가함(De otio religiosorum), 고독한 삶(De vita solitaria) 등은 완전히 중세 사상의 전통을 따른 것이다. 그가 고대의 영웅들을 찬양한 것은 사람들의 생각과는 다르게 실은 아홉 명의 영웅(neuf preux)[8]을 존경한 것에 훨씬 더 가깝다. 페트라르카와 헤르트 흐로테가 서로 연락을 했다거나, 생 리에의 광신자인 장 드 바렌Jean de Varennes[9]이 이단의 혐의를 벗기 위해 페트라르카의 권위를 내세워[10] 자신을 변호하고, 또 페트라르카의 문장, '세상의 모든 눈먼 기독교 신자(tota caeca christianitas)'에 의탁하여 새로운 기도문을 만든 것은 전혀 이상한 일이 아니다. 장 드 몽트레유는 자신의 글에서 페트라르카가 그의 시대에 얼마나 많은 의미를 지닌 중세적 인물인지를 알려준다. 몽트레유는 그를 가리켜 "가장 신앙심 깊은 가톨릭 신자이며 가장 저명한 도덕 철학자(devotissimus, catholicus ac celeberrimus philosophus moralis)"라고 했다.[11] 카르투지오 수도사 드니는 여전히 페트라르카에게서 진정으로 중세적인 사상, 즉 예루살렘 성묘 성당의 상실에 대한 한탄을 인용해왔다. "하지만 프란시스쿠스(페트라르카)의 문체가 수사적이고 어렵기 때문에, 나는 단어의 형식보다 그 뜻을 인용할 것이다."[12]

페트라르카는 이탈리아 이외의 지역에서는 웅변가도 시인도 없다는 조롱 섞인 말을 하여, 프랑스의 초창기 인문주의자들을 자극했고 또 그들의 고전문학적 표현을 촉진시켰다. 프랑스의 재사才士들은 이런 경멸을 그대로 받아들이지 않았다. 니콜라스 드 클레망주와 장 드 몽트레유는 그게 무슨 소리냐며 거센 반론을 펼쳤다.[13]

보카치오는 비록 제한된 분야이긴 하지만 페트라르카와 비슷한 영향을 끼쳤다. 그는 『데카메론』의 저자로서뿐만 아니라 『역경에 처한 인내의 박사』 같은 소논문을 썼고 『유명인의 몰락에 대하여Libri de casibus virorum illustrium』와 『유명한 여자들에 대하여De claris mulieribus』의 저자로서 존경을 받았다. 보카치오는 인간의 덧없는 운명을 다룬 기이한 작품들을 수집하여 '운명의 여신'의 옹호자 역할을 떠맡았다. 샤틀랭은 보카치오를 그런 옹호자의 시각에서 바라보았고,[14] 그 때문에 샤틀랭은 당시에 알려진 갖가지의 비극적 운명에 대한 기묘한 논문을 써서 『보카치오의 사원Le Temple de Bocace』이라는 제목을 붙였다. 이 글에서 '고귀한 심성의 역사가'인 샤틀랭은 잉글랜드에서 쫓겨나 역경에 빠진 마르그리트 왕비(→ 헨리 6세)를 위로하려 했다. 어떤 사람들은 여전히 중세 정신에서 벗어나지 못한 부르고뉴 사람들이 보카치오를 제대로 이해하지 못했거나 잘못 이해했다는 주장하는데, 우리는 그런 주장에 동의할 수 없다. 그들은 실제로는 보카치오의 두드러진 중세적 측면을 잘 파악하고 있었다. 단지 후대의 사람들이 그런 점을 쉽사리 망각하는 것이다.

프랑스 휴머니즘과 이탈리아 휴머니즘

프랑스에서 싹튼 휴머니즘(인문주의)과 이탈리아 휴머니즘의 차이는 정신적 노력이나 분위기의 차이가 아니라, 취향과 박학다식의 차이일 뿐이다. 고전 고대의 모방은 프랑스 사람들에게 쉬운 일이 아니었다. 토스카나의 하늘 아래, 원형경기장의 그늘 밑에서 태어난 이탈리아 사람들에게는 어릴 적부터 그것(고전 고대)이 몸에 배어 있었다. 물론, 학식이 풍부한 프랑스 성직자들은 일찍부터 고전 라틴어의 서간 문체를 능숙하게 구사할 수 있었다. 하지만 세속의 문필가들은 아직 고대 신화나 역사의 묘미를 익히지 못했다. 마쇼는 성직자였지만 박학하지 못했고, 그래서 세속 시인으로 평가되는데, 민망할 정도로 고대 그리스 7현인의 이름들을 혼동했다. 샤틀랭은 펠레우스Peleus를 펠리아스Pelias로, 라 마르슈는 프로테우스Proteus를 피리토우스Pirithous로 착각한다. 전원시 『파스토랄레Pastoralet』의 저자는 로마의 군사령관 스키피오를 "아프리카의 선량왕 스키피오"라고 잘못 쓴다. 『르 주방셀』의 저자는 프랑스어 '정치(politique)'라는 용어가 그리스어 형용사 '많은(폴리스)'과, 'icos', 즉 '파수꾼'이라는 자칭 그리스어의 조합에서 파생된 것이고, 원뜻은 아주 '많은 파수꾼(qui est a dire gardien de pluralite)'이라고 그릇되게 주장한다.[15]

하지만 고전의 통찰력은 때때로 중세의 틀에 갇힌 비유적 문체를 뚫고 나타난다. 조잡한 전원시 『파스토랄레』의 저자와 같은 시인은 실바누스 신을 묘사하거나 판(Pan, 牧神)에게 기도할 때에 갑자기 15세기 이탈리아 문예부흥의 광채를 살짝 비치고서는, 황급히 예전의 잘 다져진 중세의 길로 되돌아간다.[16] 반에이크가 완전 중세풍의 화면에 고전적 구성양식을 가끔 끌어들이는 것처럼, 작가들은 비록 형식이나 장식을 바꾸

624

는 것에 불과했지만, 고전적 특징을 구체화하려 애썼다. 연대기 작가들은 고대 로마 역사가 리비우스 스타일의 콘티오네스contiones(민중과 군대에게 행하는 연설문)를 흉내 냈고, 리비우스를 본받아 프로디기아prodigia(이상한 징조)에 대해 언급하기도 했다.[17]

이렇게 고전적 양식을 서투르게 응용한 작품에서, 우리는 중세에서 르네상스로 옮겨가던 과정을 더 많이 이해할 수 있다. 샬롱의 주교인 장 제르맹은 1435년 아라스의 평화 회담을 로마인의 방식대로 장중하게 묘사하려 했다. 그는 짧은 문장과 명쾌한 묘사를 하면서 리비우스의 문장 같은 효과를 노렸다. 하지만 결과는 고전 산문의 흉내 내기에 그쳤다. 순박하면서고 과장이 많은 제르맹의 문장은, 기도서의 달력 그림에 나오는 작은 인물들처럼 윤곽이 분명하지만, 문체로서는 실패작이었다.[18] 사람들은 여전히 고대에 대한 이미지를 몹시 생소하게 바라보았다. 낭시에서 치러진 샤를 대담공 장례식에서, 샤를에게 패배를 안겨준 젊은 로렌 공은 '고대풍'의 상복을 입고 나타나, 전사한 적에게 마지막 경의를 표시했다. 로렌 공은 허리띠까지 닿는 기나긴 황금색 수염을 달고 나와서 아홉 영웅(preux)의 한 사람을 흉내 내어 자신의 승리를 기념하면서 15분 동안 기도했다.[19]

1400년 무렵, 프랑스 사람들의 마음속에서 '수사학(rhetorique)', '웅변(orateur)', '시(poesie)' 등의 용어는 고전 고대를 의미하는 것이었다. 그들은 고전 고대의 완벽성, 무엇보다도 인위적으로 다듬은 형식미를 숭상했다. 15세기의 모든 시인들은(몇몇은 훨씬 더 일찍) 마음에 품은 감정을 겉으로 표현하면서, 유창하게 꾸민 시이거나 간결하고 힘찬, 가끔은 부드러운 시를 지었다. 하지만 아주 아름답게 시를 지으려 할 때에는, 그리스 신화를 끌어들이고 라틴어풍의 허세를 부리면서 자신을 '수사학자'라고 지칭했다. 크리스틴 드 피장은 자신의 평소 작품과 '시적인 발라드(balade pouétique)'라고 부르는 신화적인 시를 구분했다.[20] 외스타슈 데 샹은 존경하던 잉글랜드의 시인 제프리 초서에게 자신의 작품을 보냈는데, 아주 재미없는 사이비 고전의 잡탕이었다.

오, 철학의 정신이 가득한 소크라테스여,
도덕의 세네카, 실천의 잉글랜드인,
당신의 시는 위대한 오비디우스,
간결한 연설, 능란한 수사,
고귀한 독수리, 박학다식으로 당신은,
아이네이스의 영토를 비추노라,
거인의 섬과 브루투스의 섬을.
당신은 꽃씨를 뿌리고 장미나무를 심었네,
언어를 잘 모르는 자들을 위해.
위대한 번역자이며 고귀한 심성의 제프리 초서여,
[……]
그리하여 당신에게 의탁하여 나는 혜일의 샘에서
시원한 한 모금을 마시고 싶네.
물의 흐름은 순전히 당신이 결심하기 나름.
나의 이 윤리적 갈증을 풀어 주소서.
이 몸은 갈리아 땅에 묶여 있으니,
어서 내게 마실 물을 주소서.[21]

여기서 우리는 고귀한 프랑스어가 우스꽝스러운 라틴어로 바뀌는 그런 양식을 엿볼 수 있다. 훗날 비용과 라블레는 이런 라틴어화에 대하여 크게 조롱을 퍼부었다.[22] 이 양식은 서간문書簡文, 헌정사, 연설문에서, 다시 말하면 뭔가 몹시 아름답게 완성시키려는 문장에서 거듭 나타났다. 샤틀랭은 "당신의 아주 겸손하고 온순한 노예이자 하녀인 겐트 시"나 "폐부를 찌르는 듯한 비통과 번민"과 같은 말을 사용하고, 라 마르슈는 프랑스어를 "우리의 프랑스어는 방언이자 속어"라고 말하며, 몰리네는 "말[馬]의 샘에서 흘러나오는, 꿀처럼 달콤한 액체를 마셨다", "스키피오처럼 덕망 높은 공작" "마음 약한 사람들" 따위의 표현을 썼다.[23]

세련된 수사법(rhetorique)은 문학적 이상에 그치는 것이 아니라 상류층 문단이 지향하던 이상이기도 했다. 모든 인문주의는 예전에 음유시인들의 시가 그러했듯이, 사회적 유희, 일종의 대화, 고상한 삶의 형태를 이루려는 노력이다. 16세기와 17세기 학자들도 그들의 서간문에서 결코 이 사실을 부정하지 않았다. 이런 점에서 프랑스는 이탈리아와 네덜란드 사이의 중심축 역할을 맡았다. 이탈리아에서는 언어와 사상이 여전히 고대와 가까이 있었기 때문에, 사람들은 쉽게 진정한 고대 문화, 인문주의적 형식을 고상한 삶으로 받아들일 수 있었다. 이탈리아어는 강력한 라틴화의 표현 방식으로 오염되었다고 말하기가 어렵다. 인문주의자 클럽의 전반적 정신은 사회 관습과 별반 다르지 않았다. 이탈리아 인문주의자들은 이탈리아 민속 문화의 점진적 발전을 이끌었고, 그렇기 때문에 근대인의 첫 번째 유형을 대표했다. 하지만 부르고뉴 지역의 정신과 사회 형식은 여전히 중세에 사로잡혀 있었다. 그 때문에 그 정신을 일신하여 순수한 표현 방식을 지향하는 노력은 처음에는 완전 구식인 형태, 즉 '수사가들의 협동조합'에서만 이루어졌다. 이 조합은 중세의 길드를 이어받은 것이기 때문에, 그들이 발산하던 정신은 외부적 형식의 측면에서만 새로웠을 뿐이다. 그 조합들의 근대 문화는 먼저 에라스뮈스의 성서적 인문주의로 서막을 열었다.

고전주의의 외피 아래에 깃든 중세의 정신

프랑스는 북부 지역을 예외로 치면, '수사가들의 협동조합'이라는 구식의 도구를 알지 못했지만 고상한 수사학자들은 여전히 이탈리아 휴머니스트들과 달랐다. 그들(프랑스 사람들)은 중세 시대의 정신과 형식을 많이 간직했다. 따라서 이런 주장을 펼친다 해도 그다지 과장은 아니다. 즉, 고전주의로부터 어느 정도 비켜서 있던 15세기의 프랑스 작가와 시인들이, 라틴어법과 웅변투를 존경하던 문인들보다 프랑스 문학의 근대적 발전에 더 기여했다. 샤를 도를레앙과 '수도사가 된 애인'의 저자뿐만 아니라 비용, 코키야르, 앙리 보데와 같은 근대 작가들은 아직도 중세의 형식을 구사했고, 고전주의(라틴어법과 웅변투)를 그리 신경 쓰지 않았다. 시와 산문에서 고전주의는 새로운 것을 촉진시키기보다 지연시켰다. 이를테면 샤틀랭, 라 마르슈, 몰리네 등 부르고뉴의 이상을 풍성하게 꾸며 과시하던 대표 문학자들은 여전히 프랑스 문학과 마찬가지로 구식에 머물러 있었다. 하지만 그들도 기교를 부리는 목표에서 벗어나 마음에서 우러나온 솔직하고 자유로운 표현을 하기만 하면, 술술 읽히면서도 근대적인 문장을 쓸 수가 있었다.

2류 시인인 장 로베르테Jean Robertet(1420-1490)는 세 명의 부르봉 공작과 세 명의 프랑스 국왕을 모신 비서였다. 그는 플랑드르 부르고뉴 사람인 조르주 샤틀랭을 당대의 가장 고상하고 위대한 시인이라고 생각했다. 이런 마음가짐 덕분에 로베르테는 샤틀랭에게 보내는 찬양의 서간

문을 쓰게 되었다. 우리는 그의 글을 여기에서 꾸며진 글의 증거로 제시하고자 한다. 샤틀랭과 친교를 맺기 위해, 로베르테는 믿음직한 친구 몽페랑Montferrant에게 다리를 놓아달라고 부탁했다. 몽페랑은 부르봉 왕가의 어떤 어린 공자의 가정교사로서 브뤼헤에서 살았다. 부르봉 가의 공자는 삼촌인 부르고뉴 대공의 궁정에 와서 크고 있는 중이었다. 로베르테는 이 몽페랑을 통해 과장 섞인 찬가讚歌 외에 두 통의 편지를 늙어가는 궁정 연대기 작가이자 시인에게 바친다며 보냈다. 두 통의 편지는 하나는 프랑스어, 또 하나는 라틴어로 쓴 것이었다. 샤틀랭이 문학적 서간문을 주고받자는 제의를 즉시 받아들이지 않자, 몽페랑은 오래된 비결을 써서 샤틀랭의 호기심을 자극했다. 그는 『수사법의 12부인』에 등장하는 알레고리에 대해서 논의하자고 샤틀랭에게 써서 보냈다. 그 부인들은 과학, 웅변, 의미의 무게, 심오함 등이었다. 샤틀랭은 이 유혹에 굴복했다. 이렇게 하여 세 사람은 수사법의 12부인을 둘러싸고 편지를 교환하게 되었다.[24] 하지만 머지않아, 샤틀랭은 편지를 주고받는 것에 진력이 나서 그만 중단했다.

로베르테는 사이비 근대의 라틴어법을 아주 형편없이 사용했다. 그는 감기를 이렇게 묘사한다. "나는 안개 자욱한 추위의 일부가 계속되는 동안, 집에서 얼마 동안 휴식했다."[25] 로베르테가 찬사를 늘어놓는 과장된 표현은 아주 형편없는 것이었다. 마침내 샤틀랭이 그에게 시적인 산문 편지(사실 이 산문은 로베르테의 시보다 훨씬 뛰어났다)를 보내오자, 로베르테는 몽페랑에게 이렇게 써 보냈다.

눈부신 빛에 눈이 멀고,

믿기 어려운 웅변에 마음이 설레고,

인간의 정신이 만들 수도 없는,

결코 빛나지 않는 이 어두운 몸을

참기 어려운 빛이 꿰뚫고

타오르는 빛에 현혹되어

마음을 빼앗겨 넋을 잃고

나는 사색에 잠긴 자신을 발견하고,

황홀경에 빠진 내 몸은 바닥에 드러눕고,

나의 허약한 정신은 길을 찾노라 헤매네.

진정한 사랑이 던진 그물에 둘러싸여

갇힌, 비좁은 길로부터 벗어나기에

적절한 탈출구를 찾기 위해.

그리고 산문으로 바뀌어 글은 계속된다. "이런 가시적인 대상을 볼 수 있는 눈은 어디에 있는가? 높은 음색의 은종, 황금 종의 딸랑거리는 소리를 들을 수 있는 귀는 어디에 있는가?" 그는 몽페랑에게 이런 수사적 질문을 던진다. "이것은 신의 친구, 인간의 연인, 유창한 웅변을 갖춘 율리시스의 드높은 마음…… 이것은 포이부스Phoebus(아폴로) 신의 전차와 맞먹는 광채가 아닐까?" "이것은 오르페우스의 수금竪琴, 암피온의 갈대 피리, 아르고스를 잠들게 했던 메르쿠리우스의 플루트보다 더한 것이 아닐까?" 등등.[26]

이 세 명의 시인은 과장된 겸손을 표시하면서 중세의 규정을 충실하게 지키는 가운데 시적 보조를 맞추어 나갔다. 하지만 이 세 사람들만 이런 식으로 행동한 건 아니었다. 동시대인은 모두가 이런 형식을 존중했다. 라 마르슈는 자신의 회고록이 화환 속의 수수한 꽃으로 활용되기를 바랐고, 자신의 작품을 무도회에 여자 없이 혼자 가는 사람에 비유하기도 했다. 몰리네는 모든 '웅변가'들에게 자신의 작품에서 피상적인 것이 있다면 모조리 지적해달라고 요청한다. 코민조차 자신의 작품을 바친 비엔나의 주교가 그 작품을 라틴어 작품 선집에 포함시켜 주기를 바라는 뜻을 비쳤다.[27]

로베르테, 샤틀랭, 몽페랑이 주고받은 시적 서간문들은 중세적인 그림에 고전주의의 황금빛 광택제가 새로 부착된 상황이었다. 그러고 보니 생각나는데, 이 로베르테는 이탈리아에서 상당한 시간을 보냈으며, "하늘의 친절한 영향력은 아름다운 언어를 가져오고, 기본적인 모든 감미로움을 끌어온 이탈리아에서는 모든 것이 조화롭게 녹아들었다"라고 말했다.[28] 하지만 그는 분명히 15세기 이탈리아 르네상스의 많은 것들을 고국으로 가져오지 않았다. 그가 볼 때, 이탈리아의 탁월함은 '아름다운 말'과 인위적 양식의 외부적 다듬기에 있을 뿐이었다.

세 명의 시인이 노리던 목표는 옛것을 흉내 내어 섬세하게 꾸미는 일이었으나 이것을 잠시 의심하게 만드는 아이러니의 순간들도 있다. 가식적인 말투 속에서도 때때로 풍자의 멋이 우러나온다. 수사학의 부인들은 몽페랑에게 이렇게 말한다.[29] "당신 친구 로베르테 씨는 고대 로마 문장가 키케로 예술의 본보기, 고대 로마 극작가 테렌티우스같이 일종의 세련된 분이에요…… 그분은 우리 내면의 가장 깊은 곳에 있는 것을 빼내는 걸 좋아했어요. 고국 땅에서 많은 혜택을 입었는데도 불구하고, 기분 전환을 위해 식도락의 나라(이탈리아)로 가셨지요. 그곳에서는 아이들이 어머니에게 노래하듯 말하고, 아직 그럴 나이가 아닌데도 학교에 가고 싶어 하며, 학문을 배우고 싶어 하지요." 샤틀랭은 로베르테와 편지를 주고받는 일이 곧 지겨웠기 때문에 그만두려 했다. 허영 부인(Dame

Vanité) 앞에 문을 열어놓은 지 꽤 오래 되었으니, 이제 문을 슬슬 닫아야 겠다는 것이었다. "로베르테의 구름은 비를 내려 나를 흠뻑 젖게 만들었 다. 그 구름에 모여든 진주들은 내 옷을 빛나게 했다. 내 옷이 그럴 듯한 외양으로 사람들의 눈을 속여 넘겼다 하더라도 그 옷 아래의 이 더러운 몸은 어떻게 숨길 것인가?" 로베르테가 이런 식으로 내내 편지를 주고 받으려 한다면, 샤틀랭은 편지를 읽지도 않은 채, 불구덩이에 던져 버릴 생각이었다. 친구끼리 얘기할 때처럼 자연스럽게 대화한다면, 샤틀랭은 아마도 교신을 계속했을 것이다.

휴머니스트들이 오로지 라틴어 문장에만 전념할 경우, 고전주의적 양 식 아래에 여전히 꿈틀거리는 중세적 정신은 잘 드러나지 않는다. 이 경 우, 라틴어를 서투르게 다루더라도 고전의 정신을 불완전하게 이해한 것은 별로 드러나지 않는다. 그리하여 지식인들은 아무 부담 없이 모방 할 수 있고, 아주 교묘하게 고전 문학의 솜씨를 발휘했다. 이를테면 휴 머니스트 로베르 가갱Robert Gaguin은 그의 편지나 연설 원고를 보면, 이 미 에라스뮈스 못지않게 근대적인 것처럼 보인다. 실제로 에라스뮈스는 가갱 덕분에 처음으로 명성을 얻었다. 가갱은 프랑스 최초의 학문적 역 사서(1495년)[30]라고 할 수 있는, 『프랑스 역사의 개요』의 끝부분에 에라 스뮈스의 편지를 덧붙였는데, 이것은 대중에게 처음 선보인 에라스뮈스 의 문장이었다. 가갱은 페트라르카[31]와 마찬가지로 그리스어를 잘 몰랐 지만, 그렇다고 하여 진정한 휴머니스트가 아니라고 할 수도 없다. 동시 에 그의 내면에는 중세의 정신이 여전히 살아 있었다. 그는 라틴어의 수 사적 솜씨를 발휘하여, 알랭 샤르티에의 『궁정인』을 라틴어로 번역함으 로써 결혼을 통렬하게 비난하거나[32] 궁정 생활을 반대하는 등 중세의 낡 은 주제를 다루고 있다.

그런가 하면 이번에는 프랑스어 시에서, 가갱은 흔히 애용되는 논쟁의 형식,『농민, 사제, 기사의 토론Le Débat du Laboureur, du Prestre et du Gendarme』을 통해 여러 계급의 사회적 가치를 다루고 있다. 가갱은 라틴어 양식을 완전히 자기 것으로 익혔는데도, 프랑스어로 시를 쓸 때에는 수사적 윤색을 배제하고 자연스럽게 썼다. 라틴어풍 문체, 과장된 표현, 신화 따위는 가급적 피했다. 프랑스 시인으로서 그는 중세풍의 형식 안에 자연스러운 문장을 담았고, 사람들에게 널리 읽히는 작품을 만들고자 했다. 가갱의 입장에서, 휴머니즘(인문주의)의 양식은 가끔 입어 보는 화려한 옷에 지나지 않았다. 그 옷은 가갱에게 잘 맞지 않는 듯했고, 그는 그런 화려한 옷보다는 평상복을 입었을 때 좀 더 자유롭게 움직일 수 있었다. 르네상스라는 옷은 15세기의 프랑스 정신에는 잘 맞지 않고 다만 화려했을 뿐이다.

문학적 이교도주의

사람들은 으레 이교異敎 분위기의 표현 방식이 등장한 것을, 르네상스가 찾아온 확실한 증거라고 여긴다. 하지만 중세문학을 연구한 사람들은 누구나 문학의 이교적 취향이 결코 르네상스의 풍토에만 국한된 것이 아님을 알고 있다. 하느님을 '하늘에 계신 신들의 제1인자(princeps superum)'로, 마리아를 '천둥치는 자의 어머니(genetrix tonantis)'로 불렀을 때, 인문주의자들은 신성 모독을 저지른 게 아니다. 이렇게 그리스도 신앙의 인물들을 이교 신화의 이름으로 바꿔 부르는 관습은 형식상 아주 오래된 일이고[33], 마음속의 종교적 정서에 아무런 영향을 주지도 않는다. 12세기의 초창기 시인은 태연하게 시의 형식을 빌려 이렇게 고백하고 노래했다.

삶은 낡은 것을 싫어하고, 관습은 새것을 좋아하네,
인간은 외양을 보지만, 그 마음은 유피테르에게 열려 있네.

'낙원에서 온 유피테르'[34]를 얘기할 때, 데샹은 무신론자를 의도한 게
아니다. 프랑수아 비용이 어머니를 위해 지은 감동적인 발라드에서, 기
도하기 위해 성모 마리아를 '드높은 여신'[35]이라고 부르는 것도 마찬가
지이다.

이교적 취향의 분위기는 전원시에서도 볼 수 있으며, 이교도 신들이
자연스럽게 등장했다. 『파스토랄레』(전원시)에서 파리의 첼레스티누스
파 수도원은 '사람들이 신들께 기도하는 조금 높은 숲의 신전'이라고 불
렸다.[36] 하지만 아무도 이런 순진한 이교적 취향에 속지 않았다. 더군다
나 시인은 이렇게 해명했다. "나의 뮤즈에게 약간의 기묘함을 주기 위
해 이교도 신들을 언급하지만, 목동들도 나도 똑같이 기독교 신자들이
다."[37] 몰리네 또한 어떤 몽환시夢幻詩에서 마르스 신과 미네르바 여신을
등장시켜 그들에게 '이성과 분별'을 책임지게 하고, 다음과 같이 말하게
한다. "작가가 이렇게 하는 것은 신들과 여신들에 대한 믿음을 불어넣기
위해서가 아니다. 우리 주님 한 분만이 사람들에게 영감을 줄 수 있다.
오로지 그분만이 당신 하고 싶은 대로 또 서로 다른 수단을 동원하여 영
감을 주시는 것이다."[38]

르네상스 전성기에 나타난 이교적 취향은 중세 후기의 이런 표현들보
다 훨씬 더 발전된 것이라고 볼 수 없다. 하지만 이교적 신앙, 특히 이교
도의 희생 제의를 있는 그대로 인식하려는 태도는 새로운 르네상스 정

신의 발전에 중요한 의미가 있다. 그러나 이런 태도는 샤틀랭처럼 중세의 사고방식에 깊이 뿌리를 내린 사람들 사이에서도 나타난다.

예전에 이교도들은 그들의 신을 섬기며
조촐한 희생 제물을 바쳐 사랑을 추구했네,
물론 그것은 쓸모없는 것들이었으나
그럼에도 유익하고 풍성한 보답이 있었네.
많은 수확과 높은 은총 중에는 이런 것이 있네.
사랑과 공손한 예배의 효험은
지상 어디에서 이루어지든 불문하고
천국과 지옥에 두루 통하는구나.[39]

중세의 생활에서 들려오는 르네상스의 소리

중세의 생활의 한가운데에서도 르네상스의 소리가 느닷없이 울려 퍼진다. 1446년, 아라스의 토너먼트에서 필립 드 테르낭Philippe de Ternant은 관례를 무시하고 '신심의 작은 깃발(bannerole de devotion: 경건한 문구나 그림을 그린 띠)'을 두르지 않고 나타났다. 라 마르슈는 이런 파렴치한 행동에 대해 "나는 절대 찬성할 수 없다"고 말했다. 하지만 테르낭이 몸에 지녔던 표어 문구는 훨씬 더 불경스러웠다. "나는 욕망을 충족할 수 있기를 바라고, 그 밖의 좋은 것을 구하지 않는다."[40] 이것은 16세기의 자유사상가들 중에서 가장 과격한 이들이 내세운 강령과 일치하는 것이었다.

사람들은 실생활에 나타난 이교주의의 출처를 굳이 고전문학에서 찾지 않아도 되었다. 이교주의는 중세 문화의 보물인 『장미 이야기』에 산재해 있다. 이교의 세계는 중세 문화의 선정적인 표현에서 얼마든지 찾아볼 수 있다. 비너스와 사랑의 신 큐피드는 오랫동안 『장미 이야기』를 은신처로 삼아, 미사여구 이상의 칭송을 받아 왔다. 장 드 묑 자신이 위대한 이교도의 화신이었다. 그의 작품은 13세기부터 무수한 독자들에게 이교주의의 학교였다. 이렇게 된 것은 고대의 신들을 예수와 성모 마리아의 이름과 뒤섞었을 뿐만 아니라, 대담하게도 그리스도의 지복至福 이미지에 지상의 쾌락을 덧붙인 데에서 비롯된 것이다. 창세기를 다음과 같이 개작한 것보다 더 큰 신성 모독은 없으리라. 즉, 하느님께서는 "땅 위에 사람 지으셨음을 한탄하사"의 성경 구절(창세기 6장 6절)을 빌려와 그 참뜻을 무시하고 '자연'의 입으로 다르게 말하게 한다. 그의 시에서 '자연'은 완전히 조물주의 역할을 맡았고, 인간을 창조한 것에 대하여 후회했다. 인간들이 번식의 명령에 관심을 기울이지 않기 때문이다.

> 십자가에 매달려 죽으신 하느님, 나를 도와주십시오,
> 나는 사람을 창조한 것을 몹시 후회합니다.[41]

교회 당국은 교리에 관해서라면 사소한 잘못조차도 경계를 늦추지 않고 준엄하게 대처했다. 그런데 놀랍게도 귀족의 애독서(『장미 이야기』)가 가르치는 이교적 내용에 대해서는 아무 제재를 가하지 않고, 그 가르침이 중세 후기 내내 지식인들 사이에서 널리 퍼지도록 놔두었다.

새로운 형식과 새로운 정신은 서로 일치하지 않는다. 다가올 시대의 사상이 중세풍의 옷을 입고 있는 것과 마찬가지로, 가장 중세적인 사상은 다수의 신화적 인물을 등장시키는 사포Sappho(고대 그리스의 여류시인) 같은 운율 속에서 제시되기도 한다. 고전주의와 근대정신은 전혀 다른

두 개의 실체이다. 이렇게 볼 때 문학적 고전주의는 노인으로 태어난 아이다. (15세기 프랑스 문학에서 발견되는 고전주의는 실체가 없는 것이라는 비유적 표현-옮긴이) 고전 고대는 순수 문학의 혁신에 대해 필로크테테스의 화살(arrows of Philoktetes: 우연하게 날아온 것) 이상의 뜻을 갖고 있지 않았다. 그러나 조형 미술과 학문적 사상으로 시선을 돌리면 얘기는 사뭇 달라진다. 이 두 분야에서 고대인의 논리와 표현의 순수함, 고대인의 다양한 관심, 고대인이 자신의 삶을 통제하고 인간의 내면을 들여다보는 통찰력 등은 단순히 의지하는 지팡이 이상의 힘을 발휘했다. 조형 미술에서 과잉, 과장, 왜곡, 복잡한 주름, 불꽃 모양의 곡선을 극복한 것은 모두가 고전 고대 덕분이었다. 학문적 사상의 분야에서도 그것은 꼭 필요한 것이었고 풍요로운 열매를 맺는 데 도움을 주었다. 하지만 문학의 영역에서 고전주의는 단순함과 조화로움을 펼치는 데 있어서 필수품이라기보다 장애물로 남았다.

15세기에 소수의 프랑스 사람들이 인문주의의 형식을 받아들였지만, 아직 르네상스를 대대적으로 환영할 만큼 다수는 아니었다. 그들의 정서와 방향 감각은 여전히 중세적이었다. 지배적인 '삶의 가락'이 바뀔 때, 혹은 치명적인 현세 부정의 썰물이 새로운 밀물에 길을 내주면서 상쾌한 산들바람이 불기 시작할 때, 비로소 르네상스는 찾아온다. 사람들이 오랫동안 숭상해 온 고대 세계의 영광을 자기 것으로 만들 수 있다는 반가운 확신(아니면 환상?)이 마음속에서 무르익을 때, 마침내 르네상스는 도래하는 것이다.

주석
[이하 역주는 영역자의 주석임]

제1장 중세인의 열정적이고 치열한 삶

1. [역주] 제1장의 제목은 네덜란드어로 'Levens felheid'이다. 이 제목은 직역하면 '삶의 여러 측면들'이다. fel은 감각에 아주 강력한 영향을 미치는 어떤 것을 의미한다. 이것은 교각(橋脚)의 스팬(당김)처럼 심리상태와 감정 상태 사이의 팽팽한 긴장을 암시하기도 한다. 따라서 이 제목의 뉘앙스는 이런 것이다. 즉, 이처럼 날카롭고 투박한 대조적 상태들 속에서 팽팽하게 긴장하면서 살아간 중세의 삶이 중세인들의 감각에 강한 영향을 미쳤다. 이러한 어휘의 사용은 강력한 메타포의 첫 시작이기도 하다. 하위징아의 이야기에서 메타포는 중요한 부분을 차지한다.

2. Oeuvres de Georges Chastellain, ed. Kervyn de Lettenhove, Bruxelles 1863-66; 8 vols., III, p. 44.

3. Chastellain, II p. 267; Mémoires d'Olivier de la Marche, ed. Beaune et d'Arbaumont (Soc. de l'historie de France), 1883-88; 4 vols., II, p. 248

4. Journal d'un bourgeois de Paris, ed. A. Tuetey (Publ, de la soc. de l'historie de Paris, Doc. no. III), 1881, pp. 5, 56.

5. Journal d'un bourgeois, pp. 20-24. See Journal de Jean de Roye, dite Chronique scandaleuse, ed. B. de Mandrot (Soc. de l'historie de France), 1894-96, 2 vols., I, p. 330.

6. Chastellain, III, p. 461; see V, p. 403.

7. Jean Juvenal des Ursins, Chronique, ed. Michaud et Poujoulat, Nouvelle collection des mémoires, II, 1412, p. 474.

8. [역주] 인생의 이미지를 '죽음으로 가는 춤'이라고 보는 것이다. 이 주제는 그림으로 또 시로도 자주 다루어졌다. 아래 제5장을 볼 것.

9. See Journal d'un bourgeois, pp. 6, 70; Jean Molinet, Chronique, ed. Buchon (Coll. de chron, nat.), 1827-28, 5 vols., II, p. 23: Lettres de Louis XI, ed. Vaesen, Charavay, de Mandrot (Soc. de l'hist. de France), 1883-1909, 11 vols., 20 Apr. 1477, VI, p. 158; Chronique scandaleuse, II, p. 47; Chronique scandaleuse, Interpolations, II, p. 364.

10. Journal d'un bourgeois, p. 234-37.

11. Chron. scand., II, p. 70, 72.

12. Vita auct. Petro Ranzano O. P. (1455), Acta sanctorum Apr. t. I, pp. 494ff.

13. J. Soyer, Notes pour servir à l'histoire littéraire, Du succes de la prédication de frère Olivier Maillart à Orléans en 1485, Bulletin de la société archéologique et historique de l'Orléanais, t. XVIII, 1919, according to Revue historique, t. 131, p. 351

14. [역주] Hennin. 아주 높이 솟은 원추형 모양의 머리 스타일. 이 원추형으로부터 베일이 드리워진다.

15. [역주] 재가 여신자들을 위한 신비 수도회. 각종 자선사업을 벌였고, 대중들 앞에서 프랑스어 성경을 크게 소리 내어 읽는 일에 주력했다. 교회 당국에 의해 공식적으로 승인된 수도회는 아니다. 참조. Barbara Tuchmann, The Distant Mirror, Alfred A. Knopf, New York, 1978, p.317.

16. Enguerrand de Monstrelet, Chroniques, ed. Douët d'Arcq. (Soc. de l'hist. de France) 1857-62, 6 vols., IV, pp. 302-6.

17. Wadding, Annales Minorum, X, p. 72; K. Hefele, Der h. Bernhardin von Siena und die franzikanische wanderpredigt in Italien. Freiburg 1912, S. 47, 80.

18. Chron. scand., 1, p. 22, 1461; Jean Chartier, Hist. de Charles VII, ed. N. Godefroy, 1661, p. 320.

19. Chastellain, III, pp. 36, 98, 124, 125, 210, 238, 239, 247, 474; Jacques du Clercq, Mémoires (1448-1467), ed. de Reiffenberg, Bruxelles 1823, 4 vols., IV, p. 40, II, p. 280, 355, III, p. 100; Juvenal des Ursins, pp. 405, 407, 420; Molinet, III pp. 36, 314.

20. Jean Germain, Liber de virtutibus Philippi ducis Burgundiac, ed. Kervyn de Lettenhove, Chron, rel. à l'hist. de la Belg. sous la dom. des ducs de bourg. (Coll. des chron, belges), 1876, II, p. 50.

21. La Marche, I, p. 61.

22. Chastellain, IV, pp. 333f.

23. Chastellain, III, p. 92.

24. Jean Froissart, Chroniques, ed. S. Luce et G. Raynaud (Soc. de l'hist. de France), 1869-1899, 11 vols. (only up to 1385), IV, pp. 89-93.

25. Chastellain, III. pp. 85ff.

26. Chastellain, III, p. 279.

27. La Marche, II, p. 421.

28. Juvenal des Ursins, p. 379.

29. Martin Le Franc, Le Champion des dames, See G. Doutrepont, La littérature francaise à la cour des ducs de Bourgogne (Bibl. de XVe siecle t. VIII), Paris, Champion, 1909, p. 304.

30. Acta sanctorum Apr. t. I, p. 496; A. Renaudet, Préréforme et humanisme à Paris 1494-1517, Paris, Champion, 1916, p. 163.

31. [역주] spanning. 앞의 주 1을 참조.

32. Chastellain, IV, pp. 300f., VII, p. 75; see Thomas Basin, De rebus gestis Caroli VII. et Lud. XI. historiarum libri XII, ed. Quicherat (Soc. de l'hist. de France), 1855-1859, 4 vols., I, p. 158.

33. Journal d'un bourgeois, p. 219.

34. Chastellain III, p. 30.

35. La Marche, I, p. 89.

36. Chastellain, I, pp. 82, 79; Monstrelet, III, p. 361.

37. La Marche, I, p. 201.

38. On the Treaty of Arras see among others La Marche, I, p. 207.

39. Chastellain, I, p. 196.

40. Basin, III, p.74. [역주] Hoecken(갈고리)과 Kabeljauen(대구). Holland, Zeeland, Hainaut 등의 계승권을 둘러싸고 갈등을 벌인 두 정당의 이름. 대구당은 신분이 계속 상 승하는 부르주아의 당이고 갈고리당은 부르주아의 부를 빼앗으려고 하는 퇴보하는 귀족 들의 당이다. 하위징아는 이런 간단한 경제적 설명을 경계해야 한다고 거듭해서 말한다.

41. 이러한 인식은 경제적 요인들을 배제하지 않는다. 역사의 경제적 설명에 대하여 반대하 는 것은 더욱 아니다. 이것은 조레스의 다음과 같은 말에 의하여 증명된다. "역사에는 계

급들 사이의 투쟁만 있는 것이 아니고 정당들 사이의 투쟁도 있다. 경제적인 친소관계 이외에도 열정의 그룹, 이해관계와 자부심의 그룹, 지배의 그룹 등도 형성되며, 이런 것들이 역사의 표면을 주름잡으면서 아주 커다란 동요를 일으키기도 한다."Histoire de la révolution francaise, IV, p.1458.

42. [역주] Arnold와 Adolf de Geldre. 아놀드는 대공의 권력을 귀족위원회와 부르주아 유지들에게 양도함으로써 공국의 지위를 확보했다. 이 때문에 그의 아내와 아들 아돌프는 아놀드에 반대하는 음모를 꾸몄다. 이에 화가 난 아놀드는 보복 조치로서 공국 승계권을 샤를 대담공에게 팔아버렸다. 대담공은 아놀드가 사망하자 겔드르의 대공이 되었다. 샤를 대담공이 전투 중에 사망하자, 아돌프는 감옥에서 풀려났다. 아돌프는 공국을 되찾으려는 캠페인을 벌이다가 투르네 공성전에서 전사했다.

43. Chastellain, IV, p. 201; see my Studie uit de voorgeschiedenis van ons nationaal besef, in De Gids 1912, I.

44. [역주] 백년전쟁(1337-1453). 영토와 왕권을 두고서 잉글랜드와 프랑스 사이에서 벌어진 전쟁. 하위징아의 『중세의 가을』은 이 시기의 프랑스와 부르고뉴의 문화사이다.

45. Journal d'un bourgeois, p. 242; see Monstrelet, IV, p. 341d.

46. Jan van Dixmude, ed. Lambin, Ypres 1839, p. 283.

47. Froissart, ed. Luce, XI, p. 52.

48. Mémoires de Pierre le Fruictier dit Salmon, Buchon 3e suppl. de Froissart, XV, p. 22.

49. [역주] 성 안드레의 십자가는 X자 형의 십자가를 말한다. 그것은 친 부르고뉴당의 상징이었고 따라서 친 잉글랜드였다. 이것은 아직도 영국 국기의 일부이다.

50. Molinet, III, p. 487.

51. Molinet, III, pp. 226, 241, 283-287; La Marche, III, pp. 289, 302.

52. Clementis V constitutiones, lib. V. tit. 9, c. 1.; Joannis Gersonii, Opera omnia, ed. L. Ellies Dupin, ed. II, Hagae Comitis 1728, 5 vols., II, p. 427; Ordonnances des rois de France, t. VIII, p. 122; N. Jorga, Philippe de Mézières et la croisade au XIV siècle (Bibl. de l'ecole des hautes études, fasc. 110), 1896, p. 438; Religieux de S. Denis, II, p. 533.

53. Journal d'un bourgeois, pp. 223, 229.

54. Jacques du Clercq, IV, p. 265. Petit-Dutaillis, Documents nouveaux sur les moeurs populaires et le droit de venegeance das les Pays-Bas au XVe siecle (Bibl. du XVe Siecle), Paris, Champion, 1908, pp. 7, 21.

55. Pierre de Fenin (Petitot, Coll. de mém. VII), p. 593; see his story of the fool who was beaten to death, p. 619.

56. Journal d'un bourgeois, p. 204.

57. [역주] entremets: 문자 그대로의 뜻은 곁들여 나오는 음식이다. 하위징아는 이보다 더 오래된 뜻으로 이 단어를 사용하고 있는데 귀족들의 향연에 벌어지는, 코스 중간의 여흥 행사를 가리킨다. 12장에 여흥 행사에 대한 묘사가 나온다.

58. Jean Lefèvre de Saint-Remy, Chronique, ed. F. Morand (Soc. de l'hist. de France), 1876, 2 vols., II, p. 168; Laborde, Les ducs de Bourgogne, Etudes sur les lettres, les arts, et l'industrie pendant le XVe siecle, Paris 1849-1853, 3 vols., II, p. 208.

59. La Marche, III, p. 135; Laborde, II, p. 325.

60. Laborde, III, pp. 355, 398. Le Moyen-age, XX, 1907, pp. 193-201.

61. Juvenal des Ursins, pp. 438, 1405. See, however, Rel. de. S. Denis, III, p. 349.

62. Piaget, Romania, XX, p. 417 en XXXI, 1902, pp. 597-603.

63. Journal d'un bourgeois, p. 95.

64. Jacques de Clercq, III, p. 262.

65. Jacques du Clercq passim; Petit Dutaillis, Documents etc., p. 131.

66. Hugo of St. Victor, De fructibus carnia et spiritus, Migne CLXXVI, p. 997.

67. Tobit 4: 13.

68. I Timothy 6:10.

69. Petrus Damiani, Epist. lib. I, 15, Migne CXLIV, p. 234, id. Contra philargyriam ib. CXLV, p. 533; Pseudo-Bernardus, Liber de modo bene vivendi 44, 45, Migne CLXXXLV, p. 1266.

70. Journal d'un bourgeois, pp. 325, 343, 357; in the note on the citations from the parliamentary records.

71. L. Mirot, Les d'Orgemont, leur origine, leur fortune, etc. (Bibl. du XVe siecle), Paris, 1913; P. Champion, Francois Villon, Sa vie et son temps (Bibl. du XVe siècle), Paris, 1913, II, pp. 230f.

72. Mathieu d'Escouchy, Chronique, ed. G. du Fresne de Beaucourt (Soc. de l'hist. de France), 1863-1864, 3 vols., I, p. iv-xxiii.

73. P. Champion, François Villon, sa vie et son temps (Bibl. du XVe siècle), Paris, 1913, 2 vols.

제2장 더 아름다운 삶에 대한 갈망

1. Allen, no. 541, Antwerpen, 26 February 1516/17; see no. 542, no. 566, no. 862, no. 967.

2. Germanae. 이 경우에는 'German'으로 번역될 수가 없다.

3. Eustache Deschamps, Oeuvres complètes, ed. De Queux de Saint Hilaire et G. Raynaud (Soc. des aniciens textes français) 1878-1903, 11 vols., no. 31. (I. P. 113, see nos. 85, 126, 152, 162, 176, 248, 366, 375, 386, 400, 933, 936, 1195, 1196, 1207, 1213, 1239, 1240, etc.; Chastellain, I pp. 9, 27, IV pp. 5, 56, VI pp. 206, 208, 219, 295; Alain Chartier, Oeuvres, ed. A. Duchesne, Paris 1617, p. 262; Alanus de Rupe, Sermo, II, p. 313 (B. Alanus redivivus, ed. J. A. Copenstein, Naples, 1642).

4. Deschamps, no. 562 (IV, p. 18).

5. A. de la Borderie, Jean Meschinot, sa vie et ses oeuvres (Bibl. de l'Ecole des chartes), LVI, 1895, pp. 277, 280, 305, 310, 312, 622, etc.

6. Chastellain, I, p. 10 Prologue; see Complainte de fortune, VIII, p. 334.

7. La Marche, I p. 186, IV p. 89; H. Stein, Etude sur Olivier de la Marche, historien, poete et diplomate (Mém. couronnés etc., de l'Acad royale de Belg. t. XLIX), Bruxelles 1888, frontispiece.

8. Monstrelet, IV, p. 430.

9. Froissart, ed. Luce, X, p. 275; Deschamps no. 810 (IV, p. 327); see Les Quinze joyes de mariage (Paris, Marpon et Flammarion), p. 64 (quinte joye); Le livre messire Geoffroi de Charney, Romania, XXXVI, 1897, p. 399.

10. Joannis de Varennis responsiones ad capitula accusatinum etc. §17, by Gerson, Opera, I, p. 920.

11. Deschamps, no. 95 (I, p. 203).

12. Deschamps, Le miroir de mariage, IX, pp. 25, 69, 81, no. 1004 (V, p. 259), further II pp. 8, 183-188, III pp. 39, 373, VII p. 3, IX p. 209, etc.

13. Convivio lib., IV, cap. 27, 28.

14. Discours de l'excellence de virginité, Gerson, Opera III, p. 382; see Dionysius Cartusianus, De vanitate mundi, Opera omnia, cura et labore monachorum sacr. ord. Cart., Monstrolii-Tornaci 1896-1913, 41, vol. XXXIX, p. 472.

15. [역주] Levensspel. 인생의 게임. 문화가 발생하는 근원을 설명하는 하위징아의 중요 개

넘. 생활의 형식(기사도도 그 중 하나인데)은 놀이를 통하여 생겨난다는 것. 하위징아는 이 개념을 나중에 『호모 루덴스』에서 자세히 설명했다. 놀이는 결코 무의식적인 것이 아니고 진지하지 않은 것도 아니다. 사람들은 자신이 기사 혹은 목동으로 놀이를 할 때 자신이 "놀이를 하고 있다"라는 사실을 의식한다. 아래 주석 65 참조.

16. Chastellain, V. p. 364.

17. La Marche, IV, p. cxiv.—The old Dutch translation of his Estat de la maison du duc Charles de Bourgogne by Matthaeus, Analecta, I, pp. 357-494.

18. Christine de Pisan, Oeuvres poétiques, ed. M. Roy (Soc. des anciens texts français), 1886-1896, 3 vols., I, p. 251, no. 38; Leo von Rozmitals Reise, ed. Schmeller (Bibl. des lit. Vereins zu Stuttgart, t. VII), 1844, pp. 24, 149.

19. La Marche, IV, pp. 4ff.; Chastellain, V, p. 370.

20. Chastellain, V, p. 368.

21. La Marche, IV, Estat de la maison, pp. 34ff.

22. La Marche, I, p. 277.

23. La Marche, IV, Estat de la maison, pp. 34, 51, 20, 31.

24. Froissart, ed. Luce, III, p. 172.

25. Journal d'un bourgeois, §218, p. 105.

26. Chronique scandaleuse, I, p. 53.

27. Molinet, I, p. 184; Basin, II, p. 376.

28. Alienor de Poitiers, Les honneurs de la cour, ed. La Curne de Sainte Palaye, Mémoires sur l'ancienne chevalerie, 1781, II, p. 201.

29. Chastellain, III pp. 196-212, 290, 292, 308, IV pp. 412-414, 428; Alienor de Poitiers, pp. 209, 212.

30. Alienor de Poitiers, p. 210; Chastellain, IV, p. 312; Juvenal des Ursins, p. 405; La Marche, I, p. 278, Froissart, ed. Luce, I, pp. 16, 22, etc.

31. Molinet, V, pp. 194, 192.

32. Alienor de Poitiers, p. 190; Deschamps, IX, p. 109

33. Chastellain, V, p. 27-33.

34. 오로지 당신 때문에 사제는 기다려야 합니다. Deschamps, IX, Le miroir de mariage, pp.109-110.

35. 다음 자료에는 이러한 '평화'의 사례들이 더 나온다. Laborde, II, nos. 43, 45, 75, 126,

140, 5293. 여기에 해당하는 영어 단어는 지금은 잘 안 쓰이는 osculatory이다. 이 막대기에는 그리스도나 성모의 모습이 그려져 있다.

36. Deschamps, IX, Le miroir de mariage, p. 300, see VIII, p. 156 ballade no. 1462; Molinet, V, p. 195; Les cent nouvelles nouvelles, ed. Th. Wright, II, p. 123; see Les Quinze joyes de mariage, p. 185.

37. Canonization procedure at Tours, Acta Sanctorum Apr. t. I, p. 152.

38. 네덜란드 귀족들 사이의 서열에 대한 싸움은 다음 자료에 이미 지적되어 있다. W. Moll, Kerkgeschiedenis van Nederland voor de hervorming (Utrecht 1864-69), 2 Teile (5 Stücke), II, 3, p. 284. 또 다음 자료에서도 자세히 설명되어 있다. H. Obreen, Bydragen voor Vaderlandsche Geschiedenis en Oudheidkunde, X4, p. 308

39. Deschamps, IX, pp. 111-114.

40. Jean de Stavelot, Chronique ed. Borgnet (Coll. des chron. belges) 1861, p. 96.

41. Pierre de Fenin, p. 607; Journal d'un bourgeois, p. 9.

42. Jevenal des Ursins, p.541과 Thomas Basin, I, p.31에 의거함. 『파리 시민의 일기』는 다음 자료와 마찬가지로 죽음의 선고에 대하여 다른 원인을 제시한다. Le Livre des trahisons, ed. Kervyn de Lettenhove (Chron. rel. à hist. de Belg. sous les ducs de Bourg.), II, p.138.

43. Rel. de S. Denis, I, p. 30; Juvenal des Ursins, p. 341.

44. Pierre de Fenin, p. 606; Monstrelet, IV, p. 9.

45. Pierre de Fenin. p. 604.

46. Christine de Pisan, I, p. 251, no. 38; Chastellain, V, p. 364ff.; Rozmitals Reise, pp. 24, 149.

47. Deschamps, I, nos. 80, 114, 118, II, nos. 256, 266, IV, nos 800, 803, V, nos. 1018, 1024, 1029, VII, nos. 253, X, nos. 13, 14.

48. 다음 자료에서 나온 15세기의 익명의 보고서. Journal de l'inst. hist., IV. p. 353; see Juvenal des Ursins, p. 569; Rel. de S. Denis, VI, p. 492.

49. Jean Chartier, Hist. de Charles VII, ed. D. Godefroy 1661, p. 318.

50. Entry of the Dauphin as duke of Brittany into Rennes 1532, in Th. Godefroy, Le cérémonial françois 1649, p. 619.

51. Rel. de S. Denis, I, p. 32.

52. Journal d'un bourgeois, p. 277.

53. Thomas Basin, II, p. 9.

54. A. Renaudet, Préréforme et humanisme a Paris, p. 11. Based on the documents of the trial.

55. De Laborde, Les ducs de Bourgogne, I, p. 172, 177.

56. Livre des trahisons, p. 156.

57. Chastellain, I, p. 188.

58. Alienor de Poitiers, Les honneurs de la cour, p. 254.

59. Rel. de S. Denis, II, p. 114.

60. Chastellain, I p. 49, V p. 240; La Marche, I, p. 201; Monstrelet, III, p. 358; Lefèvre de S. Remy, I, p. 380.

61. Chastellain, V, p. 228; see IV, p. 210.

62. Chastellain, III, p. 296; IV, p. 213, 216.

63. Chronique scandaleuse, interpol., II, p. 332.

64. Lettres de Louis XI, X, p. 110.

65. [역주] 이 문장에 하위징아의 놀이 이론의 핵심이 들어 있다. 이 이론은 나중에 『호모 루덴스』에서 자세히 전개된다. 장례식의 관습은 아주 혹독한 현실에 적절히 대응하게 해주는 일종의 '놀이'이다. 하위징아가 볼 때, 이런 형식들은 결코 무의식적으로 수행 되지 않는다. 놀이하는 사람은 언제나 그것이 놀이라는 것을 의식한다. 두터운 밑창의 cothurni(신발)를 신은 배우가 자신이 극중에서 연기를 하고 있다는 사실을 잊어버리지 않는 것처럼. 이 연극의 비유는 중요하다. 본문 제13장의 소제목 "15세기 산문의 대가 샤 틀랭" 부분을 참조할 것.

66. Alienor de Poitiers, Les honneurs de la cour, pp. 254-256.

67. Lefèvre de S. Remy, II, p. 11; Pierre de Fenin, pp. 509, 605; Monstrelet, III, p. 347; Theod. Pauli, De rebus actis sub ducibus Burgundiae compendium, ed Kervyn de Lettenhove (Chron. rel. à l'hist. de Belg. sous dom. des ducs de Bourg. t. III), p. 267.

68. [역주] vuurmand. 석탄으로 열을 내는 일종의 캐비닛. 어린아이의 린넨과 모포를 건조 시키는 데 사용된다.

69. Alienor de Poitiers, pp. 217-245; Laborde, II, p. 267, Inventory of 1420.

70. Successor to Monstrelet, 1449 (Chastellain, V, p. 367).

71. See Petit Dutaillis, Documents nouveaux sur les moeurs populaires, etc., p. 14; La

Curne de S. Palaye, Mémoires sur l'ancienne chevalerie, I, p. 272.

72. Chastellain. Le Pas de la mort, VI, p. 61.

73. Hefele, Der h. Bernhardin v. Siena et. p. 42. On the prosecution of sodomy in France, Jacques du Clercq, II, pp. 272, 282, 337, 338, 350, III, p. 15.

74. Thomas Walsingham, Historia Anglicana, II, 148 (Rolls series ed. H. T. Riley, 1864). 프랑스의 앙리 2세의 경우에는 미농의 범죄적 성격이 의심의 여지가 없다. 하지만 이것은 16세기 말에 벌어진 사건이다.

75. Philippe de Commines, Mémoires, ed. B. de Mandrot (Coll. de textes pour servir a l'enseignement de l'histoire) 1901-1913, 2 vols., I, p. 316.

76. La Marche, II, p. 425; Molinet, II, pp. 29, 280; Chastellain, IV, p. 41.

77. Les cent nouvelles, II, p. 61; Froissart, ed. Kervyn, XI, p. 93.

78. Froissart, ed. Kervyn, ib. XIV, p. 318; Le livre des faits de Jacques de Lalaing, p. 29, 247 (Chastellain, VIII); La Marche, I, p. 268; L'hystoire du petit Jehan de Saintré, chap. 47.

79. Chastellain, IV, p. 237.

제3장 영웅적인 꿈

1. Deschamps, II, p. 226.

2. Chastellain, Le miroir des nobles hommes en France, VI, p. 204. Exposition sur vérité mal prise, VI, p. 416. L'entrée du roys Loys en nouveau règne, VII, p. 10.

3. Froissart, ed. Kervyn, XIII, p. 22; Jean Germain, Liber de virtutibus ducis Burg., p. 109; Molinet, I p. 83, III p. 100.

4. Monstrelet, II, p. 241.

5. Chastellain, VII, pp. 13-16.

6. Chastellain, III, p. 82; IV, p. 170; V, pp. 279, 309.

7. Jacques du Clercq, II, p. 245, see p. 339.

8. See above p. 11.

9. Chastellain, III, pp. 82-89.

10. [역주] 질 드 레Gilles de Rais: 잔 다르크 편에 서서 열심히 싸운 레 남작. 1429년 프랑

스 군대의 원수가 되었다. 어려운 시기를 만나자 그는 마법과 연금술에 빠져들었다. 그는 이런 비행을 성스러운 행위에 의해 속죄하고자 했다. 동시에 어린 소년 납치, 남색, 살인의 은밀한 생활을 추구했다. 그의 끔찍한 행위는 프랑스 소설가 위스망스의 장편소설 『저기 낮은 곳에』(1891)에 자세히 묘사되어 있다. 하위징아는 젊은 시절 이 소설을 읽었다. 어떤 자료들은 질 드 레가 끔찍한 살인자 블루비어드(푸른 수염)라고 지목하지만, 질 드 레는 여자를 상대로 범죄를 저지른 것이 아니라 어린 소년을 상대로 범죄를 저질렀다. 미슐레는 그를 '살인의 짐승'이라고 불렀다.

11. Chastellain, VIII, pp. 90ff.

12. Chastellain, II, p. 345.

13. Deschamps, no. 113, I, p. 230.

14. Nicholas de Clémanges, Opera, ed. Lydius, Leiden 1613, p. 48. cap. IX.

15. In the Latin translation of Gerson, Opera, IV, p. 583-622; the French text is from 1824, the cite text by D. H. Carnahan. The Ad Deum vadit of Jean Gerson, University of Illinois studies in language and literature 1917, III, no. 1, p. 13. See Denifle et Chatelain, Chartularium Univ. Paris, IV, no. 1819.

16. In H. Denifle, La guerre de cent Ans et la désolation des eglises etc. en France, Paris 1897-99, 2 vols., I, pp. 497-513.

17. Alain Chartier, Oeuvres, ed. Duchesne, p. 402.

18. Rob. Gaguini Epistole et orationes, ed. L. Thuasne (Bibl. litt. de la Renaissance), Paris 1903, 2. vols., II pp. 321, 350.

19. Froissart, ed. Kervyn, XII, p. 4, Le livre des trahisons, pp. 19, 26; Chastellain, I p. xxx, III p. 325, V pp. 260, 275, 325, VII, pp. 466-480; Thomas Basin, passim, especially I, pp. 44, 56, 59, 115; see La complainte du povre commun et des povres laboureurs de France (Monstrelet, VI, p. 176-190)

20. Les Faicts de Dictz de messire Jehan Molinet, Paris, Jehan Petit, 1537, f. 87 vso.

21. Ballade 19, in A. de la Borderie, Jean Meschinot, sa vie et ses oeuvres (Bibl. de l'école des chartes), LVI, 1895, p. 296; see Les lunettes des princes, ibid., pp. 607, 613.

22. Masselin, Journal des Etats Généraux de France tenus à Tours en 1484, ed. A. Bernier (Coll. des documents inédits), p. 672.

23. Deschamps, VI, no.1140, p.67. 평등의 사상과 '마음의 고상함'이 서로 연결되어 있다는 것이 기스몬다 발언의 핵심이다. 그녀는 보카치오의 『데카메론』 제4일차 첫 이야기에 나

오는 인물인데, 아버지 탕크레드에게 이런 발언을 한다.

24. Deschamps, VI, p. 124, no. 1176.

25. Molinet, II, p. 104-107; Jean le Maire de Belges, Les chansons de Namur 1507.

26. Chastellain, Le miroir des nobles hommes de France, VI, pp. 203, 211, 214.

27. Le Jouvencel, ed. C. Favre et L. Lecestre (Soc. de l'hist. de France) 1887-89, 2 vols., I, p. 13.

28. Livre des faicts du mareschal de Boucicaut, Petitot, Coll de mém., VI, p. 375.

29. Philippe de Vitri, Le chapel des fleurs de lis (1335), ed. A. Piaget, Romania XXVII, 1898, pp. 80ff.

30. Molinet, I, p. 16-17.

31. N. Jorga, Philippe de Mézières, p. 469.

32. Jorga, Mézières, p. 506.

33. Froissart, ed. Luce, I, pp. 2-3; Monstrelet, I, p. 2; d'Escouchy, I, p. 1; Chastellain, I prologue, II p. 116, VI p. 266; La Marche, I, p. 187; Molinet, I p. 17, II p. 54.

34. [역주] Heralds and Kings of Arms(전령과 문장관). 전령은 원래 왕실의 전령이었으나 트럼펫 부는 사람은 아니었다. 이 직책은 서서히 토너먼트와 문장 관련 규정을 담당하는 직책으로 바뀌었다. 문장관은 특정 기사단의 최고위 전령이다. Charles MacKinnon of Dunakin, Heraldry 참조.

35. Lefèvre de S. Remy, II, p. 249; Froissart, ed Luce, I, p. 1; see Le débat des hérauts d'armes de France et d'Angleterre, ed. L. Pannier et P. Meyer (Soc. des anciens textes français), 1887, p. 1.

36. [역주]. Lefèvre de S. Remy. Toison d'or(황금양털). King of Arms of the Order of the Golden Fleece('황금양털 기사단'의 문장관).

37. Chastellain, V, p. 443.

38. Les origines de la France contemporaine, La révolution, I, p. 190.

39. Die Kultur der Renaissance in Italien, X, II, p. 155.

40. Burckhardt, Die Kulture, X, I, p. 152-165.

41. Froissart, ed. Luce, IV, p.112. 여기에서 Bamborough라는 이름은 Bembro 혹은 Brembo라고 불리는데, 이것이 다시 Brandebourch로 변화되었다.

42. Le dit de vérité, Chastellain, VI, p. 221.

43. Le livre de la paix, Chastellain, VIII, p. 367.

44. Froissart, ed Luce, I, p. 3.

45. Le cuer d'amours épris, Oeuvres du roi René, ed. De Quatrebarbes, Angers 1845, 4 vols, III, p. 112.

46. Lefèvre de S. Remy, II, p. 68.

47. Doutrepont, p. 183.

48. La Marche, II, p. 216, 334.

49. Ph. Wielant, Antiquités de Flandre, ed. De Smet (Corp. chron. Flandriae, IV), p. 56.

50. Commines, I, p. 390, see the anecdote in Doutrepont, p. 185.

51. Chastellain, V, p. 316-319.

52. P. Meyer, Bull. de la soc. des anc. textes français, p. 45-54.

53. Deschamps, nos. 12, 93, 207, 239, 362, 403, 432, 652, I pp. 86, 199, II p. 29, X pp. xxxv, xxviff.

54. Journal d'un bourgeois, p. 274. 16세기 중반에 John Coke는 아직도 그들을 nyne worthyes(아홉 명의 소중한 사람들)로 알고 있었다. The debate between the Heraldes, ed. L. Pannier et P. Meyer. Le débat des hérauts d'armes, p. 108, ⊠. 세르반테스는 그들을 'todos los nueve de la fama(명성 높은 아홉 명)'라고 불렀다. Don Quijote, I, 5.

55. Molinet, Faictz et Dictz, f. 151 v.

56. La Curne de Sainte Palaye, II, p. 88.

57. Deschamps, nos. 206, 239, II pp. 27, 69, no. 312, II p. 324, Le lay du très bon connestable B. du Guesclin.

58. S. Luce, La France pendant la querre de cent ans, p. 231: Du Guesclin, dixième preux.

59. Chastellain, La mort du roy charles VII, VI, p. 440.

60. Laborde, II, p. 242, no. 4091; 138, no. 242; see also p. 146, no. 3343; p. 260, no. 4220; p. 266, no. 4253. 이 시편은 스페인 계승 전쟁 때 벨기에의 Kommisar der Generalstaaten이었던 Joan van den Berg가 획득했다. 현재는 레이던 대학의 도서관에 소장되어 있다.

61. Burckhardt, Die Kultur der Renaissance in Italien, X, I, p. 246.

62. Le livre des faicts du maréchal Boucicaut, ed. Petitot, Coll. de mémoires, I, serie, VI, VII.

63. Le livre des faicts, VI, p. 379.

64. Le livre des faicts, VII, pp. 214, 185, 200-201.

65. Chr. de Pisan, Le débât des deux amants, Oeuvres poétiques, II, p. 96.

66. Antoine de la Salle, La salade, chap. 3, Paris, M. le Noir, 1521, f. 4 vso.

67. Le livre des cent ballades, ed. G. Raynaud (Soc. des anciens textes français), p. 1v.

68. Ed. C. Favre and L. Lecestre (Soc. de l'hist. de France), 1887-89.

69. [역주] 민네리더(Minnelieder 민네의 노래). 유럽 북부 지방에서 기사 계급이 작곡했던 궁정 연애의 노래.

70. Le Jouvencel, I, p. 25.

71. Le livre des faits du bon chevalier Messire Jacques de Lalaing, ed. Kervyn de Lettehove, in Chastellain, Oeuvres, VIII.

72. Le Jouvencel, II, p. 20.

73. W. James, The varieties of religious experience. Gifford lectures 1901-1902. London 1903, p. 318.

74. [역주] 원어는 Opgeheven(독일어, aufgehoben). 어떤 것을 취소하고 그로부터 더 높은 종합으로 나아가는 의미를 담고 있다. 여기서 감각적 열정은 영웅적 꿈으로 승화한다.

75. [역주] 이 불분명한 문장은 아마도 하위징아의 젊을 적 문헌학 취미와 관련이 있는 듯하다. "낡아버린 신화 설명 이론은 여기에서 자연 현상의 이미지를 발견한다"라는 얘기는 Max Müller의 이론을 가리킨다. 막스 뮐러는 모든 신화의 근원이 천체의 현상(가령 해가 뜨고 지는 것, 4계절의 변화 등)으로 소급된다는 이론을 펼쳤다. 하위징아는 숫처녀의 해방이라는 아이디어를 젊은 남자의 성욕으로 설명하는 것은 너무 단순 논리라는 암시를 풍긴다. 이것은 역사의 진전을 경제적 결정론으로 단순화하려는 태도를 거부하는 하위징아의 입장과 일치한다. Richard M. Dorson (ed.), *Pagan Customs and Savage Myths* (Chicago, University of Chicago Press, 1968) 참조.

76. [역주] 하위징아는 사랑의 뜻으로 네덜란드어 Min을 쓴다(독일어는 Minne). 이 사랑은 곧 궁정 연애를 가리킨다. 가끔 그는 하느님의 천상의 사랑을 의미하는 뜻으로 Min을 사용하기도 한다. 이 번역본에서는 오로지 궁정 연애와 관련하여 Minne를 사용했다.

77. Le livre des faicts, p. 398.

78. Ed. G. Raynaud, Société des anciens textes français, 1905.

79. Romance of Aspremont에 나오는 두 영웅.

80. Les voeux du héron vs. 354-371, ed. Soc des bibliophiles de Mons, no. 8, 1839.

81. Letter of the Count of Chimay to Chastellain, Oeuvres, VIII, p. 266.

82. Perceforest, in Quatrebarbes, Oeuvres de roi René, II, p. xciv.

83. Des trois chevaliers et del chainse, in Jacques de Baisieux, ed. Scheler, Trouvères belges, I, 1876, p. 162.

84. Rel. de S. Denis, I, p. 594ff.; Juvenal des Ursins, p. 379.

85. 특히 1215년의 라테란 종교회의와 교황 니콜라우스 2세(1279)에 의해 금지된 것. 그 외에 다음 자료 참조. Raynaldus, Annales ecclesiastici, III (= Baronius XXII), 1279, xvi-xx; Dionysii Cartusiani Opera, I, XXXVI, p. 206.

86. Deschamps, I p. 222, no. 108; p. 223, no. 109.

87. Journal d'un bourgeois de Paris, pp. 59, 56.

88. Adam v. Bremen, Gesta Hammaburg. eccl. pontificum, lib., II, cap. 1.

89. La Marche, II, pp. 119, 144; d'Escouchy, I, p. 245.

90. Chastellain, VIII, p. 238.

91. La Marche, I, p. 292.

92. Le livre des faits de Jacques de Lalaing, in Chastellain, VIII, pp. 188ff.

93. Oeuvres du roi René, I, p. lxxv.

94. La Marche, III, p. 123; Molinet, V, p. 18.

95. La Marche, II, pp. 118, 121, 122, 133, 341; Chastellain, I p. 256, VIII pp. 217, 246.

96. La Marche, II p. 173, I p. 285; Oeuvres du roi René, I, p. lxxv.

97. Oeuvres du roi René, I, pp. lxxxvi, 57.

98. [역주] Knightly orders(기사단). 하위징아는 신전 기사단, 병원 기사단, 튜톤 기사단의 세 기사단을 가리키는 듯하다. 스페인의 세 기사단은 산티아고 기사단, 칼라트르바 기사단, 그리스도 기사단이다. 하지만 맨 마지막 것은 포르투갈 기사단이다.

99. N. Jorga, Phil. de Mézières, p. 348.

100. Chastellain, II, p. 7; IV, p. 233, cf. 269; VI, p. 154.

101. La Marche, I, p. 109.

102. Statuten des ordens, in Luc d'Achéry, Spicilegium, III, p. 730.

103. Chastellain, II, p. 10.

104. Chronique scandaleuse, I, p. 236.

105. Le songe de la thoison d'or, in Doutrepont, p. 154.

106. Fillastre, Le premier volume de la toison d'or, Paris 1515, fol. 2.

107. [역주] Bannerets: 뛰어난 업적을 쌓아서 여러 기사들을 지휘하는 자리에 오른 고참 기사.

108. Boucicaut, I, p. 504; Jorga, Ph. de Mézières, pp. 83, 4638; Romania, XXVI, pp. 3951, 3961; Deschamps, XI, p. 28; Oeuvres du roi René. I, p. xi; Monstrelet, V, p. 449.

109. Froissart, Poésies, ed. A Scheler (Acad. royale de Belgique), 1870-72, 3 vols., II, p. 341.

110. Alain Chartier, La ballade de Fougères, p. 718.

111. La Marche, IV, p. 164; Jacques du Clercq, II, p. 6.

112. Liber Karoleidos vs. 88 (Chron. rel. a l'hist de Belg. sous la dom. des ducs de Bourg), III.

113. Gen. 30, 32; 4 Kings, 3, 4; Job 31:20; Psalm 71:6.

114. Guillaume Fillastre, Le second volume de la toison d'or, Paris, Franc. Regnault, 1516, fol. 1, 2.

115. La Marche, III p. 201, IV p. 67; Lefèvre de S. Remy, II, p. 292; the ceremonial of such a christening is in Humphrey of Glocester's Herald Nicholas Upton, De officio militari, ed. E. Bysshe (Bissaeus), London 1654, lib. I, c. XI, p. 19.

116. 아마도 대상은 나무 잎사귀의 사랑 기사단(꽃들의 사랑 기사단과 대칭되는 것)이라는 발라드의 발문에서 이 기사단을 언급한 것인지 모른다. no. 767, IV, p. 262; 763; "Royne sur fleurs en vertu demourant, Galoys, Dannoy, Mornay, Pierre ensement De tremoille⋯ vont⋯ vostre bien qui est grant etc."

117. Le livre du chevalier de la Tour Landry, ed. A. de Montaiglon (Bibl. elzevirenne), Paris, 1854, p. 241ff.

118. Voeu du héron, ed. Soc. des bibl. de Mons, p. 17.

119. Froissart, ed. Luce, I, p. 124.

120. Rel. de S. Denis, III, p.72. Harald Harfagri는 노르웨이 전역을 정복할 때까지 자신의 머리카락을 깎지 않겠다고 맹세했다. Haraldar saga Harfagra, cap. 4; 참조 Voluspa 33.

121. Jorga, Ph. de Mézières, p. 76.

122. Claude Menard, Hist. de Bertrand du Guesclin. pp. 39, 55, 410, 488. La Curne, I, p.240. 마르틴 루터는 그의 시대의 군인들이 아직도 이런 미신적 맹세를 한다고 언급했다. Tischreden, Weimarer Ausg. II, no. 2753, b. p.632-33.

123. Douet d'Arcq, Choix de pièces inédites rel. au règne de Charles VI. (Soc. de l'hist. de France, 1863), I, p. 370.

124. Le livre des faits, chaps. XVIff., in Chastellain, VIII, p. 70.

125. Le petit Jehan de Saintré, chap. 48.

126. Germania, chap. 31; La Curne, I, p. 236.

127. Heimskringla, Olafssaga Tryggvasonar, chap. 35; Weinhold, Altnordisches Leben, p. 462.

128. La Marche, II, p. 366.

129. La Marche, II, p. 381-387.

130. La Marche, loc. cit.; d'Escouchy, II, pp. 166, 218.

131. d'Escouchy, II, p. 189.

132. Doutrepont, p. 513.

133. Doutrepont, pp. 110, 112.

134. Chastellain, III, p. 376

135. 이 책의 본문, 제3장 소제목, "중세 후기의 문화 생활은 사회적 놀이" 참조.

136. Chronique de Berne (Molinier no. 3103), in Kervyn, Froissart, II, p. 531.

137. d'Escouchy, II, p. 220.

138. Froissart, ed. Luce, X, pp. 240, 243.

139. Le livre des faits, Chastellain, VIII, pp. 158-161.

140. La Marche, IV, Estat de la Maison, pp. 34, 47.

141. [역주] 여기 Waning에 해당하는 네덜란드어는 laatste.

142. See my essay, "Uit de voorgeschiedenis van ons nationaal desef,"de Gils, 1912, I.

143. Psalms 50:19; in the King James and Revised eds., 51:18; and in the Vulgate, 51:20.

144. Monstrelet, IV, p. 112; Pierre de Fenin, p. 363; Lefèvre de S. Remy, II, p. 63; Chastellain, I, p. 331.

145. See J. D. Hintzen, De Kruistochtplannen van Philip den Goede, Dissertation: University of Leiden, 1918.

146. Chastellain, III, pp. 6, 10, 34, 77, 118, 119, 178, 334; IV, pp. 125, 128, 171, 431, 437, 451, 470; V. p. 49.

147. La Marche, II, p. 382.

148. De Gids, 1912, I, Uit de voorgeschiedenis van ons nationaal besef.

149. Rymer, Foedera III, pars 3, p. 158 = VII, p. 407.

150. Monstrelet, I, pp. 43ff.

151. Monstrelet, IV, p. 219.

152. Pierre de Fenin, p. 626-27; Monstrelet, IV, p. 244; Liber de virtutibus, p. 27.

153. Lefèvre de S. Remy, II, p. 107.

154. Laborde, I, pp. 201ff.

155. La Marche, II, pp. 27, 382.

156. Bandello, I, Nov. 39; Filippo duca di Burgogna si mette fuor di proposito a grandissimo perglio.

157. F. von Bezold, Aus dem Briefwechsel der Markgräfin Isabella von Este-Gonzaga, Archiv f. Kulturgesch., VIII, p. 396.

158. Papiers de Granvelle, I, pp. 360ff.; Geschichte Karls V, II, p. 641; Fueter, Geschichte des europäischen staatensystems 1492-1559, p. 307. See from Erasmus to Nicolaus Beraldus, 25 May 1522, Dedication of De Ratione conscribendi epistolas, Leidener Ausg., I, p. 344.

159. Chastellain, III, pp. 38-49; La Marche, II, pp. 406ff.; d'Escouchy, II, pp. 300ff.; Corp. chron. Flandr., III, p. 525; Petit Dutaillis, Documents nouveaux, pp. 113, 137. 사법적 결투의 보다 안전한 형태를 위해서는 다음 자료 참조. Deschamps, IX, p. 21.

160. [역주] houplande: 긴 스커트가 달린 튜닉(OED).

161. Froissart, ed. Luce, IV, pp. 89-94.

162. Froissart, IV, pp. 127-28.

163. Lefèvre de S. Remy, I, p. 241.

164. Froissart, ed. Luce, XI, p. 3.

165. Rel. de S. Denis, III, p. 175.

166. Froissart, ed. Luce, XI, pp. 24ff.; VI, p. 156.

167. [역주] 원문은 Aristies. 이 단어에 상응하는 영어 단어는 없다. 한 명의 기사 혹은 여러 명의 기사들이 사전에 정해진 조건에 따라 상대방 기사 혹은 기사들과 싸우는 것. 혹은 그 기사(들). 대치전.

168. Froissart, ed. Luce, IV, p. 110. 115. Other similar combats for instance, Molinier, Sources, IV, no. 3707; Molinet, IV, p. 294.

169. Rel. de S. Denis, I, p. 392.

170. Le Jouvencel, I, p. 209; II, pp. 99, 103.

171. Froissart, ed. Luce, I, p. 65; IV, p. 49; II, p. 32.

172. Chastellain, II, p. 140.

173. Monstrelet, III, p. 101; Lefèvre de S. Remy, I, p. 247.

174. Molinet, II, pp. 36, 48; III, pp. 98, 453; IV, p. 372.

175. Froissart, ed. Luce, III, p. 187; XI, p. 22.

176. Chastellain, II, 374.

177. Molinet, I, p. 65.

178. Monstrelet, IV, p. 65.

179. Monstrelet, III, p. 111; Lefèvre de S. Remy, I, p. 259.

180. Basin, III, p. 57.

181. Froissart, ed. Luce, IV, p. 80.

182. Chastellain, I, p. 260; La Marche, I, p. 89.

183. Commines, I, p. 55.

184. Chastellain, III, pp. 82ff.

185. Froissart, ed. Luce, IX, p. 220; XI, p. 202

186. Ms. Chronik von Oudenarde, in Rel de S. Denis, I, p. 2291. [역주] 왕은 14세였다.

187. Froissart, ed. Luce, XI, p. 58.

188. Chastellain, II, p. 259.

189. La Marche, II, p. 324.

190. Chastellain, I, p. 28; Commines, I, p. 31; see Petit Dutaillis in Lavisse, Histoire de France, IV2, p. 33.

191. Deschamps, IX, p. 80; see vs. 2228, 2295; XI, p. 173.

192. Froissart, ed. Luce, II, p. 37.

193. Le débat des hérauts d'armes, §86, 87, p. 33.

194. Livre des faits, Chastellain, VIII, p. 2522.

195. Froissart, ed Kervyn, XI, p. 24.

196. Froissart, ed. Luce, IV, p. 83, ed. Kervyn, XI, p. 24.

197. Deschamps, IV, no. 785, p. 289.

198. Chastellain, V, p. 217.

199. Le songe véritable, Mém. de la soc. de l'hist. de Paris, t. XVII, p. 325, in Raynaud, Les cent ballades, p. iv.

200. Commines, I, p. 295.

201. Livres messires Geoffroy de Charny, Romania XXVI.

202. Commines, I, pp. 36-42, 86, 164.

203. Froissart, ed. Luce, IV, p. 70, 302; see ed. Kervyn de Lettenhove, Bruxelles 1869-1877, 26 vols., V, p. 513.

204. [역주] Jean de Nevers. 부르고뉴 대공이 되기 전의 무외공 장의 이름. Nevers는 중부 프랑스에 있는 부르고뉴의 영지들 중 하나.

205. Froissart, ed. Kervyn, XV, p. 227.

206. Doutrepont, p. 112.

207. Emerson, Nature, ed. Routledge, 1881, 230-31.

208. [역주] 피타고라스의 Y. 플라톤이 『국가』 제10권에서 신화의 수준으로 승격시킨 사후의 나아갈 길. 하위징아는 여기서 두 갈래로 갈라진 길의 의미로 사용하고 있다.

209. Piaget, Romanias, XXVII, 1898, p. 63.

210. Deschamps, no. 315, III, p. 1.

211. Deschamps, I, p. 161 no. 65; see I, p. 78 no. 7, p. 175 no. 75.

212. Deschamps, nos. 1287, 1288, 1289; VII, p. 33; see no. 178, I, p. 313.

213. Deschamps, no. 240, II, p. 71; see no. 196, II, p. 15.

214. Deschamps, no. 184, I, p. 320.

215. Deschamps, no. 1124, no. 307; VI, p. 41; II, p. 213, Lai de franchise.

216. See further Deschamps, nos. 199, 200, 201, 258, 291, 970, 973, 1017, 1018, 1021, 1201, 1258.

217. Deschamps, XI, p. 94.

218. N. de Clémanges, Opera, ed. 1613, Epistolae no. 14, p. 57; no. 18, p. 72; no. 104, p. 296.

219. Joh. de Monasteriolo, Epistolae, Martène et Durand, Ampl. Collectio, II, c. 1398.

220. Joh. de Monasteriolo, Epistolae, c. 1459.

221. Alain Chartier, Oeuvres, ed. Duchesne, 1617, p. 391.

222. See Roberti Gaguini Epistole et orationes, ed. Thuasne (Paris: E. Bouillon, 1903), I, p. 37; II, p. 202.

223. Oeuvres du roi René, ed. Quatrebarbes, IV, p. 73; see Thuasne, Gaguini, II, p. 204.

224. Meschinot, ed. 1522, f.94, in La Borderie, Bibl. de l'Ecole des Chartes, LVI, 1895, p. 313.

225. See Thuasne, Gaguini, II, p. 205.

제4장 사랑의 형식들

1. [역주] La vita nouva(신생). 단테의 걸작 궁정 연애시.
2. 『장미 이야기』의 최신(1914) 번역자인 E. Langlois가 말한 이름 그대로.
3. Chastellain, IV, p. 165.
4. Basin, II, p. 224.
5. La Marche, II, p. 350.
6. [역주] "그들이 아주 즐거운 밤을 보냈다고 하더라도, 사람들은 그대로 믿었을 것이다." Tuchmann, Mirror, p.420.
7. Froissart, IX, pp. 223-236; Deschamps, VII, no. 1282.
8. Cent nouvelles nouvelles, ed. Wright, II, p. 15; see I, p. 277; II, pp. 20, 168, and so forth, and the Quinze joyes de mariage, passim.
9. Petit de Julleville, Jean Regnier, balli d'Auxerre, Revue d'hist. litt. de la France, 1895, p. 157, in Doutrepont, p. 383; see Deschamps, VIII, p. 43.
10. Deschamps, VI, p. 112, no. 1169, La leçon de musique.
11. Charles d'Orléans, Poésies complètes, Paris 1874, 2 vols., I, pp. 12, 42.
12. Charles d'Orléans, I, p. 88
13. Deschamps, VI, p. 82, no. 1151; see also V, p. 132, no. 926; IX, p. 94, c. 31; VI, p. 138, no. 1184; XI, p. 18, no. 1438; XI, pp. 269, 2861.
14. Christine de Pisan, I'Epistre au dieu d'amours, Oeuvres poétiques, ed. M. Roy, II, p. 1.
15. Joh. de Monasteriolo, Epistolae, Martène et Durand, Amplissima. collectio, II col., p. 1409, 1421, 1422.
16. Piaget, Chronologie des épistres sur le Roman de la rose, Etudes romanes dédiées à Gaston Paris, Paris, 1891, p. 119.
17. Gerson, Opera, III, p. 597; Gerson, Considérations sur St. Joseph, III, p. 866; Sermo contra luxuriem, III, pp. 923, 925, 930, 968.
18. Old Woman. 『장미 이야기』에 나오는 또 다른 알레고리의 인물.
19. Gerson을 따른다. The ms. letter of Pierre Col in the Bibl. nationale mss français 1563, f.183을 나는 받아들일 수 없다.
20. [역주] 주님의 율법에 "첫 태에 처음 난 남자마다······ 아기를 주께 드리고"라고 기록된 대로 한 것이다. (누가복음 2:23)

21. Bibl. de l'école des chartes, LX, 1899, p. 569.

22. E. Lanlois, Le roman de la rose (Société des anciens textes français), 1914, T.I., Introduction, p. 36.

23. Ronsard, Amours, no. CLXI.

24. A. Piaget, La cour amoureuse dite de Charles VI, Romania, XX p. 417, XXXI p. 599, Doutrepont, p. 367.

25. Leroux de Lincy, Tentative de rapt etc. en 1405, Bibl. de l'école de chartes, 2. serie, III, 1846, p. 316.

26. Piaget, Romania, XX, p. 447.

27. Oeuvres de Rabelais, ed. Abel Lefranc c.s. I., Gargantua chap. 9, p. 96.

28. Guillaume de Machaut, Le livre du voir-dit, ed. p. P. Paris (Société des bibliophiles françois), 1875, pp. 82, 213, 214, 240, 299, 309, 347, 351.

29. Juvenal des Ursins, p. 496.

30. Rabelais, Gargantua, chap. 9.

31. Coquillart, Droits nouveaux, I, p. 111.

32. Christine de Pisan, I, p. 187ff.

33. E. Hoepffner, Frage- und Antwortspiele in der franz. Literatur des 14 Jahrh., Zeitschrift f. roman. Philogie, XXXIII, 1909, pp. 695, 703.

34. Christine de Pisan, Le dit de la rose, 75, Oeuvres Poétiques, II, p. 31.

35. Machaut, Remède de fortune, 3879ff. Oeuvres, ed. Hoepffner (Soc. des anc. textes français), 1908-11, 2 vols., II, p. 142.

36. Christine de Pisan, Le livre des trois jugements, Oeuvres poétiques, II, p. 111.

37. [역주] Bettina: 베티나 폰 아르님은 늙은 괴테와 편지를 주고받은 젊은 여성이다. 『괴테가 젊은 여인과 주고받은 편지』는 1835년에 발간되었다.

38. 『진정한 사건의 책Le livre de voir-dit』. 이 사건의 역사성은 실체가 없다는 가설이 있다.(Hanf, Zeitschrift fur roman. Philogie, XXII, p.145) 하지만 이 가설은 근거가 없다.

39. A castle near Château Thierry.

40. Voir-Dit, lettre, II, p. 20.

41. Voir-Dit, lettre, XXVII, p. 203.

42. Voir-Dit, pp. 20, 96, 146, 154, 162.

43. 잎사귀가 키스를 가로막았다는 이야기는 다시 등장한다. 다음 자료 참조. Le grand

garde derrière str. 6. W. G. C. Byvanck, Un poete inconnu de la société de François Villon, Paris, Champion, 1891, p.27. 다음과 같은 비유를 참고할 것. "그는 입술 앞에 아무런 잎사귀도 물고 있지 않았다."

44. Voir-Dit, pp. 143, 144.

45. Voir-Dit, p. 110.

46. See above, p. 48.

47. Voir-Dit, pp. 98, 70.

48. Le livre du chevalier de la Tour Landry, ed. A. de Montaiglon (Bibl. elzevirenne), 1854.

49. p. 245.

50. p. 28.

51. 본문 제2장, 소제목 "메쉬노의 우울시편" 참조.

52. The sentence is completely illogical (pensée… fait penser… à pensiers); they seize upon one, but nowhere so often as in church.

53. pp. 249, 252-254.

54. Recollections des merveilles, Chastellain, VII, p. 200; see the description of the Joutes de Saint Inglevert, mentioned by Kervyn, Froissart, XIV, p. 406.

55. Le pastoralet, ed, Kervyn de Lettenhove (Chron. rel. a l'hist. de Belg. sous la dom. des ducs de Bourg.), II. p.573. 전원적 형식과 정치적 목적이 혼합된 이런 시 형식에 대하여 시인은 바로 이탈리아 르네상스기 시인 Ariosto에게서 그 유사한 사례를 발견했다. 아리오스토의 전원시는 그의 후원자인 이폴리토 데스토 추기경을 옹호하기 위하여 집필되었다. 1506년 당시 알베르티노 보스케티가 추기경을 상대로 음모를 꾸몄던 것이다. 추기경의 경우는 무외공 장의 경우보다 더 나을 것이 없다. 아리오스토의 지원은 무명의 부르고뉴인의 지원과 마찬가지로 추기경의 적수에 대하여 전혀 동정적이지 않았다. G. Bertoni, L'Orlando furioso e la rinascenza a Ferrara, Modena, 1919. pp. 42, 247 참조.

56. P. 2151.

57. Meschinot, Les Lunettes des princes, in La Borderie (Bibl. de l'Ec. des chartes, LVI, 1895), p. 606.

58. La Marche, III, p. 135; 참조 Mollinet, Recollection des merveilles, 막시밀리안이 브뤼헤에 억류된 데 대하여, "양떼들이 목자를 목장에 가두다", Faictz et dictz, f.208 vso.

59. Molinet, IV, p. 389.

60. [역주] Leewendalers: Vondel의 1막극.

61. [역주] 네덜란드 국가.

62. Molinet, I, pp. 190, 194; III, p. 138; see Juvenal des Ursins. p. 382.

63. Deschamps, II, p. 213, Lay de franchise, see Chr. de Pisan, Le dit de al Pastoure, Le pastoralet, Roi René, Regnant et Jehanneton, Martial d'Auvergne, vigilles du roi Charles VII, etc., etc.

64. Deschamps, no. 923, see XI, p. 322.

65. Villon, ed. Longnon, p. 83.

66. Gerson, Opera, III, p. 302.

67. L'epistre au dieu d'amours, II, p. 14.

68. Quinze joyes de mariage, p. 222.

69. Oeuvres poétiques, I, p. 237, no. 26.

제5장 죽음의 이미지

1. Directorium vitae nobilium, Dionysii opera, t. XXXVII, p. 550; t. XXXVIII, p. 358.

2. Don Juan, c. 11, 76-80, see C. H. Becker, Ubi sunt qui ante in mundo fuere(전에 세상에 있었던 자들은 지금 어디에 있는가). Essays dedicated to Ernst Kuhn 11 February 1916, pp. 87-105.

3. Bernardi Morlanensis, De contemptu mundi, ed. Th. Wright, the Anglo-Latin satirical poets and epigrammatists of the twelfth century (Rerum Britannicarum medii aevi scriptores), London, 1872, 2 vols., II, p. 37.

4. 전에는 베르나르 드 클레르보의 작품으로 여겨졌다. 소수의 사람들은 Walter Mapes의 작품으로 본다. 다음 자료 참조. H. L. Daniel, Thesaurus hymnologicus, Lipsiae 1841-1856, IV, p. 288.

5. Deschamps, III, nos. 330, 345, 368, 399; Gerson, Sermo III de defunctis, Opera, III, p. 1568; Dion. Cart., De quatuor hominim novissimis, Opera, t. XLI, p. 511; Chastellain, VI, p. 52.

6. Villon, ed. Longnon, p. 33.

7. Villon, ed. Longnon, p. 34.

8. Emile Mâle, L'art religieux à la fin du moyen-âge, Paris 1908, p. 376.

9. 나의 다음 저서 참조. De Vidûshaka in het Indisch tooneel, Groningen 1897, p. 77.

10. Odo of Cluny, Collationum lib. III, Migne t. CXXXIII, p. 556.

11. Innocentius III, De contemptu mundi sive de miseria conditionis humanae libri tres, Migne t. CCXVII, p. 702.

12. Innocentius III, p. 713.

13. Oeuvres de roi René, ed. Quatrebarbes I, p. ci. 다섯 번째 행과 여덟 번째 행 뒤에 한 행이 빠져 있는 듯하다. 'menu vair'와 각운을 맞추기 위해서는 'mangé des vers' 혹은 그와 유사한 것이 되어야 한다.

14. Olivier de la Marche, Le parement et triumphe des dames, Paris, Michel le Noir, 1520, at the end.

15. La Marche, Le parement et triumphe des dames, at the end.

16. Villon, Testament, vs. 453ff., ed. Longnon, p. 39.

17. H. Kern, Het Lied van Ambapâlî uit de Therîgâthâ, Versl. en Meded. der Koninkl. Akad. van Wetenschappen te Amsterdam 5, III, p. 153, 1917.

18. Molinet, Faictz et dictz, fo. 4, fo. 42 v.

19. Peter of Luxembourg의 복자 지성에 관한 절차, 1390. Acta sanctorum Julii, I, p. 562. 영국 왕들과 친척들의 시신을 보관하는 밀랍의 정기적인 교체와 비교해 볼 것. Rymer, Foedora VII, 361, 433=III^3, 140, 168 등.

20. Les Grandes chroniques de France, ed. Paulin Paris 1836-1838, 6 vols., VI, p. 334.

21. See the detailed study of Dietrich Schäfer, Mittelalterlicher Brauch bei de Überführung von Leichen. Sitzungsberichte der preussischen Akademie der Wissenschaften, 1920, pp. 478-498.

22. Lefèvre de S. Remy, I, p. 200, wherein one must read Suffolk for Oxford.

23. Juvenal des Ursins, p. 567; Journal d'un bourgeois, pp. 237, 307, 671.

24. See also the extensive literature on the theme, G. Huet, Notes d'histoire littéraire, III, Le moyen âge, XX, 1918, p. 148.

25. See the above cited Emile Mâle, L'art religieux à la fin du moyen-âge, II, 2. La Mort.

26. Laborde, II, 1, 393.

27. A few reproductions by Mâle, L'art religieux à la fin du moyen-âge, and in the

Gazette des beaux arts 1918, avril-juin, p. 167.

28. Huet, Notes de l'hist, litteraire의 연구를 통하여 다음 사실이 분명하게 밝혀졌다. 죽은
자들의 원무(圓舞)는 괴테가 그의 'Totentanz(죽음의 춤)'에서 되돌아가는 원천적 근원
이다.

29. [역주] dubbeldanger: 독일어 Doppelgänger(살아 있는 영혼: 본인에게만 보인다).

30. 더 이전이거나 더 오래되었다고(1350) 부정확하게 생각된. 다음 자료 참조. G. Ticknor,
Geschichte der schönen Literatur in Spanien (original in English), I, p. 77, II p. 598;
Grobers Grundrisz, II1 p. 1180, II2 p. 428.

31. Oeuvres du roi René, I, p. clii.

32. Chastellain, Le pas de la mort, VI, p. 59.

33. See Innocentius III, De contemptu mundi, II, c. 42; Dion. Cart., De quatuor
hominum novissimis, t. XLI, p. 496.

34. Chastellain, Oeuvres, VI, p. 49.

35. Loc. cit., p. 60.

36. Villon, Testament, XLI, vs. 321-28, ed. Longnon, p. 33.

37. Champion, Villon, I, p. 303.

38. Mâle, L'art religieux···, p. 389.

39. Leroux de Lincy, Livre des légendes, p. 95.

40. Le livre des faits, etc., II, p. 184.

41. Journal d'un bourgeois, I, pp. 233-234, 392, 276. See further Champion, Villon, I, p.
306.

42. A. de la Salle, Le reconfort de Madame du Fresne, ed. J Nève, Paris 1903.

제6장 성스러운 것의 구체화

1. J. Burckhardt, Weltgeschichtliche Betrachtungen, 1905, p. 97, 147.

2. [역주] Spanning. 제1장 주 1 참조.

3. [역주] 저 세상의 외피를 뒤집어쓴 속세의 물건. 이것은 내세 혹은 신성한 것을 현세의
과장된 버전으로 여기는 태도를 말한다. 초월을 물질적 수준으로 끌어내려 초월에 모
욕을 가하려는 생각의 습관. 이 용어에 대한 자세한 설명은 다음 자료 참조. Arthur O.

Lovejoy, The Great Chain of Being, Boston, Harvard University Press, 1964.

4. [역주] 하인리히 조이제Heinrich Seuse(1300-1366). 독일의 위대한 신비주의자 마이스터 에크하르트의 제자. 조이제는 저명한 금욕주의자였을 뿐만 아니라 뛰어난 설교자였다.

5. Heinrich Seuse, Leben, ed. Bihlmeyer, Deutsche Schriften, 1907, pp. 24, 25.

6. [역주] 네덜란드어 bonte, 독일어 buntes. 영어 colorful(다채로운). 하위징아는 『중세 의 가을』에서 이 '다채로운'이라는 형용사를 자주 사용하고 있다. 역자는 이것을 비슷한 동의어로 바꾸어 놓고 싶은 유혹을 느꼈지만 그것을 억제했다. 성인(聖人) 이미지의 다 채로운 측면이야말로 '이 세상'의 특징이기 때문이다. 하위징아는 괴테의 『파우스트』에 서 메피스토펠레스가 그의 학생을 유혹하는 다음과 같은 말을 상상했을 것이다. "나의 친구, 모든 이론은 회색이야. 하지만 생명의 황금 나무는 녹색이지." (파우스트 1부, 2장, 2039행)

7. [역주] 장 제르송(1363-1429)은 피에르 다이이의 제자이며 그의 뒤를 이어 파리 대학 학장이 되었다. 스콜라 철학의 사변을 싫어하는 유명론자였으며, 진실한 신비주의자였 다. 빈한한 가문 출신이었으나 본인의 노력으로 대학 학장까지 올라갔다. 그는 교황이 둘이나 등장한 서유럽 교회의 대분열을 치유하려고 노력했다. 하위징아가 제르송을 깊 이 존경했다는 것을 본문의 행간에서 느낄 수 있다.

8. Gerson, Opera, III, p. 309.

9. Nic. de Clémanges, De novis festivitatibus non instituendis, Opera, ed. Lydius Lugd. Bat. 1613, pp. 151, 159.

10. In Gerson, Opera, II, p. 911.

11. Acta sanctorum, Apr. t. III, p. 149.

12. Ac aliis vere pauperibus et miseralibilibus indigentibus, quibus convenit jus et verus titulus mendicandi. (정말로 가난하고 빈한하여 구걸할 자격이 충분한 사람들에게 피해 를 주었다.)

13. Qui ecclesiam suis mendaciis maculant et eam irrisibilem reddunt. (그들은 온갖 거짓 말로 교회를 더럽히고 조롱의 대상으로 만들고 있었다.)

14. Alanus Redivivus, ed. J. Copenstein, 1642, p. 77.

15. Commines, I, p. 310; Chastellain, V, p. 27; Le Jouvencel, I, p. 82; Jean Lud, in Deutsche Geschichtsblätter, XV, p. 248; Journal d'un bourgeois, p. 384; Paston Letters, II, p. 18; J, H. Ramsay, Lancaster and York, II, p. 275; Play of Sir John Oldcastle, II, p. 2 and others.

16. Contra superstitionem praesertim Innocentum, Opera, I, p. 203.

17. Gerson, Quaedam argumentatio adversus eos qui publice volunt dogmatizare etc. Opera, II, pp. 521-522.

18. Johannis de Varennis Responsiones etc., Gerson, I, p. 909.

19. Journal d'un bourgeois, p. 259. "une hucque vermeille par dessoubz"는 불가능한 얘기이기 때문에. "par dessus"로 읽어야 한다.

20. Gerson, Considérations sur Saint Joseph, III, pp. 842-68, Josephina, IV, p. 753; Sermo de natalitate beatae Mariae Virginis, III, p. 1351; Further IV, p. 729, 731, 732, 735, 736.

21. Gerson, De distinctione verarum visionum a falsis, Opera, I, p. 50.

22. C. Schmidt, Der Prediger Olivier Maillard, Zeitschrift f. hist. Theologie, 1856, p. 501.

23. See Thuasne, Rob. Gaguini, Ep. Or., I, pp. 72ff.

24. Les cent nouvelles nouvelles, ed. Wright, II, pp. 75ff, 12ff.

25. Le livre du chevalier de la Tour Landry, ed. de Montaiglon, p. 56.

26. Loc. cit., p. 257: "Se elles ouyssent sonner la messe ou a veoir Dieu."

27. Leroux de Lincy, Le livre des Proverbes français, Paris, 1859, 2 vols., I, p. 21.

28. Froissart, ed. Luce, V, p. 24.

29. "Cum juramento asseruit non credere in Deum dicti episcopi." (궁정에서 거주하는 주교의 하느님 따위는 믿지 않는다고 비난하듯이 말했다.)

30. [역주] Hansje in den Kelder. 지하실 속의 한스. 아주 희귀한 골동품으로서 물 마시는 컵이다. 컵이 가득 채워지면 아주 정교한 기계 장치에 의해 자그마한 인형이 튀어나온다. 출산을 기다리는 어머니를 축하할 때 이 컵이 사용된다.

31. Laborde, II, p. 264, no. 4238, Inventory of 1420; ib. II, p. 10, no. 77. 샤를 대담공의 물품 목록. 아마도 대담공이 이 물품의 출처였을 것이다.

32. Gerson, Opera, III, p. 947.

33. Journal d'un bourgeois, p. 3662.

34. A Dutch letter of indulgence from the fourteenth century, ed. J. Verdam, Ned. Archief voor Kerkgesch. 1900, pp. 117-22.

35. A. Eckhof, De questierders van den aflaat in de Noordelijke Nederl., 's Gravenhagem 1909, p. 12.

36. Chastellain, I, pp. 187-89; entry of Henry V and Philip of Burgundy into Paris 1420; II, p. 16: Entry of the latter into Ghent 1430.

37. Doutrepont, p. 379.

38. Deschamps, III, p. 89, no. 357; le roi René, Traicté de la forme de devise d'un tournoy, Oeuvres, II, p. 9.

39. Oliver de la Marche, II, p. 202.

40. Monstrelet, I, p. 285, cf. 306.

41. Liber de virtutibus Philippe ducis Burgundiae, pp. 13, 16 (Chron. rel. à l'hist de Belgique sous la dom. des ducs de Bourg., II).

42. Molinet, II pp. 84-94, III p. 98; Faictz et Dictz, f. 47, see I, p. 240, and also Chastellain, III pp. 209, 260, IV p. 48, V p. 301, VII p. 1ff.

43. Molinet, III, p. 109.

44. Gerson, Oratio ad regem Franciae, Opera, IV, p. 662.

45. Quinze joyes de Mariage, p. XIII.

46. Gerson, Opera, III, p. 299.

47. [역주] Agnes Sorel 아그네스 소렐(1422-50). 프랑스 왕 최초의 '공식적' 정부. 샤를 7세의 정부였다. 왕은 그녀에게 보테 성을 하사했다. 그녀는 그곳에서 아이를 낳다가 사망했고 자신의 잘못을 크게 참회했다.

48. Friedländer, Jahrb. d. K. Preuss. Kunstsammlungen, XVII, 1896, p. 206.

49. Wetzer und Welte, Kirchenlexicon, see Musik, col. 2040; see Erasmus, Christiani Matrimonii Institutio, Opera (ed. Lugd. Bat), V, col. 718c: [역주] "오늘날 가장 경박한 가락에 성스러운 가사가 붙여진다. 타이스의 보석을 카토에게 주는 것처럼 아무 소용이 없다. 가수들은 창녀처럼 후안무치하기 때문에 이런 세속적인 가사들을 마다하지 않는다."

50. Chastellain, III, p. 155.

51. H. van den Velden, Rod. Agricola, een nederlandsch Humanist der 15 eeuw, I, dl., Leiden 1911, p. 44.

52. Deschamps, X. no. 33, p. lxi, 마지막 줄 바로 옆에 우리는 l'hostel'을 발견하는데 이는 물론 말이 되지 않는다.

53. Nic. de Clémanges, De novis celebritatibus non instituendis, Opera, ed. Lydius, 1613, p. 143.

54. Le livre du chevalier de la Tour Landry, pp. 66, 70.

55. Gerson, sermo de nativitate Domini, Opera, III, pp. 946, 947.

56. Nicolas de Clémanges, De novis celebritatibus non instituendis, p. 147.

57. O. Winckelmann, Zur Kulturgeschichte des Strassburger Münsters, Zeitschr, f. d. Geschichte des Oberrheins, N. F. XXII, 2.

58. Dionysius Cartusianus, De modo agendi processiones etc., Opera, XXXVI, pp. 198ff.

59. Chastellain, V, pp. 253ff.

60. See above, p. 48.

61. Michel Menot, Sermones, f.144 vso., in Champion, Villon, I, p. 202.

62. Le livre du chevalier de la Tour Landry, p. 65; Olivier de la Marche, II, p. 89; L'amant rendu cordelier, p. 25, huitain 68; Rel. de S. Denis, I, p. 102.

63. Christine de Pisan, Oeuvres poétiques, I, p. 172, see p. 60, l'epistre au dieu d'Amours, II, 3; Deschamps V p. 51 no. 871, II p. 185 vs 75; See above, p. 147.

64. L'amant rendu cordelier, p. 25.

65. Menot, Sermones, p. 202.

66. Gerson, Expostulatio··· adversus corruptionem juventutis per lascivas imagines et alia hujus modi, Opera, III, p. 291; cf. De parvulis Christum trahendis, ib. p. 281; Contra tentationem blasphemiae, ib. p. 246.

67. Le livre du chevalier de la Tour Landry, pp. 80, 81; see Machaut, Livre du voir-dit, pp. 143ff.

68. Tour Landry, pp. 55, 63, 73, 79.

69. Nicolas de Clémanges, De novis celebritatibus···, p. 145.

70. Quinze joyes de mariage, p. 127; see p. 19, 29, 124.

71. Froissart, ed. Luce et Raynaud, XI, pp. 225ff.

72. Chron. Montis S. Agnetis, p. 341; J. C. Pool, Frederik v. Heilo en aijne schriften, Amsterdam 1866, p. 126; see Hendrik Mande in W. Moll, Joh. Brugman en het godsdienstig leven onzer vaderen in de 15e eeuw, 1854, 2 vols., I, p. 264.

73. Gerson, Centilogium de impulsibus, Opera, III, p. 154.

74. Deschamps, IV, p. 322 no. 807; see I, p. 272 no. 146: "si n'y a Si meschant qui encor ne die Je regni Dieu···"

75. Gerson, Adversus lascivas imagines, Opera, III, p. 292; Sermo de nativatate Domini, III, p. 946.

76. Deschamps, I, pp. 271ff. nos. 145, 146, p. 217 no. 105; see II, p. lvi, and Gerson, III, p. 85.

77. Gerson, Considérations sur le peché de blasphème, Opera, III, p. 889.

78. Regulae morales, Opera, III, p. 85.

79. Ordonnances des rois de France, t. VIII, p. 130; Rel. de S. Denis, II, p. 533.

80. P. d'Ailly, De reformatione, cap. 6, de reform laicorum, in Gerson, Opera II, p. 914.

81. Gerson, Contra foedam tentationem blasphemiae, Opera, III, p. 243.

82. Gerson, Regulae morales, Opera, III, p. 85.

83. Gerson, Contra foedam tentationem blasphemiae, Opera, III, p. 246; hi qui audacter contra fidem loquuntur in forma joci etc.

84. Cent nouvelles nouvelles, II, p. 205.

85. Gerson, Sermo de S. Nicolao, Opera, III, p. 1577; De parvulis ad Christum trahendis ib. p, 279. Against this same saying also Dionysius Cart., Inter Jesum et puerum dialogus, art. 2, Opera, t. XXXVIII, p. 190.

86. Gerson, De distinctione verarum visionum a falsis, Opera, I, p. 45.

87. Ibid., p. 58.

88. Petrus Damiani, Opera, XII, 29; Migne, P. L., 145, p. 283; see for the twelfth and thirteenth centuries Hauck, Kirchengeschichte Deutschlands, IV, pp. 81, 898.

89. Deschamps, VI, p. 109, no. 1167, id., no. 1222; Commines, I, p. 449.

90. Froissart, ed. Kervyn, XIV, p. 67.

91. Rel. de S. Denis, I, pp. 102, 104; Jean Juvenal des Ursins, p. 346.

92. Jacques du Clercq, II, pp. 277, 340; IV, p. 59; see Molinet IV, p. 390, Rel. de S. Denis, I, p. 643.

93. Joh. de Monasterolo, Epistolae, II, p. 1415; see ep. 75, 76, p. 1456 of Ambr. de Miliis to Gontier Col, in which he complains about Jean de Montreuil.

94. Gerson, Sermo III in Sancti Ludovici, Opera, III, p. 1451.

95. Gerson, Contra impugnantes ordinem carthusiensium, Opera, II, p. 713.

96. Gerson, De decem praceptis, Opera, I, p. 245.

97. Gerson, Sermo de nativ. Domini, Opera, III, p. 947.

98. Nic. de Clémanges, De novis celebr. etc., p. 151.

99. Villon, Testament, vs. 893ff., ed Longnon, p. 57.

100. Gerson, Sermo de nativitate Domine, Opera, III, p. 947; Regulae morales, ib. p. 86; Liber de vita spirituali animae, ib. p. 66.

101. Hist. translationis corporis sanctissimi ecclesiae doctories divi Thom. de Aq., 1368, auct, fr. Raymundo Hugonis O. P., Acta sanctorum Martii, I, p. 725.

102. Report of the papal commissioner Bishop Conrad of Hildesheim and Abbot Hermann of Georgenthal about the testimony concerning St. Elisabeth of Marburg in January 1235, given in Historisches Jahrbuch der Görres-Gesellschaft, XXVIII, p. 887.

103. Rel. de S. Denis, II, p. 37.

104. See below p. 198.

105. Chastellain, III, p. 407; IV, p. 216.

106. Deschamps, I, p. 277, no. 150.

107. Deschamps, II, p. 348, no. 314.

108. From Johann Ecks's Pfarrbuch for U. L. Frau in Ingolstadt, in Archiv für Kulturgesch., VIII, p. 103.

109. Joesph Seitz, Die Verehrung des heil. Joseph in ihrer gesch. Entwicklung, etc., Freiburg, Herder, 1908.

110. Le livre du chevalier de la Tour Landry, p. 212.

111. B. Nat. Ms. fr. 1875, in Ch. Oulmont, Le verger, le temple et la cellule, essai sur la sensualité dans les oeuvres de mystique religieuse, Paris, 1912, pp. 284ff.

112. See the passages about the images of saints in E. Mâle, L'art religieux à la fin du moyen-âge, chap. IV.

113. Deschamps, I, p. 114, no. 32; VI, p. 243, no. 1237.

114. Bambergisches Missale from 1490, in Uhrig, Die 14 hl. Nothelfer (XIV. Auxiliatores), Theol. Quartalschrift, LXX, 1888, p. 72; see an Utrecht Missal from 1514 and a Dominican Missal of 1550, in Acta sanctorum Aprilis, t. III, p. 149.

115. Erasmus, Ratio seu methodus compendio pervendi ad veram theologiam, ed. Basel, 1520, p. 171. [역주] 독일어 번역본에 추가됨. 참조 다음 자료. Moriae Encominium, cap. 40; Colloquia Militaria, LB I, 642.

116. 인용된 데샹의 발라드에서 우리는 타라스콘에서 타라스케를 죽였다는 마르타를 발견한다. [역주] 그것은 성 마르타를 말한다. 그녀는 남부 프랑스에 있는 타라스콘 마을에서 괴물 타라스테를 죽였다.

117. Oeuvres de Coquillart, ed. Ch. d'Héricault (Bibl. elzevirenne), 1857, II, p. 281.

118. Deschamps, no. 1230, VI, p. 232.

119. Rob. Gaguini, Epistole et orationes, ed. Thuasne, II, p. 176.

120. Colloquia, Exequiae Seraphicae, ed. Elzev., p. 620.

121. Gargantua, chap. 45.

122. Apologie pour Hérodote, chap. 38, ed. Ristelhuber, 1879, II, p. 324.

123. Deschamps, VIII, p. 201, no. 1489.

124. Gerson, de Angelis, Opera,, III, p. 1481; De praeceptis decalogi, I, p. 431; Oratio ad bonum angelum suum, III, p. 511; Tractatus VIII super Magnificat, IV, p. 370; see III, pp. 137, 553, 739.

125. Gerson, Opera, IV, p. 389.

제7장 경건한 퍼스낼리티

1. Monstrelet, IV, p. 304.

2. Bernh. of Siena, Opera, I, p. 100, in Hefele, Der h. Bernhardin von Siena···, p. 36.

3. Les cent nouvelles nouvelles, II, p. 157; Les quinze joyes de mariage, pp. 111, 215.

4. Molinet, Faictz et dictz, f. 188 vso.

5. [역주] 아르마냐크 공: 루이 도를레앙의 호칭.

6. Journal d'un bourgeois, p. 336, see p. 242, no. 514.

7. Ghillebert de Lannoy, Oeuvres, ed. Ch. Potvin, Louvain, 1878, p. 163.

8. Les cent nouvelles nouvelles, II, p. 101.

9. Le Jouvencel, II, p. 107.

10. Songe de viel pelerin, bij Jorga, Phi. de Mézières, p. 4236.

11. Journal d'un bourgeois, pp. 214, 2892.

12. Gerson, Opera, I, p. 206.

13. Jorga, Phil. de Mézières, p. 506.

14. W. Moll, Johannes Brugman, II, p. 125.

15. Chastellain, IV, p. 263-65.

16. Chastellain, II, p. 300; VII, p. 222. Jean Germain, Liber de virtutibus, p. 10. 여기서 언급된 정도가 덜 심한 단식은 아마도 다른 시대의 관습일 것이다.; Jean Jouffroy, De Phillippo duce oratio (Chron. rel. à l'hist de Belg. sous la dom. des ducs de Bourg., III), p. 118.

17. La Marche, II, p. 40.

18. Monstrelet, IV, p. 302.

19. Jorga, Phil. de Mézières, p. 350.

20. See Jorga, Phil. de Mézières, p. 444; Champion, Villon, I, p. 17.

21. [역주] Geert Groote(1340-84). 신비주의자 겸 대중 설교자. 네덜란드 공동생활형제회 와 빈데스하임 수도회의 창설자(그러나 빈데스하임 수도회는 그의 사후에 생겼다). 현 대에 들어와 『그리스도를 본받아』의 저자가 토마스 아 켐피스가 아니라 헤르트 호로테 라고 주장하는 사람도 있다.

22. Oeuvres du roi René, ed. Quatrebarbes, I, p. cx.

23. Monstrelet, V, p. 112.

24. La Marche, I, p. 194.

25. Acta sanctorum Jan., t. II, p. 1018.

26. Jorga, Phil. de Mézières, pp. 509, 512.

27. 이와 관련하여 교회가 어떤 사람을 복자로 혹은 성인으로 추천했느냐 여부는 그리 중요 한 문제가 아니다.

28. André Du Chesne, Hist. de la maison de Chastillon sur Marne, Paris 1621, Preuves, pp. 126-31, Extraict de l'enqueste faite pour la canonization de Charles de Blois, pp. 223, 234.

29. Froissart, ed. Luce, VI, p. 168.

30. Dom Plaine, Revue des questions historiques, XI, p.41. 이 프루아사르를 반박하는 근 거는 내가 볼 때 별로 설득력이 없다.

31. W. James, The varieties of religious experience, pp. 370f.

32. Ordonnances des rois de France, t. VIII, p. 398, Nov. 1400, 426, 18 March 1401.

33. Mémoires de Pierre Salmon, ed. Buchon, Coll. de chron. nationales, 3e Supplément de Froissart, XV, p. 49.

34. Froissart, ed. Kervyn, XIII, p. 40.

35. Acta sanctorum Julii, t. I. p. 486-628. Wensinck 교수는 내게 이런 사실을 알려주었다. 자신의 죄악을 날마다 기록하는 것은 아주 오래된 성자의 전통이고 이미 요하네스 클리마쿠스(600년경)에 의해 언급되고 있다. Scala Paradisi, ed. Raderus, Paris, 1633, p.65. 이러한 관습은 이슬람 사회에서는 가잘리에 의해 알려졌다. 이그나티우스 로욜라도 '정신의 단련'에서 이 관습을 권장하고 있다.

36. La Marche, I, p. 180.

37. Lettres de Louis XI, t. VI, p. 514, cf. V, p. 86, X, p. 65.

38. Commines, I, p. 291.

39. Commines, II, pp. 67, 68.

40. Commines, II, p. 57; Lettres X, p. 16; IX, p. 260. 때때로 하를렘의 콜로니아 박물관에서는 '스키티아의 어린 양'이라는 양치류가 전시되었다.

41. Chron. scan., II, p. 122.

42. Commines, II, pp. 55, 77.

43. Acta sanctorum Apr. t., I, p. 115.-Lettres de Louis XI, X, pp. 76, 90.

44. Sed volens caute atque astute agere propterea quod a pluribus fuisset sub umbra sanctatis deceptus, decrevit variis modis experiri virtutem servi Dei. (성스러움을 가장한 사람들에게 여러 번이나 속은 적이 있었기 때문에 왕은 그를 관찰하도록 지시하고 그의 덕행을 갖가지 방법으로 시험하게 했다.) Acta sanctorum, Apr., I. p. 115.

45. Acta sanctorum, Apr., t. 1, p. 108; Commines, II, p. 55.

46. Lettres, X, pp. 124, 29. June 1483.

47. Lettres, X, p. 4 passim; Commines, II, p. 54.

48. Commines, II, p. 56; Acta sanctorum, Apr., t. 1, p. 115.

49. A. Renaudet, Préréforme et humanisme à Paris, p. 172.

50. Doutrepont, p. 226.

51. Vita Dionysii auct. Theod. Loer, Dion. Opera, I, p. xliiff., id. De vita et regimine principum, t. XXXVII, p. 497.

52. Opera, t. XLI, p. 621; D. A. Mougel, Denys le chartreux, sa vie etc., Montreuil, 1896, p. 63.

53. Opera, t. XLI, p. 617; Vita, I, p. xxxi; Mougel, p. 51; Bijdragen en mededeelingen van het historisch genootschap te Utrecht, XVIII, p. 331d.

54. Opera, t. XXXIX, p. 496; Mougel, p. 54; Moll, Johannes Brugman, I, p. 74; Kerkgesch., II 2, p. 124; K. Krogh-Tonning, Der letzte Scholastiker, Freiburg 1904, p. 175.

55. Mougel, p. 58.

56. De mutua cogitione, Opera, t. XXXVI, p. 178.

57. Vita, Opera, t. I, p. xxiv, xxxviii.

58. Vita, Opera, t. I, p. XXVI.

59. De munificentia Dei beneficiis Dei, Opera, t. XXXIV, art. 26, p. 319.

제8장 종교적 흥분과 판타지

1. Gerson, Tractatus VIII super Magificat, Opera, IV, p. 386.

2. Acta sanctorum Martii, t. I, p. 561, see pp. 540, 601.

3. Hefele, Der h. Bernhardin von Siena···, p. 79.

4. Moll, Johannes Brugman, II, pp. 74, 86.

5. See above, p. 181.

6. See above, p. 4.

7. Acta sanctorum, Apr., t. I. p.195. Hefele(Der h. Bernhardin von Siena···)가 제시한 이탈리아 설교자들의 모습은 여러 면에서 프랑스어권의 설교자들에게 그대로 적용된다.

8. Opus quadragesimale Sancti Vincentii, 1482, and Oliverii Maillardi Sermones dominicales etc., Paris, Jean Petit, 1515. 『중세의 가을』 초판에서(참조, p. 116, 노트 2) 나는 이 두 작품을 네덜란드에서 발견하지 못했다고 적었다. 그러나 Dr. C. van Slee와 Mias M. E. Kronenberg는 이 두 책이 DeVente Athenaum 도서관에 소장되어 있다고 나에게 알려주었다.

9. Life of S. Petrus Thomasius, Carmeliter, in Philippe de Mézières, Acta sanctorum Jan., t. II, p. 997; also Dionysius Cartusianus over Brugman's style of preaching: De vita et regimine episcoporum, nobilium, etc., etc., vol. 37ff.; Inter Jesum et puerum dialogus, vol. 38.

10. Acta sanctorum Apr., t. I, p. 513.

11. James, Varieties of Religious Experience, p.348. "종종 벌어지는 일이지만, 민감성과 편

협함이 합쳐질 때, 그들은 무엇보다도 단순화된 세상에 살기를 원한다." 같은 책, p. 353
참조.

12. Moll, Brugman, I, p. 52.

13. Dion. Cart. De quotidiano baptimate lacrimarum, t. XXIX, p. 84; De oratione, t.
XLI, p. 31-55; Expositio hymni Audi conditor, t. XXXV, p. 34.

14. Acta sanctorum Apr., t. I, pp. 485, 494.

15. Chastellain, III p. 119; Antonio de Beatis (1517), L. Pastor, Die Reise des Kardinals
Luigi d'Aragona, Freiburg 1905, p. 513, 52; Polydorus Vergilius, Anglicae historiae
libri XXVI, Basileae, 1546, p. 15.

16. Gerson, Epistola contra libellum Johannis de Schonhavia, Opera, I, p. 79.

17. Gerson, De distinctione verarum visionum a falsis, Opera, I, p. 44.

18. Ibid., p. 48.

19. Gerson, De examinatione doctrinarum, Opera, I, p. 19.

20. Ibid., p. 16, 17.

21. Gerson, De distinctione etc., I, p. 44.

22. Gerson, Tractatus II super Magnificat, Opera, IV, p. 248.

23. Sixty-five useful articles on the Passion of our Lord, Moll, Brugman, II, p. 75.

24. Gerson, De monte contemplationis, Opera, III, p. 562.

25. Gerson, De distinctione etc., Opera, I, p. 49.

26. Ibid.

27. Acta sanctorum Martii, t. I, p. 562.

28. James, Varieties of religious experience, p. 343.

29. Acta sanctorum, Martii, t. 1, p. 552ff.

30. Froissart, ed. Kervyn, XV, p. 132; Rel. de S. Denis, II, p. 124; Johannis de Varennis,
Responsiones ad capita accusationum in Gerson, Opera, I, pp. 925, 926.

31. Responsiones, Opera, I, p. 936.

32. Ibid., p. 910ff.

33. Gerson, De probatione spirituum, Opera, I, p. 41.

34. Gerson, Epistola contra libellum Joh. de Schonhavia (polemics over Ruusbroec),
Opera, I, p. 82.

35. Gerson, Sermo contra luxuriem, Opera, III, p. 924.

36. Gerson, De distinctione etc., Opera, I, p. 55.

37. Opera, III, pp. 589ff.

38. Ibid., p. 593.

39. Gerson, De consolatione theologiae, Opera, I, p. 174.

40. [역주] Ruusbroec(1293-1381). 네덜란드의 신비주의자, 흐로테의 스승. 많은 신비주의 자들은 영혼이 최고의 황홀에 도달하면 하느님 안에서 소멸해 버린다고 가르쳤으나, 루이스브뢰크는 영혼이 그 정체성을 그대로 유지한다고 가르쳤다.

41. Gerson, Epistola⋯ super tertia parte libri Johannis Ruysbroeck, De ornatu nupt. spir., Opera, I, pp. 59, 67 passim.

42. Gerson, Epistola contra libellum Joh. de Schonhavia, Opera, I, p. 82.

43. 현대인에게서도 동일한 느낌을 발견할 수 있다. "나의 개성이 파괴되고 그분이 내게서 모든 것을 가져가리라는 믿음 아래 그분에게 내 모든 것을 맡기고 또 그것을 기꺼이 할 생각입니다." James, Varieties of Religious Experience, p. 223.

44. Gerson, De distinctione etc., Opera, I, p. 55; De libris caute legendis, Opera, I, p. 114.

45. [역주] the mad love of God(하느님에 대한 미친 듯한 사랑). 하위징아는 여기서 사랑에 대한 시적인 형식, 즉 Min을 말하고 있다.

46. Gerson, De examinatione doctrinarum, Opera, I, p. 19; De distinctione, I, p. 55; De libris caute legendis, I, p. 114; Epistola super Joh. Ruysbroeck De ornatu, I, p. 62; De consolatione theologiae, I, p. 174; De susceptione humanitatis Christi, I, p. 455; De nuptiis Christi et ecclesiae, II, p. 370; De triplici theologia, III, p. 869.

47. Moll, Johannes Brugman, I, p. 57.

48. Gerson, De distinctione etc., I, p. 55.

49. Moll, Brugman, I, pp. 234, 314.

50. 집회서 24장 21절; see Meister Eckhart, Predigten no. 43, p. 146, par. 26.

51. 이 견해에 대한 반박은 다음 자료. James, Varieties of Religious Experience, pp. 10, 191, 276.

52. After the ms. in Oulmont, Le verger, le temple, et la cellule, p. 277.

53. See the refutation of this opinion by James, Varieties of Religious Experience, pp. 101, 191, 276.

54. Moll, Brugman, II, p. 84.

55. Oulmont, Le verger, le temple, et la cellule, pp. 204, 210.

56. B. Alanus redivivus, ed. J. A. Coppenstein, Neapel 1642, pp. 29, 31, 105, 108, 116 passim.

57. Alanus redivivus, pp. 209, 218.

58. [역주] 『마녀들의 망치』: 중세에 발간된, 병적인 광신을 보여 주는 놀라운 책. 이 책은 마녀로 고발된 사람에게 확실히 유죄 판결을 내릴 수 있는 기술을 가르친다. 또 이 책의 저자들인 H. Kramer와 J. Sprenger는 그런 기술의 타당성을 믿고 있다. 영역본 *The Malleus Maleficarum*(뉴욕, 도버출판사, 1971), trans by Montague Summers. 마녀 박해를 지지하는 번역자의 논평은 무시해도 좋을 듯하다.

제9장 상징주의의 쇠퇴

1. Seuse, Leben, chap. 4, 45. Deutsche Schriften, S. 15, 154; Acta sanctorum Jan. t, II, p. 656.

2. Hefele, Der h. Bernhardin von Siena…, p. 167; see p. 259, "Über den Namen Jesus,"B'sdefense of the custom.

3. Eug. Demole, Le soleil comme cimier des armes de Geneve, note in Revue historique, CXXIII, p. 450.

4. Rod. Hospinianus, De templis etc., ed. II a, Turgi, 1603, p. 213.

5. [역주] Monstrance(성체 현시대): 축성한 뒤에 성체를 담아 놓는 그릇.

6. James, Varieties of religious experience, pp. 474, 475.

7. Irenaeus, Adversus haereses libri V, 1, IV c. 213.

8. 이러한 리얼리즘에 대하여 다음 자료 참조. James, Varieties of Religious Experience, p. 56.

9. Universal(보편), Realism(실재론), Nominalism(유명론).

10. Goethe, Sprüche in Prosa, nos. 742, 743.

11. St. Bernard, Libellus ad quendam sacerdotem, in Dion. Cart., De vita et regimine curatorum, t. XXXVII, p. 222.

12. Bonaventura, De reductione artium ad theologiam, Opera, ed. Paris, 1871, t. VII, p. 502.

13. P. Rousselot, Pour l'historie de probleme de l'amour (Bäumker und von Hertling,

Beitr zur Gesch. der Philosophie in Mittelalter, VI, 6), Münster 1908.

14. [역주] Eindigende(독일어 Ausgehenden).

15. Sicard, Mitrale sive de officiis ecclesiasticis summa, Migne, t. CCXIII, c. 232.

16. Gerson, Compendium Theologiae, Opera, I, pp. 234, 303f., 325; Meditatio super septimo psalmo poenitentiali, IV, p. 26.

17. Alanus redivivus, passim.

18. 페이지 12에서 Fortitudo는 Abstinentia와 동일시되어 있다. 그러나 정작 페이지 201에 서는 Temperentia가 들어 있다. 여전히 다른 단어들이 많이 있다.

19. Froissart, Poésies, ed. Scheler, I, p. 53.

20. Chastellain, Traité par forme d'allégorie mystique sur l'entrée du roy Loys en nouveau règne, Oeuvres, VII, p. 1; Molinet, II, p. 71, III, p. 112.

21. See Coquillart, Les droits nouveaux, ed. d'Héricault, I, p. 72.

22. Opera, I, p. xliv ff.

23. H. Usener, Götternamen, Versuch zu einer Lehre von der religïsen Begriffsbildung, Bonn 1896, p. 73.

24. J. Mangeart, Catalogue des mss. de la bibl. de Valenciennes, 1860, p. 687.

25. Journal d'un bourgeois, p. 96.

26. La Marche, II, p. 378.

27. Histoire littéraire de la France (XIVe siecle), t. XXIV, 1862, p. 541; Grôbers Grundriss, II, 1, p. 877, II, 2, p. 406; see les Cent nouvelles nouvelles, II, p. 183, Rabelais, Pantagruel, 1, IV, chap. 29.

28. H. Grotefend, Korrespondenzblatt des Gesamtvereins etc., 67, 1919, p. 124, Dock = doll.

29. De captivitate babylonica ecclesiae praeludium, Weimarer Ausgabe, VI, p. 562.

제10장 상상력에 대한 불신

1. Petri de Alliaco, Tractatus I, adversus cancellarium Parisiensem, in Gerson, Opera, 1, p. 723.

2. Dion. Cart., Opera, t. XXXVI, p. 200.

3. Dion. Cart. Revelatio II, Opera, 1, p. xiv.

4. Dion. Cart., Opera, t. XXXVII, XXXVIII, XXXIX, p. 496.

5. [역주] Lamprecht. 부르크하르트와 함께 『중세의 가을』에 중요한 영향을 준 독일의 사학자. 람프레히트는 하위징아 이전에 역사학의 발전에 크게 기여한 인물이었다. 부르크하르트와 람프레히트에 대한 자세한 정보는 다음 자료 참조. Karl J. Weintraub, Visions of Culture, Chicago, The University of Chicago Press, 1969.

6. Alain Chartier, Oeuvres, p. xi.

7. Gerson, Opera, I, p. 17.

8. Dion. Cart., Opera, t. XVIII, p. 433.

9. Dion. Cart., Opera, XXXIX, p. 18ff., De vitiis et virtutibus, p. 363; De gravitate et enormitate peccati, ibid., t. XXIX, p. 50.

10. Dion. Cart., Opera, XXXIX, p. 37.

11. Ibid. p. 56.

12. Dion. Cart., De quatuor hominum novissimis, Opera, t. XLI, p. 545.

13. Dion. Cart., De quatuor hominum novissimis, t. XLI, pp. 489ff.

14. Moll, Brugman, I, pp. 20, 23, 28.

15. Moll, Brugman, I., p. 3201.

16. The example of St. Aegidius, Germanus, Quiricus in Gerson, De via imitativa, III, p. 777; see Contra gulam sermo, ibid., p. 909.—Olivier Maillard, Serm. de sanctis fol. 8a.

17. [역주] thesaurus ecclesiae. 교회의 보물. 그리스도의 십자가 희생과 성인들의 노력이 교회가 은총을 내릴 수 있는 원천이라는 가르침. 가톨릭 교회 내에서는 통공(通功)이라고 한다.

18. Innocentius III, De contemptu mundi 1. I, c. 1, Migne, t. CCXVII, pp. 702ff.

19. Wetzer und Welte, Kirchenlexikon, XI, 1601, Freiburg im Breisgau, Herder, 1882-1903.

20. Extravag. commun. lib. V. tit. IX, cap. 2— "Quanto plures ex eius applicatione trahuntur ad iustitiam, tanto magis accrescit ipsorum cumulus meritorum." (이것은 날마다 늘어날 뿐만 아니라, 자산을 나눠 주어 사람들이 올바른 길을 많이 걸을수록, 그만큼 은공의 보고는 늘어난다.)

21. Bonaventura, In secundum librum sententiarum, dist. 41, art, 1, qu. 2; ibid.. 30, 2, 1,

34; in quart. lib. sent. d. 34, 1, 1, qu. 2, Breviloquii pars II, Opera, ed. Paris, 1871, t. III, pp. 577a, 335, 438, VI, p. 327b, VII, p. 271ab.

22. Dion. Cart., De vitiis et virtutibus, Opera, t. XXXIX, p. 20.

23. McKechnie, William Sharp, Magna Carta, p. 401, Glasgow, J. Maclehose and Sous, 1905.

24. 찬송가 "Adore te devoto(신실한 당신을 찬미합니다)"에서. 똑같은 생각이 앞에서 언급한 Bull Unigenitus(교황의 회칙, 하느님의 독생자)에서도 표현되어 있다. 크리스토퍼 말로 작 『파우스투스』, "보라 그리스도의 피가 하늘에서 흐르고 있지 않은가. 저 한 방울의 피는 나를 구제할 것이다." 참조.

25. Dion. Cart., Dialogion de fide cath., Opera, t. XVIII, p. 366.

26. Dion. Cart., Dialogion de fide cath., t. XLI, p. 489.

27. Dion. Cart., De laudibus sanctae et individuae trinitatis, t, XXXV, p. 137; de laud glor. Virg. Mariae and passim. 그는 위의 용어들의 사용을 가짜 디오니시우스에게서 빌려왔다.

28. James, Varieties of religious experience, p. 419.

29. Joannis Scoti, De divisione naturae, 1. III c. 19, Migne, Patr. latina, t. CXXII, p. 681.

30. Angelus Silesius, Cherubinischer Wandersmann, I, 25, Halle a. S., M. Niemeyer, 1895.

31. Opera, I, p. xliv.

32. Seuse, Leben, cap. 3, ed. K. Bihlmeyer, Deutsche Schriften, Stuttgard 1907, p. 14. See cap. 5, p. 21, 1, 3 and below.

33. Meister Eckhart, Predigten, nos. 60 and 76, ed. F. Pfeiffer, Deutsche Mystiker des XIV. Jahrh., Leipzig 1857, II, p. 193, II. 34ff; p. 242, II, 2ff.

34. Tauler, Predigten, no. 28, ed. F. Vettor Deutsche Texte des Mittelalters, XI), Berlin 1910, p. 117, II. 30ff.

35. Ruusbroec, Dat boec van seven sloten, cap. 19, Werken, ed. David, IV, pp. 106-8.

36. Ruusbroec, Dat boec van den rike de ghelieven, cap. 43, ed. David, IV, p. 264.

37. Ibid., cap. 35, p. 246.

38. Ruusbroec, Van seven trappen in den graet der gheesteliker minnen, cap. 14, ed. David, IV, p. 53. For ontfonken I read ontsonken.

39. Ruusbroec, Boec vna der hoechster waerheit, ed. David, p. 263; see Spieghel der

ewigher salicheit, cap. 25, p. 231.

40. Spieg der ewigher salicheit, cap. 19, p, 144, cap. 23, p. 227.

41. II, Par. 6, l: Dominus pollicitus est, ut habitaret in caligine. Ps 17, 13: Et posuit tenebras latibulum suum. [역주] 하위징아는 라틴어역 성경(불가타)을 언급하고 있다. 각각 역대기하 6장 1절("여호와께서 캄캄한 데 계시겠다 하셨사오나")과 시편 18장11절 ("그가 흑암을 그의 숨는 곳으로 삼으사")이다.

42. Dion. Cart., De laudibus sanctae et individuae trinijtatis per modum horarum, Opera, t. XXXV, pp. 137-38, id. XLI, p. 263 etc.; see De passione dni salvatoris dialogus, t. XXXV, p. 274: "ingrediendo caliginem hoc est ad supersplendidissimae ac prorsus incomprehensibilis Deitatis praefatam notitiam pertingendo per omnem negationem ab ea."

43. Jostes, Meister Eckhart und seine Jünger, 1895, p. 95.

44. Dion. Cart., De contemplatione, lib. III, art. 5, Opera, t. XLI, p. 259.

45. Dion. Cart., De contemplatione, t. XLI, p. 269, after Dion, Areop.

46. Cankara ad Brahmasûtram, 3, 2, 17.

47. Chandogya-upanishad, 8.

48. Brhadâranyaka-upanishad, 4, 3, 21, 22.

49. Seuse, Leben, cap. 4, p. 14.

50. Eckhart, Predigten, no. 40, p. 136, par. 23.

51. Eckhart, Predigten, no. 9, pp. 47ff.

52. Thomas à Kempis, Solioquium animae, Opera omnia, ed. M. J. Pohl, Freiburg 1902-10, 7 vols., I, p. 230.

53. Thomas à Kempis, Solioquium animae, p. 222.

제11장 일상생활 속에서 실천되는 사고방식

1. Alienor de Poitiers, Les honneurs de la cour, pp. 184, 189, 242, 266.

2. Olivier de la Marche, L'estat de la maison etc., t. IV, p. 56; see similar questions above, p. 44.

3. J. H. Round, The king's serjeants and officers of state with their coronation services,

London 1911, p. 41.

4. [역주] 브뤼헤에 있는 막시밀리안의 감방은 'Broodhuis(빵의 집)'라고 했다. 제11장 소제목, "일상생활과 연결된 그림" 참조.

5. Le livre des trahisons, p. 27.

6. Rel. de S. Denis, III, p. 464ff.; Juvenal des Ursins, p. 440; Noël Valois, La France et le grand schisme d'occident, Paris, 1896-1902, 4 vols., III, p. 433.

7. Juvenal des Ursins, p. 342.

8. [역주] Athalia: 자신이 권력을 잡기 위해 왕위 계승권을 가진 남자들을 모두 죽인 유대인 여자. 열왕기 하 11:1-16.

9. [역주] bal de ardents: 여왕(이사보 드 바비에르)이 한 시녀의 결혼을 축하하기 위해 베푼 가면무도회. 샤를 6세(당시 13세)와 놀이 동무들은 왁스와 아마로 만든 옷을 입고서 '숲속의 야만인'으로 분장했다. 이 옷들이 불이 잘 붙는다는 것을 알기 때문에, 왕은 무도회장에서 횃불을 가지고 오지 말라고 명령했다. 하지만 루이 도를레앙은 횃불을 든 수행원들과 함께 무도회장에 들어섰다. 루이 자신도 불을 붙인 횃불을 들고 있다가 놀이하는 사람들에게 불을 붙였다. 왕은 베리 공작 부인(그녀도 15세였다)이 드레스로 그 불을 꺼주는 바람에 목숨을 건졌다. 왕의 놀이 동무들은 한 명을 제외하고 모두 불타 죽었다. Tuchmann, Mirror 참조.

10. [역주] 샤를 6세는 가끔 광기에 사로잡혀 발작을 일으켰는데, 그럴 때면 왕비를 무자비하게 괴롭혔다.

11. Monstrelet, I, pp. 177-42; Coville, Le véritable texte de la justification du duc de Bourgogne par Jean Petit (Bibl. de l'Ecole de chartes), 1911, p. 57. Petit가 Thomas von Cerisi 수도원장이 1408년 9월 11일에 내놓은 증언을 반박하는 두 번째 변명의 초안에 대해서는 다음 자료 참조. O. Cartellieri, Beiträge zur Geschichte der Herzöge von Burgund, V, Sitzungsbericht der Heidelberger Akademie der Wissenschaften 1914. p.6; further Wolfgang Seiferth, Der Tyrannenmord von 1407, Leipzig Inaugural-Dissertation, 1922

12. Leroux de Lincy, Le Proverbe français, see E. E. Langois (Bibl. de l'Ecole des chartes), LX, 1899, p. 569; J. Ulrich, Zeitschr. f. franz Sprache u. Lit, XXIV, 1902, p. 191.

13. Les Grandes chroniques de France, ed. P. Paris, IV, p. 478.

14. Alain Chartier, ed. Duchesne, p. 717.

15. Jean Molinet, Faictz et Dictz, ed. Paris, 1537, fos. 80, 119, 152, 161, 170.

16. Coquillart, Oeuvres, I, p. 6.

17. Villon, ed. Longnon, p. 134.

18. Roberti Gaguini, Epistole et orationes., ed. Thuasne, II, p. 366.

19. Gerson, Opera, IV, p. 657; ibid. I, p. 936; Carnahan, The Ad Deum vadit of Jean Gerson, pp. 61, 71; see Leroux de Lincy, Le proverbe français, I, p. lii.

20. Geoffroi de Paris, ed. de Wailly et Delisle, Bouquet, Recueil des Historiens des Gaules et de la France, XXII, p. 87, see index rerum et personarum s. v. Proverbia, p. 926.

21. Froissart, ed. Luce, XI, p. 119; ed. Kervyn, XIII, p. 41, XIV, p. 33, XV, p. 10; Le Jouvencel, I, p. 60, 62, 63, 74, 78, 93.

22. Je l'envie는 말장난으로서 나는 당신에게 여기 오라고 명령한다, 당신을 초대한다는 뜻. Ic houd는 그에 대한 답변, 즉 받아들인다는 뜻. Cominus et eminus는 고슴도치가 가시를 내뻗는다는 믿음에 대한 암시.

23. See my "Uit de voorgeschiedenis van ons nationaal besef," De Gids, 1912, I.

24. See above, p. 143.

25. A. Piaget, Le livre Messire Geoffroy de Charny, Romania XXVI, 1897, p. 396.

26. L'arbre des batailles, Paris, Michel le Noir 1515. See for Bonet, Molinier, Sources de l'histoire de France, no. 3861.

27. Chap. 25, p. 85 bis (numbers 80-90 appear in the edition of 1515 twice), pp. 124-26.

28. Chaps. 56, 60, 84, 132.

29. Chaps. 82, 89, 80 bis and ff.

30. Le Jouvencel, I, p. 222, II, p. 8, 93, 96, 133, 124.

31. Les vers de maitre Henri Baude, poete du XVe siecle, ed. Quicherat (Trésor des pieces rares ou inédites), 1856, pp. 20-25.

32. Champion, Villon, II, p. 182.

33. 남아메리카 부족들의 형식주의는 더욱 강력하다. 가령 어떤 사람이 실수로 자신의 몸에서 피를 흘렸다면, 그는 부족의 피를 흘린 것이기 때문에 부족에게 그 피에 대한 보상금을 지불해야 되었다.

34. La Marche, II, p. 80.

35. La Marche, II, p. 168.

36. Chastellain, IV, p. 169.

37. Chron, scand., II, p. 83.

38. Petit-Dutaillis, Documents nouveaux sur les moeurs populaires etc.; see Chastellain, V, p. 399 in Jacques du Clercq, passim.

39. Du Clercq, IV, p. 264; see III, pp. 180, 184, 206, 209.

40. Monstrelet, I, p. 342, V, p. 333; Chastellain, II, p. 389; La Marche, II, pp. 284, 331; Le livre des trahisons, pp. 34, 226.

41. Quicherat, Th. Basin, I, p. xliv.

42. Chastellain, III, p. 106.

43. Sermo de nativ. domini, Gerson, Opera, III, p. 947.

44. Le pastoralet, vs. 2043.

45. Jean Jouffroy, Oratio, I, p. 188.

46. La Marche, I, p. 63.

47. Gerson, Querela nomine Universitatis etc., Opera, IV, p.. 574; see Rel. de S. Denis, III, p. 185.

48. Chastellain, II, p. 375, see 307.

49. Commines, I, p. 111, 363.

50. Monstrelet, IV, p. 388.

51. Basin, I, p. 66.

52. La Marche, I pp. 60, 63, 83, 88, 91, 94, 1341; III p. 101.

53. Commines, I, pp. 170, 262, 391, 413, 460.

54. Basin, II, pp. 417, 419; Molinet, Faictz et Dictz f. 205. In the third line I read sa for la.

55. Deschamps, Oeuvres, t. IX.

56. Deschamps, Oeuvres, t. IX, pp. 219ff.

57. Deschamps, Oeuvres, t. IX, pp. 293ff.

58. See Marett, The threshold of religion, passim.

59. Monstrelet, IV, p. 93; Livre des trahisons, p. 157; Molinet, II, p. 129; see du Clercq, IV, pp. 203, 273; Th. Pauli, p. 278.

60. Molinet, I, p. 65.

61. Molinet, IV, p. 417; Courtaulx is a musical instrument, Mornifle is a card game.

62. Gerson, Opera, I, p. 205.

63. Le songe du vieil pelerin, in Jorga, Phil. de Mézières, p. 691.

64. Juvenal des Ursins, p. 425.

65. Juvenal des Ursins, p. 415.

66. Gerson, Opera, I, p. 206.

67. Gerson, Sermo coram rege Franciae, Opera, IV, p. 620; Juvenal des Ursins, pp. 415, 423.

68. Gerson, Opera, I, p. 216.

69. Chastellain, IV, pp. 324, 323, 3141; see du Clercq, III, p. 236.

70. Chastellain, II, p. 376; III, pp. 446, 4471, 448; IV p. 213; V, p. 32.

71. Monstrelet, V, p. 425. [역주] Gilles de Rais: See above, chap. 3, note 10.

72. [역주] Malleus Maleficarum: 제8장의 주 59를 참조.

73. Chronique de Pierre le Prêtre, in Bourquelot, La vauderie d'Arras (Bibl. de l'Ecole des chartes), 2 série, III, p. 109.

74. Jacques du Clercq, III, passim; Matthieu d'Escouchy, II, pp. 416ff.

75. Martin lefranc, Le champion des dames, in Bourquelot, La vauderie d'Arras, p. 86; in Ro. Gaguini, ed. Thuasne, II, p. 474.

76. Froissart, ed. Kervyn, XI, p. 193.

77. Gerson, Contra superstitionem praesertim Innocentum, Op. I, p. 205; De erroribus circa artem magicam, I, p. 211; De falsis prophetis I, p. 545; De passionibus animae, III, p. 142.

78. Journal d'un bourgeois, p. 236.

79. Journal d'un bourgeois, p. 220.

80. Dion. Cart., Contra vitia superstitionum quibus circa cultum veri Dei erratur, Opera, t. XXXVI, pp. 211ff.; see A. Franz, Die kirchlichen Benediktionen im Mittelalter, Freiburg 1909, 2 vols.

81. For example, Jacques du Clercq, III, pp. 104-7.

제12장 생활 속의 예술: 반에이크의 예술을 중심으로

1. 『중세의 가을』 12장과 13장은 하위징아의 논문 『그 시대를 충실히 살았던 반에이크의 예술』(De Gids, no. 6 and 7, 1916)을 확대하여 재구성한 것이다.

2. [역주] 위고의 장편소설 『노트르담 드 파리』는 『노트르담의 꼽추』로 널리 알려져 있다.

3. Rel. de S. Denis, II, p. 78.

4. Rel. de S. Denis, II, p. 413.

5. Rel. de S. Denis, II, p. 358.

6. Rel. de S. Denis, II, p. 600; Juvenal des Ursins, p. 379.

7. La Curne de Sainte Palaye, I, p. 388; see also Journal d'un bourgeois, p. 67.

8. Journal d'un bourgeois, p. 179 (Charles VI); 309 (Isabella of Barvaria); Chastellain, IV, p. 42 (Charles VII), I, p. 332 (Henry V); Lefèvre de S. Remy, II, p. 65; M. d'Escouchy, II, pp. 424, 432; Chron. scand., I, p. 21; Jean Chartier, p. 319 (Charles VII); Quatrebarbes, Oeuvres du roi René, I, p. 129; Gaguini compendium super Francorum gestis, ed. Paris, 1500, burial of Charles VIII, f. 164.

9. Martial d'Auvergne, Vigilles de Charles VII. Les poésies de Martial de Paris, dit d'Auvergne, Paris, 1724, 2 vols., II, p. 170.

10. For example Froissart, ed. Luce, VIII, p. 43.

11. Froissart, ed. Kervyn, XI, p. 367. 다른 판본에는 peintres 대신에 proviseurs로 되어 있다. 문맥으로 볼 때 peintres가 더 타당하다.

12. [역주] Plourants: 문상하면서 우는 사람들.

13. Betty Kurth, Die Blütezeit der bildwirkerkunst zu Tournay und der Burgundische Hof, Jahrbuch der Kunstsammlungen des Kaiserhauses, 34, 1917, 3.

14. [역주] 니코폴리스: 1396년 9월 25일, 느베르의 장(후일의 무외공 장)이 이끄는 유럽 연합군은 니코폴리스에서 술탄 바예지드의 군대와 조우했다. 유럽군은 용감하게 싸웠으나, 전투 대형에 대하여 군내에서 의견이 분분했고, 또 적수인 술탄의 용병술이 뛰어났기 때문에 전투에 패배했다. 수백 명의 기사들이 포로로 붙잡혔고 알몸이 된 채 동료들이 보는 앞에서 처형되었다. 오로지 고위 기사들만이 보상금을 받을 속셈으로 살려두었다. 느베르의 장은 바예지드에게 부시코의 목숨을 살려달라고 애원했다. 부시코가 아주 부자라는 사실이 파악되자 술탄은 그를 살려주었다. Tuchmann, Mirror 참조.

15. Pierre de Fenin, p.624 of Bonne d'Artois. "더욱이 그녀는 왕족에 속하는 다른 숙녀들과는 다르게 제대로 된 헤어스타일을 하고 있지도 않았다."

16. Le livre des trahisons, p. 156.

17. Chastellain, III, p. 375; La Marche, II p. 340, III p. 165; d'Escouchy, II, p. 116; Laborde, II; see Moliner, Les sources de l'hist. de France, nos. 3645, 3661, 3663, 5030; Inv. des arch. du Nord, IV, p. 195.

18. La Marche, II, pp. 340ff.

19. This is a type of merchant ship; the low German form is Kracke.

20. Laborde, II, p. 326.

21. La Marche, III, p. 197.

22. Laborde, II, p. 375, no. 4880.

23. Laborde, II, pp. 322, 329.

24. 1차 사료에 의하면 장인(匠人)의 인장이 'Claus Sluter'라고 되어 있다. 하지만 네덜란드식 이름이 아닌 클라우스가 그의 크리스천 이름의 최초 형태라고 보기는 어렵다.

25. A. Kleinclausz, Un atelier de sculpture au XVe siecle, Gazette des beaux arts, t. 29, 1903, I.

26. "해질 때에 이스라엘 회중이 그 양을 잡고." (출애굽기 12장 6절) "악한 무리가 나를 둘러 내 수족을 찔렀나이다. 내가 내 모든 뼈를 셀 수 있나이다." (시편 22장 16-17절) "도수장으로 끌려가는 어린 양과 털 깎는 자 앞에서 잠잠한 양같이 그의 입을 열지 아니하였도다." (이사야서 53장 7절) "지나가는 모든 사람들이여. 너희에게는 관계가 없는가. 나의 고통과 같은 고통이 있는가 볼지어다!" (예레미야 애가 1장 12절) "예순두 이레 후에 기름 부음을 받은 자가 끊어져 없어질 것이며." (다니엘서 9장 26절) "그들이 곧 은 삼십 개를 달아서 내 품삯을 삼은지라." (스가랴서 11장 12절)

27. The now vanished colors are known through a report composed in 1832.

28. Kleinclausz, L'art funéraire de la Bourgogne au moyen âge, Gazette des beaux arts, 1902, t. 27.

29. Chastellain, V, p. 262, Doutrepont, p. 156.

30. [역주] The stag with the crown: This emblem was of special significance to Charles VI, who, when he was told that such a stag had been taken, wearing a crown around its neck inscribed Caesar hoc mihi donavit, ordered the emblem placed on the royal crockery. See Tuchmann, Mirror.

31. Juvenal des Ursins, p. 378.

32. Jacques du Clercq, II, p. 280.

33. Foulquart, in d'Hericault, Oeuvres de Coquillart, I, p. 231.

34. Lefèvre de S. Remy, II, p. 291.

35. London, National Gallery; Berlin, Kaiser-Friedrich-Museum.

36. W. H. J. Weale, Hubert and John van Eyck, Their life and work, London-New York,

1908, p. 701.

37. Froissart, ed. Kervyn, XI, p. 197.

38. P. Durrieu, Les très riches heures de Jean de France, duc de Bery (Heures de Chantilly), Paris, 1904, p. 81.

39. Moll, Kerkgesch. II3, p. 313; see J. G. R. Acquoy, Het klooster van Windesheim en zijn invloed, Utrecht, 1875-90, 3 vols., II, p. 249.

40. Th. à Kempis, Sermones ad novitios no. 29, Opera, ed. Pohl, t. VI, p. 287.

41. Moll, Kerkgesch. II2, p. 321; Acquoy, Het klooster van Windesheim···, p. 222.

42. Chastellain, IV, p. 218.

43. La Marche, II, p. 398.

44. La Marche, II, 369.

45. Chastellain, IV pp. 136, 275, 359, 361, V p. 225; du Clercq, IV, p. 7.

46. Chastellain, III, p. 332; du Clercq, III, p. 56.

47. Chastellain, V p. 44, II p. 281; La Marche, II, p. 85; du Clercq, III, p. 56.

48. Chastellain, III, p. 330.

49. du Clercq, III, p. 203.

50. See p. 206.

51. Bonaventura's editor in Quaracchi ascribes them to Johannes de Caulibus, a Frenchman of San Gimignano who died in 1370.

52. Facius, Liber de viris illustribus, ed. L. Mehus, Florenz 1745, p. 46.

53. Dion. Cart., Opera, t. XXXIV, p. 223.

54. Dion. Cart., Opera, t. XXXIV, pp. 247, 230.

55. O. Zöckler, Dionys des Kartäusers Schrift de venustate mundi, Beitrag zur Vorgeschichte der Ästhetik, Theol. Studien und Kritiken, 1881, p. 651; see E. Anitchkoff, L'esthétique au moyen âge XX, 1918, p. 221.

56. Summa theologiae, pars. 1a, q. XXXIX, art. 8.

57. Dion. Cart., Opera, t. I, Vita, p. xxxvi.

58. Dion. Cart., De vita canonicorum, art. 20, Opera, t. XXXVII, p. 197: An discantus in divino obsequio sit commendabilis; see Thomas Aquinas, Summa theologiae, IIa, IIae, q. 91, art. 2; Utrum cantus sint assumendi ad laudem divinam.

59. [역주] text painting: 의미의 청각화. 가사의 의미를 더욱 잘 전달하려는 음악적 기

술. 가령미사곡에서 ascendit(올라가다)라는 단어는 위로 올라가는 멜로디를 사용하고, descendit(내려가다)는 그 반대의 멜로디를 사용하는 것이다. '고통받다', '십자가에 처해 지다', '묻히다' 등은 동요하는 듯한 멜로디를 사용한다. 이것은 상징과 알레고리의 음악 적 표현이다.

60. Molinet, I, p. 73; see p. 67.

61. Petri Alliaci, De falsis prophetis, in Gerson, Opera, I, p. 538.

62. La Marche, II, p. 361.

63. De venustate etc., t. XXXIV, p. 242.

64. Froissart, ed. Luce, IV p. 90, VIII p. 43, 58, XI pp. 53, 129; ed. Kervyn, XI pp. 340, 360, XIII p. 150, XIV pp. 157, 215.

65. Deschamps, I p. 155; II p. 211,, II, no. 307, p. 208; La Marche, I, p. 274.

66. Livre des trahisons, pp. 150, 156; La Marche, II pp. 12, 347, III pp. 127, 89; Chastellain, IV, p. 44; Chron. scand., I, pp. 26, 126.

67. Lefèvre de S. Remy, II, pp. 294, 296.

68. Couderc, Les comptes d'un grand couturier parisien au XVe siecle, Bulletin de la soc. de l'hist. de Paris, XXXVIII, 1911, pp. 125ff.

69. For example Monstrelet, V, p. 2; du Clercq, I, p. 348.

70. [역주] 작은 승용마(palfrey). 기사는 보통 두 필의 말을 소유했다. 하나는 전쟁용 군마 로서 주로 종마(種馬)이며, 다른 하나는 힘이 좀 떨어지는 승용마로서 전쟁 이외의 용도 로 사용되었다. 일부 승용마들은 특히 여성과 사제들의 용도로 훈련되었다.

71. La Marche, II, p. 343.

72. Chastellain, VII, p. 223; La Marche, I p. 276, II pp. 11, 68, 345; du Clercq, II, p. 197; Jean Germain, Liber de virtutibus, p. 11; Jouffroy, Oratio, p. 173.

73. d'Escouchy, I, p. 234.

74. See p. 142.

75. Le miroir de mariage, XVII vs. 1650, Deschamps, Oeuvres, IX, p. 57.

76. Chansons françaises du quinzième siècle, ed. G. Paris (Soc. des anciens textes français), 1875, no. 423, ib. p. 227, no. 481, ib. p. 302, no. 728, IV, p. 199; L'amant rendu cordelier, sect, 62, p. 23; Molinet, Faictz et Dictz, fol. 176.

77. Blason des couleurs of the herald Sicile (in La Curne de Sainte Palaye, Mémoires sur l'ancienne chevalerie II, p. 56). Concerning color symbolism in Italy, see Bertoni,

L'Orlando furioso, pp. 221ff.

78. Cent balades d'amant et de dame, no. 92, Christine d'Pisan, Oeuvres poétiques, III, p. 299. See deschamps, X, no. 52; L'histoire et plaisante chronicque du petit Jehan de Saintré, ed. G. Hellény, Paris, 1890, p. 415.

79. [역주] Huik. 두건 달린 외투. 네덜란드에서는 "바람을 알아보기 위해 후이크를 내건다"라는 속담이 있다.

80. Le pastoralet, vs. 2054, p. 636; see Les cent nouvelles, II, p. 118: "craindroit tres fort estre du rang des beleuz vestuz qu'on appelle communement noz amis(그는 사람들이 일반적으로 우리의 친구라고 부르는 푸른 옷의 무리에 들어가는 것을 몹시 두려워했다)."

81. [역주] blue coat: 루브르 박물관에 있는 보슈의 그림처럼.

82. Chansons du XVe siecle, no. 5, p. 5; no. 87, p. 85.

83. La Marche, II, p. 207.

제13장 이미지와 말: 그림과 글의 비교

1. 이 문제와 관련해서는 다음 자료 참조. Renaissancestudiën I: problem, de Gids, 1920, IV.

2. La Renaissance septentrionale et les premiers maëtres des Flandres, Bruxelles 1905.

3. Erasmus, Ratio seu Methodus compendio perveniendi ad veram theologiam(진실한 신학에 이르는 포괄적인 논리 혹은 방법), ed. Basel 1520, p. 146.

4. E. Durand-Gréville, Hubert et Jean van Eyck, Bruxelles, 1910, p. 119.

5. [역주] 다른 판본에서는 통일성과 조화를 잃었다고 번역되어 있는데, 여기서는 잃지 않았다는 네덜란드 제2판의 입장을 따름.

6. [역주] 무제한적 꾸미기 Unbridled elaboration. 네덜란드어 ongebreidelde uitwerking, 독일어 zügellose Detaillierung.

7. p. 251.

8. Alain Chartier, Oeuvres, ed. Duchesne, p. 594.

9. Chastellain, I pp. 11, 12, IV pp. 21, 393, VII pp. 160; La Marche, I, p. 14; Molinet, I, p. 23.

10. [역주] cothurnism: 제2장 주 65 참조.

11. Jean Robertet, in Chastellain, VII, p. 182.

12. Chastellain, VII, p. 219.

13. Chastellain, III, pp. 231ff.—Saint Anthony's day is January 17.

14. Oratory, a carpeted and secluded little corner of a chapel.

15. [역주] prie-Dieu: 기도석. 네덜란드어 bidstoel, 독일어 Betstuhl. 문자적 의미는 "기도 하는 의자."이 가구는 〈롤랭 재상의 성모 마리아〉 그림에 나오는 그런 의자와 비슷한 물품이었을 것이다.

16. [역주] Camille Lemmonier: 19세기 말의 10년 동안에 활발하게 활약했던 벨기에 소설가.

17. Chastellain, III, p. 46; see above p. 109; and see Chastellain, III p. 104, V p. 259.

18. Chastellain, V, pp. 273, 269, 271.

19. Se the reproduction in E. Chmelarz, Jahrb. der Kunsthist. Samml. des allerh. Kaiserhauses XI, 1890; and P. Durrieu, Les belles heures du duc de Berry, Gazette des beaux arts, 1906, t. 35, p. 283.

20. Froissart, ed. Kervyn, XIII, p. 50, XI, p. 99, XII, p. 4.

21. Unknown poet printed in Deschamps, Oeuvres, X, no. 18; see Le Débat du cuer et du corps de Villon, and Charles d'Orléans, rondel 192.

22. Ed. de 1522, fol. 101, in A. de la Borderie, Jean Meschinot etc., Bibl. de l'Ecole des chartes LVI, 1895, p. 301. See die ballads von Henri Baude, ed. Quicherat (Trésor des pieces rares ou inédites), Paris, pp. 26, 37, 55, 79.

23. Froissart, ed. Luce, I pp. 56, 66, 71, XI p. 13, ed. Kervyn, XII pp. 2, 23; see also Deschamps, III, p. 42.

24. Froissart, ed. Kervyn, XI, p. 89.

25. Durrieu, Les très-riches heures de Jean de France duc de Berry, 1904, pl. 38.

26. Oeuvres du roi René, ed. Quatrebarbes, II, p. 105.

27. Deschamps, I, nos. 61, 144; III, nos. 454, 483, 524; IV, nos. 617, 636.

28. Durrieu, Les très-riches heures de Jean de France duc de Berry, pls. 3, 9, 12.

29. Deschamps, VI, p. 191, no. 1204.

30. Froissart, ed. Luce, V p. 64, VIII pp. 5, 48, XI p. 110; ed. Kervyn, XIII pp. 14, 21, 84, 102, 264.

31. Froissart, ed. Kervyn, XV pp. 54, 109, 184; XVI pp. 23, 52; ed. Luce, I p. 394.

32. Froissart, XIII, p. 13.

33. G. de Machaut, Poésies lyriques, ed. V. Chichmaref (Zapiski ist. fil. fakulteta imp.

Sp. Peterb. universiteta XCII, 1909) no. 60, I, p. 74.

34. La Borderie, Jean Meschinot etc., p. 618.

35. Christine de Pisan, Oeuvres poétiques, I, p. 276.

36. Ibid., I, p. 164, no. 30.

37. Ibid., I, p. 275, no. 5.

38. Froissart, Poésies, ed. Schéler, II, p. 216.

39. P. Michault, La dance aux aveugles etc., Lille, 1748.

40. Recueil de Poésies françoises des XVe et XVIe siècles, ed. de Montaiglon (Bibl. elzavirienne), IX, p. 59.

41. Deschamps, VI, no. 1202, p. 188.

42. Froissart, Poésies, I, p. 91.

43. Froissart, ed. Kervyn, XIII, p. 22.

44. Deschamps, I, p. 196, no. 90; p. 192, no. 87; IV, p. 294, no. 788; V, p. 94 no. 903, p. 97 no. 905, p. 121 no. 919; VII, p. 220, no. 1375. See II, p. 86, no. 247, no. 250.

45. Durrieu, Les très-riches heures, pls. 38, 39, 60, 27, 28.

46. Deschamps, V, p. 351, no. 1060; V, P. 15, no. 844.

47. Chastellain, III, pp. 256ff.

48. Journal d'un bourgeois, p. 3252.

49. Deschampls, nos. 1229, 1230, 1233, 1259, 1299, 1300, 1477, VI pp. 230, 232, 237, 279, VII pp. 52, 54, VIII p. 182; see Gaguin's De validorum mendicantium astucia, Thuasne, II, p. 169ff.

50. Deschamps, no. 219, II, p. 44, no. 2, p. 71.

51. Ibid. IV, p. 291, no. 786.

52. Bibiliothèque de l'école des chartes, 2e série III 1846, p. 70.

53. Proverbs 14:13.

54. [역주] 다른 판본에는 다음과 같은 Granson의 두 단시가 들어 있다.
    잠이 깨어 침대에 누워 단식을 하면서
    눈물 속에 웃음 짓고 노래 속에 탄식한다.
    나는 눈물 어린 눈과 웃는 입으로
    이 착한 아이와 작별한다.

55. Alain Chartier, La belle dame dans mercy, pp. 503, 505; see Le débat du reveille-

matin, p. 498; Chansons du XVe siècle, p. 71, no. 73; L'amant rendu cordelier àl'observance d'amours, vs. 371; Molinet, Faictz et dictz, ed. 1537, 172f.

56. Alain Chartier, Le débat des deux fortunes d'amours, p. 581.

57. Oeuvres du roi René, ed. Quatrebarbes, III, p. 194.

58. Charles d'Orléans, Poésies complètes, p. 68.

59. Charles d'Orléans, Poésies complètes, p. 88, ballade no. 19.

60. Charles d'Orléans, Poésies complètes, chanson no. 62.

61. [역주] 피에로: 이 이미지를 여기서 사용했다는 것은 하위징아가 현대 미술과 문학에도 조예가 깊었음을 보여 준다. 프랑스 무언극에서 나오는 광대인 피에로는 20세기 초 예술에서 자주 다루어지는 대상이었다. 가령 피카소의 그림과 시인 Albert Giraud의 『달빛 속의 피에로』라는 시편, 그리고 작곡가 쇤베르크가 이 시를 1912년에 음악으로 편곡한 것 등이 대표적이다. 알베르 지로의 시 속에 광대는 사랑에 빠져 몹시 괴로워한다.

62. Compare Alainn Chartier, p. 549: "Ou se le vent une fenestre boute/Dont il cuide que sa dame l'escoute/S'en va coucher joyeulx…."

63. Huitains 51, 53, 57, 167, 188, 192, ed. de Montaiglon (Soc. des anc. textes français), 1881.

64. Muscum of Leipzig, no. 509.

65. Journal d'un bourgeois, p. 96. D. C. Hesseling 교수는 내게 다음과 같은 사실을 알려 주었다. 정숙함 이외에 또 다른 이미지가 여기서 작동한다는 것이다. 즉, 죽은 사람들은 최후의 심판 때 수의를 입지 않고서는 나타나지 못한다. 교수는 또 내게 7세기의 그리스어 텍스트도 참고하라고 했다. Johannes Moschus, c. 78. Migne Patrol. graecam t. LXXX VII. p.2933 D. 이것은 서유럽의 개념과 상당히 유사하다. 반면에 다음의 사실을 유념해야 한다. 세밀화나 유화에서 죽은 사람의 부활 묘사가 나오면 그들은 언제나 알몸인 상태로 무덤에서 나왔다.

66. [역주] Bastard of Vauru. 1421-22년의 겨울에 프랑스의 모 시(市)는 잉글랜드의 헨리 5세로부터 포위 공격을 받고 있었다. 보뤼의 개자식은 모 시의 위수대원 중 한 명이었는데 사람들을 무자비하게 착취했다. 그는 사람들에게 보상금을 요구했고 돈을 내지 못하는 사람은 '보뤼의 나무'에 목매달아 죽였다. 문제의 여인은 임신 중이었는데(파리의 일기 작가에 의하면), '보뤼의 개자식'에 의해 나무에 목매달려 죽었다.

67. Juvenal des Ursins, 1418, p. 541; Journal d'un bourgeois, pp. 92, 172.

68. J. Veth and S. Muller, A. Dürers Niederländische Reise, Berlin-Utrecht, 1918, 2 Bde., I, p. 13.

69. Chastellain, III, p. 414.

70. Chron. scand., I, p. 27.

71. Molinet, V, p. 15.

72. Lefèbvre, Theatre de Lille, p. 54, in Doutrepont, p. 354.

73. Th. Godefroy, Le ceremonial tronçois, 1649, p. 617.

74. J. B. Houwaert, Declaratie van die triumphante Incompst van den··· Prince van Oraingnien etc.; t'Antwerpen, Plantijn, 1579, p. 39.

75. 연극적 재현이 그림에 영향을 미쳤다는 Emile Mâle의 주장은 이 경우 타당하다.

76. See P. Durrieu, Gazette des beaux arts, 1906, t. 35, p. 275.

77. Christine de Pisan, Epitre d'Othéa à Hector, Ms. 9392 de Jean Miélot, ed. J. van den Gheyn, Bruxelles 1913.

78. Ibid., Pls. 5, 8, 26, 24, 25.

79. Christine de Pisan, Epitre d'Othéa, pls. I and 3; Michel, Histoire de l'art, IV, 2, p. 603: Michel Colombe, Grabmonument aus der Kathedrale von Nantes, p. 616: figure of Temperantia on the grave monument of the Cardinal of Amboise in the Rouen Cathedral.

80. See my essay Uit de voorgeschiedenis van ons nationaal besef, De Gids, 1912, I.

81. Expositions sur vérité mal prise, Chastellain, VI, p. 249.

82. Le livre de paix, Chastellain, VII, p. 375.

83. Advertissement au duc Charles, Chastellain, VII, pp. 304ff.

84. Chastellain, VII, pp. 237ff.

85. Molinet, Le miroir de la mort, fragment in Chastellain, VI, p. 460.

86. Chastellain, VII, p. 419.

87. Deschamps, I, p. 170.

88. Le pastoralet, vs. 501, 7240, 5768.

89. 전원시와 정치의 뒤섞임에 대해서는 다음 자료 참조. Deschamps, III, p. 62, no. 344, p. 93, no. 359.

90. Molinet, Faictz et dictz, f. 1.

91. Molinet, Chronique, IV, p. 307.

92. In E. Langlois, Le roman de la rose (Soc. des anc. textes), 1914, I, p. 33.

93. Recueil de chansons etc. (Soc. des bibliophiles belges), III, p. 31.

94. La Borderie, Jean Meschinot etc., pp. 603, 632.

제14장 새로운 형식의 등장: 중세와 르네상스의 비교

1. Alma Le Duc, Gontier Col and the French Prerenaissance, 1919. 이 책을 나는 구하지 못했다.

2. N. De Clémanges, Opera, ed. Lydius, Lugd. Bat., 1613; Joh de Monasteriolo, Epistolae, Martene et Durand, Amplissima Collectio, II, col. 1310.

3. Montreuil, Epistolae 69, c. 1447, ep. 15, c. 1338.

4. Epistolae 59, c. 1426, ep. 58, c. 1423.

5. Epistolae 40, cols. 1388, 1396.

6. Epistolae 59, 67, cols. 1427, 1435.

7. Le livre du voir-dit, p. xviii.

8. See p. 76.

9. See p. 226.

10. Gerson, Opera, I, p. 922.

11. Epistolae 38, col. 1385.

12. Dion. Cart., t. XXXVII, p. 495.

13. Petrarca, Opera, ed. Basel, 1581, p. 847; Clémanges, Opera, Ep. 5, p. 24; J. de Montr., Ep. 50, col. 1428.

14. Chastellain, VII, pp. 75-143, see V, pp. 38-40, VI, p. 80; VIII, p. 358, Le livre des trahisons, p. 145.

15. Machaut, Le voir-dit, p. 230; Chastellain, VI, p. 194; La Marche, III, p. 166; Le pastoralet vs. 2806; Le Jouvencel, I, p. 16.

16. Le pastoralet, vs. 541, 4612.

17. Chastellain, III, pp. 173, 117, 359 etc.; Molinet, II, p. 207.

18. J. Germain, Liber de virtutibus Philippe ducis Burgundiae (Chron. rel. à l'hist. de Belg. sous la dom. des ducs de Bourg. III).

19. Chron. scand., II, p. 42.

20. Christine de Pisan, Oeuvres poétiques, I, no. 90, p. 90.

21. Deschamps, no. 285, II, p. 138.

22. Villon, ed. Lognon, p. 15, h. 36-39; Rabelais, Pantagruel, 1.2, chap. 6.

23. Chastellain, V, pp. 292ff.; La Marche, Parament et triumphe des dames, Prologue; Molinet, Faictz et dictz, Prologue, Molinet, Chronique, I, pp. 72, 10, 54.

24. Summaries by Kervyn de Lettenhove, Oeuvres de Chastellain, VII, 1. pp. 45-186; see P. Durrieu, Un barbier de nom français à Bruges, Académie des inscriptions et belles-lettres, Comptes rendus, 1917, pp. 542-58.

25. Chastellain, VII, p. 146.

26. Chastellain, VII, p. 180.

27. La Marche, I, pp. 15, 184-86; Molinet, I p. 14, III p. 99; Chastellain, VI: Exposition sur vérité mal prise, VII pp. 76, 29, 142, 422; Commines, I p. 3; see Doutrepont, p. 24.

28. Chastellain, VII, p. 159.

29. Ibid.

30. R. Gaguini, Ep. et Or., ed. Thuasne, I, p. 126; Allen, Erasmi Epistolae no. 43 I, p. 145.

31. R. Gaguini, ed. Thuasne, I, p. 20.

32. R. Gaguini, ed. Thuasne, I, p. 178, II, p. 509.

33. See F. von Bezold, Das Fortleben der antiker Götter im mittelalterlichen Humanismus, Bonn und Leipzig, 1922.

34. Deschamps, no. 63, I, p. 158.

35. Villon, Testament, vs. 899, ed. Longnon, p. 58.

36. Le pastoralet, vs. 2094.

37. Ibid., vs. 30, p. 574.

38. Molinet, V, p. 21.

39. Chastellain, Le dit de Vérité, VI, p. 221, see Exposition sur vérité mal prise, ibid., pp. 297, 310.

40. La Marche, II, p. 68.

41. Roman de la rose, vs. 20141.

Achéry, Luc d', *Spicilegium,* nova ed., Paris, 1723, III, p. 730: *Statuts de l'ordre de l'Etoile.*

Acquoy, J. G. R., *Het klooster van Windesheim en zijn involoed,* 3 vols., Utrecht, 1875-80.

Acta Sanctorum, see Colette, François de Paule, Pierre de Luxembourg, Pierre Thomas, Vincent Ferrer.

Ailly Pierre d', *De falsis prophetis,* in Gerson, Opera, I, p. 538; De *Reformatione,* ibid., II, p. 911; *Tractatus I adversus cancellarium Parisiensem,* ibid., I, p. 723.

Alain de la Roche = Alanus de Rupe, Beatus Alanus redivivus, ed. J. A. Coppenstein, Naples, 1642.

Amant rendu cordelier à l'observance d'amours; L', poème attribué à Martial d'Auvergne, published by A. de Montaiglon (Société des anciens textes français), 1881.

Anitchkoff, E., *L'esthétique au moyen âge,* Le Moyen Age, vol. XX (1918), p. 221.

Baisieux, Jacques de, *Des trois chevaliers et del chainse,* Scheler, Trouvères belges, vol. I, 1876.

Basin, Thomas, *De rebus gestis Caroli VII et Ludovici XI historiarum libri XII,* ed. Quicherat, Société de l'histoire de France, 4 vols., 1855-59.

Baude, Les vers de maître Henri, ed. Quicherat, Trésors des pièces rares ou inédites, 1856.

Beatis, Antonio de, *Die Reise des Kardinals Luigi d'Aragona,* ed., L. von Pastor,

Freiburg, 1905.

Becker, C. H., *Ubi sunt qui ante nos in mundo fuere, Islamstudien I*, 1924, p. 501.

Bertoni, G., *L'Orlando furioso e la rinacenza a Ferrara*, Modena, 1919.

Blois, Extraict de l'enqueste faite pour la canonization de Charles de, in André du Chesne, *Histoire de la maison de Chastillon sur Marne*, Paris, 1621, Preuves, p. 223.

Bonaventura, Saint, *Opera*, Paris, 1871.

Bonet, Honoré, *L'arbre des batailles*, Paris, Michel le Noir, 1515.

Boucicaut, Le livre des faicts du mareschal de, ed. Petitot, Collection de Mémoires, VI.

Bourquelot, F., *Les Vaudois du quinzième siècle*, Bibliothèque de l'Ecole des chartes, 2nd series, III, p. 109.

Burckhardt, J, *Die Kultur der Renaissance in Italien*, 10th ed., Leipzig, 1908.

————, *Weltgeschichtliche Betrachtungen*, Berlin-Stuttgart, 1905.

Byvanck, W. G. C., *Spécimen d'un essai critique sur les oeuvres de Villon*, Leyde, 1882.

————, *Un poète inconnu de la société François Villon*, Paris, 1891.

Carnahan, D. H., The *"Ad Deum vadit"* of Jean Gerson, University of Illinois studies in language and literature, 1917, III, no. 1.

Caroli ducis Burgundia, De laudibus, De Morte, etc., Chroniques relatives à l'histoire de la Belgique sous la domination des ducs de Bourgogne, ed. Kervyn de Lettenhove, vol. III, Brussels, 1873.

Cartellieri, O. *Geschichte der Herzöge von Burgund, I Philipp der Kühne*, Leipzg, 1910.

————, *Beiträge zur Geschichte der Herzöge von Burgund*, Sitzungsbericht der Heidelberger Akademie der Wissenschaften, 1911, etc.

Cent ballades, Le livre des, ed. G. Raynaud, Société des anciens textes français, 1905.

Cent nouvelles nouvelles, Les, ed. Th. Wright, Bibliothèque elzévirienne, 2 vols., Paris, 1857-58.

Campion, P, *Vie de Charles d'Orléans*, 1394-1465, Paris, 1911.

————, *François Villon, sa vie et son temps*, Bibliothèque du XVe siècle, 2 vols., Paris, 1912.

Chansons française du quinzième siècle, ed. G. Paris, Société des anciens textes français, 1875.

Charney, Geoffroy de, see Piaget.

Chartier, *Les oeuvres de maistre Alain*, ed. A. Du Chesne, Tourangeau, Paris, 1617.

Chartier, Jean, *Histoire de Charles VII*, ed. D. Godefroy, Paris, 1661.

Chastellain, Oeuvres de Georges, ed. Kervyn de Lettenhove, 8 vols., Brussels, 1863-66.
Especially Chronique, vols. I-V; Le miroir des nobles hommes en France, Le dit de
vérité, Exposition sur vérité mal prise, La mort du roy Charles VII, vol. VI; L'entré
du roy Loys en nouveau règne, Advertissement au duc Charles, Le livre de la paix,
Recollection des merveilles, La temple de Bocace, Le douze Dames de rhétorique,
Le lyon rampant, Les hauts faits du duc de Bourgogne, La mort du duc Philippe,
vol. VII.

Chesne, André du, *Histoire de la maison de Chastillon sur Marne*, Paris, 1621.

Chmelarz, E., *König René der Gute und die Handschrift seines Romanes "Cuer d'amours
espris" in der K. K. Hofbibliothek*, Jahrbuch de Kunsthist. Sammlungen des allerh
Kaiserhauses, XI, Vienna, 1890.

Chopinel, Jean. See *Roman de la rose.*

Chronique de Berne, ed. H. Moranvillé, Société de l'histoire de France, 3 vols.
1891-97.

Chronique scandaleuse. See Roye.

Clémanges, Nicolas de, *Opera*, ed. Lydius, Leyden, 1613.

Chercq, Jacques du, *Mémoires (1448-1467)*, ed. de Reiffenberg, 4 vols. Brussels, 1823.

Clopinel, Jean. *See Roman* de la rose.

Colette, Sainte, *Acta Sanctorum Martii*, vol. I, 532-623.

Commines, Philippe de, *Mémoires*, ed. B. de Mandrot, Collection de textes pour servir
à enseignement de l'histoire, 2 vols., 1901-3.

Complainte du povre commun et des povres laboureurs de France, La, in Monstrelet,
Chronique, vol. VI, p. 176.

Coopland, G. W., *The Tree of Battles and Some of Its sources*, Revue d'histoire du droit,
V, 173, Haarlem, 1923.

Coquillart, G., *Oeuvres*, ed. Ch. d'Héricault, Bibliothèque elzévirienne, 2 vols., 1857.

Couderc, C., *Les comptes d'un grand couturier parisien au XVe siècle*, Bulletin de la
société de l'histoire de Paris, vol. XXXVIII (1911), p. 118.

Coville, A, *Les premiers Valois et la guerre de cent ans*, 1328-1422, in Lavisse, Histoire de France, vol. IV, 1.

————, *Le véritable texte de la justification du duc de Bourgogne par Jean Petit*, Bibliothèque de l'Ecole des chartes, 1911, p. 57.

Débat des hérauts d'armes de France et d'Angleterre, Le, ed. L. Pannier and P. Meyer, Société des anciens textes français, 1887.

Denifle, H, *La désolation des églises, etc. en France*, 2 vols, Paris, 1897-99.

————, and Chatelain, Aemilio, *Chartularium universitatis Parisiensis*, 4+2 vols., Paris, 1889-97.

Déprez, E, *La Bataille de Najera, 3 avril 1367*, Revue historique, vol. CXXXVI (1921), p. 37.

Deschamps, Eustache, Oeuvres complètes, ed. De Queux de Saint Hilaire et G. Raynaud, Société des anciens textes français, 11 vols., 1878-1903.

Dionysius Cartusianus (or of Ryckel), *Opera omnia, cura et labore monachorum sacr. ord. Cart.*, 41 vols. Montreuil and Tournay, 1896-1913. Especially Dialogion de fide catholica, vol. 18; De quotidiano baptismate lacrimarum, vol. 29; De munificentia et beneficiis Dei, vol. 34; De laudibus sanctae et individuae trinitatis, de passione domini salvatoris dialogus, vol. 35; De mutua cognitione, De modo agendi processiones, Contra vitia superstitionum quibus circa cultum veri Dei erratur, vol. 36; De vita et regimine episcoporum, nobilium, etc., etc., vol. 37ff.; Inter Jesum et puerum dialogus, vol. 38; Directorium vitae nobilium, vol. 37; De vitiis et virtutibus, vol. 39; De contemplatione, De quattuor hominum novissimis, vol. 41.

Dixmude, Jan van, *Chronike*, ed. J. J. Lambin, Ypres, 1839.

Douet, d'Arcq, *Choix de pièces inédites relatives au règne de Charles VI*, Société de l'histoire de France, 2 vols., 1863.

Doutrepont, G., *La littérature française à la cour des ducs de Bourgogne*, Bibliothèque du XVe siècle, Paris, 1909.

Durand-Gréville, E., *Hubert et Jean Van Eyck*, Bruxelles, 1910.

Durrieu, P., *Les très-riches heures de Jean de France, duc de Berry*, Paris, 1904.

————, *Les belles heures du duc de Berry*, Gazette des beaux arts, 1906, vol. XXXV, p. 283.

—————, *Un bahier de nom français à Bruges*, Comptes rendus de l'Académie des inscriptions et belles-lettres, 1917, p. 542.

—————, *La miniature flamande au temps de la cour de Bourgogne* (1450-1530), Brussels, 1921.

Eckhart, Meister, *Predigten*, ed. F. Pfeiffer, in *Deutsche Mystiker des XIV Jahrhunderts*, 2 vols., Leipzig, 1957.

Elisabeth, Saint of Hungary, Report on an Autopsy of the body of, by bishop Konrad of Hildesheim and abbot Hermann of Georgenthal, Historisches Jahrbuch der Görresgesellschaft, vol. XXVIII, p. 887.

Erasmus, Desiderius, *Opera omnia*, ed. J. Clericus, 10 vols., Leyden, 1703-6.

—————, *Ratio seu methodus compendio perveniendi ad veram theologiam*, ed. Basileae, 1520.

—————, *Opus epistolarum... denuo recognitum et auctum*, P. S. and H. M. Allen, 5 vols., Oxford 1906-24 (-1524).

—————, *Colloquia*, ed. Elzevier, 1636.

Escouchy, Mathieu d', *Chronique*, ed. G. du Fresne de Beaucourt, Société de l'histoire de France, 3 vols., 1863-64.

Estienne, Henri, *Apologie pour Hérodote*, ed. Ristelhuber, 2 vols., 1879.

Facius, Bartolomæus, *De Viris illustribus liber*, ed. L. Mehus, Florence, 1745.

Fenin, Pierre de, *Mémoires*, Petitot, Collection de Mémoires, VII.

Ferrer, see Vincent.

Fierens, Gevaert, *La renaissance septentrinale et les premiers maîtres des Flandres*, Brussels, 1905.

Fillastre, Guillaume, *Le premier et le second volume de la toison d'or*, Paris, Franc. Regnault, 1515-16.

François de Paule, Saint, *Acta sanctorum Aprilis*, vol. I, pp. 103-234.

Fredericq, P., *Codex documentorum sacratissimarum Indulgentiarum Neerlandicarum*, Rijks geschiedkundige Publicatiën (small series), no. 21, The Hague, 1922.

Fresne de Beaucourt, G. du, *Histoire de Charles VII*, 6 vols., Paris, 1881-91.

Froissart, Jean, Chroniques, ed. S. Luce et G. Raynaud, Société de l'histoire de France, 11 vols., 1869-99 (-1385).

——————, *Chroniques*, ed. Kervyn de Lettenhove, 29 vols., Brussels, 1867-77.

——————, *Poésies*, ed. A. Scheler, Académie royale de Belgique, 3 vols., 1870-72.

—————, *Meliador*, ed. A Longnon, Société des anciens textes français, 3 vols., 1895-99.

Gaguin, Robert, *Epistolae et orationes*, ed. L.Thuasne, Bibliothèque littéraire de la Renaissance, 2 vols., Paris, 1903.

——————, *Compendium super Francorum gestis*, Paris, 1500.

Gartia Dei, Oratio Antonii, ed. Kervyn de Lettenhove, *Chron. rel. à l'hist. de la Belgique sous la dom. des ducs de Bourgogne*, vol. III.

Geoffroi, de Paris, *Chronique*, ed. De Wailly et Delisle, Bouquet, Recueil des historiens, vol. XXII.

Germain, Jean, *Liber de virtutibus Philippi ducis Burgundiae*, ed. Kevyn de Lettenhove, *Chron. rel. à l'hist. de la Belgique sous la dom. des ducs de Bourgogne*, vol. II.

Gersn, Jean, *Opera omnia*, ed. L. Ellies du Pin, 2nd ed., Hagae Comitis, 1728, 5 vols. Especially vol. I, De examinatione doctrinarum, De probatione spirituum, De distinctione vera visionum a falsis, Epistola super librum Joh. Ruysbroeck, etc., Ep. contra libellum Jh. de Schonhavia, id. contra defensionem Joh. de Schonahavia, Contra vanam curiositatem, De libris caute legendis, De consolatione theologiae, Contra superstitionem praesertim Innocentum, De erroribus circa artem magicam, Compendium theologiae, De decem praeceptis, De praeceptis decaolgi, De susceptione humanitatis Christi, De falsis prophetis; vol. II, De nuptis Christi et ecclesiae, Expostulatio adv. eos qui publice volunt dogmatizare, etc., Contra impugnantes ordinem Carthusiensium; vol. III, Liber de vita spirituali animae, Regulae morales, De passionibus animae, Centilogium de impulsibus, Contra foedam tentationem blasphemiae, de parvulus ad Christum trahendis, Expostulatio adversus corruptionem juventutis per lascivas imagines, Discours de l'excellence de virginité, Oratio ad bonum angelum suum, De monte contemplationis, De vita imitativa, Considérations sur Saint Joseph, De triplici theologia, Considérations sur le péché de blasphème, Contra gulam sermo, Sermo contra luxuriem, Sermo de nativitate Domini, Sermo de natalitate b. Mariae Virginis, Sermones in die S. Ludovici, Sermo de Angelis, Sermones de defunctis, Sermo de S. Nicolao; vol. IV, Meditatio super VIImo psalmo poenitentiali, Tractatus super Magnificat, Querela nomine Universitatis, Sermo coram rege Franciae, Oratio ad regem Franciae, Josephina.

Godefroy, Th., *Le cérémonial françois*, 2 vols., Paris, 1649.

Grandes chroniques de France, Les, ed. Paulin Paris, 6 vols., Paris, 1836-38.

Hanotaux, G., *Jeanne d'Arc*, Paris, 1911.

Hefele, K., *Der heilige Bernhardin von Siena und die franziskanische Wanderpredigt in Italien*, Freiburg, 1912.

Hintzen, J. D., *De kruistochtplannen van Philips den Goede*, Rotterdam, 1918.

Histoire littéraire de la France, XIVe siècle, vol. XXIV, 1862.

Hoepffner, E., *Frage-und Antwortspiele in der französischen Literatur des 14 Jahrhunderts*, Zeitschrift für romanische Philogogie, vol. XXXIII, 1909.

Hospinianus, R., *De templis, hoc est de origine, progressu, usu et abusu templorum, etc.*, 2nd ed., Zürich, 1603.

Houwaert, J. B., *Declaratie van die triumphante incompst van den Prince van Oraingnien, etc.*, Antwerp, Plantijn, 1579.

Huet, G., *Notes d'histoire littéraire III*, in Le Moyen Age, vol. XX, 1918.

Huizinga, J., *Uit de voorgeschiedenis van ons nationaal besef*, De Gids, 1912, vol. III.

—————, *Renaissancestudiën I: Het probleem*, De Gids, 1920, vol. IV.

James, W., *The Varieties of Religious Experience*, London, 1903.

Jorga, N., *Philippe de Mézières et la croisade au XIVe siècle*, Bibliothèque de l'Ecole des hautes études, Fasc. CX, 1896.

Jouffroy, Jean, *De Philippo duce oratio*, ed. Kervyn de Lettenhove, *Chron. rel, à l'hist. de la Belgique sous la dom. des ducs de Bourgogne*, vol. III.

Journal d'un bourgeois de Paris, 1405-1449, ed. A. Tuetey, publications de la Société de l'histoire de Paris, doc. no. III, 1881.

Jouvencel, Le, ed. C. Favre et L. Lecestre, Société de l'histoire de France, 2 vols., 1887-92.

Juvenal des Ursins, Jean, *Chronique*, ed Michaud et Poujoulat, Nouvelle collection des mémoires, II.

Kempis, Thomas à, *Opera omnia*, ed. M. J. Pohl, 7 vols., Freiburg, 1902-10.

Kleinclauz, A., *Histoire de Bourgogne*, Paris, 1909.

—————, *L'art funéraire de la Bourgogne à moyen âge*, Gazette des beaux arts, vol.

XXXVII, 1902.

————, *Un atelier de sculpture au XVe siècle*, Gazette des beaux arts, vol. XXIX, 1903.

Krogh-Tonning, K., *Der letzte scholastiker, Eine Apologie*, Freiburg, 1904.

Kurth, Betty, *Die Blütezit der Bildwirkerkunst zu Tournay und der burgundische Hof*, Jahrbuch der Kunstsammlungen des Kaiserhauses, XXXIV, 1917.

Laborde, L. de, *Les ducs de Bourgogne, Etudes sur les lettres, les arts et l'industrie pendant le XVe siècle*, 3 vols., Paris, 1849-53.

La Curne de Sainte Palaye, J. B., *Mémoires sur l'ancienne chevalerie*, 1781.

Lalaing, *Le livre des faits du bon chevalier messire Jacques de*, ed. Kervyn de Lettenhove, *Oeuvres de Chastellain*, vol. VIII.

La Marche, Olivier de, *Mémoires*, ed. Beaune et d'Arbaumont, Société de l'histoire de France, 4 vols., 1883-88.

————, *Estat de la maison de duc Charles de Bourgogne*, ibid., vol. IV.

————, *Rationarium aulae et imperii Caroli Audacis ducis Burgundiae*, ed. A. Matthæus Analecta, I, pp. 357-494 (Middle Dutch translation of the preceding work).

————, *Le parement et triumphe des dames*, Paris, Michel le Noir, 1520.

Langlois, E., *Anciens proverbes français*, Bibliothèque de l'Ecole des chartes, vol. LX (1899), p. 569.

————, *Recueil d'arts de seconde rhétorique*, Documents inédites sur l'histoire de France, Paris, 1902.

Lannoy, Ghillebert de, Oeuvres, ed. Ch. Potvin, Louvain, 1878.

La Roche, see Alain.

La Salle, Antoine de la, *La Salade*, Paris, Michel le Noir, 1521.

————, *L'histoire et plaisante cronicque de Jehan de Saintree*, ed. G. Helleny, Paris, 1890.

————, *Le reconfort de Madame du Fresne*, ed. J. Nève, Paris, 1903.

La Tour Landry, Le livre du chevalier de, ed. A. de Montaiglon, Bibliothèque elzévirienne, Paris, 1854.

Lefèvre de Saint Remy, Jean, *Chronique*, ed. F. Morand, Société de l'histoire de France, 2 vols., 1876.

Leroux, de Lincy, A., *Le livre des proverbes français*, 2nd ed., 2 vols., Paris, 1859.

Liber Karoleidos, ed. Kervyn de Lettenhove, Chron, rel. à l'hist. de la Belgique sous la *dom. des ducs de Bourgogne*, vol. III.

Livre des trahisons, Le, ed. id., ibid., vol. II.

Loër, Theodericus, *Vita Dionysii Cartusiani*, in Dionysii, Opera, I, p. xlii.

Lorris, Guillaume de, see *Roman de la rose*.

Louis XI, lettres de, ed. Vaesen, Charavay, de Mandrot, Société de l'histoire de France, 11 vols., 1883-1909.

Luce, S., *La France pendant la guerre de cent ans*, Paris, 1890.

Luther, Martin, *De captivate babylonica ecclesiae praeludium*, Werke, Weimar edition, vol. VI.

Luxembourg, see Pierre.

Machaut, Guillaume de, *Le livre du voir-dit*, ed. Paulin Paris, Société des bibliophiles françois, 1875.

————, *Oeuvres*, ed E. Hoepffner, Société des anciens textes français, 2 vols., 1908-11.

————, Poésies lyriques, ed. V. Chichmaref, Zapiski istoritcheski fil. fakulteta imp. S. Peterb. univers., vol. XCII, 1909.

Magnien, Ch., *Caxton à la cour de Charles le Téméraire*, Annuaire de la Société d'archéologie de Bruxelles, vol. XXIII, 1912.

Maillard, Olivier, *Sermones dominicales*, etc., Paris, Jean Petit, 1515.

Mâle, E., *L'art religieux du treizième siècle en France*, Paris, 1902.

————, *L'art religieux à la fin du moyen-âge en France*, Paris, 1908.

Mangeart, J., *Catalog des manuscrits de la bibliothèque de Valenciennes*, 1860.

Martial (d'Auvergne), *Les Poésies de Martial de Paris dit d'Auvergne*, 2 vols, Paris, 1724. See Amant rendu…

Meschinot, Jean, sa vie et ses ouvres, par A. de la Borderie, Bibliothèque de l'Ecole des chartes, vol. LVI, 1895.

Meyer, P., *Les neuf preux*, Bullentin de la Société des ancines textes français, 1883, p. 45.

Michault, Pierre, *La dance aux aveugles et autres Poésies du XVe siècle*, Lille, 1748.

Michel, André, *Histoire de l'art*, vols. III and IV, Paris, 1907, etc.

Molinet, Jean, *Chronique*, ed. J. Buchon, Collection de chroniques nationales, 5 vols., 1827-28.

————, *Les faicts ed dictz de messire Jehan*, Paris, Jehan Petit, 1537.

Molinier, A., *Les sources de l'histoire de France, des origines aux guerres d'Italie* (1494), 6 vol.s, Paris, 1901-6.

Moll, W. *Kerkgeschiedinis van Nederland vóór de hervorming*, 5 parts, Utrecht, 1864-69.

————, *Johannes Brugman en het godsdienstig leven onzer vaderen in de vijftien eeuw*, 2 vols., Amsterdam, 1854.

Monstrelet, Enguerrand de, Chronique, ed. Douet d'Arcq, Société de l'histoire de France, 6 vols., 1857-62.

Montreuil, Jean de, *Epistolae*, ed. Martène et Durand, Amplissima collectio, II col., 1398.

Mougel, D. A., *Denys le Chartreux, sa vie, etc.*, Montreuil, 1896.

Nys, E. *Le droit de guerre et les précurseurs de Grotius*, Brussels and Leipzig, 1882.

————, *Etudes de droit international et de droit politique*, Brussels and Paris, 1896.

Ordonnances des rois de France, Paris, 1723-77.

Orléan, Charles d', *Poésies complètes*, 2 vols., Paris, 1874.

Oulmont, Ch., *Le verger, le temple et la cellule, Essai sur la sensualité dans les oeuvres de mystique religieuse*, Paris, 1912.

Pannier, L., *Les joyaux du duc de Guyenne, recherches sur les goûts artistiques et la vie privée du dauphin Louis, Revue archéologique*, 1873.

Pastoralet, Le, ed. Kervyn de Lettenhove, *Chron. rel. à l'hist. de la Belgique sous la dom. des ducs de Bourgogne*, vol. II.

Pauli, Theodericus, *De rebus actis sub ducibus Burgundiae compendium*, ed. id., ibid., vol. III.

Petit Dutaillis, Ch., *Charles VII, Louis XI et les premières années de Charles VIII (1422-1492)*, in Lavisse, Histoire de France, vol. IV, part 2.

————, *Documents nouveaux sur les moeurs populaires et le droit de vengeance dans les Pays-bas au XVe siècle*, Bibliothèque de XVe siècle, Paris, 1908.

Petrarca, Francesco, *Opera*, Basle edition, 1581.

Piaget, A., *Oton de Granson et ses Poésies*, Romania, vol. XIX, 1890.

————, *Chronologie des épistres sur le Roman de la rose*, Etudes romanes dédiées à Gaston Paris, 1891, p. 113.

————, *La cour amoureuse dite de Charles VI*, Romania, vol. XX, 1891; XXI, 1892.

————, *La livre messire Geoffroy de Charney*, Romania, vol. XXVI, 1897.

————, *Le chapel des fleurs de lis, par Philippe de Vitri*, Romania, vol. XXVII, 1898.

Pierre de Luxembourg, the Blessed, *Acta sanctorum Julii*, vol. I, pp. 509-628.

Pierre Thomas, Carmelite Saint, *Acta sanctorum Januarii*, vol. II (his life by Philippe de Mézières).

Pirenne, H., *Histoire de Belgique*, 5 vols., Brussels, 1902-21.

Pisan, Christine de, *Oeuvres poétiques*, ed. M. Roy, Société des anciens textes français, 3 vols., 1886-96.

————, *Epitre d'Othéa à Hector*, Manuscrit 9392, de Jean Miélot, ed. J. van den Gheyn, Brussels, 1913.

Poésies françoise des XVe et XVIe siècle, Recueil de, ed. A. de Montaiglon, Bibliothèque elzévirienne, Paris, 1856.

Polydorus Vergilius, *Anglicae historiae libri XXVI*, Basle, 1546.

Pool, J. C., *Frederik van Heilo en zijne schriften*, Amsterdam, 1866.

Portiers, Aliénor de, *Les honneurs de la cour*, ed. La Curne de Sainte Palaye, *Mémoires sur l'ancienne chevalerie*, 1781, II.

Quinze joys de mariage, Les, Paris, Marpon et Flammarion, no date.

Ramsay, J. H., *Lancaster and York*, 1399-1485, 2 vols., Oxford, 1892.

Raynaldus, *Annales ecclesiastici*, vol. III (= Baronius, vol. XXII).

Raynaud, G., *Rondeaux, etc. du XVe siècle*, Société des ancines textes français, 1889.

Religieux de Saint Denis, Chronique du, ed. Bellaguet, Collection des documents inédits, 6 vols., 1839-52.

Renaudet, A., *Préréforme et humanisme à Paris*, 1494-1517, Paris, 1916.

René, Oeuvres du roi, ed. Quatrebabes, 4 vols., Angers, 1845.

Roman de la rose, Le, ed. M. Méon, 4 vols., Paris, 1814.

————, ed. F. Michel, 2 vols., Paris, 1864.

————, ed. E. Langlois, Société des anciens textes français, 1914, I.

Rousselot, P., *Pour l'histoire du problème de l'amour*, Beiträge zur Geschichte der Philosophie im Mittelalter, ed. Bäumker and von Hertling, vol. VI, 1908.

Roye, Jean de, *Journal dite Chronique scandaleuse*, ed. B. de Mandrot, Société de l'histoire de France, 2 vols., 1895-96.

Rozmital, Leo von, *Reise durch die Abendlände*, 1465-1467, ed. Schmeller, Bibliothek des literarischen Verizn zu Stuttgart, vol. VII, 1844.

Ruelens, Ch., *Recueil de chansons, poèmes, etc. relatifs aux Pays-Bas*, 1878.

Ruusbroec, Johannes, Werken, ed. David and Snellaert, Maetschappij der Vlaemsche bibliophilen, 1860-68. Especially II, Die chierheit de gheesteleker brulocht, Spieghel de ewigher salicheit; IV, Van seven trappen in den graet der gheestelicker minnen, Boec van der hoechster waerheit, Dat boec van seven sloten, Dat boec van den rike der ghelieven.

Ruysbroeck l'Admirable, Oeuvres de, Translation from the Flemish by the Bénédictines de Saint Paul de Wisques, vols. I-III, Brussels and Paris, 1917-20.

Salmon, Pierre le Fruictier dit, *Mémoires*, ed. Buchon, Collection de chroniques nationales 3e supplément de Froissart, vol. XV.

Schäfer, D. *Mittlealterliche Brauch bei der Ueberführung von Leichen*, Sitzungsberichte der preussichen Akademie der Wissenschaften, 1920, p. 478.

Schmidt, C., *Der Prediger Olivier Maillard*, Zeitschrift für historische Theologie, 1856.

Seuse, Heinrich (Suso), *Deutsche Schriften*, ed. K. Bihlmeyer, Stuttgart, 1907.

Sicard, *Mitrale sive de officiis ecclesiaticis summa*, Migne, Patr. lat., vol. CCXIII.

Stavelot, Jean de, *Chronique*, ed. Borgnet, Collection des chroniques belges, Brussels, 1861.

Stein, H., *Etude sur Olivier de la Marche*, Mémoires couronnés de l'Academie royale de Belgique, vol. XLIX, 1888.

Tauler, Johannes, *Predigten*, in Vetter, Deutsche Texte des Mittelalters, vol. XI, Berlin, 1910.

Thomas Aquinas, Saint, *Historia translationis corporis sanctissimi ecclesiæ doctoris divi Th. de Aq.* 1368, auct. fr. Raymundo Hugonis O. P., Acta sanctorum Martii, vol. I, p. 725.

Thomas, see Pierre.

Trahison, see Livre des.

Upton, Nicolas, *De officio militari*, ed. E. Bysshe, London, 1654.

Valois, Noël, *La France et le grand schisme d'occident*, 4 vols., Paris, 1896-1902.

Varennes, Jean de, *Responsiones ad capitula accusationum*, etc., in Gerson, Opera, I, pp.

708

906-43.

Vigneulles, Philippe de, *Mémoires*, ed. H. Michelant, Bibliothek des lit. Verins zu Stuttgart, vol. XXIV, 1852.

Villon, François, *Oeuvres*, ed. A. Longnon, Les classiques français du moyen âge, vol. II, Paris, 1914.

Vincent Ferrer, Saint, *Vita*, auct. Petro Ranzano O. P., 1455, Acta sanctorum Aprilis, vol. I, pp. 82-512.

————, *Sermones quadragesimales*, Cologne, 1482.

Vitri, Philippe de, *Le chapel des fleurs de lis*, ed. A. Piaget, Romania, vol. XXVII, 1898.

Voeux du héron, Les, ed. Société des bibliophiles de Mons, no. 8, 1839.

Walsingham, Thomas, *Historia Anglicana*, ed. H. T. Riley, in *Rer brit, medii aevi scriptores* (Rolls series), 3 vols., London, 1864.

Weale, W. H. J., *Hubert and John van Eyck, their Life and Work*, London and New York, 1908.

Wielant, Philippe, *Antiquites de Flandre*, ed. De Smet, Corpus chronicorum Flandriae, vol. IV.

Wright, Th., *The Anglo-Latin Satirical Poets and Epigrammatists of the Twelfth Century*, in *Rerum britannicarum medii aevi scriptores* (Rolls series), 2 vols., London, 1872.

Zöckler, O., *Dionys des Kartäusers Schrift De venustate mundi, Beitag zur vorgeschichte der Asthetick*, Theologische Studien und Kritiken, 1881.

용어·인명 풀이

가짜 디오니시우스 Pseudo-Dionysius 6세기에 집필된 기독교 전례와 신비주의를 논한 그리스어 논문 4편의 저자. 이 저자는 논문들이 실제로는 아레오파고스 의회의 의원이었던 디오니시우스의 저작이라고 말하고 있다. 아레오파고스의 디오니시우스는 신약성경 사도행전 17장 34절에 나오는데, 사도 바울의 설교를 듣고서 세례를 받아 기독교로 개종한 사람이다. 그러나 이런 얘기는 논문의 신비주의를 높이기 위해서 저자가 만들어낸 허구라고 여겨지며, 이 때문에 저자에게 가짜 디오니시우스라는 이름이 붙었다. 개념이나 용어에 있어서 신플라톤주의의 특징을 강하게 보이는 이 논문들은, 우주와 우주 속에 들어 있는 모든 존재에 대하여 아주 상징적이고 신비적인 해설을 제시한다. 이 논문들은 9세기에 라틴어로 번역되었고 서유럽 신비주의의 발전에 지대한 영향을 미쳤다.

겐트 Ghent 혹은 Gent, Gand 플랑드르의 주요 도시들 중 하나로 리스 강 연안에 있다. 13세기에 이르러 플랑드르 백작이 이 도시의 영주가 되었고 유럽의 주요 섬유 중심지로 성장했다. 이 도시에 있던 4대 직인조합은 주로 직조공으로 구성되었는데, 도시의 정책 수립을 둘러싸고 플랑드르 백작과 대립했다. 아르테벨데 부자의 지도 아래 이 도시는 백년전쟁 동안 일관되게 잉글랜드를 지지했다. 왜냐하면 잉글랜드에서 양모를 대규모로 수입할 수 있어야 모직 산업을 주로 하는 겐트가 번성할 수 있었기 때문이다. 당시 잉글랜드 양모로 만드는 겐트 모직은 고급 제품으로 유럽 전역에서 인기가 있었다. 1384년 선량공 필립은 이 도시의 반란을 제압한 후, 도시가 누렸던 자율적 특혜들을 대폭 축소했다. 1485년 샤를 대담공의 딸 마리와 결혼한 막시밀리안 대공이 이 도시의 영주가 되었다.

교회와 국가 church and state　중세 사회를 지배한 두 기관이고 그 시대의 정신적, 물질적 발전을 주도했다. 교회는 왕을 축성하면서 그의 안녕과 국가의 부강을 빌었고, 왕과 국가는 성직자들을 보호하면서 이단을 퍼트리는 자들을 벌주었다. 그러나 정신적 영역과 물질적 영역의 구분이 명확하지 않은 경우에, 두 기관은 종종 갈등을 빚었다.

콘스탄티누스 대제가 325년에 기독교를 로마제국의 국교로 공인한 이후, 로마 황제들은 민간 분야든 정신 분야든 황제의 권위가 최종적인 것이라는 입장을 취해 왔다. 그러다가 밀라노의 대주교 성 암브로시우스(340-397)가 정신적인 문제에 대해서 교회의 우위권을 주장하고 나섰다. 이런 주장은 당시의 황제인 테오도시우스가 독실한 정통파 신자였기 때문에 가능한 것이었다. 그 후 황제들은 이런 주장을 수용하지 않았으며, 로마제국 멸망 이후 샤를마뉴 대제 시대(재위 768-814)에는 다시 왕권이 교권을 압도하게 되었다.

두 기관 사이에 다시 갈등이 벌어지게 된 것은 교황 그레고리 7세(재위 1073-85) 때였다. 이 때 교황은 주교 서임의 문제로 하인리히 4세와 갈등을 벌였다. 교회는 주교의 선임권이 교회에 있다고 주장했고 국왕은 국가 내에서 벌어지는 모든 인사권은 왕에게 귀속된다고 주장했다. 1122년 보름스에서 양측은 타협을 했는데, 주교 선임은 교회가 하되, 그 선임된 인물은 국왕이 수용 가능한 사람이어야 한다는 것이었다.

이렇게 하여 점점 커지던 왕권은 14세기 초에 다시 교회와 갈등을 빚었다. 당시 교황 보니파키우스 8세(1294-1303)는 잉글랜드의 에드워드 1세와 프랑스의 필립 4세가 교회 재산에 대하여 세금을 매기려 하자 반발하고 나섰다. 교황은 왕들의 뜻을 꺾지 못했고 그 후 아나니에서 쓸쓸하게 죽었다. 이 사건은 지난 1천 년 동안 있었던 교회와 국가의 갈등이 국가의 일방적 승리로 끝났음을 보여 주는 것이다. 1300년 이후에 두 기관 사이에서는 더 이상 갈등이 없었다. 중세가 끝나갈 무렵 유럽의 대부분 왕들은 교회에 대한 국가의 우위 상태를 만족스럽게 여기며 갈등을 일으키지 않으려 했다. 중세 후기에 교회의 개혁을 가로막은 최대의 장애물은 국가가 교회의 문제에 너무나 막강한 발언권을 갖고 있다는 사실이었다.

중세의 교회와 국가관은 토마스 아퀴나스에 의해 잘 정의되었다. 아퀴나스 이전의 신학자들은 인간이 죄에 빠졌기 때문에 국가가 존재하게 되었다고 보았다. 국가, 즉 군주의 강제적인 권력은 죄에 대한 교정 수단이자 형벌로서, 하느님이 인간 사회에 부과하신 것으로 생각되었다. 그러나 아퀴나스는 국가가 인간의 본성에 합치되는 것이라고 주장했다. 인간의 사회에는 공통된 이해관계가 나타나게 마련인데 그것을 보호해

주는 공인된 권위가 국가라는 것이다. 인생의 목표가 현세에서 행복한 삶을 꾸리는 것이 전부라면 국가만으로 그런 욕구를 충족시킬 수 있을 것이다. 그러나 인간은 내세에서 하느님과 함께 살아야 하는 초자연적인 운명도 지니고 있으므로 이 목적을 달성하기 위해서는 교회가 반드시 필요하다고 아퀴나스는 주장했다.

궁정 연애 Minne 11세기부터 13세기까지 트루바도르(음유시인)가 노래했던 남녀의 사랑. 사랑의 구체적 내용에 대해서는 논쟁이 분분하다. 학자들은 봉신이 영주의 아내에게 품는 사랑에서부터 성취를 추구하는 육체적 사랑까지 다양하다고 본다. 궁정 연애에는 남편이 아내에 대해 갖고 있는 사랑은 포함되지 않는다. 트루바도르의 판단에 따르면 사랑은 모든 미덕과 고상함의 원천이다. 궁정 연애를 노래한 시는 프로방스에서 시작되어 유럽 전역에 퍼졌다. 논쟁, 새벽의 노래, 기사와 목녀의 사랑을 노래한 전원시 등 다양한 형식이 있었다.

그리스도를 본받아 Imitatio Christi 통상적으로 토마스 아 켐피스가 썼다고 인정되는 예배서이며 데보티오 모데르나에서 나온 책자들 중에서 가장 널리 알려졌다. 이것은 신비주의적인 책은 아니고 그리스도 같은 삶을 추구하는 일반인들을 상대로 아주 간단명료한 언어로 생활의 지침을 가르쳐주는 책이다. 가장 중요한 가르침은 이런 것이다. 물질적 축복은 천국으로 가는 약속에 비하면 아무것도 아니며, 이런 비물질적 확신을 갖고 있을 때에만 마음의 평화가 찾아온다.

기사도 Chivalry 봉건제에서 유래한 윤리적 이상의 체계로서, 12세기와 13세기에 가장 크게 발달했다. 기사도 윤리는 프랑스와 스페인에서 생겨나 유럽 전역과 잉글랜드로 퍼져나갔다. 기사도는 기독교적 도덕과 군사적 도덕이 융합된 것으로서 신사다운 행동의 근간이 된다. 귀족의 자제는 7세에 다른 귀족의 성으로 가서 시동이 되고, 14세에는 수사가 되어 기사를 섬기면서 말타기와 군사 기술을 익히며, 21세에는 그 자신이 기사가 된다.

기사도의 주된 미덕은 경건, 명예, 용기, 정중, 순결, 충성이다. 기사의 충성심은 3중 구조인데 첫째 영혼의 주인인 하느님에게 절대 복종하고, 둘째 세속의 주인인 영주에게 절대 복종하며 마지막으로 마음의 주인인 여자 애인에게 절대 복종하는 것이다. 애인에 대한 사랑은 정신적인 것이며 처녀나 유부녀가 기사도적 사랑의 대상이 될 수 있었다. 성모 마리아 컬트가 도래하면서 귀족 여인을 성모 마리아처럼 숭상하는 풍조가 극에 달하게 되었다.

기사도 정신의 군사적 측면은 십자군 운동에 의해 크게 진작되었다. 수도원적 형태의 기사단인 신전 기사단과 병원 기사단은 기독교적 이상을 신봉하는 군인들을 만들어냈다. 전장 이외에 토너먼트(마상 창 시합)가 기사도적 이상을 입증하는 주 무대가 되었다. 프랑스와 플랑드르의 사랑의 궁정에서는 기사도의 행동 수칙이 널리 준수되었다. 그러나 중세 후기에 들어오면서 기사도 정신은 부패하기 시작했다. 궁정의 사랑은 간통으로 이어졌고 경건한 전투는 야만적 싸움으로 변질되었다. 15세기에 들어와 기사도 정신의 외양은 많이 퇴락했고 부르고뉴의 필립 선량공은 기사들의 충성심을 진작하기 위하여 '황금양털 기사단' 같은 조직을 인위적으로 설립했다.(1423) 중세의 기사도 정신을 다룬 대표작으로는 『롤랑의 노래』(1098), 『가웨인 경과 녹색 기사』(14세기 후반), 『장미 이야기』(1225) 등이 있다.

니코폴리스 Nicopolis 도나우 강 하류에 있는 지역으로 1396년 9월 25일, 여기서 유럽 연합군과 투르크 군대 사이에 전투가 벌어졌다. 느베르의 장(후일의 무외공 장)이 이끄는 유럽 연합군은 술탄 바예지드의 군대와 조우했다. 유럽군은 용감하게 싸웠으나, 전투 대형에 대하여 군내에서 의견이 분분했고 또 적수인 술탄의 용병술이 뛰어났기 때문에 전투에 패배했다. 전투 패배의 원인은 연합군의 주력인 프랑스 군대의 지나친 자신감에 있었다. 수백 명의 기사들이 포로로 붙잡혔고 벌거벗겨진 채 동료들이 보는 앞에서 처형되었다. 오로지 고위 기사들만 보상금을 받을 속셈으로 살려두었다. 느베르의 장은 바예지드에게 부시코의 목숨을 살려달라고 애원했다. 부시코가 아주 부자라는 사실이 파악되자 술탄은 그를 살려주었다.

니콜라스 드 클레망주 Nicholas de Clemanges ?-1437 파리 대학의 학장과 아비뇽 교황 베네딕투스 13세의 비서를 지냈다. 서유럽의 대분열을 다룬 저서를 썼고 여러 휴머니스트들과 주고받은 라틴어 편지 150통을 남겼다.

다이이 d'Ailly, Pierre 1350-1420 프랑스의 추기경이며 학자, 신학 박사, 파리 대학 학장. 장 제르송의 스승. 대분열을 치유하기 위하여 열심히 노력했고 콘스탄츠 종교회의 (1414-18)의 실현에 큰 기여를 했다. 이 종교회의는 마침내 마르티누스 5세를 단일 교황으로 선출함으로써 대분열을 성공적으로 끝냈다. 그의 저서『세상의 이미지』는 콜럼버스가 서쪽으로 항해하여 인도로 가겠다는 결심을 굳히는 데 하나의 계기가 되었다.

단테 Dante 1265-1321 숭고한 알레고리와 아름다움을 자랑하는『신곡Commedia』을 쓴 중세의 가장 위대한 시인. 피렌체 귀족 가문 출신. 정치에 입문한 후 1301년에 백파白派의 지도자가 되어 흑파黑派를 상대로 정권 다툼을 벌였다. 흑파는 자신들의 승리를 확실히 하기 위하여 교황 보니파키우스 8세의 승인 아래 프랑스 군대를 끌어들였다. 그것은 단테가 교황의 마음을 돌리기 위해 로마로 출장간 사이에 벌어진 일이었다. 그 결과 단테는 피렌체에서 추방되었고 평생을 이탈리아 여러 지역을 떠돌다가 라벤나에서 사망하여 그곳에 묻혔다.

단테는 라틴어로도 글을 썼으나 그보다는 이탈리아어로 쓴 글이 더 유명하며, 그런 저작들 중『신생Vita Nuova』은 베아트리체에게 바친 서정시로서 dolce stil nuovo(달콤한 새로운 스타일)의 형식으로 유명하다. 역시 이탈리아어로 쓴『향연Convivio』은 일종의 지식 백과사전인데 미완성이다. 그의 대표작『신곡』또한 이탈리아어로 썼다. 이 작품은 하느님을 찾아 나선 인간이 마침내 하느님과 하나 되는 과정을 서술한 것이다. 단테는 베르길리우스(이성의 상징)의 안내로 지옥으로 내려가 각종 악인들을 만나고 그 맨 밑바닥에서 루시퍼를 발견한다. 입이 셋 달린 악마 루시퍼는 그 입으로 가롯 유다와 브루투스를 물어뜯고 있는데 유다는 그리스도(교회)를, 브루투스는 카이사르(국가)를 배반했기 때문이다. 단테와 베르길리우스는 그 다음에 연옥으로 들어가는데, 그곳은 죄를 아직 다 씻지 못하는 사람들이 대기하는 곳이다. 연옥을 지나 천당 입구에 이르자 단테는 베르길리우스와 헤어져 베아트리체(신앙과 계시의 상징)의 안내를 받는다. 천국의 최고 정상인 제9천에 이르자 단테는 그곳에서 클레르보의 베르나르의 안내를 받아 성모 마리아를 만나고, 성모는 다시 단테를 하느님 앞으로 데려간다.

당스 마카브르 danse macabre 죽음의 춤으로 번역된다. 독일어 Totentanz, 영어는 Dance of Death이다. 15세기의 문학과 그림에서 발견되는 '죽음'의 모티프를 가리키는 말이다. 이 주제는 아마도 1347년에서 1351년 사이에 창궐하면서 유럽 인구의 3분의 1을 죽인 흑사병의 참상으로부터 유래했을 것이다. 죽음의 춤 중 '춤'은 '시체'의 움직임을 가리키는 것인데, 그것은 살아 있는 사람의 손을 잡아당기면서 그의 불가피한 운명을 그에게 일러준다. 가장 잘 알려진 죽음의 춤 그림은 한스 홀바인(1497-1543)

의 드로잉이다. 죽음의 춤은 **메멘토 모리**와 함께 사용된다.

대분열 Schism, Western 서유럽의 기독교권이 분열하여 두 명의 교황이 옹립된 사태. 1378년 추기경단은 현재의 교황 우르바누스 6세를 거부하고 클레멘투스 7세를 새 교황으로 선출했다. 추기경단은 로마에서 콘클라베(교황 선출 선거)가 열렸을 때 로마 시민의 강압으로 우르바누스를 뽑았기 때문에 그 선출은 무효라고 주장했다. 새 교황 클레멘투스는 아비뇽에 자리 잡았고 우르바누스는 여전히 로마에 머물렀다. 유럽 각국은 정치적 이해에 따라 지원하는 교황이 달랐는데, 신성로마제국, 잉글랜드, 헝가리, 스칸디나비아, 이탈리아는 우르바누스를, 프랑스, 사보이, 스코틀랜드, 스페인, 시칠리아는 클레멘투스를 지지했다. 두 교황이 퇴위를 거부하며 아무런 타협의 자세를 보이지 않자, 신성로마제국 황제 지기스문트는 콘스탄츠 종교회의(1414-18)를 열었다. 이 종교회의에서 그레고리우스 12세가 새 교황으로 뽑혔고 이어 기존의 두 교황이 물러나면서 대분열 사태는 종식되었다.

데보티오 모데르나 Devotio Moderna 중세 후기에 벌어진 종교 부흥 운동을 가리키는 용어. 보통 '새로운 신앙'으로 번역된다. 이 운동의 목적은 기도와 자선 사업을 통하여 하느님과의 내적 일치를 이루려는 것이다. 헤르트 흐로테를 중심으로 하는 일파에서 시작되었으며, 독일과 저지대 국가들에서 큰 인기를 누렸다. 공동생활형제회나 발드하임수도회 같은 단체가 이 운동을 적극적으로 실천했다. 데보티오 모데르나의 단순명료한 영성을 가장 잘 표현한 책으로는 토마스 아 켐피스의 『그리스도를 본받아』가 있다.

데샹 Deschamps, Eustache 1346-1406 프랑스의 시인. 샤를 5세의 궁정에서 측근으로 일하면서 왕의 캠페인에도 수행했고 또 여러 가지 외교적 임무를 수행했다. 기욤 드 마쇼의 제자였고 시학에 대한 논문을 저술했다. 그 외에 여러 편의 역사시, 론도, 발라드를 썼다.

드니 Denys le Cartusieu 라틴어로는 Dionysius Cartusianus ?-1471 신학자 겸 신비주의자. 루르몬트의 카르투지오 수도회의 수도사. 그는 구약성경과 신약성경에 대하여 광범위하게 논평한 논평서들의 저자이다. 또 도덕 신학, 교회 규율, 설교 등에 대한 소논문을 많이 썼다. 그의 저서는 아주 인기가 높았다. 특히 신비주의를 다룬『명상에 대하여』가 널리 알려졌다. 하지만 그의 저서들은 독창성이 별로 없다.

라 마르슈 La Marche, Olivier de 1426-1502 부르고뉴의 연대기 작가이면서 시인. 부르고뉴의 샤를 대담공의 궁정에서 비서를 역임했으며 그 후에는 딸 마리를 도왔다. 『회상록』을 포함하여 그의 저작들은 다소 파당적이어서 객관성을 결여하고 있으며, 동시대인인 코민과는 다르게 통찰력이 부족하다. 그러나『회상록』은 상당한 자료의 가치를 갖고 있다. 장 프루아사르와 마찬가지로 기사도 전통을 웅변적으로 대변하는 인물이다.

라블레 Rablais, Fracois 1490-1553 프랑스의 작가 겸 의사. 세계 문학에서 가장 위대한 희극 작가 중 한 사람이다. 처음에 프란체스코 수도회에 들어갔으나 나중에 베네딕투스 수도회로 옮겨갔다. 수도사 시절에 그리스어와 라틴어, 과학, 법률, 철학 등을 연구했다. 1532년 당시 지성의 중심지였던 리용으로 갔고 거기서 거인 가르강튀아의 전설을 모은 소설인『가르강튀아』를 펴냈다. 이 책의 인기가 높자 가르강튀아의 아들 팡타그뤼엘을 주인공으로 하는『팡타그뤼엘』을 1533년에 펴냈다. 이 두 소설에는 유머가 넘쳐흐르며 교육, 정치, 철학 등이 널리 토론된다. 소르본 대학에서 이 두 소설을 이단으로 지정하면서 박해 받을 뻔했으나 그의 친구 장 뒤벨레 추기경의 도움으로 위기를 넘겼다. 만년에는 의사로 활약했고 파리에서 사망했다.

람프레히트 Lamprecht, Karl 1856-1915 독일의 역사가. 독일에서 배척되었던 실증주의의 영향을 받으면서 종합적인 문화사적 연구 방향을 세움으로써 19세기의 마지막 10년대에 독일 역사학계를 격렬한 이념주의 대 실증주의의 논쟁 속으로 몰고 간 인물. 루터파 목사의 아들로 태어나 라이프치히 대학에서 역사를 공부했고 1891년부터 이 대학의 역사학 교수로 있다가 총장에까지 올랐다. 부르크하르트의『이탈리아의 르네상스 문화』에 큰 감명을 받았다. 그는 랑케의 역사학이 이념사, 정치사, 개인사(왕과 정치가들의 역사)에 집중된 구식 역사학이며, 새로운 역사학은 일반적인 것, 발생적인 것, 유형적인 것이 되어야 한다고 강조했다. 그는 기존의 역사가 그것은 어떻게 벌어졌나(how it happened)에 집중했다면, 새로운 역사는 그것은 어떻게 그리 되었나(how it became)를 조명해야 한다고 주장했다.

그는 개인(왕이나 정치가)의 역사보다는 집단의 역사를 정치, 법률, 경제, 사회, 종교, 학문, 예술 등 모든 분야에서 파악하는 문화사를 더 중시했다. 그는 이 문화사가 역사학의 최고 형태이자 과제라고 보았다. 대표작으로 이런 문화사의 관점에서 서술한『독일사』(12권, 1891-1913)가 있다.

랭부르 형제 Limbourg brothers 15세기 초에 활약한 네덜란드의 채색 삽화가들. 파울, 헤르만, 장의 3형제이다. 이들은 브뤼헤의 베리 공작에게 고용되었다. 이들의 가장 유명한 작품은『피에르 다이이의 아주 화려한 성무일도서』이다. 이들의 스타일은 궁정스타일로 우아하고 세련되었으며 인터내셔널 고딕의 전범이다.

루이 도를레앙 Louis d'Orleans 1372-1407 프랑스 왕 샤를 6세의 동생. 1392년 왕이 정신이상 증세를 보이자, 프랑스의 국정을 장악하려고 시도했다. 루이는 처음에는 부르고뉴 공작 필립 대담공의 저항을 받았고, 그 다음에는 대담공의 아들 무외공 장의 견제를 받았는데, 결국 무외공의 하수인에게 살해당했다. 루이는 오를레앙파의 영수였고 그의 사후에 오를레앙파는 아르마냐크파가 되었다.

루이 11세 Louis XI 1423-83 프랑스의 왕, 재위 1461-83. 샤를 7세(재위 1422-61)의 아들. 황태자 시절에 루이 11세는 아버지와 불화를 일으켜 궁정에서 쫓겨나 부르고뉴의 선량공 필립의 궁정에서 5년 동안 유배 생활을 하다가 왕위에 올랐다. 1465년에는 그의 여러 제후들, 가령 대담공 샤를, 베리 공, 브르타뉴 공 등이 공공복지연맹을 조직하여 반란을 일으켰다. 교활한 루이는 그들과 전쟁을 하기보다는 그들의 요구 조건을 들어주었다. 그러나 그 후에 서서히 그들의 특권을 박탈했고 그래서 양보하기 이전보다 귀족들을 더 열악한 상태로 떨어뜨렸다. 그가 전 프랑스에 왕권을 확립하는 데 가장 큰 걸림돌은 부르고뉴 공작인 대담공 샤를이었다. 샤를은 공국을 독립 국가로 만들려고 했다. 루이는 잉글랜드의 에드워드 4세와 피키니 조약(1475)을 맺어 잉글랜드-부르고뉴 동맹을 사전에 차단했고, 스위스 군대에게 돈을 주어 부르고뉴 군대를 파괴하도록 배후 조종했다. 대담공 샤를이 사망하자 루이는 부르고뉴, 피카르디, 불로네, 아르투아를 프랑스 영토로 합병했다. 루이가 사망할 당시에 브르타뉴 지역을 빼놓고 전 프랑스가 왕권에 복속하게 되었다. 그의 왕권은 절대 왕정의 그것과 아주 비슷했다.

르네상스 Renaissance 중세 후기와 근대 초입까지의 전환적 시대를 통칭하여 일컫는 용어. 보다 구체적으로 14세기, 15세기, 16세기에 벌어진 문화적 발전을 가리킨다. 이 시기에 휴머니즘(인문주의)의 사조가 생겨나 세상을 예전과는 다르게 보게 되었다. 휴머니즘을 도입한 최초의 학자는 페트라르카(1304-1374)였는데, 그가 문화적으로 과거와 결별한 것은 시기적으로 적절한 타이밍이었다. 당시 스콜라주의가 쇠퇴하면서 지식인들은 새로운 사상을 찾고 있었던 것이다. 그들은 이 새로운 사상을 고전 고대의 연구에서 찾았다. 또 메디치 가문 같은 부유하고 영향력 있는 후원자들이 그들을 후원했다.

이들의 활동은 다양한 활동을 취했으나 주로 고대 그리스와 로마의 영광을 재현하자는 것이었다. 많은 휴머니스트들이 고전을 옮겨 적은 필사본을 찾아 나섰고, 상당량이 수도원에서 발견되었다. 고대의 필사본은 스콜라주의가 득세한 후 그곳에 사장되어 있다가 르네상스 시기에 다시 각광을 받았다. 그리하여 고대 로마의 저술가인 키케로, 호라티우스, 리비우스를 흉내 내어 에세이, 편지, 시, 역사서 등을 쓰는 것이 하나의 유행이 되었다. 이탈리아의 화가와 건축가도 과거에 대하여 깊은 관심을 드러냈다. 휴머니스트들은 고전 고대의 라틴어만 인정했기 때문에 중세에 널리 문어로 사용되던 라틴어는 그 결과 죽은 언어가 되었다. 현대의 학계는 이 고전고대의 부흥이 근대의 서곡임에는 틀림없으나 그 후의 과학, 구어문학, 산업, 정부, 종교 등에 압도적인 영향을 미치지는 못했다고 보고 있다.

르네 왕 Rene d'Anjou 1409-1480 앙주 공작 겸 프로방스 백작. 통상 르네 왕으로 알려짐. 그의 딸 마르그리트가 잉글랜드 헨리 6세에게 시집갔다. 르네 왕은 1431년부터 1437년까지 부르고뉴 선량공 필립의 포로로 지냈다. 시인과 음악가들의 후원자였으며 그 자신도 시인이었다. 그는 중세 기사도 문화의 최후의 수호자들 중 한 사람이었다.

리처드 2세 Richard II 1367-1400 잉글랜드의 왕, 흑태자의 아들이며 에드워드 3세의 손자. 재위 1377-99. 그의 미성년 시절에 숙부이며 랭카스터 공작인 존 오브 곤트가 1386년경까지 섭정을 했다. 리처드 2세는 1399년 방대한 랭카스터 영지를 몰수하는 조치를 취했는데 이것이 귀족들의 반란을 일으켰고 그 결과 리처드 2세는 양위하게 되었다. 존 오브 곤트의 아들 헨리 볼링브로크가 왕위에 올라 헨리 4세가 되었다. 헨리 4세(재위 1399-1413)는 왕위 찬탈자로 알려져 잉글랜드 국민들 사이에서 별로 인기가 없었다. 그의 아들이 헨리 5세로 즉위하여 프랑스와의 백년전쟁을 재개했다.

마쇼 Machaut, Guillaume de 1300-1377 프랑스의 시인 겸 작곡가. 1340년부터 사망할 때까지 랭스 대성당의 참사위원을 지냈다. 시인과 작곡가로서 뛰어난 재능을 발휘하여 당대의 왕들과 제후들의 총애를 받았다. 보헤미아의 존 왕에게 시중을 들 때에는 왕을 따라서 전 유럽에 기사도 여행을 다녔다. 나중에 나바르 왕 샤를에게 봉사할 때에는 『친구의 위안』과 『나바르 왕의 판단』이라는 장시를 썼다. 『진정한 사건의 책』(1361-65)은 음악이 중간중간에 들어가는 장편 궁정 연애시이다. 그는 라틴어가 아닌 프랑스어로 짧은 시들을 지어 프랑스 시의 발전에 기여했다. 음악에서는 대위법을 사용하여 리듬을 적절하게 살림으로써 후대의 음악에 커다란 영향을 주었다. 대위법을 사용한 그의 미사곡은 16세기에도 연주되었다. 그는 서정시와 음악을 하나의 단일체로 생각한 최후의 위대한 시인이었다.

메디치 가문 Medici 15세기 동안 피렌체 도시를 지배했던 부유한 가문. 이 가문은 무역과 금융업으로 큰돈을 벌었고, 공식 직함은 없었으나 그 막대한 부와 하층 계급들과의 동맹으로 도시를 사실상 지배했다. 조반니 디 비치―코시모―피에로―로렌초의 4대를 이어가며 피렌체의 공공사업과 문화 예술을 진작시켰다. 특히 로렌초가 유명하여 장엄공(magnifico signore) 로렌초라고 불렸다. 그러나 로렌초는 밀라노, 베네치아, 나폴리 등의 공국들과 세력 균형을 도모하는 데 어려움을 겪었다. 로렌초가 죽은 직후인 1494년에 프랑스의 샤를 8세가 이탈리아를 침공해 왔고, 피렌체 시민들은 개혁가 사보나롤라의 사주를 받아서 메디치 가문을 전반적 부정부패의 원흉으로 매도했다. 메디치 가문은 유배를 떠났고 1512년에 다시 돌아왔으나 세력은 예전 같지 않았다.

메멘토 모리 memento mori memento는 라틴어 동사 memini(기억하다)의 명령형이고, mori는 동사 morior(죽다)의 원형이다. 라틴어 동사의 원형은 주어나 목적으로 사용되는데 여기서는 목적어로 쓰였다. "너를 포함하여 모든 사람이 죽는다는 것을 기억하라"이다. 메멘토 모리는 죽음의 기념물이라는 의미로도 널리 쓰인다. 그래서 해적들이 해적기에 그려 넣는 두개골과 X자로 된 두 개의 뼈는 곧 죽음을 의미한다. 이 두개골과 관련된 표현은 두 가지가 있는데 하나는 잔치의 해골이고 다른 하나는 벽장 속의 해골이다.

잔치의 해골은 인생에는 기쁜 일과 슬픈 일이 동시에 벌어진다고 상기시켜 주는 물건 혹은 사람을 가리킨다. 플루타르코스의 수필집『모랄리아Moralia』에 의하면 고대 이집트 사람들은 잔치를 열 때면 사람들의 눈에 잘 띄는 곳에다 이 해골을 가져다 놓았다고 한다. 아무리 즐거운 시간도 끝날 때가 있다는 경고인가 하면 동시에 언제 끝날지 모르는 이 즐거움을 적극적으로 즐기라는 뜻도 있다. 홀바인(Hans Holbein the Younger)의 명화〈대사들The Ambassadors〉에도 이 해골이 숨은 그림으로 등장한다. 아무리 지체 높고 잘나도 다 죽는 신세이니 그리 잘난 척하지 말라는 뜻이다.

벽장 속의 해골은 이런 스토리이다. 어떤 탐구자가 이 세상에 근심 걱정이 하나도 없는 사람을 찾아보겠다고 천하를 부지런히 돌아다녔다. 그는 마침내 완전 행복한 사람의 요구 조건을 모두 충족시키는 여자를 발견했다. 하지만 그 여자는 쓸쓸한 표정을 지으며 한 가지 보여 줄 것이 있다고 말했다. 그녀는 그를 자기 집 이층의 벽장으로 데려갔다. 그 안에는 해골이 들어 있었다. 그녀는 말했다. "나의 남편은 밤마다 내게 저 해골에다 키스를 하라고 억지로 시켜요. 그 말을 거부할 수가 없답니다." 그 해골은 과거에 그녀의 진정한 애인이었던 남자의 것이었는데, 남편이 그와 결투하여 그를 죽인 다음, 집에 가져다 보관하고 있는 것이었다. 이 해골은 이 세상에서 완벽하게 행복한 사람은 없다는 우의를 담고 있다.

메쉬노 Meschinot, Jean 1420-1491 프랑스의 시인. 도덕심을 가르치는 우의가 풍부하게 담긴 처세서인『군주들의 안경』(1493)을 썼다. 그 외에 여러 편의 발라드와 론도를 남겼다.

면죄부 Indulgence 지상에서 죄를 범한 사람들이 사후에 연옥에서 받을 형벌을 면제해 준다면서 로마 교황청이 발행한 부표. 로마 가톨릭 교회에서는 원래부터 성지 참배 혹은 종교적 목적으로 헌금을 받고 죄를 사면하는 제도가 있었다. 십자군 시대에는 성전을 재촉하기 위하여 종군자나 헌금자는 면죄가 된다고 말했다. 이렇게 하여 마련된 헌금은 로마 교회의 중요한 재원이 되었다. 1476년 교황 식스투스 4세는 이미 죽어서 연옥에 있는 사람들의 면죄부도 만든 바 있었는데, 여기서 보듯이 교회 수입의 부족을 면죄부로 벌충하려는 폐풍이 점점 심해졌다. 교황 레오 10세의 시절에는 재정 보충을 위하여 대규모로 면죄부의 판매를 실시했다. 독일에서는 마인츠의 대주교 알브레히트가 그 판매를 담당했다. 마르틴 루터가 이에 대하여 항의하면서 종교개혁의 직접적인 발단이 되었다.

몰리네 Molinet Jean 1435-1507 궁정시인이면서 연대기 작가. 조르주 샤틀랭의 뒤를 이어 부르고뉴 샤를 대담공의 연대기 작가로 활약했고, 대담공이 죽은 후에는 그의 딸 마리의 궁정에서 일했다. 몰리네는 수사학자로도 유명하며 『장미 이야기』의 산문 버전을 써냈고 그 외에 신비시, 종교시 등을 많이 썼다.

몽스트렐레 Monstrelet, Enguerrand de 1390-1453 프랑스의 연대기 작가. 피카르디의 귀족 가문 출신이다. 뤽상부르의 궁정에서 근무했다. 그가 저술한 『연대기』는 주된 관심사가 프랑스이며 대략 1400년에서 1444년에 이르는 시기를 다루고 있다. 이 연대기는 특히 백년전쟁의 마지막 단계를 파악하는 데 아주 소중한 자료이다.

바이런주의 Byronism 바이런(1788-1824)은 영국의 낭만주의 시인으로서, 장편시 『차일드 해럴드의 편력』과 『돈 주안』이 유명하다. 그는 생애 만년에는 시보다 행동이 중요하다고 생각했고 그래서 당시 투르크족과 싸우던 그리스를 해방시켜야 한다는 신념을 갖고 있었다. 그는 죽기 전에 "난 그리스에서 죽을 것 같은 예감이야"라는 말을 자주 했는데 실제로 그리스 독립 운동을 지원하다가 현지에서 죽었다. 바이런주의는 『돈 주안』의 칸토 2에 나오는 허무주의를 가리키는 것인데, Ubi sunt qui ante in mundo fuere(전에 세상에 있었던 자들은 지금 어디에 있는가)라는 라틴어 문구로 잘 표현된다.

반에이크 형제 Van Ecyk brothers 형 후베르트(1370-1426), 동생 얀(1390-1441). 동생 얀 반에이크는 초기 네덜란드 화파의 가장 위대한 화가이다. 형은 그 자신의 그림을 남긴 것은 없고 주로 동생을 도왔다. 얀 반에이크는 부르고뉴 대공 선량공 필립의 궁정에서 일한 궁정화가였다. 얀은 혼자서 그림을 그렸고 형과 함께 그린 것으로는 겐트의 제단화(<어린 양의 경배>)가 유명하다. 얀 반에이크의 대표작은 <아르놀피니의 결혼>인데 그가 유화의 대가임을 보여 준다. 그는 색채와 분위기의 자연주의를 생생하게 구현하여 그림에 깊이와 원근감을 부여했다. 여러 가지 주제들을 하나의 단일한 주제로 통일하는 그의 능력은 독보적 경지로 알려져 있다.

백년전쟁 Hundred Years' War 1337년에서 1453년에 이르는 잉글랜드와 프랑스 사이의 전쟁으로 잉글랜드가 프랑스로부터 완전 축출되는 것으로 끝났다. 이름만 백년전쟁이지, 전쟁은 실제로 백년이나 벌어진 것은 아니고 수십 년 간격으로 산발적으로 벌어진 몇 차례의 전쟁에 지나지 않았다. 잉글랜드는 당시 프랑스보다 작은 나라여서 프랑스가 자신의 국력을 과신했기 때문에 전쟁이 이토록 오래 끌게 되었다. 잉글랜드는 기엔 지역을 프랑스 왕으로부터 봉토로 받아 가지고 있었는데 이것이 전쟁의 빌미가 되었다. 잉글랜드는 이 땅에 대한 주권을 행사하려 했고 프랑스는 그렇게 되기 전에 잉글랜드를 프랑스 땅에서 쫓아내려 했다.

잉글랜드가 크레시 전투(1346), 푸아티에 전투(1356)에서 대승을 거두자 프랑스는 기엔과 일부 땅을 잉글랜드에게 떼어 줄 수밖에 없었다. 그러나 샤를 5세(재위 1364-80) 시대에 잉글랜드의 흑태자의 발병과 사망 그리고 에드워드 3세의 노화로 프랑스가 다시 전세를 뒤집었다. 그 후 전쟁은 1415년까지 소강상태를 유지하다가 잉글랜드의 헨리 5세가 아쟁쿠르 전투에서 대승을 거두면서 전쟁이 재개되었다. 그가 승리하게 된 것은 프랑스 왕 샤를 6세가 정신병자인데다가 당시 프랑스는 정권을 놓고서 오를레앙파(아르마냐크)와 부르고뉴파로 분열되었기 때문이다. 그러나 프랑스 황태자(후일의 샤를 7세)를 지지하는 세력이 부르고뉴 대공인 무외공 장을 암살하면서 부르고뉴는 프랑스에 등을 돌리고 잉글랜드와 동맹조약을 맺었는데 이것이 트루아 조약(1420)이다. 이 조약으로 헨리 5세는 프랑스 왕 샤를 6세의 섭정이 되었고 이어 샤를 6세의 사망 후에는 프랑스 왕으로 등극하는 권리를 얻었다. 그는 샤를 6세의 딸 카타리나와 결혼했기 때문에 이런 권리를 주장할 수 있었다.

궁지에 몰린 프랑스 황태자(후일의 샤를 7세)는 1429년 초 잔 다르크가 등장하면서 상황이 호전되기 시작했다. 그녀는 오를레앙을 포위 공격하던 잉글랜드의 군대를 해산시켰고 랭스로 가는 길을 열었다. 황태자는 7월에 그곳에서 샤를 7세라는 이름으로 즉위했다. 1435년에 두 가지 사건이 발생하면서 프랑스가 궁극적인 승리를 거두게 되었다. 하나는 헨리 5세의 동생인 베드포드 공 존의 사망이다. 베드포드 공은 형의 뒤를 이어 프랑스 왕의 섭정으로 프랑스 점령 지역을 다스렸으나 그것이 어렵게 된 것이다. 다른 하나는 잉글랜드와 부르고뉴 동맹의 해체이다. 샤를 7세는 이 상황을 잘 활용하여 프랑스 군대를 정비했고 1453년에 이르러 칼레를 제외하고는 잉글랜드 세력을 프랑스로부터 완전 축출했다. 백년전쟁은 프랑스에 민족주의적 풍조를 불러일으켜, 프랑스 왕이 봉건적 지방주의를 극복하는 데 기여했다.

베르길리우스 Vergilius 기원전 70-기원전 19 로마 시대 최고의 시인으로 그의 장편 서사시 『아이네이스』는 중세 내내 라틴어 문법 연구의 교과서로 활용되었다. 베르길리우스가 중세에 큰 인기를 얻게 된 것은 그가 쓴 『농경시』 제4편이 한 아이의 탄생을 예고했기 때문이다. 그 아이는 평화의 시대를 가져올 것이라고 예언했는데 기독교 신자들은 이것이 그리스도의 탄생을 예언한 것이라고 생각했다. 베르길리우스는 단테의 『신곡』에서 단테가 지옥과 연옥을 여행하는 데 길잡이로 나섰고 작품 속에서 인간 이성理性의 알레고리로 등장한다.

베르나르 Bernard de Clairvaux 1090-1153 프랑스의 성직자. 귀족 가문 출신의 시토회 수도자로서 나중에 클레르보 수도회를 설립했다. 처음에 시토회에 들어가 이 수도회에 개혁의 바람을 일으켰으며 12세기의 가장 영향력 있는 수도회로 만들었다. 한적한 수도원에서 하느님을 경배하는 수도원적 이상에 헌신했지만, 동시에 가장 활발한 대외적 활동을 펼쳤다. 교회의 대분열을 종식시키고 이노켄티우스 2세를 새로운 교황으로 옹립했고 제2차 십자군 운동을 추진했으며, 대외 인사들과 많은 서신을 주고받았고, 심지어 신전 기사단의 규칙까지도 작성했다. 그의 사후에 성모 마리아 컬트와 신비주의가 만개한 것은 주로 그의 영향력 덕분이었다. 그는 인식을 여러 단계로 구분하면서 명상을 그 최고 단계로 설정했다. 12세기 전반기에 가장 영향력 있던 성직자였다.

베리 공 Duke Berry, Jean de France 1340-1416 프랑스왕 샤를 5세의 동생. 예술의 애호가. 특히 채색본, 그림, 보석, 서책 등의 수집가였다. 그의 기도서 『베리 공의 아주 화려한 성무일도서』가 유명하다. 베리는 중부 프랑스, 루아르 강 남부에 있는 공국이었다. 1360년 선량왕 장이 셋째 아들 장 드 프랑스에게 베리 지역을 떼주어 공국을 만들었다.

베이던 Rogier Van der Weyden 1400?-1464 15세기 중반의 대표적인 플랑드르 화가. 브뤼셀 시의 공식 화가로 지명을 받아 활동했다. 그는 이 도시의 교회, 동업조합, 부유한 기증자들을 위해 많은 작품을 그렸다. 그의 작품에는 얀 반에이크와 그(반에이크)의 스승 로베르 캉팽Robert Campin의 영향이 두드러지게 나타나 있다. 그는 커다란 작업장을 운영했고, 또 조수들도 많이 고용했기 때문에 다른 화가들에게 커다란 영향을 미쳤다. 스타일의 측면에서 그의 가장 중요한 작품은 〈십자가에서의 내려옴〉이다.

다른 작품들로는 〈네 명의 성인들과 함께 있는 성모〉, 〈매장〉이 있다. 그의 종교화
는 비극적이거나 음울한 경향을 갖고 있다.

병원 기사단 Hospitaliers 또는 Order of Hospital of Saint John of Jerusalem 1070년경
에 예루살렘의 성 요한 병원의 환자들을 돌보기 위해 아말피의 상인들이 창설했다. 십
자군이 도래하면서 이 기사단은 군사적 성격을 띠게 되었고, 그 후 150년 동안 시리아
에서 기독교 세력의 든든한 보루 역할을 했다. 1291년 예루살렘의 마지막 기독교 보
루인 아크리가 함락되자, 기사단은 키프로스로 본부를 옮겼고 로데스 섬을 획득하자
다시 그곳으로 옮겨갔다. 그리하여 로데스 기사단이라는 명칭이 생겨났다. 기사단은
병자들에 대한 관심을 계속 보였고 유럽과 레반트 지역에서 병원을 운영했다. 기사단
원은 하얀 십자가가 그려진 검은 망토를 입었다.

보카치오 Boccaccio, Giovanni 1313-1375 이탈리아 산문의 아버지이며 이야기 모음집
『데카메론』의 저자. 그의 아버지는 피렌체의 상인이었다. 그는 바르디 은행가에서 몇
년 동안 일하다가 교회법을 연구했고 이어 문학으로 시선을 돌렸다. 나폴리에서 몇
년을 보낸 후 1340년에 고향 피렌체로 돌아와 거기서 생애의 대부분을 보냈다. 그는
1350년 페트라르카를 만날 당시 이미 『데카메론』을 집필하고 있었다. 그는 휴머니스
트(인문주의자)들로부터 강한 영향을 받았기 때문에 고전을 많이 연구했다. 그는 그
리스 신들의 계보를 연구하기 위해 고전들을 뒤적이던 중에 숨을 거두었다.

보편 universal 어떤 특정한 사물들을 뭉뚱그려서 파악하게 해주는 종합적 용어, 아이
디어, 개념을 가리키는 말. 가령 나무, 아름다움, 꽃, 의자 등이 여기에 해당한다. 실재
론자는 이런 보편 개념이 개체적인 사물들 이전에(ante rem: "사물의 앞에서"라는 뜻
의 라틴어) 존재한다고 보는 반면, 유명론자는 그런 보편 개념이 사물들 이후에(post
rem: '사물의 뒤에서'라는 뜻의 라틴어)에 생겨난 것이라고 주장한다. 플라톤은 보편
이 객관적으로 존재한다고 보았고 이 보편 개념('나무')으로부터 수많은 특수(구체적
인 사물들: 전나무, 소나무, 은행나무, 단풍나무, 옻나무 등 수많은 나무들)가 생겨났
다고 주장한다. 그는 이런 보편이 인간의 마음과는 아무 상관없이 존재한다고 보았다.
그는 이런 이데아(보편 개념)가 이 세상의 그 어떤 것에도 의존하지 않고 저 혼자 존
재하고, 또 그 고유의 영원한 영역을 갖고 있다고 보았기 때문에, 플라톤의 사상을 가

리커 절대 실재론이라고 한다. 반면에 아리스토텔레스는 이데아가 저 혼자서는 존재하지 못하고, 감각적인 물질 안에 깃든 형상의 요소로서만 존재한다고 본다. 그러니까 영혼과 육체가 인간을 만들어내듯이, 물질과 형상이 실체를 만들어낸다는 얘기이다. 따라서 아리스토텔레스는 이데아를 믿기는 하였지만, 절대적 이데아는 없다고 보았기 때문에 이를 가리켜 절충적 실재론이라 한다. 반면 윌리엄 오브 오캄 같은 절대 유명론자는 이데아란 인간의 마음속에 있는 것이며, 그 마음을 떠나서는 어디에서도 찾아볼 수 없다고 주장한다.

봉건제 feudalism 9세기경에 생겨난 서유럽의 정치 제도. 토지를 소유한 자율적인 귀족들이 국왕에게 일정한 군사적 서비스(기사들)를 제공하고, 그 대신 봉토의 사용을 허가받아 행동이 자유롭지 못한 농민들의 노동력으로 그 토지의 생산물을 착취하는 제도. 이 제도가 생겨난 것은 국왕이 재정적으로 가난했기 때문이었다. 재정이 부족한데다 보병의 무력화로, 왕은 공무원과 군인(주로 기사)의 조달을 토지 소유계급인 귀족들에게 의존하게 되었다. 9세기와 10세기에 바이킹족, 사라센족, 마자르족 등이 침범하면서 군주제는 붕괴되었다. 따라서 봉건제 아래의 왕은 군림하지만 통치하지는 못하는 허약한 왕이었다. 그리하여 9세기에서 12세기까지는 귀족들이 서유럽 사회를 지배했다.

그러나 중세 후기에 들어와 장창, 장궁, 석궁 등 새로운 무기의 도입으로 보병이 다시힘을 얻고, 또 국왕이 신흥 상인계급들의 재정 지원을 받게 되면서 국왕의 힘이 강력해지기 시작했다. 이렇게 하여 중세가 끝나갈 무렵에는 서유럽 사회에 강력한 절대왕정 국가가 수립되었다. 『중세의 가을』의 무대가 되는 14, 15세기 프랑스 왕과 부르고뉴 공작의 갈등은 이런 역사적 전환기의 특징을 보여 준다.

부르고뉴 공국 Duchy of Bourgogne 936년에 루아르 강 상류 지역과 센 강 사이의 지역에 설정된 공국으로 오툉, 트루아, 앵그르 등의 도시들이 공국에 포함되었다. 카페 왕조의 공작들이 1361년까지 이 지역을 다스렸으나, 일시 프랑스 왕에게 귀속되었다가, 2년 후인 1363년에 프랑스 왕 장 2세가 그의 네 번째 아들 필립(부르고뉴 공국의 초대공작인 대담공 필립)에게 이 지역을 하사했다. 그 후 필립의 형인 샤를 5세가 필립을 플랑드르의 마르그리트와 결혼시키면서 플랑드르 지역이 부르고뉴 공국에 합병되었다. 대담공 필립의 아들인 무외공 장이 암살되자(1419), 무외공의 아들 선량공 필립은 잉글랜드와 트루아 조약을 맺었고, 이 동맹 조약으로 인해 잉글랜드는 백년전쟁 도중 프랑스에서 유리한 입장에 서게 되었다. 이 조약은 1435년까지 지속되었으나, 샤를 7세가 부르고뉴 공국에 자율적 지위를 부여하는 아라스 조약을 맺으면서 잉글랜드-부르고뉴 동맹은 소멸되었다. 선량공의 아들 대담공 샤를은 남북(북쪽은 플랑드르, 남쪽은 부르고뉴)으로 나뉘어져 있는 부르고뉴 공국의 중간 지역인 로렌을 강제 합병하여 공국의 지위를 더욱 공고히 하려는 야심을 품고 있었다. 대담공 샤를의 궁극적 목표는 부르고뉴를 독립 왕국으로 정립하는 것이었다. 하지만 샤를의 계획은 프랑스 왕 루이 11세의 노련한 정치 술수에 말려들어 물거품으로 돌아갔다. 대담공 샤를은 1477년 낭시에서 스위스 군대에 의해 살해되었다. 1482년 루이 11세는 부르고뉴 공국을 프랑스 영토로 합병했다. 이로써 1361년에서 1482년까지 120년간 대담공 필립-무외공 장-선량공 필립-대담공 샤를의 4대에 걸쳐 존속했던 부르고뉴 왕국은 막을 내렸다.

부르크하르트 Burckhardt, Jakob 1818-1897 스위스의 바젤에서 목사의 아들로 태어났다. 처음에 아버지의 권유로 신학을 공부했으나 곧 역사 연구로 전향하여 1839년부터는 베를린 대학에서 랑케 등으로부터 역사의 이론과 방법을 배웠다. 1858년부터 바젤 대학의 역사 및 예술사 교수가 되었고 그 이후 죽 바젤에서 살았다. 대표작으로 『콘스탄티누스 대제의 시대』(1853)와 『이탈리아의 르네상스 문화』(1860)가 있다.

1850년대의 유럽은 민족주의적, 국가주의적 경향이 대세였으며 역사 연구에서는 정치와 이념의 연구가 주종을 이루었고 역사 서술은 민족 국가의 발전에 기여해야 한다는 과제가 부여되었다. 부르크하르트는 이런 경향에 흥미를 느끼지 못하고 과거의 정신생활과 예술에만 관심을 쏟았다. 『이탈리아의 르네상스 문화』는 르네상스를 중세 시대로부터 엄격하게 분리하면서 이 시기의 정신적 변화 덕분에 사람들의 개성이 전승으로부터 해방되었다는 주장을 폈다. 다시 말해 개인의 자주성과 주체성이 이 시기에 확립되었다는 것이다. 그러나 여러 역사학자들은 이런 엄격한 시대 구분에 반대한다. 중세에도 인간화와 세속화의 과정은 이미 전개되었고, 중세의 문화적 특성은 다음 시대에도 작용했으며, 이것이 16세기에 활짝 꽃피었다가 종교개혁의 물결 속에 뒤로 물러났다는 것이다. 이렇게 볼 때 중세와 르네상스 사이를, 또 르네상스와 근대 사이를 엄격히 구분하는 것은 어려운 일이며 르네상스가 중세로부터의 완전 결별이라는 부르크하르트의 주장은 부분적으로만 맞는 얘기이다.

부시코 Boucicaut, Jean le Meingre ?-1421 프랑스의 원수. 기사도 이상의 주창자. 니코폴리스(1396)에서 오스만투르크와 싸워서 전공을 세웠으나 그 전투에서 포로가 되었고 보상금을 주고서 풀려났다. 1399년 갈리폴리에서 투르크 함대를 격파했고, 1415년 아쟁쿠르 전투에 참가하여 잉글랜드를 상대로 싸웠으나 잉글랜드인에게 포로로 잡혀 그 상태에서 죽었다. 그는 전사한 기사들의 아내와 딸들을 보호하려는 목적으로 기사단을 창설했다.

브뢰데를람 Broderlam, Melchior 활동 기간 1381-1409. 프랑스-플랑드르 화가. 인터내셔널 고딕 스타일(국제적 고딕 양식)의 최초 실천화가. 1387년 이후 부르고뉴 공작 필립 대담공의 궁정 화가로 일했고 샹몰의 성 브뤼노 교단의 수도원 제단화를 그렸다. 1390년에서 1393년까지 파리에 머물렀다. 브뢰데를람은 인물을 원근법 속에 배치하려고 시도했다. 그의 그림은 14세기 후반 프랑스-플랑드르 스타일의 전형이다.

비용 Villon, Francois 1431-1463 파리에서 태어난 프랑스의 시인. 그의 생애에 대한 정보는 그의 시편과 경찰 기록에서 주로 나왔다. 그는 범죄를 저질러 사형을 선고받았으나 파리에서 10년 추방형으로 감형되었고 그 직후 사망했다. 소르본 대학을 다니던 시절부터 깡패였던 비용은 1455년 살인을 하고서 파리에서 추방되었다. 이 추방 시절이던 백년전쟁 말기에 프랑스에 창궐한 도적떼의 일원이 되었다. 그는 이 도적떼들에 대하여 그들의 언어로 시를 지었다. 비용은 중세의 시 형식을 사용하나 강력한 개인적 메시지를 집어넣어 현대시 같은 분위기를 풍긴다. 도적의 은어를 많이 사용한 발라드 이외에 『소유언집』(1456)과 『대유언집』(1461)이 있는데, 후자가 정서의 깊이나 시적 가치가 더 뛰어나다. 이 시집에 들어 있는 「지난 시절의 여자들을 위한 발라드」라는 시에는 "지난해 내린 눈들은 어디에 있는가?"라는 유명한 시구가 들어 있다. 비용의 시는 후대 시인인 클레망 마로가 수집하여 편집함으로써 보존되었다(1533).

사보나롤라 Savonarola, Girolamo 1452-1498 이탈리아의 설교자. 1491년에 도미니크회에 들어가 1491년 피렌체 산마르코 수도원의 원장이 되었다. 그는 진정한 개혁가였고 피렌체 시민들의 존경을 받았다. 그는 불같은 설교로 도시, 메디치 가문, 교회, 교황제를 비난했고 시민들은 그의 가르침에 열렬하게 호응했다. 1495년 이후 그가 피렌체에서 누리는 지위는 16세기에 칼뱅이 제네바에서 누린 지위와 비슷했다. 교황 알렉산드

루스 6세는 이 설교자의 설교를 두려워하기보다는, 샤를 8세의 이탈리아 침공(사보나롤라는 이를 환영했다)을 저지하기 위해 밀라노와 나폴리와 동맹관계를 맺었기 때문에 이 설교자에게 침묵하라고 명령했다. 그래도 그가 설교를 계속하자 교황은 파문했고(1497), 그 다음 해에는 그를 체포하여 이단과 분열의 유죄 판결을 내려 처형했다.

샤르티에 Chartier, Alain 1385-1433 프랑스의 시인 겸 정치적 저술가. 프랑스 왕 샤를 6세와 7세의 비서를 지냈다. 그는 프랑스어와 라틴어로 시를 지었고, 오랜 세월 동안 시인과 작가 후보생들은 그의 문체를 모델로 습작을 했다. 그의 시들은 궁정 문학의 전통에 따라 알레고리 형식을 취한다. 그의 산문은 역사가, 팜플렛 작가, 도덕가 등 다양한 면모를 보여 준다.

샤를 대담공 Charles le Hardi 1433-1477 부르고뉴의 공작으로 선량공 필립의 아들. 프랑스와 독일 사이에 부르고뉴 독립 국가를 세우려던 그의 야망은, 스위스 군대를 끌어들인 프랑스 왕 루이 11세에 의해 좌절되었다. 샤를은 한동안 자신의 목표를 달성하는 듯했다. 루이 11세를 압박하여 솜 강 연안의 도시들을 되돌려 받았고, 또 잉글랜드의 에드워드 4세와 동맹을 맺을 듯했다. 하지만 샤를이 라인란트를 침공하자 독일 왕 프레데릭 3세의 의심을 샀고, 또 에드워드 4세도 샤를의 의도를 간파하고 루이 11세와 피키니 조약을 맺어 프랑스 편에 섰다. 샤를은 젊은 로렌 공 르네를 상대로 무모한 공격을 감행하다가 두 번의 패전 끝에 낭시에서 스위스 군대에게 살해되었다. 샤를의 딸 마리는 나중에 독일 왕 겸 신성로마제국의 황제가 되는 막시밀리안과 결혼했다.

샤를 도를레앙 Charles d' Orleans 1391-1465 루이 도를레앙의 아들이면서 샤를 6세의 조카. 또한 루이 12세의 아버지이기도 하다. 왕족 출신으로는 드물게 프랑스의 위대한 궁정 시인의 반열에 올랐다. 그는 아쟁쿠르 전투(1415) 때 포로가 되어 25년 동안 잉글랜드의 명예 죄수로 복역했다. 그의 시들은『감옥에서 쓴 책』(잉글랜드에 있을 때 썼던 시들)에 모아져 있다. 프랑수아 비용과 함께 15세기 프랑스 시를 대표하는 두 시인 중 한 사람이다.

샤를 5세 Charles V 1338-80 프랑스의 왕. 재위 1364-80. 장 2세의 아들. 아버지 장 2세가 푸아티에 전투(1356)에서 잉글랜드에 포로로 잡혔기 때문에 아버지의 이름으로 잉글랜드와 브르타뉴 조약(1360)을 맺는 데 동의했다. 그의 통치시기에 프랑스는 무정부 상태를 끝내고 유럽의 강국 지위를 회복했다. 그는 국내의 반란들을 진압했고 베르트랑 뒤 게스클랭 같은 장군들의 도움으로 베이욘, 보르도, 칼레 등 항구 지역을 제외한 전 지역에서 잉글랜드 세력을 몰아냈다. 프랑스의 변경 지대를 강화하기 위하여 그는 동생 필립(부르고뉴 공작)을 플랑드르의 상속녀와 결혼시켰다. 그는 아비뇽 교황인 클레멘투스 7세를 지지했고, 그 결과 서유럽의 대분열이 시작되었다.

샤를 6세 Charles VI 1368-1422 프랑스의 왕. 재위 1380-1422. 아버지 샤를 5세가 사망하자 12세에 왕위에 올랐기 때문에 섭정 기간이 있었고, 또 1392년부터는 정신병의 증세를 보였기 때문에 프랑스 정국은 권력을 잡으려는 두 파당 간의 갈등으로 혼란에 빠져들었다. 한 파는 그의 동생인 루이 도를레앙이 이끄는 오를레앙파(나중에는 아르마냐크파)였고, 다른 한 파는 부르고뉴의 필립 대담공이 이끄는 파였다. 프랑스 군대가 아쟁쿠르 전투(1415)에서 잉글랜드에게 대패하자, 부르고뉴의 새 공작인 무외공 장은 샤를 6세의 아들인 황태자(후일의 샤를 7세)와 동맹을 맺으려 했으나, 무외공 장은 프랑스 왕측에 의해 무참하게 살해되었다. 무외공의 아들 필립 선량공은 그에 대한 보복으로 잉글랜드와 트루아 조약(1420)을 맺었다. 이 조약으로 프랑스 황태자는 자격을 박탈당했고 잉글랜드 왕 헨리 5세는 프랑스 왕의 섭정 겸 후계자로 지명되었다.

샤를 7세 Charles VII 1403-61 프랑스의 왕. 재위 1422-61. 샤를 6세의 아들 겸 후계자. 트루아 조약으로 황태자 자격을 박탈당하자 루아르 강 이남 지역에서 아르마냐크파의 도움으로 간신히 브뤼헤의 궁정을 운영할 수 있었다. 그의 성격이 우유부단한데다 고문관들이 혼란스러운 조언을 하는 바람에 상당히 절망적 상태에 있었다. 그러다가 잔 다르크가 등장하면서 상황이 일변했다. 그녀는 오를레앙 성을 포위한 잉글랜드군을 격퇴시켰고 랭스로 가는 길을 열어 황태자는 1429년 7월 17일에 샤를 7세로 대관식을 거행할 수 있었다. 1435년 샤를 7세는 부르고뉴를 잉글랜드와의 동맹으로부터 떼어내는 데 성공했다.(아라스 조약) 그는 자크 쾨르와 삼부회의 조력으로 재정 지원을 확보하여 군대를 재조직했고, 그 힘으로 백년전쟁을 성공적으로 끝냈다. 잉글랜드는 칼레의 한 지역만 제외하고 프랑스 전 지역에서 축출되었다.

샤틀랭 Chastellain, Georges 1410-1475 플랑드르 지역인 브라반트의 알스트에서 태어나 루뱅에서 공부했다. 1434년 이후 부르고뉴 공작 필립 선량공과 샤를 대담공의 궁정에서 근무하면서 프랑스와 부르고뉴 사이의 갈등을 막후 절충했고 1456년에는 고문관의 지위에 올랐다. 이 무렵부터 부르고뉴 공작 가문의 연대기를 집필했는데, 주로 1410-74년 사이의 시기를 다루고 있다. 사실적인 정보와 뛰어난 묘사, 당대 인물과 사건들에 대한 날카로운 관찰 등이 돋보이나 부르고뉴를 편애하는 관점에서 서술되어 있어 객관성의 측면에서는 미흡하다는 평가를 받는다.

스콜라 철학 Scholasticism 하느님의 존재를 가장 근본적인 진리로 받아들이는 기독교 신학 체계. 이 진리 이외에도, 존재들의 초자연적 질서, 인간이 그 질서에 궁극적으로 참여한다는 믿음, 인간 지식의 객관성 등을 주장한다. 스콜라 철학은 11세기에서 15세기까지 중세 사상계를 주름잡았고 인간의 이성을 통하여 기독교의 신앙을 해명할 수 있다고 믿었다. 이 철학은 이성과 신앙 사이에 조화가 존재한다고 보았고, 또 하느님이 자신의 모상으로 인간으로 만들었기 때문에, 인간의 이성을 통하여 하느님의 진실을 가능한 한 많이 알기를 바란다고 보았다. 이 철학의 대표적 인물은 토마스 아퀴나스이다. 그는 아리스토텔레스 철학과 기독교 신학을 접목시켜 하나의 사상 체계를 수립했다. 그러나 지식(이성)과 신앙이 병존한다는 아퀴나스의 철학은 동시대 신학자들이 전폭적으로 수용한 것은 아니었다. 그와 동시대인인 보나벤투라 성인은 신학적 진실에 도달하려면 하느님의 은총이 더 중요하며 이 은총이 있어야만 진실(신앙)을 알아내려는 인간의 의지가 작동한다고 보았다. 둔스 스코투스는 여기서 한 걸음 더 나아가 신앙과 지식의 일치에 대하여 근본적인 의문을 제기했다. 윌리엄 오브 오캄도 신앙과 이성의 조화라는 스콜라 철학의 기본 전제를 전면적으로 부인했다. 이런 학자들의 공격 때문에 15세기에 이미 쇠퇴하던 스콜라 철학은 더욱 급속하게 몰락하게 되었다.

슬뤼테르 Sluter, Claus ?-1406 네덜란드의 조각가. 부르고뉴 공작 선량공 필립에게 고용되어 디종 근처 샹폴에 있는 카르투지오 수도원에서 주로 작품 활동을 했다. 슬뤼테르는 주제를 개별화시키는 능력이 뛰어나 시대를 앞서간 조각가로 평가받고 있다. 그의 조각의 주된 특징은 인물들을 감싸고 있는 옷들의 두터운 주름이다. 가장 잘 알려진 작품은 『모세의 우물』인데, 구약성경의 예언자들을 아주 강력하게 제시하여, 뛰어나게 심리 묘사를 잘 했다는 평가를 받았다.

신비주의 mysticism 하느님과의 직접적인 소통이 가능하다고 믿는 사람들의 교리 혹은 실천 운동. 세계 여러 종교의 신학자들은 신비주의자들의 목표를 타당한 것으로 인정하면서 권장하고 있으며 기독교에서 특히 신비주의가 발달했다. 수도원 운동은 신비주의를 크게 진작시켰는데, 이 때문에 중세 신비주의자들은 대부분 수도회와 관련이 있었다. 신비주의의 사상과 실천은 13세기 이전에는 서유럽에서 별로 큰 세력을 이루지 못했으나, 가짜 디오니시우스(6세기)의 저작은 신비주의의 발달에 커다란 영향을 미쳤다. 중세 성장기의 신비주의는 프랑스 중심이었고 대표적 인물은 베르나르이다. 중세 말에는 독일 신비주의가 득세했으며, 14세기의 탁월한 신비주의 사상가 에크하르트가 대표적 인물이다. 그는 아퀴나스의 스콜라 철학을 바탕으로 신플라톤주의를 도입하고, 여기에 독일 사상을 가미하여 독특한 신비주의 사상을 발전시켰다. 그의 제자로는 타울러, 조이제 등이 있다. 에크하르트는 독일 철학의 근원으로 중요시되었고, 루터가 이 파의 영향을 받았으며, 유럽 근대화의 한 요인이 되었다.

신전기사단 Templars, Order of Knights 1119년에 위그 데 팽Hugh des Payens과 고드프리 오브 세인토메르Godfrey of Saint-Omer가 예루살렘에 설립한 기사단. 예루살렘을 정복한 십자군의 왕 볼드윈이 기사단에 부지를 하사했는데, 그 땅이 솔로몬 신전 근처에 있어서 이런 이름이 붙었다. 소속 기사들은 청빈과 순결의 맹세를 했고 아우구스티누스 수도원의 규칙을 따랐다. 이 기사단은 12세기에 가장 큰 명성을 누렸는데 예루살렘 왕국에 여러 개의 성채를 구축하고 무슬림과 싸웠기 때문이다. 기사단의 단장은 1291년 예루살렘에 마지막으로 남은 기독교 교두보인 아크리가 함락될 때 전사했다. 교황 클레멘투스 5세는 프랑스 왕 필립 4세의 압력을 받아 이 기사단의 해체를 명령했다. 필립 4세는 기사단의 엄청난 재산을 빼앗을 목적으로 기사단에 신성 모독, 이단, 남색 등의 죄명을 뒤집어 씌워 결국 해체시켰다. 기사단 단원은 끝부분이 뾰족하게 갈라진 붉은 십자가가 그려진 하얀 망토를 입었다.

신플라톤주의 Neo-Platonism 3세기와 6세기 사이에 발달한 플라톤 사상의 새로운 해석. 이 사상의 대표적 인물은 플로티노스와 그의 제자 포르피리가 있다. 이 두 사상가는 플라톤의 선善 대신에 일자一者를 내세웠다. 이 일자(하느님)의 자기 지식(self-knowledge)으로부터 최초의 지성(로고스 혹은 말씀)이 유출流出되는데, 이 로고스Logos는 모든 존재들의 추상적 아이디어들을 그 속에 가지고 있다. 그리고 이 로고스로부터 다시 두 번째 지성이 유출되는데 그것이 세계의 영혼(World Soul)이다. 모든 존재의 개별적 지성은 이 세계의 영혼으로부터 유출된다. 기독교에서는 예수 그리스도를 로고스와 동일시하며 말씀이 사람이 되었다는 것이 곧 이 뜻이다. 일자는 성부에, 그리고 세계의 영혼은 성령과 동일시되며, 이 사상은 기독교의 삼위일체설에 결정적 영향을 미쳤다.

신플라톤주의는 기독교가 막 발흥하던 시기에 인기가 높았기 때문에, 기독교의 교부들에게 많은 영향을 미쳤는데, 특히 동방의 바실리우스와 니사의 그레고리우스, 그리고 서방의 암브로시우스와 아우구스티누스가 영향을 받았다. 신플라톤주의는 아우구스티누스의 저서들을 통하여 초기 스콜라 철학자들에게 전수되었고, 이들은 대부분 아우구스티누스주의를 신봉했다. 또한 가짜 디오니시우스의 저서를 통하여 신플라톤주의는 서유럽의 신비주의에 상당한 영향력을 행사했다. 신플라톤주의가 기독교 개념들에 영향을 미친 것으로는 다음과 같은 것들이 있다. 정신적 존재들의 위계질서가 있으며 그 꼭대기에 하느님이 있다. 리얼리티(현실)는 정신적 본성을 갖고 있으며 보편은 존재한다. 각 개체의 영혼 혹은 존재는 하느님 혹은 일자로부터 나왔다.(→ 아우구스티누스, 아우구스티누스 사상, 실재론, 유명론)

실재론 realism 보편적 아이디어가 먼저 존재하고 그 다음에 각 개체('특수')에 그 아이디어가 구체화되었다고 보는 철학 이론. 가령 세상에는 전나무, 소나무, 은행나무, 단풍나무, 옻나무 등 수많은 나무들이 있지만, 먼저 나무라는 보편 개념이 있고 난 다음에 그런 나무들이 생겼으며, 이 나무라는 보편 개념은 세상에 존재하는 구체적 나무들과 상관없이 존재한다는 것이다. 이러한 논리의 연장선상에서 세상에는 영혼을 가진 수많은 사람들이 존재하지만, 그 전에 영혼이라는 보편 개념이 그런 개인들과는 상관없이 존재한다고 보는 것이다. 신플라톤주의에서 말하는 세계의 영혼(World Soul)이 바로 그것이다. 이러한 실재론의 아버지는 그리스 철학자 플라톤인데, 그는 이러한 보편 개념이 영원히 존재한다고 보았고 그것을 '이데아'라고 했다. 플라톤의 사상은 플로티노스, 포르피리, 아우구스티누스 등의 저작을 통해 13세기 이전의 중세 사상계를 지배했으므로, 12세기의 학자들은 대부분 실재론자들이었다. 실재론은 관념론이라는 철학 용어와 상호 교환적으로 쓰인다.

십자군 운동 Crusade 서유럽이 1096년에서 1270년까지 무슬림을 팔레스타인에서 몰아내기 위해 벌였던 여러 차례의 군사 원정전을 일컫는 용어. 1094년, 비잔티움 황제인 알렉시우스 콤네누스가 교황 우르바누스 2세에게 셀주크투르크의 침략 행위를 막아달라고 호소한 것이 제1차 십자군 운동의 직접적인 계기가 되었다. 또한 예루살렘 성지를 방문하는 순례자들이 현지에서 투르크족에게 홀대를 당한 것도 또 다른 계기가 되었다. 그 후 2세기에 걸쳐 수행된 여덟 차례의 십자군 운동은 서유럽에 결정적 영향을 미쳤고 특히 경제 발전의 측면에서 그 영향이 심대했다. 십자군 운동은 무역과 도시의 발전에 큰 자극을 주었다. 특히 베네치아와 제노바 같은 이탈리아 도시들은 기사들의 수송과 병참을 담당하면서 상업과 해양의 분야에서 강자로 부상했다. 또한 교황은 이 운동을 주도함으로써 서유럽에 대한 정신적 지배를 더욱 강화하려는 마음을 갖게 되었다. 특히 십자군 운동 시대에 병력과 전비를 조달하기 위하여 많은 면죄부가 발행되었다.

1270년까지 8차에 걸친 십자군 운동이 있었으나, 1099년 7월 예루살렘을 직접 정복하여 그곳에 네 개의 봉건 국가들을 수립한 제1차 십자군 운동을 제외하고 나머지 운동들은 그리 큰 성과를 올리지 못했다. 팔레스타인에 대한 정치적 결단에서 제반 현실을 감안하기보다는 기사도적 이상이 너무나 두드러졌다. 무엇보다도 정확한 계산과 끈질긴 준비를 필요로 하는 원정전이 엄청난 종교적 열광 속에서 구상되고 실천되었다. 그런 열광이 작용하는 바람에, 성취 가능한 것에 대한 침착한 판단을 한 게 아니라, 원정전의 계획을 종교적으로 낭만화浪漫化하는 결과를 빚고 말았다. 그런 열광은 애초부터 무익하거나 치명적인 것이었고 원정전을 어렵게 만드는 요인이었다. 1291년 예루살렘에 마지막으로 남은 기독교 교두보인 아크리가 함락되어 기독교는 팔레스타인에 대한 영향력이 사라지게 되었다. 서유럽은 1270년 이후에도 십자군 운동을 조직하기는 했으나, 그 목적은 발칸 반도를 통하여 비엔나로 쳐들어오려는 투르크족을 저지하기 위한 것이었기 때문에 십자군 운동으로 간주하지 않는다.

아르마냐크 Armagnac 아퀴텐과 툴루스 사이에 있는 프랑스 지방의 명칭. 1407년 오를레앙공 루이가 무외공 장에 의해 살해되면서 역사적으로 유명한 지명이 되었다. 프랑스 왕 샤를 6세의 동생인 루이는 아르마냐크 영주인 베르나르 7세의 딸과 결혼했다. 이런 인연으로 베르나르는 루이 사후에 오를레앙파(뒤에 아르마냐크파)의 수장이 되었다. 베르나르는 1418까지 파리 시장 겸 왕의 비서실장으로 지내다가 이 해에 부르고뉴가 파리를 점령하자 살해되었다. 베르나르 사후에 아르마냐크파의 힘은 급격히 쇠퇴했다. 아르마냐크파는 잉글랜드와 부르고뉴의 동맹에 맞서 싸우는 황태자(후일의 샤를 7세) 지지파와 동의어가 되었다.

아르테벨데 Artevelde, Jacob van 1290-1345 겐트의 부유한 가문의 가장. 겐트 시민(부르주아) 지도자 겸 플랑드르 도시연맹의 총사령관. 그는 1338년부터 사망할 때까지 이 연맹을 주도했다. 1337년 플랑드르 직물 산업은 심각한 위기를 겪었다. 당시 잉글랜드의 에드워드 3세와 프랑스의 필립 6세는 갈등 중이었는데, 프랑스와 친밀한 플랑드르 백작은 잉글랜드로부터의 양모 수입을 금지시켜, 플랑드르의 상인과 직공들을 망하게 만들었다. 이에 겐트는 반란을 일으켰고 아르테벨데는 시청의 수반으로 독재 권한이 부여되었다. 그는 잉글랜드와 상업적 협상을 맺었고(1338) 플랑드르의 중립성을 인정받았다. 플랑드르의 다른 도시들도 그의 지도를 받았고 플랑드르 백작은 프랑스로 망명했다. 1340년 아르테벨데는 플랑드르의 도시들로 하여금 잉글랜드의 에드워드 3세를 프랑스의 왕으로 인정하게 만들었고, 이렇게 하여 에드워드 3세가 자동적으로 플랑드르의 영주가 되었다. 아르테벨데의 단호한 리더십과 부유한 가문 배경은 사람들의 적개심을 불러일으켰다. 그의 적들은 그가 플랑드르를 잉글랜드의 흑태자에게 넘기려 한다고 비난했다. 1345년 겐트에 폭동이 발생했고 폭도들은 그를 살해했다. 이후 그의 아들 필립(1340-82)이 1381년에 직공들의 편을 들어 반란을 일으키고 브뤼헤와 대부분의 플랑드르 도시들을 장악했으나(1382), 프랑스가 파견한 군대에 의해 진압되어 사살되었다.

아베로에스 Averroes 1126-1198 무슬림이 지배하던 스페인의 코르도바에서 태어나 세빌랴에서 재판관을 역임했고 나중에는 모로코 통치자의 주치의를 지냈다. 의사로 활동하는 이외의 자유 시간은 오로지 아리스토텔레스 철학의 탐구에 바쳤다. 무슬림 신학자들은 그의 합리주의적 태도를 무신앙이라고 비난했다. 그는 개인의 영생불멸과 우주의 천지창조를 부정했다. 그는 하느님을 단지 제1원인으로만 생각했다. 그는 아리스토텔레스 철학을 광범위하게 논평하고 주석했으며, 이 때문에 서유럽에서 '논평가'로 널리 알려졌다. 그는 신학과 상관없이 철학을 추구할 수 있다고 보았다. 그는 그리스 철학과 코란의 신학을 양립시킬 수 없었기 때문에 이슬람의 근본 교리를 의심했던 것으로 보인다. 아리스토텔레스 철학의 상세한 논평으로 스콜라 철학자들에게 많은 영향을 주었다.

아우구스티누스 Saint Augustine 354-430 서구의 대표적 기독교 사상가로서 독실한 기독교 신자인 어머니 모니카와 이교도 아버지 사이에서 아프리카에서 태어났다. 그가 45세에 저술한 『고백록』에 의하면 젊은 시절을 방탕하게 보냈다. 진리를 찾아내기 위한 과정에 처음에는 마니교, 그 다음에는 회의론, 이어 신플라톤주의에 심취했으며, 최종적으로 밀라노 대주교 성 암브로시우스의 권유로 기독교에 입문했다. 387년에 세례를 받았고 그 후 사제가 되었으며 395년에 히포의 주교로 서임되었다. 반달족이 히포를 침공하던 시기에 사망했다.

아우구스티누스는 많은 기독교 관련 서적과 편지를 집필했으나 아퀴나스처럼 사상 체계를 세우지는 않았다. 그는 여러 기독교 이단들과 대응하기 위하여 수시로 글을 썼다. 그의 신학을 간결하게 요약하면 이렇다. 모든 진리는 정신적인 특성을 갖고 있으며, 진리(신앙)의 획득은 하느님의 은총을 받아들이는 데 있다. 그래서 아우구스티누스는 하느님의 연구와 인간 영혼의 연구에 많은 시간을 바쳤다. 인간의 영혼이란 곧 신성의 반영이므로 그 영혼을 많이 연구할수록 하느님을 더 잘 알게 된다. 이 때문에 아우구스티누스는 기독교 신비주의의 창시자로 여겨지기도 한다. 하느님을 두려워하는 인간은 그의 내부에서 진실을 발견하게 되는데, 이 진실은 그에게 신성한 진실의 불꽃을 가져다주고 그리하여 그는 하느님과 직접 소통을 할 수 있게 되어, 평화와 행복을 얻는다. 그의 주저 『하느님의 도시』는 이 세상이 하느님의 의지를 따르는 자들의 도시와 그렇지 않은 자들의 도시 사이에서 싸움이 벌어지는 장소인데 결국 하느님의 도시가 승리를 거두게 되어 있다는 내용이다.

아우구스티누스 사상 Augustianism 성 아우구스티누스의 기독교적 신플라톤주의를 받아들이는 신학. 이 사상은 신앙의 우위성을 주장하고 진리와 리얼리티가 모두 초자연적인 것이라고 가르친다. 또 진리는 계시와 불가분의 관계에 있으며 진리의 획득은 하느님의 은총을 얻는 데 달려 있다고 본다. 인간의 이성이 중요하기는 하지만 신앙을 완벽하게 이해하는 데는 부차적인 역할밖에 하지 못한다. 이것은 아우구스티누스의 유명한 말, credo ut intelligam(나는 먼저 믿기 때문에 이해하게 될 것이다)에 잘 드러난다. 인간은 이성으로 지각知覺 가능한 물질세계는 이해할 수 있지만, 자연계(이 세상)와 하느님 사이의 심연을 메우기 위해서는 신성한(하느님의) 은총을 필요로 한다. 이 은총이 온전한 진리를 파악하려는 인간의 의지를 작동시키고, 진리의 획득은 궁극적으로 신성한 계시를 통해서 가능해진다. 아우구스티누스는 신학과 철학을 구분하지 않았으나, 후대의 아우구스티누스 사상가들은 플라톤 철학에 근거하여 신학을 설명했다. 반면에 아퀴나스는 아리스토텔레스 철학을 기반으로 신학을 정립했다. 아우구스티누스 사상은 중세 사상계를 지배했고, 13세기에 아퀴나스가 등장하면서 스콜라 철학이 득세하게 되었다.

아쟁쿠르 전투 bataille d'Agincourt 1415년 10월 25일 잉글랜드와 프랑스 사이에서 북프랑스의 아르투아에서 벌어진 전투. 잉글랜드의 헨리 5세는 적들보다 소수이지만 잘 조직된 군대를 가지고 아르마냐크파가 주축인 프랑스 군에 압도적인 승리를 거두었다. 프랑스 측의 전사자는 8천 명에 이르렀고 오르레앙 공작을 포함하여 다수의 포로를 잡았다. 헨리 5세의 승리에는 장궁(long bow)이 결정적인 역할을 했다. 이 승리로 잉글랜드와 부르고뉴 사이에 동맹이 맺어졌다. 또 잉글랜드는 프랑스와 트루아 조약(1420)을 맺었는데, 이 조약으로 헨리 5세는 정신병에 걸린 프랑스 왕 샤를 6세의 섭정이 되었고, 또 그의 사후에 프랑스 왕으로 등극하는 권리를 얻었다.

아퀴나스 Thomas Aquinas 1224-1274 스콜라 철학의 대표적 학자. 고향 아퀴노 근처의 몬테카시노 수도원 학교를 다녔고, 이어 나폴리 대학과 파리 대학에서 수학했다. 그는 도미니크회 소속의 수도사로는 사상 처음 파리 대학의 교수가 되었다. 교황 그레고리 10세의 부름을 받아 리용 종교회의에 가던 중 사망했다.

아퀴나스 신학의 중심 전제는 신앙과 이성이 아름답게 조화를 이룰 수 있다는 것이다. 이 우주는 하느님의 의지의 표현이지만 동시에 하느님의 지성이 발현된 것이라고 보았다. 그는 인간의 타고난 선량함을 믿었고 그 선량함 덕분에 하느님 가까이 다가가게 된다고 생각했다. 이런 타고난 선량함에 초자연적 은총이 보태지면 인간은 축복과 행복을 얻게 된다. 아퀴나스는 예전의 신학자들과는 다르게, 진리의 획득에 인간의 감각이 크게 기여한다고 보았다. 그는 하느님의 존재를 증명하는 다섯 가지 방식을 제시했다. 1) 물체의 움직임이 관찰된다는 것은 제1운동자가 존재함을 가리킨다. 2) 어떤 현상의 원인이 관찰된다는 것은 제1원인이 존재함을 가리킨다. 3) 사물의 존재를 발생시키는 원인이 곧 신이다 4) 사물의 완전성이 사물에 따라 차이나는 것은, 그 차이를 구분하는 절대적인 완전성의 기준이 존재함을 가리키는 것인데 그 기준이 곧 신이다. 5) 자연의 질서 정연한 인과관계는 신의 존재를 가리킨다. 그는 다섯 가지 방식 중 일부에는 감각이 작용한다고 말했으나, 다른 것들은 하느님의 도움이 없으면 이해하기 어렵다고 말했다. 그의 내표작은『신학대전』인데 기독교 신학을 체계적으로 수립한 것이다. 이 책에서 아퀴나스는 인간은 사회적 존재이기 때문에 국가가 반드시 필요하다는 주장을 폈다. 국가가 인간의 본성에서 기원했다는 그의 가르침은 뒷날 정치와 종교의 분리론과 입헌 정부 이론 등 주요 정치학 이론의 토대가 되었다.(→ 스콜라 철학, 교회와 국가)

알레고리 Allegory 알레고리는 표면에 드러난 것 이외의 다른 의미를 갖고 있는 상징적 이야기이다. 알레고리의 등장인물은 개별적 개성을 갖는 것이 아니라 도덕적 특성이나 기타 추상적 개념을 구체화한다. 알레고리는 우화, 상징, 비유와 밀접한 관계를 갖고 있으며 단지 그 문학적 미묘함과 길이에 있어서만 차이가 난다. 중세의 도덕극『에브리맨』에서는 '죽음', '비겁' 등이 알레고리로 등장하고, 존 번연의『천로역정』에서는 '허영의 시장', '세속적인 현자' 등이 나오며,『장미 이야기』에서는 '위험', '사악한 혀', '질투' 등이 알레고리로 등장한다. 비유, 상징, 알레고리의 3자 관계는 간략히 이렇게 설명할 수 있다. 가령 "너는 나의 별"이라고 하면 비유이다. 그러나 "너"를 빼버리고 "나의 별"이라고 하면 상징이 된다. 다시 나의 별에서 "나의"를 빼버리고 별만 사용하되, 별을 의인화하여 그 별이 사람처럼 행동하는 스토리를 서술하면 알레고리가 된다.

에드워드 3세 Edward III 1312-1377 잉글랜드의 왕. 재위 1327-77. 1330년에 어머니의 정부인 로저 모티머를 처형하고 국정을 직접 통치하게 되었다. 1346년 크레시 전투에서 프랑스 군을 상대로 승리를 거두었고, 그의 아들 에드워드 흑태자도 1356년 푸아티에에서 프랑스 군에게 패배를 안겼다. 이 때문에 흑태자는 잉글랜드 내에서 높은 인기를 누렸으나 아퀴텐 영주 시절(1362-72)에는 별다른 정치력을 발휘하지 못했다. 프랑스와 다시 전쟁이 터지자 그는 전투에 나섰으나 병에 걸려 죽을 몸이 된 상태로 잉글랜드로 돌아와 아버지보다 1년 전(1376) 사망했다. 에드워드 3세는 어머니 쪽으로 프랑스 왕 필립 4세 미남왕의 손자로서 프랑스 왕위를 요구(1337)하면서 백년전쟁을 일으켰다. 말년에 아들 존 오브 곤트에게 정권을 농단당했다. 그의 치세시에 흑사병이 만연했고 경제적 위기가 발생했으며 위클리프의 이단이 등장했다.

에라스뮈스 Erasmus, Desiderius 1466-1536 네덜란드의 신학자·철학자. 북부 르네상스를 대표하는 기독교 휴머니스트이다. 대표작은『우신예찬*Moriae Encomium*』(1509). 이 책은 '우신'이라는 알레고리의 인물이 주장하는 일종의 설교를 모아 놓은 것인데,

주된 내용은 인생에서 가치 있는 모든 일은 어리석은 사람이 해낸다는 것이다. 마르틴 루터가 종교개혁을 들고 나왔을 때, 에라스뮈스는 중립적인 입장을 취했으나, 나중에 가서는 루터를 공격하면서 교회의 보수 세력을 옹호했다. 에라스뮈스는 신약성경을 라틴어로 번역했고 『이야기 모음』(1516)을 출간했다.

에크하르트 Eckhart, Johannes 1260-1327 중세 독일 신비주의의 대표적 학자이며 창시 자. 도미니크 수도회에 들어가 1304년 이 수도회의 요직을 역임했고 만년에 쾰른 대학의 신학 교수가 되었다. 죽기 1년 전에 이단의 혐의를 받았으며 사후에 그의 명제 중 28개조가 이단으로 낙인찍혔다. 그의 사상은 신플라톤주의의 영향을 크게 받았다. 하느님은 일체의 제약을 받지 않는 절대 '없음'이며, 인간의 이성으로 파악할 수 없는 존재이기 때문에, 인간이 세속의 모든 것을 버리고 "아무것도 모른다, 안 가졌다, 안 한다"의 가난한 상태에 도달함으로써 하느님과 일치될 수 있다고 주장했다. 그의 신비주의는 요한 타울러와 하인리히 조제 등에게 계승되어 중세 독일 신비주의의 원천이 되었다.

연옥 purgatory 신의 은총을 받은 상태에서 죽었지만, 지상에서 저지른 죄악에 대하여 하느님의 심판을 아직 받지 않은 못한 영혼이 사후에 가는 곳. 연옥 교리는 원시 교회에서부터 있었고 성 아우구스티누스에 의해 확립되었다. 그는 개인들의 영혼의 운명은 사망 이후에 결정되는데, 내세에서 정화의 고통을 받아야 한다고 보았다. 그레고리우스 성인, 비드, 토마스 아퀴나스 등도 이 연옥설을 지지했으며, 연옥에서의 최소한 고통이 지상에서의 최대한 고통보다 더 아프다고 주장했다. 연옥 교리는 11세기 이후에 널리 주목을 받았는데, 십자군 운동의 재원 마련과 관련하여 교회에서 면죄부를 판매하면서, 더욱 중세인들의 관심이 높아졌다.

오비디우스 Ovidius 기원전 43년-기원후 17년 아우구스투스 시대의 로마 시인. 베르길리우스 이후의 최대 시인으로 그리스 신화를 집대성한 『변신』이 대표작이다. 그 외에 『사랑의 기술』이 유명하다. 서양의 시인, 화가, 극작가, 조각가 등에 엄청난 영향을 끼쳤고, 르네상스 시대에 고전 문화에 대한 관심이 살아나면서 엄청난 인기를 누렸다. 베르길리우스의 『아이네이스』는 독창적인 서사시이지만, 오비디우스의 『변신』은 기존에 있던 에피소드들을 한데 묶은 것으로서, 독창성에서는 베르길리우스에 뒤떨어진다.

738

유명론 nominalism 보편적 개념('이데아')이란 그것이 구체화된 사물('특수')을 떠나서는 실제로 존재하지 않는다는 철학적 이론. 그런 이데아란 단지 이름(nomen)에 불과하다고 주장하는데 여기서 유명唯名(오로지 이름)이라는 용어가 생겨났다. 그러니까 이데아란 하나의 단어에 불과할 뿐, 그 이상의 의미는 없다는 것이다. 사람들이 전나무, 소나무, 은행나무, 단풍나무, 옻나무 등 수많은 나무들을 접해 보고 나서 그것들을 종합하여 비로소 '나무'라는 보편 개념이 생겼다는 주장이다. 따라서 이런 나무들이 존재하지 않았다면, 나무라는 보편 개념도 없다고 보는 입장이다. 실재론과 유명론의 차이는 이 보편 개념이 인간의 개체와 상관없이 존재한다(실재론)와, 그것은 인간의 마음속에서만 존재한다(유명론)라는 차이이다. 유명론은 후대의 경험론의 선구가 되었다.

잔 다르크 Jeanne D'arc 1412?-1431 로렌 지방의 동레미에서 농부의 딸로 태어났다. 어린 소녀시절부터 환상을 보았고 성 미카엘, 성 카타리나, 성 마르그리트가 그녀의 환상에 나타나 조국 프랑스를 구하라고 재촉했다고 주장했다. 1429년 그녀는 시농으로 가서 프랑스 황태자(후일의 샤를 7세)에게 자신이 프랑스를 잉글랜드로부터 구하기 위해 하느님이 보내신 메신저라고 주장하여 납득시켰다. 그녀의 등장과 주장은 프랑스 군에게 새로운 용기를 불어넣어 주었다. 프랑스 군은 오를레앙 성을 포위한 잉글랜드 군을 격퇴시켰고 랭스로 가는 길을 열어 황태자는 1429년 7월 17일에 샤를 7세로 대관식을 거행했다.

1430년 5월 잔 다르크는 부르고뉴 군에게 포로로 잡혔고 그들은 그녀를 프랑스 섭정왕이며 헨리 6세의 숙부인 존 오브 베드포드에게 넘겼다. 잉글랜드는 잔 다르크 처형을 간절히 바랐으나 처형의 비난을 모면하기 위하여 그녀의 재판을 루앙의 종교재판에 넘겼다. 그녀는 잉글랜드 지지자이며 보베 주교인 피에르 코숑이 주재하는 교회 법정에서 마녀와 이단 혐의로 재판을 받았다.

그녀의 가장 큰 죄는 하느님으로부터 직접 영감을 받았다고 주장한 것이었다. 교회 법정의 관점에서 볼 때 교회의 권위와 위계질서를 무시하는 것은 이단의 행위였다. 구속과 재판 내내 그녀는 심문자들과 싸웠으나, 재판 말미에 세속 법정으로 넘겨질 것이라는 선고가 내려지자, 화형의 두려움 때문에 자신이 이단이었다고 시인했고 종신형에 처해졌다. 하지만 그 직후 그 시인을 취소했고, 타락한 이단자로 지목되면서 세속 법정에 넘겨져 1431년 5월 30일 화형에 처해졌다. 잔 다르크는 1456년 샤를 7세에 의해 복권이 되었고 1909년에 복자, 1920년에 성인으로 시성되었다.

장, 무외공 Jean sans Peur 1371-1419 부르고뉴의 공작(재위 1404-19)으로서 필립 대담공의 아들. 1396년 지기스문트가 이끈 십자군 운동에 참가했다가 니코폴리스에서 패배하여 투크르인들에게 포로로 잡혔다가 보상금을 내고 풀려났다. 1407년에 프랑스왕 샤를 6세의 동생인 루이 도를레앙을 살해하고 프랑스 국정에 큰 발언권을 행사하다가, 황태자파의 자객에 의해 몽트로 다리[橋]에서 암살되었다. 그의 아들 필립 선량공이 대를 이어 부르고뉴 공국의 대공으로 취임했으며 아버지의 복수를 하기 위해 잉글랜드와 동맹하고 프랑스에 반기를 들었다.

장미 이야기 roman de la rose 고대 프랑스어로 씌어진 22,000행에 달하는 8음절 연구로된 알레고리 장편시. 두 명의 시인이 집필했다. 전반부(4,058행)는 1225년과 1230년사이에 기욤 드 로리스가 썼는데 미완의 상태로 끝났고, 후반부는 약 40년 뒤인 1275년과 1280년 사이에 장 드 묑이 썼다. 이 시의 스토리는 잠에 떨어진 한 젊은이가 정원에 감추어진 장미를 꿈꾼다는 것이다. 이 장미는 그가 욕망하는 젊은 여인의 상징이고 그는 결국 그 여자를 소유하게 된다. 그가 그 여자에게 도달하는 길에는 끊임없는장애물이 등장한다. 보통 의인화된 악덕의 알레고리로 등장하는데 '위험', '사악한 혀', '질투' 등이다. 그렇지만 '기쁨', '자연' 같은 미덕의 알레고리가 그에게 여자에게로 가는 길을 열어 준다.
로리스가 집필한 전반부는 트루바도르(음유시인)의 전통에 입각한 사랑의 심리적 탐구에 집중한다. 장 드 묑이 집필한 후반부는 사람들의 결점과 약점을 깊이 있게 탐구하는데, 특히 여자와 성직자의 문제점을 파헤친다. 장 드 묑은 자손을 낳는 것이 이 세상에 대한 하느님의 목적을 달성하는 것이라며 특히 출산을 강조한다. 또 후반부는 과학, 고전 문학, 신화 등 다양한 주제에 대하여 광범위한 관심을 드러낸다. 이 작품은 단테의『신곡』, 제프리 초서의『캔터베리 이야기』와 함께 중세의 3대 걸작으로 꼽힌다.

제르송 Gerson, Jean 1363-1429 프랑스의 철학자 겸 신학자. 피에르 다이이의 제자, 신학 박사, 파리 대학 학장. 저명한 웅변가, 시인, 휴머니스트, 프랑스 언어학의 대가이다. 신비주의적 경향을 보이는 그의 생애 만년 신학 저술들은 쿠사의 니콜라스, 공동생활형제회, 이그나티우스 로욜라 등의 칭송을 받았다. 대분열 시대에 교권 분열을 해결하고

자 노력했으며 콘스탄츠 종교회의(1414-18) 때 프랑스 대표단을 이끌고 참석했다. 교회 분열과 관련하여 온건한 입장을 취했고 두 교황이 자발적으로 사퇴하기를 권했다.

제임스 James, William 1842-1910 미국의 철학자, 심리학자. 하버드 대학 졸업 후 하버드 대학의 심리학/철학과에서 교수로 봉직했다. 1890년에 『심리학 원론』을 펴냈고 1902년에 『종교적 체험의 다양성』을 출간했다. 하위징아는 『중세의 가을』에서 종교적 체험과 관련하여 이 책을 여러 번 언급했다.

중세 Middle Ages 통상적으로 서유럽 역사에 적용되는 용어로서 서로마제국의 멸망 (476)에서 근대사가 시작되는 시점(대략 1500년)까지의 기간을 가리킨다. 따라서 중세사에는 1500년까지의 비잔티움과 이슬람의 역사도 포함된다. 중세라는 용어는 처음에는 암흑시대라는 말과 함께 경멸적인 뜻으로 사용되었다. 암흑시대라는 말을 처음 사용한 사람은 이탈리아의 고전학자 페트라르카였는데 고전 고대의 문화를 숭상했던 그는 그리스와 로마의 고전이 무시되었던 중세 천 년을 통칭하여 암흑시대라고 했다. 근대 초기의 개신교 저술가도 이런 경멸적인 평가를 지지했다. 중세 천 년이 로마 가톨릭 교회가 지배해 온 시대라고 보았기 때문이다. 그러다가 19세기 말에 들어와 낭만주의자들이 이런 경멸적 견해에 이의를 제기했다. 그들은 중세가 낙후된 시대가 아니라 영광스러운 과거라고 보았으며 그 시대의 기사도 정신과 신비주의가 낭만주의에 커다란 영향을 미쳤다고 주장했다. 19세기 초의 예술사가들은 중세의 예술적 성취를 칭찬하고 나섰다. 그리고 일군의 역사가들이 중세는 고대나 근대 등 그 어떤 시대와 견주어도 손색이 없는 훌륭한 시대라고 주장하고 나섰다. 그들은 중세가 유럽 문화의 여러 제도들이 형성된 시대라고 본다. 대학이 설립되었고, 도시와 근대의 의회 정부가 탄생했고, 근대의 예술적 형식이 확립되었고, 상업·공업·농업이 현재의 틀을 잡은 시대라고 본다. 이들 역사가는 근대 자본주의의 기원이 중세이고, 오늘날의 강대한 국가들이 형성된 것도 이때이고, 근대 문명의 도덕적·윤리적 틀이 잡힌 것도 이때라고 본다.

케팔로스 Cephalus 그리스 신화 속의 인물. 케팔로스는 프로크리스와 결혼했고 부부는 서로 사랑했다. 그러던 어느날 케팔로스는 아내의 정절을 의심하게 되어 변장을 하고 아내를 시험하기로 했다. 변장한 케팔로스는 아내에게 다가가 값비싼 선물을 주면서 자신의 애인이 되어 달라고 요구했다. 그녀가 거절하자 선물의 단위가 점점 높아졌고 마침내 그녀가 굴복하자 케팔로스는 자신의 정체를 드러냈다. 프로크리스는 수치심을 이기지 못해 산으로 도망쳤다. 그러나 케팔로스는 그녀를 뒤쫓아갔고 그들은 화해했다.

세월이 흐른 뒤 이번에는 프로크리스가 남편을 의심하기 시작했다. 그녀는 남편이 자주 사냥을 나가는 것을 보고 산의 님프들이 그를 유혹한다고 생각했다. 그녀는 남편의 시종에게 물어보았다. 시종은 남편이 사냥이 끝나면 멈추어 서서 자신의 뜨거운 몸을 식혀달라며 미풍을 부른다고 대답했다. 그녀는 미풍이 남편의 애인이라고 확신하고 숲으로 남편을 쫓아갔다. 케팔로스는 수풀이 흔들리는 소리를 듣고 그 방향으로 창을 던졌다. 그의 창은 과녁을 벗어나는 법이 없기 때문에 프로크리스는 남편의 창에 맞아 죽게 되었고 죽기 전에 자신의 과오를 깨달았다.

코민 Commines, Phillippe de 1477-1511 귀족 출신의 플랑드르 연대기 작가로서 부르고뉴의 샤를 대담공의 고문관을 지냈고 공공복지연맹의 전쟁에도 참가했다. 1472년에 샤를 대담공 곁을 떠나 프랑스 루이 11세의 고문관이 되었다. 그는 노련하고 영악한 루이 11세가 결국 충동적인 대담공을 파괴할 것이라고 내다보았고, 반면에 루이 11세는 코민의 외교적 능력을 꿰뚫어보았다. 그의 『회고록』은 생생한 언어로 루이 11세와 대담공의 생애에 영향을 미친 사건들을 서술했다. 이 책은 그가 인간들을 아주 예리하게 관찰하는 사람이고, 또 상당히 초연한 자세를 유지하는 작가임을 보여 준다. 하지만 루이 11세에 대한 존경심과 대담공에 대한 경멸감이 행간에 은연중에 드러난다. 그는 샤를 7세 치세시에 베네치아 대사를 역임했다.

쾨르 Coeur, Jacques 1395-1456 프랑스의 상인 재벌 겸 왕의 고문관. 1436년 파리의 화폐국장과 샤를 7세의 왕실 재무관을 지냈다. 그는 레반틴 지역과 대규모 무역 거래를 했고, 마르세유를 주된 무역항으로 삼았으며, 바르셀로나, 리용, 루앙, 기타 도시들에 상관商館을 유지했다. 그가 막대한 개인 재산을 샤를 7세에게 빌려주었기 때문에 프랑스 왕은 백년전쟁을 성공적으로 끝낼 수 있었다. 하지만 경쟁자와 채무자들이 그가 샤를 7세의 정부인 아그네스 소렐을 독살했고 또 정부 예산을 횡령, 강탈했다고 고발했다. 그는 유죄 선고를 받고 투옥되었으며 막대한 재산은 몰수되었다. 그는 감옥을 탈출하여 교황의 해군을 지휘하다가 사망했다. 브뤼헤에 있는 그의 저택은 도메스틱(국내) 고딕 건축의 표본이다.

크리스틴 드 피장 Christine de Pisan 1361-1430 이탈리아 출신의 프랑스 여류 시인. 뛰어난 성품과 미덕을 소유한 여인으로 널리 칭송되고 있다. 젊은 나이에 과부가 되었지만 세 자녀를 잘 키웠으며 결혼의 미덕을 칭송했고 여성의 아름다움과 위엄을 칭송한 작품을 많이 썼다. 노년에는 수도원으로 은퇴했다. 그녀의 대표작으로는 『세 가지 미덕의 책』이 있는데, 도덕적이고 가정적인 교육 책자이다.

탁발 수도회 Ordre mendiant 12세기와 13세기에 생겨난 탁발("구걸하는") 수도회. 이들은 교회와 사회의 물질주의에 항의하기 위하여 이런 조직을 설립했다. 리용의 종교회의(1274)는 프란체스코, 도미니크, 아우구스티누스, 가르멜의 4대 수도회만 승인했다. 교황은 처음에는 망설였으나 곧 탁발 수도회를 승인하고, 그들의 활동을 장려했다. 교회 사목 활동의 의무를 면제해 주고, 설교와 고백성사의 활동을 널리 펼 수 있도록 지원했다. 이런 특혜에다 탁발 수도자들의 열정과 헌신이 보태어져, 이들은 13세기와 14세기에 가장 인기 높은 종교적 교단이 되었다. 그러나 이런 인기 때문에 기존의 성직자들과 다른 수도원 공동체의 원성을 사기도 했다.

토마스 아 켐피스 Thomas a Kempis, 1380-1471 독일의 신비주의자로서 데보티오 모데르나의 대표적 인물. 그는 뒤셀도르프 인근의 켐펜에서 태어났고 데벤터에서 공부했으며 성 아그네스 산에 있는 아우구스티누스 수도원에 입문했다. 그는 이곳에서 평생을 보내면서 글을 쓰고, 설교하고, 필사본을 복사하고, 정신적 지도자로서 근무했다. 그는 설교, 성인들의 생애, 예배서, 연대기 등을 썼으며 특히 『그리스도를 본받아』의 저자로 유명하다. 이 책에서 저 유명한 Ama nesciri("세상 사람들에게 알려지지 않는 것을 사랑하라"라는 뜻)라는 라틴어 문장이 나온다. 이 책의 저자가 토마스 아 켐피스가 아닌 다른 사람이라는 설도 제기되었다.

트렌트 종교회의 Tridentine Council 1545-63년에 걸쳐 진행된 종교회의. 로마 가톨릭교회 내의 개혁 작업을 완성하고 츠빙글리와 마르틴 루터 등 개신교도들의 신학 논쟁에 대항하여 로마 교회의 입장을 밝힌 중요한 종교회의. 종교개혁가 츠빙글리는 성체성사를 하나의 비유적 개념으로 파악하여 그 실체를 부정했으나, 성스러운 성체 안에 하느님이 직접 내려와 들어 있다는 믿음을 확인했고, 마르틴 루터는 의화에 의한 구원만을 주장했으나, 의화와 함께 하느님의 은총이 있어야 구원을 얻을 수 있다는 교리를 확정했다. 이 종교회의의 결과로 유럽의 많은 지역에서 교회가 활성화되었다. 16세기 말에 이르러 이 종교회의의 영향으로, 종교개혁을 유발시켰던 로마 교회 내의 많은 과오들이 시정되었다. 트렌트 종교회의 이전 시대는 곧 로마 가톨릭 교회가 부패했던 시절을 가리킨다.

파리 시민의 일기 Journal d'un bourgeois de Paris 파리의 부르주아(영어로는 burgher 시민)가 1405년부터 1449년까지 써놓은 일기. 이 일기를 쓴 사람의 성명이나 생몰 연대는 밝혀지지 않았다. 부르주아는 중세 시대에 도시에서 사는 평민을 가리키는 용어이다. 일기가 기록한 시대는 아르마냐크파와 부르고뉴파의 갈등이 아주 심한 시기이다. 일기는 두 파가 파리에서 서로 피의 숙청을 벌이는 참상을 담담한 필치로 기술하여 사료의 가치가 높다.

페리에 Ferrier, Vincent 1355-1419 스페인 발렌시아의 도미니크회 수도사. 논리학과 영적 생활에 대한 논문들을 많이 썼다. 그는 발렌시아에서 신학을 가르쳤으나 참회와 도덕적 회개를 가르친 설교자로 유명하다. 그는 20년 동안 스페인, 북부 이탈리아, 스위스, 저지 국가들을 순방하면서 설교를 하여 많은 사람들을 회개하게 만들었다. 하지만 어떤 사람들은 회개의 수단으로 자신을 채찍질하기도 했다. 도덕적 회개 못지않게 그의 관심을 사로잡은 것은 서방 교회의 대분열이었다. 그는 한동안 아비뇽 교황의 지지자였다.

페트라르카 Petrarcha Francesco 1304-74 이탈리아의 위대한 서정시인. 몽펠리에 대학과 볼로냐 대학에서 공부했다. 법률가가 될 생각이었으나 피렌체 출신의 망명객이었던 아버지가 사망하자 그 꿈을 접었다. 시작에 정진하여 유부녀인 라우라를 노래한 소네트로 커다란 명성을 얻었다. 그는 고전학자로서도 명성이 높고 휴머니즘의 아버지라는 소리를 들었다. 고전고대를 숭상하여 서기 5세기에서 15세기에 이르는 중세 시대를 '암흑시대'라고 부른 인물이었다.

프루아사르 Froissart, Jean 1337-1404 프랑스의 연대기 작가. 그의 『연대기』는 백년전쟁 전반기의 역사를 살펴보는 데 중요한 사료이고, 또 1325년에서 1400년에 이르는 스페인과 스코틀랜드 등 서유럽의 정치적 사건들을 탐구하는 데 아주 유익한 책자이다. 그는 에드워드 3세와 흑태자 등 자신의 후원 군주들을 위해 글을 썼기 때문에 때때로 객관성을 결여하고 있다. 그는 자신이 『연대기』에서 다룬 지역들을 널리 여행했고, 근면하게 탐구하여 저술에 임했다. 그는 잉글랜드와 프랑스 귀족들의 기사도적 미덕과 기사도적 화려함에 대하여 아주 열정적이면서도 상상력 넘치는 글을 써냈다. 그는 연대기 이외에 알레고리의 성격이 강한 시들과 궁정 연애시들도 썼다.

피라무스 Pyramus 그리스 신화의 인물. 피라무스와 티스베는 결혼하기 전에 서로 사랑하여 티스베가 임신했다. 곤경에 빠진 티스베는 자살했고 그러자 피라무스도 따라 자살했다. 후에 피라무스는 강이 되었고, 티스베는 샘물이 되었는데 샘물은 피라무스 강으로 흘러들었다. 고대 로마의 시인 오비디우스는 이 전설을 『변신』에서 좀더 아름답게 꾸몄다. 바빌론의 젊은 남녀 피라무스와 티스베는 사랑했지만 부모 반대로 결혼할 수가 없었다. 어느 날 밤 그들은 성 밖에 있는 니노스의 무덤에서 밀회를 약속했다. 티스베가 먼저 약속 장소에 도착했는데, 마침 암사자가 근처에 나타나자 혼비백산하여 달아나다가 베일을 떨어트렸다. 암사자는 피 묻은 주둥이로 그 베일을 갈기갈기 찢어버렸다. 나중에 나타난 피라무스는 그 찢어진 베일을 보고서 티스베가 맹수에게 죽었다고 오해하여 즉시 칼을 뽑아 자결했다. 나중에 약속 장소에 나타난 티스베는 죽은 애인을 보고서 자신도 자살했다. 근처에 뽕나무가 있었는데 원래 하얗던 열매들이 두 남녀의 피로 붉게 변하였다.

피타고라스 Pythagoras 기원전 570-500. 고대 그리스의 철학자. 인생의 목적은 신성과 하나됨을 추구하는 것이라고 가르쳤다. 신성을 믿는 것은 인간과 사회에 질서의 원칙을 부여하고, 헌법, 법률, 권리의 근본이 된다고 보았다. 신성과의 합일은 진리를 추구하는 철학을 통해서만 가능하다. 지상에서 살아가는 동안, 인간은 다음 두 가지 형태의 삶을 선택할 수 있다. 하나는 지혜를 사랑하는 삶이고, 다른 하나는 성공과 쾌락을 사랑하는 삶이다. 전자가 구원으로 가는 길이다. 구원을 얻은 영혼은 사후에 다시 태어나지 않지만, 구원을 얻지 못한 영혼은 윤회의 사이클을 계속해야 한다. 피타고라스의 Y는 두 가지 형태의 삶이 사후에 가져오는 두 갈래 길, 즉 윤회냐 아니냐를 의미한다.

필립 Phillipe de Mezieres 1327-1405 프랑스의 저술가. 프랑스 왕 샤를 5세의 고문관과 황태자의 가정교사를 지냈다. 평생 동안 십자군 운동과 예루살렘에 라틴 왕국을 건설하려는 생각을 품고 있었다.

필립 대담공 Philippe le Hardi 1342-1404 부르고뉴의 대공(재위 1363-1404). 프랑스
왕 장 2세의 둘째 아들. 아버지로부터 부르고뉴 지방을 영지로 양도받았고, 또 마르그
리트 드 플랑드르와 결혼하면서 플랑드르를 부르고뉴 공국에 편입시켰다. 1392년 조
카인 프랑스 왕 샤를 6세가 정신이상 증세를 보이자 샤를의 동생인 루이 도를레앙과
정권을 다투었다. 필립은 예술의 애호가였으며 필사본과 채색본들을 많이 수집했다.

필립 선량공 Philippe le Bon 1396-1467 부르고뉴의 대공(재위 1419-67). 그의 아버지
무외공 장이 살해되자, 선량공은 그 소행의 배후가 황태자(후일의 샤를 7세)라고 생
각했고, 그리하여 프랑스와 적대관계에 있던 잉글랜드를 지지했다. 그는 트루아 조약
(1420)에 의해 잉글랜드의 헨리 6세를 프랑스 왕으로 인정했으나, 후에 샤를 7세와 아
라스 조약(1435)을 맺어 솜 강 연안의 도시들을 할양받고, 또 부르고뉴의 자치권을 인
정받으면서 프랑스 지지로 돌아섰다. 그는 미술, 음악, 저술의 후원자였고 '황금양털
기사단'을 창설했다.

헨리 5세 Henry V 1387-1422 잉글랜드의 왕. 재위 1413-22. 헨리 4세의 아들. 프랑
스와의 전쟁을 재개하여 1415년 아쟁쿠르 전투에서 숫자가 더 많은 프랑스 군대를 상
대로 대승을 거두었다. 부르고뉴 공작과 트루아 조약을 맺었다. 이 조약으로 정신병에
걸린 프랑스 왕 샤를 6세의 섭정이 되었고 이어 샤를 6세의 사망 후에는 프랑스 왕으로
등극하는 권리를 얻었다. 그는 샤를 6세의 딸 카타리나와과 결혼했기 때문에 이런 권
리를 주장할 수 있었다. 그러나 프랑스의 대부분 지역은 이 조약을 인정하지 않았으므
로 헨리는 정복전을 계속해야 되었는데 그는 35세의 나이로 파리 교외에서 사망했다.

헨리 6세 Henry VI 1421-1471 백년전쟁 당시 파리 교외의 진중에서 사망한 헨리 5세
의 아들이며 후계자. 재위 1422-61년. 왕위를 빼앗겼다가 1470-71년에 재위. 헨리 6
세가 어렸기 때문에 정복된 프랑스 지역은 삼촌인 베드포드 공이 섭정했다. 헨리 6세
는 1453년 이후에는 정신병의 증세를 보였다. 그의 치세시에는 파당간의 갈등과 무법
이 횡행했다. 이렇게 된 이유는 그의 우유부단함, 정신병, 백년전쟁에서의 패배 등이
원인이었다. 또 요크의 리처드와 그 아들인 에드워드와의 왕권 싸움도 중요한 실정 원

인이었다. 헨리 6세를 중심으로 하는 랭카스터파와 에드워드를 중심으로 하는 요크파 사이에 벌어진 왕위 싸움을 장미전쟁(1455-85)이라고 한다. 에드워드는 마침내 랭카스터파를 몰아내는 데 성공하여 에드워드 4세로 등극했다. 헨리 6세의 아내 마르그리트 당주(1429-82)는 1445년에 결혼한 남편이 정신병 징후를 보이자 랭카스터파의 사실상 우두머리로 국정을 섭정했다. 1461년 토튼 전투에서 패하자 그녀는 스코틀랜드로 도주했고, 그곳에서 프랑스로 건너가 교활한 루이 11세에게 도움을 요청했다. 1470년 그녀는 킹메이커로 알려진 막강한 워릭 백작의 도움으로 잠시 왕위를 되찾았으나 1471년의 튜크스버리 전투에서 다시 에드워드 4세에게 패배했다. 이 전투에서 그녀의 아들은 전사했고 남편 헨리 6세와 그녀는 포로로 잡혔다. 헨리는 그 직후 런던탑에서 살해되었고 그녀는 목숨을 건져 프랑스로 건너가 10여 년 동안 가난 속에서 아주 비참하게 살다가 사망했다.

중세의 아름다움은 어디에

하위징아의 역사관

하위징아는 이 책의 제1장과 3장에서 자신의 역사관을 간략하게 말하고
있다. 그것을 종합해 보면 이러하다. 오로지 정치와 경제의 관점에서 14
세기와 15세기의 역사를 파악하려는 것은 순진한 생각이고, 역사 인식
의 기본으로 정치적·경제적 이해관계를 대립시키는 것은 기계적인 역
사 구성이다. 가령, 이 시기 프랑스와 부르고뉴의 권력 갈등을, 발루아
왕가의 두 지파인 오를레앙 가문과 부르고뉴 가문의 유혈 투쟁으로 축
소시키려는 것이나, 부르고뉴 공국과 겐트 시의 산업적 갈등을 저물어
가는 귀족과 신흥 부르주아 간의 경제적 대립으로 보는 것은 역사의 부
분적 파악에 지나지 않는다. 지금까지는 정치적·경제적 이해관계를 대
립시키는 것이 역사의 주된 기술 방식이었으나, 역사에는 그 외에 다양
한 분야들이 있다. 미학, 윤리, 심리, 종교, 학문, 예술, 사회 등을 다양하
게 파악할 때 비로소 특정 시대의 온전한 모습이 드러난다. 하위징아는
이렇게 말하면서 자신은 중세 후기의 역사를 기술하면서 문화적·심리
적 설명을 제시하고 싶다고 말한다.

그리하여 『중세의 가을』은 서유럽의 14세기와 15세기를 기존의 관점(가령 부르크하르트)과는 다르게 파악한 작품이다. 부르크하르트는 이 시기(보다 구체적으로 이탈리아의 15세기 즉 르네상스)를 개인주의와 현실주의로 파악한 반면, 하위징아는 이 시기가 중세 정신의 마지막 만개이자 쇠퇴로서, 고대의 재생이 아니라 후기 고딕 문화의 전개라고 보았다. 하위징아는 이 시기가 근대 세계로의 이정표가 아니라, 꿈과 환상, 소망과 놀이, 상징과 이상을 중시한 독자적 문화를 가진 시기로 파악했다. 그는 기사도와 기독교 정신, 금욕과 사랑 등 지난날의 쇠퇴한 문화의 이상들을 '놀이'라는 새로운 형식으로 파악했다. 그리하여 그는 무엇보다도 문화가 놀이로 표현되는 다양한 삶의 형식을 중시했다.

물론 하위징아가 역사의 문화적·심리적 측면을 강조한다고 해서 정치와 경제의 측면을 무시한다는 얘기는 아니다. 그는 역사를 만드는 사람들이 결코 꿈꾸는 사람들이 아니라고 말한다. 군주든 귀족이든 고위 성직자든 시민이든 상인이든 역사를 주도하는 사람은 아주 계산적이고, 냉정했다는 사실을 인정한다. 그렇지만 문화의 역사, 가령 아름다운 꿈과 고상한 삶의 환상도, 정치적이고 경제적인 갈등 못지않게 중세 후기의 역사에 영향을 미쳤다고 생각한다. 그러면서 그는 중세인들의 아름다운 꿈과 소망이 실현되는 여러 가지 형식들을 탐구해 나간다.

키워드 1: 대비

우리가 이 책에서 다루어진 중세인의 심리를 이해하고자 할 때, 대비, 놀이, 이야기의 세 가지 키워드를 가지고 접근해 들어가면 좋을 듯하다. 먼저 대비를 살펴보자. 제1장에서 하위징아는 조화로운 인생의 가능성을 암시하지만, 그가 실제로 그려내는 그림은 악의 세계이다. 이어 그 가혹한 현실은 제2장에서 아름다운 삶에 대한 동경으로 균형을 잡는다. 하위징아는 이런 양극단의 대비를 이 책의 핵심적 주제로 제시한다. 이런 집필 의도 아래『중세의 가을』은 다음 두 부분으로 나누어진다.

전반부는 제1장에서 8장까지인데, 꿈과 현실의 대비를 스케치하면서 중세 후기의 생활을 서술한다. 전반부는 다시 두 부분으로 나뉘는데 하나는 미덕의 생활, 용기와 충성심, 명예와 사랑을 중시하는 세속적 차원이고, 다른 하나는 죽음과 성스러움, 신비주의와 종교적 감정에 관련된 정신적 차원이다. 하위징아는 먼저 두 개의 문화적 이상, 즉 기사도의 이상과 양식화된 사랑의 이상을 제시하면서 아름다움에 대한 욕망을 서술한다. 기사도와 궁정 연애는 유혈적 폭력과 야수적 성욕을 아름답게 도치시켜 만들어낸 문화의 형식들이다. 중세의 압도적 생활 형식인 종교도 열렬한 광신과 냉정한 반성이 교묘하게 결합되어 있으며, 종교의 숭배 대상도 초자연적인 것과 자연적인 것으로 나누어진다. 플라톤은 철학을 가리켜 죽음에 대비한 공부라고 말한 바 있는데, 중세인들이 다양한 삶의 형식으로 극복하고자 했던 것은 죽음이었고 이 주제는 상징과 신비주의의 형식으로 제시된다.

후반부에 해당하는 제9장부터 14장까지는 전반부에서 다루어진 이런 양극단의 대비를 바탕으로 하여 인생과 예술, 말과 그림, 형식과 내용의 대비를 다룬다. 특히 12장과 13장에서 반에이크의 예술을 다루면서 반에이크 형제는 중세의 소산이고 그들의 예술 세계는 곧 중세 후기의 세계라고 진단한다. 그런 다음 하위징아는 이 책의 핵심적 두 주제인 중세 후기와 르네상스를 대비시키면서 두 시대의 명확한 구분은 사실상 허구에 지나지 않는다는 주장을 편다. 그 근거로 그는 반에이크 형제의 예술을 든다. 그들의 예술은 부르고뉴 궁정이라는 맥락 속에서만 그 광휘를 발휘하며, 후대의 예술사가들이 주장하는 것처럼 르네상스의 예고자가 아니라 중세 후기의 예술 그 자체라는 것이다. 이러한 논리의 연장선상에서 르네상스는 사람들이 생각하는 것처럼 완전히 다르게 시작된 근대의 한 부분이 아니라 중세 후기 문화의 변형에 지나지 않는다고 말한다.

키워드 2: 놀이

놀이는 후에『호모 루덴스』에서 하위징아가 방대하게 다룬 주제인데, 그 씨앗은『중세의 가을』에 이미 뿌려져 있었다.『호모 루덴스』에서 하위징아는 문화가 놀이 속에서 그리고 놀이로서 생겨났다고 말했는데, 이것은 놀이가 곧 문화의 형식이자 삶의 형식이라는 뜻이다. 중세인들은 세속적 즐거움에 대한 절대적 부정과, 부유함과 즐거움에 대한 광적인 열망이라는 양극단 사이에서 삶의 균형을 잡기 위해 놀이를 삶의 형식으로 취했다.

그들은 현실을 부정할 수도 극복할 수도 없었기 때문에 제3의 길을 선택했다. 더 나은 삶에 대한 동경이 꿈꾸어진 이상을 만들어냈고, 삶의 형식을 예술의 형식으로 바꾸어 놓았다. 그런 형식의 대표적인 것이 기사도 정신과 궁정 연애였다. 12세기에서 르네상스에 이르는 동안 프랑스의 기사도 문화는 삶을 영웅적 이상으로 장식하려는 하나의 형식이었다. 우리는 여기서 인생의 형식이 어떻게 아름답고 고상한 놀이로 발전했는지 엿볼 수 있는데, 제3장 "영웅적인 꿈"은 그 과정을 추적한다. 제4장 "사랑의 형식"은 사랑을 양식화하려는 노력이 놀이의 형식을 취하는 과정을 밝힌다. 중세인들의 열정이 사랑의 삶을 아름다운 놀이로 바꾸어 놓는 것이다.

사랑의 놀이를 다룬 인상적인 사건은 기욤 드 마쇼의 『진정한 사건의 책』이다. 이 장편 시는 나이든 노시인과 젊은 여인의 사랑을 그린 14세기 판 러브 스토리이다. 샹파뉴 지방의 귀족 가문 딸인 18세의 페로넬 다르망티에르는 60세의 노시인을 흠모하여 그에게 짧은 자작시를 보내면서 문학적 교제를 요청했다. 이때 마쇼는 이미 노인이었지만 그 요청에 적극 응하면서 이렇게 말했다. "사랑하는 이여, 이렇게 늦게 시작한 것이 안타깝지 않습니까? 잃어버린 시간을 벌충하기 위해서 우리의 인생을 즐기도록 합시다."(이 말은 훗날 파리에 출장간 65세의 하위징아가 28세의 구스테에게 보낸 사랑의 편지와 너무나도 유사하지 않은가!) 이 황혼과 아침의 연애에 대하여 하위징아는 어린 페로넬이 노시인을 상대로 또 그녀의 마음을 상대로 사랑의 놀이를 하고 있다고 진단한다.

키워드 3: 이야기

이야기는 놀이와 밀접한 관계가 있다. 놀이가 이야기의 형식을 취하면서 의미의 범위가 점점 넓어지기 때문이다. 중세는 종교에 대한 열정과 냉정이 교차하는 시기였고 그런 만큼 성경에 대한 해석에 몰두하던 시대였다. 성경 이야기를 해석하는 데에는 4차원이 있었다. 첫 번째 차원은 이야기 그 자체이고 두 번째는 상징(혹은 알레고리), 세 번째는 도덕이며, 마지막은 신비의 차원이다. 좀 더 구체적인 사례를 들면 이러하다. 구약성경의 '요나서'는 요나가 니네베로 가라는 하느님의 말씀을 거역하고 배를 타고 타르시스로 가려다가 바다에 빠져 고래에게 삼켜져 고래 뱃속에 사흘 동안 있다가 다시 소생하여 하느님의 뜻에 순명한다는

752

이야기이다.

이야기의 1차원은 우리가 감각으로 보고 느끼고 들을 수 있는 것, 즉 이 세상의 사건들 혹은 스토리를 말한다. 고래가 사람을 삼켰고 그 사람이 죽지 않고 다시 살아났다니 특이한 스토리인 것이다. 요나 이야기의 2차원은 상징이다. 고래는 악마의 상징이고 고래의 입은 지옥의 상징이며, 요나가 고래 뱃속에 사흘 동안이나 갇혀 있었던 것은 예수가 사흘 만에 부활한 것의 예고편이다. 3차원(도덕)은 요나가 예언자로서 결국 니네베로 가야 한다는 것인데, 그것이 도덕적 실천의 길이다. 마지막 4차원은 신비의 문제인데 인간의 이성만으로 하느님의 마음을 알려고 하는 것(요나의 태도)은 불가능하다는 것이다.

이 4차원을 한 문장으로 잘 요약한 것이 '고린도전서' 13장 12절이다. "우리가 이제는 거울로 보는 것같이 희미하나 그때에는 얼굴과 얼굴을 대하여 볼 것이요(Videmus nunc per speculum in aenigmate, tunc autem facie ad faciem)." 거울은 곧 이 세상인데 우리가 감각으로 보고 느끼고 들을 수 있는 것을 그대로 비추기 때문이다. 라틴어 문장 중 aenigmate는 아에니그마aenigma의 탈격 형태로서 이 아에니그마(수수께끼 혹은 비유)는 곧 이야기의 2차원인 상징이다. 아에니그마에서 파키에facie(하느님의 얼굴, 곧 이야기의 4차원)로 나아가기 위해서는 도덕적 실천이 필요하다. 우리가 파키에(신비)에 도달하면 어떻게 될까? 고린도전서 13장 13절은 이렇게 설명한다. "내가 지금은 [신성을] 부분적으로 알지만 그때에는 완벽하게 알게 될 것입니다(nunc cognosco ex parte, tunc autem cognoscam)."

그런데 이런 이야기의 4차원이 놀이와 어떻게 관련이 되는가?

하위징아는 『호모 루덴스』에서 인간이 신들의 놀이를 놀아 주는 노리개라는 플라톤의 말(『법률』 2권, 653)을 인용했다. 이것은 인간이 감각과 원칙의 중간에서 놀이를 하면서 감각을 억제하고 원칙을 고양하면서 신의 질서를 향해 나아간다는 뜻이다. 다시 말해 인간이 어떻게 삶을 놀이하느냐에 따라 감각의 수준에 그대로 머무를 수도 있고, 아니면 신의 질서를 향해 나아갈 수도 있다는 것이다. 이것은 『중세의 가을』에 언급된 피타고라스의 Y에 의해 보충 설명된다. 삶에는 두 가지 양태가 있는데 하나는 지혜를 사랑하는 삶이고, 다른 하나는 성공과 쾌락을 사랑하는 삶이다. 전자는 구원으로 가는 길이고 후자는 윤회로 가는 길이다. 따라서 피타고라스의 Y는 곧 구원이냐 윤회냐의 갈림길을 의미한다.

『중세의 가을』에 소개된 이야기들은 바로 이 양극단 사이에서 벌어지는 아주 다양한 삶의 형식을 전해 준다. 인생에 도전과 갈등을 일으키는 핵심적 행동 양식은 '싸우다' '사랑하다' '울다' '죽다'인데, 이에 해당하는 에피소드들이 이 책에서 다양하게 소개된다. 가령 중세인 마티외의 인생전변(제1장), 두 시민의 사법적 결투(제3장), 마쇼와 페로넬의 사랑(제4장), 죽은 아이가 어머니의 꿈에 나타나 수의에 대해서 말하는 얘기(제5장), 뱅상 페리에가 설교하던 중 죄수에게 벌어진 사건(제8장) 등이 그런 좋은 사례이다. 이런 이야기들은 중세인들의 놀이 같은 삶을 대변한다.

이렇게 볼 때, 중세인들이 믿었다는 실재론을 이야기라는 키워드에도 적용할 수 있다. 가령 세상에는 슬픈 얘기, 기쁜 얘기, 우스운 얘기, 황당한 얘기, 변태적 얘기, 신비한 얘기 등 수많은 얘기들이 있지만, 먼저 '이야기'라는 보편 개념이 존재한 다음에 비로소 그런 다양한 이야기들이 생겨났다. 그렇다면 중세인들의 보편적 이야기는 무엇이었을까? 그것은 놀이를 통하여 신의 질서로 나아간다는 것이었다.

중세의 아름다움

15세기의 프랑스 시인 프랑수아 비용은 "지난 해 내린 눈들은 어디에?"라고 노래하여 중세 후기를 절묘하게 요약했다. 우리는 『중세의 가을』에 대해서도 똑같은 질문을 던져볼 수 있다. "중세의 아름다움은 어디에?"

하위징아는 이 책에서 15세기 그림과 글의 차이를 논하면서 아주 흥미로운 얘기를 하고 있다. "순수 회화가 이미 거지의 회화적 특성, 말하자면 형식의 마술을 예민하게 의식했지만, 문학은 당분간 거지를 개탄하거나 칭찬하거나 비난하면서 그들의 존재 의미에만 관심을 기울일 뿐이다."(제13장) 그러니까, 그림은 아름다움이 대상 그 자체에 있는 것이 아니라, 화가가 그 대상을 어떤 형식에 입각하여 어떻게 그리느냐에 따라 아름다움이 생겨난다고 보았지만, 문학은 거지가 아예 아름다움의 대상이 될 수 없다고 보았다는 뜻이다. 중세를 암흑시대로 보는 사람은 거기에 아예 아름다움이 없다고 생각할 것이다. 그러나 중세의 다양한 삶의 형식을 사랑의 눈길로 관찰하는 사람은 그 '형식의 마술'에 매혹되어 아름답다고 생각할 것이다. 하위징아가 이 책에서 누누이 설명한 형식의 마술은 바로 문화의 형식인 놀이, 놀이의 형식인 이야기인 것이다.

하위징아는 놀이와 이야기가 흘러나오는 배경을 중세인들의 양극단 퍼스낼리티로 보고 그것을 다양한 각도에서 조명했다. 그런데 양극단 심성이 중세인에게만 있었던 것일까? 아니다, 실은 우리 현대인들도 그러하다. 때로는 자신이 악이면서도 선이라고 생각하고, 정반대로 선하면서도 악일지도 모른다고 생각하는 것이다. 평소에 선량한 사람들도 충동적으로 저지르는 사악한 행동, 까닭 모르게 집착하는 광신, 갑작스럽게 분출하는 욕정, 상대방을 제압하려는 공격성 따위에서 자유롭지 못한 것이다. 지난 수천 년 동안 과학은 눈부시게 발전해 왔으나 인간의 본성은 그때나 지금이나 별로 달라진 것이 없다. 그렇기 때문에 위대한 책 속에 그려진 인물은 수천 년 전이나 지금이나 똑같이 현대인처럼 보인다. 『중세의 가을』은 근 백 년 전에 출간된 책이지만 지금도 전 세계에서 널리 읽히면서 감동을 주는 것은 아마도 이 때문일 것이다.

요한 하위징아 연보

1872년(출생) 12월 7일, 네덜란드 북부의 소도시인 흐로닝언에서 태어남. 위로 두 살
터울의 형 야콥이 있었음. 아버지는 흐로닝언 대학의 생리학 교수인 디
르크 하위징아.

1874년(2세) 생모가 사망하고 아버지가 재혼하여 새 어머니가 들어옴.

1885년(7세) 이복동생 헤르만 태어남. 이 동생은 자신이 아버지에게서 물려받았을
지도 모르는 매독의 질병을 두려워하여 훗날 18세의 나이로 자살함. 이
무렵 흐로닝언에 들어온 카니발 행렬을 보고서 그 광경에 매혹되었으
며 평생 카니발과 관련된 것, 가령 의례, 축제, 놀이를 사랑하게 되었다.

1887년(15세) 흐로닝언 고등학교에 들어가 형 야콥과 함께 중세 귀족 가문의 문장을
열심히 수집하고 또 문학 서적을 많이 읽었다. 하위징아가 귀족 가문에
이처럼 몰두한 것은 그의 가문이 침례교 목사와 시골 농사꾼 출신이 많
은 평범한 집안이었기 때문이었다.

언어학에 관심이 많았으며 장래 언어학자가 될 생각으로 그리스어와
라틴어 이외에 히브리어와 아랍어를 공부했다. 다른 학생들은 아랍어
알파벳의 철자가 로마자와는 너무 달라서 고생을 했으나 하위징아는
타고난 언어 재능 덕분에 별 어려움 없이 아랍어를 익혔다.

1891년(19세) 9월, 흐로닝언 대학의 네덜란드 어문학과에 입학. 당시 네덜란드 어문
학은 그리스-라틴 고전학과 동양학을 제외한 모든 어문학을 통칭하는
말이었다. 대학을 다닐 때에는 언어, 문학, 음악, 미술 등에 심취했다.
우울하고 감상적인데다 조울증의 기질이 있어서 흐로닝언 교외를 몽
상에 빠져 산책하기를 좋아했다.

1892년(20세) 새어머니의 소개로 새어머니 친구의 딸인 마리아를 소개받았다. 5세 연하인 마리아는 미델뷔르흐 시장의 딸이었고 음악과 미술에 조예가 깊었다.

1893년(21세) 10월, 대학을 졸업. 대학 시절 산스크리트어를 공부하여 곧 불교 경전 인 『자타카』와 힌두교 텍스트인 『우파니샤드』를 원어로 읽게 되었고 그 덕분에 인도의 종교와 신비주의에 관심을 갖게 되었다. 그 외에 중 세 고지 독일어와 고대 노스(노르웨이)어도 함께 공부했다.

1895년(23세) 석사 자격시험을 통과하고 10월에 독일의 라이프치히 대학으로 유학 을 떠났으나 그리 성공을 거두지 못하고 네덜란드로 돌아왔다.

1897년(25세) 산스크리트어 드라마인 『비슈다카』를 연구한 논문으로 5월에 흐로닝 언 대학에서 문학박사 학위를 받았다. 아버지의 도움으로 하를렘 고등 학교에 국어(네덜란드어) 교사가 아닌 역사 교사로 부임했다.

1899년(27세) 하를렘 고등학교로부터 2주간 특별 휴가를 얻어 로마에서 개최된 동양 학자 대회에 참석했고 이때 알게 된 J. P. 보겔과 안드레 졸레스와는 그 후 오랫동안 친구로 지냈다.

1902년(30세) 마리아와 결혼하여 슬하에 다섯 자녀를 두었다. 마리아의 극진한 보살 핌으로 조울증 기질이 많이 완화되었다.

1903년(31세) 고대 인도의 문화와 문학을 가르치는 암스테르담 대학의 무급 강사가 되었다. 1903-4년 학기에는 베다-브라만 종교를 가르쳤고, 1904-5년에 는 불교를 강의했다.

1905년(32세) 봉직 중인 고등학교는 절반 봉급에 절반 근무하기로 하고 집필에 몰두 하여 『하를렘의 기원들』(1905)을 발간했다. 흐로닝언 대학의 역사학 교수가 레이던 대학으로 옮겨가면서 자리가 비자, 은사 J.P. 블로크 교 수의 도움으로 이 대학의 역사학 교수 자리에 취임. 이 대학에서 1915 년까지 10년을 근무했다.

1907년(34세) 어느 일요일, 흐로닝언 교외의 딤스테르디에프 강을 따라 산책을 하다 가 석양이 짙어지는 가을 하늘을 쳐다보면서 문득 중세의 후기가 저런 색깔이 아니었을까 하는 생각을 떠올리고 네덜란드를 지배했던 부르 고뉴 공국의 역사를 써보면 어떨까 하는 생각을 했다.

1911년(39세) 이 무렵부터 『중세의 가을』의 집필을 본격적으로 구상하게 되었다.

758

1913년(41세) 4월, 아내 마리아가 암 진단을 받았다.

1914년(42세) 7월 21일, 아내 마리아가 38세의 나이로 사망했다.

『흐로닝언 대학의 역사』출간

1915년(43세) 흐로닝언 대학에서 레이던 대학의 역사학 교수로 자리를 옮겼다.

1916년(44세) 『중세의 가을』 12장과 13장의 저본이 된 논문『그 시대를 충실히 살았던 반에이크의 예술』을 종합 문화잡지『De Gids(안내)』제6호와 7호에 나누어 발표.

1918년(46세) 레이던 대학에서 네 번에 걸쳐서 행한 미국 관련 강의를 묶은『미국의 개인과 대중』출간.

1919년(47세) 『중세의 가을』발표. 네덜란드 내에서는 이 책이 너무 문학적 취향이 강하여 본격적인 역사책이 되지 못한다고 보았고, 또 중세 후기의 역사에 대한 접근이 너무 이야기 중심이라는 잘못된 평가가 내려졌다. 그러나 독일의 학자들은 이 책의 이런 서술 방식을 혁신적이라고 평가하여 독일어 번역이 추진되었다.

1920년(48세) 장남 디르크가 18세의 어린 나이로 사망.

1923년(51세) 『중세의 가을』독일어 번역본이 나오면서 유럽 전역에서 새로운 목소리를 가진 독창적인 역사학자라는 명성을 얻었다. 하위징아는 이 독일어본 서문에서 중세의 분위기를 한 해의 어떤 계절에 비유한 것에 대하여 유보적인 태도를 취하면서 그것을 그냥 비유적 표현으로 보아달라고 말했다. 또 네덜란드어 판 서문에서 중세의 아름다움을 진홍색 석양에 비유한 문장을 독일어본 서문에서는 삭제했다. 이렇게 한 것은 너무 문학적이고 이야기 취향이 강하다는 본국 네덜란드의 비판을 의식한 것이었는데, 실은 이런 취향이『중세의 가을』을 세계적 명저로 만드는 바탕이었다.

1924년(52세) 평전『에라스뮈스』를 발간했다. 이 책은 '위대한 네덜란드 사람들' 시리즈의 한 권이었는데 이 저작을 집필할 때에도 은사 P. J. 블로크는 많은 지원을 했다.『중세의 가을』영역본 출간.

1925년(53세) 은사 블로크 교수의 후임자 문제를 놓고 심하게 다툰 끝에 서로 말을 하지 않는 사이가 되었다.

1926년(54세) 미국을 여행하여 미국의 북동부, 중서부, 서부, 남부 등의 여러 지역을 둘러보았다. 하위징아는 미국인의 생활에는 사회적 형식들이 결핍되어 있다고 생각했다. 그는 미국인이 너무 물질주의적이고 그런 쪽의 이득을 너무 서둘러 추구한다고 보았다. 이런 서두름의 특징에 대하여 하위징아는 "여기로, 어서 빨리"라는 모토로 요약했다.

1927년(55세) 미국을 여행한 인상을 기록한 책, 『미국의 생활과 사상: 산만한 논평』을 발간했다. 『얀 베트의 생애와 저작』 출간.

1929년(56세) 10월, 은사 블로크 교수가 사망하자 교수의 학은을 생각하며 심한 양심의 가책을 느꼈다.

1930년(58세) 『중세의 가을』 스페인어 판이 마드리드에서 출판되었다.

1932년(60세) 『중세의 가을』 프랑스어 판이 파리에서 출판되었다.

1933년(61세) 레이던 대학의 학장 시절, 학회에 참석한 독일 대표단의 단장이 유대인 차별주의자임을 알고 독일 대표단을 학교 구내에서 철수시켰다. 10월, 이 사건으로 인해 30년 지기이며 친 나치주의자인 안드레 졸레스와 영영 헤어졌다.

1935년(63세) 『내일의 그림자 속에서』를 출간했다.

1937년(65세) 암스테르담 상인의 딸이고 가톨릭 신자인 아우구스테 쉴빙크와 재혼했다. 당시 구스테(아우구스테의 애칭)는 젊고 상냥한 28세의 처녀였다.

1938년(66세) 『호모 루덴스』를 출판했다.

1939년(67세) 제2차 세계대전 발발, 딸 라우라 출생.

1940년(67세) 5월, 나치가 네덜란드를 침공. 11월 레이던 대학이 폐쇄됨.

1942년(70세) 8월, 평소 나치에 반항적이었던 하위징아는 강제수용소에 감금되었다. 10월, 하위징아 부부는 암스테르담 근처의 작은 마을인 데스테흐로 격리 조치되었고 그는 그곳에서 남은 생애 18개월을 보냈다.

1945년(73세) 2월 1일, 유배지 데스테흐에서 숨을 거두었다.

찾아보기